第二部分　心理学

目　录

试题 解析

第一部分　教育学

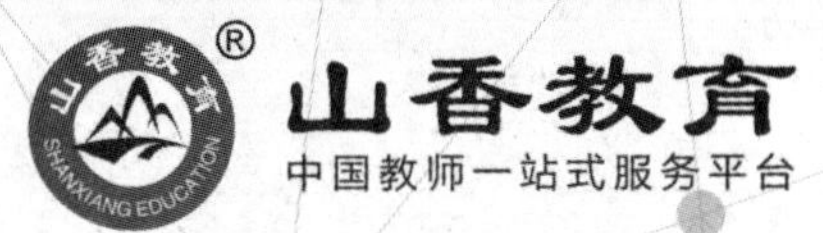

浙江省教师招聘考试

高分题库 精编

参考答案及解析

教育基础知识·小学

山香教师招聘考试命题研究中心　主编

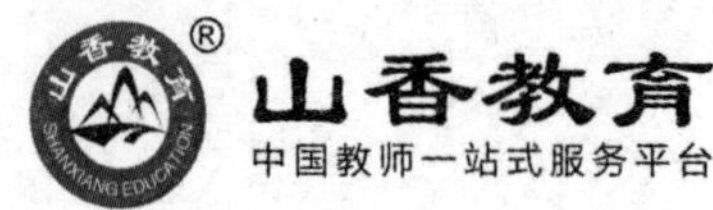

浙江省教师招聘考试

高分题库精编

教育基础知识·小学

山香教师招聘考试命题研究中心　主编

扫码免费领取:
①免费名师视频课程
②精选20套历年真题(带答案和解析)
③山香独家内部讲义
④上岸必刷题库
⑤考试资讯第一时间获悉,从容准备,不错失每一次机会
⑥备考交流群,山香专业老师互动答疑,打卡督促学习

免费领取方式:
①扫码关注公众号
②回复备考省份,如"浙江省"

图书在版编目(CIP)数据

浙江省教师招聘考试教育基础知识高分题库精编．小学：全2册／山香教师招聘考试命题研究中心主编．--北京：首都师范大学出版社，2012.7(2021.5重印)

ISBN 978-7-5656-0893-3

Ⅰ．①浙… Ⅱ．①山… Ⅲ．①小学教师-聘用-资格考试-习题集 Ⅳ．①G451.1-44

中国版本图书馆CIP数据核字(2012)第173932号

浙江省教师招聘考试
JIAOYU JICHUZHISHI GAOFEN TIKU JINGBIAN XIAOXUE
教育基础知识高分题库精编·小学
山香教师招聘考试命题研究中心　主编

策划编辑　张文强
责任编辑　曹亮亮　王慕飞　　封面设计　山香教育
首都师范大学出版社出版发行
地　址　北京市西三环北路105号
邮　编　100048
电　话　010-68418523(总编室)　010-68982468(发行部)
网　址　http://cnupn.cnu.edu.cn
印　刷　河南黎阳印务有限公司
经　销　全国新华书店
版　次　2012年7月第1版
印　次　2021年5月第13次印刷
开　本　787mm×1092mm　1/8
印　张　30.5
字　数　750千
定　价　70.00元

前 言

教育基础知识是浙江省教师招聘考试的必考内容，主要考查考生的职业道德素养、专业知识水平、教育教学能力和心理素质等。浙江省各个地区的试卷结构大致分为两种：一种是依据浙江省教育考试院发布的《浙江省中小学教师录用考试说明》，教育基础知识单独成卷，题型主要包括单项选择题、辨析题、简答题、论述题、材料分析题等；另一种是教育基础知识与学科专业知识共同组成一套试卷，题型主要包括选择题、填空题、判断题、辨析题（判断简析题）、简答题、论述题、案例分析题等。

本书由山香教育名师团队结合多年教研经验和教学反馈精心编写而成，通过分析浙江省最新考情，在2021版的基础上，完善了题型设置，甄选了符合浙江省各地区考试内容与考查难度的试题。希望本书能帮助考生在备考过程中巩固知识，查漏补缺，提高复习效果。

本书具有以下特色：

1. 题型丰富，符合考情。山香教育的实力派老师在深入分析浙江省考情的基础上，精心设置了题型、题量。与其他同类图书相比，本书在章前特设“命题分析”，说明本章的复习重点、易考题型。每章的“基础训练”部分依据知识内容划分具体的专题，帮助考生巩固知识，击破知识薄弱点；“真题必刷”部分帮助考生了解各章真题的考查难度、考查形式等。

2. 解析细致，清晰易懂。本书试题的答案及解析由山香教育的实力派老师经过数轮优化，逐题逐项细致分析，清晰易懂，使考生知其所以然，逐个击破知识盲点。还结合考生的理解误区和试题迷惑点，特设“易错提示”“方法技巧”两个栏目。“易错提示”为易错易混点辨析，“方法技巧”主要为解题方法指导，通过这两个栏目大大提升了该书的实用性，达到为考生答疑解惑、指点迷津的目的。

限于时间及水平，本书难免会有疏漏之处，衷心希望各位专家、学者及读者朋友们批评指正，同时希望本书能够帮助广大考生顺利通过教师招聘考试。

> 某些考生在复习教育理论相关内容时，纠结于“题量大，做不完”这个问题。教师招聘考试属于选拔性考试，考生需要做到的是比其他人分数高，而不是一定要考100分。所以对于有志于教师职业的考生来说，多少试题都不够。事实证明，教师招聘考试中一些经典试题存在反复考的可能性。因此，通过大量地刷题，就可能在将来的考试中碰到原题。

山香教育编辑部

目 录

第二部分　心理学

第三部分　教育政策法规

参考答案及解析单独成册

第一部分　教育学

第一章　教育、教育学及其产生与发展

命题分析

本章主要以选择、填空、判断等客观题的形式进行考查，偶尔也会以简答、论述等主观题的形式进行考查。本章需要重点掌握的知识包括：

1. 识记教育的概念、属性、基本要素，教育学的概念。
2. 区分教育功能的分类依据、含义，四种教育起源学说的代表人物、主要观点及评价。
3. 识记各教育形态的含义，教育发展历程中各时期教育的发展特点。
4. 识记教育学发展的各个阶段的代表人物、主要教育思想、教育著作等。

基础必刷

专题一　教育及其产生与发展

一、单项选择题

1. 下列各组书籍中，全部属于“五经”的是(　　)
A.《论语》《尚书》　　B.《大学》《诗经》
C.《礼记》《周易》　　D.《孟子》《春秋》

2. 关于教育的起源一直众说纷纭，其中，我国古代的朱熹是(　　)的代表人物。
A. 神话起源说　　B. 生物起源说
C. 心理起源说　　D. 劳动起源说

3. 有史以来，除(　　)以外，教育都具有阶级性的特征。(易错)
A. 原始社会　　B. 奴隶社会　　C. 近代社会　　D. 现代社会

4. 教育有广义和狭义之分，其中狭义的教育指(　　)
A. 家庭教育　　B. 学校教育　　C. 基础教育　　D. 社会教育

5. 将“教育”解释为“教，上所施，下所效也；育，养子使作善也”的著作是(　　)
A.《孟子》　　B.《学记》　　C.《说文解字》　　D.《论语》

6.《学记》中说：“一年视离经辨志，三年视敬业乐群，五年视博习亲师，七年视论学取友……九年知类通达。”这句话体现的我国古代教育的特点是(　　)
A. 德智并重　　B. 官师合一　　C. 脑体分离　　D. 学在官府

7. “教育与生产生活相融合，教育内容主要为生产生活经验。”这句话反映了(　　)的教育特征。(常考)
A. 原始社会　　B. 现代社会　　C. 封建社会　　D. 近代社会

8. 西周各级各类学校教育的基本学科是(　　)
A. 四书　　B. 五经　　C. 七艺　　D. 六艺

9. 下列活动中，不属于教育现象的是(　　)
A. 父母教子女　　B. 幼猴学跳跃
C. 到电影院看电影　　D. 课外活动做航模

10. 人从出生到坟墓都要学习，此观点主要表达的思想是(　　)
A. 教育全球化　　B. 教育民主化
C. 教育终身化　　D. 教育现代化

11. 学校教育与生产劳动相脱离，是从(　　)时期开始的。(易错)
A. 原始社会　　B. 奴隶社会
C. 封建社会　　D. 资本主义社会

12. 入学机会的均等体现了现代教育的(　　)
A. 生产性　　B. 多元化　　C. 民主化　　D. 科学性

13. “生活的磨难教育了我们”中的“教育”指的是(　　)
A. 正规教育　　B. 狭义的教育　　C. 形式化教育　　D. 广义的教育

14. (　　)兴起于20世纪70年代，是当代西方教育理论界占主导地位的教育思潮。
A. 实验教育学　　B. 文化教育学
C. 实用主义教育学　　D. 批判教育学

15. 人类最早的教学手段是(　　)
A. 文字材料　　B. 口耳相传　　C. 直观教具　　D. 黑板加板凳

16. 教育现代化的最高目的是实现(　　)(易错)
A. 教育观念现代化　　B. 教育内容现代化
C. 教育管理现代化　　D. 人的现代化

17. “以僧为师，以吏为师”是古代(　　)的教育特征。
A. 中国　　B. 埃及　　C. 希腊　　D. 罗马

18. “生物起源说”的代表人物是(　　)(易混)
A. 斯宾塞　　B. 孟禄　　C. 利托尔诺　　D. 布卢姆

19. 我国唐朝学制中的“二馆”指的是(　　)
A. 博文馆和崇文馆　　B. 崇文馆和弘文馆
C. 崇文馆和学文馆　　D. 弘文馆和学文馆

20. 世界上最早普及义务教育的国家是(　　)
A. 英国　　B. 美国　　C. 德国　　D. 法国

21. 古代(　　)强调培养“有文化、有修养和多种才能”的政治家和商人。

A. 雅典教育　　B. 斯巴达教育
C. 埃及教育　　D. 印度教育

22. 古代(　　)强调军事体育训练和政治道德灌输，教育内容单一，教育方法比较严厉。

A. 罗马教育　　B. 埃及教育
C. 斯巴达教育　　D. 雅典教育

23. 每一个民族都有自己的教育传统，不随时代变迁而消失。这说明教育具有(　　)

A. 继承性　　B. 历史性
C. 长期性　　D. 永恒性

24. 在日常生活中，路边的公益性广告属于(　　)

A. 家庭教育　　B. 学校教育　　C. 狭义的教育　　D. 广义的教育

25. 樊迟请学稼。子曰：“吾不如老农。”请学为圃。曰：“吾不如老圃。”樊迟出。子曰：“小人哉，樊须也！上好礼，则民莫敢不敬；上好义，则民莫敢不服；上好信，则民莫敢不用情。夫如是，则四方之民襁负其子而至矣，焉用稼？”这反映了古代教育(　　)

A. 具有刻板性　　B. 具有专制性
C. 脱离生产劳动　　D. 形式简单

26. “七艺”是指(　　)

A. 文法、修辞、辩证法、算术、几何、天文、射箭
B. 文法、法律、辩证法、算术、几何、天文、音乐
C. 文化、修辞、演说术、算术、几何、天文、射箭
D. 文法、修辞、辩证法、算术、几何、天文、音乐

27. 认为教育起源于儿童对成人的无意识模仿的是(　　)(易混)

A. 生物起源说　　B. 心理起源说
C. 劳动起源说　　D. 神话起源说

28. 下列不属于教育媒介的是(　　)

A. 教育组织形式　　B. 教育方法
C. 教育手段　　D. 教育目的

29. 教育中的基本的、决定性的矛盾是(　　)(易混)

A. 教育者与受教育者的矛盾
B. 教育者与教育内容的矛盾
C. 受教育者与教育内容的矛盾
D. 受教育者与教育目的的矛盾

30. 马克思主义教育学在教育起源问题上坚持(　　)

A. 劳动起源说　　B. 生物起源说
C. 心理起源说　　D. 神话起源说

31. 下列不属于当代世界教育的特征的是(　　)

A. 教育体制和结构显著变化　　B. 教育内涵逐渐扩大
C. 教育不平等严重存在　　D. 初等教育义务化

32. 从个体的角度定义“教育”，往往把“教育”等同于个体的(　　)

A. 社会化过程　　B. 学习与发展过程
C. 个性化过程　　D. 认知过程

33. 西汉初期实行的“罢黜百家，独尊儒术”的文教政策体现了教育的(　　)

A. 永恒性　　B. 历史性　　C. 相对独立性　　D. 继承性

34. 从教育系统所赖以运行的时间标准以及建立于其上的产业技术和社会形态出发，我们可以将教育形态划分为(　　)

A. 非形式化教育、形式化教育
B. 家庭教育、学校教育、社会教育
C. 农业社会的教育、工业社会的教育、信息社会的教育
D. 原始社会教育、古代社会教育、近现代社会教育

35. 春秋战国时期，(　　)的兴起，冲破了“学在官府”的限制。

A. 书院　　B. 私学　　C. 寺院　　D. 玄学

36. “劳心者治人，劳力者治于人”的中国传统儒家思想把(　　)相脱离。

A. 教育与生活　　B. 教育与经济
C. 教育与政治　　D. 教育与生产劳动

37. “人只有通过适当的教育之后，人才能成为一个人。”这句话旨在说明教育是(　　)

A. 培养人的社会实践活动　　B. 使人得以生存的活动
C. 传递社会经验的活动　　D. 保存人类文明的活动

38. 现代教育不局限于学龄阶段，而是贯穿人的一生，满足不同年龄受教育者的教育需求。这阐明了现代教育的(　　)

A. 未来性　　B. 科学性　　C. 生产性　　D. 终身性

39. 教育的(　　)认为教育与其他万事万物一样，都是由人格化的神所创造的，教育的目的就是体现神或天的意志，使人皈依于神或顺从于天。(易混)

A. 神话起源说　　B. 生物起源说　　C. 心理起源说　　D. 劳动起源说

40. 教育是年青一代成长和社会延续与发展不可缺少的条件，为一切社会所必需，与人类社会共始终。从这个意义上说，教育具有(　　)

A. 继承性　　B. 永恒性　　C. 历史性　　D. 阶级性

41. “人类教育的进行与动物的教育差别不大，在低等人种中进行的教育，与许多动物对其孩子进行的教育甚至相差无几。”这句话属于(　　)的观点。(易混)

A. 生物起源说　　B. 神话起源说
C. 心理起源说　　D. 劳动起源说

42. 教育与其他事物现象的根本区别集中体现在(　　)

A. 具有永恒性　　B. 培养人

C. 具有历史性　　D. 起源于劳动

43. 教育的"生物起源说"和"心理起源说"都否定了(　　)

A. 教育的科学属性　　B. 教育的生产属性

C. 教育的社会属性　　D. 教育的艺术属性

44. 古代印度宗教权威至高无上,教育控制在婆罗门教和(　　)手中。

A. 印度教　　B. 伊斯兰教

C. 佛教　　D. 基督教

45. 教育民主化的具体表现有(　　)

①教育普及化的开始　②"教育机会均等"口号的提出

③教育法制化的形成　④教育民主化的质量和水平不断提高

A. ①③　　B. ①②④

C. ②④　　D. ①②③④

46. "六艺"中的"礼"为(　　)教育的内容。

A. 艺术　　B. 基础文化知识

C. 文字　　D. 政治伦理

47. 古代埃及开设最多的是(　　)

A. 文士学校　　B. 骑士学校

C. 僧侣学校　　D. 书院

48. (　　)是指反映到人们大脑中的、需要探明和解决的教育实际矛盾和理论疑难。

A. 教育现象　　B. 教育事实

C. 教育规律　　D. 教育问题

49. 下列不属于"骑士七技"的是(　　)

A. 骑马　　B. 投枪　　C. 音乐　　D. 吟诗

50. 教育学史上第一个正式提出的有关教育起源的学说是(　　)(常考)

A. 神话起源说　　B. 生物起源说

C. 心理起源说　　D. 劳动起源说

51. 沛西·能认为"教育既无需周密的考虑使它产生,也无需科学予以指导,它是扎根于本能的不可避免的行为"。该观点属于(　　)

A. 生物起源论　　B. 心理起源论

C. 劳动起源论　　D. 交往起源论

52. 教育的基本要素包括(　　)(常考)

A. 教师、学生、教材　　B. 教师、学生、教学方法

C. 教育者、受教育者、教育目标　　D. 教育者、学习者、教育影响

53. 从教育系统运行的空间特性来看,可以将教育形态划分为(　　)

A. 古代教育、近代教育和现代教育

B. 农业社会的教育、工业社会的教育与信息社会的教育

C. 非制度化教育和制度化教育

D. 家庭教育、学校教育和社会教育

54. 教育必须向所有人开放,人人都有接受教育的权利,且必须接受一定程度的教育。这指的是(　　)

A. 教育的终身化　　B. 教育的全民化

C. 教育的民主化　　D. 教育的多元化

二、填空题

1. 教育产生于社会生活的需要,是社会继承和延续、人类生存和发展必不可少的手段,它也是一种培养人的________。

2. ________是学校教育者的主体,是直接的教育者,在整个教育过程中起主导作用,是学生身心发展的主要影响源。

3. 在社会教育活动中,在生理、心理及性格发展方面有目的地接受影响、从事学习的人,统称为________,既包括在校学习的学生,也包括各种形式成人教育中的学习者。

三、判断题

1. 纵观我国学校教育的历史,官学的出现早于私学。(　　)

2. 凡是能影响人的身心发展的活动都是教育。(易错)(　　)

3. 广义的教育包括家庭教育、学校教育和社会教育。(　　)

4. 在原始教育阶段,教育与生产劳动合二为一,人人必须劳动,因而人人受教育。但到了古代教育阶段,教育只有少数人才能享有,所以古代教育不如原始教育。(易错)(　　)

四、简答题

1. 简述当代世界教育发展的趋势。

2. 教育的社会属性有哪些?

3. 近代社会教育的特征有哪些?

4. 简述古代东西方教育的共同特征。

5. 简述原始社会教育的特征。

五、材料分析题

1. 有这样一名数学教师:一天到晚除了认真上课、精心批改作业,就是钻研各种难题。他对每年高考数学试卷的解答,总是最快最好的。但报纸,从来不看一张;期刊,一年也翻不了几回;图书馆,难得光顾;影视,几乎不看。他觉得不能把时间浪费在这些上面。他的教学效果很一般,学生反映也不太好。对此,他很不解。

请从现代社会的特点以及现代教育发展趋势的角度评价该教师的做法。

2. 当非洲南部狮的数量还很多并容易加以观察的时候,人们已发现:非洲南部狮通过一种有意识的体操动作进行自我训练,把树桩当作猎物练习猛扑。一头狮子由于距离判断得不准致使一匹斑马逃脱,或者不能准确地跃到悬岩顶部,从那里轻易地扑向猎物,此后,这头狮子便重复练习。开始仅仅是独自的练习,接着,在这头狮子练习时会有两头狮子突然到来,这头狮子先引着到来的两头狮子围着悬岩转,使后者了解困难所在,当两头狮子被领回起点时,这头狮子便跃向悬岩以结束其练习。目睹这种情景的本地人曾指出,在这个过程中,狮子不断地吼叫,不断地"交谈"。多亏了这种"自我教育",才使那些会从事技巧活动的动物随着年龄的增长而变得更加能干。

有人认为,这则故事说明动物界中的"教育"与人的"教育"在本质上是一样的。请谈谈你的看法,并陈述理由。

专题二 教育学及其产生与发展

一、单项选择题

1. 最早以马克思主义为基础探讨教育学问题的著作是(　　)

A. 克鲁普斯卡娅的《国民教育与民主主义教育》　B. 凯洛夫的《教育学》

C. 杨贤江的《新教育大纲》　D. 布卢姆的《教育过程》

2. 培根首次提出把教育学作为一门独立的学科,他提出的(　　)为教育学的发展奠定了方法论基础。

A. 演绎法　B. 归纳法

C. 辩证法　D. 阶级分析法

3. 教育学对教育问题进行科学解释的目的不仅是要促进教育理论知识的增长,而且是要更好地开展教育实践。这说明了教育学的价值是(　　)

A. 丰富教育理论　B. 科学解释教育问题

C. 反思日常教育经验　D. 沟通教育理论与实践

4. 被毛泽东称颂为"伟大的人民教育家"的是(　　)(易错)

A. 蔡元培　B. 陈鹤琴

C. 陶行知　D. 李叔同

5. 我国第一部马克思主义的教育学著作是由(　　)编著的。

A. 蔡元培　B. 杨贤江

C. 晏阳初　D. 陶行知

6. 教育学的根本任务在于(　　)(常考)

A. 描述教育事实　B. 揭示教育规律

C. 探讨教育问题　D. 分析教育现象

7. 古希腊哲学家苏格拉底在教学中,用对话、提问来引导学生通过思考获得知识。这种方法被称为(　　)

A. 对话术　B. 产婆术

C. 辩论术　D. 智者法

8. 最早明确提出“教育性教学”的教育家是(　　)

A. 裴斯泰洛齐　B. 赫尔巴特

C. 夸美纽斯　D. 杜威

9. 提出“四大教育”“三大方式”的平民教育家是(　　)(易混)

A. 晏阳初　B. 蔡元培

C. 陶行知　D. 杨贤江

10. “虽有嘉肴,弗食不知其旨也;虽有至道,弗学不知其善也。是故学然后知不足,教然后知困。知不足然后能自反也,知困然后能自强也。”这段话所体现的教学原则是(　　)

A. 藏息相辅　B. 启发诱导

C. 教学相长　D. 长善救失

11. 西方教育史上最早的教育著作是(　　)(常考)

A. 柏拉图的《理想国》　B. 昆体良的《论演说家的教育》

C. 亚里士多德的《政治学》　D. 亚里士多德的《论灵魂》

12. 古希腊百科全书式的哲学家是(　　)

A. 苏格拉底　B. 希波克拉底

C. 柏拉图　D. 亚里士多德

13. 被毛泽东评价为“学界泰斗,人世楷模”的是(　　)(常考)

A. 陶行知　B. 杨贤江

C. 徐特立　D. 蔡元培

14. 孔子对我国教育的贡献不包括(　　)

A. 创立私学　B. 创立儒学

C. 建立学制　D. 删订六经

15. “我们日常所见的人中,他们之所以或好或坏,或有用或无用,十分之九都是他们的教育所决定的。人之所以千差万别,便是由于教育之故。”这一观点出自(　　)

A. 夸美纽斯　B. 洛克　C. 卢梭　D. 赫尔巴特

16. 首次提出“教育遵循自然”的观点的教育家是(　　)

A. 孔子　B. 夸美纽斯

C. 苏霍姆林斯基　D. 亚里士多德

17. 实验教育学的代表人物是(　　)

A. 杜威　B. 拉伊

C. 凯洛夫　D. 斯普兰格

18. (　　)提出了“明人伦”的教育目的。

A. 孟子　B. 孔子

C. 老子　D. 庄子

19. 主张让儿童顺其自然地发展甚至摆脱社会影响的法国教育家是(　　)

A. 杜威　B. 卢梭　C. 裴斯泰洛齐　D. 洛克

20. 提出“其身正,不令而行;其身不正,虽令不从”的教育家是(　　)

A. 孟子　B. 孔子

C. 荀子　D. 老子

21. 被称为“现代教育学之父”的教育家是(　　)(常考)

A. 亚里士多德　B. 夸美纽斯

C. 赫尔巴特　D. 杜威

22. 主张绅士教育,并著有《教育漫话》的教育家是(　　)

A. 卢梭　B. 杜威　C. 比奈　D. 洛克

23. 传统教育学派与现代教育学派是教育史上的两大对立学派,其代表人物分别是(　　)

A. 杜威和柏拉图　B. 夸美纽斯和杜威

C. 夸美纽斯和赫尔巴特　D. 赫尔巴特和杜威

24. 标志着规范教育学建立的著作是(　　)(常考)

A.《学记》　B.《普通教育学》

C.《大教学论》　D.《教育漫话》

25. 主张“有教无类”的中国古代教育家是(　　)

A. 孔子　B. 孟子

C. 荀子　D. 韩非子

26. 教育名著《给教师的一百条建议》《把整个心灵献给孩子》的作者是苏联教育家(　　)

A. 马卡连柯　B. 赞科夫　C. 凯洛夫　D. 苏霍姆林斯基

27. 下列说法中,正确的是(　　)(易错)

A. 传统教育以知识为中心的教学模式禁锢了学生的创造力,是失败的教育

B. 实验教育学的不足之处是思辨气息浓厚,对很多问题的论述带有很强的哲学色彩

C. 是否把提升个人做人的价值与尊严看作教育的目的,这是现代教育区别于传统教育的一个根本标志

D. 墨子认为,人的知识来源可分为三个方面,即亲知、闻知、行知

28. 下列关于教育学派的说法中，正确的是(　　)
A. 实用主义教育学兴起于欧洲，代表人物是杜威
B. 实验教育学所强调的定性研究是20世纪教育学研究的一个范式
C. 批判教育学认为教育的根本目的是促进学生的全面发展
D. 文化教育学又被称为精神科学教育学

29. 下列选项中属于教育学独立形态时期的教育家是(　　)
A. 梅伊曼、洛克和苏格拉底　　B. 夸美纽斯、昆体良和拉伊
C. 康德、卢梭和杜威　　D. 凯洛夫、阿普尔和裴斯泰洛齐

30.《学记》中的"藏息相辅"即主张(　　)
A. 教与学相结合　　B. 学与思相结合
C. 课内与课外相结合　　D. 教学与劳动相结合

31. 世界上最早提出启发式教学的教育家是(　　)
A. 孔子　　B. 苏格拉底　　C. 亚里士多德　　D. 荀子

32. 反映亚里士多德的教育思想的著作是(　　)
A.《理想国》　　B.《政治学》
C.《论演说家的教育》　　D.《民主主义与教育》

33. 我国最早出现的具有世界影响的教育文献是(　　)
A.《大学》　　B.《中庸》　　C.《孟子》　　D.《学记》

34. 近代第一本教育学著作是(　　)(易错)
A.《大教学论》　　B.《普通教育学》
C.《爱弥儿》　　D.《论演说家的教育》

35. 布鲁纳、(　　)和瓦·根舍因等人提出的教学理论被视为现代教学理论的三大流派。
A. 乌申斯基　　B. 凯洛夫
C. 苏霍姆林斯基　　D. 赞科夫

36. (　　)是19世纪末出现在德国的一种教育学说，主张教育的目的是促进社会历史的客观文化向个体的主观文化转变，培养完整的人格。
A. 马克思主义教育学　　B. 实用主义教育学
C. 文化教育学　　D. 批判教育学

37. 德国教育家赫尔巴特在《普通教育学》中提出的教学过程阶段是(　　)
A. 模仿、理论、联系　　B. 明了、联想、系统、方法
C. 困难、问题、假设、验证、结论　　D. 分析、综合、联想、系统、方法

38. 19世纪末20世纪初，在欧美一些国家兴起的用自然科学的实验法研究儿童发展及其与教育的关系的理论是(　　)
A. 文化教育学　　B. 实验教育学
C. 实用主义教育学　　D. 制度教育学

39. 赫尔巴特认为，应把心理学和(　　)作为教育理论的基础。(常考)
A. 哲学　　B. 伦理学　　C. 社会学　　D. 生物学

40. 提倡"大职业教育主义"的教育家是(　　)
A. 黄炎培　　B. 晏阳初　　C. 陶行知　　D. 蔡元培

41. "不闻不若闻之，闻之不若见之，见之不若知之，知之不若行之。"这是(　　)的观点。
A. 荀子　　B. 孔子　　C. 孟子　　D. 韩非子

42. 被称为"科学教育学的奠基人"的教育家是(　　)
A. 康德　　B. 夸美纽斯　　C. 赫尔巴特　　D. 杜威

43. 在西方教育史上，(　　)是第一个明确提出"教育心理学化"口号的教育家。(常考)
A. 裴斯泰洛齐　　B. 康德
C. 洛克　　D. 赫尔巴特

44. 把教育目的分为"可能的目的"和"必要的目的"，主张教育的最高目的是道德和性格的完善的是(　　)
A. 杜威　　B. 赫尔巴特　　C. 夸美纽斯　　D. 卢梭

45. 在教育史上，注重科学文化、历史知识的掌握和逻辑思维能力的培养，认为获得知识的途径是亲知、闻知、说知的是(　　)
A. 道家　　B. 墨家　　C. 儒家　　D. 法家

46. 曾系统阐述教育与生活、学校与社会、经验与课程、知与行、思维与教学、教育与职业、教育与道德、儿童与教师的关系的教育家是(　　)
A. 布鲁纳　　B. 赫尔巴特　　C. 布卢姆　　D. 杜威

47. 下列有关赫尔巴特的介绍，有误的是(　　)
A. 其代表作《普通教育学》的出版标志着教育学成为一门规范的学科
B. 提出传统教育的"三中心"——教师、教材、课堂
C. 提出"人是唯一需要教育的动物"
D. 第一次明确提出将心理学作为教育学的理论基础

48. 下列不属于实用主义教育学的基本主张的是(　　)
A. 教育起源于生产劳动，劳动方式和性质的变化必然引起教育形式和内容的变化
B. 课程组织应以学生的经验为中心，而不是以学科知识体系为中心
C. 师生关系以儿童为中心，教师只是学生成长的帮助者，而非领导者
D. 教学过程应重视学生自己的独立发现和体验，尊重学生发展的差异性

49. 中国历史上最早提出"教学相长"的著作是(　　)
A.《大学》　　B.《中庸》　　C.《学记》　　D.《春秋》

50. 下列著作中，高度概括我国古代教育经验和儒家教育思想，对古代教育的作用、学校教育制度、教育原则、教学方法及师生关系等问题均做了精辟论述的是(　　)
A.《学记》　　B.《论语》　　C.《孟子》　　D.《大学》

51. 提出“社会即学校”“生活即教育”“教学做合一”理论的教育家是(　　)

A. 杜威　　B. 马卡连柯　　C. 陈鹤琴　　D. 陶行知

52. 下列关于教育的表述,出自《学记》的是(　　)

A. 学而优则仕

B. 教也者,长善而救其失者也

C. 其身正,不令而行;其身不正,虽令不从

D. 温故而知新,可以为师矣

53. 主张“教育即生活”“在做中学”的教育家是(　　)(易混)

A. 夸美纽斯　　B. 赫尔巴特　　C. 康德　　D. 杜威

54. 朱熹是理学思想的集大成者、儒学发展史上的重要人物。下列观点不属于朱熹的教育主张的是(　　)

A. 先王之学以明人伦为本

B. 为学之道,莫先于穷理;穷理之要,必在于读书

C. 君子如欲化民成俗,其必由学乎

D. 读书之法,莫贵乎循序而致精,而致精之本,则又在于居敬而持志

55. 在教育史上,重视实科教育,主张启发学生学习的自觉性,强调教育为完满生活作准备的教育家是(　　)

A. 夸美纽斯　　B. 赫尔巴特　　C. 斯宾塞　　D. 杜威

56. 晏阳初在乡村教育实验中提出了“四大教育”和“三大方式”,以下不属于“四大教育”的是(　　)

A. 文艺教育　　B. 生计教育　　C. 卫生教育　　D. 社会教育

57. 以杜威为代表的现代教育思想的核心一般被概括为学生中心、经验中心和(　　)(常考)

A. 学校中心　　B. 活动中心　　C. 教材中心　　D. 课堂中心

二、填空题

1. 推动教育学发展的内在动力是________的发展。

2. 标志着教育学开始成为一门独立学科的著作是________,其作者是________。

3. “道而弗牵,强而弗抑,开而弗达”出自________。

4. 中国古代就有“不愤不启,不悱不发”的启发之说,提出这一思想的是________。

5. 教育小说《林哈德与葛笃德》的作者是________。

6. ________重视研究儿童发展与教育的关系,重视实验,并强调从实验的结果中寻找教育的途径和方法。

三、辨析题

1. 教育学就是教育方针政策的汇编。

2. 教育现象与教育问题是一回事。

四、简答题

1. 简述实用主义教育学的观点。

2. 简述教育学与教育科学之间的关系。

3. 简述《学记》中包含的主要教学原则。

4. 简述教育学的价值。(常考)

5. 简述实验教育学的主要观点。

6. 简述传统教育学派和现代教育学派各自的"三中心"主张。(常考)

五、论述题

试述杜威的主要教育观点。

真题必刷

一、单项选择题

1. [统考]我国最早使用"教育"一词的是(　　)(易混)

A. 孔子　B. 许慎　C. 朱熹　D. 孟子

2. [温州]"得天下英才而教育之,三乐也。"这句话出自(　　)

A. 老子　B. 孔子　C. 孟子　D. 韩非子

3. [湖州吴兴区]"听君一席话,胜读十年书"指的是(　　)

A. 广义的教育现象　B. 狭义的教育现象

C. 既是广义的教育现象又是狭义的教育现象　D. 教育的作用

4. [统考]在教育史上倡导"泛智"教育思想,并提出班级授课制的著名教育学家是(　　)

A. 康德　B. 赫尔巴特　C. 夸美纽斯　D. 培根

5. [温州乐清]孔子说:"学而不思则罔,思而不学则殆",表明孔子很强调(　　)

A. 启发式教学　B. 学习与思考相结合

C. 因材施教　D. 学习与行动相结合

二、填空题

1. [温州瑞安]"四书"是指《大学》《中庸》《________》《________》。(常考)

2. [嘉兴]西方最早提出"从做中学"的教育家是________。

三、判断题

[宁波高新区]意识性和规律性是人的教育活动和动物的"教育"活动的本质区别。(　　)

第二章　教育目的与教育基本规律

命题分析

本章主要以选择、填空、判断、辨析、简答、论述、材料分析等形式进行考查。本章需要重点掌握的知识包括：

1. 识记教育目的的内涵、层次结构、意义、作用。
2. 区分六种教育目的价值取向的代表人物、基本观点。
3. 识记现阶段我国教育目的的基本精神、我国确立教育目的的理论依据。
4. 识记并理解全面发展教育的组成部分以及各组成部分之间的关系。
5. 识记并理解素质教育的概念、特点、内涵。
6. 识记并理解教育的社会功能、社会对教育的影响和制约。
7. 识记并理解影响个体身心发展的因素、人的身心发展规律。

基础必刷

专题一　教育目的概述

一、单项选择题

1. (　　)是最高国家权力机关根据政治、经济要求，明令颁布实行的一定历史阶段教育工作的总的指导方针或总方向。

A. 教育目标　B. 教育目的　C. 教育方针　D. 教育策略

2. "人之性恶，需教之，否则必危害他人"反映了教育目的价值取向中的(　　)

A. 个人本位论　B. 文化本位论
C. 社会本位论　D. 教育无目的论

3. 新中国成立以来，随着生产的发展和社会的进步，我国的教育目的发生了多次变化，这说明教育目的受(　　)

A. 文化传统的制约　B. 马克思主义关于人的全面发展理论的制约
C. 社会生产方式的制约　D. 外国教育目的的影响

4. 下列属于文化本位教育目的论的代表人物的是(　　)

A. 赫尔巴特　B. 巴格莱　C. 狄尔泰　D. 卢梭

5. 以下关于教育目的的说法，错误的是(　　)

A. 教育目的是社会历史性与时代性的动态综合
B. 教育目的受制于生产力的发展
C. 教育目的就是各级各类学校的培养目标
D. 教育目的体现了人们的教育理想

6. "办人民满意的教育"体现了(　　)对教育质量的规定性。

A. 教育方针　B. 教育目的　C. 教育功能　D. 教育政策

7. 个人本位论的代表人物包括(　　)(易混)

A. 赫尔巴特和裴斯泰洛齐　B. 卢梭和裴斯泰洛齐
C. 夸美纽斯和涂尔干　D. 卢梭和涂尔干

8. 教育是培养人的社会活动，教育目的常常带有不同时期的特点。这体现了教育目的的(　　)

A. 时代性　B. 抽象性　C. 继承性　D. 规定性

9. 教育目的对整个教育工作具有导向、激励和(　　)作用。

A. 选拔　B. 评价　C. 决定　D. 主导

10. 教育方针是(　　)的政策性表达。

A. 教育目标　B. 课程目标
C. 教育目的　D. 学校目标

11. "君子如欲化民成俗，其必由学乎"的意思是：君子如果要教化百姓，形成良好的风俗习惯，一定要从教育入手。这种观点所体现的教育目的观是(　　)(易混)

A. 教育无目的论　B. 社会本位论
C. 个人本位论　D. 发展本位论

12. "教育在于使青年社会化——在我们每一个人之中造成一个社会的我，这便是教育的目的。"这种观点属于(　　)

A. 社会本位论　B. 个人本位论
C. 宗教本位论　D. 教育无目的论

13. 在教育目的的问题上，实用主义教育流派的代表人物杜威所持的观点是(　　)

A. 个人本位论　B. 社会本位论
C. 教育无目的论　D. 国家利益论

14. 2016年底，习近平总书记在全国高校思想政治工作会议上提出的"为谁培养人"的问题属于(　　)

A. 教育本质问题　B. 教育目的问题
C. 教育价值问题　D. 教育功能问题

15. 教育目的包括三个层次，下列属于第三个层次的是(　　)

A. 国家的教育目的　B. 各级各类学校的培养目标
C. 课程目标　D. 教师的教学目标

16. 对教育活动所要培养的人的个体素质做出预测和设想，既体现一定社会对受教育者质量规格的界定和要求，也体现人自身发展所应该达到的水准和高度的是(　　)

A. 教育目标　B. 教育目的
C. 培养目标　D. 课程目标

17. 教育要培养"自由的人"是(　　)的观点。

A. 个人本位论　　B. 社会本位论

C. 宗教本位论　　D. 文化本位论

二、填空题

1. ________反映了一个国家教育的根本性质、总的指导思想和教育工作的总方向等要素。

2. ________是全部教育活动的主题和灵魂。(常考)

3. ________的教育目的论主张教育对人的肉体和精神都要关心,但主要关心的应当是灵魂。

4. 教育目的分为四个层次:教育目的、培养目标、________、________。

三、判断题

1. 杜威的教育无目的论就是指教育没有目的。(易错)　(　　)

2. 教学目标与培养目标、教育目的之间的关系是具体与抽象的关系。(易错)　(　　)

3. 教育既然是培养人的活动,教育目的就只能按照人的发展需求确定。　(　　)

4. 教育方针通常由政府或政党提出,对教育实践具有强制性。　(　　)

5. 个人本位的教育目的论典型的错误是抽象地谈论社会。　(　　)

四、简答题

1. 简述个人本位的教育目的价值取向的基本观点。

2. 简述确定教育目的的依据。

专题二　我国的教育目的

一、单项选择题

1. 马克思主义关于人的全面发展的内涵是指(　　)(易错)

A. 人在脑力上的自由发展

B. 德、智、体和谐发展

C. 人的知识和智力充分、自由地发展

D. 人的体力和智力的全面、和谐、充分的发展,还包括人的道德的发展和人的个性的充分发展

2. (　　)是引导学生掌握劳动技术知识和技能,形成劳动观点和习惯的教育。

A. 劳动技术教育　　B. 体育

C. 社会公益劳动　　D. 美育

3. 现阶段我国教育目的的重点是(　　)

A. 发展学生的智力　　B. 发展学生的个体特征

C. 培养学生的思想政治素质和道德品质　　D. 培养学生的创新精神和实践能力

4. 智育的根本任务是(　　)(常考)

A. 发展学生的智力　　B. 培养学生的自主性

C. 提高学生的竞争意识　　D. 完善学生的人格

5. 学校体育的基本组织形式是(　　)

A. 早操、课间操　　B. 体育课

C. 体育竞赛　　D. 学生自觉锻炼

6. 素质教育是依据人的发展和社会发展的实际需要,以(　　)为根本目的的教育。

A. 全面提高全体学生的基本素质　　B. 全面促进全体学生身体健康成长

C. 全面提高全体学生的智力潜能　　D. 全面提高全体学生的思想道德水平

7. 制定我国教育目的的理论依据是(　　)(常考)

A. 素质教育理念　　B. 创新教育理念

C. 新课改理念　　D. 马克思主义关于人的全面发展学说

8. 全面发展教育的各组成部分中,为其他各育的实施提供了认识基础的是(　　)

A. 智育　　B. 德育　　C. 美育　　D. 体育

9. 育德、促智和健体功能属于美育的(　　)

A. 直接功能　　B. 间接功能　　C. 发展功能　　D. 超美育功能

10. 应试教育和素质教育的本质区别是(　　)

A. 是否面向全体学生

B. 是否促进学生个性发展

C. 是否能培养学生的创新精神和实践能力

D. 是否能提高学生的成绩

11. 我国的教育目的是培养德智体美劳全面发展的学生，下列属于美育的是（　　）
A. 组织学生去森林公园捡垃圾
B. 在体育课上采用新型体育器材
C. 开展各种道德讲堂活动
D. 开设美术、音乐、书法课

12. 赵敏老师常对学生说："先学做人，后学做事，社会需要的是身体健康、和谐发展的建设者和接班人，而不是只会死读书的呆子。"这表明赵老师具有（　　）
A. 开拓创新的理念　　B. 素质教育的理念
C. 自主发展的意识　　D. 因材施教的意识

13. 下列哪项观点体现了素质教育的理念（　　）
A. 不要"尖子生"　　B. 为减轻负担，不给学生留作业
C. 不要学生考试，尤其是百分制考试　　D. 教育应该使学生主动、生动、愉快地发展

14. （　　）对其他各育起着保证方向和保持动力的作用。（易混）
A. 智育　　B. 体育　　C. 德育　　D. 美育

15. 素质教育与（　　）在本质上是一致的。
A. 应试教育　　B. 终身教育
C. 义务教育　　D. 全面发展教育

16. 下列选项中，不属于我国教育目的的基本特征的是（　　）
A. 具有鲜明的政治方向
B. 坚持全面发展与个性发展的统一
C. 以优越的社会制度保障教育极高的社会效益
D. 以马克思主义关于人的全面发展学说为指导思想

17. 全面发展教育的基本组成部分中，以传授知识、发展技能、培养自主性和创造性为主要内容和任务的是（　　）
A. 德育　　B. 智育
C. 体育　　D. 美育

18. "差生测智商""绿领巾""差生教室外考试""收取'不听话押金'"等一系列教育乱象引起社会热议。下列观点错误的是（　　）
A. 这些做法有悖于素质教育理念，是一种"教育冷暴力"
B. 这是不尊重学生、损害学生人格尊严的行为
C. 这些做法会给学生留下心灵创伤，不利于学生健康成长
D. 这些做法能促进有错误的学生积极反省，是一种有效的"惩罚教育"

19. 马克思主义认为，造就全面发展的人的唯一方法是（　　）（常考）
A. 教育与生产劳动相结合　　B. 从事智力活动
C. 从事体力劳动　　D. 接受教育

20. 我国的教育目的主要是培养社会主义事业的（　　）
A. 接班人　　B. 建设者
C. 建设者和接班人　　D. 劳动者

21. 新中国成立后的第一个教育方针颁布于（　　）（易错）
A. 1949年　　B. 1957年
C. 1985年　　D. 1986年

22. 学校体育的根本任务是（　　）
A. 使学生掌握体育知识　　B. 输送运动员
C. 训练学生的体育能力　　D. 增强学生体质

23. 海伦·凯勒曾说："如果我是大学的校长，我要设定一门'如何使用你的眼睛'的必修课，致力于让学生善于发现生活中被忽视的欢乐。"这体现了（　　）的重要性。
A. 德育　　B. 美育
C. 智育　　D. 体育

24. 下列是关于素质教育与应试教育区别的叙述，其中说法错误的是（　　）
A. 二者教育目的不同，素质教育以提高国民素质为宗旨，应试教育以考取高分为目的
B. 二者教育对象不同，素质教育是精英教育，只面对部分精英，应试教育则面对大众
C. 二者教育内容不同，素质教育立足社会需求，应试教育主要为了满足学生考试和升学需求
D. 二者评价标准不同，素质教育以多种形式全面衡量学生，应试教育以分数作为唯一判断标准

二、辨析题

1. 素质教育就是要学生什么都学，什么都学好。

2. 减负就是减轻学生的作业负担。

3. 发展学生创造美的能力是美育的任务之一。

4. 全面发展就是指学生德智体诸方面平均发展。

5. 劳动技术教育即组织学生参加生产劳动。

三、简答题

1. 简述实施素质教育的措施。

2. 简述全面发展教育各组成部分之间的关系。

3. 简述素质教育的概念和内涵。(常考)

4. 简述德育的基本任务。

5. 简述现阶段我国教育目的的基本精神。(常考)

四、论述题

1. 试述我国全面发展教育的内容。

2. 试述素质教育与全面发展教育的关系。(常考)

五、材料分析题

1. 阅读下列材料,回答问题。

材料一 习近平总书记在全国教育大会上强调:"要在学生中弘扬劳动精神,教育引导学生崇尚劳动、尊重劳动,懂得劳动最光荣、劳动最崇高、劳动最伟大、劳动最美丽的道理。"

材料二 《中国教育报》记者在湖南省平江县进行实地调查时发现,当前一些学生劳动意识日渐淡薄,一些学校和家庭的劳动教育趋于边缘化。一位老师说:"一些孩子不爱劳动,不会劳动,甚至扫一下地都不愿意。"

(1)简要分析当前劳动教育不容乐观的原因。

(2)谈谈劳动教育对促进学生全面发展的意义。

(3)你认为学校应如何开展劳动教育?

2. 有一次,女教师画了一个圆圈问一名大学生:"这是什么?"大学生思考良久,底气不足地说了一句:"可能是零。"又一次,女教师画了一个同样的圆圈问一群小学生:"这是什么?"孩子们立即七嘴八舌地回答:"是太阳""是烧饼""是足球""是西瓜""是老师的大眼睛"……女教师听了,不由得目瞪口呆。

你对这一现象有什么看法? 请从培养学生创新精神和实践能力的理念的角度分析。

3. 某地四名五年级女生集体服用老鼠药自杀。经抢救,两名女生不幸身亡,另有一名女生成植物人,最后一名女生有幸脱离危险。经调查,原因是这个班刚经过了一场期中考试,老师按照考试成绩排座位,这四名女生排在了最后一排,她们经过商量决定集体自杀,并写了一封信给老师:"老师,我们的自杀不怪您,是我们没考好没脸面对家人,如果学校责怪您,就请您把这封信给校长,我们不后悔。"

根据材料,从素质教育的角度谈谈你的感受。

专题三　教育和社会发展的关系

一、单项选择题

1. "经济要发展,教育要先行"说明教育在社会发展中的作用具有(　　)
A. 决定性　　B. 局部性
C. 滞后性　　D. 超前性

2. 下列选项中,制约着学校专业设置的是(　　)
A. 政治经济制度　　B. 文化
C. 生产力的发展水平　　D. 教育目的

3. 我国政府在国外建立国学院,进行对外汉语教学等行为体现了教育的(　　)功能。
A. 传递、保存文化　　B. 传播、交流文化
C. 选择、提升文化　　D. 创造文化

4. 下列不属于教育传承文化的功能的主要表现形式的是(　　)
A. 传递　　B. 保存　　C. 活化　　D. 改造

5. 蒸汽机时代要求工人具有初等教育水平,电气生产时代要求工人具有中等教育水平,自动化时代要求工人具有高中和专科以上水平。这说明制约人才培养规格的因素是(　　)
A. 生产力的发展水平　　B. 生产关系
C. 上层建筑　　D. 政治经济制度

6. 对教育事业的发展速度、规模和学校结构起决定作用的因素是(　　)(易错)
A. 决策者的观念　　B. 生产力的发展水平
C. 政治制度　　D. 社会需求

7. 美国芝加哥大学教授舒尔茨在《人力资本投资》这本书里，提出的核心观点可概括为："有技能的人的资源是一切资源中最为重要的资源，人力资本投资的收益大于物力资本投资的收益。"这一观点深刻说明了(　　)

A. 教育的经济功能　　B. 教育的文化功能
C. 教育的自然功能　　D. 教育的道德功能

8. 我国唐朝"六学二馆"等级森严的入学条件，充分说明了社会政治经济影响和制约着(　　)(易错)

A. 教育的领导权　　B. 教育的规模
C. 教育目的　　D. 受教育权的分配

9. 决定教育领导权的是(　　)(易混)

A. 生产力　　B. 文化　　C. 科学技术　　D. 政治经济制度

10. 强调教育的信号本质，强调教育的筛选价值的教育功能理论是(　　)

A. 分层理论　　B. 人力资本理论
C. 文凭理论　　D. 教育选择理论

11. 自然科学的教育内容之所以不可能在古代社会占主导地位，主要是因为古代社会(　　)

A. 教育规模的限制　　B. 教育数量的限制
C. 教师水平的限制　　D. 生产力发展水平的限制

12. 教育的个体功能不包括(　　)

A. 个体发展功能　　B. 个体谋生功能
C. 个体享用功能　　D. 个体创造功能

13. 教育对社会政治经济制度的变革(　　)

A. 起决定作用　　B. 不起决定作用
C. 不起作用　　D. 只起加速作用

14. 教育的相对独立性主要是指教育(　　)

A. 可以超越社会历史的存在　　B. 不受生产力发展水平的制约
C. 对政治经济有促进作用　　D. 有其自身的特点和规律

15. 亚当·斯密在《国富论》中把学生在学习中学到的"有用才能"看成是一种固定资本。这说明他认为教育具有(　　)

A. 政治功能　　B. 育人功能
C. 文化功能　　D. 经济功能

16. 一个国家教育经费投入的多少最终取决于(　　)

A. 文化传统　　B. 受教育者的需求
C. 生产力的发展水平　　D. 教育的规模

17. 教育能够把潜在的劳动力转化为现实的劳动力，这体现了教育的(　　)

A. 经济功能　　B. 育人功能
C. 政治功能　　D. 文化功能

18. 下列关于"教育与社会发展"的关系，说法错误的是(　　)

A. 社会政治经济制度决定着教育内容的取舍
B. 教育技术水平决定着科学技术的发展
C. 生产力的发展水平制约着教育结构的变化
D. 教育具有更新和创造文化的作用

19. 在教育的社会功能中，与人类教育共始终的基本功能是(　　)

A. 文化功能　　B. 政治功能　　C. 经济功能　　D. 科技功能

20. 我国古代社会提出了"在明明德，在亲民，在止于至善"的教育目的，这体现了(　　)对教育目的确立的影响。

A. 经济　　B. 政治　　C. 文化　　D. 科技

21. 教育和经济的关系，总的来说是(　　)

A. 经济决定教育，教育反作用于经济　　B. 教育决定经济，经济反作用于教育
C. 经济决定教育，教育对经济没有影响　　D. 教育决定经济，经济对教育没有影响

22. 小学开展经典诵读活动时，对传统文化要取其精华、去其糟粕。这说明教育对文化具有(　　)

A. 继承功能　　B. 传递功能　　C. 选择功能　　D. 创新功能

23. 有的学校将本地的历史、风俗传统等作为校本教材的内容来利用，使学校教育的内容丰富而有特色，这反映了对学校教育发挥作用的是(　　)

A. 政治因素　　B. 社会因素
C. 生态因素　　D. 文化因素

24. "古之王者，建国君民，教学为先"揭示了(　　)

A. 教育与政治的关系　　B. 教育与经济的关系
C. 教育与人口的关系　　D. 教育与文化的关系

25. 资本主义教育通过专门设置"公民课""宗教教育"向年青一代宣传资产阶级的思想和宗教精神，这体现了(　　)对教育的内容的影响。

A. 生产力　　B. 政治经济制度　　C. 文化　　D. 科学技术

26. 科学知识在未用于生产之前，只是一种潜在的生产力，要把潜在的生产力转化为人能够掌握并用于生产的现实生产力，必须依靠(　　)

A. 自学　　B. 训练　　C. 培训　　D. 教育

27. 小周的家乡为某小县城，他在北京的某一流大学完成了本科、硕士、博士阶段的学业后，选择留在北京工作。这体现了教育在(　　)方面的功能。

A. 减少人口数量，控制人口增长　　B. 提高人口素质，改变人口质量
C. 促进人口结构趋向合理化　　D. 促进人口迁移

28. 目前，我国已经进入老龄化社会，人口老龄化将对社会方方面面产生影响。它最可能影响教育的(　　)

A. 规模　　B. 质量　　C. 结构　　D. 内容

二、判断题

1. 科学技术能够改变教育者的观念，也能够影响受教育者的数量和教育质量。(易错)　(　　)

2. 在现代社会中，教育是使科学技术转化为劳动者精神财富的手段。　(　　)

3. 教育能推进一个社会的民主化进程。　(　　)

4. 教育程度的提高客观上推迟了人们的初婚年龄和生育年龄，这体现了教育的经济功能。　(　　)

5. 一个国家有什么样的政治制度，就有什么样的教育制度。　(　　)

6. 文化对教育发展既有推动作用又有阻碍作用。　(　　)

三、辨析题

1. 现代教育具有显著的经济功能。

2. 教育先行是指教育可以先于政治、经济、文化而发展。(常考)

3. 政治经济制度决定着教育的性质，因此教育没有自己的相对独立性。

4. 在任何时期，教育与生产力的发展都是同步的。(易错)

四、简答题

1. 简述科学技术对教育的影响。

2. 简述文化对教育发展的影响和制约。

3. 简述教育的文化功能。

五、论述题

试述教育与社会政治经济制度的关系。

专题四　教育和人的发展的关系

一、单项选择题

1. 教师要根据儿童的实际情况促进儿童发展，有的放矢地选择适宜、有效的教育途径和方法手段，使每个学生都能得到最大的发展。这一做法的依据是人身心发展的(　　)
A. 顺序性　B. 阶段性　C. 个别差异性　D. 不平衡性

2. 教育实践中的"陵节而施"现象违背了个体身心发展的(　　)规律。(常考)
A. 顺序性　B. 互补性
C. 不平衡性　D. 个别差异性

3. 人是一个积极能动的主体，人与动物发展的显著区别之一就在于人是有意识的，具有主观能动性。这种主观能动性是通过人的(　　)表现出来的。
A. 教育　B. 环境　C. 遗传　D. 活动

4. 人的发展的顺序性决定教育教学工作应(　　)(常考)
A. 有针对性　B. 因材施教
C. 抓住关键期　D. 循序渐进

5. 盲人的视力有缺陷，但通常其触觉或者味觉、嗅觉方面会优于常人。这体现了个体身心发展的(　　)
A. 顺序性　B. 阶段性　C. 个别差异性　D. 互补性

6. 教师相信每个学生的发展潜能、发展优势和特长，结合学生实际，避开短处，促进学生个性化发展的依据是个体身心发展的(　　)
A. 顺序性规律　B. 阶段性规律
C. 整体性规律　D. 互补性规律

7. (　　)具有加速个体发展的特殊功能。
A. 家庭教育　B. 遗传素质
C. 个体主观能动性　D. 学校教育

8. 作为人的身心发展的前提，为人的发展提供可能性的因素是(　　)
A. 遗传素质　B. 环境
C. 教育　D. 个体主观能动性

9. 高尔基4岁丧父，10岁丧母，为了生存四处漂泊，贫民窟和码头就是他的"社会"大学的课堂。但在这么困苦的条件下，高尔基成了一名伟大的作家。由此可见(　　)
A. 人具有主观能动性，可以促进人的发展　B. 个体的成长发展需要不断地实践
C. 个体因素在人的发展中起次要作用　D. 环境与遗传因素对个人发展起决定作用

10. 在影响人身心发展的因素中，起主导作用的是(　　)(常考)
A. 遗传素质　B. 个体的主观能动性
C. 教育　D. 环境

11. 个体身心发展包括________和________两方面的发展。(　　)
A. 身体　心理　B. 智力因素　非智力因素
C. 人格　能力　D. 个体社会化　个体个性化

12. 新学期，王老师接任初一班主任后，深入了解每个学生的特点和情况，并为每个学生制订了学习发展规划。王老师的做法关注了(　　)
A. 学生发展的顺序性　B. 学生发展的不平衡性
C. 学生发展的互补性　D. 学生发展的差异性

13. 下列不属于教育促进个体个性化功能的是(　　)
A. 教育促进个体主体意识的发展
B. 教育培养个体的职业意识和角色
C. 教育促进个体差异的充分发展，形成人的独特性
D. 教育开发人的创造性，促进个体价值的实现

14. 教学要着眼于促进学生的一般发展，做到认知因素与非认知因素、意识与潜意识、科学与艺术的统一。这反映了个体发展的(　　)
A. 顺序性和阶段性　B. 稳定性和可变性
C. 不均衡性　D. 整体性

15. 个体身心发展的特殊性表现在(　　)
A. 顺序性与可逆性　B. 社会实践性与主观能动性
C. 连续性与阶段性　D. 不平衡性与差异性

16. 一些事例显示，对"兽孩"进行的补救教育都不是很成功。这表明人的发展具有(　　)
A. 关键期　B. 顺序性　C. 可逆性　D. 模仿期

17. 青春初期的孩子身高体重的增长已达到较高水平，而骨化过程远远没有完成。这说明个体的身心发展具有(　　)
A. 顺序性　B. 不均衡性　C. 阶段性　D. 个别差异性

18. 六岁是人类语言学习的一个关键期，错过了将无法弥补，并且事倍功半，这反映了个体身心发展具有(　　)
A. 阶段性　B. 差异性
C. 不平衡性　D. 顺序性

19. 教师帮助和指导学生学会身份认同和角色定位，使其自觉按照角色要求为人处世。这体现了教育的(　　)
A. 个体社会化功能　B. 个体个性化功能
C. 个体谋生功能　D. 个体享用功能

20. 在小学阶段教学多采用直观形象的方式，而进入中学以后则可进行抽象讲解。这体现了儿童身心发展具有(　　)(易混)
A. 个别差异性　B. 阶段性　C. 顺序性　D. 不平衡性

21. 促进个体发展从潜在的可能状态转向现实状态的决定性因素是(　　)

A. 生存环境　B. 遗传素质　C. 教育　D. 个体主观能动性

22. 古人云:“蓬生麻中,不扶而直;白沙在涅,与之俱黑。”这句话说明了(　　)对个体身心发展的影响作用。

A. 遗传素质　B. 环境

C. 教育　D. 个体主观能动性

23. 美国心理学家格塞尔的双生子爬梯实验说明了(　　)对个体身心发展的影响。

A. 家庭教育　B. 环境　C. 成熟机制　D. 学校教育

24. 德国教育家第斯多惠认为:“无论是对一个医生还是对一个教师来说,最重要的就是必须首先认识人的一般天性和特殊天性,然后才能对症下药、因材施教。”这说明个体身心发展具有(　　)

A. 顺序性　B. 差异性　C. 阶段性　D. 互补性

25. 随着经济的发展,家长对孩子的教育越来越重视,“高价学位房”的报道屡见不鲜。在表示愿意购买“高价学位房”的受访者眼中,“高价学位房”意味着优质教育。对于家长花费巨资购买学位房的原因,下列分析不正确的是(　　)

A. 学校教育能促进人的身心发展

B. 学校教育能为人的终身发展打下基础

C. 学校教育能解决人发展过程中的所有问题

D. 学校教育能全方位系统地统筹人的发展需求

26. 中国古代“内发论”的代表人物是(　　)

A. 孔子　B. 孟子　C. 韩非子　D. 荀子

27. 洛克认为:“我们日常所见的人中,他们之所以或好或坏,或有用或无用,十分之九都是他们的教育所决定的。”康德甚至认为:“人只有靠教育才能成为人,人完全是教育的结果。”这些话反映了(　　)的观点。(常考)

A. 遗传决定论　B. 教育无用论　C. 教育万能论　D. 辐合论

28. “外塑论”学生发展观把学生视为完全消极被动接受外来影响的客体。“外塑论”学生发展观的代表人物有(　　)

A. 柏拉图　B. 班杜拉　C. 苏格拉底　D. 洛克

二、辨析题

1. 只要教育得法,人人都可以成为歌唱家、科学家、诗人。

2. 家庭背景是个体身心发展的先决条件,为个体发展奠定基础。

三、简答题

1. 为什么说学校教育在人的身心发展中起主导作用?(常考)

2. 简述学生发展的一般规律。

3. 简述“勤能补拙”体现的教育学原理。

4. 教育的个体社会化的功能主要体现在哪几个方面?

四、材料分析题

1. 如果学生没有真实的认识，缺少与外部环境的接触，没有在其中学习、探索和体验的经历，他们的身心发展会受到影响，容易变得孤独、焦躁和易怒，易于形成不良习惯和出现不良行为，道德、审美、情感、智力的成长也会有所缺失。理查德·沃夫说过，学生就像需要睡眠和食物一样，需要和自然的接触。

（摘自《世界博览》2016年第21期，有改动）

(1)分析环境对学生身心发展的作用。

(2)如何正确认识学生的全面发展？

(3)教师在教学中应如何促进学生的全面发展？

2. 小敏今年8岁，从她6岁起，小敏妈妈就开始带她上各种特长班，开发她的智力和培养她的兴趣爱好。但是，小敏妈妈发现小敏最近不愿意去上特长班，常在上课前说自己不舒服，要么肚子疼，要么头疼，就算去上课了，也会跟老师说自己难受要提前回家。小敏变得孤僻起来，回家后不愿意跟妈妈聊天，也不跟爸爸散步了。小敏父母想了很多办法，但小敏的这一情况没有改变，他们十分苦恼。小敏妈妈对小敏"望女成凤"所付出的努力为何取得反效果？请从教育与个体身心发展的关系分析。

真题必刷

一、单项选择题

1. [温州苍南]在教育目的的价值取向上，存在的两种典型对立的理论主张是(　　)

A. 个人本位论与社会本位论　　B. 国家本位论和社会本位论

C. 全面发展论与个性发展论　　D. 国家本位论与个人本位论

2. [温州苍南]关于全面发展和个性发展之间的关系，下列说法不正确的是(　　)

A. 全面发展是每个人的全面发展，即"个性的全面发展"

B. 个性是每个人在全面发展的过程中由于客观存在的各种差异而形成的各不相同的个性，即"全面发展的个性"

C. 全面发展是以个人合乎本性的自由发展为条件的

D. 全面发展就是平均发展，是每个人同样的发展

3. [统考]教育事业发展的规模和速度归根结底是由(　　)决定的。(常考)

A. 生产力　　B. 社会经济政治制度

C. 文化　　D. 人口因素

4. [嘉兴]在教育目的问题上，德国教育家赫尔巴特的主张体现了(　　)

A. 社会本位论思想　　B. 个人本位论思想

C. 社会效益论思想　　D. 教育无目的论思想

5. [龙泉]教育活动的依据和评判标准是(　　)

A. 教育目的　　B. 课程　　C. 教育评价　　D. 教学

6. [统考]马克思主义关于人的全面发展学说认为，(　　)是实现人的全面发展的社会条件。

A. 旧式分工　　B. 生产劳动　　C. 社会主义制度　　D. 机器大工业生产

7. [丽水青田]"近墨者未必黑"强调了(　　)对人的发展所起的作用。(常考)

A. 环境因素　　B. 人的能动性　　C. 人的未完成性　　D. 人的可塑性

二、填空题

[衢州衢江区]十九大报告指出，要全面贯彻党的教育方针，落实________根本任务，发展________，推进________，培养________的社会主义建设者和接班人。

三、判断题

1. [温州苍南]美育就是艺术教育。(　　)

2. [宁波余姚]美育的起点在于培养学生的审美感知能力。(　　)

四、判断说理题

[温州苍南]心理学家华生强调："给我一打健康的婴儿，一个由我支配的特殊的环境，让我在这个环境里养育他们，我可担保，任意选择一个，不论他父母的才干、倾向、爱好如何，他父母的职业及种族如何，我都可以按照我的意愿把他们训练成为任何一种人物——医生、律师、艺术家、大商人，甚至乞丐或强盗。"我国历史上著名的"孟母三迁"的故事也说明了环境对人的成长具有决定的作用。

1. 你赞成这个说法吗？为什么？

2. 请结合自己成长的实际，运用所学教育学理论加以分析。

五、简答题

1. [统考]简述教育目的与教育方针的关系。

2. [统考]简述社会本位的教育目的价值取向的基本观点。

3. [丽水松阳]小学美育的基本任务有哪些？

4. [统考]简述教育的经济功能。(常考)

第三章　学校教育制度

命题分析

本章主要以选择、填空、判断、简答等形式进行考查。本章需要重点掌握的知识包括：

1. 识记教育制度的概念、学校教育制度的概念。

2. 识记教育制度的三个发展阶段以及各阶段的主要特征。

3. 区分三种现代学校教育制度的代表国家、特点，旧中国的四个主要学制的借鉴蓝本、主要内容。

4. 识记并理解义务教育的性质和特点。

5. 识记终身教育的含义、提出者、特点。

6. 识记我国学校产生的时间，学校文化的概念、类型、功能等。

基础必刷

专题一　教育制度概述

一、单项选择题

1. 推崇“教育不应再限于学校的围墙之内”的理想的是(　　)

A. 前制度化教育　　B. 制度化教育

C. 非制度化教育　　D. 萌芽阶段的学校教育

2. 国民教育制度的核心是(　　)(常考)

A. 社会教育制度　　B. 高等教育制度

C. 学校教育制度　　D. 基础教育制度

3. 狭义的教育制度是指(　　)

A. 国民教育制度　　B. 社会教育制度

C. 高等教育制度　　D. 学校教育制度

4. 苏联的学制类型为(　　)(常考)

A. 单轨学制　　B. 中间型学制　　C. 双轨学制　　D. 多轨学制

5. 有一种学制最早产生于美国，因为它有利于教育的逐级普及，有利于现代生产和现代科技的发展而被世界许多国家利用。这种学制是(　　)

A. 单轨制　　B. 双轨制

C. 分支型学制　　D. 六三三学制

6. 欧洲实行双轨制，其中一轨自上而下，其结构是大学(后来也包括其他高等学校)—中学(包括中学预备班)。这是(　　)

A. 普通教育　　B. 职业教育
C. 精英教育　　D. 大众教育

7. 教育主体确定，教育对象相对稳定，有相对稳定的活动场所和设施等教育实体出现，教育初步定型。这些特征的出现标志着教育制度进入(　　)

A. 前制度化教育阶段　　B. 制度化教育阶段
C. 非制度化教育阶段　　D. 学校教育萌芽阶段

8. 学校教育制度在形式上的发展历程不包括(　　)

A. 前制度化教育　　B. 非制度化教育
C. 义务教育　　D. 制度化教育

9. 英国政府1870年颁布的《初等教育法》中，一方面保持原有的专为资产阶级子女服务的学校系统，另一方面为劳动人民的子女设立国民小学、职业学校。这种学制属于(　　)

A. 双轨学制　　B. 单轨学制
C. 中间型学制　　D. 分支型学制

10. 现代学制最早出现在(　　)

A. 美国　　B. 欧洲　　C. 中国　　D. 日本

11. 构建学习化社会的理想主要体现的是(　　)

A. 前制度化教育　　B. 制度化教育
C. 非制度化教育　　D. 正规教育

12. 近代(　　)的出现，开启了制度化教育的新阶段。

A. 学校系统　　B. 信息教育
C. 终身教育　　D. 学制的建立

13. 下列关于教育制度的特征，表述最为准确的是(　　)

A. 强制性、客观性、历史性　　B. 阶级性、阶段性、普及性
C. 历史性、人文性、社会性　　D. 开放性、客观性、多样性

14. 单轨制的优点是(　　)

A. 有利于塑造学生个性　　B. 有利于教育的普及
C. 兼顾公平与效益　　D. 有利于教学质量的平衡

15. 非制度化教育相对于制度化教育而言，改变的不仅是教育形式，更重要的是(　　)

A. 教育制度　　B. 教育理念
C. 教育机构　　D. 教育政策

16. 下列选项中不属于现代学制的主要类型的是(　　)

A. 双轨学制　　B. 单轨学制
C. 分支型学制　　D. 多轨学制

二、判断题

1. 广义的教育制度不仅包括教育行政机构，也包括教育实施机构。(　　)
2. 当代教育的发展中，学历教育和非学历教育的界限逐渐淡化。(　　)
3. 非制度化教育就是对制度化教育的全盘否定。(　　)
4. 在现代教育中，普通教育与职业教育日趋分化。(　　)
5. 教育体制其实就是教育制度。(　　)

三、简答题

简述现代教育制度的发展趋势。

专题二　学校教育制度

一、单项选择题

1. 从类别结构上来看，我国现行的学校教育可划分为职业技术教育、高等教育、成人教育、(　　)

A. 基础教育、特殊教育　　B. 基础教育、继续教育
C. 初等教育、继续教育　　D. 初等教育、特殊教育

2. 明显体现张之洞“中学为体，西学为用”思想的学制是(　　)(易混)

A. 癸卯学制　　B. 壬子癸丑学制
C. 壬戌学制　　D. 1951年学制

3. 中国近代教育走向制度化、法制化的标志是(　　)

A. 京师同文馆的设立　　B. 京师大学堂的创设
C. 癸卯学制的颁布实行　　D. 壬子癸丑学制的颁布实行

4. 学制在大中小学阶段的入学年龄划分方面，多数国家基本上是一致的，这是因为学制的设置受(　　)的影响。

A. 政治经济　　B. 生产力和科技
C. 人的身心发展规律　　D. 民族文化传统

5. 由张百熙起草，国家正式颁布但未实行的学制是(　　)(常考)

A. 癸卯学制　　B. 壬寅学制　　C. 壬子癸丑学制　　D. 壬戌学制

6.《中国教育改革和发展纲要》提出了教育发展的"两基""两全""两重"目标，其中"两全"指(　　)

A. 全面普及九年义务教育，全面扫除青壮年文盲

B. 全面进行教育改革，全面发展职业教育

C. 全面贯彻党的教育方针，全面提高教育质量

D. 全面改革政府包揽办学的格局，全面深化教育体制改革

7. 从层次结构上看，下列不属于我国学校教育制度的内容的是(　　)

A. 初等教育　B. 中等教育　C. 高等教育　D. 职业教育

8. 我国第一个体现女子享有与男子平等的法定教育权的学制是(　　)

A. 壬寅学制　B. 癸卯学制　C. 壬子癸丑学制　D. 壬戌学制

9. 我国现行学制的类型是(　　)

A. 分支型学制　B. 多轨学制　C. 双轨学制　D. 单轨学制

10. 中国近代实施时间最长、影响最大的学制是(　　)

A. 壬寅学制　B. 六三三学制　C. 癸卯学制　D. 壬子癸丑学制

11. 李老师教导学生说："社会主义现代化建设不但需要高级科学技术专家，而且迫切需要大量素质良好的中、初级技术人员、管理人员、技工和其他城乡劳动者。"由此可知，应大力发展(　　)

A. 高等教育　B. 中等教育　C. 职业技术教育　D. 初等教育

12. 在中国教育制度发展史上，中学阶段最早兼顾升学和就业双重需要的是(　　)

A. 癸卯学制　B. 壬子癸丑学制　C. 壬戌学制　D. 壬寅学制

13. 规定着各级各类学校的性质、任务、入学条件、修业年限以及它们之间的关系的是(　　)(常考)

A. 学校教育制度　B. 学校文化制度

C. 课程管理制度　D. 教学管理制度

14. 我国学制改革和发展的基本方向是重建和完善(　　)

A. 分支型学制　B. 单轨学制　C. 双轨学制　D. 混合学制

15. 下列不属于学校教育制度的基本要素的是(　　)

A. 学校的类型　B. 学校的级别

C. 学校的大小　D. 学校的结构

16. 我国实行的第一个现代学制是(　　)(常考)

A. 壬寅学制　B. 癸卯学制　C. 壬子癸丑学制　D. 壬戌学制

17. "癸卯学制"明文规定教育目的是(　　)

A. 忠君、尊孔、尚公、尚武、尚实　B. 发扬平民教育精神，谋求个性发展

C. 中学为体，西学为用　D. 健全人格，发展创造性

18. 发达国家实行12年甚至更多年限的义务教育，发展中国家实行9年义务教育，这反映了学校教育制度受(　　)

A. 历史传统影响　B. 政治制度影响

C. 经济发展水平影响　D. 社会成员意识影响

19. 中国近代制度化教育兴起的标志是清末的(　　)

A. 京师大学堂的创建　B. 废科举，兴学校

C. 北洋大学的创建　D. 洋务运动的推行

20. 壬戌学制是以(　　)学制为蓝本制定的。(易混)

A. 苏联　B. 德国　C. 日本　D. 美国

21. 我国教育史上第一个具有资本主义性质的学制是(　　)

A. 癸卯学制　B. 壬寅学制

C. 壬戌学制　D. 壬子癸丑学制

22. 1993年颁布的《中国教育改革和发展纲要》中的"两基"指的是(　　)

A. 基本普及九年义务教育和基本扫除青壮年文盲

B. 基础知识和基本技能

C. 基本普及九年义务教育和基本知识

D. 基本扫除青壮年文盲和基本技能

23. "三个结合""六个并举"的办学原则是在(　　)中提出的。

A.《关于教育工作的指示》　B.《关于改革学制的决定》

C.《中国教育改革和发展纲要》　D.《中共中央关于教育体制改革的决定》

24. 我国1922年颁布的"壬戌学制"实行的是(　　)

A. 四四四制　B. 五四三制

C. 六三三制　D. 八四制

25. 我国20世纪末提出的教育发展总目标里的"两重"是指(　　)

A. 重点普及义务教育，重点扫除青壮年文盲

B. 面向全体学生，促进学生全面发展

C. 全面贯彻党的教育方针，全面提高教育质量

D. 要建设好一批重点学校和一批重点学科

26. 允许智力超常的学生跳级、设立特殊学校与特殊班，这些说明学制的制定受(　　)

A. 社会政治经济制度的影响　B. 人口的影响

C. 人的身心发展规律的影响　D. 文化的影响

二、填空题

1. 我国古代的学校教育制度主要由________教育系统、________教育系统和书院教育系统构成。

2. 1912～1913年学制又称为________。

3. ________学制在我国近现代学制改革中，明确规定将学堂改为学校，实行男女平等。

4. ________是一个国家教育政策的根本体现。一般来说，它是由三个基本要素构成的，即学校的类型、学校的级别和学校的结构。

三、简答题

1. 简述建立学制的依据。

2. 简述我国当前学制改革的主要内容。

专题三　学校与学校文化、义务教育与终身教育

一、单项选择题

1. 一般认为,我国最早的学校出现在(　　)(常考)

A. 夏朝　B. 封建社会　C. 周朝　D. 十九世纪末

2. (　　)是养士的一个缩影,它是一所由官家举办、私家主持的学校,其特点是学术自由。

A. 稷下学宫　B. 杏坛学宫　C. 尼山论坛　D. 西河之学

3. 夏山学校是一所以(　　)为中心的学校。

A. 教师　B. 儿童　C. 活动　D. 作业

4. 世界上最早的幼儿园的创立者是(　　)

A. 福禄贝尔　B. 蒙台梭利　C. 第斯多惠　D. 洛克

5. 我国政府自行创立的第一所新式学堂是(　　)(易错)

A. 清华学堂　B. 京师大学堂

C. 京师同文馆　D. 福州船政学堂

6. "终身教育"这一术语的正式提出者是(　　)

A. 布鲁纳　B. 赫钦斯

C. 苏霍姆林斯基　D. 保罗·朗格朗

7. 以法律形式规定的,适龄儿童和少年必须接受的,国家、社会、学校和家庭必须予以保证的国民基础教育是(　　)

A. 家庭教育　B. 幼儿教育　C. 学前教育　D. 义务教育

8. 学校(　　)建设的重点是尊重与参与、学习与创新、发展与诚信价值观的确立。

A. 物质文化　B. 制度文化

C. 教师文化　D. 学生文化

9. "控辍保学"工作的落实体现了义务教育的(　　)的本质特点。

A. 普及性　B. 强制性　C. 民主性　D. 免费性

10. 北京师范大学学制研究小组于1981年在其附属中小学开始进行的学制实验是(　　)

A. 六三制　B. 双轨制　C. 分支制　D. 五四制

11. 学校及其他教育机构有别于企业组织的根本特点是(　　)

A. 公益性　B. 经营性　C. 文化性　D. 意识性

12. 当代教育正在超出制度化教育所规定的界限,逐渐在时间和空间上扩展到它的真正领域——整个人生的各个方面,不仅包括纵向的人生各个阶段所接受的教育,而且包括横向所接受的各种类型的教育。这种教育通常被称为(　　)

A. 全民教育　B. 全纳教育　C. 终身教育　D. 非制度化教育

13. 终身教育作为发达国家和发展中国家在今后若干年内制定教育政策的指导原则,是现代教育制度的发展方向,以下说法不正确的是(　　)

A. 教育贯穿人的一生以及人生的各个发展阶段

B. 终身教育不是传统教育的简单延伸,不包括正规教育

C. 课堂教学不再是教育的核心,终身教育没有固定内容和方法

D. 终身教育有助于实现教育民主化

二、辨析题

1. 终身教育是一种全新的教育。

2. 终身教育就是成人教育。(常考)

3. 义务教育最本质的特征是强制性。

三、简答题

1. 简述学校产生的条件。

2. 简述我国义务教育实施的重心。

3. 简述教师终身学习的内容。

4. 简述终身教育思想的主要观点。

5. 简述教师终身学习的方法。

6. 学校的基本性质有哪些?

7. 如何理解“学校是专门的教育机构”?

8. 简述义务教育的性质。

四、材料分析题

义务教育质量事关亿万少年儿童健康成长,事关国家发展,事关民族未来。为深入贯彻党的十九大精神和全国教育大会部署,加快推进教育现代化,建设教育强国,办好人民满意的教育,就深化教育教学改革、全面提高义务教育质量,国家出台了《中共中央国务院关于深化教育教学改革全面提高义务教育质量的意见》。

假如你是一名人民教师,请就“如何全面提高义务教育质量”提出自己的看法或建议。

真题必刷

一、单项选择题

1. [丽水青田]下列关于终身教育思想,表述不正确的是(　　)
   A. 终身教育使教育成为有效的、公正的、人道的事业
   B. 终身教育谋求各类教育之间的联系和统一
   C. 终身教育不包括非正规教育
   D. 终身教育已被不同社会制度的国家普遍接受
2. [嘉兴]广义的教育制度是指(　　)(常考)
   A. 学校教育制度　　B. 高等教育制度
   C. 社会教育制度　　D. 国民教育制度
3. [统考]制度化教育建立的典型表征是(　　)
   A. 学校的产生　　B. 学制的建立
   C. 教育实体的出现　　D. 定型的教育组织形式出现
4. [统考]乡政府依法责令张某按期送其女儿返校学习。这主要表明我国义务教育具有(　　)
   A. 普遍性　　B. 免费性　　C. 群众性　　D. 强制性
5. [统考]学校教育制度规定着各级各类学校的性质、任务、入学条件、修业年限及学校之间的(　　)
   A. 领导和从属关系　　B. 主导和辅助关系
   C. 衔接和分工关系　　D. 合作和竞争关系

二、填空题

1. [丽水遂昌]中国近代教育史上最早颁布的学制是1902年的《钦定学堂章程》,又称________。
2. [丽水青田]1904年,清政府沿袭日本的学制颁布了________。(易错)

三、判断题

1. [湖州吴兴区]教育管理体制是教育领域中关于机构的设置、隶属关系以及权限划分等方面的制度。(　　)
2. [湖州吴兴区]校风是一种无声的命令、无形的教育力量。因此,有人把它称为"第二教师队伍"。(　　)

四、简答题

[温州苍南]简述学校文化的功能。

第四章　教师与学生

命题分析

本章主要以选择、填空、判断、简答、论述、材料分析等形式进行考查。本章需要重点掌握的知识包括:

1. 识记教师的概念、职业性质、职业角色。
2. 识记并理解教师劳动的特点、教师的职业素养。
3. 识记教师的权利、教师专业发展的概念。
4. 识记并理解学生的特点、地位,现代学生观。
5. 区分内发论、外铄论的学生发展观的代表人物、主要观点。
6. 识记并理解师生关系的主要表现形式、良好师生关系的建立与发展以及理想师生关系的特点。

基础必刷

专题一　教　师

一、单项选择题

1. "为了使学生获得一点知识的亮光,教师应吸进整个光的海洋。"这句话是指教师应该具备(　　)
   A. 广博的专业知识　　B. 崇高的专业理想
   C. 精湛的专业技能　　D. 务实的专业态度
2. 教师借助"微课""翻转课堂"等新技术、新方法进行教学,体现了教师劳动的(　　)特点。
   A. 复杂性　　B. 长期性　　C. 创造性　　D. 示范性
3. 教师职业的最大特点在于职业角色的(　　)(常考)
   A. 多样化　　B. 专业化　　C. 单一化　　D. 崇高化
4. 我国奴隶社会时期,教育的一个重要特点是"学在官府""以吏为师"。按照教师职业的历史发展,这属于教师职业的(　　)
   A. 非职业化阶段　　B. 职业化阶段
   C. 专门化阶段　　D. 专业化阶段
5. 教师要加强教学的科学性和有效性必须具备的知识素养是(　　)(常考)
   A. 必备的教育科学知识　　B. 精深的学科专业知识
   C. 广博的科学文化知识　　D. 政治理论修养

6. 教师职业道德的核心是(　　)(常考)

A. 忠于人民的教育事业　　B. 以身作则

C. 热爱学生　　D. 团结协作

7. 我国最早的师范教育产生于(　　)

A. 明末　　B. 清初　　C. 清末　　D. 建国初期

8. (　　)是教师的基本物质保障权利。

A. 获得报酬权　　B. 教育教学权

C. 民主管理权　　D. 管理学生权

9. (　　)认为,教师是太阳底下最崇高、最优越的职业。(常考)

A. 杜威　　B. 夸美纽斯　　C. 洛克　　D. 赫尔巴特

10. 下列不属于构成师表维度的层次的是(　　)

A. 规范　　B. 垂范　　C. 典范　　D. 世范

11. 学生往往会"度德而师之",因而要求教师应扮演好(　　)

A. 研究者角色　　B. 管理者角色

C. 示范者角色　　D. 授业、解惑者角色

12. (　　)即认识教育对象、开展教育活动和研究所需的教育学科知识和技能。它主要是解决"怎样教"的问题。(易混)

A. 实践性知识　　B. 本体性知识

C. 文化知识　　D. 条件性知识

13. 教师的劳动成果是学生的品德、知识和能力,而非显性的物质财富。这说明教师的劳动具有(　　)特点。

A. 创造性　　B. 长期性　　C. 间接性　　D. 示范性

14. 教育学、心理学知识属于(　　)

A. 条件性知识　　B. 本体性知识

C. 一般文化知识　　D. 实践性知识

15. 评价教师专业性的核心因素是(　　)

A. 专业能力素养　　B. 专业知识素养

C. 专业精神素养　　D. 职业道德素养

16. 下列不属于忠于人民的教育事业的要求的是(　　)

A. 依法执教　　B. 严谨治教　　C. 终身学习　　D. 廉洁从教

17. 下列不属于教师的权利的是(　　)

A. 教育教学权　　B. 科学研究权

C. 管理学生权　　D. 保护学生权

18. 教师职业独立和专门化的一个重要标志是设置(　　)

A. 师范学校　　B. 职业学校　　C. 国民学校　　D. 初等学校

19. 教师不仅要教书而且要育人,不仅要传授文化而且要发展学生智力,还要培养学生的品德,促进学生身心健康发展。这反映了教师劳动具有(　　)

A. 示范性　　B. 复杂性　　C. 主体性　　D. 创造性

20. 教育教学过程就是教师直接用自身的知识、智慧、品德影响学生的过程。这反映了教师劳动的(　　)特点。

A. 个体性　　B. 间接性　　C. 广延性　　D. 主体性

21. "家人不在身边,老师就是我们的亲人"反映了留守儿童所期待的教师角色是(　　)

A. 父母与朋友　　B. 研究者

C. 管理者　　D. 授业、解惑者

22. 世界上独立的师范教育始于(　　)

A. 美国　　B. 英国　　C. 法国　　D. 德国

23. 某小学要求教师重视教学科研,卢老师抱怨道:"搞研究有什么用,上课又用不着。"卢老师的说法(　　)

A. 不正确,教师须服从学校的一切安排

B. 不正确,研究有利于教师的专业发展

C. 正确,小学教师搞研究没用

D. 正确,研究对应试教育帮助不大

24. "智如泉源,行可以为仪表者,人之师也。"(《韩诗外传》)这句话告诉我们,教师(　　)

A. 不仅要提高道德认识,还要加强道德实践

B. 不仅要有从教的学识能力,还要做到以身作则

C. 不仅要有丰富的学识,还要注重能力的提升

D. 不仅要有专业知识,还要有人文情怀

25. 教师职业的特殊要求是必须具有(　　)

A. 教育能力　　B. 管理能力　　C. 研究能力　　D. 控制能力

26. "道之所存,师之所存也。"这句话反映了教师职业角色中的(　　)角色。(常考)

A. "传道者"　　B. "示范者"

C. "授业、解惑者"　　D. "研究者"

27. 教师热爱教育事业具体体现在(　　)上。(常考)

A. 热爱祖国　　B. 团结协作　　C. 热爱学生　　D. 无私奉献

28. 下列选项中,说法正确的是(　　)

A. 教师的学科专业素养包括:精通所教学科的基本知识和技能、了解与该学科相关的知识、了解学科的发展脉络、了解该学科领域的思维方式和方法论

B. 小学教师不需要有教育科研能力

C. 教师教育就是师范教育

D. 教师培训与教师自我的专业发展应该采用整齐划一的模式

29. 新教师王老师在上入职后的第一节课时，尽管在教学内容和时间上做了很充分的准备，但是由于紧张，她的教学过程显得匆忙，语速快，也没有关注到学生，最后还没有按时下课。你认为王老师今后在能力素养方面应首先提高的是(　　)

A. 组织教育和教学能力　B. 语言表达能力

C. 组织管理能力　D. 自我调控能力

30. 王老师下班后，仍惦记着情绪不好的小明，积极与小明家长进行电话联系，这反映了教师劳动的(　　)

A. 广延性　B. 创造性　C. 长期性　D. 主体性

31. 法国文学家加缪获得诺贝尔文学奖后，第一时间给他的小学老师写了一封信表示感谢。这反映了教师劳动具有(　　)

A. 复杂性　B. 长期性　C. 创造性　D. 示范性

32. 教师的业务素养主要包括知识素养和能力素养两大方面。下列不属于教师知识素养的一项是(　　)

A. 精深的学科专业知识　B. 广博的科学文化知识

C. 必备的教育科学知识　D. 语言表达能力

33. "十年树木，百年树人"体现了教师劳动的(　　)(常考)

A. 复杂性　B. 长期性　C. 延续性　D. 广延性

34. 一位数学老师不能正确解释圆周率的含义，说明其缺乏(　　)

A. 本体性知识　B. 条件性知识

C. 背景性知识　D. 实践性知识

35. 学生的向师性和可塑性心理特征决定了教师劳动具有(　　)(常考)

A. 示范性　B. 复杂性　C. 主体性　D. 长期性

36. "资之深，则取之左右逢其源。"这句话强调的是教师应具有(　　)(常考)

A. 丰富的政治理论修养　B. 精深的学科专业知识

C. 广博的科学文化知识　D. 丰富的教育理论知识

37. 教师胜任教学工作的基础性要求是必须具有(　　)

A. 学科专业素养　B. 教育专业素养

C. 品德专业素养　D. 职业道德素养

38. 教师法定的最基本权利是(　　)

A. 管理学生权　B. 教育教学权　C. 科学研究权　D. 进修培训权

39. 在校本教研中，经常采用"同课异构"的方式，这体现了教师劳动的(　　)

A. 示范性　B. 广延性　C. 长期性　D. 创造性

40. 教师承担着(　　)的历史使命，肩负着塑造灵魂、塑造生命、塑造人的时代重任，是教育发展的第一资源，是国家富强、民族振兴、人民幸福的重要基石。

A. 传播知识　B. 传播思想　C. 传播真理　D. 以上三个都是

41. "其身正，不令而行"反映了教师劳动具有(　　)

A. 复杂性　B. 创造性　C. 无私性　D. 示范性

42. 托尔斯泰说："如果一个教师把热爱事业和热爱学生结合起来，他就是一个完美的教师。"这意味着教师要(　　)

A. 关心学生、了解学生　B. 尊重学生、信任学生

C. 严格要求学生，对学生一视同仁　D. 把热爱事业与热爱学生结合起来

43. "学高为师""良师必须是学者"，这是强调(　　)对教师专业发展的重要性。

A. 本体性知识　B. 条件性知识

C. 实践性知识　D. 文化知识

44. 推动教师发展的巨大动力是(　　)

A. 专业态度　B. 专业自我

C. 专业理想　D. 专业人格

45. 在教师专业成长中，由关注"我能行吗"转变到关注"我怎样能行"的阶段是(　　)(易混)

A. 虚拟关注阶段　B. 生存关注阶段

C. 任务关注阶段　D. 自我更新关注阶段

46. 教师专业发展的核心及最终体现是(　　)

A. 教师群体的专业发展　B. 教师个体的专业发展

C. 教师教育教学能力的发展　D. 教师道德素养的发展

47. 教师专业理想确立、专业情感积淀、专业技能提高、专业风格形成的关键是(　　)

A. 师范教育　B. 入职培训

C. 在职培训　D. 自我教育

48. 教师职业生涯规划的核心是(　　)

A. 成长目标的制定　B. 自我反思

C. 成长阶段设计　D. 确定将来的职业角色

49. (　　)是教师专业发展的一个关键阶段，其突出特点是"骤变与适应"。

A. "虚拟关注"阶段　B. "生存关注"阶段

C. "非关注"阶段　D. "任务关注"阶段

50. 教师在其专业发展的(　　)阶段开始对自身的专业发展进行反思。

A. "生存关注"　B. "虚拟关注"

C. "自我更新关注"　D. "任务关注"

51. 学校派工作一年多的刘老师参加了一次"国培计划"，刘老师回校后说："参加这样的集中学习，收获较大，解决了我的许多困惑。"这里有效促进刘老师专业发展的途径是(　　)

A. 入职培训　B. 专家指导　C. 在职培训　D. 岗前培训

52. 教师专业化发展的奠基阶段是(　　)

A. 自我教育　B. 在职培训　C. 入职培训　D. 师范教育

二、填空题

1. ________是教师做好教育工作的前提,也是教师劳动积极性和创造性的源泉。(常考)

2. “教师的劳动不直接创造物质财富,而是以学生为中介实现教师劳动的价值。”这句话体现了教师劳动的________。

3. 2014年第30个教师节前夕,习近平总书记考察北京师范大学时发表重要讲话,勉励广大师生做“四有”好老师。这“四有”是有________、有道德情操、有扎实学识、有仁爱之心。

三、简答题

1. 简述教师专业发展的内容。

2. 教师的职业角色表现在哪些方面?(常考)

3. 为什么教师在教育过程中起主导作用?

4. 教师应如何热爱学生?

5. 简述教师专业发展的途径。(常考)

6. 教师职业心理健康的内容有哪些?

7. 简述教师的知识素养。

8. 教师的能力素养包括哪些内容?(常考)

9. 简述教师劳动的特点。(常考)

10. 简述教师职业的性质。

11. 教师劳动的创造性体现在哪几个方面?(常考)

四、论述题

教师的职业道德素养是从哪几个方面来体现的?

五、材料分析题

1. 从小喜欢当老师的她,第一志愿就报考了师范类大学,经过四年努力,顺利毕业成为一名中学数学老师,在一节公开课上,她用精准的语言,互动的眼神,丰富的手势,极具条理性的推理板书,让所有听课的人收获满满。为了巩固课堂效果,老师布置了课堂习题。她将课前准备好的写满习题的木制小黑板用双面胶粘在教室大黑板的右上方。当一个学生正在黑板上做习题时,小黑板擦着学生的肩头掉了下来,孩子吓了一跳,老师也有点慌乱,但老师很快平静下来了,将小黑板捡起使劲地往黑板上按,小黑板被牢牢粘住了,再也没有掉下来。孩子做完题目,老师开始了有条不紊的分析,像什么事情都没有发生一样,对碰没碰到学生,吓没吓到学生,没有过问。下课铃声响起,老师从容愉悦地走出教室。

(1)结合案例,谈谈一名合格的教师应具备的基本素养。

(2)谈谈本案例对你的启示。

2. 某位教师教《就义诗》时,课堂上发生了一件事。一个学生在朗读课文时,把"还有后来人"误读成了"还有后人来"。学生听了都哄笑起来,教室里本来严肃的气氛没有了。怎么办呢?这时教师神态自若地问:"同学们,你们在笑什么?这位同学念的意思并没有错呀!"听教师这么一说,教室里安静了下来。她接着说:"'还有后来人'的意思是'还有接班人';'还有后人来'的意思是'还有人接班'。"这时,教室里鸦雀无声。教师又亲切地对大家说:"当然,意思不变并不等于说这位同学读对了。他之所以读错,是没有看清楚的缘故。如果仔细看,认真读,就不会出现这种差错了。我们请他再为大家朗读一遍,好吗?"同学们听了鼓起掌来。这时,那个读错字的学生情绪更加激动地读了起来。

请运用教育学知识对此案例进行分析。

专题二　学　生

一、单项选择题

1. 下列选项中属于“外塑论”的学生发展观的代表人物的是(　　)
   A. 孟子、华生　B. 杜威、培根
   C. 赫尔巴特、洛克　D. 朱熹、卢梭
2. 由一些具有某些典型的心理特点但又没有任何个人之间接触的成员构成的群体是(　　)
   A. 虚假群体　B. 真实群体
   C. 正式群体　D. 松散群体
3. 根据群体构成的原则和方式,可以将群体分为(　　)
   A. 正式群体和非正式群体　B. 虚假群体和真实群体
   C. 松散群体和联合群体　D. 集体和小集团
4. 李岩将来想当一名科学家,他的数学老师却说:“你现在学数学都那么吃力,以后物理、化学肯定也学不好,一定不能把成为一名科学家作为人生目标。”数学老师的说法(　　)(易错)
   A. 忽视了学生的主体性　B. 忽视了学生的发展性
   C. 忽视了学生的创造性　D. 忽视了学生的差异性
5. 在实际教学中,教师是学生的榜样,学生会模仿教师的言行举止。学生信服教师的教导胜过父母的话,年龄越小越是如此。此现象说明学生具有(　　)的心理特点。
   A. 发展性　B. 依赖性　C. 独立性　D. 向师性
6. (　　)是指人们在相互交往的基础上,自然形成的具有强烈的情感色彩的群体。
   A. 正式群体　B. 非正式群体　C. 小集团　D. 真实群体
7. “学生如同泥坯,他能否成型,依赖于教师的雕塑。”这种说法忽视了学生的(　　)(常考)
   A. 可塑性　B. 发展性　C. 能动性　D. 向师性
8. 根据联合国通过的《儿童权利公约》,泄露学生私人信息,违背了(　　)原则。
   A. 尊重儿童观点与意见　B. 儿童利益最大
   C. 尊重儿童权利与尊严　D. 无歧视
9. 下列哪项不属于把学生看成是独特的人的基本含义(　　)(易错)
   A. 学生是完整的人　B. 每个学生都有自身的独特性
   C. 学生与成人之间存在着巨大的差异　D. 学生与学生之间没有什么差异
10. “应当把成人看作成人,把孩子看作孩子。”这体现了什么样的学生观(　　)
    A. 学生是责权主体　B. 学生是独特的人
    C. 学生是学习的主体　D. 学生是完整的人
11. (　　)即学生作为主体对自己的状态及在教育中的地位、作用、情感、态度、行为等的自我认知。
    A. 独立性　B. 自我意识性　C. 创造性　D. 选择性
12. 学生尤其是小学生极易出现“染于苍则苍,染于黄则黄”的现象,这反映的是学生的(　　)特点。(常考)
    A. 向师性　B. 依赖性　C. 可塑性　D. 独特性
13. 现代学生观倡导(　　)(常考)
    ①学生是发展中的人　②学生是独特的人
    ③学生是单纯抽象的学习者　④学生是具有独立意义的人
    A. ①②③　B. ②③④　C. ①③④　D. ①②④
14. (　　)是最低水平的群体。
    A. 松散群体　B. 合作群体　C. 联合群体　D. 真实群体
15. 下列选项中不属于学生主观能动性的主要表现的是(　　)
    A. 创造性　B. 调控性　C. 独立性　D. 可塑性
16. “你可以把马儿牵到河边,但你不能强迫它喝水。”这句话隐喻学生的学习具有(　　)
    A. 主体性　B. 客观性　C. 被动性　D. 强制性

二、判断题

1. 学生并不是单纯的、抽象的学习者,而是有着丰富个性的、完整的人。(　　)
2. “以学生为本”的教育理念要求使学生成为教育活动的主导者。(　　)
3. 学生具有依赖性,因此学生并不能成为自我教育的主体。(易错)(　　)
4. 随着儿童的成长,其知识不断增加,“向师性”越来越强。(　　)

三、简答题

1. 简述同辈群体对学生个体的影响。

2. “学生是具有独立意义的人。”这句话的含义是什么?(常考)

四、论述题

1. 试述学生在学校教育中的地位与作用。(常考)

2. 如何理解“学生是发展中的人,要用发展的观点认识学生”?

五、材料分析题

1. 在一次写作课上,老师要求同学们说说“我的理想”,这时一个小男孩举起了手,怯怯地说:“我的理想是做一只老鼠……”其他学生哄堂大笑,老师说:“理想是美好的、崇高的,不能是大家都反对的,坐下吧!”小男孩哭得很伤心。十年后,小男孩长大了,给这位老师寄去了一封信:“我的理想是做一只老鼠,搬走所有的黑暗,给世界无限的光明;我的理想是做一名小偷,偷走夏日的酷暑,冬日的严寒,把舒适留给人间……”这位老师懊悔不已。

请运用教育理念相关知识分析此材料中教师的教学行为。

2. 一年级学生莎莎,由于母亲工作忙,开学第一天,莎莎的耳朵没有洗干净。第一节课,张老师发现了莎莎的耳朵脏,叫莎莎站起来给大家看,作为一个反面的教材,引起了全班同学的大笑。从此以后,每次上到张老师的课,莎莎总是把头埋得很低,总是觉得大家都在看她,都在嘲笑她。因此莎莎的数学成绩一直很差。老师把原因归结于莎莎上课不认真,没能集中注意力去听课,以致莎莎的成绩越来越差,数学就考40分,莎莎的身心受到了严重的影响。终于有一天,妈妈发现了莎莎不对劲,问了莎莎原因。在妈妈的询问下,莎莎把这件事情告诉了妈妈,妈妈要求更换班主任,此事受到了学校的重视,学校对张老师进行了严厉的批评。张老师也意识到了自己的错误,并向莎莎道歉。

综合案例,运用“以人为本”的学生观,分析张老师的教育教学行为。

3. “小林同学头脑聪明,连续两年都保持着第一的成绩,不愧是外交官的孩子。”课堂上,张老师刚表扬了在这次期末考试中取得班级第一的学生,转而就对考了倒数第一的学生进行严厉批评:“李××,在神游呢?俗话说,‘龙生龙,凤生凤’,我看你就不是块读书的料,谁都教不好你,趁早回乡下陪你父母种田算了。”

请运用教育学的相关理论对材料中张老师的观点进行评价。

专题三　师生关系

一、单项选择题

1. 我国中小学课桌的摆放多呈(　　)，教师讲台置于块状空间的正前方，这种格局阻隔了师生之间的交往及生生之间的交往。

A. 圆桌式　B. 秧田式　C. 马蹄形　D. 半圆形

2. 教师对学生指导、引导的目的是促进学生的(　　)

A. 自由发展　B. 自主发展　C. 自愿发展　D. 自动发展

3. "学生易激怒，不愿合作，而且可能背后伤人。"这可能是教师的哪种管理类型造成的(　　)(易混)

A. 强硬专断型　B. 放任自流型

C. 仁慈专断型　D. 民主管理型

4. "学然后知不足，教然后知困"体现了新型师生关系的(　　)特点。(易错)

A. 尊师爱生　B. 民主平等　C. 教学相长　D. 心理相容

5. 在师生关系的探讨上存在影响较大的两大理论流派，即"教师中心论"和"儿童中心论"。"教师中心论"的代表人物是(　　)(易混)

A. 赫尔巴特　B. 卢梭　C. 杜威　D. 赞科夫

6. 从系统管理学的角度看，师生关系体现为伦理关系、管理关系、法律关系与人际关系等。其中，处于最高层次的是(　　)

A. 伦理关系　B. 管理关系　C. 法律关系　D. 人际关系

7. 西方学者罗森塔尔证明，教师对学生的认识和评价标准不同，就会产生不同的情感和期望，从而对学生的学习和发展产生重要影响。产生这种影响的师生关系类型是(　　)

A. 教育关系　B. 组织关系　C. 心理关系　D. 社会关系

8. 刘老师认为教师不能束缚学生的天性，因此，即使班上的学生不按时完成作业也不管不问；而学生们认为刘老师教学水平低下，于是从不主动向他请教问题。这属于(　　)师生关系。

A. 对立型　B. 自由放任型　C. 民主型　D. 依赖型

9. 下列选项中，不属于增强师生之间心理相容性的措施的是(　　)

A. 多接触学生，研究学生，了解学生的心理状态

B. 理解学生，发挥非权力性影响，一视同仁地与所有学生交往，善于倾听不同意见

C. 遵循教育规律，多采用讨论、启发等教学方法

D. 为人师表，以人格力量感化学生

10. 学生在教育过程中的地位一直是教育史上争论的重大问题，"把学生看成是可以随意涂抹的一张白纸，一个可以任意填灌的装知识的容器"，这是(　　)的代表观点。(常考)

A. 社会本位论　B. 个体本位论

C. 教师中心论　D. 学生中心论

11. 现代师生伦理关系的核心要求是(　　)

A. 鼓励学生　B. 关心学生　C. 以人为本　D. 民主平等

12. (　　)指的是教师与学生之间在心理上协调一致，在教学实施过程中表现为师生关系密切、情感融洽、平等合作。

A. 民主平等　B. 教学相长　C. 心理相容　D. 尊师爱生

13. 教师需要处理多种关系，其中的核心关系是(　　)

A. 师生关系　B. 同事关系　C. 师长关系　D. 师教关系

14. 解决师生冲突的关键是(　　)(易错)

A. 学生　B. 教师　C. 校长　D. 家长

15. 在教育教学中，教师尊重学生的看法，鼓励学生质疑、发表不同的意见，以讨论、协商的方式解决争端。这种师生关系为(　　)

A. 对立型　B. 依赖型　C. 民主型　D. 放任型

16. 在道德修养方面，良好的师生关系体现为(　　)(常考)

A. 民主平等关系　B. 知识授受关系

C. 互相促进关系　D. 示范模仿关系

17. 教师的下列哪一项做法违背了平等公正对待学生的要求(　　)

A. 为胆小内向的学生创造展示自我的机会

B. 只关注优等生，对差等生爱理不理

C. 让每一位学生充分发挥自身所长，为班集体贡献力量

D. 加强与后进生的沟通，时刻掌握其思想动向

18. 某学校为庆祝即将到来的教师节，准备在节日当天开展教师宣誓活动。下列是为该学校准备的部分教师宣誓词，其中不恰当的是(　　)

A. "作为一名人民教师，我将做有理想信念、有道德情操、有扎实学识、有仁爱之心的好老师，甘为党的教育事业做奉献"

B. "作为一名人民教师，我将言行雅正，举止文明，自尊自律，清廉从教，以身作则"

C. "没有一流的师资队伍，就培养不出一流的学生，在今后的教育工作中，我将努力学习科学知识与育人知识，只教育、培养精英学生"

D. "我志愿成为一名人民教师，履行教书育人职责，引领学生健康成长"

二、判断题

1. "尊师爱生"即先有尊师后有爱生。(易错)　(　　)

2. 理想的师生关系就是教师和学生之间建立亲密无间、"零距离"的关系。　(　　)

3. "教学相长"是教师和学生彼此受益、互惠互利、互动双赢的教学关系的重要体现。　(　　)

4. 师生关系就是教与学的关系。　(　　)

5. 师生心理关系的实质是师生个体之间的情感是否融洽、个性是否冲突、人际关系是否和谐。　(　　)

6. 良好的师生关系首先取决于学生。(易错)　(　　)

三、简答题

简述良好师生关系的作用。(常考)

四、论述题

1. 影响师生关系的因素有哪些?

2. “关系重于教育”,和谐的师生关系会对教育产生重要的影响,对于良好师生关系的构建,教师应从哪几方面做出努力?

真题必刷

一、单项选择题

1. [温州苍南]“教学有法,教无定法”说明教师的劳动具有(　　)(常考)

A. 示范性　　B. 复杂性

C. 创造性　　D. 长期性

2. [统考]在课堂中,教师让学生自主学习,学生各行其是,教师能够解答学生的问题,但不能给予及时的正确指导,不认真检查学习结果。这种师生关系的形态属于(　　)

A. 对立型　　B. 民主型

C. 依赖型　　D. 放任型

3. [统考]新任教师有强烈的自我专业发展的忧患意识,这时其处于教师专业发展的(　　)

A. 自我更新关注阶段　　B. 任务关注阶段

C. 生存关注阶段　　D. 虚拟关注阶段

4. [丽水青田]下列关于学生的本质属性,论述不正确的是(　　)

A. 学生是具有发展潜能的人　　B. 学生是一个完整的人

C. 学生是以升学为主要任务的人　　D. 学生是具有主观能动性的人

5. [湖州吴兴区]教师的身份定位是(　　)(常考)

A. 高级知识分子　　B. 国家公务员

C. 普通人员　　D. 专业人员

二、填空题

1. [衢州常山]教师是履行教育教学职责的专业人员,承担教书育人,培养社会主义事业建设者和接班人、提高________的使命。(常考)

2. [嘉兴]学生既是教育的________,又是自我教育和发展的________

三、判断题

[统考]教师是学校教育工作的主要实施者,根本任务是传道授业。(　　)

四、简答题

1. [丽水松阳]教师的基本权利有哪些?

2.［嘉兴平湖］简述新课改提倡的学生观。(常考)

五、材料分析题

［丽水景宁］男生蓝冬，学习成绩不理想，但演讲、表演、写作却很优秀。若只讲学习成绩，他不会引起老师的重视，但对于班主任而言，他却是个不可多得的好帮手。他把团队工作搞得有声有色，为班级获得县级“红旗团支部”的荣誉称号，还当选为县团代表，并在县团代表大会的晚会上表演才艺，获得热烈掌声。临近高中毕业，蓝冬根据自己的实际情况，放弃了高考，到了一家人才公司。不到一年时间，个子矮小的他就当上了公司一个部门的主管。

请问：

(1)这位老师对一个概念的理解有偏差，是哪个概念？偏差在哪？

(2)这个案例对树立正确的教育观念有什么启示？

第五章　课　程

命题分析

本章主要以单选、填空、判断、辨析、简答、论述、材料分析等形式进行考查。本章需要重点掌握的知识包括：

1. 识记课程、几种常见的课程类型、课程开发等的概念。
2. 区分课程类型的分类依据，理解各类型课程的特征、优缺点等。
3. 识记制约课程的主要因素。
4. 识记泰勒的目标模式、三维课程目标、课程文本的三种表现形式。
5. 区分课程资源的分类依据以及各类型课程资源的内涵。
6. 识记并理解我国基础教育课程改革的核心理念、具体目标、内容等。

基础必刷

专题一　课程概述

一、单项选择题

1. 老师非常重视教室的布置，在教室里设计了图书角、黑板报、光荣榜、植物区等。从课程理论的角度来看，这些都属于(　　)

A. 显性课程　　B. 隐性课程　　C. 活动课程　　D. 综合课程

2. 直接经验与间接经验的关系反映到课程类型上主要表现为(　　)的关系。

A. 活动课程与学科课程　　B. 学科课程与综合课程

C. 显性课程与隐性课程　　D. 选修课程与必修课程

3. “无论选择何种学科，都务必使学生理解该学科的基本结构。”依此而建立的课程理论是(　　)(常考)

A. 要素课程论　　B. 综合课程论

C. 活动课程论　　D. 结构课程论

4. 我国古代的“六艺”和古希腊的“七艺”都属于(　　)

A. 学科课程　　B. 活动课程　　C. 综合课程　　D. 融合课程

5. 要素课程论的代表人物是(　　)

A. 杜威　　B. 巴格莱　　C. 布鲁纳　　D. 罗杰斯

6.“宽着期限,紧着课程”是(　　)的言论。

A. 孔子　B. 韩愈　C. 朱熹　D. 王夫之

7. 显性课程和隐性课程是根据(　　)的不同而划分的。(易混)

A. 课程内容的固有属性　B. 课程的功能

C. 课程的任务　D. 课程的表现形式

8. 倡导活动课程的教育家是(　　)

A. 赫尔巴特　B. 卢梭　C. 柏拉图　D. 杜威

9.“隐性课程”一词最早是由(　　)提出来的。

A. 杰克逊　B. 巴格莱　C. 布鲁纳　D. 赫尔巴特

10. 学生的年龄特征、知识与技能的基础及其可接受性主要影响着课程内容的(　　)

A. 深度和广度　B. 科学性和系统性

C. 深度、广度和逻辑结构　D. 科学性和逻辑结构

11. 1918年,(　　)的《课程》一书的出版,标志着课程作为一个独立的研究领域的诞生。(常考)

A. 泰勒　B. 斯腾豪斯　C. 博比特　D. 施瓦布

12. (　　)主张课程内容要适合儿童的需要和接受能力,要求以活动为中心组织教学,没有固定的课程标准和教材。

A. 结构课程论　B. 要素课程论

C. 情意中心课程论　D. 活动课程论

13. 注重拓展学生的知识和能力的课程是(　　)(易混)

A. 基础型课程　B. 拓展型课程

C. 研究型课程　D. 学科课程

14. 下列表述与现代意义上的“课程”最不接近的是(　　)

A. 维护课程,必君子监之,乃得依法制也

B. 宽着期限,紧着课程

C. 一切的课程内容应当从学术(学问)中引申出来

D. 课程是学习者在学校指导下的一切经验

15. 陶行知先生倡导的“生活即教育”“教学做合一”的思想,落实在课程类型上表现为(　　)

A. 学科课程　B. 综合课程　C. 活动课程　D. 隐性课程

16. 某校教师在做自我介绍时说,自己从事人文社会类的课程教学,这类课程是我国学校教育的主导课程,能够使学生获得系统的知识与技能。他所教的这类课程叫作(　　)

A. 综合课程　B. 活动课程

C. 学科课程　D. 相关课程

17. 下列选项中,不属于活动课程所具有的特点的是(　　)

A. 以知识的逻辑体系为中心编制课程　B. 以生活题材为学习单元

C. 强调把教材变为直接的和个人的经验　D. 儿童通过解决面临的问题重构经验

18. (　　)的产生源于对杜威实用主义“儿童中心”课程的反思,认为儿童中心的课程难以保证学生获得基本的知识和技能,而教育和课程应当将人类文化要素传授给下一代。

A. 永恒主义课程理论　B. 要素主义课程理论

C. 结构主义课程理论　D. 后现代主义课程理论

19. 显性课程的主要特征是(　　),这是区分显性课程和隐性课程的主要标志。

A. 计划性　B. 外显性

C. 目的性　D. 直接性

20. 下列不属于隐性课程的主要表现形式的是(　　)

A. 观念性隐性课程　B. 物质性隐性课程

C. 制度性隐性课程　D. 知识性隐性课程

21. 关于课程与教学的关系,下列说法错误的是(　　)(易错)

A. 课程与教学不可分割　B. 课程总是在特定的教学活动中实现

C. 两者相互独立　D. 教学总是在特定的课程基础上进行

22. 近代以来,像夸美纽斯所倡导的“泛智课程”,斯宾塞根据功利主义原则设置的课程等,都属于(　　)

A. 学科课程　B. 活动课程

C. 综合课程　D. 核心课程

23. 从对学生学习要求的角度来划分,课程可分为(　　)(易混)

A. 学科课程与活动课程　B. 国家课程、地方课程与校本课程

C. 必修课程与选修课程　D. 基础型课程、拓展型课程与研究型课程

24. (　　)亦称公开课程,是指在学校情境中以直接的、明显的方式呈现的课程。

A. 选修课程　B. 研究型课程

C. 显性课程　D. 活动课程

25. 以下不属于活动课程论的基本主张的是(　　)

A. 经验论　B. 主动作业论

C. 课程组织的心理顺序论　D. 强调教学中学科理论的学习

26. 教师的教学风格属于(　　)

A. 观念性隐性课程　B. 物质性隐性课程

C. 制度性隐性课程　D. 关系性隐性课程

27. 下列属于情意中心课程论的代表人物的是(　　)

A. 布鲁纳　B. 巴格莱

C. 杜威　D. 马斯洛

28. 校园环境、规章制度、人际关系都属于(　　)(常考)

A. 隐性课程　B. 显性课程

C. 分科课程　D. 综合课程

29. 与结构课程论相对立的课程理论是(　　)
A. 活动课程论　　B. 要素课程论
C. 存在主义课程论　　D. 永恒主义课程论
30. 美国学者赫钦斯是(　　)课程理论的代表人物。
A. 经验主义　　B. 永恒主义
C. 现代主义　　D. 后现代主义
31. 从课程功能的角度,可将课程分为工具性课程、知识性课程、实践性课程和(　　)
A. 拓展型课程　　B. 技能性课程
C. 基础型课程　　D. 显性课程
32. 历史上最早把“课程”用作一个专门的教育术语的教育家是(　　)
A. 柏拉图　　B. 杜威　　C. 斯宾塞　　D. 泰勒
33. 下列哪种课程观没有体现“学习者是课程主体”的思想(　　)
A. 课程即知识　　B. 课程即复杂会话
C. 课程即活动　　D. 课程即经验
34. 能改变“教育中无儿童,见物不见人”倾向的课程观是(　　)(易错)
A. 课程是知识　　B. 课程是计划
C. 课程是学习经验　　D. 课程是活动
35. 坚持知识统一性观点,而且可以发挥学习者的迁移能力的课程类型是(　　)
A. 学科课程　　B. 活动课程
C. 综合课程　　D. 核心课程
36. 在世界范围内,影响近代课程体系的最主要的观点是(　　)
A. 课程是知识　　B. 课程是经验　　C. 课程是活动　　D. 课程是游戏
37. 主张“任何学科的基础都可以用某种形式教给任何年龄的任何人”的理论是(　　)
A. 学科课程论　　B. 活动课程论　　C. 结构课程论　　D. 综合课程论
38. 研究型课程注重培养学生的(　　)
A. 记忆能力　　B. 探究能力　　C. 计算能力　　D. 概括能力

二、判断题

1. 综合课程比分科课程更优越。(　　)
2. 课程即学校开设的全部学科的总和。(易错)(　　)
3. 永恒主义课程理论是典型的儿童中心论,这种课程理论主张课程要完全按照儿童的兴趣来组织而不考虑学科的逻辑。(　　)
4. 我国小学目前开设的道德与法治课程属于综合课程。(　　)
5. 选修课程体现了现代课程对个体需要和学习兴趣的尊重,其主导价值在于发展学生的共性。(　　)
6. “活动课程论”重视儿童对系统知识的学习。(　　)
7. 选修课开设得越多越好。(　　)

三、简答题

1. 简述课程与教学的关系。

2. 简述制约课程的因素。

四、论述题

试述活动课程论的基本主张。

专题二　课程开发

一、单项选择题

1. 课程计划首先要解决的问题是(　　)(常考)
A. 课程设置　　B. 课程开设顺序
C. 教学时数　　D. 学年编制和学周安排
2. (　　)是学生获得系统知识的工具,也是教师进行教学的主要依据。(常考)
A. 课程表　　B. 教师用书　　C. 教科书　　D. 课程标准
3. 教科书编写应遵循的原则有(　　)
A. 科学性、操作性、基础性、适用性　　B. 普遍性、思想性、基础性、适用性
C. 科学性、思想性、基础性、适用性　　D. 科学性、思想性、强制性、适用性

4. 按照“确立课程目标—选择学习经验—组织学习经验—进行课程评价”的基本步骤编制课程。这种模式称为(　　)(常考)

A. 目标模式　　B. 过程模式　　C. 批判模式　　D. 实践与折中模式

5. 以目标为中心而展开，针对20世纪初形成并流行的常模参照测验的不足而提出的评价模式是(　　)

A. 目标评价模式　　B. 目的游离评价模式

C. CIPP评价模式　　D. 以上都不对

6. 课程开发的目标模式的代表人物是(　　)(常考)

A. 泰勒　　B. 斯腾豪斯　　C. 劳顿　　D. 博比特

7. 下列对课程标准与教材关系的表述中，错误的是(　　)

A. 教材的编写和实验可以检验课程标准的合理性

B. 课程标准是教材编写和评价的依据

C. 同一年级同一科目不同版本的教材反映着不同的课程标准要求

D. 课程标准对教材具有重要的指导意义

8. 恰当处理学科知识与课程内容的关系意味着实现(　　)

A. 科学性与思想性的统一　　B. 学科逻辑与儿童心理逻辑的统一

C. 事实与价值的统一　　D. 主体与客体的统一

9. 学校组织教育和教学工作的重要依据是(　　)(常考)

A. 课程计划　　B. 课程标准　　C. 课程目标　　D. 课程结构

10. 目的游离评价模式主张把课程评价的重点从“课程计划预期的结果”转向(　　)

A. 目标　　B. 计划背景

C. 课程实施　　D. 课程计划实际的结果

11. 第一次明确提出课程开发的过程模式的人是(　　)

A. 布鲁纳　　B. 阿特金森

C. 斯腾豪斯　　D. 斯塔弗尔比姆

12. 被称为“课程评价之父”的教育家是(　　)(常考)

A. 杜威　　B. 斯塔弗尔比姆

C. 泰勒　　D. 裴斯泰洛齐

13. 泰勒于1949年出版了《课程与教学的基本原理》一书，系统地提出了课程编制的四个阶段，其中最为关键且指导课程设计展开的阶段是(　　)

A. 选择课程内容　　B. 组织课程内容

C. 监测课程实施　　D. 确定课程目标

14. “课程评价之父”泰勒的课程编制原理主要强调的是(　　)

A. 目标对课程的主导　　B. 学生对课程的评价

C. 教师对课程的执行　　D. 专家对课程的设计

15. 课程标准通常包括了几种具有内在关联的标准，主要有内容标准和表现标准。下列内容不符合课程标准内涵的是(　　)

A. 它是按门类制定的

B. 它规定本门课程的性质、目标、内容框架

C. 它包括教学重点、难点、时间分配等具体内容

D. 它提出指导性的教学原则和评价建议

二、填空题

1. “________”目标强调基础知识和基本技能的获得，相当于传统的“双基教学”。

2. ________和________是教材的主体。

三、判断题

1. 课程的实施与其设计关系巨大，一般来说，课程设计得越好，实施起来就越容易，效果也就越好。(　　)

2. 李老师上课时注重用教材教而不是教教材，这种做法是错误的。(　　)

3. 课程计划是根据学科课程标准制订的。(易错)(　　)

4. 课程标准和教学大纲基本上是一样的，只是提法更具有时代性。(　　)

5. 教科书规定了学科的教学目的与任务，知识的范围、深度和结构，教学进度以及有关教学方法的基本要求。(　　)

6. 教材是课程标准的具体化。(　　)

四、简答题

1. 简述教科书编写应遵循的基本原则。

2. 简述影响课程实施的主要因素。(常考)

五、论述题

试述泰勒的课程设计模式的优缺点。

专题三　课程管理与课程资源

一、单项选择题

1. 某小学根据当地太极拳具有悠久历史的现实,在该校开设了太极拳课程。该课程属于(　　)(易混)

A. 国家课程　B. 地方课程　C. 校本课程　D. 学科课程

2. 展示学校办学宗旨和特色的课程是(　　)

A. 地方课程　B. 校本课程　C. 国家课程　D. 学科课程

3. 实行国家、地方、学校三级课程管理,为的是增强课程对学校及学生的(　　)(常考)

A. 适应性　B. 普及性　C. 实用性　D. 时代性

4. 某小学为培养学生的"工匠精神"和动手能力,与企业合作开发"手工陶瓷工艺品制作"课程。从空间上讲,这种课程资源属于(　　)

A. 校内课程资源　B. 素材性课程资源

C. 校外课程资源　D. 条件性课程资源

5. 从课程资源的存在方式来区分,可以分为(　　)

A. 校内课程资源和校外课程资源

B. 显性课程资源和隐性课程资源

C. 素材性课程资源和条件性课程资源

D. 物质形态的课程资源和精神形态的课程资源

6. 校本课程开发的理念是(　　)

A. 以学生为本　B. 以教师为本

C. 以教材为本　D. 以课堂为本

7. CIPP评价模式包含背景评价、输入评价、过程评价和(　　)

A. 内容评价　B. 目标评价　C. 模式评价　D. 成果评价

8. 校本课程开发的主体是(　　)(易错)

A. 教师　B. 学生　C. 学生家长　D. 社区代表

9. (　　)的特点是直接作用于课程并成为课程的要素,并内化为学生身心发展的素质。

A. 条件性课程资源　B. 素材性课程资源

C. 校内课程资源　D. 校外课程资源

10. 下列关于课程资源的说法,正确的是(　　)

A. 教师和学生不是课程资源

B. 学校可根据地域特点、学校传统和优势自主开发地方课程

C. 教师或学生的经验、感受、困惑、意见等属于隐性课程资源

D. 对教师而言,课程资源指的是课程标准和教科书

11. 课程资源的核心和主要组成部分是(　　)

A. 教材　B. 学生　C. 课程标准　D. 学校

12. 作为重要课程形式的校本课程,是对国家课程的(　　)

A. 延伸　B. 补充　C. 深化　D. 拓展

13. (　　)明确规定实行三级课程管理体制。(易混)

A.《基础教育课程改革纲要(试行)》

B.《中共中央关于教育体制改革的决定》

C.《国家中长期教育改革和发展规划纲要(2010~2020年)》

D.《中国教育改革和发展纲要》

14. 校本课程是促进学校特色发展的重要途径。下列说法不正确的是(　　)

A. 校本课程开发必须落实为相关的校本课程书面教材

B. 应该加强一线教师的课程开发能力

C. 校本课程开发可以借助校外专家的指导

D. 地方教育行政部门应该鼓励学校因校制宜地开发校本课程

15. 某校自主开发的经典诵读课属于(　　)

A. 生本课程　B. 校本课程　C. 地方课程　D. 国家课程

二、辨析题

1. 凡是课堂上发生的预设外的情况,老师都应该将其开发成课程资源。这才符合新课程改革的要求。

2. 学生既是课程资源的消费者，又是课程资源的开发者。(常考)

3. 教材是教学活动可以利用的唯一资源。

4. 开发地方课程和校本课程就意味着要编写教材。

5. 国家课程具有普遍适用性，但难以顾及各学校的特殊性。(易错)

三、简答题

1. 简述校本课程开发的理念。(常考)

2. 新课程改革为什么将“教学大纲”改为“课程标准”？

3. 简述校本课程开发的途径。

4. 课程资源开发的途径有哪些？

四、论述题

试述校本课程开发对教师专业发展的重要性。

五、材料分析题

1. 周五下午,某校三(2)班学生最盼望的"茶道课"开始了！在清雅的古典音乐中,老师、家长和孩子们一起煮水、温杯、洗茶、泡茶、品茶。教室里茶香四溢,所有人都凝神静气,沉浸在优雅淳厚的古风古韵中。说起这"茶道课"还有一段故事呢！半年前,班里一位对茶文化有研究的家长发现自己的孩子和班里不少同学都有喝碳酸饮料的习惯,于是她和班主任沟通,希望通过让孩子们学习茶道,亲近几千年的中国茶文化,来改变这种不健康的习惯。她的建议得到了班主任和家长委员会的积极响应,家长委员会很快为班级购置了茶具,并由这位家长亲自担任授课教师。她不仅教给孩子们泡茶的方法,还为孩子们讲解饮茶历史、饮茶与健康、中外茶道、饮茶与中国传统礼仪。为了让更多孩子喜欢喝茶,她还和孩子们一起尝试在淡淡的茶水中加入水果、牛奶、蜂蜜、冰糖、抹茶等,制成了各具特色的"创意茶"。

如今,"创意茶"成了孩子们最喜爱的饮料,"茶道课"也成为最受孩子们欢迎的课程之一。

请阐述上述校本课程开发及实施的材料对你的启示。

2. 有一篇名为《赴贵州支教引发的思考》的文章写道:老师们告诉我,由于工作条件所限,很多村小都没有配备风琴,音乐课往往被取消了。我请老师们一起思考:是不是没有风琴就不能上音乐课？村中有哪些资源可以用来上音乐课呢？我说:"也许在你的村庄里有一位老人,很喜欢拉二胡,我们能不能请他来教我们的学生欣赏《二泉映月》《江河水》？当地乡亲们耳熟能详的民歌、地方戏曲是不是也可以在教室内外、村头、打谷场作为教学内容？除了二胡,还有笛、箫这些民间非常普及的乐器……"这时,老师们就开始一个接一个地说,唢呐、芦笙、口琴……忽然,我听到树叶、手指,心中大喜。我说:"如果树叶、手指都能作为音乐课的资源,那将来还能说没有风琴就不能上音乐课吗？"

请从课程资源开发和利用的角度,对以上材料进行评析。

专题四 基础教育课程改革

一、单项选择题

1. 整体设置九年一贯的课程门类和课时比例,并设置综合课程。这方面改革指向的是( )
   A. 课程目标　B. 课程管理　C. 课程评价　D. 课程结构
2. 基础教育课程改革的核心理念是( )(常考)
   A. 使学生更快乐地学习　B. 为了中华民族的复兴,为了每位学生的发展
   C. 使学生全面掌握知识与技能　D. 对传统教育课程的改革
3. 我国基础教育新课程改革关于课程结构的变革体现为( )(易混)
   A. 小学阶段以分科课程为主
   B. 初中阶段设置分科与综合相结合的课程
   C. 高中以综合课程为主
   D. 从小学至高中设置综合实践活动课程并作为选修课程
4. 邓小平"三个面向"思想指的教育要是( ),面向世界,面向未来。
   A. 面向全体人民的利益　B. 面向现代化
   C. 面向先进生产力的发展　D. 面向生活实际
5. 我国新课改中课程结构的基本特征不包括( )(常考)
   A. 多样性　B. 均衡性　C. 综合性　D. 选择性
6. 我国当前教学改革的主题是( )
   A. 实施素质教育　B. 建立合理的课程结构
   C. 实施科学的教学评价　D. 开展教学改革和实验
7. 新课改将改变课程管理过于集中的状况,实行( )(常考)
   A. 二级课程管理制度　B. 三级课程管理制度
   C. 四级课程管理制度　D. 五级课程管理制度
8. 光明小学所在区县有着十分浓厚的戏曲文化,在几次研讨会后,校长决定在该校开设戏曲体验课程,让学生们从小接受戏曲文化的熏陶。这一课程的开设主要体现了新课程的( )原则。
   A. 选择性　B. 均衡性　C. 综合性　D. 灵活性

二、填空题

1. 第八次课程改革的显著特征和核心任务是________。(常考)
2. 对于学生,新课程强调要建立促进学生________的评价体系。
3. "整体的人"包括两层含义:人的完整性和________的完整性。

三、判断题

1. 新课改强调课程内容应与生活和时代相联系。 ( )
2. 新课改进一步强化了教育评价的甄别与选拔功能。 ( )

3. 教师是既定课程的阐述者和传递者，学生是既定课程的接受者和吸收者，这是新课程倡导的教学观。（　　）

4. “研究性学习”既是一种学习方式，也是一种课程形态。（　　）

5. 新课程改革强调的综合实践活动就是课外活动。（　　）

6. 课程改革主要是教育行政部门和课程改革专家的事，其成功与否与教师无关。（　　）

7. 新课程改革实际上就是新一轮的教材改革。（　　）

四、简答题

1. 我国基础教育课程改革的具体目标有哪些？(常考)

2. 简述我国基础教育课程改革的背景。

3. 简述新课程倡导的教学观。(常考)

五、论述题

试述我国学校课程改革存在的问题并提出建议。

六、材料分析题

阅读材料，按要求作答。

森林里有一所“动物学校”，开设了跑步、跳跃、爬行、游泳、飞行五门课程，并规定学生要全部掌握。第一批学生有鸭子、兔子、松鼠、鹰和泥鳅。

鸭子游泳一向突出，飞行勉强及格，由于跑得慢，他不得不每天放学后留在学校练习跑步，但期末考试成绩仍然没有及格，他的游泳由于长期不练习，期末只获得了中等成绩。兔子是班里跑得最快的，但由于游泳作业太多，他不得不整天泡在水里，泡得精神都快要崩溃了。

松鼠原本是较出色的，但对于飞行感到非常沮丧，因为老师只许他从地面起飞，不许他从树顶起飞。由于他非常喜欢跳跃，花了很多时间发明了一种跳跃游戏，结果期末考试，爬行刚好及格，跑步甚至不及格。

鹰受到老师的严格管理，在爬行考试中，他第一个到达树顶，但他用的是自己的方式而不是老师所教的那种方式，因此并没有得到老师的表扬。

学期结束时，普普通通的泥鳅，由于游泳马马虎虎，跑步、跳跃、爬行成绩一般般，同时也能飞一点点，因此他的总成绩是班里最高的。毕业典礼那天他作为全体学生的唯一代表在大会上发言。

许多鼠类动物子弟没有到“动物学校”学习，因为学校拒绝增开挖掘课。为子女着想，鼠类动物联合创办了另外一所学校……

请运用新课改的理念指出“动物学校”存在的主要问题和违背的教育教学规律，并提出解决办法。

真题必刷

一、单项选择题

1. [宁波国家高新区]把两个或两个以上紧密联系的学科内容融合在一起，取消原有的学科，合并成一个新学科。这类课程属于（　　）

A. 关联课程　　B. 融合课程　　C. 活动课程　　D. 核心课程

2. [衢州常山]将课程分为基础型课程、拓展型课程和研究型课程，这是（　　）(易混)

A. 从课程制定者或管理制度角度划分的　　B. 从课程的功能角度划分的

C. 从课程的组织核心角度划分的　　D. 从课程的任务角度划分的

3. [温州龙湾区]我国当前教学改革的重心是(　　)(易错)

A. 建立合理的课程结构　　B. 编订合理的教材

C. 培养大量高水平的教师　　D. 坚持整体教学改革和实验

4. [台州]结构主义课程论的创建者是(　　)

A. 杜威　　B. 布卢姆　　C. 布鲁纳　　D. 赞科夫

5. [台州天台]基础教育课程改革中取代教学大纲的是(　　)

A. 课程标准　　B. 教学计划　　C. 课程计划　　D. 课程大纲

6. [湖州吴兴区]教材编写、教学、评估和考试命题的依据是(　　)(常考)

A. 国家课程标准　　B. 地方教材　　C. 校本教材　　D. 教学大纲

7. [统考]超越不同知识体系而以关注共同要素的方式来安排学习的课程开发活动属于(　　)

A. 课程改编　　B. 课程整合　　C. 课程拓展　　D. 课程新编

二、填空题

1. [丽水遂昌]三级课程体系为国家课程、地方课程和________。

2. [丽水青田]________是最古老、使用范围最广泛的课程类型,如中国古代的"六艺"与古希腊的"七艺"。

3. [龙泉]广义课程是指所有学科的总和,或指学生在教师指导下________的总和,狭义的课程是指一门________。

4. [温州乐清]新课程改革中强调教学目标的设计要落实三维目标,即知识与技能目标,过程与方法目标,________目标。(常考)

三、判断题

1. [台州]课程目标的确定取决于知识或学科的内容。(　　)

2. [温州瑞安]《基础教育课程改革纲要(试行)》中指出:从小学至高中设置综合实践活动,并作为必修课。其内容主要包括:信息技术教育、研究性学习、社区服务与社会实践以及劳动与技术教育。(　　)

四、辨析题

[统考]校本课程就是学校自己组织的活动课程。

第六章 教 学

命题分析

本章主要以选择、填空、判断、辨析、简答、论述、材料分析等形式进行考查。本章需要重点掌握的知识包括:

1. 识记教学的概念、意义、一般任务。

2. 理解教学与教育、智育、上课的关系。

3. 识记教学过程的构成要素,特殊认识说的内容,历史上对教学过程的各种理解以及课堂教学的基本阶段。

4. 识记并理解教学过程的基本规律(基本特点)。

5. 识记并理解小学常用的教学原则的基本含义、贯彻要求。

6. 识记并理解小学常用的教学方法的含义、运用要求。

7. 识记班级授课制的内容以及教学工作的基本环节。

8. 区分教学评价的分类依据,识记各评价类型的概念。

基础必刷

专题一 教学及其过程

一、单项选择题

1. 在教学过程中,学生对客观世界的认识主要是通过(　　)

A. 直接感知事物　　B. 间接经验

C. 学生的实践活动　　D. 交往

2. 教学的教育性主要体现了教学过程中的哪一条基本规律(　　)

A. 间接经验与直接经验相结合的规律

B. 教师主导作用与学生主体作用相统一的规律

C. 掌握知识与发展智力相统一的规律

D. 传授知识与思想品德教育相统一的规律

3. 与其他的认识过程不同,教学过程在主客体之间嵌入了一个"中介因素"——教师。这体现了教学过程的(　　)特点。

A. 交往性　　B. 教育性　　C. 间接性　　D. 指导性

4.(　　)是学校教育的中心工作,也是学校进行全面发展教育的基本途径。(常考)

A. 育人　　B. 教学　　C. 智育　　D. 体育

5. 关于教学的任务,实质教育论者(　　)(易错)

A. 重视实用知识的传授,忽视智力的发展　　B. 重视智力发展,忽视知识的传授

C. 既强调智力发展,又重视知识传授　　D. 主张在发展智力的基础上传授知识

6. 巴班斯基认为评价教学过程最优化的基本标准有效果标准和(　　)标准。

A. 空间　　B. 时间　　C. 信度　　D. 效度

7. 非智力因素是指除智力以外的对学习过程起着始动、定向、维持、调节作用的个性心理因素,以下不属于非智力因素的是(　　)

A. 爱好　　B. 情绪　　C. 意志　　D. 想象力

8. 教育史上,在掌握知识与发展智力的学术争辩中,实质教育论以英国教育家(　　)为代表。

A. 裴斯泰洛齐　　B. 杜威　　C. 洛克　　D. 斯宾塞

9. 理论联系实际的教学原则所遵循的主要的教学规律是(　　)

A. 间接经验与直接经验相结合的规律　　B. 教师主导作用与学生主体作用相统一的规律

C. 掌握知识与发展智力相统一的规律　　D. 传授知识与思想品德教育相统一的规律

10. 教学作为一种活动,一个过程,具有多种形态,是(　　)的统一。

A. 课内与课外　　B. 班级与小组　　C. 集体与个别化　　D. 共性与多样性

11. 特殊认识说认为,教学过程的本质是一种(　　)(常考)

A. 认识活动　　B. 实践活动　　C. 交往活动　　D. 课堂活动

12. 下列选项不能体现教师主导作用与学生主体作用相统一的教学规律的是(　　)

A. 学不躐等　　B. 道而弗牵,强而弗抑

C. 不愤不启,不悱不发　　D. 教学相长

13. 教学和教育是(　　)的关系。(常考)

A. 普遍和特殊　　B. 个别和一般　C. 整体和部分　　D. 部分和整体

14. 教学过程本质观中的认识—发展说认为,教学过程是促进儿童(　　)

A. 身心发展的过程　　B. 身体发展的过程

C. 心理发展的过程　　D. 智力发展的过程

15. "教学过程是师生之间沟通互动、共同发展的过程",这种观点属于教学过程本质的(　　)(易混)

A. 特殊认识说　　B. 交往说　　C. 发展说　　D. 实践说

16. 教学是学校教育的(　　)工作。

A. 唯一　　B. 中心　　C. 必要　　D. 辅助

17. 教学的首要任务是(　　)(常考)

A. 引导学生掌握科学文化基础知识和基本技能

B. 提高学生的智能、体能和创造才能

C. 培养学生社会主义品德和审美情趣,奠定学生的科学世界观基础

D. 关注学生的个性发展

18. 下列关于掌握知识与发展智力的关系,说法错误的是(　　)

A. 掌握知识是发展智力的基础　　B. 掌握知识就是为了发展智力

C. 发展智力是掌握知识的重要条件　　D. 二者统一在同一个教学活动之中

19. 教学中学生的认识既是目的,也是手段,学生在学习过程中认识世界,促进了知、情、意、行的协调发展与人格的养成。这是指教学过程中学生认识的(　　)(易错)

A. 教育性　　B. 交往性　　C. 间接性　　D. 领导性

20.(　　)主要是使学生获得关于所学内容的一个整体的表象,是所有教学活动的必经阶段。

A. 激发学习动机　　B. 感知教材　　C. 理解教材　　D. 运用知识

21. 教师通过播放视频,让学生对地球环境恶化的状况有所了解,然后开始进行环境保护知识的讲解。这属于教学过程的(　　)

A. 领会知识阶段　　B. 巩固知识阶段

C. 检查知识阶段　　D. 运用知识阶段

二、辨析题

1. 坚持以教学为主的办学规律,要求学校领导集中全校所有的人力、物力和财力用于教学活动。

2. 学生的认识活动是教学中最主要的活动。

3. 教学就是教师上课学生听课。(易错)

4. 有教师认为,课堂教学以传授学科知识、达成"双基"为目的,不应再承担其他任务和功能。

5. 教学与教育是两个相同的概念。(常考)

6. "勤能补拙""笨鸟先飞"说的是非智力因素对智力因素的补偿作用。

7. 教师是教学过程的主角,学生学得好坏由教师决定。

三、简答题

1. 简述教学过程的基本规律。(常考)

2. 教学的一般任务有哪些?(常考)

3. 简述教学的特点。

4. 简述教学的意义。

5. 教师发挥主导作用的条件是什么?

6. 简述有效教学的原则。

7. 简述教学过程的基本阶段。(常考)

8. 简述赞科夫提出的发展教学的五条原则。

四、论述题

1. 有人认为，素质教育可以用6个字概括——教是为了不教。请谈谈你对这6个字的理解和认识。

2. 试述在教学中，应该如何正确看待间接经验与直接经验的关系。（常考）

五、材料分析题

一天，语文老师正在讲课，突然天色大变，狂风呼啸，乌云滚滚，电闪雷鸣，哗哗哗……大雨倾盆而下，学生坐不住了，纷纷窃窃私语。见到这一情景，这位老师干脆放弃原有的教学计划，顺应学生的好奇心，让学生趴在窗前尽情地观赏起雨景来，十分钟后才回到座位上。

师：谁能用我们背过的古诗来形容一下刚才的天气？

生：山雨欲来风满楼。

生：碧山还被暮云遮。

生：黑云翻墨未遮山，白雨跳珠乱入船。

师：好，这一句极为贴切。

生：老师，我认为应该是"白雨跳珠乱入窗"才对。

生：改为"乱敲窗"更好，"乱敲窗"说明了雨点大，而且像个调皮的小娃娃，好像也要挤进来和我们一起读书。

改完诗，教师又要求同学们把刚才的雨景和争论都写下来，不一会儿，一篇篇情真意切的文章便应运而生了。

请结合教学过程的基本特点分析上述材料。

专题二 教学原则与教学方法

一、单项选择题

1. 能够在最短的时间内向学生呈现、介绍大量和系统信息的方法是（　　）（常考）
   A. 实践法　B. 谈话法　C. 参观法　D. 讲授法

2. 陈老师为某中学的数学教师，他在给学生讲解完等差数列的基本概念之后，不断给他们出新的题目进行练习，加深学生对等差数列概念的理解。陈老师遵循了教学过程中的（　　）
   A. 循序渐进原则　B. 直观性原则
   C. 巩固性原则　D. 启发性原则

3. "学而时习之"体现的教学原则是（　　）（常考）
   A. 理论联系实际原则　B. 启发性原则
   C. 循序渐进原则　D. 巩固性原则

4. 学生在教师指导下，运用一定的仪器、设备获取知识的教学方法是（　　）
   A. 演示法　B. 练习法　C. 实习作业法　D. 实验法

5. （　　）是当代运用教学方法的指导思想。
   A. 务必循序渐进，防止打乱顺序　B. 坚持因材施教，避免无的放矢
   C. 提倡启发式，反对注入式　D. 坚持思想性和科学性相统一

6. 小学阶段的教学应侧重的教学方法是（　　）
   A. 讲演的方法　B. 探究的方法　C. 直观的方法　D. 实习的方法

7. 自然常识课上，教师通过做水加温和降温的实验，让学生观察水的"三态"变化，这种教学方式是（　　）（易错）
   A. 讲授法　B. 实验法　C. 演示法　D. 谈话法

8. 某小学一年级的王老师经常在课堂上用生动形象的图片教学生学习汉字。这反映了小学教学中要遵循（　　）
   A. 启发性原则　B. 直观性原则
   C. 循序渐进原则　D. 量力性原则

9. 讲授法的基本形式包括（　　）（常考）
   A. 讲述、讲解、讲读、讲演　B. 讲述、讲解、讲读、讲评
   C. 讲述、讲评、讲演、讲读　D. 讲解、讲演、讲读、讲评

10. "杂施而不孙，则坏乱而不修。"这句话强调的教学原则是（　　）
    A. 循序渐进原则　B. 启发性原则
    C. 理论联系实际原则　D. 量力性原则

11. 允许成绩优秀的学生跳级，体现了（　　）原则。
    A. 启发性　B. 直观性　C. 因材施教　D. 巩固性

12. 与讲授法相比,发现法最大的缺点是(　　)
A. 太耗费时间　　B. 不利于发展学生的智力
C. 导致学生机械学习　　D. 会分散学生的注意力
13. "到什么山上唱什么歌儿"启示我们应该坚持的教学原则是(　　)
A. 巩固性原则　　B. 因材施教原则
C. 循序渐进原则　　D. 直观性原则
14. 我国古代的墨子很重视学习上的量力而为,这体现的教学原则是(　　)
A. 理论联系实际原则　　B. 量力性原则
C. 因材施教原则　　D. 循序渐进原则
15. 下列关于直观性教学原则的表述,不正确的是(　　)
A. 教学直观包括言语直观、实物直观和模像直观
B. 教学中较多选用现代化教学手段
C. 直观教学主要由学生年龄特征决定
D. 直观教学不应该与讲解配合
16. "西邻有五子,一子朴,一子敏,一子盲,一子偻,一子跛。乃使朴者农,敏者贾,盲者卜,偻者绩,跛者纺,五子皆不患衣食焉。"这体现的教学原则是(　　)
A.启发性原则　　B.因材施教原则　　C.循序渐进原则　　D.直观性原则
17. 一名教师教授新课之前让学生复习了以前的内容,"跃"这个字,右边的"夭"正好是今天学的这个字"笑"的下面的部分,于是当学生再学"笑"这个字的时候就容易多了。这名教师是运用(　　)原则来进行教学的。
A. 巩固性　　B. 启发性　　C. 直观性　　D. 因材施教
18.《学记》指出"独学而无友,则孤陋而寡闻""相观而善""相互切磋"。这说明我们在教学中要注意运用(　　)
A. 谈话法　　B. 讨论法　　C. 讲授法　　D. 练习法
19. 曹老师教《圆的周长》时,讲述了我国古代数学家祖冲之在计算圆周率上的卓越贡献,同学们感到很自豪。曹老师遵循的教学原则是(　　)(常考)
A. 启发性原则　　B. 巩固性原则
C. 因材施教原则　　D. 科学性与思想性相统一原则
20. 下列不属于循序渐进的"序"的含义的是(　　)
A. 学生的身心发展规律　　B. 科学知识的逻辑顺序
C. 教师的思维顺序　　D. 学生的认识顺序
21. 讲授法是最普遍、历史最悠久的教学方法,它的不足之处在于(　　)
A. 不利于教师权威的树立　　B. 不利于学生短时间内获得系统的知识
C. 不利于教师面向多个学生　　D. 不利于学生主动学习
22. 情境教学法的核心在于(　　)
A. 巩固学生的基础知识　　B. 培养学生的探索精神
C. 激发学生的情感　　D. 减轻学生的学习负担
23. "你要满足你的要求和愿望,你就必须认识和思考,但是为了这个目的,你也必须行动,知和行又是那么紧密地联系着,假如一个停止了,另一个也随之停止。"这句话反映的教学原则是(　　)
A. 启发性原则　　B. 理论联系实际原则
C. 巩固性原则　　D. 量力性原则
24. 在教学过程中要注意学生的年龄特征,了解学生发展的具体特点,恰当地把握教学的难度和速度。这一教学基本要求贯彻的是教学的(　　)
A. 巩固性原则　　B. 启发性原则
C. 系统性原则　　D. 可接受性原则
25. 为了使教学不脱离实际,就要补充必要的乡土教材。这贯彻的教学原则是(　　)
A. 直观性原则　　B. 启发性原则
C. 循序渐进原则　　D. 理论联系实际原则
26. 愉快教学法的倡导者是(　　)(易错)
A. 李吉林　　B. 邱学华　　C. 刘京海　　D. 倪谷音
27. 鲁宾斯坦曾经说过:"思维通常总是开始于疑问或者问题,开始于惊奇或者疑问,开始于矛盾。"基于这一观点,教学应遵循(　　)
A. 启发性原则　　B. 教育性原则
C. 因材施教原则　　D. 直观性原则

二、填空题

1. "大有大成,小有小成"体现了________的教学原则。
2. 教学中采用"先练后讲""先学后教"的方式,让学生先去尝试练习或操作,依靠自己的努力初步解决问题,最后教师根据学生练习中的难点,有针对性地进行讲解。这是________教学法。
3. 教师通过语言系统、连贯地向学生传授知识、表达情感的教学方法是________。
4. 两种对立的教学方法指导思想是________和________。(常考)
5. 保加利亚医学和心理学博士________首创了暗示教学法。

三、判断题

1. 教学方法是教师为完成教学任务而采用的教的方法。(易错)　(　　)
2. 乌申斯基认为"复习是学习之母",这体现了教学的巩固性原则。　(　　)
3. 教学的循序渐进原则要求教师在课堂教学时要面面俱到,讲清所有知识点。　(　　)
4. 启发式教学是一种具体的教学方法。　(　　)
5. 教师在教学讲解中不应长篇大论、平铺直叙,而要运用恰当的比喻和事例,尽量做到生动有趣。　(　　)

6. 讲授法就是教师讲、学生听，是一种“填鸭式”的教学方法，因此被现代教学所摒弃。（常考）　（　）

7. 王老师在课堂上介绍“青蒿素”时，还讲到了屠呦呦躬身钻研的故事，使同学们深受鼓舞。王老师在教学中遵循了理论联系实际的原则。　（　）

8. 贯彻直观性教学原则，要求根据学生的特征恰当选择直观手段。　（　）

四、简答题

1. 讨论是班级成员之间的一种互动交流方式，教师要组织好学生的讨论需要注意哪些问题？

2. 我国小学常用的教学原则有哪些？（常考）

3. 简述运用讲授法的优缺点。（常考）

4. 简述循序渐进原则的含义及贯彻此原则的要求。

5. 简述运用演示法的基本要求。

五、论述题

1. “启发式”教学与“注入式”教学的不同之处是什么？运用启发式教学的好处有哪些？

2. “教学有法，教无定法，贵在得法。”这句话中的三个“法”分别是什么意思？结合教育理论知识和教育实践谈谈你对这句话的认识。（常考）

3. 联系实际，谈谈在教学中应如何贯彻理论联系实际的原则。

六、材料分析题

1. 一个妙趣横生的作文教学片段：

师：同学们，端午节快到了，我非常想到你们各家去过端午节，不知哪位同学愿意请我？

生：（面露喜色，大声喊）老师到我家！我愿意请您！

师：大家都愿意请我，我很高兴。但这样争也不是办法。我看这样吧，谁会做菜，而且做的菜色香味俱全，我就到谁家去做客。

生：（面露难色，不知如何回答）

师：这个条件可能让大家为难了。不过，离端午节还有好几天呢，如果同学们肯学，一定能学好，能请到我的。

生：（兴高采烈）好，一言为定！

（两天后的作文课上）

师：同学们学会做菜了吗？

生：（大声、齐）学会了！

师：呀，这么快？跟谁学的？

学生1:我跟爸爸学的。

……

师:感谢你们的一片诚心。那你们都学会做什么菜了呢?一定很好吧?

生:(不等老师叫,就纷纷起立,七嘴八舌、争先恐后地说起来。老师请了几位上讲台说给大家听。)

师:刚才这几位同学都讲得不错。听他们一讲,我就知道菜一定做得不错,老师的口水都快流出来了。但全班这么多同学,不可能每个人都上来说,有什么办法能让老师知道每个同学学会了做什么菜,做菜的过程怎样呢?

生:老师,让我们把做菜的过程和做的什么菜写出来,您不就知道了吗?

师:这个主意真好。这样,老师不但能知道你们做的什么菜,而且还能比较一下,看谁的菜做得最好,我就到谁家去做客,好吗?

生:好!

师:好就快写吧。

结合材料,从教学原则、教学方法、教学过程三个视角进行分析。

2. 在讲解完"颗颗穗粒多饱满"这句话之后,斯霞老师要求小学生用"饱满"这个词语造句。有的学生说:"麦子长得饱满。"有的学生说:"豆角长得饱满。"斯霞老师忽然走到教室门口,转过身,胸脯略微挺了挺,头微微扬了扬,两眼炯炯有神。她问学生:"这是不是精神饱满?"学生齐声回答:"是。"斯霞老师接着说:"让我看看大家的精神怎样?"同学们也挺了挺胸脯,坐得端端正正,"饱满"这个词,被学生理解和掌握了。

请运用教育学相关知识对该案例进行分析。

3. 三年级来了两位新老师。李老师主要采用"教师讲,学生听;教师写,学生抄"的方法,不停地讲授书本知识,并结合大量练习。王老师则善于运用多媒体、设计游戏环节等手段配合教学,提出贴合学生实际生活的问题,并给予学生自由讨论、思考的时间。

结合以上材料,分析两位老师教学活动的相同点和不同点。你喜欢哪位老师的教学?

4. 王老师教学生学习认字,当教到"天"字时,为了加深学生的印象,他开始引导学生:"你们的头顶上是什么?"学生想了想:"头发。"老师:"头发上面是什么呢?"学生:"屋顶。"老师:"屋顶上面是什么呢?"学生:"瓦片。"老师有点着急:"你们好好看看,上面到底还有什么?"学生低语:"还有,还有小鸟在飞。"

请运用教学原则的相关知识分析王老师的做法。

专题三　教学组织形式与教学工作的基本环节

一、单项选择题

1. 道尔顿制的主要措施不包括(　　)

A. 实行导生制　　B. 实行学分制

C. 把教室改成作业室　　D. 废除班级授课制

2. 在原始社会和奴隶社会里,(　　)是教学组织的主要形式。

A. 个别教学　　B. 分组教学　　C. 复式教学　　D. 协同教学

3. 把大班上课、小班讨论和个人自学三种教学形式结合起来的教学组织形式是(　　)(常考)

A. 特朗普制　　B. 复式教学

C. 贝尔—兰喀斯特制　　D. 道尔顿制

4. 把课划分为新授课、巩固课、技能课、检查课的依据是(　　)(易混)

A. 教学任务　B. 教学内容　C. 教学规律　D. 教学原则

5. 下列不属于班级授课制的优点的是(　　)

A. 有利于发挥学生集体的教育作用　B. 有利于进行教学管理和教学检查

C. 有利于发挥教师的主导作用　D. 有利于因材施教

6. 下列著作中,为班级授课制奠定理论基础的是(　　)

A.《论语》　B.《理想国》

C.《大教学论》　D.《普通教育学》

7. 备课是教师根据(　　)的要求和本门课程的特点,结合学生的具体情况,选择最合适的表达方法和顺序,以保证学生有效地学习。

A. 教学目标　B. 学科课程标准

C. 培养目标　D. 学校教学计划

8. 教学工作的中心环节是(　　)(常考)

A. 备课　B. 上课　C. 个别辅导　D. 布置作业

9. 备课必须首先从(　　)重视上课。

A. 精神上、思想上　B. 物质上

C. 行动上　D. 撰写教案上

10. 教学过程的中心环节是(　　),包括感知教材和理解教材。(常考)

A. 激发学习动机　B. 领会知识

C. 巩固知识　D. 运用知识

11. 下列关于学生学业成绩评定叙述正确的是(　　)

A. 评定学生学业成绩,一般采用百分制记分法和等级制记分法

B. 一般来说,题的数量多、便于给小分的,用等级制较便利

C. 题的数量不多,理解和灵活运用的题用百分制较方便

D. 在成绩评定时,不能把等级制换算成一定的分数

12. (　　)是教学工作的起始环节,是上好课的先决条件。

A. 备课　B. 上课

C. 作业的布置与反馈　D. 课外辅导

13. 教师要钻研教材,要努力做到懂、透、(　　)

A. 化　B. 通　C. 明　D. 理

14. 备课时,教师要按顺序写出(　　)三种教学计划。

A. 课时计划、单元计划、学期计划　B. 学期计划、单元计划、课时计划

C. 单元计划、课时计划、学期计划　D. 学期计划、课时计划、单元计划

15. (　　)是指课的基本组成部分及各组成部分进行的顺序、时限和相互关系。

A. 课的类型　B. 课的结构　C. 课程设置　D. 课时安排

16. 取消传统的按年龄编班的做法,而按学生的能力或学习成绩编班。这是(　　)(易混)

A. 外部分组　B. 内部分组

C. 设计教学法　D. 道尔顿制

17. 我国最早采用班级授课制的是(　　)

A. 东林书院　B. 北洋水师学堂

C. 京师同文馆　D. 武夷精舍

18. (　　)是一种有利于经济有效地大面积培养人才的教学组织形式。(常考)

A. 特朗普制　B. 班级授课制

C. 个别教学制　D. 分组教学制

19. 课外辅导是帮助和指导学生学习的活动。下列关于课外辅导的说法,错误的是(　　)

A. 课外辅导是在课堂教学规定时间以外教师对学生的辅导

B. 在辅导过程中,教师要善于启发学生自己找到解决疑难问题的门径

C. 教师要善于让学习成绩好的学生帮助学习成绩不理想的学生

D. 课外辅导的对象仅为学习成绩优良的学生

20. 布置课外作业的目的是(　　)(易错)

A. 使学生进一步巩固所学知识,并培养其独立学习和工作的能力

B. 复习已学过的教材,对已学过的知识进行巩固和加深

C. 使学生掌握新知识

D. 使学生对所学教材当堂理解、当堂消化

21. 班级授课制的特征可以用以下哪几个字概括(　　)

A. 班、课、室　B. 师、生、课

C. 师、生、时　D. 班、课、时

22. (　　)是指教学活动中教师与学生为实现教学目标所采用的社会结合方式。

A. 教学模式　B. 教学规律

C. 教学组织形式　D. 教学评价

23. 柏克赫斯特创建的教学组织形式是(　　)

A. 班级授课制　B. 设计教学法

C. 道尔顿制　D. 分组教学

二、填空题

1. 教学的特殊组织形式是________。

2. ________是教师教和学生学的最直接的体现,是提高教学质量的关键。

3. 一般来说,构成课的基本组成部分有组织教学、________、讲授新教材、巩固新教材、布置课外作业等。(常考)

4. 检查学生学业成绩的方法是多种多样的。常用的检查方式有两大类:________和________。

5. ________是指教师把学生带到事物发生、发展的现场进行教学活动的形式。

三、判断题

1. 分组教学是为了克服班级授课制的弊端而提出的,因此比班级授课制优越。(易错) ( )
2. 平时考查中的口头提问是在课中进行的,而检查书面作业则是在课外进行的。 ( )
3. 一节课既有检查复习,又有新知识的讲授,还有练习巩固,从课的类型上看,这是一节综合课。 ( )
4. 教师在布置作业时,应争取家长的配合,让家长也额外布置一些作业给学生。 ( )
5. 课外辅导是适应学生个别差异,贯彻因材施教的重要措施。 ( )
6. 上好课是提高教学质量的关键,上好一堂课的内在动力是明确教学目的。 ( )

四、简答题

1. 教师上好一节课的标准有哪些?(常考)

2. 简述课外辅导的内容。

3. 简述当前教学组织形式改革的趋势。

4. 简述学业成绩检查的基本要求。

五、论述题

备好课是上好课的前提。新课程理念下,你认为教师应如何"分析教材"?

六、材料分析题

1. **案例一** 一天,班里的学习尖子生小明对语文老师说:"老师,您好,我向您提个建议,你布置的字词我早已学会了,能不能再给我布置点别的作业?我不想再机械地抄写这些字词了,真没意思。"

案例二 又到了交作业的时间了。"老师,王小雷的作业又没写。这样的实践作业他每次都不写。"小组长认真地向老师汇报。老师把这些没交作业的同学叫过来大声训斥,询问原因,他们也很无辜:"老师,不是我们不写作业,而是这样的作业我们不会写。"

请结合案例现象,说明当前在新课改的背景下如何合理有效地布置作业。

2. 从教20年来,我在校内外多次观摩听课。近年来,我发现,有些经过教研组集体合力打磨的课,展示时总感觉太失真,作秀太明显;也有一些教师精心准备的课,却受到学生的冷遇,台上教师口若悬河,台下学生却昏昏欲睡。这种情况与教师课前没有充分了解学生的情况有关。所以教师备课不应只是备课本,更要关注学生学情,并由此出发有针对性地设计教什么、怎么教的问题。

——资料来源:陈长礼.精心准备的课为何学生不买账[N].中国教育报,2018-5-2

(1)教师备课在教学过程中的地位与作用是什么?

(2)教师备课应该树立什么理念?

(3)教师备课有哪些基本要求?

专题四　教学模式与教学评价

一、单项选择题

1. 如果将对期末考试结果的解释视为总结性评价，那么对教学过程中测验结果的解释就是(　　)
A. 非正式评价　B. 诊断性评价
C. 形成性评价　D. 真实性评价

2. 在教学活动中，创设一种情感和认知相互促进的教学环境，引导学生在轻松愉快的教学氛围中有效地获得知识。这属于(　　)教学模式。
A. 传递—接受　B. 自学—指导
C. 引导—发现　D. 情境—陶冶

3. 教师在教学过程中就所学的知识向学生进行提问属于(　　)(易错)
A. 诊断性评价　B. 终结性评价　C. 绝对性评价　D. 形成性评价

4. 以下关于学业成绩的说法中，较为合理的是(　　)
A. 甲老师说："学业成绩当然是看期末考试成绩考得好不好。"
B. 乙老师说："我会以期末考试成绩为主要参考，再根据平常表现综合打分。"
C. 丙老师说："期末考试成绩占比70%，平常作业成绩占比30%。"
D. 丁老师说："主要是看期末考试成绩，再加上平时谁与我更亲近。"

5. "情境—陶冶"教学模式的理论基础是(　　)
A. 最优教学法　B. 掌握学习法　C. 暗示教学理论　D. 发现教学理论

6. 罗杰斯提出的以发展学生的人格和情感为目标的教学模式属于(　　)
A. 非指导性教学模式　B. 结构主义教学模式
C. 发展性教学模式　D. 最优化教学模式

7. (　　)适用于原理、规律性知识的教学。
A. 发现教学模式　B. 掌握学习教学模式
C. 范例教学模式　D. 最优化教学模式

8. 王老师告诉陈浩妈妈，陈浩期中语文测试成绩在班上属于中等水平。这种评价属于(　　)(易错)
A. 绝对性评价　B. 相对性评价
C. 内部评价　D. 个体内差异评价

9. 开学时对全班学生进行的摸底测试属于(　　)(易混)
A. 过程评价　B. 形成性评价
C. 总结性评价　D. 诊断性评价

10. 根据评价所运用的方法和标准来划分，选拔性考试属于(　　)
A. 绝对性评价　B. 相对性评价
C. 目标参照性评价　D. 个体内差异评价

11. 范例教学有三个基本特征：基本性、基础性和范例性，其中范例性是针对(　　)而言的。(易错)
A. 教学内容　B. 学生
C. 教学活动　D. 学生主体状况

12. 暗示教学模式是(　　)提出来的。
A. 布鲁纳　B. 罗杰斯　C. 洛扎诺夫　D. 夸美纽斯

13. 虽然小明的期末测验成绩不高，但与期中测验成绩相比有所提高，老师颁给他"学习进步奖"。这种评价属于(　　)
A. 相对性评价　B. 绝对性评价
C. 个体内差异评价　D. 终结性评价

14. (　　)提出了范例教学模式。
A. 布鲁纳　B. 赞科夫　C. 瓦·根舍因　D. 怀特海

15. 将教学评价分为相对性评价、绝对性评价和个体内差异评价的依据是(　　)(易混)
A. 评价采用的标准　B. 评价在教学活动中的不同作用
C. 评价的主体　D. 评价的分析方法

16. 以传授系统知识和培养基本技能为目标的教学模式是(　　)
A. 传递—接受式　B. 自学—辅导式　C. 引导—探究式　D. 情境—陶冶式

17. 下列属于暗示教学模式的教学原则的是(　　)
A. 愉快而不紧张的原则　B. 理论联系实际的原则
C. 启发性原则　D. 因材施教原则

18. 教学评价的目的是对课程、教学方法以及学生培养方案(　　)
A. 做出分析　B. 做出判断　C. 进行评估　D. 做出决策

19. 教师分析学生学习困难的原因，判断学生是否具备学习新知识的条件。这种评价方式是(　　)
A. 形成性评价　B. 个体内差异评价
C. 诊断性评价　D. 终结性评价

20. 以解决问题为中心，注重学生独立活动，着眼于创造性思维能力和意志力培养的教学模式是(　　)(易混)
A. 概念获得式　B. 情境教学模式　C. 引导—发现式　D. 尝试教学模式

21. 与自我评价相比，(　　)更为客观真实，更容易看到成绩与问题所在。
A. 诊断性评价　B. 相对性评价　C. 他人评价　D. 绝对性评价

22. 以培养学生技能为目的，一般程序为"定向—示范—参与性练习—自主练习—迁移"的教学模式为(　　)
A. 讲解—接受式　B. 示范—模仿式　C. 引导—发现式　D. 情境—陶冶式

23. 教学评价应着眼于学生的学习进步、动态发展，着眼于教师的教学改进和能力提高，以调动师生的积极性，提高教育质量。这体现了教学评价的(　　)
A. 指导性原则　B. 客观性原则　C. 整体性原则　D. 发展性原则

24. 我国的教师资格证考试以及格分为过关标准，这种评价属于(　　)

A. 相对性评价　　B. 绝对性评价　　C. 形成性评价　　D. 诊断性评价

二、判断题

1. 期中考试、期末考试属于诊断性评价。(易错)　(　　)
2. 教学评价是一个系统的过程，我们只需在教学完结的时候进行评价。　(　　)
3. 教学评价就是对教师教学效果的评价。　(　　)
4. 形成性评价注重考查学生掌握某门学科的整体程度。　(　　)
5. 教学模式即教学方法。　(　　)
6. 相对性评价又称目标参照性评价。　(　　)

三、简答题

1. 简述发现教学模式的优缺点。

2. 简述范例教学模式的特点。

3. 简述教学评价的原则。

四、论述题

试述当前我国教学评价改革的新方向。

五、材料分析题

1. 魏书生对刚接任的一个班级进行摸底测验，满分100分的试卷，有个学生的语文只考了8分。魏老师找他谈话。谈话中，魏老师开门见山地说："我听语文老师说，你上课根本就不听讲，是吗？"学生答："是。""听你父母说，你在家也不写作业，是吗？"学生回答："是，我什么也不会，什么也不想做。"魏老师说："你根本不听讲，不学习，还能考8分，说明你挺聪明的，要是你稍微努力一下，肯定会比这次考得好。"魏老师把他叫到自己跟前打开试卷，帮他分析每一道题，哪些是只要去学习记忆就可以掌握的，哪些是需要努力就可以完成的。在以后的日子里，魏老师允许这个学生上课不听讲，可以选择自己喜欢的内容进行学习，在期中考试时他考了40多分。之后魏老师继续帮他检查学习效果、确定学习内容，不断地督促、检查他的学习落实情况。到期末考试的时候，他已经可以考到70多分了。就这样，魏老师转化了一个语文成绩很差的学生。

请用教学原则和教学评价理论对该材料进行分析。

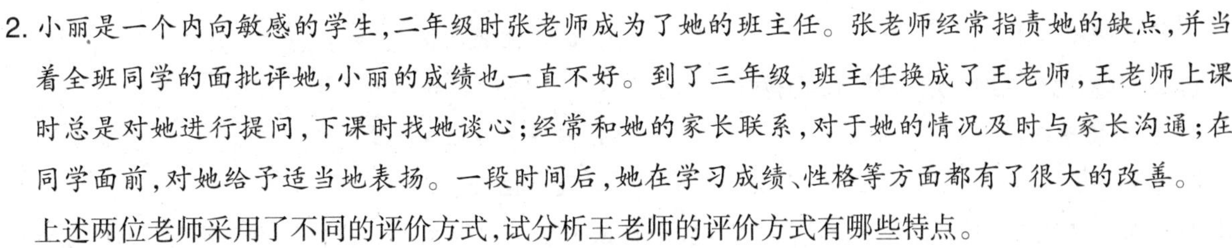

2. 小丽是一个内向敏感的学生，二年级时张老师成为了她的班主任。张老师经常指责她的缺点，并当着全班同学的面批评她，小丽的成绩也一直不好。到了三年级，班主任换成了王老师，王老师上课时总是对她进行提问，下课时找她谈心；经常和她的家长联系，对于她的情况及时与家长沟通；在同学面前，对她给予适当地表扬。一段时间后，她在学习成绩、性格等方面都有了很大的改善。

上述两位老师采用了不同的评价方式，试分析王老师的评价方式有哪些特点。

真题必刷

一、单项选择题

1.[温州苍南]"博学之,审问之,慎思之,明辨之,笃行之"出自( )

A.《大学》 B.《论语》 C.《孟子》 D.《中庸》

2.[温州瑞安]纲要信号图式教学法是( )首先提出的。

A.沙塔洛夫 B.卢扎诺夫 C.赞科夫 D.凯洛夫

3.[丽水景宁]第斯多惠有句名言:"一个坏的教师奉送真理,一个好的教师则教人发现真理。"该名言强调的教学原则是( )

A.直观性原则 B.启发性原则

C.发展性原则 D.循序渐进原则

4.[台州]教师通过展示实物、教具,进行示范实验,指导学生获取知识的方法是( )

A.训练法 B.演示法 C.实验法 D.发现法

5.[统考]列宁说:"我们需要用基本事实的知识来发展和增进每个学习者的思考力。"这一段话体现的是( )

A.直接经验与间接经验的关系 B.智力活动与非智力活动的关系

C.掌握知识与提高能力的关系 D.掌握知识和发展智力的关系

6.[温州永嘉]孔子的"不愤不启,不悱不发"体现的教学原则是( )(常考)

A.启发性原则 B.直观性原则

C.因材施教原则 D.循序渐进原则

7.[湖州吴兴区]在教育中常说"一把钥匙开一把锁",这体现了教学的( )原则。

A.巩固性 B.因材施教 C.直观性 D.循序渐进

二、填空

1.[宁波江北区]《学记》中提出"道而弗牵,强而弗抑,开而弗达"。这体现了________原则。

2.[统考]教学的基本组织形式是________,它是由17世纪捷克教育家________提出来的。(常考)

3.[宁波江东区]教师的备课工作包括:钻研教材、了解学生、________。

三、判断题

[宁波杭州湾新区]在小学教育中,教学是学校教育的基本途径。(常考) ( )

四、简答题

[温州乐清]简述教师进行教学的几个基本环节。

第七章 学校德育

命题分析

本章主要以选择、填空、判断、简答、论述、材料分析等形式进行考查。本章需要重点掌握的知识包括:

1.识记德育、德育原则、德育方法等的概念。

2.识记并理解德育过程的基本规律。

3.识记并理解小学常用的德育原则的含义、贯彻要求。

4.识记我国学校的德育途径。

5.识记并理解小学常用的德育方法的含义、运用要求。

6.识记并理解几种常见的德育模式的代表人物、主要观点。

基础必刷

专题一 德育概述与德育模式

一、单项选择题

1.德育目标确定了培养人的总体规格和要求,其实现必须落实到( )上。

A.德育规律 B.德育内容 C.德育原则 D.德育方法

2.当代德育理论中流行最为广泛、占据主导地位的德育学说是( )(常考)

A.认知模式 B.社会模仿模式

C.体谅模式 D.价值澄清模式

3.狭义的德育是指( )

A.社会德育 B.社区德育 C.学校德育 D.家庭德育

4.道德教育的认知模式的提出者是( )(常考)

A.科尔伯格 B.拉斯 C.皮亚杰 D.西蒙

5.既是德育的客体,又是德育的主体的要素是( )

A.教育者 B.受教育者 C.德育根源 D.德育大纲

6.以下哪项不属于心理健康教育的内容( )

A.生活辅导 B.择业指导 C.学习辅导 D.健身辅导

7.德育工作的出发点是( ),它制约着德育工作的基本过程。(常考)

A.德育内容 B.德育方法 C.德育目标 D.德育形式

8. 下列哪种德育模式假定与人友好相处是人类的基本需要，满足这种需要是教育的首要职责，并把道德情感的培养置于中心地位(　　)(易错)

A. 认知模式　B. 体谅模式　C. 社会模仿模式　D. 价值澄清模式

9. 德育的永恒主题是(　　)

A. 集体主义教育　B. 劳动教育　C. 理想教育　D. 爱国主义教育

10. 德育的基础是教学生(　　)(易错)

A. 掌握道德理念　B. 形成道德规范

C. 养成道德行为　D. 学会做人

11. 劳动教育是学校德育的一个重要内容，它的主要内容不包括(　　)

A. 教育学生树立正确的劳动观念，认识劳动的意义与价值

B. 培养学生的文明行为

C. 学习是学生的主要劳动，要教育学生热爱学习，勤奋学习

D. 教育学生爱护公共财物和劳动成果，反对浪费，提倡节俭

12. 在德育的历史发展过程中，其原理、原则、内容和方法等存在一定的共同性。这说明了德育具有(　　)

A. 民族性　B. 继承性　C. 历史性　D. 社会性

13. 在品德发展过程中，个体主要通过社会榜样、观察学习等替代强化习得道德行为的模式称为(　　)

A. 认知模式　B. 价值澄清模式　C. 社会模仿模式　D. 体谅模式

14. "齐风俗，一民心"反映了德育的(　　)(常考)

A. 社会性功能　B. 个体生存功能　C. 个体享用功能　D. 教育性功能

15. "教学如果没有进行道德教育，只是一种没有目的的手段。"这句话体现了德育的(　　)

A. 社会性功能　B. 个体性功能　C. 教育性功能　D. 文化功能

16. 下列属于爱国主义教育活动的是(　　)

A. 参观百色起义纪念馆　B. 开展"主动承担家务"活动

C. 开展"礼让斑马线"教育活动　D. 开展"反邪教渗透"教育活动

17. 德育的性质是由(　　)决定的。

A. 社会的经济基础　B. 生产力

C. 政府　D. 科技发展水平

18. 道德教育的(　　)模式认为人与环境是一个互动体，人既能对刺激做出反应，也能主动地解释并作用于情境。

A. 认知　B. 体谅　C. 社会模仿　D. 价值澄清

19. 下列教学活动中，不属于学校进行德育的是(　　)

A. 学习外国文化，拓宽学生视野

B. 教育学生树立正确的劳动观，提倡节俭

C. 教师播放爱国影片，培养学生的爱国主义情怀

D. 引导学生树立科学的世界观和人生观

二、判断题

1. 德育就是道德教育。(　　)

2. 德育是青少年健康成长的条件和保证。(　　)

3. 德育目标是指德育活动所要达到的预期目的或结果的质量标准。(　　)

4. 道德教育的体谅模式明确学校德育的侧重点应以情感为主，要求教师对学生"多关心，少评价"。(　　)

5. 我国学校德育的范畴包括心理健康教育。(　　)

三、简答题

1. 中小学德育的任务有哪些？

2. 简述德育的体谅模式的主要观点。

四、论述题

1. 德育模式中的认知模式的理论假设是什么？该模式对我国学校德育改革有什么启示？

2. 试述道德与品德的关系。

专题二　德育过程与德育原则

一、单项选择题

1. “晓之以理，动之以情，持之以恒，导之以行”所体现的是(　　)(常考)

A. 智育过程规律　B. 体育过程规律　C. 德育过程规律　D. 美育过程规律

2. 通过角色扮演，激发学生自觉地对外在道德要求做出能动反映。这种教育方式依据的德育过程规律是(　　)

A. 学生思想内部矛盾转化规律　B. 知、情、意、行诸因素统一发展规律

C. 长期性和反复性规律　D. 在交往中形成品德的规律

3. 德育过程中起主导作用的要素是(　　)(易错)

A. 教育者　B. 受教育者　C. 德育内容　D. 德育方法

4. 王老师是一名小学德育老师，在进行关于“爱护环境”的课程设置时，他不仅会关注课本上理论知识的讲解，有时还会组织学生进行“矿泉水义卖”“环境小卫士”等活动。王老师认为理论教育与实际锻炼并重，不仅能提高学生的思想认识，也有利于培养学生良好的行为习惯。王老师的做法主要体现了德育原则中的(　　)

A. 知行统一原则　B. 疏导原则

C. 尊重信任学生与严格要求学生相结合原则　D. 因材施教原则

5. 学生良好思想品德的形成与发展和不良品德的克服要经过多次的培养和矫正训练，不能操之过急。这表明德育过程要遵循(　　)

A. 学生思想品德形成的长期性和反复性规律

B. 学生的知、情、意、行诸因素统一发展的规律

C. 学生思想内部矛盾转化的规律

D. 学生在活动和交往中形成思想品德的规律

6. 进行德育时要有一定的理想性和方向性，以指导学生向正确的方向发展。这体现了德育的(　　)(易混)

A. 疏导原则　B. 因材施教原则

C. 导向性原则　D. 教育影响的一致性与连贯性原则

7. “视其所以，观其所由，察其所安。”这句话反映了德育的(　　)(常考)

A. 导向性原则　B. 疏导原则

C. 尊重信任学生与严格要求学生相结合原则　D. 因材施教原则

8. 在德育工作中，要统一学校、家庭和社会各方面的教育力量，建立“三结合”的教育网络。这主要遵循的德育原则是(　　)

A. 导向性原则　B. 知行统一原则

C. 尊重信任学生与严格要求学生相结合原则　D. 教育影响的一致性与连贯性原则

9. 德育过程是一个系统工程，它由三大系统构成。这三大系统是(　　)

A. 受教育者的品德系统、德育目标和德育环境系统

B. 受教育者的品德系统、德育原则和德育环境系统

C. 受教育者的品德系统、德育内容和德育环境系统

D. 受教育者的品德系统、德育途径和德育环境系统

10. “知是行之始，行是知之成。”这句话表明在德育过程中(　　)

A. 行比知重要　B. 知比行重要

C. 要坚持知行统一的原则　D. 知与行可以割裂

11. 苏联教育家马卡连柯提出的“平行教育原则”体现在德育上是指(　　)(常考)

A. 理论与实际相结合的原则　B. 教育影响的一致性与连贯性原则

C. 集体教育与个别教育相结合的原则　D. 言行一致原则

12. 德育过程的主要矛盾是(　　)(常考)

A. 教育者与德育内容的矛盾

B. 教育者提出的德育要求与受教育者已有品德水平之间的矛盾

C. 受教育者与德育内容的矛盾

D. 受教育者与德育方法的矛盾

13. (　　)是品德形成的基础。

A. 合作　B. 活动与交往

C. 道德理论　D. 实践

14. 德育过程是一个反复的过程。以下不能体现这一点的是(　　)

A. 学生正处于成长期，世界观尚未形成

B. 学生的品德发展是不断深化的过程

C. 知、情、意、行的培养提高需要经过长期的训练、积累才能实现

D. 学生的思想很不稳定

15. 一分为二地看待学生是贯彻德育的(　　)原则的具体要求。

A. 疏导　B. 依靠积极因素，克服消极因素

C. 因材施教　D. 导向性

16. “5+2=0”现象是目前德育中存在的一个突出问题，为了解决这个问题，学校德育应坚持(　　)

A. 疏导原则　B. 理论与实践相联系原则

C. 导向性原则　D. 教育影响的一致性与连贯性原则

17. “严慈相济”体现的德育原则是(　　)

A. 正面教育与纪律约束相结合原则

B. 尊重信任学生与严格要求学生相结合原则

C. 集体教育与个别教育相结合原则

D. 发挥积极因素与克服消极因素相结合原则

18. 德育过程从本质上说是( )统一的过程。
A. 个体与环境 B. 个体与社会
C. 个体与教育 D. 个体社会化与社会规范个体化

19. 对学生进行思想品德教育,如果企图用"堵"和"压"的办法去解决,就会产生矛盾,造成反抗;用大禹治水的办法,能使学生明白事理,提高认识。这反映的是( )
A. 知行统一原则 B. 依靠积极因素,克服消极因素原则
C. 疏导原则 D. 正面教育与纪律约束相结合原则

20. 构成思想品德的四个基本要素是知、情、意、行,其中基础性的要素是( )(易混)
A. 知 B. 情 C. 意 D. 行

21. 德育过程与品德形成过程是( )(常考)
A. 相互制约的关系 B. 教育与发展的关系
C. 相互促进的关系 D. 相互包容的关系

22. 针对学生思想品德形成过程中出现的曲折和反复现象,教师应该循循善诱,等待时机。这是贯彻德育过程规律中( )的具体要求。
A. 德育过程是培养学生知、情、意、行的过程
B. 德育过程是学生在活动和交往中形成思想品德的过程
C. 德育过程是促使学生思想内部矛盾转化的过程
D. 德育过程是学生思想品德长期的、反复的、逐步提高的过程

23. 某校在开展"扫黑除恶"活动中,班主任仅上交德育处资料,未开展具体工作。其违反的德育原则是( )
A. 疏导性原则 B. 尊重学生原则 C. 长善救失原则 D. 知行统一原则

24. "纸上得来终觉浅,绝知此事要躬行。"这句话体现的德育原则是( )
A. 知行统一原则 B. 疏导原则
C. 因材施教原则 D. 导向性原则

25. 苏联教育家马卡连柯说:"要尽量多地要求一个人,也要尽可能地尊重一个人。"这句话体现的德育原则是( )(常考)
A. 理论与实际相结合的原则 B. 正面教育与纪律约束相结合的原则
C. 集体教育与个别教育相结合的原则 D. 严格要求与尊重信任相结合的原则

26. 知行统一的德育原则是遵循( )而提出来的。
A. 德育过程是对学生知、情、意、行的培养与提高的过程
B. 德育过程是促进学生思想内部矛盾斗争的过程
C. 德育过程是组织学生的活动与交往,统一多方面教育影响的过程
D. 德育过程是长期的、反复的、逐步提高的过程

27. 促进学生思想内部矛盾向积极方面转化,教育者要注意提高受教育者的( )
A. 自我领悟能力 B. 思考能力 C. 思维能力 D. 自我教育能力

28. 颜回说:"夫子循循然善诱人,博我以文,约我以礼,欲罢不能。"这说明德育工作要遵循( )
A. 因材施教原则 B. 导向性原则
C. 疏导原则 D. 依靠积极因素,克服消极因素的原则

29. 贯彻德育工作的导向性原则,应该注意( )(易错)
A. 用社会主义的共同理想教育受教育者 B. 对学生晓之以理,因势利导
C. 要一分为二地看待学生 D. 要通过集体教育学生个人

30. 下列说法不正确的是( )
A. 教师对学生的德育影响,必须经过他们主体的选择、吸收与能动的实践活动,才能转化为他们的品德
B. 自我教育能力是德育的一个重要条件,只有注意培养学生的这种能力,学生品德内部矛盾才能转化
C. 学校的德育工作必须主要放在调节学生品德发展的外部环境方面
D. 德育要注意发挥知、情、意、行的整体功能

31. 一位班主任感言:要转化后进生,就必须深入了解后进生的个性特点与内心世界,根据学生的特点进行有针对性的教育,努力做到"用合适的钥匙去开锁"。这位班主任的感言集中体现了下列哪一德育原则( )(常考)
A. 疏导原则 B. 因材施教原则
C. 知行统一原则 D. 长善救失原则

32. 李杰同学喜欢打击乐,一次数学课上忍不住用手指敲打桌子,被老师讽刺挖苦,赶出教室。该老师的做法违反了( )
A. 连贯性原则 B. 集体教育原则
C. 正面教育原则 D. 理论联系实际原则

二、填空题

1. "语言的巨人,行动的矮子"违背了________的德育原则。(常考)
2. 德育的疏导原则又称________。
3. ________对制定德育大纲、确定德育内容、选择德育方法、运用德育组织形式等具有指导作用。
4. ________是指在德育工作中,教育者要善于依靠、发扬学生自身的积极因素,调动学生自我教育的积极性,克服消极因素,以达到长善救失的目的。

三、辨析题

1. 教育者严格要求学生,就很难尊重信任学生。(易错)

2. 学生对善恶美丑有了分别，说明学生具有了品德情感。

3. 思想品德教育的过程具有多端性，是指不一定要按照知、情、意、行的顺序来进行。(常考)

4. 任何外界的教育和影响，都必须经过学生思想内部的矛盾斗争，才能促使学生品德的真正形成。(常考)

5. 德育过程中的活动和交往不同于社交。

四、简答题

1. 作为教师，怎样贯彻尊重信任学生与严格要求学生相结合的德育原则?

2. 简述德育过程的基本规律。

3. 为什么说德育过程是一个长期的、反复的、逐步提高的过程?(常考)

4. 简述贯彻疏导原则的要求。

5. 简述贯彻教育影响的一致性与连贯性原则的要求。

五、论述题

试述学生品德形成的一般过程。(常考)

六、材料分析题

1. 著名作家三毛上学时数学成绩不好。有一次，她发现数学老师每次出小测验的题都选课后练习题，于是她就在测验前狠下一番功夫背这些题，结果一连考了6个100分。数学老师感到很奇怪，就决定在自修课上临时考她，结果三毛考得一塌糊涂。愤怒的老师马上当着全班学生的面说："我们班上有一个同学最喜欢吃鸭蛋，今天老师想请她吃两个。"在全班学生的哄笑声中，老师拿来毛笔在三毛的眼睛周围重重地画了两个大圆圈。三毛在回忆中说："我情愿老师打我一顿，但他给我的却是自己一生都没有受过的屈辱，这件事的后遗症三天后才显现出来。那天早晨上学，我走到走廊上，见到自己的教室时立刻就昏倒了，并且越来越严重。到后来，早上一想到要去上学，便害怕得立刻昏倒，失去知觉。"

请运用德育原则对该老师的行为进行评价。如果你是三毛的老师，你会怎么做？

2. 升国旗仪式后，少先队大队部下发了为残疾儿童献爱心的倡议。回教室途中，班主任刘老师听到本班有位同学在嘀咕："献爱心，献爱心，想必又要让我们捐款了。"一旁的同学也在低声讨论着。下午的班队课上，刘老师组织同学们观看有关残疾儿童的纪录片，并围绕"有何感想"和"我们能做什么"进行分组讨论。集体交流时，A同学说："我们小区有一个这样的孩子，真的很可怜，我去帮过他，但是我要上学做作业，只能偶尔帮帮他。"其他同学也纷纷发言："我们可以省下自己的零花钱，更多地帮助他们。""众人拾柴火焰高！""捐物捐款只是献爱心的一种表现，帮助他们对生活充满信心才是关键！""我们可以给他们写信、送贺卡。"……刘老师总结时，分享了自己很喜欢的一句话——"让别人因为我们的存在而感到幸福。"

结合案例，分析刘老师的行为遵循了哪些德育规律。

3. 新学期刚刚开始，A班的新班主任谢老师刚刚走上讲台，一个男生就站起来问道："老师，你喜不喜欢差生？"谢老师没有回答，反而微笑地看着他问道："你会不会把自己心爱的旧玩具丢掉呢？"男生想了想，回答道："不会，我会好好珍藏的。"听完回答，谢老师面向全班同学说道："我也不会，如果你们有什么缺点，我会帮助你们改正，直到你们改好为止，通过努力大家都会成为优秀的学生，在我眼里没有差生，只有不努力的学生。"

运用所学的知识，分析案例中谢老师的做法体现了哪些德育原则。

专题三　德育途径与德育方法

一、单项选择题

1. 某小学老师利用课外时间，带领学生参加课外文体科技活动、社会公益活动等，在活动中培养学生的优良品质和行为习惯。这属于(　　)的德育方法。

A. 榜样示范　　B. 实际锻炼　　C. 品德修养指导　　D. 品德评价

2. 采用座右铭鼓励学生属于(　　)(易错)

A. 品德修养指导法　　B. 榜样示范法

C. 实际锻炼法　　D. 情感陶冶法

3. 学校对学生进行德育的一个重要而又特殊的途径是(　　)(常考)

A. 各科教学　　B. 课外、校外活动

C. 少先队、学生会的活动　　D. 班主任工作

4. 说理教育法的方式有语言文字说理和(　　)

A. 事实说理　　B. 理论说理　　C. 直接说理　　D. 间接说理

5. "身教重于言教"体现的德育方法是(　　)

A. 说理教育法　　B. 榜样示范法　　C. 情感陶冶法　　D. 实际锻炼法

6. 王老师发现班级里的学生违纪后并没有立马责备他们，而是把他们请到办公室聊天，从父母的辛苦付出到社会竞争的激烈，让他们自己意识到学习的重要性以及自己的错误，从而好好学习并不再违纪。王老师采用的教育方法是(　　)

A. 说服教育法　　B. 陶冶教育法　　C. 奖惩法　　D. 榜样教育法

7. 根据"皮格马利翁效应"提出来的德育新方法是(　　)

A. 利益调节法　　B. 情感激励法

C. 无意识教育法　　D. 登门槛技术法

8. "春风化雨"所体现的德育方法是(　　)(易错)

A. 榜样示范法　　B. 陶冶教育法

C. 自我教育法　　D. 品德评价法

9. 根据学生善于模仿、崇拜英雄的特点,我们可以使用(　　)

A. 榜样示范法　　B. 陶冶教育法

C. 说服教育法　　D. 品德评价法

10. 少先队活动的基本形式是(　　)

A. 班会　　B. 队会　　C. 晨会　　D. 学生会

11. 王老师带着全班学生参加志愿活动,让学生真正体会到帮助别人是一件快乐的事情。这运用了德育方法中的哪种方法(　　)

A. 实际锻炼法　　B. 情感陶冶法

C. 品德评价法　　D. 说服教育法

12. (　　)对于发展个体关爱他人、体谅他人的社会情感以及发展人际交往能力方面有着重要意义。

A. 合作学习法　　B. 角色扮演法

C. 品德评价法　　D. 品德修养指导法

13. 小学德育是社会主义精神文明建设的奠基工程,是我国学校社会主义性质的一个重要标志。我国小学德育的基本途径是(　　)(常考)

A. 暑期实践活动　　B. 劳动技术教育

C. 少先队活动　　D. 各科教学

14. 为丰富班级学生的校园生活,班主任孔老师多次在班里举办诗词朗诵比赛、手工制作大赛等多项比赛,并在教室内张贴名人名言,设置班级读书角。这体现的德育方法是(　　)

A. 榜样教育法　　B. 实践锻炼法　　C. 陶冶教育法　　D. 明理教育法

15. 张老师在工作中,注重以自己的高尚品德、人格魅力以及对学生的深切期望和真诚的爱来触动、感化学生,促使学生思想转变。这种德育方法是(　　)

A. 实际锻炼法　　B. 品德评价法

C. 品德修养指导法　　D. 陶冶教育法

16. 教师采用贴小红星、小红花等形式鼓励学生的德育方法是(　　)(易错)

A. 品德评价法　　B. 榜样示范法

C. 陶冶教育法　　D. 实际锻炼法

17. 在班会上,班主任与学生一起讨论"沉迷网络游戏的危害",形成了拒绝网络游戏的认识。该老师运用的德育方法是(　　)

A. 榜样示范法　　B. 品德修养指导法　　C. 陶冶教育法　　D. 说服教育法

18. 学校在抗战纪念日组织学生开展参观历史博物馆、走访抗日老战士的活动,这体现的德育途径是(　　)

A. 各科教学　　B. 课外、校外活动

C. 班主任工作　　D. 情境陶冶

19. "让学校的一草一木、一砖一瓦都发挥教育影响"体现的德育方法是(　　)(常考)

A. 榜样示范法　　B. 实际锻炼法

C. 陶冶教育法　　D. 品德评价法

20. 孔子提倡君子要"躬自厚而薄责于人",即与人发生矛盾,首先"求诸己",这体现了哪种德育方法(　　)

A. 榜样示范法　　B. 言语说服法

C. 自我修养法　　D. 品德评价法

21. 班主任李老师发现班里学生争吵、摩擦较多,有时还会升级到打架斗殴。为教育学生互相谦让、宽容大度,李老师实施了课间播放轻音乐、班会上播放相关主题电影等德育措施对学生进行陶冶。这种陶冶方式属于(　　)

A. 艺术陶冶　　B. 环境陶冶　　C. 人格陶冶　　D. 思维陶冶

22. 下列不属于运用合作学习法的要求的是(　　)

A. 要让学生明白合作是一种重要的目标

B. 明确目的性和针对性

C. 要规定一些重要的合作原则

D. 要指导学生学习一些基本的合作技巧

23. 我国学校对学生进行德育的基本方法是(　　)

A. 陶冶教育法　　B. 实际锻炼法

C. 榜样示范法　　D. 说理教育法

24. 孟子说:"故天将降大任于斯人也,必先苦其心志,劳其筋骨,饿其体肤,空乏其身,行拂乱其所为,所以动心忍性,曾益其所不能。"这句话体现的德育方法是(　　)

A. 榜样示范法　　B. 说服教育法

C. 品德评价法　　D. 实际锻炼法

二、判断题

1. 德育方法中的说服教育法包含参观、访问和调查等方式。(易错)　　(　　)

2. 班级晨会是德育的一种途径,主要对学生进行社会主义道德教育和时事政策教育。　　(　　)

3. 许老师经常在课堂上通过表扬、奖励、处分、批评等方式塑造学生品德,这是典型的榜样示范法。　　(　　)

4. 德育方法是提高德育实效的关键,在具体德育工作中必须根据实际情况,选择行之有效的方法才能达到事半功倍的效果。　　(　　)

5. 德育应该遵循疏导原则。因此,正确的德育严禁惩罚。　　(　　)

三、简答题

1. 简述运用陶冶教育法的要求。

2. 简述选择德育方法的依据。(常考)

3. 在德育实践中应该如何运用榜样示范法?(常考)

4. 小学德育有哪些途径?(常考)

5. 运用实际锻炼法的要求有哪些?

四、论述题

试述当前我国中小学德育存在的问题及改革趋势。

五、材料分析题

1. 王凯是一个对上网非常痴迷的孩子,他爸爸由于工作需要买了一台电脑在家中上网,起初他同爸爸一起玩,父母也没有表示反对,到后来,他发展到每天起床后就去上网,到中午、晚上休息时间也不放过,王凯俨然成了一个名副其实的“网虫”,沉迷于互联网上激烈的游戏和无拘无束的网上聊天而无法自拔。

班主任张老师了解这一情况后并没有全盘否定他的上网行为,而是与他聊了互联网,聊了比尔·盖茨,充分肯定了他上网学习电脑技术的积极性,并通过交流进一步了解了他的内心世界,针对他的情况,老师采取了一系列措施:第一,鼓动他多参加集体活动,加强与同学的交流,例如:让他担任小组长,每天收发、检查作业,在劳动值日中协调合作,建立互帮互助管理;第二,针对他喜欢电脑的特点,成立了计算机兴趣小组,并让他担任组长,定期给其他同学讲解互联网知识;第三,利用各种机会表扬他,与他沟通,拉近师生之间的距离。王凯对自己有了信心,在各方面都有了明显进步,课堂上认真听讲,积极思考,大胆发言,提出自己的见解,在班级工作中为老师出谋划策,有活抢着干,任课老师都反映王凯像变了一个人似的,精神面貌焕然一新。

案例中班主任张老师在对王凯的教育中体现了哪些德育原则?运用了哪些德育方法?

2. 某班的班主任杨老师有一次发现不少男生头发很长。过去遇到这种情况时，杨老师常常是当面指出，但效果往往不佳。现在，杨老师琢磨用什么办法劝告他们，帮助他们真正从思想上提高认识。终于，杨老师想出了一种合适而又有效的教育方法。

一天中午，杨老师特意去了理发店，把自己不长的头发又精心地理了一次。下午上课前，杨老师不露声色地来到班里，召集全班同学开了个五分钟交流会。杨老师首先问："看谁最先发现班中有哪些新变化？包括我和你们。"当小明发现并说出老师理发了时，杨老师话锋一转："现在，我很想知道老师理发之后你们感觉怎样？这样好吗？"杨老师听到了一片赞扬声。最后杨老师说："有位名家说得好：'真心诚意地赞美别人一句，就能让人多活20分钟！'因此，我感谢同学们今天对我真心诚意地夸奖！"五分钟交流会在愉快的氛围中结束了。杨老师没点任何一个留长发的男生的姓名。第二天，杨老师再去上课时，欣喜地发现那几个男生的长头发变短了，有的还剪成了小平头。

杨老师既不点名批评又能纠错的这样一个"高招"包含了哪些德育方法？

真题必刷

一、单项选择题

1. [温州乐清]德育是指教育者培养受教育者(　　)

A. 政治立场和观点的教育　　B. 政治思想品质的教育

C. 共产主义道德品质教育　　D. 品德的教育

2. [湖州吴兴区]学校德育对经济、政治、文化发展的影响功能即指(　　)(常考)

A. 发展性功能　　B. 教育功能

C. 个体性功能　　D. 社会性功能

3. [温州瑞安]"寓德育于教学之中，寓德育于活动之中，寓德育于教师榜样之中，寓德育于学生自我教育之中，寓德育于管理之中。"这是德育过程的哪一条规律的体现(　　)

A. 德育过程是培养学生知、情、意、行的过程

B. 德育过程是促进学生思想内部矛盾斗争发展的过程，是教育和自我教育统一的过程

C. 德育过程是组织学生的活动和交往，统一多方面的教育影响的过程

D. 德育过程是长期的、反复的、逐步提高的过程

4. [嘉兴嘉善]"让学校的每一面墙壁都开口说话。"这充分运用了下列哪一种德育方法(　　)

A. 陶冶教育法　　B. 榜样示范法　　C. 实际锻炼法　　D. 品德评价法

5. [统考]将儿童道德判断能力的发展分成三水平六阶段，并遵循儿童的发展阶段开展德育。这种德育模式是(　　)

A. 集体教育模式　　B. 道德认知发展模式

C. 价值澄清模式　　D. 社会学习模式

二、填空题

1. [台州]构成思想品德的四个基本要素是________、________、________、________。

2. [嘉兴]德育过程的基本矛盾是教育者提出的________与受教育者已有的________之间的矛盾。(常考)

三、简答题

[丽水景宁]简述现阶段我国学校德育的主要原则。(常考)

四、论述题

[嘉兴]试述德育过程是对学生知、情、意、行的培养与提高过程的规律。

第八章　班主任工作

命题分析

本章主要以选择、填空、简答、论述等形式进行考查。本章需要重点掌握的知识包括:

1. 识记班集体、班主任等的概念。
2. 识记班集体的特征、班集体建设的内容。
3. 识记班主任的领导方式、班主任工作的内容与方法。
4. 识记班级管理的功能。
5. 区分几种班级管理模式的特点。
6. 了解学校、家庭、社会三结合教育。

基础必刷

专题一　班集体与班主任

一、单项选择题

1. 学校行政体系中最基层的行政组织是(　　)(常考)
   A. 共青团组织　　B. 总务处
   C. 教导处　　D. 班级
2. 下列方法中,不属于班主任了解和研究学生的主要方法的是(　　)
   A. 观察法　　B. 心理咨询法
   C. 谈话法　　D. 调查研究法
3. 以下哪项不属于班主任班级管理的主要内容(　　)
   A. 管理学生学籍档案　　B. 了解和研究学生
   C. 组织和培养班集体　　D. 协调校内外各种教育力量
4. 班主任以教育目的为指导思想,以"学生守则"为基本依据,对学生一个学期内的学习、劳动、生活、品行等方面进行小结与评价。这项工作是(　　)
   A. 建立学生档案　　B. 班主任工作总结
   C. 班主任工作计划　　D. 操行评定
5. 班主任工作最繁忙的时期,也是班主任工作能力经受考验的关键期是在(　　)(常考)
   A. 班集体的初建阶段　　B. 班集体的形核阶段
   C. 班集体的巩固阶段　　D. 班集体的成熟阶段
6. 借助学生的成绩表、作业、日记等书面材料对学生进行了解的方法是(　　)
   A. 观察法　　B. 书面材料分析法
   C. 调查法　　D. 谈话法
7. (　　)是班集体生活与成员意愿的反映。
   A. 班风　　B. 班集体的正常秩序
   C. 班集体的发展目标　　D. 班集体舆论
8. 操行评定的一般步骤是(　　)、小组评议、班主任评价、信息反馈。
   A. 学生自评　　B. 学生互评
   C. 学业评价　　D. 品德评价
9. 组织主题班会的步骤是(　　)
   A. 确定主题—精心准备—具体实施—总结深化
   B. 精心准备—确定主题—具体实施—总结深化
   C. 精心准备—深化主题—具体实施—总结拓展
   D. 精心准备—具体实施—深化主题—总结拓展
10. 班级内洋溢着一种平等、和谐、上进、合作的心理气氛,说明这个班集体已经进入(　　)(易混)
    A. 形成期　　B. 巩固期　　C. 成熟期　　D. 进步期
11. 《中小学班主任工作规定》指出:"班主任是中小学日常思想道德教育和学生管理工作的主要实施者,是中小学生健康成长的(　　),班主任要努力成为中小学生的人生导师。"
    A. 教育者　　B. 引领者　　C. 代言者　　D. 示范者
12. 建立学生档案一般分为(　　)四个环节。
    A. 收集—整理—鉴定—保管　　B. 收集—整理—保管—鉴定
    C. 整理—收集—保管—鉴定　　D. 整理—收集—鉴定—保管
13. 下列不属于学生操行评语的基本写法的是(　　)
    A. 谈心式　　B. 描述性　　C. 情境性　　D. 情感性
14. 班主任在领导班级的过程中,不是以直接的方式管理班级,而是以间接的方式引导学生,这属于(　　)的领导方式。(易混)
    A. 权威型　　B. 民主型　　C. 放任型　　D. 迁就型
15. 班会是班主任或班委会对班级进行有效管理、指导和教育的重要途径和形式。班会一般可分为三类,即(　　)
    A. 学习班会、活动班会、思想教育班会　　B. 学习班会、临时班会、固定班会
    C. 专题班会、德育班会、政治教育班会　　D. 常规班会、生活班会、主题班会
16. (　　)是班级活动的主要形式。(易错)
    A. 常规班会　　B. 班务会　　C. 主题班会　　D. 生活班会
17. 容易导致学生形成消极、被动、懦弱性格的是(　　)领导方式。
    A. 民主型　　B. 权威型　　C. 放任型　　D. 合作型

18. 班主任进行班级管理的中心工作是(　　)(常考)

A. 对学生进行思想品德教育　B. 抓好学生的学习,提高教学质量

C. 有效地组织和培养优秀班集体　D. 开展多种多样的班级活动

19. 现代班级管理制度改革的重点是把以________为中心的班级教育活动转变为________自我教育的过程。(　　)

A. 成绩　学生　B. 教师　学生

C. 教学　优等生　D. 成绩　后进生

20. 教师想了解学生对某些问题的态度,让学生填了调查问卷,并与部分学生进行了座谈,找到了存在的问题及其原因,这位教师所用的方法属于(　　)

A. 观察法　B. 调查法　C. 测验法　D. 实验法

21. 班主任指导学生的日常交往属于(　　)

A. 学习指导　B. 生活管理

C. 学习活动管理　D. 生活指导

22. 加强个别教育是指面向(　　)(易错)

A. 后进生的个别教育　B. 学优生的个别教育

C. 道德差的学生的教育　D. 全体学生的教育

23. 班主任为组织管理而开展班级活动时,最重要的是要(　　)

A. 发挥班干部的领导作用　B. 树立班级全面质量管理的思想

C. 树立师生合作的思想　D. 树立使学生在自主活动中进行自我教育的思想

24. 班主任的工作总结一般分为(　　)

A. 学期总结和具体活动总结　B. 全面总结和专题总结

C. 课内总结和课外总结　D. 教学工作总结和思想工作总结

25. 在当前班级管理实践中,有两种领导方式运用得比较多:一种是"教学中心"的领导方式,另一种是(　　)的领导方式。(常考)

A."学生中心"　B."教师中心"

C."德育中心"　D."集体中心"

26. 下列选项中,不属于偶发事件的特点的是(　　)

A. 突发性　B. 冲击性　C. 单一性　D. 紧迫性

27. (　　)最早提出"班级"一词。

A. 埃拉斯莫斯　B. 马卡连柯

C. 夸美纽斯　D. 赫尔巴特

28. 李老师在给小菲的素质教育操行评语中写道:"你本学期参加英语角活动,成绩明显提高,下学期你的英语一定有新的进步。"这种评语写作方式是(　　)

A. 过程式　B. 总结式　C. 评价式　D. 谈心式

29. 维持和控制学生在校生活的基本条件以及教师开展工作的重要保证是班集体的(　　)

A. 学生干部　B. 目标和规范　C. 正常秩序　D. 班风

30. 班主任有效开展工作的前提和基础是(　　)(常考)

A. 了解和研究学生　B. 与学生建立平等的关系

C. 与学生家庭建立密切联系　D. 取得学生的信任和爱戴

31. 关于班主任的认识,下列说法不正确的是(　　)

A. 班主任在班集体中发挥着重要的作用

B. 班主任是班集体的组织者和领导者

C. 班主任是协调班级人际关系的主导者

D. 权威型的班主任领导方式有利于良好班集体的形成

32. (　　)的领导方式认为,学生对集体的喜爱、期望、归属感、团结性与作业水平及学习成绩有关,班主任应信赖集体,将班级作为教育的对象,而不是一对一地去对待每个学生。

A."集体中心"　B."教学中心"　C."教师中心"　D."学生中心"

33. 人们常说"众人拾柴火焰高""三个臭皮匠顶个诸葛亮""人心齐,泰山移""一个人像棵小草,集体则是抗拒暴风雨的森林"。以上俗语在班集体建设中体现的道理是(　　)

A. 班集体的力量在于团结　B. 班集体的力量在于竞争

C. 班集体的力量在于成员的多少　D. 班集体的力量在于少数精英的支撑

34. 班会的主要形式可分为(　　)

A. 班级例会和主题班会　B. 晨会和主题班会

C. 班级例会和晨会　D. 晨会和校会

35. 在班主任的地位和作用中,班主任最重要的角色是(　　)

A. 学生的人生导师　B. 学生的精神关怀者

C. 学生合法权益的保护者　D. 学生发展的重要他人

36. 班主任在建设和管理班级时,不正确的做法是(　　)

A. 在班里设常务班长、值周班长和负责养鱼养花的鱼长、花长等

B. 动态分配管理岗位,即实行干部轮换制度,让学生在不同岗位上得到多方面的锻炼

C. 鼓励学生相互找缺点,并开展"缺点大王"评比活动

D. 让几个学生承担同一干部岗位,让"老干部"带动"新干部"

37. "没有规矩,不成方圆。"因此在组织和培养班集体时应(　　)

A. 确立班集体的目标　B. 全面了解和研究学生

C. 建立健全必要的班级规则　D. 开展丰富多彩的集体活动

38. 主题班会是班主任根据教育、教学要求等确立主题、围绕主题开展的一种班会活动。其中,(　　)要求班主任在举行主题班会前必须做好调查研究,把握学生所关注的、所需要的、所追求的以及他们正在面临的各种具体矛盾和问题,对症下药。(易混)

A. 主体性　B. 时代性　C. 针对性　D. 多样性

二、判断题

1. 正确的舆论和良好的班风是班级组织中师生之间、生生之间的纽带。（　　）

2. 满足学生发展的需要既是班级活动的出发点，又是班级活动的最终归宿。（　　）

3. 建立学生档案是班主任工作的中心环节。（　　）

4. 班主任工作的主要任务是提高学生的学习成绩。（　　）

5. 班主任组织班会时，要做好“演员”。（常考）（　　）

6. 班主任要努力成为学生的人生导师，这是教育部在新时代对班主任提出的要求。（　　）

7. 班主任的评语要生动而具体，既要展现学生的优点，也要适当指出其不足。（　　）

三、简答题

1. 班主任做好操行评定应注意的问题有哪些？（常考）

2. 班主任了解和研究学生的主要内容有哪些？

3. 简述班集体的特征。（常考）

4. 简述班主任处理偶发事件的办法。

5. 新时期班主任工作的主要内容有哪些？（常考）

6. 简述班主任的作用。

7. 简述班主任协调任课教师工作的主要任务。

8. 简述班主任工作的意义。

9. 简述班级组织建构的原则。

10. 如何做好个别教育工作?(常考)

四、论述题

1. 试述不同的班主任领导方式对学生发展的影响。(常考)

2. 作为一名班主任,你应该怎样协调校内外的各种教育力量?

3. 试述班主任建设和管理班级组织的策略。

五、材料分析题

1. 一个平时纪律涣散的小学生,在数学课上被老师批评,很不服气,为示反抗,在课间休息时,把扫帚悄悄地卡在教室的前门顶上借以“报复”。恰好这位老师临时与班主任调课,班主任推开门走进教室的一瞬间,扫帚不偏不斜地砸在了她的肩上。学生中顿时有人哄笑起来。

这个材料反映了班级管理中的什么现象?联系实际谈谈班主任应该如何管理班级。

2. 某校三年级有位叫王峰的学生,经常迟到、旷课、上游戏厅,甚至打架、敲竹杠,学习成绩就更不用说了,门门功课“挂红灯”。尽管老师多次教育,仍不见好转,还是经常旷课、打游戏,向同学借钱,同学不借就打同学,以致班里同学见了他都躲得远远的。虽然他偶尔也有进步,但没有过两天又恢复原样,老师对他失去了信心。不过,这个学生并不是一无是处,他百米赛跑速度超人,在校运会上,他连续两年获得百米赛冠军,为班级争得了荣誉。除此之外,他还特别喜欢画画,象棋也下得非常棒。请结合自身教育教学实践,谈谈如何对待这样的学生。

专题二　班级管理、班级活动设计与班级教育力量管理

一、单项选择题

1. 班级管理的实质是(　　)
A. 培养学生　B. 管理学生
C. 开发学生的潜能　D. 激励学生

2. 班级管理的根本目的是(　　)
A. 使学生得到充分的、全面的发展　B. 发展学生智力
C. 培养创造能力　D. 发掘学生特长

3. (　　)是班级组织建立的首要原则。(易错)
A. 有利于教育的原则　B. 有利于身心发展的原则
C. 目标一致的原则　D. 有利于教学的原则

4. 校园艺术节属于(　　)
A. 社会实践活动　B. 学习活动
C. 科普活动　D. 文化体育活动

5. 班级管理的重要功能是(　　)(易混)
A. 实现教学目标　B. 维持班级秩序,形成良好班风
C. 锻炼学生能力,学会自治自理　D. 提高学习效率

6. 班级管理的主要对象是(　　)
A. 学生资料　B. 学生　C. 班级信息　D. 班级公共财物

7. 在学校、家庭、社会三结合教育中,占主导地位的是(　　)
A. 自我教育　B. 社会教育　C. 家庭教育　D. 学校教育

8. 发挥教育合力的作用必须注意三种教育形态的有机结合,这三种教育形态是(　　)(常考)
①家庭教育　②学校教育　③社会教育　④自我教育
A. ①②④　B. ①③④　C. ①②③　D. ②③④

9. 为提高班级民主管理水平,应建立以(　　)为本的班级管理机制。
A. 教师　B. 学生　C. 学习　D. 活动

10. 班级教学管理的核心是(　　)(易错)
A. 教学思想管理　B. 常规管理
C. 教学质量管理　D. 对学生的管理

11. (　　)是学校教育的基础和补充,有不可替代的教育作用。
A. 家庭教育　B. 社区教育　C. 社会教育　D. 课外教育

12. (　　)是班主任的得力助手,是形成班集体的核心力量。
A. 规章制度　B. 班干部　C. 学风　D. 任课教师

13. 在一个班集体形成之前,班主任通过制定一日常规(包含考勤、纪律、卫生、作业完成、劳动态度等方面)来稳定班级秩序。根据各方面的特点,制定相应的评分细则,视学生的表现给予相应的得分,而且发动学生参与管理,每项打分都由学生负责。班主任运用的班级管理模式为(　　)
A. 常规管理、平行管理　B. 平行管理、民主管理
C. 常规管理、民主管理　D. 目标管理、平行管理

14. 下列选项中,有利于小学班级管理的是(　　)
A. 把分数作为衡量学生成就的主要指标　B. 确立学生在班级中的主体地位
C. 班级管理制度缺乏活力　D. 学生参与班级管理的程度较低

15. (　　)要求班主任在进行班级管理时,把班级视为一个有机整体,全面规划、统一指挥、有机整合各个层次、各种影响因素和教育力量,以达到最佳的管理效果。
A. 合力原则　B. 人本原则　C. 法治原则　D. 自治原则

16. 马卡连柯指出:"活动教育了集体,团结了集体,加强了集体。以后集体自身就能成为很大的教育力量了。"这说明班级活动具有(　　)的功能。
A. 满足交往　B. 促进个性　C. 班集体建设　D. 学习发展

17. 实施班级民主管理是开展班级工作的有力保证,下列选项不属于民主管理方式的是(　　)
A. 小组评议　B. 健全班级守则
C. 班干部轮换制度　D. 值日生制度

18. 平行管理是班级管理的常见模式之一,源于(　　)的"平行影响"教育思想。(常考)
A. 马卡连柯　B. 巴班斯基　C. 夸美纽斯　D. 陈鹤琴

19. 通过制定和执行规章制度去管理班级的班级管理方式是(　　)
A. 常规管理　B. 民主管理　C. 平行管理　D. 目标管理

20. 班主任工作的重要内容之一是开展以班级(　　)为核心的常规管理。
A. 学风建设　B. 培养目标　C. 规章制度　D. 教学规则

21. 现代班级管理强调以(　　)为核心,建立一套能够持久地激发学生主动性、积极性的管理机制。
A. 学校　B. 教师　C. 教育内容　D. 学生

22. 班级管理的基本功能是(　　)
A. 形成良好的舆论　B. 维持班级秩序,形成良好的班风
C. 锻炼学生能力,学会自治自理　D. 实现教学目标,提高学习效率

23. 班主任与学生共同确定班级总体目标,然后转化为小组目标和个人目标,使其与班级总体目标融为一体,形成目标体系,以此推动班级管理活动,实现班级目标的管理方法属于(　　)
A. 平行管理　B. 常规管理　C. 目标管理　D. 民主管理

24. 教育合力是指以学校教育为主体,以________为基础,以________为依托的共同育人的力量。(　　)
A. 家庭教育　社会教育　B. 社区教育　社会教育
C. 学校教育　家庭教育　D. 社会教育　家庭教育

25.（　　）主要是指学校、家庭环境以外的社区、文化团体和组织等给予儿童和青少年的影响。

A. 家庭教育　B. 学校教育　C. 自我教育　D. 社会教育

二、判断题

1. 当前社会上存在的“5+2=0”现象，反映了学校、家庭、社会三方要充分合作，才能促进学生全面发展。（　　）
2. 班干部的轮换和班级岗位的设立，有利于学生主人翁意识的形成和综合素质的提升，对班级的发展也能起到积极的促进作用。（常考）（　　）
3. 在我国，家庭、学校和社会的根本利益是一致的。（　　）
4. 班级管理体现的是师生之间管理与被管理的关系，它是一种单向的活动。（　　）

三、简答题

1. 简述班级管理的功能。（常考）

2. 班级活动的特点有哪些？

3. 简述班主任对家长进行家庭教育指导的途径和方法。

4. 家庭教育的基本要求有哪些？

四、论述题

试述当前我国学校班级管理中存在的问题及解决策略。

五、材料分析题

1. 美国斯坦福大学心理学家菲利普·辛巴杜于1969年进行了一项实验，他找来两辆一模一样的汽车，把其中的一辆停在加州帕洛阿尔托的中产阶级社区，而另一辆停在相对杂乱的纽约布朗克斯区。停在布朗克斯区的那辆，他把车牌摘掉，把顶棚打开，结果当天就被偷走了。而停在帕洛阿尔托的那一辆，一个星期也无人理睬。后来，辛巴杜用锤子把那辆车的玻璃敲了个大洞，结果，仅仅过了几个小时，它就不见了。

以这项实验为基础，政治学家威尔逊和犯罪学家凯琳提出了一个“破窗效应”理论，认为：如果有人打坏了一幢建筑物的窗户玻璃，而这扇窗户又得不到及时的维修，别人就可能受到某些示范性的纵容去打坏更多的窗户玻璃。久而久之，这些破窗户就给人造成一种无序的感觉，结果在这种公众麻木不仁的氛围中，犯罪就会滋生、猖獗。

结合自身体验，试述“破窗效应”给班级管理工作带来的启示。

2. 芸芸父母离异，她跟着母亲生活，但母亲做生意非常忙碌，所以平时都是爷爷奶奶照顾她。一天，母亲无意间看见了她书包里的日记，发现她早恋，打了她一顿，不许她谈恋爱。芸芸因此离家出走。后来在班主任的劝说下，芸芸终于回家，但仍无心学习。母亲无奈之下向班主任寻求帮助。

如果你是芸芸的班主任，你应该怎样帮助她？

3. 小学二年级的品德与生活课上，王老师告诉同学们要遵守国家法律制度，保护野生动物。王老师拿出了各种图片，向大家介绍了大熊猫、金丝猴、穿山甲等国家级保护动物。同学们都非常高兴地辨识这些图片，了解了保护动物的基本常识。两周后的一个周末，小明和家人去郊外游玩，在一个农庄吃饭的时候，家人点了清蒸穿山甲。小明说："穿山甲不能吃，我们上课的时候老师说了，它是国家二级保护动物，吃它是违法的。"小明的爸爸说："别听你老师说的，穿山甲当然可以吃了，而且还很有营养。"旁边的服务员听到父子俩的谈话，也纷纷附和小明的爸爸。周一上学，小明疑惑地问王老师："老师，为什么您叫我们不能伤害穿山甲，可是爸爸却说穿山甲营养丰富，吃了对身体好。我到底应该听谁的呢？"

请运用"学校、家庭、社会三结合，形成教育合力"的理论来分析上述材料，并提出解决方案。

真题必刷

一、单项选择题

1. [温州瑞安]良好班集体形成的重要标志是(　　)(常考)

A. 有明确的奋斗目标　　B. 有健全的组织系统和领导核心

C. 形成了正确的舆论和良好的班风　　D. 有严格的规章制度和纪律

2. [统考]教育部于2009年印发的规范我国中小学班主任工作的规章性文件是(　　)

A.《中小学班主任工作规程》　　B.《中小学班主任工作规定》

C.《中小学班主任工作条例》　　D.《中小学班主任工作办法》

3. [湖州吴兴区]班主任在组织班级教育力量中所起的作用是(　　)

A. 决定作用　　B. 领导作用

C. 纽带和桥梁作用　　D. 核心作用

4. [统考]班级管理的内容包括班级组织建设、班级制度管理、班级教学管理和(　　)

A. 班集体建设　　B. 教书育人

C. 沟通家庭和社会　　D. 班级活动管理

二、填空题

[衢州常山]班主任工作计划一般包括________、________和具体的活动计划。

三、判断题

[温州龙湾区]班主任通过对集体的管理间接影响个人，又通过对个人的直接管理影响集体，从而把对个人和集体的管理结合起来的管理方式，叫作平行管理。(常考)　　(　　)

四、简答题

1. [台州]简述班集体对学生的教育有哪些作用。

2. [统考]简述班集体建设的内容。

第九章　教育研究与教育改革

命题分析

本章主要以选择、判断、简答等形式进行考查。本章需要重点掌握的知识包括：

1. 识记教育研究的类型。
2. 识记并理解常见的几种教育研究方法。
3. 识记教育研究的基本过程。

基础必刷

一、单项选择题

1. 贯穿教育研究整个过程的是(　　)(常考)

A. 文献检索　B. 收集资料　C. 分析资料　D. 选定课题

2. 根据研究目的的不同，教育研究可分为基础研究、应用研究和(　　)

A. 开发研究　B. 定量研究
C. 定性研究　D. 描述性研究

3. 某学校一年级语文教师邓老师发现所教学生错别字偏多，于是他在识字教学中尝试运用字理教学法，之后他设计申报"低年级小学生产生错别字的心理机制与对策研究"课题。就课题产生而言，邓老师设计的课题来源于(　　)

A. 文献的梳理　B. 教育改革的实践
C. 各级课题指南　D. 他人课题的启示

4. 下列哪项不是构成教育研究的基本要素(　　)

A. 科学理论　B. 客观事实
C. 方法技术　D. 研究成果

5. 对研究领域具有直接增加知识价值的研究是(　　)(易错)

A. 定量研究　B. 开发研究
C. 基础研究　D. 应用研究

6. 为了提高教育研究的效益，避免重复劳动，最重要的工作是(　　)(易错)

A. 问题确定　B. 文献检索　C. 数据收集　D. 研究设计

7. 有目的、有计划地对处于自然状态下的研究对象进行研究的方法是(　　)

A. 观察研究法　B. 个案研究法
C. 实验研究法　D. 调查研究法

8. 教育研究的最终目的是(　　)

A. 揭示教育规律　B. 撰写研究报告
C. 发现教育问题　D. 改进教育现状，促进教育发展

9. 下列关于教育文献综述的内涵，说法有误的是(　　)

A. 问题的提出，说明查阅文献资料的目的及研究的问题
B. 研究方法，确定文献资料的分析范围、分析维度和分析程序
C. 正文部分，这是文献综述的主体部分
D. 主要文献目录，仅包括专著

10. 班上小王的成绩不突出，平常也沉默寡言，既不跟同学亲近，也不善于表达自己。班主任希望以小王为切入点，研究该阶段学生的行为习惯，以采取更好的教学方法。因此，班主任对小王进行了一年多的跟踪研究。班主任对小王的研究属于(　　)

A. 个案研究法　B. 历史研究法
C. 行动研究法　D. 质性研究法

11. 回答"是什么""怎么样""为什么"问题的研究类型是(　　)(易错)

A. 描述性研究　B. 干预性研究
C. 定量研究　D. 基础研究

12. (　　)是基于经验和直觉的研究方法，以研究者本人作为研究工具，凭借研究者自身的洞察力，在与研究对象的互动中理解和解释其行为和意义建构的研究方法。

A. 行动研究法　B. 质性研究法
C. 教育叙事研究法　D. 调查研究法

13. 教育研究的起始环节是(　　)

A. 制订研究计划　B. 选择研究课题
C. 调查研究　D. 文献检索与综述

14. 根据观察时是否借助仪器设备，可将观察法分为(　　)(易混)

A. 直接观察法与间接观察法
B. 参与观察法与非参与观察法
C. 自然情境中的观察与实验室中的观察
D. 结构性观察与非结构性观察

15. 在文献检索时，查阅资料最快捷的方法是(　　)(常考)

A. 联机检索　B. 光盘检索　C. 索引检索　D. 网络检索

16. "书目"在文献等级中属于(　　)(易混)

A. 一次文献　B. 二次文献　C. 三次文献　D. 四次文献

17. 调查研究法有多种不同的类型，依据调查的范围可分为(　　)

A. 常规调查和比较调查　B. 常规调查和原因调查
C. 综合调查和专题调查　D. 全面调查和抽样调查

18. 各类研究中唯一能确定因果关系的研究方法是(　　)(常考)
A. 观察研究法　　B. 行动研究法
C. 实验研究法　　D. 个案研究法

19. 教育科学研究报告的题目一般不超过(　　)个字。
A. 10　　B. 15　　C. 20　　D. 25

20. 教育研究是以(　　)为对象的一种认识活动。
A. 教育问题　　B. 教育现象
C. 教育规律　　D. 教育内容

21. 观察研究法的基本特点是(　　)
A. 有明确的观察目的　　B. 对观察对象不加任何干预控制
C. 有翔实的观察记录　　D. 以上都是

22. 教育行动研究的特点不包括(　　)(常考)
A. 为教育行动而研究　　B. 在教育行动中研究
C. 由教育行动者研究　　D. 研究教育行动者

23. 采用问卷、访谈等方式收集有关资料,进行分析研究的教育研究方法是(　　)
A. 调查研究法　　B. 个案研究法
C. 观察研究法　　D. 实验研究法

24. 关于资料的收集,以下说法错误的是(　　)
A. 可以通过浏览新的期刊收集资料
B. 可以使用检索工具收集资料
C. 针对某一个具体问题,最好用一种方法收集资料,这样收集的资料系统性更强
D. 要重视实际资料的收集

25. 某学校教师小吴想要研究中国和日本两国课程改革状况的差异,则他最宜采用的研究方法是(　　)(常考)
A. 观察研究法　　B. 调查研究法
C. 比较法　　D. 实验研究法

26. 定量研究的主要方法不包括(　　)(易错)
A. 相关法　　B. 调查法　　C. 观察法　　D. 实验法

27. 在教育研究中,透过单向玻璃进行的隐蔽性观察属于(　　)
A. 显性观察　　B. 参与观察
C. 隐性观察　　D. 非参与观察

28. 教育研究走向成熟的重要标志是(　　)
A. 定性分析　　B. 定量分析　　C. 开发研究　　D. 合作研究

29. 研究方法的选择取决于(　　)
A. 研究目的　　B. 研究内容　　C. 研究对象　　D. 研究者的偏好

30. 教师的教学态度与学生学习兴趣的关系调查属于(　　)
A. 现状调查　　B. 预测调查　　C. 发展调查　　D. 相关调查

31. (　　)是研究工作进行之初所做的书面规划,是如何进行研究的具体设想,是研究实施的蓝图。
A. 研究计划　　B. 研究目的　　C. 研究结构　　D. 研究过程

32. 教育调查研究中最基本、使用最广泛的一种研究方法是(　　)(易混)
A. 访谈法　　B. 测量法
C. 个案研究法　　D. 问卷调查法

33. 针对研究问题,事先精心设计,规定好观察项目,选定观察对象,采用观察工具,在观察中写观察量表,并对观察资料进行分析。这种观察属于(　　)
A. 非结构性观察　　B. 结构性观察
C. 定性观察　　D. 随机性观察

34. 行动研究是一个螺旋式加深的过程,其最后一个环节是(　　)
A. 问题　　B. 计划　　C. 行动　　D. 反思

35. 分析研究资料的基本步骤为(　　)
A. 阅读资料—筛选资料—解释资料　　B. 筛选资料—阅读资料—解释资料
C. 阅读资料—解释资料—筛选资料　　D. 筛选资料—解释资料—阅读资料

36. 以解决某些特定的问题或提供直接有用的知识为目的的研究属于(　　)
A. 基础研究　　B. 实验研究
C. 应用研究　　D. 理论研究

37. 为了解学生的视力情况,某教师向学生发放问卷以收集相关信息。该教师所采用的教育研究方法是(　　)
A. 观察法　　B. 调查法　　C. 实验法　　D. 比较法

38. 一个好的研究课题所具有的特点不包括(　　)(常考)
A. 有价值　　B. 明确具体
C. 有可行性　　D. 宽泛

39. 在教育研究中,(　　)是运用一定的人为手段,主动干预或控制研究对象的发生、发展过程,目的是通过观察、测量、比较等方式探索和验证所研究现象的因果关系。
A. 调查研究法　　B. 实验研究法
C. 观察研究法　　D. 行动研究法

40. 我国当前教育改革的核心是(　　)
A. 教学手段改革　　B. 教学方法改革
C. 课程改革　　D. 管理体制改革

41. 教育随笔的特点不包括(　　)
A. 简单明了　　B. 取材广泛
C. 迅速及时　　D. 短小精悍

42.(　　)是通过解决"是多少"等的数量问题来对事物进行研究,主要是侧重于用数字和量表来描述所研究的事物。

A.应用研究　　B.质性研究
C.定量研究　　D.定性研究

43.在比较讲授法和讨论法的教学效果时,教师分别选用两个班级,一班采用讲授法,另一班采用讨论法,两班学生在智力、学业基础等方面尽量保持均衡,期末时测量其成绩差异。这种教育研究方法属于(　　)

A.观察研究法　　B.实验研究法
C.个案研究法　　D.调查研究法

44.下列不属于理论性的学术论文常见的形式的是(　　)

A.案例　　B.综述
C.实验报告　　D.述评

45.教育行动研究的主体主要是(　　)(易错)

A.学生　　B.学校领导
C.教师　　D.教育专家

46.依据(　　)来划分,调查研究法可以分为全面调查、重点调查、抽样调查和个案调查。(易混)

A.调查的目的　　B.调查的对象
C.调查的范围　　D.调查的性质

47.(　　)是根据一定的标准,对不同国家的教育制度、教育理论或教育实践进行比较研究,找出各国教育的特殊规律和普遍规律的研究方法。

A.实验研究法　　B.比较法
C.调查研究法　　D.个案研究法

48.为了研究小学生英语口语交际能力的影响因素,张老师首先查阅了大量的文献,然后确定了自变量和因变量,接着将"研究假设"表述为"班级规模与小学生英语口语交际能力呈负相关",现在正思考研究方法。当前张老师的课题研究处于(　　)环节。(易错)

A.确定课题　　B.制订计划
C.实施计划　　D.总结整理

49.教育叙事研究主要用来研究(　　)

A.学生的学习行为　　B.学生的动机变化
C.教师的教育思想　　D.教师的教学方法

二、判断题

1.专著、论文、调查报告、档案材料等属于三次文献。(　　)

2.对一个新出现的教育问题进行研究,比较适合的资料检索方法是逆查法。(　　)

3.教育研究课题宜大不宜小。(　　)

三、简答题

1.简述教育研究的发展趋势。(常考)

2.简述实验研究法的优缺点。(常考)

3.简述教师在教育研究中的作用。

4.研究计划包括哪些内容?

5.简述实验研究法的类型。

6.简述教育研究的性质。

7. 简述教育研究的基本过程。(常考)

8. 简述调查研究法的步骤。

9. 简述在教育研究中收集资料的途径。

四、论述题

1. 当今国外教育改革的趋势有哪些?

2. 试述我国教育改革的主要内容。(常考)

3. 试述教育研究课题的来源。(常考)

五、材料分析题

随着社会的进步与网络的发展,有些人开始提出所谓的“学校消亡论”,认为随着人们获取信息的渠道越来越便利,学生完全可以在家中通过互联网并在家长的帮助下接受教育,而不必到学校去。近年来,美国也出现了越来越多的“家庭学校”,有些家长认为学校不能提供他们的孩子所需要的教育,因而不把孩子送到学校,而是在家中由自己担任教师,借助互联网等的帮助,对孩子进行教育。这种现象引起很大的争议。

试分析“家庭学校”的出现对学校教育改革提出的挑战或要求。

真题必刷

一、单项选择题

1. [统考]“总数N=500,样本容量n=50,求出间隔500÷50=10,于是每隔10个抽取一个样本,连续抽样50次。”这是采用了(　　)

A. 简单随机取样法　B. 分层随机取样法　C. 等距随机取样法　D. 多段随机取样法

2. [温州永嘉]身处教育实践第一线的研究者与受过专门训练的科学研究者密切协作,以教育实践中存在的某一个问题作为研究对象,通过合作研究,再把研究结果应用到自身从事的教育实践中。这种研究法是(　　)(常考)

A. 观察法　B. 读书法　C. 文献法　D. 行动研究法

3. [温州瑞安]自然实验法的优点是(　　)

A. 减少人为性,提高真实性　B. 减少人为性,降低真实性

C. 提高人为性,增加真实性　D. 提高人为性,降低真实性

二、判断题

[台州]教育叙事研究就是讲教育故事,不需要教师具有教育理论。(　　)

三、简答题

[统考]简述教育科研选题的基本要求。(常考)

第二部分　心理学

第一章　心理学概述

命题分析

本章主要以选择、填空、判断等客观题的形式考查。本章需要重点掌握的知识包括：
1. 识记心理学的研究对象。
2. 识记教育心理学的研究内容、教育心理学各个发展时期的主要人物及其成就。
3. 识记西方主要的心理学流派。
4. 识记并区分心理学研究的常用方法。

基础必刷

专题一　心理学的研究与发展

一、单项选择题

1. 心理科学体系中的基础学科是(　　)
A. 实验心理学　B. 普通心理学　C. 发展心理学　D. 生理心理学
2. 心理学是研究心理现象及其发生发展规律的科学,心理现象又称(　　)
A. 心理过程　B. 心理特征　C. 心理活动　D. 心理特质
3. (　　)是人进行活动的基本动力,是个性结构中最活跃的因素,它决定着人对认识和活动对象的选择。
A. 能力　B. 气质
C. 人格倾向性　D. 人格心理特征
4. (　　)将儿童心理学研究的年龄范围扩大到青春期。
A. 何林渥斯　B. 皮亚杰　C. 荣格　D. 霍尔
5. 构造主义心理学主张研究人的(　　)(常考)
A. 认知　B. 意识　C. 行为　D. 无意识
6. 主张心理学的研究对象是具有适应性的心理活动,强调意识活动在人类的需要与环境之间起重要的中介作用的心理学流派是(　　)
A. 构造主义学派　B. 机能主义学派
C. 精神分析学派　D. 人本主义学派
7. (　　)是不能作为独立的心理过程而存在的。(易错)
A. 注意　B. 记忆　C. 感觉　D. 想象
8. 1924年,(　　)编写了我国第一本《教育心理学》教科书。
A. 潘菽　B. 冯忠良　C. 廖世承　D. 张春兴
9. 格式塔用德文表示是"Gestalt",以"G"开头,它的意思是(　　)
A. 行为　B. 整体　C. 精神　D. 人本主义
10. 1903年出版的西方第一本《教育心理学》专著的作者是(　　)(常考)
A. 桑代克　B. 马斯洛　C. 布鲁纳　D. 班杜拉
11. 心理学作为一门独立的科学诞生于(　　)
A. 1879年　B. 1897年　C. 1789年　D. 1798年
12. 下列选项中不属于学生人格心理特征的是(　　)
A. 气质　B. 性格　C. 能力　D. 思维
13. 每个学生的本质都是好的,每个孩子都会成为好孩子。这体现了(　　)的思想。
A. 行为主义　B. 人本主义　C. 认知心理学　D. 精神分析
14. 精神分析学派重视对异常行为的分析和(　　)的研究,认为人的一切个体的和社会的行为都根源于心灵深处的某种欲望或动机,特别是性欲的冲动。
A. 意识　B. 无意识　C. 人格　D. 前意识
15. 美国心理学家(　　)最先提出要追求人的心理发展全貌。
A. 布鲁纳　B. 桑代克　C. 何林渥斯　D. 裴斯泰洛齐
16. 现代认知心理学以1967年(　　)出版的《认知心理学》为诞生标志。
A. 皮亚杰　B. 加涅　C. 奈塞尔　D. 西蒙
17. 运用标准化心理量表对被试进行测量,从而了解其心理特点的方法是(　　)
A. 观察法　B. 实验法
C. 教育经验总结法　D. 测验法
18. 《论灵魂》是历史上第一部论述各种心理现象的著作,它的作者是(　　)
A. 柏拉图　B. 苏格拉底　C. 亚里士多德　D. 孔子
19. 行为主义创立的标志是1913年美国心理学家(　　)出版了《在行为主义者看来的心理学》一书,因此,他被称为"行为主义的创始人"。
A. 罗杰斯　B. 华生　C. 弗洛伊德　D. 马斯洛
20. 心理过程是指人脑对客观现实的反映过程,是一个人心理现象的动态过程,不包括(　　)
A. 认知过程　B. 情绪情感过程
C. 意志过程　D. 自我调控过程
21. 能力有高低之分,性格有自信与自卑之差。这说明人有(　　)的差异。
A. 心理过程　B. 认知过程　C. 人格倾向性　D. 人格心理特征

22. 行为主义的观点是( )

A. 主张研究意识　　B. 主张人的本质是好的、善良的

C. 重视对异常行为的分析　　D. 用实验的方法研究行为

23. 在教育心理学领域中,研究最多、研究时间最长的部分是( )

A. 教学过程　　B. 学习过程

C. 评价过程　　D. 反思过程

24. 心理学是研究( )的科学。(常考)

A. 生命现象和揭示生命规律　　B. 社会现象及其发展变化规律

C. 教育现象和揭示教育过程　　D. 心理现象及其发生发展规律

25. 铁钦纳是( )心理学派的创始人之一。

A. 构造主义　　B. 格式塔

C. 行为主义　　D. 机能主义

26. ( )是科学教育心理学的开创者,是第一个系统论述教育心理学的心理学家,被称为"教育心理学之父"。

A. 加涅　　B. 奥苏伯尔　　C. 桑代克　　D. 巴甫洛夫

27. 教育心理学的发展历程大致经历了四个时期,每个时期都有一些心理学家提出的主张,下列说法不正确的是( )(易错)

A. 裴斯泰洛齐第一次提出"教育教学的心理学化"思想

B. 最早正式以"教育心理学"命名的著作是乌申斯基所写的《教育心理学》一书

C. 我国第一本教育心理学著作是房东岳翻译自日本小原又一著的《教育实用心理学》

D. 罗杰斯提出了"以学生为中心"的教育主张

二、判断题

1. 心理学是研究心理现象的科学,因此只研究人的心理现象。 ( )

2. 心理过程是在个性心理特征的基础上形成和发展起来的,反过来又影响着个性心理特征的完善与发展。 ( )

3. 需要、兴趣、情感、意志的形成属于社会发展。 ( )

三、简答题

1. 简述心理学研究的一般过程。

2. 简述心理现象的结构。

3. 简述教育心理学的学科性质。

4. 简述心理学的研究任务。

5. 简述构造主义心理学的代表人物和主要观点。(常考)

6. 简述课题选择的方法。

四、论述题

1. 试述普通心理学与教育心理学的关系。

2. 试述心理知识对于教育工作的意义。

3. 试述人本主义心理学的代表人物及观点。

4. 试述心理过程和人格心理的关系。

专题二　心理的生理基础

一、单项选择题

1. 神经系统结构和机能的基本单位是(　　)

A. 突触　　B. 神经元　　C. 反射　　D. 反射弧

2. 下列现象中属于第二信号系统的是(　　)(易错)

A. 一朝被蛇咬,十年怕井绳　　B. 婴儿吃奶

C. 望梅生津　　D. 谈虎色变

3. "一千个人的眼里,有一千个哈姆雷特",这表明人的心理具有(　　)

A. 客观性　　B. 主观性　　C. 目的性　　D. 社会性

4. 下列对"心理是人脑对客观现实的反映"的表述不正确的是(　　)

A. 客观现实是心理产生的源泉　　B. 客观现实支配心理发展

C. 心理是对客观现实主观能动的反映　　D. 心理是在实践中发生发展的

5. 病人因颞叶受伤而导致受损的功能主要是(　　)(易错)

A. 听觉　　B. 视觉　　C. 嗅觉　　D. 味觉

6. 反射弧是由什么组成的(　　)

A. 感受器、神经中枢、效应器　　B. 传入神经、神经中枢、传出神经

C. 感受器、传入神经、传出神经、反馈　　D. 感受器、传入神经、神经中枢、传出神经、效应器

二、填空题

1. 在巴甫洛夫的两种信号系统中,________系统属于人类所独有的。

2. 从条件反射的形成和消退可以看出,大脑皮层的神经活动有两个基本过程,即________过程和抑制过程。

3. 大脑各部分分区中,枕叶与________有关。

4. 大脑两半球在结构和功能上有明显的差异,________主要负责言语、阅读、书写、运算和推理等。(易混)

三、辨析题

1. 大脑分为四叶,其中枕叶在组织有目的、有方向的活动中,有使活动服从于坚定意图和动机的作用;额叶主要是调节机体的触觉、温觉、动觉等。

2. 食物放入口中会导致唾液分泌是条件反射。

3. 相同的刺激情境必定产生相同的情感体验。

四、简答题

简述第一信号系统和第二信号系统。(常考)

五、材料分析题

据历史记载，1920年在印度发现的8岁狼孩卡玛拉（女性），其身体外形与人不同，特点是：四肢长得比一般人长，手长过膝，双脚的拇指也稍大，两腕肌肉发达；骨盆细而扁平，背骨发达而柔弱，但腰和膝关节萎缩而毫无柔韧性。她有明显的动物习性：吞食生肉，四肢爬行，喜暗怕光，白天总是蜷缩在阴暗的角落里，夜间则在院内外四处游荡，凌晨1点到3点像狼似的嚎叫，给她穿衣服，她却粗野地把衣服撕掉。她目光炯炯，嗅觉敏锐，但不会说话，没有人的理性。

这一事例说明了什么？请用心理学的相关知识分析说明。

真题必刷

一、单项选择题

1.［湖州吴兴］心理现象主要包括既有区别又有联系的两个方面是（　　）

A. 心理过程和意志过程　　B. 人格和认识过程

C. 心理过程和情绪、情感过程　　D. 心理过程和个性心理

2.［统考］感知、记忆、思维是信息加工过程，也是我们获取和应用知识的基本过程。它们属于（　　）

A. 认知过程　　B. 情绪和意志　　C. 人格　　D. 动机系统

3.［嘉兴］听觉中枢位于（　　）

A. 额叶　　B. 顶叶　　C. 颞叶　　D. 枕叶

4.［统考］同看一部电影或同上一堂课，不同的人其感受也不同。这种现象说明人的心理具有（　　）（易错）

A. 客观性　　B. 主观性　　C. 现实性　　D. 能动性

5.［统考］科学儿童心理学的奠基人是（　　）

A. 普莱尔　　B. 皮亚杰　　C. 霍尔　　D. 陈鹤琴

二、填空题

1.［衢州衢江］心理过程包括认知过程、________过程和________过程。（常考）

2.［丽水］教育心理学成为独立学科是从1903年美国教育心理学家桑代克著________开始。

3.［丽水龙泉］教育心理学是应用心理学的一种，是________的交叉学科。

三、判断题

1.［宁波］1877年卡普捷列夫发表的《教育心理学》是俄国最早以“教育心理学”命名的著作。（　　）

2.［温州永嘉］亚里士多德的《论灵魂》，从某种意义上可能是最古老的一本心理学专著。（　　）

第二章　认知过程

命题分析

本章是考查的重点，考查题型灵活，会以选择、填空、判断、简答、论述、材料分析等形式考查。本章需要重点掌握的知识包括：

1. 理解并区分感觉的规律和知觉的基本特征、知觉的种类、感知规律与直观教学。
2. 识记并理解注意的分类和品质，掌握注意规律的运用。
3. 识记记忆的分类、遗忘的规律和原因、影响遗忘的因素，掌握记忆和遗忘规律的运用。
4. 识记思维的种类与特点、思维的品质和过程、思维能力的培养、问题解决的过程和影响问题解决的因素。
5. 理解并区分创造性思维的特征，识记创造性思维能力的培养方法。

基础必刷

专题一　感觉和知觉

一、单项选择题

1. 一首耳熟能详的歌曲不管用什么乐器演奏，人们都能听出来，这是由于（　　）（易混）

A. 知觉的选择性　　B. 知觉的理解性

C. 知觉的整体性　　D. 知觉的恒常性

2. 古诗句“欢娱嫌夜短，寂寞恨更长”描写的心理现象是（　　）

A. 空间错觉　　B. 时间错觉　　C. 运动错觉　　D. 视觉错觉

3. 教师通过生动的讲解、形象的描述来帮助学生理解知识的直观类型是（　　）

A. 实物直观　　B. 模像直观　　C. 抽象直观　　D. 言语直观

4. 感受性与感觉阈限在数值上成（　　）关系。

A. 反比　　B. 正比　　C. 倒U型曲线　　D. U型曲线

5. 对客观事物时间关系的反映是（　　）

A. 运动知觉　　B. 空间知觉

C. 时间知觉　　D. 错觉

6. 刚刚能引起感觉的最小刺激强度是（　　）（易错）

A. 平均感觉阈限　　B. 绝对感觉阈限

C. 差别感觉阈限　　D. 相对感觉阈限

7.(　　)是指视觉系统分辨最小物体或物体细节的能力。

A.视角　B.视敏度　C.视野　D.明适应

8.根据人脑反映的对象的不同,可以把知觉分为(　　)和社会知觉。

A.空间知觉　B.运动知觉　C.时间知觉　D.物体知觉

9.人在刚进入电影院时,感觉阈限的变化是(　　)(易错)

A.缓慢下降　B.急速下降　C.缓慢上升　D.急速上升

10.在注视发光的灯泡几秒钟之后,闭上眼睛,眼前会有一个同灯泡差不多的光源出现在黑暗的背景中。这是感觉的(　　)

A.对比　B.适应　C.后像　D.联觉

11.电子广告、摄影技术、放映机利用了哪种似动知觉(　　)(易混)

A.动景运动　B.自主运动　C.诱导运动　D.运动后效

12.当我们在人群中寻找自己的朋友时,经常会把一些与朋友具有某些相似特征的人误认成朋友。这体现的是知觉的(　　)

A.整体性　B.恒常性　C.选择性　D.理解性

13.利用各种图片、模型、幻灯片及教学电影电视等进行的直观教学形式称为(　　)

A.形象直观　B.实物直观　C.模像直观　D.言语直观

14.由暗处到亮处,特别是在强光下最初一瞬间会感到光线刺眼几乎看不清外界物体,几秒钟之后逐渐看清物体,这种对光的感受性下降变化的现象称为(　　)

A.暗适应　B.明适应　C.不适应　D.知觉适应

15.下列有关感觉的表述中,说法不正确的是(　　)

A.感觉是人脑对客观事物个别属性的认识

B.感觉是认识的起点

C.感觉是人脑对事物整体的认识

D.感觉是一切较高级、较复杂的心理现象的基础

16.将一根木棒的一截插入水中,看起来木棒弯曲了。这是(　　)

A.感觉　B.错觉　C.动觉　D.幻觉

17.下列不属于知觉恒常性的是(　　)

A.形状恒常性　B.重量恒常性

C.大小恒常性　D.颜色恒常性

18.为了让学生区分"put"和"but"的不同,英语老师特别用不同颜色标出"p"和"b"。这是运用了(　　)规律。

A.感觉对比　B.感觉适应　C.感觉后像　D.感觉补偿

19.在知识的初级学习阶段,(　　)的教学效果优于实物直观。

A.言语直观　B.模像直观　C.观察标本　D.图表直观

20.黑色的炭在日光下是黑色的,在月光下我们仍然认为它是黑色的。这主要体现了知觉的(　　)

A.选择性　B.理解性　C.整体性　D.恒常性

21.一杯糖水,只有添加5克糖以上时,小红才能感受到甜度的区别。这种刚刚能使人感到差别的最小差异量称为(　　)

A.绝对感觉阈限　B.绝对感受性

C.差别感觉阈限　D.差别感受性

22.在注视飞速开过的火车之后,会觉得附近的树木向相反的方向运动。这是(　　)

A.诱导运动　B.动景运动

C.自主运动　D.运动后效

23.美妙的音乐很悦耳,像春风拂过脸颊。这属于(　　)(常考)

A.知觉　B.错觉　C.幻觉　D.联觉

24.闻到苹果香味,看到苹果红色外观,触摸光滑果皮所引起的心理活动是(　　)

A.感受　B.感知　C.感觉　D.知觉

25.下列选项中,属于同一感觉相互作用的是(　　)

A.补偿　B.感觉适应与对比

C.联觉　D.听觉

26.人们对苹果的色、香、味等多种个别属性的信息进行综合,加上经验的参与就形成了"苹果"的整体映像。这种信息整合的过程是(　　)

A.注意　B.知觉　C.记忆　D.概括

27.下列关于观察的叙述正确的是(　　)

A.观察是持久的知觉　B.观察没有目的

C.观察只限于视觉　D.观察不需要计划

28.痛觉属于(　　)

A.皮肤觉　B.内部感觉　C.知觉　D.触压觉

29.坐在未开动的火车上,由于旁边火车的开动,会感到自己乘坐的火车正在移动。这种现象是(　　)(易混)

A.动景运动　B.诱导运动

C.自主运动　D.运动后效

30."一俊遮百丑"是一种(　　)

A.首因效应　B.近因效应　C.刻板印象　D.晕轮效应

31.野战部队身穿迷彩服以达到与周围背景相混淆的效果,这主要是利用了知觉的(　　)

A.整体性　B.选择性　C.理解性　D.恒常性

32.人的学习主要通过(　　)

A.视觉　B.听觉　C.嗅觉　D.触觉

二、辨析题

1. 某人从光线明亮的地方进入暗室，开始什么也看不见，但过一会儿慢慢就能看见一些物体了。这种变化是由学习导致的。（易错）

2. 错觉现象的存在正说明了人类无法客观地反映世界。

3. 面对耀眼的玻璃墙反光，小黄产生了不适的反应，此时他的视觉感受性提升了。

三、简答题

1. 简述知觉的基本特征。

2. 简述感觉与知觉的关系。

3. 简述提高直观教学效果的方法。

四、材料分析题

王老师在讲授形近字时，用白粉笔书写形近字相同的部分，用红粉笔书写形近字不同的部分。

(1)他为什么这么做？

(2)王老师的做法体现了知觉的哪些规律？

专题二　注　意

一、单项选择题

1. 注意的两个特点是(　　)

A. 指向性与集中性　　B. 指向性与选择性

C. 选择性与整合性　　D. 整合性与集中性

2. 人们在初学古典文学时，困难很大，也毫无兴趣，但为了需要不得不集中注意去学习。这时的注意是(　　)（易混）

A. 有意注意　　B. 无意注意　　C. 有意后注意　　D. 内隐注意

3. 百米竞赛的预备信号与起跑信号之间相隔2秒比较合适，相隔太长时间才发起跑信号，会影响运动员的成绩。原因是(　　)

A. 注意的选择性　　B. 注意的分配　　C. 注意的起伏　　D. 注意的指向性

4. 小学生小易在做作业时不易被人打扰，而小旺在做作业时很容易受其他同学的干扰，同学的一举一动都会分散他的注意。这反映了小易和小旺在(　　)上存在差异。

A. 注意的广度　　B. 注意的分配

C. 注意的稳定性　　D. 注意的转移

5. 注意的集中性的前提和基础是(　　)

A. 注意的分心　　B. 注意的起伏　　C. 注意的指向性　　D. 注意的分配

6. 注意的稳定性是注意品质的哪种特性(　)

A. 广度　　B. 强度　　C. 时间　　D. 空间

7. 教师在制作教学课件时,应注意字体颜色的搭配,这是因为(　)

A. 活动的物体更易引起人的无意注意

B. 新异的刺激更易引起人的无意注意

C. 色彩对比鲜明的刺激更易引起人的无意注意

D. 刺激强度大的物体更易引起人的无意注意

8. 在听报告时,如果报告人的声音突然停止了,马上就会引起听众的注意。这种注意是(　)(常考)

A. 有意注意　　B. 无意注意　　C. 随意注意　　D. 有意后注意

9. 儿童正在教室里画画,教室外突然传来一阵喧哗声,孩子们不由自主地探头去看或侧耳倾听,这种现象属于(　)(易错)

A. 注意的分配　　B. 注意的转移

C. 注意的广度　　D. 注意的分散

10. 学生初学文言文时兴趣比较低,只是为了完成任务而学习。随着对基础知识的掌握,学生对文言文产生了兴趣,开始凭借兴趣自然地将注意力集中到学习上。这时学生的注意属于(　)

A. 有意注意　　B. 随意注意　　C. 无意注意　　D. 有意后注意

11. 教师穿着新裙子走到教室门口,引起了学生的注意。这是因为(　)

A. 刺激物之间的对比关系　　B. 刺激物的强度

C. 刺激物的新异性　　D. 刺激物的活动和变化

12. 儿童早期学习汉字时,对汉字字形、结构、正误的注意,属于(　)

A. 有意注意　　B. 无意注意

C. 有意后注意　　D. 不随意注意

13. 学生新接触一个知识领域,觉得“万事开头难”的原因是未进行(　)

A. 注意转移　　B. 注意分配　　C. 注意跳跃　　D. 注意调节

14. 汉代董仲舒“目不窥园”的事例,典型地表现了(　)

A. 注意的集中性　　B. 注意的指向性

C. 注意的转移　　D. 注意的分配

二、辨析题

注意转移即注意分散。(易错)

三、简答题

1. 简述引起无意注意的条件。

2. 简述影响注意分配的条件。

3. 什么是有意注意？怎样运用有意注意的规律组织教学？(常考)

4. 简述维持有意注意的条件。

四、论述题

1. 如何运用注意规律提高小学生的课堂注意力？

2. 试述注意的稳定性及其影响因素。(常考)

3. 试述影响注意转移的条件。

五、材料分析题

今天是林老师第一次上公共课，她穿着漂亮、艳丽的新衣服来到教室，用早已准备好的彩色粉笔把黑板边缘装饰得格外醒目。开始上课了，林老师显得镇定自若，她先宣布了期中考试的成绩，并鼓励大家再接再厉。在正式讲课中，林老师语言平静、流畅，由于准备的内容十分丰富，她便加快了讲课的速度。正当林老师专心致志地讲课时，偶然发现有个别同学在开小差，她立即点名批评，制止了这种不良行为，然后继续上课。一节课很快地过去了，林老师从容地走出了教室。

(1)试述教学中应如何运用无意注意规律，提高教学效果。

(2)请运用所学的无意注意规律说明林老师的哪些做法欠妥。

专题三　记　忆

一、单项选择题

1. 下列属于陈述性记忆的是(　　)

A. 端午节的日期　　B. 打篮球

C. 骑车的技能　　D. 跳舞

2. 考试时想不起来的知识，一出考场却想了起来。这种遗忘称为(　　)

A. 干扰抑制　　B. 部分遗忘

C. 永久性遗忘　　D. 动机性遗忘

3. 依据艾宾浩斯的遗忘规律，以下表述不正确的是(　　)(常考)

A. 遗忘数量随时间递增

B. 在识记后的短时间内遗忘特别迅速，然后逐渐缓慢下来

C. 及时复习有利于识记材料在急速遗忘前获得必要的巩固

D. 一般情况下，集中复习的效果优于分散复习

4. 有人在记忆英语单词时贪多求快，一个新单词仅仅拼读几遍就转入下一个新单词，结果每一个单词不久就忘得一干二净，这是因为对单词的记忆处于(　　)

A. 瞬时记忆　　B. 短时记忆　　C. 长时记忆　　D. 永久记忆

5. 妈妈教琳琳学唱儿歌，她发现琳琳在学习后的5个小时内复习所学的儿歌15分钟，比一周后复习2小时的效果好得多，这充分说明了(　　)的重要性。

A. 及时复习　　B. 分散记忆　　C. 集中复习　　D. 过度学习

6. 学生背会一篇课文用了10分钟，然后再花5分钟读这篇课文，这种知识保持的方法属于(　　)

A. 及时复习　　B. 运用记忆术

C. 适当过度学习　　D. 合理分配学习时间

7. 难度小的材料适合________复习，难度大的材料适合________复习。(　　)(易错)

A. 分散　集中　　B. 集中　分散

C. 分散　分散　　D. 集中　集中

8. 人们经历过的事物都会在头脑中留下痕迹，并且可以在一定条件下呈现出来，这是(　　)

A. 感觉　　B. 知觉　　C. 记忆　　D. 思维

9. 实验证明，(　　)是短时记忆保持的重要条件。

A. 精细复述　　B. 机械复述　　C. 听觉编码　　D. 视觉编码

10. 你对以前一个同学对你谩骂时你愤怒的心情记忆犹新，这种记忆属于(　　)

A. 形象记忆　　B. 逻辑记忆　　C. 情绪记忆　　D. 运动记忆

11. “死记硬背”属于(　　)

A. 意义识记　　B. 机械识记　　C. 无意识记　　D. 重复识记

12. 学生对学习的知识、概念、原理、公式等的记忆属于(　　)

A. 形象记忆　　B. 情景记忆　　C. 语词逻辑记忆　　D. 情绪记忆

13. 许多人利用早晨和晚上的时间进行记忆，其效果优于白天，这是因为早上和晚上所受到的干扰是(　　)

A. 双重抑制　　B. 前摄抑制　　C. 单一抑制　　D. 倒摄抑制

14. 遗忘就其实质来说，是知识的组织与认知结构简化的过程。这种观点的代表学说是(　　)

A. 痕迹衰退说　　B. 同化说　　C. 干扰说　　D. 动机说

15. 人们游览过“万里长城”后，在头脑中留下了生动的长城的形象。这种记忆是(　　)

A. 情绪记忆　　B. 形象记忆　　C. 动作记忆　　D. 情景记忆

16. 短时记忆的信息容量是有限的，为(　　)(常考)

A. 4～8个组块　　B. 5～8个组块

C. 4～9个组块　　D. 5～9个组块

17. 一个人学会骑自行车，很多年不骑也不会忘记。这种记忆是(　　)

A. 情景记忆　　B. 程序性记忆

C. 陈述性记忆　　D. 外显记忆

18. 在回答教师的提问时,学生把头脑中与该问题有关的知识提取出来,这种提取过程就是(　　)
A. 识记　B. 保持　C. 再认　D. 回忆

19. 信息能长时间保留下来,容量没有限度的记忆是(　　)
A. 短时记忆　B. 瞬时记忆
C. 长时记忆　D. 感觉记忆

20. 艾宾浩斯研究遗忘的方法是(　　)
A. 学习法　B. 重复法
C. 干扰法　D. 节省法

21. 以下关于记忆的说法错误的是(　　)
A. 感觉记忆的时间短、容量小
B. 长时记忆的时间长、容量大
C. 短时记忆与长时记忆的有意识成分是不同的
D. 感觉记忆与短时记忆的信息编码方式是不同的

22. "舌尖现象"可以用(　　)来解释。
A. 消退说　B. 干扰说
C. 压抑说　D. 提取失败说

23. 短时记忆的主要编码形式是(　　)
A. 图像编码　B. 听觉编码　C. 语义编码　D. 情境编码

24. 考试时由于情绪过分紧张,致使学过的一些内容怎么也想不起来。对这种遗忘现象最合适的解释是(　　)
A. 衰退说　B. 干扰说
C. 压抑说　D. 提取失败说

25. 在其他条件相等的情况下,一个学习材料两端的项目学习快、记得牢,而中间部分总是学得慢、记得差些。可用于解释这种知识遗忘的理论是(　　)
A. 提取失败说　B. 痕迹衰退说
C. 经验干扰说　D. 动机压抑说

26. "良言一句三冬暖,恶语伤人六月寒"描述的是(　　)
A. 形象记忆　B. 逻辑记忆　C. 情绪记忆　D. 动作记忆

27. 所谓及时复习,应该是指(　　)(易错)
A. 在学习结束后立刻复习　B. 复习越早越好
C. 在大面积遗忘开始之前复习　D. 当天复习

28. 长时记忆最主要的编码形式是(　　)
A. 表象编码　B. 听觉编码
C. 视觉编码　D. 语义编码

29. 有经验的老师在一节课程中会通过讲解学生感兴趣的故事、谜题或制造悬念来进行导课,这主要是通过(　　)的规律来组织教学。
A. 无意识记　B. 有意识记　C. 机械识记　D. 意义识记

30. 小学生刚学拼音时,容易记住声母表和韵母表的开头和结尾部分,不容易记住中间部分。这表明遗忘受(　　)
A. 材料数量的影响　B. 材料性质的影响
C. 个人兴趣的影响　D. 材料系列位置的影响

31. 某学生背诵复习资料时,在刚达到背诵的基础上,为了防止遗忘,又继续追加背诵了几遍。这种学习属于(　　)(常考)
A. 适度学习　B. 过度学习　C. 掌握学习　D. 意义学习

32. 记忆过程包括(　　)
A. 识记、保持、遗传　B. 识记、再认和回忆
C. 识记、保持、再认和回忆　D. 识记、保持和联想

33. 教师答疑时,能迅速灵活地提取头脑中的知识,以解决学生当前的问题。这体现了记忆品质的(　　)
A. 准确性　B. 持久性
C. 敏捷性　D. 准备性

34. 学生在记忆无意义音节时,前面的练习加快了对后面音节的记忆。这是(　　)的影响。
A. 学习任务的相似性　B. 原有的认知结构
C. 学习的心向与定势　D. 学习的指导

二、判断题

1. 痕迹衰退说是一种对遗忘原因的最古老的解释。按照这种理论,遗忘是由记忆痕迹衰退引起的,衰退随时间的推移自动发生。它起源于亚里士多德,由艾宾浩斯进一步发展。(　　)
2. 对识记的材料不能再认或回忆,以及错误的再认或回忆称之为遗忘。(　　)
3. 机械记忆是一种无用的记忆。(　　)
4. 小学低年级儿童机械识记的效果好于意义识记的效果。(　　)
5. 社会环境中的各种影响往往会通过有意识记而被个体"潜移默化"地接受。(　　)

三、辨析题

1. 采用反复阅读与试图回忆相结合的方式比采用单纯的反复阅读的复习效果好。

2. 长期过度学习容易造成疲劳，所以应该适当使用过度学习的方法。（常考）

3. 人们觉得早上睡醒后背单词记得更好，是因为新的一天刚开始，没有前摄抑制的干扰。

4. 外显记忆是受意识控制的记忆。

5. 长时记忆的保持量只会减少，不会增加。

6. 遗忘总是不利于学习的。

7. 前摄抑制和倒摄抑制均体现了遗忘的干扰说。

8. 一般来说分散复习的效果优于集中复习。

四、简答题

1. 简述记忆的品质。（常考）

2. 影响遗忘进程的因素有哪些？（常考）

3. 简述影响识记效果的因素。

五、论述题

1. 结合教育实际，说明如何引导学生进行有效的复习。（常考）

2. 试述提高记忆效果的方法。

六、材料分析题

漫画家丰子恺在刚开始学习外语时，第一天把第一课读了十遍；第二天把第二课读了十遍，第一课读了五遍；第三天把第三课读了十遍，第一、第二课各读五遍；第四天把第四课读了十遍，把第二、第三课各读五遍，第一课读了两遍，并在第一课上标了一个“读”。这样，他认为他四天读第一课二十二遍，比他一天读二十二遍第一课，效果要好，他只用几个月就掌握了外语的知识，并且能够阅读外文小说，后来从事翻译工作。

这说明了什么问题？请用相关的心理学知识进行分析。

专题四　言语与思维

一、单项选择题

1. 学生从各种解题方法中筛选出一种最佳解法，从而得出结论。这是一种(　　)

A. 聚合思维　　B. 发散思维
C. 常规思维　　D. 创造性思维

2. 如果$A>B, A<C, C>D, C<E$，那结果必然有$B<E$。这种思维是(　　)

A. 发散思维　　B. 分析思维　　C. 辐合思维　　D. 创造性思维

3. 言语理解的最高水平是(　　)

A. 语音知觉　　B. 词汇理解
C. 词汇加工　　D. 课文理解

4. 早晨起来后发现地面有积水，由此可以断定昨天晚上下雨了。这一心理过程是(　　)的体现。

A. 感觉　　B. 知觉　　C. 思维　　D. 想象

5. 报告、讲演所采用的言语类型是(　　)

A. 独白言语　　B. 表面言语
C. 内部言语　　D. 对话言语

6. 把通过抽象的概括而获得的概念、原理、理论运用到实际中，以加深、加宽对各种事物认识的思维过程是(　　)

A. 分析与综合　　B. 比较
C. 抽象与概括　　D. 具体化

7. 学生掌握了整数、分数的知识及概念后，可将这些数概括为有理数。这是思维过程的(　　)

A. 分析　　B. 抽象　　C. 具体化　　D. 系统化

8. “透过现象看本质”是指思维的(　　)

A. 广阔性　　B. 独立性　　C. 批判性　　D. 深刻性

9. 下列不属于对话言语的是(　　)

A. 聊天　　B. 讨论　　C. 自言自语　　D. 辩论

10. 言语是(　　)(易错)

A. 借助语言传递信息的过程　　B. 一种符号系统
C. 一种社会现象　　D. 语言学研究的对象

11. 技术工人在对一台机器进行维修时，一边检查一边思考故障的原因，直到发现问题排除故障为止。这一过程中(　　)占据主要地位。

A. 直观动作思维　　B. 具体形象思维
C. 抽象逻辑思维　　D. 直觉思维

12. 思维的(　　)是思维品质的中心环节，是所有思维品质的集中体现。

A. 逻辑性与严谨性　　B. 独立性与批判性
C. 灵活性与敏捷性　　D. 广阔性与深刻性

13. 把握问题的性质和关键信息，忽视无关因素，在头脑中形成初步印象，形成问题的表征。这是(　　)(常考)

A. 提出问题　　B. 发现问题
C. 明确问题　　D. 分析问题

14. 解决问题的关键阶段是(　　)

A. 发现问题　　B. 理解问题
C. 提出假设　　D. 检验假设

15. 思维是人脑对客观现实的概括的、间接的反映。其最基本的单位是(　　)

A. 命题　　B. 概念　　C. 判断　　D. 推理

16. 情绪对问题解决的影响是(　　)

A. 促进作用
B. 阻碍作用
C. 积极情绪的促进作用和消极情绪的阻碍作用
D. 不论积极情绪还是消极情绪都影响不大

17. 提炼事物的本质特征，舍弃其非本质特征的过程是(　　)

A. 抽象　　B. 概括　　C. 分析　　D. 综合

18. 早晨开窗发现地面大面积潮湿，便推断昨夜下雨了。这体现了思维的(　　)

A. 概括性　　B. 间接性　　C. 新颖性　　D. 形象性

19. 灵感现象是(　　)的结果。

A. 直觉思维　　B. 综合思维

C. 聚合思维　　D. 分析思维

20. “思路鲜明,条理清楚”反映的良好思维品质是(　　)

A. 广阔性　　B. 独立性　　C. 灵活性　　D. 逻辑性

21. 在个体发展过程中,思维发展的顺序是(　　)

A. 具体形象思维、直观动作思维、抽象逻辑思维

B. 直观动作思维、具体形象思维、抽象逻辑思维

C. 抽象逻辑思维、具体形象思维、直观动作思维

D. 具体形象思维、抽象逻辑思维、直观动作思维

22. (　　)是指不受某种固定的逻辑规则的约束,而直接去领悟对象的本质性规律。

A. 直觉思维　　B. 分析思维

C. 抽象思维　　D. 形象思维

23. 学生在学习过程中敢于对教师提出疑问,勇于向权威挑战,反映了学生的思维具有(　　)

A. 深刻性　　B. 灵活性　　C. 敏捷性　　D. 批判性

24. (　　)是问题解决的首要环节。(常考)

A. 发现问题　　B. 理解问题

C. 提出假设　　D. 检验假设

25. 小明在学习了“哺乳动物都是胎生的”“虎是哺乳动物”这些概念后,得出“虎是胎生的”这一判断。他的这种思维形式是(　　)

A. 抽象概念　　B. 关系判断

C. 归纳推理　　D. 演绎推理

26. 人类模仿鸟发明了飞机是利用了(　　)(常考)

A. 定势　　B. 功能固着

C. 经验　　D. 原型启发

27. “一叶知秋”是指思维的(　　)

A. 广阔性　　B. 独立性

C. 批判性　　D. 深刻性

28. 很多同学做数学应用题时,考查单一知识点的题目都能做对,但是考查两个以上知识点交叉的题目就不会做了。这些同学应该在下列哪一个思维环节上进行强化(　　)

A. 概括与抽象　　B. 分类与比较

C. 综合与分析　　D. 系统化与具体化

29. 通常认为“太阳从东边升起,往西边落下”。这属于(　　)

A. 抽象思维　　B. 经验思维　　C. 理论思维　　D. 直观动作思维

30. 小李认为一定要用螺丝刀才能拧螺丝,而想不到利用小刀等其他工具,这体现了(　　)对问题解决的影响。(常考)

A. 倒摄抑制　　B. 前摄抑制

C. 反应定势　　D. 功能固着

31. 一般来说,思维的基本过程是(　　)

A. 比较与分类　　B. 分析与综合

C. 抽象与概括　　D. 系统化与具体化

32. (　　)言语是言语发展的高级阶段。

A. 口头　　B. 方言　　C. 阅读　　D. 书面

33. 我们到一个地方去办事,会事先在头脑中想出可能经过的道路,经过分析与比较,最后选择一条短而方便的路。这样的思维是(　　)

A. 直观动作思维　　B. 具体形象思维

C. 逻辑思维　　D. 直觉思维

二、填空题

1. ________是指人在创造性思维过程中,某种新形象、新概念和新思想突然产生的心理状态。

2. 思维是人脑对客观事物概括的和________的反映。

三、辨析题

思维定势会阻碍问题的解决。(常考)

四、简答题

1. 简述思维的一般过程。

2. 影响问题解决的因素有哪些?(常考)

五、论述题

1. 试述如何培养学生的思维能力。

2. 简述思维的认知加工方式,并请谈谈如何在课堂上加强学生的思维?

六、材料分析题

小叶同学经常"眉头一皱,计上心来",他不仅深思好学,触类旁通,有独立见解,还能透过现象看本质,喜欢打破砂锅问到底,是班上名副其实的"智多星"。数学课上,当问题与条件发生变化时,他总能打破常规,想出新办法,解决问题当机立断,毫不犹豫。对此梁老师十分赏识,决定在数学课上采取新举措。首先,在班上开展课前讲故事活动,提高学生的言语表达能力和对数学题意的理解力。苹果落地现象是人们司空见惯的,但牛顿却在此基础上提出了万有引力定律;伽利略敢于质疑和挑战权威,通过在比萨斜塔上同时抛下两个大小不同的铁球的实验,指出铁球同时落地才是真知。当学生讲到此类故事时,梁老师就及时倡议学生给课本挑刺,要"吾爱吾师,吾更爱真理",要敢于说"老师,我反对",对敢于挑毛病的学生给予奖励。其次,在课堂教学中,梁老师设置问题情境,激励学生独立发现问题、提出问题,老师不急于回答,鼓励学生运用已有知识经验去思考如何解决问题,老师给予一定的启发,让学生自己寻找答案,并鼓励学生一题多解。通过梁老师的指导和训练,小叶同学的思维品质更加完善,他不仅敢于质疑,而且善于创新求异。初三毕业时,他成了小发明家,觉得自己离创新梦工厂越来越近了。

(1)结合材料分析小叶同学具有的思维品质。

(2)结合材料中梁老师的做法,阐述如何培养学生的思维品质。

专题五　想象与创造性思维

一、单项选择题

1. 人们看到窗上的冰霜,不自觉地把它想象成美丽的树林、陡峭的山峰等。这种想象属于(　　)(易错)

A. 再造想象　　B. 无意想象
C. 创造想象　　D. 有意想象

2. 幻想是(　　)的一种特殊形式。

A. 再造想象　　B. 有意想象　　C. 无意想象　　D. 空想

3. "利用红色可以做什么"属于发散思维训练方法中的(　　)

A. 用途扩散　　B. 结构扩散
C. 形态扩散　　D. 方法扩散

4. 创造性思维验证期的主要特点是(　　)

A. 收集材料　　B. 实践检验
C. 重新组织　　D. 豁然开朗

5. 在创造性培养上有一种"头脑风暴法",以下不属于"头脑风暴法"的一项是(　　)

A. 百家争鸣　　B. 自由辩论
C. 多多益善　　D. 及时评价

6. (　　)是感性认识过渡到理性认识的桥梁。

A. 表象　　B. 想象　　C. 记忆　　D. 思维

7. 对一本小说的人物形象来讲,读者和作者的想象类型分别是(　　)(易混)

A. 再造想象和再造想象　　B. 创造想象和创造想象
C. 创造想象和再造想象　　D. 再造想象和创造想象

8. 人类思维的高级形式是(　　)

A. 求异性思维　　B. 集中性思维
C. 创造性思维　　D. 发散性思维

9. 创造性思维的核心是(　　)(易错)

A. 发散思维　　B. 形象思维
C. 逻辑思维　　D. 抽象思维

10. 让学生实际动手去制作贺卡、图片、模型等物品,以培养其创造性的方法是(　　)

A. 发散思维训练　　B. 头脑风暴训练
C. 推测假设训练　　D. 自我设计训练

11. 学生们通过看《哈利·波特》系列书籍想到魔法学院的场景,属于(　　)的产物。

A. 幻想　　B. 无意想象　　C. 创造想象　　D. 再造想象

12. 焦裕禄同志生前常在夜晚睡觉前把一天经历过的事情想一遍，人物的音容笑貌、事物的具体形象历历在目，他称为“过电影”。这是(　　)

A. 想象　　B. 记忆表象

C. 保持　　D. 再认

13. 通过集体讨论，使思维相互撞击，迸发火花，达到集思广益效果的思维训练方法为(　　)

A. 推理法　　B. 启发法

C. 讨论法　　D. 头脑风暴法

14. 表象的可操作性可以通过实验加以证明，如库珀和谢帕德所做的(　　)

A. 表象操作实验　　B. 心理操作实验

C. 心理旋转实验　　D. 表象运动实验

二、辨析题

“幻想是一种不切实际、不能实现的想象，不宜提倡。”这种说法是否正确？结合想象的知识说明理由。

三、简答题

1. 简述学生创造性活动能力的培养措施。

2. 简述表象的特征。

3. 简述表象的作用。

4. 再造想象与创造想象有什么相同点与不同点？(易混)

5. 简述创造想象产生的条件。

四、论述题

如何培养学生的创造性思维能力？(常考)

五、材料分析题

班会课上，有同学说：“《西游记》里孙悟空的‘顺风耳’就是现在的无线通信技术；‘千里眼’就是现在的天文望远镜；‘筋斗云’就是现在各式各样的飞行器。”有同学说：“《海底两万里》中在海底行走的船就是现在的潜艇，古人的想象力真丰富！”有同学说：“我们现在想到的某种物体或者某种可能性，现在看还只是幻想，几百年后说不定就变成现实了。爱因斯坦说过‘想象力比知识本身更重要’，所以我们现在要大胆地想象，哪怕是幻想。”有同学说：“想象固然与大胆敢想有关，但不能没有知识积累。”

(1)什么是幻想？什么是创造想象？

(2)结合上述材料，谈谈在教学中应如何培养学生的创造想象。

真题必刷

一、单项选择题

1.［统考/金华东阳］看书时用红笔画出重点是利用知觉的（　）

A. 整体性　B. 选择性　C. 理解性　D. 恒常性

2.［统考］一扇从关闭到敞开的门，尽管在我们的视网膜上投影形状不同，但看上去都是长方形。这反映的知觉特征是（　）

A. 理解性　B. 选择性　C. 恒常性　D. 整体性

3.［统考］教师讲课时，一位小学生一会儿听教师讲，一会儿翻书看，一会儿在本子上写什么。你认为这位小学生这时的注意状态是（　）

A. 稳定的　B. 起伏的　C. 转移的　D. 分散的

4.［绍兴］艾宾浩斯遗忘曲线表明，遗忘的进程是不均衡的，其趋势是（　）（常考）

A. 先快后慢　B. 匀速加快　C. 先慢后快　D. 匀速减慢

5.［宁波杭州湾新区］个体看到火柴盒的时候往往只想到它是装火柴用的，而很难想到火柴盒的其他用途。心理学上把这种现象称为（　）

A. 定势　B. 认知差异

C. 功能固着　D. 思维抑制

6.［统考］"月晕而风""础润而雨"的认识反映了人类思维的（　）

A. 间接性　B. 直接性　C. 概括性　D. 具体性

二、填空题

1.［丽水青田］同一感受器受不同刺激而使感受性发生变化的现象是________。

2.［嘉兴桐乡］长时记忆的编码以________为主，短时记忆的容量是________个组块。

三、判断题

1.［宁波杭州湾新区］小朋友正在听课，这时外面有人大声讲话，小朋友都将头转向外面。这是注意的转移。（　）

2.［衢州开化］所谓过度学习，是指在学习过程中，实际学习次数要适当超过刚好能够回忆起来的次数。所以说，过度学习越多，保持效果越好，而且保持的时间也越长。（　）

3.［温州瑞安］头脑风暴法是一种集体激励的策略。（　）

四、简答题

［统考］简述问题解决的思维过程。

第三章　情绪情感和意志过程

命题分析

本章主要以选择、填空、判断、辨析的形式考查，本章需要重点掌握的知识包括：

1. 识记并区分情绪和情感的关系、情绪与情感的种类。
2. 识记并理解意志的概念与特征、意志的品质。
3. 理解并区分动机冲突的类型、识记意志力的培养。

基础必刷

专题一　情绪与情感

一、单项选择题

1. 一般而言，羞耻感和自尊心属于（　）

A. 道德感　B. 美感　C. 理智感　D. 心情

2. 情绪所反映的是（　）

A. 客观事物的本质属性　B. 客观事物的外部现象

C. 客观事物之间的关系　D. 客观事物与人的需要之间的关系

3. 某人骑车经过路口，突然窜出一个小孩，他急忙刹车，停车后，心怦怦乱跳，并出了一身冷汗，这时他才感到"太可怕了"。这种现象所支持的情绪理论是（　）

A. 詹姆斯—兰格理论　B. 坎农—巴德理论

C. 阿诺德评定—兴奋理论　D. 沙赫特认知—评价理论

4. 小雪非常喜欢印象派的绘画作品，当她看到印象派的代表作《草地上的午餐》《日出·印象》时，顿时心中非常喜悦。小雪此时的情感属于（　）

A. 道德感　B. 理智感　C. 美感　D. 成就感

5. "急中生智"所描述的情绪状态是（　）

A. 心境　B. 激情　C. 应激　D. 理智

6. "一个小丑进城胜过一打医生。"说明情绪和情感具有（　）

A. 信号功能　B. 调控功能　C. 激励功能　D. 健康功能

7. 在各种情绪理论中，强调情绪的中枢不在外周神经系统，而在中枢神经系统的丘脑的理论是下列中哪一个（　）

A. 詹姆斯—兰格的情绪理论　B. 坎农—巴德的情绪学说

C. 沙赫特—辛格的情绪理论　　D. 阿诺德的评定—兴奋说

8. "积极的心态像太阳,照到哪里哪里亮;消极的心态像月亮,初一十五不一样。"这属于(　　)

A. 心境　　B. 激情

C. 应激　　D. 热情

9. 情绪状态划分的主要依据是(　　)

A. 强度、紧张度、持续性　　B. 需要、动机、社会性、感染性

C. 时间、信念、外显性、敏感性　　D. 动机、时间、内隐性、感染性

10. 测谎仪的使用原理主要是(　　)

A. 情绪情感是一种主观体验

B. 人在情绪反应时,常常伴随一定的生理唤醒

C. 情绪产生时,伴随外部表现

D. 情绪情感是一种自我察觉

11. 小冉解决了一个让自己困惑已久的数学难题,心里很高兴,美滋滋地给自己点了个赞。这种情感属于(　　)(常考)

A. 美感　　B. 道德感　　C. 理智感　　D. 责任感

12. 下列有关情绪的性质表达不正确的是(　　)

A. 情绪与动机关系不密切　　B. 情绪是主观意识体验

C. 情绪状态不容易自控　　D. 情绪为刺激所引起

13. 教师对学生微笑表示对该同学的赞赏,体现的情绪功能是(　　)

A. 动机功能　　B. 信号功能　　C. 组织功能　　D. 感染功能

14. 渴求知识的人得到一本好书会感到满意;人无端遭到攻击会感到愤怒。这说明情绪的产生是以个体的愿望或(　　)为中介的。

A. 认知　　B. 意志

C. 思维　　D. 需要

15. "见花落泪,见月伤心,良辰美景也有一种无可奈何之感。"这种情绪状态属于(　　)

A. 心境　　B. 激情　　C. 应激　　D. 适应

16. 演唱会现场,明星刚一到场,全场的女粉丝就发出刺耳的尖叫声。这种情绪是(　　)

A. 心境　　B. 应激　　C. 激情　　D. 愤怒

17. 积极的情绪有利于任务的完成,消极的情绪不利于任务的完成,体现了情绪的(　　)功能。

A. 适应　　B. 动机

C. 组织　　D. 信号

18. 适度的紧张和焦虑促使个体积极思考并产生行动,以达到成功解决问题的目的。这是情绪的(　　)

A. 适应功能　　B. 信号功能

C. 组织功能　　D. 动机功能

19. 关于情绪和情感的描述,下列说法不正确的是(　　)

A. 情感与生理需要是否满足相联系,是人和动物共有的

B. 情感依赖于情绪,具有稳定性、深刻性

C. 情绪是情感的外在表现,情感是情绪的本质内容

D. 情绪具有外显性、冲动性,而情感具有内隐性

20. 一个被父母严厉责备的孩子,当着父母的面可能会"忍气吞声",但离开父母可能就"摔桌子打板凳",或者拿小猫、小狗出气,心理学上将这种现象称为(　　)(易错)

A. 合理化　　B. 升华

C. 投射　　D. 移置

21. 小明即将上考场,感觉心跳加速,有点微微出汗。这属于情绪情感的(　　)

A. 主观体验　　B. 外部表现

C. 生理唤醒　　D. 认知活动

二、填空题

1. 情感具有两个功能,一是调节行动的功能,二是信号交际的功能。其信号交际功能是通过________实现的。

2. 从情感的社会内容角度来看,人类的情感有________、美感、________。

三、判断题

1. 我国古代医书《内经》记载有"怒伤肝、喜伤心、思伤脾、忧伤肺、恐伤肾",这说明情绪情感具有信号功能。

2. 灾难事件引起的紧张焦虑反应属于应激。(　　)

3. 过度的应激状态使人的记忆、思维能力降低,这反映了应激引起的认识功能障碍。(　　)

4. 人们在认知活动中,评价认识事物的时候所产生的情绪体验称为道德感。(　　)

四、辨析题

1. 与人的责任心有关的情感体验最主要的是理智感。

2. 人在激情状态下认识和自控能力会减弱,所以总是做错事。(常考)

3. 激情与应激是两种不同的情绪状态。

五、简答题

1. 简述情绪的三种状态类型。

2. 简述情感的品质。

3. 简述道德感的分类。

4. 简述情绪和情感与认识过程的关系。

六、论述题

试述情绪与情感的关系。

七、材料分析题

有一个笑话：一个老太太有两个女儿，一个开洗衣店，一个开伞店。老太太经常左右为难：晴天，担心开伞店的女儿的生意不好；阴天，担心开洗衣店的女儿的衣服晒不干。有一天，有人劝导："老太太你好福气，下雨天，你开伞店的女儿生意好，该高兴；天气好，你开洗衣店的女儿的衣服干得快，也该高兴。对你来说，哪一天都是好日子呀。"老太太想一想，也真是这样，心情顿时好多了。

请运用心理学的有关知识分析老太太为什么心情好多了，以及我们在日常生活中应怎样培养自己良好的情绪。

专题二　意　志

一、单项选择题

1. "头悬梁，锥刺股"是一种(　　)的体现。

A. 意志力　B. 气质　C. 性格　D. 想象力

2. "化悲痛为力量""不要意气用事"是(　　)

A. 意志对认识的影响　B. 情感对认识的依赖

C. 意志对情感的作用　D. 情感对意志的作用

3. 袁老师中途接手小学三年级(3)班的班主任工作，有几个学生经常缺交数学作业，经过了解发现，只要题目难一点或计算量大一点，这几个学生就不能按时完成作业，不仅如此，在各项活动中也有一些同学叫苦叫累。如果你是班主任的话，会在全班进行(　　)

A. 积极的情感教育　B. 意志品质的培养

C. 人际交往教育　D. 良好性格教育

4. 意志的首要特征是(　　)

A. 自觉地确定目的　B. 以随意运动为基础

C. 克服内外困难　D. 受意识能动调节支配

5. 成语"百折不挠"体现的意志品质主要是(　　)

A. 自制性　B. 果断性　C. 坚韧性　D. 自觉性

6. 学生既害怕学习困难，又害怕学习不好受到处分。这反映的是(　　)

A. 双趋冲突　B. 双避冲突　C. 趋避冲突　D. 多重趋避冲突

7. 学生甲容易受情感左右，缺乏理智，常在需要克制的时候任意为之，意气行事；而学生乙常常在需要采取行动，迎接挑战的时候临阵退缩，不敢有所行动。这表明学生甲和乙的意志均缺乏（　　）

A. 自觉性　　B. 坚持性　　C. 果断性　　D. 自制性

8. 有的人遇事总是举棋不定、优柔寡断。这说明他们的意志缺乏（　　）

A. 自觉性　　B. 自制性

C. 果断性　　D. 坚持性

9. 当个体遇到难以克服的障碍而使目标无法达成时，会产生不愉快的情绪反应。这种心理现象是（　　）反应。

A. 压力　　B. 挫折

C. 焦虑　　D. 愤怒

10. 李明既想竞选班长，又怕失败会丢面子，这样的冲突我们称之为（　　）（常考）

A. 双趋冲突　　B. 双避冲突

C. 趋避冲突　　D. 多重趋避冲突

11. 意志行动的关键阶段是（　　）

A. 动机斗争　　B. 制订计划

C. 执行决定　　D. 采取决定

12. 下列活动属于意志行动的是（　　）

A. 吹口哨　　B. 背诵课文

C. 摇头晃脑　　D. 膝跳反射

13. 对缺乏信心和决心的学生，应注重培养其意志品质的（　　）

A. 自觉性　　B. 自制性　　C. 果断性　　D. 坚韧性

14. "进退维谷"指的是动机冲突中的（　　）（常考）

A. 双趋冲突　　B. 双避冲突

C. 趋避冲突　　D. 多重趋避冲突

15. "鱼我所欲也，熊掌亦我所欲也"体现的动机冲突是（　　）（常考）

A. 双趋冲突　　B. 双避冲突

C. 趋避冲突　　D. 矛盾冲突

二、辨析题

1. "胜不骄，败不馁"是意志对人情感的调节控制作用。

2. 人应该立长志，而不应该常立志。

3. 意志的果断性要建立在自觉性的基础上。

三、简答题

1. 简述意志行动的过程。

2. 简述意志的特征。

四、论述题

如何培养小学生良好的意志品质？（常考）

真题必刷

一、单项选择题

1. [嘉兴桐乡]人们倾向于接近会给自己带来愉快和高兴的事,逃避会给自己带来烦恼和痛苦的事。这是情绪的( )

A. 动机功能　B. 适应功能　C. 健康功能　D. 信号功能

2. [宁波]邱少云在敌人阵地前埋伏,被敌人的燃烧弹火焰烧着,仍严守纪律,克制自己一动不动,最后壮烈牺牲,使部队完成了潜伏任务。邱少云这一行动最主要体现的是意志的( )

A. 自制性　B. 果断性　C. 坚韧性　D. 自觉性

3. [统考]受暗示性和独断性是与意志的( )相反的品质。

A. 自觉性　B. 果断性　C. 坚韧性　D. 自制性

4. [丽水龙泉]某学生既想参加演讲比赛、锻炼自己,又害怕讲不好、被人讥笑。这时他面临的心理冲突是( )

A. 双趋冲突　B. 双避冲突　C. 趋避冲突　D. 双重趋避冲突

5. [统考]人们在解决疑难问题后的兴奋、激动和自豪等主要是( )的表现。

A. 道德感　B. 理智感　C. 美感　D. 激情

二、填空题

1. [丽水青田]情感从反映的社会内容不同可以分为三类,其中________是人认识事物和探求真理的需要是否得到满足的体验。

2. [嘉兴桐乡]道德感从表现的形式上看,主要包括直觉的道德感、________、伦理的道德感。

3. [温州]意志行动最重要的特征是________。

三、判断简析题

[温州苍南]“情人眼里出西施”反映的是认知对情感的作用。

第四章　人格心理

命题分析

本章主要以选择、填空、判断、辨析、简答的形式考查,本章需要重点掌握的知识包括:

1. 识记人格的概念与特征、人格的结构、影响人格形成与发展的因素、学生优良人格的培养。
2. 识记需要与动机的概念、需要与动机的种类。识记并理解动机的功能。
3. 识记并区分气质类型及其特点,识记并掌握根据学生气质与性格特征进行因材施教。
4. 识记性格的概念、影响性格形成与发展的因素,识记并区分性格的类型。
5. 识记智力的概念与结构、智力结构理论、智力的测量。
6. 理解并区分创造力的特征,识记学生创造力的培养途径。

基础必刷

专题一　人格概述

一、单项选择题

1. 为人格的发展提供可能性的是( )

A. 个人主观因素　B. 遗传因素　C. 成熟因素　D. 环境因素

2. 电视剧《小欢喜》中有这样一幕,乔英子在妈妈的要求下,放弃了自己喜欢的乐高。这说明其家庭教养方式属于( )

A. 专断型　B. 放纵型　C. 权威型　D. 忽视型

3. 教师的言行对学生的人格产生了潜移默化的影响。这表现了( )对人格的影响。

A. 社会文化　B. 家庭环境　C. 学校教育　D. 生物遗传因素

4. 有一位先哲说过:“一个人的性格就是他的命运。”这说明人格具有( )(常考)

A. 稳定性　B. 独特性　C. 整合性　D. 功能性

5. “人心不同,各如其面。”这句话说明人格具有( )

A. 稳定性　B. 独特性　C. 整合性　D. 功能性

6. 弗洛伊德认为,支配个人道德行为的原动力来源于( )

A. 本我　B. 自我　C. 超我　D. 镜我

7. 决定个体的外显和内隐行为,并使其与他人的行为有稳定区别的综合心理特征称为( )(常考)

A. 人格　B. 性格　C. 气质　D. 人格倾向性

8.(　　)教养方式下的儿童独立性较强,善于自我控制和解决问题,喜欢与人交往,对人友好。

A. 专断型　B. 权威型　C. 放纵型　D. 集体型

9. 将人格分为内向型和外向型的学者是(　　)

A. 谢尔顿　B. 荣格　C. 威特金　D. 霍利德

10. 人格的(　　)是心理健康的重要指标。(常考)

A. 独特性　B. 稳定性　C. 整合性　D. 功能性

二、简答题

简述影响人格形成与发展的因素。

三、论述题

如何培养学生优良的人格?

专题二　需要、动机与兴趣

一、单项选择题

1. 下列选项中,(　　)不是需要的特点。

A. 对象性　B. 社会性　C. 动力性　D. 目的性

2. 在动机的作用下,个体由静止状态转化为活动状态并产生各种相应的行为。这就是动机的(　　)(易错)

A. 激活功能　B. 指向功能

C. 调节功能　D. 维持功能

3. 人们总是希望自己能成为某一社会群体中的一员,并被其他成员所认可。这种动机属于(　　)

A. 工作动机　B. 成就动机　C. 交往动机　D. 生理动机

4. 引起和维持个体的活动并使该活动朝向某一目标的内部推动力量是(　　)

A. 需要　B. 动机　C. 兴趣　D. 诱因

5. 同样是努力学习,有些学生只是为了获得老师或家长的赞许,并不在意自己是否真正掌握了知识;而有些学生则是对学习内容本身较为感兴趣。这种现象体现了动机具有(　　)

A. 激活功能　B. 指向功能　C. 调节功能　D. 维持功能

6. 下列哪项动机属于社会性动机(　　)

A. 繁衍后代　B. 获取食物　C. 逃避危险　D. 参与交往

7. 按指向对象不同,可以将需要分为(　　)

A. 物质需要和精神需要　B. 自然性需要和社会性需要

C. 合理需要和不合理需要　D. 学习需要和生活需要

8. 在行为的坚持性上体现的是动机的(　　)功能。

A. 激活　B. 指向　C. 维持　D. 调整

9. 小学生喜欢看动画片,这属于(　　)(常考)

A. 物质需要　B. 自然需要　C. 精神需要　D. 社会性需要

二、辨析题

需要转化成动机不需要条件。

三、简答题

简述动机的功能。

专题三　气质与性格

一、单项选择题

1. 对于气质类型为(　　)的学生,教师要采取耐心教育的方式,让他们有考虑和做出反应的足够时间,培养其生气勃勃的精神、热情开朗的个性和以诚待人、工作踏实顽强的优点。

A. 黏液质　B. 抑郁质　C. 多血质　D. 胆汁质

2. 感知的快速与精确、思维的模仿与创造属于性格的(　　)

A. 理智特征　B. 情绪特征　C. 意志特征　D. 态度特征

3. 巴甫洛夫划分的强、平衡、灵活的高级神经活动类型相当于气质类型中的(　　)(常考)

A. 胆汁质　B. 多血质　C. 黏液质　D. 抑郁质

4. 下列选项中有关气质与性格关系的描述,错误的是(　　)

A. 气质是先天的,性格是后天的　B. 气质无好坏之分,性格有好坏之分

C. 气质表现得早,性格表现得晚　D. 气质可塑性大,性格可塑性小

5. 小林诚实、谦虚、勤劳而且具有亲和力,这里描述的是小林的(　　)

A. 性格　B. 能力　C. 气质　D. 认知

6. 性格中情绪的稳定性和持久性属于(　　)

A. 态度特征　B. 情绪特征　C. 意志特征　D. 理智特征

7. 有一种人,他们有明确的行动目标,有较强的自我控制能力,能够克服困难,实现预定目标。这种人的性格类型属于(　　)

A. 理智型　B. 意志型　C. 情绪型　D. 混合型

8. 某学生总是情绪平稳,安静稳重,反应迟钝,善于忍耐,其气质类型属于(　　)

A. 多血质　B. 黏液质　C. 胆汁质　D. 抑郁质

9. 路见不平,有人能见义勇为,有人则逃之夭夭。这反映了人的(　　)差异。(常考)

A. 能力　B. 性格　C. 人格　D. 智力

10. 一个人生下来不是一张白纸,而是各有底色。这个底色就是(　　)

A. 性格　B. 气质　C. 能力　D. 兴趣

11. 性格包括两个要素:一是稳定的态度,二是(　　)

A. 习惯化的行为方式　B. 具有可塑性

C. 具有多重性　D. 平衡性

12. 胆汁质对应的高级神经活动类型是(　　)

A. 强、不平衡　B. 强、平衡、灵活　C. 强、平衡、不灵活　D. 弱

13. 气质的动力性特征受制于人的(　　)

A. 兴趣爱好类型　B. 性格类型

C. 高级神经活动类型　D. 动机需要类型

14. 在教育教学中,教师要根据学生的不同气质类型做好教育工作,要特别重视(　　)类型的学生。

A. 多血质和胆汁质　B. 胆汁质和抑郁质

C. 抑郁质和黏液质　D. 黏液质和多血质

15. (　　)在性格结构中具有核心意义。

A. 性格的态度特征　B. 性格的意志特征

C. 性格的情绪特征　D. 性格的理智特征

16. 小雨是个敏感、细心的女孩,同时她又多疑、孤僻、多愁善感、不善于和同学交往,同学们都叫她"林妹妹"。小雨的气质类型属于(　　)(常考)

A. 胆汁质　B. 多血质　C. 黏液质　D. 抑郁质

17. 汽车司机应当具备动作灵活敏捷,注意稳定并善于转移的特性。这说明职业对人的(　　)心理品质有一定的要求。

A. 兴趣　B. 能力　C. 气质　D. 性格

18. 某人情绪体验深刻,言行举止易受情绪左右,处理问题常感情用事。该人的性格类型可能是(　　)

A. 独立型　B. 顺从型　C. 理智型　D. 情绪型

19. 关于性格的认识,下列说法中不正确的是(　　)

A. 性格是人格中具有核心意义的部分

B. 性格是现实社会关系在人脑中的反映

C. 性格有好有坏,始终具有道德评价的意义

D. 性格是在长期生活环境和社会实践中逐渐形成的,但是它一旦形成就一成不变

20. 人格中具有核心意义的成分是(　　)

A. 气质　B. 性格　C. 能力　D. 人格倾向性

21. 按照个体活动的独立性划分,可以将人的性格划分为(　　)

A. 理智型和情绪型　B. 意志型和中间型

C. 外向型和内向型　D. 顺从型和独立型

22. 懒惰和勤奋属于性格的(　　)

A. 理智特征　B. 情绪特征　C. 意志特征　D. 态度特征

二、填空题

1. 巴甫洛夫高级神经活动类型中的弱型,相当于气质类型的________。

2. 根据心理活动的倾向,瑞士心理学家荣格将性格分为________和________。

3. 气质是表现在心理活动的________、________、________与指向性等方面的一种稳定的心理特征。

4. 对于________的学生,教师应培养其生气勃勃的精神、热情开朗的个性和以诚待人、工作踏实、顽强的优点。

5.《三国演义》中的猛将张飞暴躁易怒,他的气质类型更倾向于________。

三、辨析题

1. 做事缺乏主见,容易受他人意见的干扰,这种性格类型属于内向型。

2. 在人的各种气质类型中，抑郁质是最差的一种气质类型。

3. 胆汁质气质类型的人比黏液质气质类型的人更容易形成果断与勇敢的性格特征，这说明气质影响性格形成与发展的速度。

4. “江山易改，禀性难移”说明气质是不可以改变的。(常考)

四、简答题

1. 简述性格的结构特征。

2. 简述影响性格形成与发展的因素。(常考)

3. 简述性格的类型。

4. 简述气质的类型。

5. 请简述性格与气质的联系和区别。

五、论述题

1. 如何针对学生的气质类型进行教育？

2. 如何根据学生的性格差异进行因材施教？

六、材料分析题

材料一 古希腊著名医生希波克拉底提出，人的体内有四种液体，即粘液、黄胆汁、黑胆汁和血液。其中粘液生于脑，黄胆汁生于肝，黑胆汁生于胃，血液生于心脏。如果在液体的混合比例中血液占优势的人，是湿和热的配合，其特点是湿而润，好像春天一样，这就是多血质型；粘液占优势的人是冷和湿的配合，其特点是冷酷无情，像冬天一样，这就是粘液质型；黄胆汁占优势的人是热和干的配合，热而燥像夏天一样，这就是胆汁质型；黑胆汁占优势的人是冷和干的配合，像秋天一样冷而燥，这就是抑郁质型。

材料二　小明是某学校的二年级学生，他活泼聪明，语言思维活动敏捷，善于交际，在新的环境里不感到拘束；在集体场合有着明显的表现欲，适应环境能力强，表情生动，内心的情感溢于言表，他对学习新知识非常感兴趣且掌握得较快，但是对复习旧的知识缺乏足够的耐心，对知识的学习不求甚解。

问题：

(1)请分析小明的气质类型，并说明理由。

(2)结合实际，谈谈对于小明这类学生，你会如何对其进行教育。

专题四　智力与创造力

一、单项选择题

1. 一个人在面对问题情境时，能独具匠心，想出不同寻常的、超越自己也超越同辈的新奇性意见。这表明创造性思维具有(　　)

A. 流畅性　B. 变通性　C. 指向性　D. 独创性

2. 美国心理学家加德纳认为人的智力结构是由多种因素构成的，他提出了(　　)

A. 智力三维结构模型　B. 智力因素说

C. 智力的PASS理论　D. 多元智力理论

3. 在全体人口中，智力呈何种状态分布(　　)

A. 正态分布　B. 偏态分布

C. 正偏态分布　D. 负偏态分布

4. 加德纳的多元智力理论启示教育教学应该(　　)(易错)

A. 理论联系实际　B. 主动施教　C. 循序渐进　D. 注重个别化

5. 下列标准化测验中不属于智力测验的是(　　)

A. 斯坦福—比纳量表　B. 韦克斯勒量表

C. 瑞文测验　D. 明尼苏达测验

6. 开学考试成绩能够预测学生入学后的学业成绩，这说明该测验具有较高的(　　)

A. 效度　B. 信度　C. 难度　D. 区分度

7. 极具创造性的学生在辩论赛中思维敏捷、对答如流，这体现了创造性的(　　)(易混)

A. 集中性　B. 独创性　C. 变通性　D. 流畅性

8. 根据加德纳的多元智力理论，教师和心理咨询师的智力水平高主要体现在(　　)方面。

A. 言语智力　B. 人际智力　C. 自知智力　D. 身体—动觉智力

9. 有研究表明，同卵双生子即使生长在不同的家庭环境中，他们的智商也有很高的相关。这说明了(　　)

A. 人的智力发展与家庭环境没关系　B. 遗传对智力有很大的影响

C. 人的智力发展与遗传没关系　D. 一个人的智力发展水平是先天决定的

10. 世界上最著名的智力量表是(　　)

A. S-B量表　B. 斯坦福量表

C. 韦克斯勒量表　D. 比纳量表

11. 创造性认知品质的核心成分是(　　)

A. 创造性人格　B. 创造性思维

C. 创造性技能　D. 创造性想象

12. 能鉴别出答题者学业水平高低、能力的强弱说明测验的(　　)好。(易错)

A. 效度　B. 信度　C. 区分度　D. 难度

13. 多元智力理论的提出者加德纳后来提出了第八种智力，即(　　)

A. 道德智力　B. 认识自然智力

C. 生存智力　D. 自知智力

14. 吉尔福特认为三个智力维度中，(　　)真正代表智力的高低。

A. 产品　B. 内容　C. 操作　D. 单元

15. 斯皮尔曼的智力二因素理论中的"S因素"指(　　)

A. 一般因素　B. 特殊因素　C. 先天因素　D. 后天因素

16. 斯皮尔曼的智力二因素理论中，决定个人成功的是(　　)(常考)

A. 一般因素　B. 特殊因素　C. 流体智力　D. 晶体智力

17. 博尔特短跑成绩好可能是因为他(　　)智力好。

A. 视觉—空间　B. 自知　C. 运动　D. 逻辑—数学

18. 某生测验得80分，该年龄组的平均分数为70分，标准差为10分。则该生的智商为(　　)

A. 80　B. 60　C. 115　D. 90

19. 瑟斯顿的群因素理论概括出智力的(　　)种因素。

A. 6　B. 7　C. 4　D. 8

20. (　　)对智力的发展起着主导作用。

A. 遗传素质　B. 教育教学　C. 社会实践　D. 个人的勤奋

21. "多一把衡量的尺子，就会多出一批好的学生"的心理学依据是(　　)

A. 个体发展具有顺序性　B. 气质类型具有多样性

C. 人的智能具有多元性　D. 人类发展具有共同性

22. 在学习立体几何的时候，有些同学能够非常迅速地接受并绘制出三维立体图形，而有些同学则要经过很长时间才能慢慢接受。这体现了学生在(　　)方面的差异。

A. 言语智力　B. 空间智力　C. 运动智力　D. 人际智力

23. 根据多元智力理论，具备哪种智能类型的人善于确立目标，评估自身的能力和弱点，监控自己的思维(　　)

A. 言语智力　B. 人际智力　C. 自知智力　D. 逻辑—数学智力

24. 根据能力在人一生中的不同发展趋势，以及能力与先天素质和后天社会文化的关系，可将能力分为(　　)

A. 一般能力和特殊能力　B. 流体能力和晶体能力

C. 模仿能力和创造能力　D. 认知能力和操作能力

25. 斯坦伯格的智力三元结构理论中智力成分的核心是(　　)

A. 元成分　B. 操作成分

C. 知识获得成分　D. 认知成分

26. “老将出马，一个顶俩”“姜还是老的辣”，说明的观点是(　　)

A. 人越老越聪明　B. 老年人流体智力没有衰退

C. 老年人晶体智力还在发展　D. 老年人有个别差异

27. 受测验长度影响的测验质量指标是(　　)

A. 信度　B. 效度　C. 难度　D. 区分度

28. 下列有关智力测验量表的叙述，错误的是(　　)

A. 比纳—西蒙智力量表是世界上第一个智力测验量表

B. 斯坦福—比纳智力量表的公式：智商(IQ)=智龄(MA)/实龄(CA)×100

C. 韦克斯勒智力量表的计算公式：IQ=100×15Z

D. 瑞文标准智力测验适用年龄范围宽，测验对象不受文化、种族、语言的限制，并且可以用于一些生理缺陷者

29. (　　)表示的是个体智力分数在同年龄组分数分布中所处的位置。

A. 离差智商　B. 比率智商　C. 百分等级　D. 标准分数

30. 下列关于流体智力的说法，错误的是(　　)

A. 以生理为基础　B. 依赖于文化和知识背景

C. 在青少年之前一直在增长　D. 30岁以后逐渐衰退

31. 关于效度与信度等测验指标，下列说法错误的是(　　)(易错)

A. 效度是指测验能够准确测出所需测量的事物的程度

B. 信度是指测验获得的可靠性和一致性程度

C. 效度低，信度一定会低

D. 信度低，效度一定会低

32. 比纳—西蒙量表是世界上第一个标准化智力测验量表，产生于(　　)

A. 1896年　B. 1905年　C. 1916年　D. 1923年

二、判断题

1. 如果高水平学生在测验项目上能得高分，而低水平学生只能得低分，那么说明区分度高。(　　)

2. 个体的阅读和计算能力受后天影响较大，这属于流体智力。(　　)

3. 加德纳认为，在多元智力结构中，各种智力的地位是不平等的。(　　)

4. 韦克斯勒的智力测验用比率智商来衡量智力水平的高低。(　　)

5. 实际年龄超过智力年龄说明这个孩子比较聪明。(　　)

三、辨析题

1. 信度高，效度不一定高；效度高，信度一定高。(易错)

2. 小辉的学习成绩一般，但音乐节奏感却很强。这说明他的智商高。

3. 晶体智力随着年龄的上升而升高。

4. 非逻辑思维是创造性思维的重要成分，在各种创造性活动中都起着重要作用。教师应鼓励学生大胆猜测，进行丰富想象，不必拘泥于常规答案。

四、简答题

1. 简述多元智力理论。(常考)

2. 简述创造力与智力的关系。

3. 简述创造力的特征。

4. 简述斯坦伯格的三元智力理论。

五、论述题

1. 如何培养学生的创造力?

2. 试述影响智力形成和发展的因素。

3. 试述加德纳的多元智力理论对教学改革的启示。(常考)

六、材料分析题

妞妞的体形比一般同龄的孩子大,但在肢体动作的发展方面却比同龄的孩子晚,4岁的时候,她还不会左右交替一步一步上下楼梯,但是妞妞的词汇表述能力已经相当于七八岁的孩子了,有人送她一个玩具娃娃,她居然说:“谢谢你,我正巧需要一个娃娃。”她对数字的理解力也很强,新来的幼儿园老师教她数数,妞妞不客气地问老师:“是要从1数起?还是要5个5个一起数?10个10个一起数?”但妞妞还不能融洽地与其他小朋友相处,经常需要他人的帮助才能参与到群体的游戏中。

请运用加德纳的多元智力理论对该材料进行分析。

真题必刷

一、单项选择题

1.[湖州吴兴/丽水龙泉]一些人对客观事物作判断时,倾向于利用内部参照,不易受外界影响和干扰的认知方式是( )

A.冲动型 B.沉思型 C.场依存型 D.场独立型

2.[统考]以下不属于多元智力理论提出的智力的是( )

A.逻辑—数学智力 B.空间智力 C.社交智力 D.美术智力

3.[统考]某人行为主动性比较差,但自制力很强,不怕困难,忍耐力高,表现出内刚外柔。其气质属于( )

A.胆汁质 B.多血质 C.黏液质 D.抑郁质

4.[统考]根据艾森克的气质理论,一个人表现为温和、镇定、安宁、善于克制自己。这种人的气质属于( )

A.稳定外向型 B.稳定内向型

C.不稳定外向型 D.不稳定内向型

5.[温州龙湾区]按照美国心理学家戴安娜·鲍姆林德的相关理论,权威型教养方式主要体现为( )

A.接受+控制 B.拒绝+控制 C.接受+容许 D.拒绝+容许

6.[嘉兴桐乡]学生在参与不同活动中均表现出来的能力是( )

A.操作能力 B.社交能力 C.一般能力 D.特殊能力

7.[统考]以下选项中能有效反映测量心理品质的准确程度的是( )

A.效度 B.信度 C.准确度 D.标准化

二、填空题

1.[嘉兴]神经系统的活泼型与________,安静型与________气质类型相对应。

2.[温州]脾气暴躁、好冲动的人所对应的气质类型是________。

三、判断题

1.[宁波国家高新区]智力的核心是记忆能力。( )

2.[宁波国家高新区]发散思维是创造性思维的核心,具有流畅性、变通性、独特性等特征。( )

第五章 儿童心理发展

命题分析

本章主要以选择、判断、简答、论述的形式考查,本章需要重点掌握的知识包括:

1.识记人生全程发展阶段划分、关键期,识记并理解儿童心理发展的基本特征。

2.识记并区分皮亚杰的认知发展阶段理论。

3.识记维果斯基的最近发展区理论的基本观点。

4.识记、理解并区分艾里克森的人格发展阶段理论、皮亚杰的道德发展阶段理论、科尔伯格的道德发展阶段理论,并掌握其运用。

基础必刷

专题一 人生全程发展概述

一、单项选择题

1.心理学研究发现,不论种族、国家、地区,儿童获得语言过程的顺序具有一致性。这说明儿童心理发展的特点是( )

A.普遍性 B.阶段性 C.渐进性 D.适合性

2.幼儿的感知能力发展迅速,喜欢游戏活动,但他们不具有抽象思维。这主要说明儿童心理发展具有( )(易错)

A.连续性 B.顺序性 C.不平衡性 D.个别差别性

3.从个体心理发展的总体趋势来看,( )出现了第一个加速发展的时期。

A.婴儿期 B.青春期 C.幼儿期 D.童年期

4.学生原有的知识水平或心理发展水平对新的学习的适应性,称为( )

A.定势 B.最近发展区 C.学习迁移 D.学习准备

5.( )主导个体的心理发展,是个体心理发展的决定条件。

A.遗传 B.自然环境 C.教育 D.社会环境

6.儿童对形状形成正确知觉的关键期是( )岁。

A.1 B.2 C.3 D.4

7.印度"狼孩"的事例表明,个体在早期心理发展的某一个短暂时期内,对某类刺激特别敏感,一旦错失将难以达到应有的发展水平。心理学上把这一时期称为( )(常考)

A.最近发展期 B.生长高峰期 C.心理断乳期 D.发展关键期

8. 心理发展是指个体从出生、成熟、衰老直至死亡的整个生命进程中所发生的一系列(　　)

A. 身心变化　　B. 机体变化　　C. 心理增长　　D. 心理变化

二、简答题

1. 简述儿童心理发展的基本特征。

2. 简述我国心理学家对个体心理发展的阶段划分。

3. 简述个体心理发展的影响因素。(常考)

4. 如何根据心理发展的特征进行教育?

三、材料分析题

美国行为主义心理学家华生在《行为主义》一书中写道:"给我一打健康的婴儿,一个由我支配的特殊环境,让我在这个环境里养育他们,我可担保,任意选择一个,不论他们父母的才干、倾向、爱好如何,他们父母的职业及种族如何,我都可以按照我的意愿把他们训练成为任何一种人物……医生、律师、艺术家、大商人,甚至乞丐或强盗。"

试用心理学原理分析此段内容。

专题二　儿童认知发展与教育

一、单项选择题

1. 两小无猜的时代,一根竹子、一张长凳就可以是一匹骏马。这是个体认知发展到(　　)能做到的事情。

A. 感知运动阶段　　B. 前运算阶段

C. 具体运算阶段　　D. 形式运算阶段

2. 维果斯基提出"教学应走在发展前面"的含义是(　　)

A. 提前讲授下一阶段才能掌握的内容　　B. 教学可以不考虑儿童现有的发展水平

C. 教学的重要任务是创造最近发展区　　D. 根据学生现有的水平进行教学

3. 在某个发展阶段,儿童的心理从见不到物体就认为其不存在发展到物体从眼前消失了仍然认为它可能存在。该阶段为(　　)

A. 感知运动阶段　　B. 前运算阶段

C. 具体运算阶段　　D. 形式运算阶段

4. 数学老师不仅看到学生具体运算能力已达到的水平,还看到其他正在发展的逻辑运算能力。这说明该老师了解学生的(　　)

A. 最近发展区　　B. 关键期　　C. 智力　　D. 成绩

5. 5岁的毛毛第一次参观海洋馆,当他看到玻璃展缸中的潜水员时,大声喊:"看,消防员!"根据皮亚杰的认知发展理论,毛毛的认知过程属于(　　)(易错)

A. 同化　　B. 顺应　　C. 平衡　　D. 图式

6. 皮亚杰认为,人的知识来源于(　　),它是感知的源泉和思维的基础。

A. 大脑神经的发展　　B. 动作

C. 后天的学习　　D. 遗传

7. 幼儿往往认为所有会动的东西都是有生命的,因此当他们看到月亮会动时,就坚持认为月亮是有生命的。这种构建知识的方式是(　　)

A. 同化　　B. 顺应　　C. 图式　　D. 平衡

8. 儿童认为不能踩小草,它会疼。这说明儿童的认知发展处于哪个阶段(　　)

A. 感知运动阶段　　B. 前运算阶段

C. 具体运算阶段　　D. 形式运算阶段

9. 皮亚杰的认知发展观属于(　　)

A. 人本主义　　B. 行为主义　　C. 建构主义　　D. 新行为主义

10. 小红认为,她喜欢狗,所以每一个人也都喜欢狗。她所表现出来的是前运算阶段的哪种思维特征(　　)

A. 不可逆性　　B. 单维性　　C. 自我中心性　　D. 集中化

11. 学生在学习生活过程中,会通过语言文字体现出一系列的心理活动。根据维果斯基的文化历史发展理论,这属于(　　)

A. 低级心理机能　　B. 高级心理机能

C. 一般心理机能　　D. 超级心理机能

12. 婷婷在做数学题时,会时不时地数一数手指头。根据皮亚杰的相关理论判断,婷婷的年龄最可能是(　　)

A. 2~7岁　　B. 7~11岁　　C. 0~2岁　　D. 12~15岁

13. 小小、豆豆、丁丁三个小朋友一起玩耍,豆豆和丁丁一起把一个玩偶放到了抽屉里,然后丁丁就跑出去玩了,豆豆偷偷把玩偶从抽屉里拿出来,藏到了衣柜里,小小在旁边看到了整个过程。处于前运算阶段的小小会认为,丁丁从外面回来后会(　　)找玩具。(易错)

A. 到衣柜里　　B. 到抽屉里　　C. 到其他地方　　D. 不去

14. 皮亚杰认为,个体适应环境的方式是(　　)

A. 尝试与顿悟　　B. 平衡与守恒　　C. 同化与顺应　　D. 刺激与反应

15. 根据皮亚杰的认知发展理论,若某儿童同时可以从两个或两个以上角度考虑问题,则该儿童的认知水平处于(　　)

A. 感知运动阶段　　B. 前运算阶段

C. 具体运算阶段　　D. 形式运算阶段

16. 问一名4岁男孩:"你有兄弟吗?"他回答:"有。""兄弟叫什么名字?"他回答:"吉姆。"但反过来问:"吉姆有兄弟吗?"他回答:"没有。"这体现出小男孩处于(　　)(常考)

A. 具体运算阶段　　B. 感知运动阶段

C. 形式运算阶段　　D. 前运算阶段

二、判断题

1. 具体运算阶段的儿童的思维是以命题形式进行的。(　　)
2. 根据皮亚杰的认知发展理论,儿童通过遗传获得的一些本能反射行为,如吸吮反射,属于儿童的最初图式。(　　)
3. 皮亚杰认为,认知发展是一个建构的过程。(　　)
4. 维果斯基认为,教学应走在学生发展之前,并跨越学生的最近发展区,达到新的发展水平。(　　)
5. 皮亚杰认为认知阶段出现的先后次序是不变的。(　　)

三、简答题

1. 简述"教学应该走在发展的前面"的含义及其意义。

2. 简述影响认知发展的因素。

四、论述题

1. 如何根据认知发展理论促进儿童的认知发展?

2. 试述皮亚杰的认知发展阶段理论。(常考)

五、材料分析题

1. 四岁的瑶瑶走进厨房,桌子上放着两瓶完全相同的牛奶。她看到妈妈打开一瓶,把牛奶倒进一个大玻璃坛子里,她的目光从那只仍装满牛奶的瓶子转移到坛子上。这时,妈妈问:"瑶瑶,哪个容器里的牛奶多,是瓶子里还是坛子里呢?"

(1)根据皮亚杰的认知发展理论分析瑶瑶会如何回答?

(2)请运用皮亚杰的认知发展理论对瑶瑶的回答加以分析。

2. 某校谢老师,2009年开始从事初中数学教学,由于教学得法,深得同事和学生的好评。2018年由于工作需要,谢老师开始从事小学数学教学。由于教学对象和内容发生了变化,谢老师感觉自己的教学有点力不从心,教学效果不明显。为此,谢老师本人感到非常困惑。

请根据皮亚杰认知发展阶段理论,分析谢老师产生教学困惑的原因及解决困惑的对策。

专题三　儿童个性、社会性发展与教育

一、单项选择题

1. 6~11岁时多数儿童已进入学校,第一次接受社会赋予他们并期望他们完成的任务。他们追求任务完成时获得的成就感以及由此带来的长辈的认可和赞许。按照艾里克森的人格发展理论,该阶段的发展任务是(　　)

A. 培养勤奋感　　B. 培养自主性

C. 培养主动性　　D. 培养信任感

2. 采用“道德两难故事法”研究儿童道德判断的心理学家是(　　)(常考)

A. 科尔伯格　　B. 苛勒　　C. 艾宾浩斯　　D. 冯特

3. 小学生小红总以家长和老师口中的“好孩子”来要求自己,其道德认知发展的水平处于(　　)

A. 前习俗水平　　B. 习俗水平

C. 后习俗水平　　D. 超习俗水平

4. 按照艾里克森的人格发展阶段理论,培养儿童信任感的最佳时间是(　　)(易错)

A. 0~1.5岁　　B. 2~3岁　　C. 6~11岁　　D. 12~18岁

5. 根据科尔伯格的道德发展阶段论,前习俗水平大约出现在幼儿园及小学时期。下列关于前习俗水平的说法,错误的是(　　)

A. 这一水平,儿童衡量是非的标准是由成人来决定的

B. 这一水平,儿童具有较强的自我中心性

C. 这一水平,儿童具有强烈的责任心和义务感

D. 这一水平,儿童的道德价值来自于对外力的屈从和对惩罚的畏惧

6. 道德判断只注重行为的客观效果,不关心主观动机,受自身以外的价值标准所支配,具有客体性。这种道德水平处于皮亚杰道德发展阶段论中的(　　)

A. 他律阶段　　B. 自律阶段　　C. 无律阶段　　D. 超自律阶段

7. 人格发展阶段理论认为,人格发展是一个逐渐形成的过程,必须经历八个顺序不变的阶段。提出这一理论的精神分析学家是(　　)

A. 斯金纳　　B. 班杜拉　　C. 阿特金森　　D. 艾里克森

8. 根据科尔伯格的道德认知发展阶段理论,儿童为了得到老师的表扬而打扫教室。该儿童的道德发展水平处于(　　)

A. 前习俗水平　　B. 习俗水平　　C. 后习俗水平　　D. 超习俗水平

9. 根据皮亚杰的儿童道德发展阶段论,“你要我遵守,你也必须遵守”说明儿童道德发展处于(　　)

A. 前道德阶段　　B. 他律道德阶段

C. 自律或合作道德阶段　　D. 公正道德阶段

10. 根据科尔伯格的道德发展阶段论,只根据行为后果来判断对错的儿童,其道德发展水平处于(　　)

A. 好孩子的道德定向阶段　　B. 服从与惩罚的道德定向阶段

C. 普遍原则的道德定向阶段　　D. 维护权威和社会秩序的道德定向阶段

11. 皮亚杰用“(　　)”研究儿童道德问题。

A. 对偶故事法　　B. 直接询问法　　C. 行动观察法　　D. 调查问卷法

12. 皮亚杰认为,儿童在判断行为对错时,是(　　)(易错)

A. 从客观责任到主观责任发展的　　B. 从主观责任到客观责任发展的

C. 从他律向自律发展的　　D. 从自律向他律发展的

13. 根据艾里克森的人格发展理论,青春期的发展任务是(　　)(常考)

A. 获得同一感和防止同一感混乱　　B. 获得勤奋感而克服自卑感

C. 获得亲密感以避免孤独感　　D. 获得主动感和克服内疚感

14. 皮亚杰将儿童道德发展划分为四个阶段,其中,8~10岁的儿童属于哪一阶段(　　)

A. 权威阶段　　B. 可逆性阶段　　C. 公正阶段　　D. 自我中心阶段

15. 出租车司机为送急症病人连续闯红灯,小周认为该司机违反了交通法规,理应受到处罚。按科尔伯格道德发展阶段理论,小周的道德发展水平最可能处于(　　)阶段。

A. 前习俗水平　　B. 习俗水平　　C. 中习俗水平　　D. 后习俗水平

二、论述题

1. 试述造成学生品德不良的主要原因。

2. 试述皮亚杰关于儿童的品德发展的划分。(常考)

3. 试述艾里克森人格发展理论的教育价值。

4. 试述皮亚杰和科尔伯格道德发展理论的教育价值。

三、材料分析题

最近一段时间,初三年级某班班主任孙老师愁坏了,她发现学习成绩一直不错的梁丽同学整天愁眉不展,临近中考了,上课时注意力不集中,成绩也有些下降,几次模拟考试也没有发挥出应有的水平。孙老师与她谈心时,梁丽说她最近无心学习,不知道该学什么,也不知道为谁而学,觉得自己没有能力和信心考上重点高中,对接下来的学习和生活很迷茫。

另外,孙老师还发现"插班生"王磊同学行为孤僻,和同学很少有交流,无法融入新的学习生活环境,还认为同伴们不跟他玩耍是因为看不起他,因为他是从别的学校插班来的。他觉得大家对他都充满敌意。

(1)根据艾里克森的人格发展理论,这一时期的学生具有什么特点?有哪些表现?

(2)如果你是孙老师,对材料中这些情况有何应对措施?

真题必刷

一、单项选择题

1. [湖州吴兴]在青少年各个年龄阶段中,少年期是指(　　)

A. 10、11～11、12岁　　B. 11、12～14、15岁

C. 13、14～15、16岁　　D. 7、8～9、10岁

2. [统考]根据皮亚杰的认知发展阶段理论,儿童开始具有"客体永久性"是在(　　)

A. 感知运动阶段　　B. 前运算阶段

C. 具体运算阶段　　D. 形式运算阶段

3. [统考]"教学应适应学生现有水平,更要发挥教学对发展的主导作用""教学应走在发展前端并最终到达新的发展水平",持这种观点的心理学家是(　　)

A. 加涅　　B. 斯金纳　　C. 奥苏伯尔　　D. 维果斯基

4. [丽水青田]在科尔伯格的有关儿童道德判断发展阶段的研究中,服从与惩罚取向阶段属于(　　)

A. 习俗水平　　B. 前习俗水平　　C. 后习俗水平　　D. 权威水平

二、简答题

1. [嘉兴桐乡]简述科尔伯格的品德发展阶段理论。(常考)

2. [统考]在艾里克森的人格发展阶段理论中,小学生处于哪个阶段?其发展的主要任务是什么?

第六章　小学生心理发展

命题分析

本章主要以选择、简答的形式考查，本章需要重点掌握的知识包括：

1. 识记小学生知觉、观察力、记忆力、思维、想象的发展特点。
2. 识记小学生情绪和情感发展的特点。
3. 识记小学生性格特征的发展及自我意识发展的特点，掌握小学生人际关系的特点。
4. 识记品德的心理结构、发展特点、培养方法。
5. 识记小学生学习兴趣的特点、学习动机的激发和培养。

基础必刷

专题一　小学生认知、情感发展与教育

一、单项选择题

1. 小学阶段的男孩在(　　)技能方面的优势很微弱，之后优势越来越明显。
A. 动作　B. 言语　C. 心智　D. 实践

2. 要培养小学生的观察力，首要的一点是(　　)(易错)
A. 教给小学生观察的方法　B. 要激起小学生积极去观察的强烈愿望
C. 组织多种形式的观察活动　D. 提出明确的观察任务

3. 关于小学生书面言语的发展，下列说法错误的是(　　)
A. 识字是儿童掌握书面言语的基础　B. 阅读方面男生优于女生
C. 小学中年级以后进入独立写作阶段　D. 默读五年级达到高峰

4. 小学儿童思维发展的基本特征是(　　)(常考)
A. 以具体形象思维为主
B. 从以直观动作思维为主逐步过渡到以具体形象思维为主
C. 以抽象逻辑思维为主
D. 从以具体形象思维为主逐步过渡到以抽象逻辑思维为主

5. 小学生的注意广度存在着差异，无论是低年级还是高年级，女生的注意广度(　　)男生。
A. 低于　B. 等于　C. 高于　D. 无法确定

6. 下列对小学生知觉发展的特点表述不正确的是(　　)
A. 有意性、目的性明显发展　B. 分析与综合水平提高
C. 时间知觉和运动知觉得到较快发展　D. 方位知觉发展比较平衡

7. 在小学生的注意发展中，小学低年级学生的(　　)占主导地位。(易错)
A. 随意后注意　B. 不随意注意　C. 随意注意　D. 有意注意

8. 小学生由具体形象思维过渡到抽象逻辑思维的转折期是在(　　)
A. 三年级　B. 四年级　C. 五年级　D. 六年级

9. 以下哪个选项不属于为了培养小学生积极情感的实践活动(　　)
A. 参加劳动　B. 参加集体活动
C. 接触大自然和社会实践　D. 参加学校组织的考试

10. 在记忆时，小学生善于(　　)
A. 具体的词的记忆　B. 语词材料记忆
C. 抽象图形记忆　D. 具体形象记忆

11. 儿童刚学写字时，“乌”和“鸟”等形近字常混淆。这是由于该时期儿童的观察品质缺乏(　　)
A. 精确性　B. 顺序性　C. 目的性　D. 敏捷性

12. 刚入学的儿童写字用铅笔和田字格本，这是由(　　)水平决定的。
A. 视觉发展　B. 听觉发展
C. 皮肤觉发展　D. 运动觉发展

13. 初入学的儿童常常是“d”与“b”、“p”与“q”不分，把“9”看成“6”，等等。出现这种现象的心理原因是儿童的(　　)发展不完善。(常考)
A. 整体知觉　B. 形状知觉　C. 视敏度　D. 方位知觉

14. 下列与小学生情感发展的特点不相符的是(　　)
A. 调节控制能力增强　B. 冲动性增强
C. 内容不断丰富　D. 友谊感逐渐发展

15. ________会引起小学生的无意注意，而________和有意注意有密切的关系，它是培养注意力的一个重要的心理条件。(　　)
A. 主要兴趣　次要兴趣　B. 直接兴趣　间接兴趣
C. 次要兴趣　主要兴趣　D. 间接兴趣　直接兴趣

16. 良好观察品质的形成是以(　　)为标志的。
A. 良好的观察顺序的学习　B. 良好学习习惯的养成
C. 良好观察方式的学习　D. 良好观察习惯的养成

17. 下列哪项不是小学生常用的记忆策略(　　)
A. 复述策略　B. 精加工策略
C. 元认知策略　D. 组织策略

18. 小学儿童认识字形的心理过程一般有三个阶段：(　　)、初步分化阶段和精确分化阶段。
A. 泛化阶段　B. 分化阶段
C. 同化阶段　D. 内化阶段

19. 小学时期,儿童想象的主题易变性还比较明显,想象不能有效地指向某一预定的目的,小学低年级学生仍以(　　)为主。

A. 无意想象　B. 有意想象　C. 幻想　D. 再造想象

20. 从记忆方法来讲,小学低年级儿童较多地运用(　　)

A. 无意记忆　B. 有意记忆　C. 机械记忆　D. 意义记忆

21. 小学生的口头言语在形式上包括两种:对话言语和(　　)

A. 内部言语　B. 外部言语　C. 书面言语　D. 独白言语

22. 采取跑步、大声喊叫甚至痛哭一场来缓解心理压力的方式属于(　　)

A. 松弛训练　B. 心理置换　C. 合理宣泄　D. 理性疗法

23. 刚入学儿童观察事物凌乱、不系统,常常东看一下、西看一下,看到哪里算哪里。这说明他们观察的(　　)还未发展好。

A. 目的性　B. 精确性　C. 顺序性　D. 深刻性

24. 下列不属于小学生记忆发展特点的是(　　)

A. 以意义记忆为主　B. 儿童记忆保持的时间随着年龄的增长而延长

C. 有意记忆不断发展　D. 儿童的记忆广度随着年龄的增长而不断扩大

二、辨析题

小学生观察的品质随年级升高而不断发展,小学低年级学生的观察力不及小学高年级的学生。

三、简答题

1. 如何培养小学生的观察力?(常考)

2. 简述小学生想象力的培养方法。(常考)

3. 简述怎样培养小学生的注意力。(常考)

4. 如何提高小学生的记忆能力?

5. 简述小学生思维发展的基本特征。

6. 如何调节小学生的消极情绪?

7. 简述小学生想象力发展的特点。

8. 如何培养小学生的思维能力?(常考)

9. 简述小学生情感发展的特点。

10. 如何培养小学生的智力？

四、论述题

1. 试述小学生知觉发展的特点。

2. 试述小学生智力发展的特点。

3. 如何培养小学生的言语能力？

五、材料分析题

小毛正在上小学，小毛的妈妈经常为孩子急得直哭：小毛迷上了游戏机，一次，一次，又一次，妈妈把小毛从游戏机房拽回来；一次，一次，又一次，小毛挡不住游戏机的诱惑，偷偷溜进游戏机房。小毛妈妈急得没法子，只得每天提前到校接小毛，回家看书做作业，双休日更是寸步不离。

根据小学生的心理发展特点分析，应如何帮助小毛？

专题二　小学生个性、社会性、品德发展与教育

一、单项选择题

1.（　　）是品德的基础。

A. 道德认知　B. 道德行为　C. 道德情感　D. 道德观念

2. 品德是个体依据一定的社会道德行为规范行动时表现出来的心理特征和倾向，它是（　　）

A. 比较不稳定的　B. 受先天因素制约的

C. 时稳时变的　D. 比较稳定的

3. 我国小学阶段儿童品德发展的"关键期"是在（　　）

A. 三年级上学期前后　B. 三年级下学期前后

C. 四年级上学期前后　D. 四年级下学期前后

4. "三军可夺帅，匹夫不可夺志"说的是（　　）（易混）

A. 道德认知　B. 道德情感　C. 道德意志　D. 道德行为

5. 在道德信念确立阶段，小学生特别是低年级小学生品德培养的重要途径是（　　）

A. 强化　B. 教师教导　C. 模仿　D. 家庭教育

6. 教师在调整集体的人际关系时，工作的重点是（　　）

A. 不服管教的儿童　B. 处境不利的儿童

C. 有品行问题的儿童　D. 集体中多数听话的儿童

7. 低年级学生对教师的要求绝对服从，从（　　）开始学生不再无条件地服从、信任教师。

A. 三年级　B. 四年级　C. 五年级　D. 六年级

8.(　　)是人们在共同活动中彼此为了满足各种需要而建立起来的相互间的心理关系,包括个体间相互认识、相互好恶、相互亲疏的心理上的距离。

A.人际关系　　B.同伴关系　　C.同伴群体　　D.亲子关系

9.一个人对自己各种身心状况的意识,包括对自己的生理状况、心理特征以及与他人关系状况的认识是指(　　)

A.自我了解　　B.自我评价　　C.自我意识　　D.自我估计

10.赛尔曼将儿童友谊的发展划分为(　　)个阶段。

A.二　　B.三　　C.四　　D.五

11.小学生不良品德的矫正与转化要经历一个由量变到质变的过程,这个过程必须经历醒悟、转变以及(　　)三个阶段。

A.内化　　B.自新　　C.矫正　　D.顺应

12.衡量道德品质的重要标志是(　　)(易错)

A.道德认知　　B.道德情感　　C.道德意志　　D.道德行为

13.小学生道德感的发展具有不平衡性,(　　)发展较早,水平较高;爱国主义情感发展较晚,水平较低。

A.美感　　B.理智感　　C.义务感　　D.友谊感

14.小学生的(　　)处于不断发展的过程中,他们会为自己或他人做好事而高兴,做错事而愧疚。

A.美感　　B.理智感　　C.道德感　　D.情感

15.(　　)是在道德认识基础上产生的一种内心体验,是品德的推力。

A.道德认知　　B.道德情感　　C.道德行为　　D.道德意志

16.以下哪个不是小学生自发团体(　　)

A.亲社会团体　　B.非社会团体

C.学校组织团体　　D.反社会团体

17.下列关于小学生需要发展的特点的说法错误的是(　　)

A.小学生需要的发展水平在不断地提高,精神需要逐渐超越物质需要

B.小学生需要的发展水平在不断地提高,社会性需要逐渐增多

C.小学生需要的倾向性逐渐从关注他人转向关注自身

D.小学生需要的自觉性和自控性水平逐渐提高

18.现代智力心理学运用智力测验的方法把儿童的智力分成超常、中常和低常。其中中常的儿童智力分数是(　　)

A.70<IQ<130　　B.IQ≥100　　C.60<IQ<120　　D.IQ≥130

二、判断题

1.在师生关系上,小学生对教师绝对崇拜和服从。(　　)

2.小学生自我意识发展的趋势在各个年级都是相同的。(　　)

3.此一时,彼一时的偶然表现不能称之为品德,只有经常地表现出一贯的规范行为,才标志着品德的形成。(　　)

4.小学生自我控制的水平的发展是他律转向自律。(　　)

5.小红知道花儿很好看但不能摘的道理,这标志着她相应的道德品质已经形成。(　　)

三、简答题

1.如何对同伴关系进行调节?

2.简述小学生性格特征的发展。

3.简述小学生良好品德的培养。(常考)

四、论述题

1.教师应该如何培养小学生的自我意识?

2.试述小学生不良品德的矫正与转化。(常考)

3. 如何针对小学生的人格差异进行因材施教？

五、材料分析题

1. 年底，学校对教师的年终考核进行改革，在考核时加上了"学生评估教师"这一栏目。成绩一出来，我竟是全校最低分，当时我非常愤怒地对学生一顿痛骂。学生都低着头，满脸的恐惧。第二天，我在改作业时，忽然看到一张小纸条，纸条上写着："老师，请你别再生我们的气了，我们不是说你课上得不好，而是因为你动不动就对我们发脾气、骂人，有时为一点小事大发雷霆甚至不上课。说真的，听你的课我们总有一种压抑感，生怕一不小心被你骂。老师，真没想到给你造成这么大的伤害。请原谅我们吧！"下面是10个学生的署名。

   请根据小学阶段师生关系的特点，给这位老师提出建议。

2. 刚上一年级的小刚，在超市拿起话梅就吃，被同学告诉老师。

   老师找到小刚，问他为什么吃话梅。

   小刚说："在家就是拿起来就吃。"

   老师说："你家的话梅是哪儿来的？"

   小刚说："妈妈买的。"

   老师说："妈妈怎么买的？"

   小刚说："用钱买的。"

   老师说："钱是怎么来的？"

   小刚说："妈妈用劳动换来的。"

   老师说："所以是妈妈用劳动换来钱，然后才能买话梅来给你吃。你没有给人家钱，是不能吃别人的话梅的！"

   小刚说："我知道了，老师。那人家说我是小偷，老师，我是吗？"

   老师说："小刚不是，小刚是还没分清在家和在外面有什么区别。"

   师生的对话直接改变了什么？对小刚的品德形成有什么意义？

专题三　小学生学习的特点与指导

一、单项选择题

1. 下列不是小学生学习兴趣特点的是(　　)
   A. 小学生的学习兴趣容易激发起来，但很难维持稳定
   B. 小学生的学习兴趣比较广泛，但缺乏中心兴趣
   C. 小学生的直接兴趣较容易形成，而间接兴趣较难以形成
   D. 小学生的学习兴趣容易激发，间接兴趣容易形成且稳定
2. 小学低年级学生以(　　)学习动机居多。
   A. 为了得到好分数，不落人后，或为得到奖励、表扬而学习
   B. 为了祖国的前途、人民的利益而学习
   C. 为了履行组织交给自己的任务，或为集体争光而学习
   D. 为了个人的前途而学习
3. (　　)既是学习原因，又是学习结果。
   A. 理想　　B. 学习动力　　C. 学习兴趣　　D. 毅力
4. 在学习过程、学习生活中，在学习环境的影响下，反复练习形成的，最终发展成为个体需要的一种自觉的学习行为方式是(　　)
   A. 学习动机　　B. 学习兴趣　　C. 学习习惯　　D. 学习态度
5. 尽管小石同学觉得数学非常没有意思，但是为了能当上数学课代表，他也克服困难，认真学习。根据兴趣的目的性，这种兴趣属于(　　)
   A. 间接兴趣　　B. 直接兴趣　　C. 暂时的兴趣　　D. 稳定的兴趣

二、辨析题

1. 教师在教学中可以忽视小学生学习策略的差异。

2. 小学生的学习动机从一年级到六年级跨度不大。

三、简答题

1. 简述小学生学习策略的培养方法。(常考)

2. 如何培养小学生学习兴趣?

3. 如何培养小学生的学习动机?(常考)

四、论述题

试述小学生良好学习习惯的培养。

真题必刷

一、单项选择题

1. [统考]下列哪一项不是正确地描述小学生想象发展的特点(　　)

A. 想象的有意性迅速发展　　B. 想象的内容逐渐接近现实

C. 想象中的幻想日益减少　　D. 想象中的创造成分日益增多

2. [丽水青田]下列有关学生动机的培养,说法正确的是(　　)

A. 为学生选择的榜样越优秀越好

B. 给学生的建议不应太具体,越抽象越好

C. 可以帮助学生把对某一学科的兴趣迁移到另一学科上

D. 告诉学生失败都是由于外部因素导致的

3. [宁波余姚]学生品德的组成部分包括(　　)

①道德认知　②道德情感　③道德意志　④道德行为

A. ①②③　　B. ②③④　　C. ①③④　　D. ①②③④

4. [丽水景宁]美国心理学家舒茨提出,最基本的人际关系需要有三类,其中表现为在感情上与他人建立和维持良好关系的愿望是(　　)

A. 包容需要　　B. 控制需要　　C. 感情需要　　D. 尊重需要

二、简答题

1. [金华东阳]简述儿童道德发展的特征。

2. [统考]简述小学生亲子关系发展的特点。

三、材料分析题

[丽水遂昌]小学生坤坤上课老是做小动作,语文老师批评并辱骂了他,导致其厌学。后来,坤坤转学遇到了刘老师,上课时还是会有小动作,但是刘老师的处理方式是走到他身边轻轻敲一下他的肩,在他没有做小动作时,向他微笑一下以示奖励,并且在课堂上表扬坤坤不做小动作,坐姿端正。慢慢的,坤坤开始上课认真听讲,学习成绩也越来越好!

(1)请根据坤坤的心理特点分析其行为。

(2)请说说刘老师做的好的地方。

第七章　学习理论

命题分析

本专题的考查比较灵活，会以选择、判断、辨析、简答、论述和材料分析的形式考查。本专题需要重点掌握的知识包括：

1. 理解学习的内涵，学会区分不同的学习现象。
2. 识记并区分不同的学习类型。
3. 理解巴甫洛夫、斯金纳、桑代克、班杜拉提出的理论观点，并能准确应用。
4. 理解并掌握奥苏伯尔的有意义接受学习理论、布鲁纳的认知—发现学习理论。
5. 理解罗杰斯的理论观点。
6. 识记建构主义学习理论的主要内容和主要教学模式。

基础必刷

专题一　学习概述

一、单项选择题

1. 郑老师讲完《寓言二则》后，学生能用课文中的词语，如“叶公好龙”“东施效颦”造句。则该学习结果类型是(　　)

A. 智慧技能　B. 言语信息　C. 认知策略　D. 行为策略

2. 下列关于学习的实质表述正确的是(　　)(常考)

A. 学习的结果仅表现为个体行为的变化

B. 广义的学习，专指人的学习

C. 学习是在意识水平上进行的，不存在无意识水平的学习

D. 学习是一种适应活动

3. 老鼠通过尝试错误进行的迷宫问题解决属于(　　)

A. 独立的发现学习　B. 有指导的发现学习

C. 有意义学习　D. 接受学习

4. 在加涅的学习结果分类中，表现为使用符号与环境相互作用的能力的是(　　)

A. 智慧技能　B. 认知策略　C. 动作技能　D. 言语信息

5. 学生通过学习后，能说出“诚信”的含义。根据加涅的学习分类，这种水平的学习主要属于(　　)

A. 言语信息学习　B. 心智技能学习　C. 认知策略学习　D. 态度学习

6. 学了“全等三角形的判定定理”后再学“相似三角形的性质定理”，这种学习属于(　　)(易错)

A. 信号学习　B. 连锁学习

C. 辨别学习　D. 规则或原理学习

7. 我国学者主张把学习分为(　　)

A. 知识的学习、技能的学习、行为规范的学习

B. 认知的学习、技能的学习、自主的学习

C. 被动的学习、主动的学习、探究的学习

D. 基础的学习、专业的学习、创造的学习

8. 下面情况发生了学习的是(　　)

A. 小李从亮处走进暗室，视力显著提高　B. 小明喝酒后脾气变得暴躁

C. 大猩猩模仿游人吃饼干　D. 小张服用兴奋剂后百米赛跑夺冠

9. 一次科学公开课上，老师问学生，地球中心的温度比地表高还是低，学生们鸦雀无声，回答不出来。一位老师站起来说：“不应该这么提问，我来问‘地球的中心是什么？’”学生们不约而同地一起回答道：“是熔岩。”这说明学生的学习是(　　)

A. 机械学习　B. 意义学习　C. 发现学习　D. 顿悟学习

10. 按照加涅的学习层次分类观点，学生将花、草、树等归纳为植物的学习称为(　　)

A. 信号学习　B. 言语联结学习　C. 辨别学习　D. 概念学习

11. 我国著名心理学家一般把人的学习定义为在(　　)中，以语言为中介，自觉地、积极主动地掌握社会的和个体的经验的过程。

A. 学习行为　B. 社会理论

C. 社会生活实践　D. 社会环境

12. 奥苏伯尔根据学习进行的方式把学习分为(　　)(易混)

A. 知识学习和技能学习　B. 接受学习和发现学习

C. 概念学习和有意义学习　D. 机械学习和有意义学习

13. 根据加涅的层次学习类型说，当学生听到上课铃响时，就停止其他课外活动而准备上课，这属于(　　)(常考)

A. 信号学习　B. 连锁学习

C. 词语联想学习　D. 刺激—反应学习

14. 内隐学习是无意识地获得知识，同时以隐性的方式存储在大脑中，在应用时自动提取。下列不属于内隐学习的是(　　)

A. 与优秀的人在一起，让人自觉拼命地努力奋斗

B. 到顶级大学体会著名学者与大师的心得和智慧

C. 与不同背景、文化、经历的人一起学习和交流

D. 报名参加著名雕刻艺术家的雕刻技法提升班

二、辨析题

1. 学习所引起的行为或行为潜能的变化是短暂的。(常考)

2. 听教师精心设计的教学既是有意义学习,也是有指导的发现学习。

三、简答题

1. 如何理解学习的内涵?

2. 简述奥苏伯尔关于学习的划分。

3. 简述加涅关于学习的划分。

专题二 行为主义学习理论

一、单项选择题

1. "一朝被蛇咬,十年怕井绳"这种现象是指( )(常考)

A. 消退 B. 行为强化 C. 刺激泛化 D. 刺激分化

2. 对于经常违反校规校纪的学生,一旦发现他有好的表现,马上给予表扬。这种鼓励能帮助他逐渐改掉自己的坏习惯,养成良好的品行。这种做法在心理学上叫( )

A. 消退 B. 间隔强化 C. 负强化 D. 正强化

3. 小江上课时因正确回答问题被老师表扬,心里很是开心。但是下午放学回到家因为房间很乱被妈妈训了一顿,还被禁止玩游戏。小江的老师和妈妈的行为分别属于( )

A. 正强化、负强化 B. 正强化、惩罚

C. 负强化、惩罚 D. 负强化、消退

4. 一位学生这样来管理自己的学习:"如果我能在40分钟内完成学习任务,那么就出去玩。"这里他所运用的是( )

A. 间接强化 B. 替代强化 C. 自我强化 D. 负强化

5. 在实际教学中,教师不能搞突袭(比如,应该学习新知识,却进行考试),这样不利于学生学习。这种做法的依据是学习的( )(易错)

A. 准备律 B. 练习律 C. 效果律 D. 刺激

6. 以下不是联结主义学习理论观点的是( )

A. 一切学习都是通过条件作用建立的 B. 学习是在刺激与反应之间建立联结

C. 强化在学习中起着重要作用 D. 认知结构是学习的基础

7. 古时候对戴罪立功的犯人一般会从轻发落。这种现象属于( )(常考)

A. 消退 B. 惩罚 C. 强化 D. 分化

8. 小宇在课上总是调皮捣蛋,每次老师都因为要制止他而中断课程,后来老师运用( )法,在他调皮捣蛋时不予理睬,慢慢地小宇就不调皮了。

A. 正强化 B. 负强化 C. 消退 D. 惩罚

9. 下列行为与其他三个不同的是( )

A. 吃过葡萄觉得酸,以后再也不吃葡萄 B. 观看宣传片,学会逃生方法

C. 发奋学习后成绩进步,从此加倍努力 D. 因赖床迟到后再也不赖床

10. 教师为了让小学生形成利他的习惯,采用的方法是提供榜样,并经常奖励榜样的利他行为。这种做法的理论依据是( )

A. 顿悟说 B. 试误说

C. 认知失调论 D. 社会学习理论

11. 班杜拉将观察学习的过程分为(　　)四个子过程。
A. 注意、保持、复现、动机　B. 注意、保持、复现、反思
C. 模仿、亲历、保持、动机　D. 模仿、复现、动机、反思

12. 斯金纳的迷箱实验发现:小白鼠在迷箱中乱窜,无意中触到迷箱中传送食物的杠杆而获得食物,后来多次同样的行为得到相同的结果,小白鼠按压杠杆的频率迅速增加。这表明对个体行为塑造起作用的是(　　)
A. 分化　B. 强化　C. 泛化　D. 类化

13. 陈老师常在考试结束后对一些表现优秀的学生给予表扬,这样不仅激励了优秀的学生继续努力,也激励了其他学生向优秀的学生学习。这是因为其他学生受到了(　　)(常考)
A. 外部强化　B. 直接强化
C. 替代性强化　D. 自我强化

14. 乘坐校车时,系好安全带就可以中止刺耳的提示噪音。这种强化属于(　　)
A. 负强化　B. 正强化　C. 替代强化　D. 自我强化

15. 陈老师发现班上学习成绩好的同学对学习抱有很大的兴趣,学习成绩不及格的同学对学习持消极的态度,于是在一次考试当中,陈老师有意给几位成绩不及格的学生打了98分,并且在试卷上评价,先预支给你们98分,但我相信不久之后,你们会通过努力还给我。此后这几位同学对该学科的学习产生了强烈的兴趣。下列选项当中,能对这些学生的学习态度转变做出合理解释的是(　　)
A. 认知失调理论　B. 失用律　C. 效果律　D. 准备律

16. 斯金纳认为人的行为,乃至复杂的人格都可以通过外在的强化或惩罚手段来加以塑造、改造、控制或矫正,并提出了操作性条件作用理论,其著名实验是(　　)
A. 小狗实验　B. 黑猩猩实验　C. 白鼠实验　D. 小猫实验

17. 小芳的妈妈乐于助人,受其影响小芳在学校也常常关心帮助同学。小芳的学习属于(　　)(常考)
A. 试误学习　B. 顿悟学习　C. 强化学习　D. 观察学习

18. 如果家长想用玩游戏来奖励孩子按时完成作业,最合适的安排应该是(　　)
A. 惩罚他玩游戏的行为
B. 规定每天玩游戏的时间
C. 先让他玩一会儿游戏,然后立即催促他写作业
D. 只有按时完成作业才允许其玩游戏

19. 教师在运用惩罚的方法管理学生时,应该注意(　　)
A. 惩罚可以经常使用
B. 任何时候都可应用奖励代替惩罚
C. 惩罚应该在错误行为发生后立即做出
D. 惩罚应当在错误行为发生一段时间之后再做出

20. 狗最初对圆形和椭圆形会做出同样的反应,经训练后仅对圆形做出反应。这是条件反射的(　　)
A. 获得　B. 消退　C. 泛化　D. 分化

21. 通过不断强化逐渐趋近目标的反应,来形成某种较复杂的行为称为(　　)
A. 行为塑造　B. 行为训练　C. 行为矫正　D. 行为强化

22. 看见路上的垃圾后绕道走开,这种行为是(　　)
A. 回避条件作用　B. 惩罚　C. 逃避条件作用　D. 强化

23. 李明看到张红帮助老师擦黑板,但日后他自己不一定这样做,因为他未看到老师表扬张红。这属于观察学习的(　　)过程。
A. 注意　B. 保持　C. 动作再现　D. 动机

24. 儿童容易模仿影视片中反面人物的行为,结果导致不良品德。为了避免影视片的消极影响,根据班杜拉的社会学习理论,适当的做法是(　　)(常考)
A. 避免学生观看这类影视片　B. 对有模仿行为的儿童进行说服教育
C. 影片中尽量少描写反面人物　D. 影视片应使观众体验到"恶有恶报,善有善报"

25. "其身正,不令而行;其身不正,虽令不从。"这句话应用到教师对学生的教育管理中,体现了教育心理学中的哪个学习理论(　　)
A. 操作条件反射理论　B. 人本主义学习理论
C. 建构主义学习理论　D. 社会学习理论

26. 在巴甫洛夫的经典条件反射作用的实验中,当狗看到食物时自然会分泌唾液。食物属于(　　)
A. 信号刺激　B. 无条件刺激　C. 条件刺激　D. 实物刺激

二、判断题

1. 行为主义学习理论认为,一切学习都是通过条件作用,在刺激和反应之间建立直接联结的过程。(　　)
2. 操作性条件反射理论强调行为前的强化。(　　)
3. 小刘开车违章被警察拦截过,从那以后开车遇到警察就紧张、害怕。这种心理现象是焦虑。(易错)(　　)
4. 对学生的行为进行奖励时,应注意避免外部奖励对内部兴趣的破坏。(　　)
5. 桑代克提出的准备律是指学习前的知识准备或成熟方面的准备。(　　)

三、辨析题

1. 正强化提高学生的正确反应,负强化降低学生的错误反应。

2. 刺激泛化和刺激分化是互补过程。(常考)

3. 观察学习是与条件反射完全无关的学习形式。

4. 消退是一种强化的过程,其作用在于降低某种反应在将来发生的概率。

四、简答题

1. 简述桑代克的三条主要的学习律。

2. 简述华生的行为主义学习理论。

3. 简述班杜拉的社会学习理论的基本观点。(常考)

五、论述题

1. 试述强化在学习过程中的应用。

2. 有人建议,在教育实践中,“要多使用奖励,而尽量少用惩罚”。请简要阐述你对这种建议的看法。

3. 试述班杜拉的社会学习理论对教育的意义。

4. 桑代克的联结—试误说对教育有什么意义?

六、材料分析题

1. 在一个经典实验中,研究者将3~6岁的儿童分成三组,先让他们观看一组成年男子对充气玩偶进行攻击,如大声吼叫或拳打脚踢。然后,让第一组儿童看到成年男子攻击玩偶后受到另一成人的表扬和奖励;让第二组儿童看到成年男子攻击玩偶后受到另一成人的惩罚;第三组儿童则只看到成年男子攻击玩偶。之后,研究者把这些儿童一个个单独领到一个房间里去。房间里放着各种玩具,其中包括玩偶。对儿童的行为观察表明,第一组儿童产生较多的攻击性行为,第二组则比第三组表现出更少的攻击行为。

请运用班杜拉的社会学习理论对该实验进行分析。

2.小刚在班级中成绩一般，经常被老师和同学所忽视。有一天上数学课，他在课堂上折飞机，为了引起老师和同学的注意，他把飞机投向了空中，数学老师当场批评了他。

(1)请你用行为主义的理论分析这个数学老师处理问题的方法及其效果。

(2)请你用其他的学习理论，提出更好的处理方法。

专题三　认知主义学习理论

一、单项选择题

1. 即使不给予强化或奖励，学习也能发生。这种学习是(　　)

A. 潜伏学习　B. 替代学习　C. 试误学习　D. 意义学习

2. 加涅认为学习的最初阶段是(　　)

A. 习得阶段　B. 领会阶段　C. 保持阶段　D. 动机阶段

3. 奥苏伯尔提倡在教学中采用“先行组织者”这一技术，其精神实质是(　　)

A. 强调直观教学

B. 引导学生的发现行为

C. 激励学生的学习动机

D. 强调新知识与学生认知结构中原有的适当知识的相互联系

4. 托尔曼学习理论的核心概念是(　　)

A. 中介　B. 潜伏　C. 顿悟　D. 期望

5. 格式塔学派认为学习的结果是(　　)(常考)

A. 形成新的完形　B. 塑造新的行为

C. 形成健康的人格　D. 形成刺激—反应联结

6. 有教育家提出，促进新旧知识联系的两个原则是逐渐分化原则和整合协调原则。该教育家是(　　)

A. 艾里克森　B. 维果斯基　C. 赫尔巴特　D. 奥苏伯尔

7. 布鲁纳认为，学习任何一门学科常有一连串的情节，每个情节都涉及的三个过程是(　　)

A. 前运算、具体运算、形式运算　B. 考查、考试、评分

C. 获得、转化、评价　D. 模仿、偏差、行动

8. 布鲁纳认为学习的实质是(　　)(常考)

A. 形成认知结构　B. 建立刺激—反应联结

C. 塑造行为　D. 建立完善人格

9. 个体运用已有的知识经验，使新输入的信息与原有的认知结构发生联系，理解新知识所描绘的事物或现象的意义，使之与已有知识建立各种联系。这指的是(　　)

A. 新知识的获得　B. 知识的转化

C. 知识的呈现　D. 知识的新发现

10. 托尔曼对S-R联结说的解释不满，他首先提出了(　　)，主张把S-R公式改为S-O-R公式，O代表有机体的内部变化。

A. 中间量概念　B. 中介变量概念

C. 顿悟概念　D. 反馈概念

11. 杨老师在备课时，总是习惯先寻找一些关于授课任务本身的引导性材料，这些材料比授课任务本身具有更高的抽象、概括和综合水平，还能使学生认知结构中的原有概念与新的学习任务产生更加清晰的关联，杨老师的这种教学策略被称为(　　)

A. 先行组织者　B. 过程组织者

C. 教学组织者　D. 平行组织者

12. 教师在教学过程中，通过改变讲话的声调和手势动作引起学生的注意，从而使学生能够有效地进行选择性知觉。根据加涅的信息加工学习理论，此时学生处于学习的(　　)

A. 动机阶段　B. 领会阶段　C. 反馈阶段　D. 概括阶段

13. 根据托尔曼的学习理论，以下说法错误的是(　　)

A. 学习是有目的的　B. 学习是形成认知地图

C. 个体学习受到成长需要的支配　D. 个体行为受到行为结果预期的支配

14. “影响学习的唯一最重要的因素，就是学习者已经知道了什么。要探明这一点，并应据此进行教学。”这段话主要强调了(　　)

A. 创造学习比接受学习更重要

B. 学习可以促进个体的心理发展

C. 新的学习情境引起个体的认知不平衡

D. 新学习一定要适合学习者当时的认知发展水平

15. 下列选项中不属于加涅九大教学事项的是(　　)

A. 指引注意　B. 提供学习指导

C. 展现学习成效　D. 评估作业

16. 以下关于发现学习的说法，不正确的有(　　)(易错)

A. 有利于学生掌握探索的方法　B. 适用范围有限

C. 能提高智慧的潜力　D. 发现效率极低

二、填空题

1. 先行组织者教学技术常用于________。

2. 学生听课时将新学习的概念与头脑中已有的概念相联系属于________。

3. 加涅将学习过程看作是________。

4. 学生具有三种最基本的内在动机，即________、________、________。(易错)

5. 苛勒等人通过著名的________，对学习的实质及原因做出了解释。他认为，学习的实质是________。

三、辨析题

1. 布鲁纳认为教学的目的在于理解学科的基本结构。

2. 试误式解决问题是动物解决问题的特征，而顿悟式解决问题则是人类解决问题的特征。

3. 奥苏伯尔强调的有意义的接受学习是指学习材料有意义。(常考)

4. 奥苏伯尔将学习分为机械学习和有意义学习。他认为有意义学习的发生只需要具备客观方面的条件即可。

四、简答题

1. 奥苏伯尔认为有意义学习应具备哪些主客观条件？

2. 简述托尔曼的"潜伏学习"及其对教学实践的启示。

3. 简述发现学习的作用。

4. 简述桑代克的联结—试误学习理论与完形—顿悟学习理论的关系。

5. 简述布鲁纳的认知—发现学习理论的主要观点。

6. 简述格式塔学派的完形—顿悟学习理论。

五、论述题

比较布鲁纳的发现学习理论与奥苏伯尔的接受学习理论。

专题四　人本主义学习理论和建构主义学习理论

一、单项选择题

1. 认为知识不是通过教师传授获得的，而是学习者在一定情境下，利用学习资料生成意义的过程。这种学习理论属于(　　)

A. 行为主义学习理论　　B. 人本主义学习理论

C. 建构主义学习理论　　D. 联结主义学习理论

2. 基于现代建构主义的主张，达到对该知识所反映的事物的性质、规律以及该事物与其他事物之间联系的深刻理解，最好的办法是让学习者到现实情境中去感受、去体验，而不是聆听别人介绍和讲解这种经验。这种教学模式是(　　)

A. 支架式教学模式　　B. 随机进入教学模式

C. 抛锚式教学模式　　D. 提纲挈领教学模式

3. 建构主义学习理论强调教师的角色是(　　)(易错)

A. 学生学习的促进者　　B. 知识的灌输者

C. 学生生活的照看人　　D. 学生学习兴趣的激发者

4. 下列不属于建构主义强调的教学环节的有(　　)

A. 创设情境　　B. 协作与会话　　C. 练习与巩固　　D. 意义建构

5. 罗杰斯认为，促进学生学习的关键不在于教师的教学技巧，而在于特殊的心理氛围。其中不包括(　　)

A. 真实或真诚　　B. 尊重、关注和接纳

C. 移情性理解　　D. 同理心

6. 儿童通过触摸电炉知道了烫的意思，以罗杰斯的观点看来，这属于(　　)(常考)

A. 有意义学习　　B. 无意义学习　　C. 情境学习　　D. 无意识学习

7. 以下属于人本主义学习理论教育主张的是(　　)

①培养知情合一的人　②学习在已有知识经验上进行

③有意义的自由学习　④有意义的接受学习　⑤以学生为中心

A. ①②④　　B. ①③⑤　　C. ②③⑤　　D. ②④⑤

8. 在美国心理学家罗杰斯的非指导性教学中，教师是作为(　　)存在的。

A. 先知者　　B. 管理者　　C. 促进者　　D. 指导者

9. 罗杰斯的"有意义学习"与奥苏伯尔的"有意义学习"的区别在于(　　)(易混)

A. 前者强调的是新旧知识要有联系，后者强调学习者对知识的兴趣

B. 前者强调知识与个人经验、兴趣的关系，后者强调新旧知识存在联系

C. 前者强调新旧知识的联系，后者不关注这种联系

D. 前者强调个人兴趣，后者强调学习者主动学习

10. 强调知识的动态性，学生经验世界的丰富性与差异性，学习的情境性。这些观点符合(　　)

A. 建构主义学习理论　　B. 人本主义学习理论

C. 精神分析理论　　D. 行为主义学习理论

11. 为了有效地掌握复杂概念或全面了解高级知识间的相互联系，换一个角度看问题有助于学生对同一问题获得不同的表征形式。因此，对同一内容的教学有必要在不同的时间段重新安排不同的情境，着眼于问题的不同侧面，用不同的方式加以呈现，以帮助学习者对所有的知识获得新的理解，这种教学方式属于(　　)

A. 支架式教学　　B. 抛锚式教学

C. 启发式教学　　D. 随机通达教学

12. 某老师在做经验交流时，强调学生学习主动性的重要性、合作学习的重要性以及教师对学习情境创设的重要性。这位老师可能更支持(　　)(常考)

A. 联结学习理论　　B. 认知学习理论

C. 人本主义学习理论　　D. 建构主义学习理论

13. 7岁的莉莉随父母迁居到另一个国家，父母让她每天与新的小伙伴一起玩耍，完全不进行专门的语言教学，然而几个月内莉莉掌握了一种新的语言而且学会了当地的口音。莉莉对语言的学习属于(　　)

A. 接受学习　　B. 无意义学习

C. 发现学习　　D. 有意义学习

二、判断题

1. 建构主义理论认为教师应该成为学生学习的帮助者、合作者。(　　)

2. 建构主义者一般强调，知识是对现实的准确表征，它是一种解释、一种假设，是问题的最终答案。(　　)

3. 在教学活动过程中，人本主义心理学家更为注重良好的师生关系和课堂气氛的作用。(　　)

4. 布朗等人提出的认知学徒模型认为，情境性教学是需要建立在有感情、有感染力的真实事件或真实问题的基础上。(　　)

5. 强调引导儿童从原有的知识经验中生长出新的知识经验是建构主义学习论的观点。(　　)

三、简答题

1. 简述人本主义有意义学习的四个要素。

2. 罗杰斯的有意义学习与奥苏伯尔的有意义学习有何不同?

3. 简述建构主义学习观。(常考)

四、论述题

1. 与学习的联结理论和认知理论相比,人本主义学习理论有什么独特之处?这一理论对于我国当前的新课改有什么启示?

2. 试述建构主义学习理论对当前教育实践的启示。

五、材料分析题

1. 学习课文《小珊迪》后,教师提问:"你最喜欢这篇课文的哪一段?"几个学生踊跃发言,表达自己对课文的喜爱。随后,老师叫了一个没有举手的小个子男生,要他说说自己喜欢的句子。小男生慢吞吞地站了起来,说了句:"我都不喜欢。"老师批评了他,小男生一声不吭地坐下了,看得出他心里很不服气。

学生可以不喜欢课文吗?老师的说法是:"我认为不可以。不喜欢不就等于可以不学了吗?再说,教材选的都是好文章。"

试结合建构主义的学习理论进行分析。

2. 以下是丁老师访谈学生和家长的记录片段:

丁老师:你觉得现在学习任务重吗?学生冰冰:总的来说还是挺重的,我的课表被安排得满满当当,回家后还要完成很多家庭作业。

丁老师:你平时自由活动的时间能自主支配吗?学生冰冰:很少有自由活动时间,更谈不上自主支配了!

丁老师:你对自己孩子的学习管得多吗?冰冰母亲:你也知道当前社会竞争压力很大,为了能让孩子上好的大学,我会督促孩子完成各科作业,还让她去学一技之长。

丁老师:在这个过程中,你考虑过孩子的学习兴趣吗?冰冰母亲:我较少考虑她的兴趣。我觉得兴趣不是凭空而来的,一旦有了成绩,自然就会产生兴趣。

丁老师:孩子跟你叫过苦吗?冰冰母亲:说过,但我觉得,只要学习就比瞎玩强。

(1)根据人本主义的教育目的观,谈谈你对访谈内容的理解。

(2)人本主义所倡导的有意义学习有何特点?

(3)根据人本主义学习理论,教育者应该如何改进自己的教育活动?

真题必刷

一、单项选择题

1. [统考]一年级小朋友在教师的指导下学会区分“q”和“p”两个字的字形，按加涅的学习结果分，这里发生的学习结果类型是(　　)

A. 智慧技能　B. 言语信息　C. 认知策略　D. 动作技能

2. [丽水景宁]给学生提供有关的学习材料，让学生通过探索、操作和思考，自行发现知识、理解概念和原理的教学方法。心理学家称之为(　　)

A. 掌握学习　B. 发现学习　C. 合作学习　D. 程序学习

3. [台州天台]下面选项中，属于正强化的教师行为是(　　)

A. 为了引起同学的注意，学生在课堂上怪叫，教师中断讲课大声制止

B. 学生认真完成作业，教师答应不向学生家长讲今天学生做错的事情

C. 学生上课总是看操场踢球的同学，教师拉下了窗帘

D. 学生没有按时完成作业，教师要求学生在校完成后才能回家

二、辨析题

1. [统考]消极强化与惩罚的性质一样，都是学生想要回避的教学行为。

2. [统考]建构主义学习过程常常是在社会文化互动中完成的。

三、案例分析题

[丽水景宁]从前，在一口不深的井里，住着一条鱼和一只青蛙。一天，青蛙跳到岸上，到外面周游一番回来了，它告诉鱼：“外面有许多新奇有趣的东西，比如说牛吧，它的身体很大，头上长着两只弯弯的犄角，吃青草为生，身上有着黑白相间的斑块，肚子的下面长着四只粗壮的腿…”青蛙详细地描述，小鱼认真听着，这时，在它的脑海里，出现了“鱼牛”的形象。

请结合建构主义理论说说这则寓言对你的启示。

第八章　知识的学习与迁移

命题分析

本章主要以选择、判断、填空、辨析、简答、论述的形式考查，本章需要重点掌握的知识包括：

1. 识记科学概念的掌握、问题解决的策略。

2. 识记技能的种类、动作技能和智慧技能的形成过程与条件、学生智慧技能的培养。

3. 理解并区分认知策略、学习的监控策略，识记并理解学习策略的训练原则。

4. 识记并区分学习迁移的种类、学习迁移的理论，识记影响学习迁移的因素、学习迁移与教学。

基础必刷

专题一　知识的学习

一、单项选择题

1. 陈述性知识掌握的高级形式是(　　)

A. 符号学习　B. 概念学习　C. 规则学习　D. 命题学习

2. 人头脑中出现的“学习时如何有效记忆，解决问题时如何明确思维方向”等属于(　　)

A. 陈述性知识　B. 程序性知识　C. 策略性知识　D. 感性知识

3. 对质量与能量、遗传与变异、需求与价格等概念之间关系的学习属于(　　)

A. 上位学习　B. 下位学习

C. 并列结合学习　D. 符号学习

4. 关于程序性知识，下列说法错误的是(　　)

A. 程序性知识是关于“怎样做”的知识　B. 程序性知识是相对静态的知识

C. 程序性知识掌握以后可以自动执行　D. 生活中形成的技能是程序性知识

5. 学习《教育心理学课程》时，先掌握技能的概念，再掌握智慧技能的概念，这种学习属于(　　)(常考)

A. 下位学习　B. 上位学习　C. 并列学习　D. 无关联学习

6. 意义学习的核心是(　　)

A. 概念学习　B. 符号学习　C. 命题学习　D. 表征学习

7. 学校举办“英语单词联想记忆”培训班，可以推断，这个培训班主要教授的知识类型是(　　)

A. 策略性知识　B. 程序性知识　C. 陈述性知识　D. 指导性知识

8. 一个大的知识单元中既有陈述性知识，也有程序性知识，二者相互交织在一起。许多心理学家用(　　)一词来描述这种大块知识的表征和贮存。

A. 知识团　B. 统觉　C. 图式　D. 统合

9. 教师在教"菌类"知识时，先向学生们介绍可以食用的菌类，继而举例不可食用的菌类，这样一来，学生们对菌类有了一个大致的了解。这位教师主要通过(　　)的方式引导学生进行概念学习。

A. 正确运用变式　B. 科学进行类推

C. 适当运用比较　D. 配合运用正反例

10. 根据奥苏伯尔对有意义学习的分类，如果儿童听到"鸟"的叫声或看到文字的"鸟"，就知道它代表实际的鸟，即使此时并未见到真实的鸟，儿童也能以语言或文字的形式在大脑中形成关于鸟的形象。这属于(　　)

A. 概念学习　B. 命题学习　C. 发现学习　D. 符号学习

11. 学生掌握知识的中心环节是知识的(　　)

A. 理解　B. 巩固　C. 应用　D. 迁移

12. 唱国歌、升国旗是爱国的表现，现在学习节约资源也属于爱国的表现。这种学习属于(　　)

A. 派生类属学习　B. 相关类属学习

C. 总括学习　D. 并列结合学习

13. 个体难以清楚地描述，只能借助于某种作业形式间接推测其存在，主要用来解决"做什么"和"怎么做"的问题的知识被称为(　　)

A. 感性知识　B. 理性知识　C. 描述性知识　D. 程序性知识

14. 下列属于问题解决的是(　　)

A. 记住一个人的名字　B. 幻想成为"蜘蛛侠"

C. 用一个词语造句　D. 荡秋千

15. 小毛在学了"六边形"这一概念后，知道了所有的六边形都是由六条边组成的，并且它的所有角的度数之和为720°。根据有意义学习的类型，上述学习属于(　　)

A. 表征学习　B. 概念学习　C. 命题学习　D. 一般学习

16. 程序性知识的表征方式是(　　)(易混)

A. 命题和命题网络　B. 表象

C. 图式　D. 产生式和产生式系统

17. 幼儿把香蕉和口琴归为一类，把苹果和球归为一类。这时形成的概念是(　　)(易错)

A. 具体概念　B. 抽象概念

C. 合取概念　D. 关系概念

18. 运用"变式"的主要目的是(　　)

A. 增加趣味　B. 认识到事物的多样性

C. 丰富想象　D. 区分本质特征与非本质特征

19. 知识是主体通过与环境相互作用而获得的(　　)

A. 感受与体验　B. 前人经验　C. 记忆的内容　D. 信息及其组织

20. 凭借经验解决问题的策略是(　　)

A. 诱导式　B. 算法式　C. 推理式　D. 启发式

21. (　　)是概念形成的主要方式。

A. 发现学习　B. 接受学习

C. 有意义学习　D. 有意义接受学习

22. 李老师在教"鸟"的概念时，用麻雀、燕子说明"有羽毛""前肢为翼""无齿有喙"是鸟这一概念的本质特征。这是适当地运用了(　　)

A. 命题　B. 案例　C. 反例　D. 正例

23. 产生式理论适用于(　　)的迁移。

A. 认知技能　B. 动作技能

C. 行为规范　D. 态度

24. 个人应用一系列的认知操作，从问题的起始状态到达目标状态的过程，叫作(　　)

A. 发现问题　B. 理解问题

C. 问题检验　D. 问题解决

25. 将解决问题的方案尽量全部列出的方法是(　　)

A. 综合法　B. 归纳法　C. 算法　D. 聚合法

26. 下列选项中属于陈述性知识的是(　　)(易错)

A. 学习的定义　B. 产品的使用说明

C. 汽车驾驶方法　D. 解答问题的思考过程

27. 陈述性知识学习的一般过程依次为(　　)三个阶段。

A. 获得、提取和保持　B. 获得、保持和提取

C. 保持、获得和提取　D. 保持、提取和获得

28. 在学习"交通工具"这个概念时，把以前知道的"自行车""汽车"等归到这个概念里。此处是(　　)(常考)

A. 下位学习　B. 上位学习

C. 并列结合学习　D. 分类学习

二、辨析题

1. 上位学习和下位学习中都可能发生垂直迁移。

2. 学习认知结构的不断分化所依靠的学习形式是下位学习。

3. 并列结合学习,需要比照新旧知识之间的关系。

三、简答题

1. 简述陈述性知识和程序性知识的区别和联系。

2. 如何提高知识直观的效果?

3. 简述规则学习的条件。

4. 促进陈述性知识学习的条件有哪些?

5. 在教授程序性知识时有哪些策略?(易混)

6. 简述程序性知识学习的一般过程。

7. 简述影响概念形成与掌握的因素。

四、论述题

1. 如何帮助学生有效地掌握概念?

2. 试述陈述性知识学习的一般过程。

3. 试述问题解决策略的主要种类。(常考)

4. 为了使学生更好地掌握规则，教师在进行规则教学时，必须要注意哪些？

专题二　技能的形成

一、单项选择题

1. 通过学习而形成的、按某些规则或操作程序顺利完成某种智慧任务或身体协调任务的能力被称作(　　)

A. 操作技能　B. 技巧　C. 技能　D. 能力

2. 有经验的司机，在正常开车时，可以顺利地与别人交谈。此时他的动作技能处于(　　)

A. 认知阶段　B. 联系形成阶段
C. 动作模仿阶段　D. 自动化阶段

3. 操作技能的形成可以分为四个阶段，这四个阶段的先后顺序依次为(　　)(易错)

A. 模仿—定向—整合—熟练　B. 定向—模仿—整合—熟练
C. 模仿—整合—定向—熟练　D. 定向—整合—模仿—熟练

4. "曲不离口，拳不离手"强调了在动作技能形成中起重要作用的是(　　)

A. 示范　B. 反馈　C. 练习　D. 言语指导

5. 同学们学习一段舞蹈动作，刚开始进步很快，但一段时间后进步不明显，甚至停滞不前，这在技能练习上称为(　　)(常考)

A. 高原现象　B. 抑制现象　C. 遗忘现象　D. 挫折现象

6. 如果组装了足够多的衣架，那么之后在组装的同时可以和别人聊天，对组装的任务本身只用很少的注意。此时动作技能应处于(　　)

A. 认知阶段　B. 联系形成阶段
C. 动作模仿阶段　D. 自动化阶段

7. 小宇在课余时间学习书法，在他刚上第一节课时，书法老师要求他在开始下笔写字之前认真观察字帖上的字，以学习某个字的构成及每一笔画如何起笔、收笔。根据动作技能形成的阶段划分，小宇观察字帖属于(　　)

A. 认知阶段　B. 联系形成阶段
C. 自动化阶段　D. 创造阶段

8. 反馈在操作技能学习过程中的作用是非常关键的，其中(　　)的作用尤为明显。

A. 外部反馈　B. 方法反馈　C. 过程反馈　D. 结果反馈

9. 体育课上，陈老师在教学生新的广播操动作，她先对每个动作进行示范与讲解，然后让学生进行细致的观察并思考应该怎么做这些动作。这属于操作技能的(　　)阶段。

A. 定向　B. 模仿　C. 整合　D. 熟练

10. 就动作技能的学习而言，"见者易，学者难"强调的是(　　)对动作技能学习的重要性。

A. 言语指导　B. 示范　C. 练习　D. 反馈

11. 数学课上，为了学生更好地形成智力技能，教师常在黑板上清楚而细致地演算例题。这是给学生提供(　　)

A. 原型定向　B. 原型模型　C. 原型操作　D. 原型内化

12. 以下关于动作技能的表述正确的是(　　)(易错)

A. 复杂的动作技能比简单的动作技能保持的时间更短
B. 动作技能的遗忘进程与无意义音节的遗忘进程是一样的
C. 动作技能的学习不存在迁移现象
D. 技能学习过程中会出现高原现象

13. 乐乐在学习篮球的过程中，运球动作和上篮动作常常互相干扰，关注运球时就容易错过最佳上篮位置，关注上篮动作时又容易运球失误。乐乐的篮球技能属于动作技能形成阶段中的(　　)

A. 认知阶段　B. 自动化阶段
C. 计划信息阶段　D. 联系形成阶段

14. 打字所需要的技能主要是(　　)

A. 态度　B. 操作技能　C. 心智技能　D. 识记技能

15. 学习芭蕾舞时，小丽把连续动作分成小节拍，跟着舞蹈老师一步步地做。这是操作技能形成的(　　)阶段。

A. 整合　B. 定向　C. 模仿　D. 熟练

16. 原型是指那些被模拟的(　　)(易混)

A. 典型人物　B. 成功范例
C. 智力活动　D. 自然现象或过程

17. 在技能的练习过程中，往往会出现进步的暂时停顿现象，这就是练习曲线上所谓的"高原现象"，下列帮助学生突破"高原现象"的做法错误的是(　　)

A. 分析原因，采取新方法
B. 积极鼓励，增强其信心
C. 增强学习动机，提供充分有效的反馈
D. 增强练习强度，用集中练习来代替分散练习

18. 操作模仿阶段的动作特点不包括(　　)

A. 动作的稳定性、准确性、灵活性较差　B. 各动作要素之间的协调性好
C. 主要靠视觉控制　D. 完成动作的速度较慢

19. 练习是操作技能形成的基本途径。下面关于练习的叙述，不正确的是（　　）

A. 技能水平随练习而提高

B. 练习过程中存在"高原现象"，过了此期，技能水平还会提高

C. 技能水平随练习会不断提高，不会出现起伏现象

D. 技能在形成过程中存在个别差异

20. 自动化的操作如走路、穿衣等动作，不能称之为问题解决，是因为此类活动缺少（　　）

A. 目的性　　B. 序列性　　C. 认知操作　　D. 情境性

二、填空题

1. 根据练习时间分配的不同，可将练习分为________和分散练习。
2. 菲茨和波斯纳将动作技能学习的过程分为________、联系形成和________三个阶段。
3. 在加涅的学习结果分类中，广义的技能可分三类：________、认知策略、动作技能。

三、辨析题

初学者在学习新的动作时，分解能力较差，动作掌握较慢。

四、简答题

1. 简述冯忠良提出的操作技能形成的阶段理论。（常考）

2. 简述学生心智技能的培养要求。

3. 在心智技能培养工作方面，为提高分阶段练习的成效，应采取哪些有效措施？

4. 简述心智技能的形成阶段。

五、材料分析题

1. 有关研究表明：在学习英语的过程中，词汇量的多少明显影响到阅读能力的高低。但是当掌握的词汇量达到3500～4500的时候，就会出现约8个月左右的滞留时间；达到6500～7500的时候，就会出现约12个月左右的滞留时间；当词汇量达到了9500～10500的时候，平均滞留约18个月。也有人曾经研究收发电报中动作技能的进步，结果发现，在收发电报练习15～28天之间，成绩一度停顿下来，虽有练习，但成绩却不见提高甚至下滑。

请运用心理学知识对该案例进行分析。

2. 在罗斯主持的一项心理学实验研究中，研究者把一个班的学生分成三组，每天学习后进行测验。第一组每天测验后都告知其学习结果；第二组是每周告知其学习结果；第三组则从不告知其学习结果。从第八周开始，仍对第二组每周告知其学习结果，第一组和第三组进行对调，即研究者不再对第一组告知其学习结果，而对第三组每天告知其学习结果。如此又进行8周后，比较三个组在过去16周内的学习成绩。结果表明：第一组在前8周成绩最好，而后8周成绩直线下降；第三组在前8周成绩最差，而后8周成绩直线上升；第二组的学习成绩始终处于中等水平。

请运用心理学相关知识对该材料进行分析。

专题三　学习策略

一、单项选择题

1. 学习策略一般包括认知策略、元认知策略和(　　)

A. 记忆策略　　B. 资源管理策略
C. 思维策略　　D. 学习方法

2. 学习者在学习活动中,为了达到有效的学习目的而采用的规则、方法、技巧及其调控方式的综合是(　　)

A. 学习策略　　B. 学习目标　　C. 学习过程　　D. 学习内容

3. 合作学习体现了资源管理学习策略中的(　　)

A. 时间管理策略　　B. 学习环境管理策略
C. 努力管理策略　　D. 学业求助策略

4. 认知策略在学习策略中起着核心的作用,背诵课文属于(　　)(易错)

A. 组织策略　　B. 精加工策略　　C. 复述策略　　D. 元认知策略

5. 学习策略一定要适用于具体的学习目标和学生类型。这是学习策略培养的(　　)

A. 特定性原则　　B. 主体性原则
C. 生成性原则　　D. 内化性原则

6. 用思维导图进行归纳整理,这运用的是学习策略中的(　　)(易错)

A. 计划策略　　B. 精细加工策略　　C. 组织策略　　D. 复述策略

7. 中国人一般把"TOEFL"称为"托福",这里使用的学习策略是(　　)

A. 谐音联想法　　B. 位置记忆法　　C. 视觉联想法　　D. 关键词法

8. 下列对组织策略的概念解释,正确的是(　　)

A. 将经过精加工提炼出来的知识点加以构造,形成更高水平的知识结构的信息加工策略
B. 把新信息与头脑中的旧信息联系起来从而增加新信息意义的深层加工策略
C. 在工作记忆中为了保持信息,运用内部语言在大脑中重现学习材料或刺激,以便将注意力维持在学习材料上的方法
D. 学习者加工信息的一些方法和技术,有助于有效地从记忆中提取信息,并加工、处理、储存

9. 学生学习分子运动时,对一瓶水与一瓶酒精混合后装不满两瓶的实验难以理解,赵老师通过以"一桶核桃和一桶大豆倒在一起,还是两桶吗?"的类比,使得学生豁然开朗,明白了水与酒精混合体积缩小是由于分子之间有空隙。案例中,赵老师运用了(　　)

A. 复述策略　　B. 精加工策略　　C. 组织策略　　D. 监控策略

10. 经常让学生问自己"我准备好了吗""我理解了吗"等这一类的话属于训练学生的(　　)

A. 认知策略　　B. 认知技能
C. 掌握程序性知识的技能　　D. 元认知策略

11. 在数学教学中,教师常采用画示意图的方式来表述、分析问题,以帮助学生理解题目。这种方式属于下列哪种学习策略(　　)

A. 复述策略　　B. 精加工策略　　C. 组织策略　　D. 监控策略

12. 训练学生对他们所阅读的东西产生一个类比或表象,如图形、图像、表格和图解等,以加强其深层理解,这是利用(　　)的方法。

A. 生成性学习　　B. 视觉想象　　C. 记忆术　　D. 元认知监控

13. 为了记住马克思的生日1818年5月5日,学生编成了"一巴掌一巴掌打得资本主义哇哇大哭"的顺口溜。这采用了(　　)

A. 复述策略　　B. 组织策略　　C. 视觉联想法　　D. 谐音联想法

14. "好记性不如烂笔头"强调的学习策略是(　　)

A. 记忆术　　B. 做笔记　　C. 组织策略　　D. 生成性学习

15. 临近期末考试,小明根据考试范围安排自己的复习进度。这种策略属于(　　)

A. 计划策略　　B. 监控策略　　C. 调节策略　　D. 时间管理策略

16. 学生在解题过程中对题目的浏览、测查、完成情况的监视及对速度的把握主要采用了(　　)(常考)

A. 复述策略　　B. 元认知策略　　C. 资源管理策略　　D. 精加工策略

17. 为了记住"老鼠、果子"这两个词,而进行"老鼠正在啃果子"这样的联想,所运用的学习策略是(　　)

A. 计划和监控策略　　B. 复述策略　　C. 精加工策略　　D. 组织策略

18. 奥苏伯尔提出的"先行组织者"实际上是(　　)

A. 复述策略　　B. 资源管理策略
C. 精加工策略　　D. 组织策略

19. 下课的时候,小张同学总是缠着老师问自己在课堂上没有听明白的问题,或者向其他同学请教自己不会的题的解法,小张的做法属于学习策略中的(　　)

A. 认知策略　　B. 调节策略　　C. 元认知策略　　D. 学业求助策略

20. 郑州以西的第一个大城市是"洛阳",可以记成"从郑州西望夕阳西下",就不会忘记这座城市叫"洛阳—落阳"了。这是记忆术中的(　　)

A. 关键词法　　B. 特征记忆法　　C. 译意法　　D. 识记的连锁法

21. 弗拉维尔认为,元认知就是对认知的认知,元认知的核心成分是(　　)(常考)

A. 元认知知识　　B. 元认知控制　　C. 元认知体验　　D. 元认知计划

22. 元认知研究的代表人物是(　　)

A. 加涅　　B. 弗拉维尔　　C. 维果斯基　　D. 列昂捷夫

23. 精加工策略的实质是(　　)

A. 重现学习材料　　B. 建立新旧信息之间的联系
C. 把材料归类　　D. 计划监控

二、判断题

1. “学无当于五官，五官弗得不治。”从学习策略上看，这属于复述策略。 （　）
2. 元认知策略和认知策略同时起作用。 （　）
3. 学业求助策略是指学生学习能力不足时需要帮助。 （　）
4. 元认知是指人们对认知过程的监控。（易错） （　）
5. 学习策略知识不是孤立的，不能脱离专门知识。（易混） （　）
6. 学生因在学习过程中遇到自己无法克服的困难而向他人或物体（借助字典、参考书等）请求帮助的行为，是一种依赖性的表现。 （　）

三、辨析题

1. 别人列出阅读的纲要可能是一种有效的学习方法，但对年幼学生可能比较困难，这体现了学习策略具有生成性。

2. 组织策略不需要在记忆的材料中增加信息。

四、简答题

1. 简述学习策略训练的原则。（常考）

2. 教师如何在教学中训练学生的学习策略？

五、材料分析题

1. 请阅读下面的材料——《对作弊的另类处理》，回答问题：

学生考试作弊是每一位老师都不能容忍的问题。然而，有位数学老师发现学生作弊后竟然告诉学生说，下次单元测验他允许学生们带一张A4纸，上面写上自己想写的任何东西。于是考前学生纷纷认真地准备自己的那张A4纸。考试结束后，老师让大家把自己所写的A4纸都贴到教室后面展览。同学们很好奇地相互观摩，结果发现有的学生在上面就单纯抄题目，有的抄上公式，有的不但列出知识提纲，还列出它们之间的联系……特别是考试分数公布后，学生都很有感触：为什么张某某能考好？为什么李某某考不了高分？从他们在那张A4纸上总结的内容就能看出高低来，于是同学们就开始交流哪种学习方法好。教师组织学生对总结的方法进行讨论，并且预报下一次单元测验只能带半张A4纸进考场。考完试后照例展览。第三次考试，老师只让带四分之一张A4纸……这样纸张越来越小。

(1)谈谈你对这位老师做法的看法。

(2)结合材料谈谈促进学习策略的原则。

2. 某教师反映：亮亮同学在平时的学习中，不会合理地安排学习计划，分不清学习和活动任务的主次，经常顾此失彼，东一榔头西一棒，每天都显得忙忙碌碌，却不能按时完成任务，学习效率极低。

综合上述材料，试述教师指导学生进行时间管理的主要内容。

专题四 学习迁移

一、单项选择题

1. 小明发现，在做数学题时掌握的一些审题技能也可以用在物理和化学等其他学科上，这种现象属于( )
A. 学习迁移 B. 学习同化 C. 学习转变 D. 学习刺激

2. 奥苏伯尔强调( )对学习迁移的作用。
A. 官能训练 B. 共同要素 C. 相对关系 D. 认知结构

3. “举一反三、闻一知十、触类旁通”属于( )(常考)
A. 同化性迁移 B. 顺应性迁移 C. 重组性迁移 D. 特殊迁移

4. 注重训练的形式而不注重内容的学习迁移理论是( )
A. 关系转换理论 B. 经验类化理论 C. 形式训练说 D. 共同要素说

5. 迁移的实质是( )(易错)
A. 新旧知识的同化过程 B. 新旧知识的顺应过程
C. 新旧经验的整合过程 D. 新旧经验的重组过程

6. “元素周期表的学习”深化了学生对以前所学的元素化合物等知识的理解，这种迁移属于( )
A. 顺向正迁移 B. 顺向负迁移 C. 逆向正迁移 D. 逆向负迁移

7. 根据迁移过程中所需的内在心理机制的不同而进行划分，迁移可分为( )
A. 正迁移和负迁移 B. 水平迁移和垂直迁移
C. 一般迁移与具体迁移 D. 同化性迁移、顺应性迁移与重组性迁移

8. “水下击靶”实验是( )的经典实验。(常考)
A. 形式训练说 B. 相同要素说
C. 概括化理论 D. 关系转换说

9. 关系转换说的经典实验是苛勒在1919年所做的( )实验。
A. 小鸡觅食 B. 水下击靶 C. 老鼠走迷宫 D. 猫开笼门

10. 小学五年级的丽丽在学习完分数的乘法之后，当再次遇到分数加减法时，她竟然将分子和分母各自互减。这里分数乘法运算对分数加减法运算造成的影响是一种( )
A. 低路迁移 B. 高路迁移 C. 正迁移 D. 负迁移

11. 下列选项中属于具体迁移的是( )
A. 对“蚂蚁”“蝗虫”等具体概念的理解影响着对“昆虫”这一概念的理解
B. 举一反三、触类旁通、闻一知十
C. 乒乓球运动中推挡动作的学习，可以直接迁移到左推右攻这种组合的动作学习中去
D. 知道了“草鱼”“鲫鱼”“鲤鱼”之后再学习“带鱼”，扩充了“鱼”的概念

12. 把在一元一次方程的解法中获得的规则运用到一元一次方程不等式的问题解决中，解释这种迁移现象的最佳理论是( )(易错)
A. 形式训练说 B. 经验类化说 C. 相同因素说 D. 关系转换说

13. 迁移在心理学上也称学习迁移或者训练迁移，是指一种学习对另一种学习的影响。下列哪种现象属于迁移( )
A. 望梅止渴 B. 照本宣科 C. 触类旁通 D. 上行下效

14. 如果认为抑制是一种迁移现象，那么前摄抑制属于( )
A. 逆向负迁移 B. 顺向负迁移 C. 逆向正迁移 D. 顺向正迁移

15. 为了促进迁移，教师应注重提高学生的知识概括化水平。这依据的迁移理论是( )
A. 形式训练说 B. 共同要素说 C. 关系转换说 D. 概括化理论

16. 奥苏伯尔提出了影响迁移的三个主要的认知结构变量，其中( )是指新的学习任务同其他的相关知识的可分辨程度。两者的分辨程度越高，越有助于迁移，并避免因新旧知识的混淆而带来的干扰。
A. 可利用性 B. 可辨别性 C. 稳定性 D. 可变性

17. 形式训练说所涉及的迁移本质上是( )
A. 正迁移 B. 负迁移 C. 特殊迁移 D. 一般迁移

18. 学习迁移产生的客观必要条件是( )
A. 学生的智力水平 B. 学生的理解和巩固程度
C. 学习对象之间的共同要素 D. 学习的方式方法

19. 学生将英语语法的学习直接迁移到英语写作和口语表达中来，这类迁移属于( )
A. 一般迁移 B. 特殊迁移 C. 零迁移 D. 负迁移

20. 所谓具有广泛迁移价值的材料是指( )
A. 最新的内容 B. 最形象、生动的内容
C. 学科的基本概念与原理 D. 事例或案例

21. 要学生关注历史与地理、化学与生物、数学与物理等学科之间的关系，这属于学习迁移中的( )
A. 横向迁移 B. 纵向迁移 C. 正迁移 D. 负迁移

22. 某老师认为，通过做大量的应用题可以提高学生的思维能力，从而提高学生在考试中应用题的作答正确率。该老师的观点主要受以下哪一迁移理论的影响( )
A. 关系理论 B. 共同要素说 C. 概括化理论 D. 形式训练说

二、辨析题

1. 学习迁移是学习过程中常见的现象，它对新知识、新技能的学习起促进作用。(常考)

2. 两种学习材料的相似度越高越容易产生正迁移。

3. 学习中的负迁移就是逆向迁移。

4. 迁移的可能性的大小与经验的概括水平成反比例关系。

三、简答题

1. 简述迁移的概括化理论。(常考)

2. 简述迁移的共同要素说。

3. 影响学习迁移的因素有哪些?(常考)

4. 原有认知结构对迁移的影响表现在哪些方面?

四、论述题

教学中教师要如何促进学生学习的迁移?(常考)

真题必刷

一、单项选择题

1. [温州龙湾区]在概念的教学中,桌子是基本类概念,家具是上级类概念,电脑桌是下级类概念。其中,学生最先掌握的一般是(　　)

A. 同时掌握　　B. 上级类概念　　C. 下级类概念　　D. 基本类概念

2. [嘉兴桐乡](　　)的经验类化理论强调概括化的经验或原理在迁移中的作用。

A. 奥苏伯尔　　B. 桑代克　　C. 贾德　　D. 艾宾浩斯

3. [丽水龙泉]已经获得的知识,动作技能、情感和态度等对新的学习的影响称为(　　)

A. 迁移　　B. 动机　　C. 策略　　D. 技巧

4. [丽水龙泉]下列各项不属于心智技能的是(　　)

A. 写作　　B. 做操　　C. 计算　　D. 记单词

二、填空题

1. [嘉兴]智力技能的特点有:动作对象的________,动作进行的________,动作结构的________。

2. [丽水青田]根据知识本身的存在形式和复杂程度,学习可分为________、概念学习和命题学习。

3. [嘉兴桐乡]合作性学习中,合作性讲解的两个参与者都能从这种学习中受益,而________获益更大。

三、简答题

[统考]简述培养操作技能的基本要求。

四、论述题

[统考]试述教师在教学中如何培养学生的智慧技能。

第九章　学习动机

命题分析

本章主要以选择、判断、填空、简答、论述、材料分析的形式考查,本章需要重点掌握的知识包括:

1. 识记并理解学习动机的分类,重点掌握内部学习动机和外部学习动机、奥苏伯尔对学习动机的分类。

2. 理解并会运用耶克斯—多德森定律。

3. 识记并理解学习动机理论,重点掌握成就动机理论、归因理论、自我效能理论、需要层次理论。

基础必刷

专题一　学习动机概述

一、单项选择题

1. 根据学习动机的相关知识,以下说法正确的是(　　)

A. 自我提高驱动力并非指向学习本身,而是把成就看作赢得地位和自尊心的根源,属于内部动机

B. 强化理论是程序教学、计算机辅助教学的心理基础

C. 需要层次理论说明,学生的某些没有得到充分满足的缺失性需要,对教育、学习产生了直接的影响

D. 个体的成就动机可分为力求成功的动机和避免失败的动机,避免失败者倾向于选择成功概率为50%的任务

2. 以下哪种学习动机属于内部动机(　　)

A. 读书是一种乐趣　　B. 为中华之崛起而读书

C. 万般皆下品,唯有读书高　　D. 读书改变命运

3. 学习动机是由(　　)构成的。(易错)

A. 意志和学习需要　　B. 学习需要和学习期待

C. 学习期待和兴趣爱好　　D. 意志和信念

4. 学习动机中最活跃的心理成分是(　　)

A. 学习压力　　B. 学习兴趣

C. 学习期望　　D. 学习知识

5. 很多科学家都在自己的研究领域内进行不懈的探索,他们的动机主要为(　　)

A. 自我提高内驱力　　B. 认知内驱力

C. 附属内驱力　　D. 外部动机

6. 下列关于学习动机的表述,错误的是(　　)

A. 学习动机回答的是"为什么"学习的问题

B. 学习动机主要有激发学习行为、为行为定向和维持行为三种作用

C. 学习动机作为人类行为动机之一,是直接推动学生进行学习以达到某种目的的心理倾向

D. 按学习动机作用的主次不同,学习动机可划分为内部学习动机与外部学习动机

7. 创设问题情境的理论基础是(　　)(易错)

A. 自我效能理论　　B. 成就动机理论

C. 行为主义理论　　D. 信息加工理论

8. 以下情境属于自我提高内驱力的是(　　)

A. 因过分重视奖励而学习　　B. 为得到家长和老师的赞许而学习

C. 想要改变在班级中的地位而学习　　D. 受老师和家长的批评而学习

9. 学生中流传的俏皮话"大考大玩,小考小玩,不考不玩",体现的心理学原理是(　　)

A. 耶克斯—多德森定律　　B. 罗森塔尔效应

C. 皮格马利翁效应　　D. 社会刻板效应

10. 一般来讲,容易、简单、枯燥的学习对动机水平的要求,比复杂、思维卷入过多、需要一定的创造性的学习对动机水平的要求(　　)

A. 高　　B. 低

C. 一样　　D. 因个体的差异而不同

11. 小明的父母都是大学教授,小明为了像父母一样成为大学教授,经常利用假期学习理论知识。根据学习中的动机分类,小明的学习动机是(　　)

A. 认知内驱力　　B. 附属内驱力

C. 成就内驱力　　D. 自我提高内驱力

12. "为了赢得社会地位"的学习动机属于(　　)

①附属内驱力　②自我提高内驱力　③内部动机　④外部动机

A. ①③　　B. ①④　　C. ②③　　D. ②④

13. 内部学习动机的核心成分是(　　)

A. 兴趣和好奇心　　B. 正诱因

C. 学习期待　　D. 爱好

14. 附属内驱力是指为了获得长者们(如教师、家长)的赞许和认可,而表现出把学习或工作做好的一种需要。附属内驱力表现最为明显的时期是在人生的(　　)(易混)

A. 少年期　　B. 儿童早期　　C. 青年初期　　D. 青年晚期

15. 下列选项中,属于内部动机的是(　　)

A. 认知内驱力　　B. 自我提高内驱力

C. 附属内驱力　　D. 亲和内驱力

16. 小沈从小就有去美国留学深造的愿望,为此她很努力地学习英语,并对学习英语产生了浓厚的兴趣,她不但上英语课时十分认真,而且课余时间也经常与同学一起练习英语。小沈的这种学习动机属于(　　)(常考)

A. 外部动机　　B. 高尚的动机

C. 近景的直接性动机　　D. 远景的间接性动机

二、判断题

1. 学生小红认为自己是祖国未来的栋梁,必须要努力学习,长大后为祖国奉献自己的一份力量。小红的这种学习动机属于近景的直接性动机。(　　)

2. 学习动机是学生学习的重要条件,当学生尚未表现出对学习有适当的兴趣或动机时,教师必须推迟教学活动。(　　)

3. 外部奖励有利于激发学习动机,因此外部奖励越多越好。(易错)(　　)

三、填空题

1. 按学习动机起作用时间的长短,可分为________和________。

2. 在有意义学习中,________是最重要和最稳定的动机。

四、简答题

1. 简述奥苏伯尔关于学习动机的分类。

2. 简述"耶克斯—多德森定律"。(常考)

3. 教师在给予学生合理的反馈时应注意哪些问题?

五、论述题

试述学习动机对学习的作用。

六、材料分析题

1. 新学期,李丽老师初任班主任。为了解学生的学习心理,调动学生的学习积极性,提高学习效率,李丽老师召开了一次座谈会。座谈的题目是"为中华之崛起而读书"。有的学生说,我是为了考上重点大学而学习;有的学生说,我是为了不辜负父母对我的期望而学习;有的学生说,数学老师讲课有意思,我喜欢学习数学;有的学生说,我好好学习是想得到爸爸妈妈的奖励;有的学生说,我不知道为什么学习。

面对学生多种多样的学习动机,李丽老师应该怎么办?

2. 某小学五年级学生周某认为自己天赋较高,教师每天授课内容知识点少,很容易就学会,因而不用着急学习,六年级集中一段时间学习就能考入重点初中。周某的同桌李丽学习很刻苦,其父母不断地对她说:"你要好好学习,才能出人头地。"期末考试前周某仍沉迷于游戏、聊天等活动,李丽每天都想着要考出好成绩,每晚都熬夜学习,睡眠一直不好。结果,周某和李丽的期末考试成绩都不理想。

运用耶克斯—多德森定律分析周某和李丽考试成绩不理想的原因,并提出相应的建议。

3. 明明是一个小学生,英语老师关注他,他上课就积极举手发言,后来换了一位英语老师,不了解明明的情况,对他的关注变少了。他上课就不积极了,而且英语成绩一落千丈。

(1)明明属于什么学习动机,属于哪种性质?

(2)你如果是这位英语老师,你应该怎么办?

专题二　学习动机理论

一、单项选择题

1. 张亮在期末考试中取得了年级第一名的好成绩,他认为考试成功是由于自己学习能力强,其归因是(　　)(常考)

A. 外部、稳定、不可控的　　B. 外部、不稳定、不可控的

C. 内部、稳定、不可控的　　D. 内部、不稳定、不可控的

2. "学生之所以学习,是因为在学习过程中可以得到奖赏、赞扬和优异的成绩等报偿",持这种观点的学习动机理论是(　　)

A. 归因理论　　B. 成就动机理论　　C. 强化理论　　D. 自我效能感理论

3. 某学生因对"必须坚持每天一定量运动达半年以上"的要求感到自己落实困难而放弃了瘦身计划。根据班杜拉的理论,这表明其对瘦身的(　　)(易错)

A. 结果期待低　　B. 结果期待高　　C. 效能期待低　　D. 效能期待高

4. 看到与自己水平差不多的人取得了成功,就相信自己也会取得成功,这属于影响个体自我效能感因素中的(　　)

A. 言语说服　　B. 直接经验　　C. 情绪唤起　　D. 替代经验

5. 在学习动机理论中,需要层次理论的代表人物是(　　)

A. 阿特金森　　B. 马斯洛　　C. 班杜拉　　D. 杜威

6. 如果一个学生将自己的失败归因于个体稳定的、不可控的内部特征时,他会产生一种(　　)的观念。(易错)

A. "我太笨了"　　B. "我不够努力"　　C. "问题太难"　　D. "我运气不佳"

7. 阿特金森认为个体成就动机可以分为两类:一类是力求成功的动机,一类是(　　)

A. 追求利益的动机　　B. 追求刺激的动机

C. 避免困难的动机　　D. 避免失败的动机

8. 根据马斯洛的需要层次理论,下列有关小学生的需要中属于成长性需要的是(　　)

A. 家庭的现代化　　B. 安静的学习环境

C. 结交正直诚实的朋友　　D. 做小发明

9. 马斯洛的需要层次理论说明,在某种程度上学生缺乏学习动机可能是由于(　　)需要没有得到充分满足而引起的。

A. 自我实现　　B. 高级　　C. 缺失　　D. 成长性

10. 自我价值感理论认为个人追求成功的内在动力是(　　)

A. 自我价值感　　B. 需要的满足　　C. 自己的兴趣　　D. 适当的归因

11. 自我价值感理论是由美国教育心理学家(　　)提出的。该理论是在成就动机理论的基础上,结合了自我效能理论及归因理论而形成的。

A. 科文顿　　B. 班杜拉　　C. 华生　　D. 奥苏伯尔

12. 成就动机理论的主要代表人物是(　　)

A. 马斯洛　　B. 阿特金森　　C. 韦纳　　D. 桑代克

13. 王雷认为只要上课听讲,课后做好作业就能取得好成绩。这属于自我效能理论中的(　　)

A. 效能期待　　B. 过程期待　　C. 行为期待　　D. 结果期待

14. 阿特金森对成就动机的研究表明,力求成功者与避免失败者相比,更倾向于选择(　　)(常考)

A. 比较难的任务　　B. 非常难的任务

C. 非常容易的任务　　D. 难度适中的任务

15. 归因总是与(　　)联系在一起。

A. 干什么　　B. 谁　　C. 怎么样　　D. 为什么

16. 班杜拉认为,影响自我效能感形成的最主要的因素是个体的(　　)(易错)

A. 受教育程度　　B. 归因方式　　C. 成败经验　　D. 判断能力

17. 人们把成就行为归因于(　　)时,成功会感到满意和自尊,失败会感到内疚和羞愧。

A. 内部因素　　B. 外部因素　　C. 稳定因素　　D. 不稳定因素

18. 学生王虎平时沉默寡言,作业完成很认真,考试成绩却总是不理想。班主任了解到王虎从小父母离异,跟着七十多岁的奶奶长大。根据马斯洛的需要层次理论,王虎的(　　)没有得到满足。

A. 生理需要　　B. 安全需要

C. 归属与爱的需要　　D. 尊重需要

19. 老师要注重培养学生正确的归因观,那么正确的归因观主要是归因于(　　)

A. 内部、稳定的因素　　B. 内部、可控的因素

C. 内部、不可控的因素　　D. 外部、可控的因素

20. 倩倩学习非常努力,但是成绩总是提高不了,她逐渐放弃继续尝试的勇气和信心,这种心理反应属于(　　)

A. 学习焦虑　　B. 习得性无助　　C. 自我估价降低　　D. 认知功能障碍

21. 成就动机理论的观点认为，避免失败者的目的是避免失败，减少失败感，所以他们倾向于选择非常容易或非常困难的任务。当一项任务的成功率为50%时，他们会(　　)

A. 可能选择这项任务　　B. 犹豫不决

C. 回避这项任务　　D. 坚决选择这项任务

22. 下列说法正确的是(　　)

A. 自我效能感理论最早是由韦纳提出的

B. 可控性维度既与情绪体验有关，又与对未来成败的预期有关

C. 为了同学瞧得起自己而努力学习属于附属内驱力

D. 根据成就动机理论，力求成功的学生最有可能选择成功概率约为70%的任务

23. 小明这次的考试成绩非常差，老师找他谈话时，他说是因为近期熬夜玩网络游戏导致听课时经常分心，学习不够努力。这种归因属于(　　)

A. 不稳定、不可控制的外归因　　B. 稳定、可控制的内归因

C. 稳定、可控制的外归因　　D. 不稳定、可控制的内归因

24. 人们对自己是否能够成功地从事某一成就行为的主观判断是(　　)(常考)

A. 学习期待　　B. 学习目标　　C. 成就动机　　D. 自我效能感

25. 教师在激发学生的学习动机时要对学生的学习成果提供及时的反馈，这种做法的理论基础是(　　)

A. 需要层次理论　　B. 强化理论

C. 自我效能感理论　　D. 成就动机理论

26. 某学生的成就动机不强，老师想提高其动机。根据阿特金森的理论，以下做法不正确的是(　　)

A. 增加诱因价值　　B. 增加练习强度

C. 提高学生的成就需要　　D. 提高学生的期望水平

27. 小王是一名中学生，下列选项中有可能对小王的自我效能感没有影响的是(　　)(易错)

A. 小王多次数学考试失败的经验

B. 与小王水平相仿的小红英语考试失败

C. 小王在面对一个十分难的任务时没有其他人的帮助而任务失败

D. 老师利用小王的偶像作为例子对小王进行引导

28. 下面说法体现内控特征的是(　　)

A. "老师出的怪题把我难住了"　　B. "我从来不管老师怎样评分"

C. "我准备好了，我能应付考试"　　D. "我看过一些卷子，我想我知道老师会问什么问题"

29. 学生把自己考试成绩差的原因归因于题太难太偏。这种归因属于(　　)(常考)

A. 内部、不稳定、可控制　　B. 外部、稳定、不可控制

C. 内部、稳定、可控制　　D. 外部、不稳定、不可控制

30. 张名同学以往的屡次考试都不理想，这次期末考试终于取得了不错的成绩，如果老师引导张名同学将此次考试比较理想归因为(　　)，将能获得最佳教学效果。

A. 努力　　B. 能力　　C. 运气　　D. 考试难度

31. 画家必须作画才能获得最大的满足，诗人必须写诗才能获得最大的满足。这类现象体现了人的(　　)

A. 归属与爱的需要　　B. 尊重的需要

C. 自我实现的需要　　D. 安全的需要

32. "仓廪实而知礼节，衣食足而知荣辱"，说明了人的需要具有(　　)

A. 整体性　　B. 选择性

C. 层次性　　D. 动力性

二、填空题

1. ________是指由于连续的失败体验而导致个体产生的对行为结果感到无力控制、无能为力的心理状态。

2. 一般来说，具体的、短期内能实现的、________的目标可以有效激发学生的学习动机。

3. 自我效能感理论认为，期待包括________期待和________期待。

三、辨析题

1. 学生的成败经验是影响学生自我效能感的重要因素，因此学生的学习成功经验越多，其自我效能感就会越强。(易错)

2. 习得性无助感与人们对失败的归因无关。(常考)

3. 按照马斯洛的需要层次理论，教师在自尊水平低的学生中灌输为学习本身的满足而去学的做法是效果不明显的。

四、简答题

1. 简述自我效能感的作用。

2. 简述自我价值感理论的基本思想。

3. 影响自我效能感的因素有哪些?(常考)

五、论述题

1. 试述如何运用学习动机理论激发学生学习动机。

2. 试述韦纳的归因理论在教育上的重要意义。

3. 试述成就动机理论的教育启示。

4. 试述需要层次理论的教育意义。

六、材料分析题

1. 周老师是班主任,这学期刚开学时班上转来一名学生小丽,小丽的学习成绩一般,学习主动性、积极性都不高,上课打瞌睡、课后不交作业。近两个月来小丽的学习成绩一直下降,引起了周老师的注意。通过观察与了解,周老师得知小丽的父母外出做生意,把她送到了外婆家,外婆对小丽的学习要求不高,只要求有所进步。小丽性格腼腆,在学校又不爱参加课外活动,所以,同学们对她都很疏远,连位知心的朋友都没有。有时被班上调皮的学生欺负,小丽也因为胆小而不敢告诉老师或者家长。

(1)根据马斯洛的需要层次理论,分析小丽的哪些需要没有得到满足?

(2)如果你是周老师,你将如何引导小丽走出困境?

2. 考试成绩出来了,小明和小华都考了85分,小明很开心地说:"我太幸运了,昨天刚做了一套模拟题,有三道题跟考试题一样。"小华则情绪不高,他说:"我已经很认真地复习了,但还是有很多题不会,很多知识弄不清楚,我还得仔细看看课本。"

根据韦纳的归因理论,分析小明和小华两人归因的倾向性和特点。假如你是老师,你应该如何对他们进行引导?

3. 心理学家做了这样一个实验:从三个班级中将成绩排名后六位的学生抽出来,组成一个18名学生的班级,心理学家对这18名学生进行了智力测验,发现每一名学生的智商都在正常范围。于是要求18名学生的任课老师对他们做到以下几点:

第一,分析他们在学业上失败的原因;

第二,上课提问时难度适当;

第三,对回答问题正确的学生给予鼓励,对回答问题错误的学生的学习积极性给予肯定并耐心纠正其错误;

第四，鼓励学生的点滴进步，提高他们的自信心。半年后，这18名学生的学习大有进步，已经不再是差生了。

请结合以上内容试用动机理论对本材料进行分析。

真题必刷

一、单项选择题

1.[丽水龙泉]耶克斯—多德森定律表明，对于一般的学习来说，最佳的动机水平是(　　)(常考)

A. 中等偏低的强度　B. 中等强度　C. 中等偏高的强度　D. 越高越好

2.[温州永嘉]认知心理学家从目标取向来解释不同成就动机的人对不同难度工作的选择，一般而言，学习目标取向者倾向于选择(　　)的工作。

A. 最简单　B. 中等难度　C. 最困难　D. 最简单或最困难

二、判断题

1.[温州龙湾区]小学生往往会为了班级名次或父母的期望而努力学习，这样的学习动机属于内部学习动机。(　　)

2.[宁波余姚]内控型的学生会把成败都归因于他人的影响或者运气等外在因素，往往对自己的行为不愿承担责任。(易错)(　　)

三、填空题

1.[丽水遂昌]耶克斯—多德森定律中，动机水平和行为效果呈________曲线。(常考)

2.[宁波]学习动机是由________和________组成的。

四、材料分析题

[统考]阅读下面材料并回答下列问题。

东东口吃，因而被人嘲笑，产生厌学情绪。新来的语文老师黄老师了解情况后，开始跟他说，让他利用自己的作文优势，进行作文朗读。东东觉得自己口吃不能做好，老师说你口吃和作文朗读是两回事，你能做好的。东东在老师的鼓励和帮助下站上了讲台，发现没有同学因为他的口吃而取笑他，之后东东和其他作文写得好的同学多次上台分享自己的作文。一年后，东东学习成绩逐步提高了，口吃也好了很多。

(1)结合心理学相关理论分析黄老师的做法和东东的改变。

(2)结合材料分析教师如何培养与激发学生的学习动机。

第十章　教师心理

命题分析

本章主要以选择、简答、论述、材料分析的形式考查，本章需要重点掌握的知识包括：

1. 识记教学认知能力、教学操作能力、教学监控能力的概念。
2. 识记教师威信的概念、教师威信的形成途径和维护方法。
3. 识记并理解教师期望效应。
4. 识记并区分专家型教师和新手型教师的特点。
5. 识记教师成长的历程和途径。
6. 识记影响教师心理健康的因素，识记并理解教师职业倦怠三方面的表现。

基础必刷

专题一　教师的心理特征和心理健康

一、单项选择题

1. 王老师在教学过程中，能不断对其教学活动进行积极主动地计划、监视、检查、评价、反馈、控制和调节，并成功地实现教学目标。这反映了王老师有较强的(　　)(常考)

A. 教学设计能力　B. 教学效能感

C. 教学监控能力　D. 专业知识

2. 张老师这段时间对工作失去了热情，觉得工作没意思，同时总是感觉很疲劳，工作效率不高。张老师目前的状态属于职业倦怠(　　)方面的表现。

A. 去人性化　B. 个人成就感低　C. 情绪耗竭　D. 缺乏工作动机

3. 教师课堂教学能力集中体现在(　　)上。

A. 教学操作能力　B. 教学组织能力

C. 教学认知能力　D. 教学监控能力

4. 教师的职业心理特征主要有(　　)

A. 认知、人格和行为　B. 认知、气质和行为

C. 认知、情绪和行为　D. 认知、人格和道德品质

5. 面对教师职业倦怠，有多种干预方法，下列属于外部干预的是(　　)

A. 身心放松法　B. 有效管理时间

C. 自我积极暗示法　D. 客观公正的评定教师工作业绩

6.(　　)是指教师的人格、能力、学识上使学生感到尊敬和信服的精神感召力量。(常考)

A.教学效能感　　B.教学能力

C.教师威信　　D.教师榜样

7.在教师的人格特征中,有两个重要特征对教学效果有显著的影响:一是教师的热心和同情心,二是教师(　　)

A.敬业精神　　B.渊博的知识

C.富于激励和想象的倾向性　　D.高超的能力

8.教师的(　　)是指教师对成为一个成熟的教育教学专业工作者的向往和追求,它为教师提供了奋斗的目标,是推动教师成长的巨大动力。

A.职业需要　　B.职业性格

C.职业信念　　D.职业特征

9.孙老师平时对学生特别关心,每个学生有困难她都尽量帮助,孙老师班里的学生成绩明显比别的班级高。这说明在教师的人格特征中(　　)对教学有显著影响。

A.说到做到　　B.敬业精神

C.重义气讲交情　　D.热心和同情心

10.李老师坚信自己能教好学生,在教育教学中表现出很高的热情,这主要反映了他具有(　　)

A.认知能力　　B.监控能力

C.操作能力　　D.教学效能感

11.教师对学生思想的认可与学生成绩有(　　)趋势。

A.负相关　　B.正相关

C.没有关系　　D.若有若无

12.下列关于教师教学效能感的描述,正确的是(　　)(易错)

A.好的教学设备条件能促进教师的个人教学效能感

B.差的校风会降低教师的一般教学效能感

C.教师的教学效能感对学生的学习成就没有多大的预测力

D.教师的主观因素是影响教学效能感的关键

13.面对职业压力所采用的认知和行为方式的改变以及情绪的调整,称为(　　)

A.应对　　B.解决

C.消除　　D.缓解

14.教师威信形成的精神动力是(　　)(易混)

A.具备良好的教育教学意识和心理结构

B.严格要求自己和勇于批评与自我批评

C.加强教师的仪表、言语、举止和生活作风建设

D.保持与学生良好的交流和沟通

15.教师获得威信所必需的心理品质是良好的认知能力和(　　)

A.专业素养　　B.心理状态

C.道德品质　　D.性格特征

16.小李成绩一直较差,为了提高成绩,暑假一直在家补习,在开学后的一次测验中考了不错的分数,然而老师却对小李的进步持怀疑态度,认为他是作弊才得到高分,这大大打击了小李的学习积极性,使得小李的成绩更加差了。这体现了(　　)(易错)

A.自我应验效应　　B.维持性期望效应

C.木桶效应　　D.近因效应

17.下列关于教师威信的观点错误的是(　　)

A.教师威信的结构包括人格威信、学识威信和情感威信

B.教师的威信分为权力威信和信服威信

C.教师威信实质上是一种良好的师生关系

D.教师应该树立权力威信

18.教师的教学效能感包括(　　)(常考)

A.自我效能感和集体效能感　　B.一般教学效能感和个人教学效能感

C.一般自我效能感和一般集体效能感　　D.个人自我效能感和个人教学效能感

二、辨析题

1.研究发现,教龄越长的教师,职业倦怠越低。

2.教师对学生的期望越高,学生的成绩也就越好。

3.在教学活动中,倾向于外归因的教师会更主动地调整自己的教学行为,积极地影响学生的学习活动,在结果上也更可能促进学生的发展。

4. 教师的个人教学效能感影响着教师对教育工作的积极性，一般而言，效能感高的教师比效能感低的教师在工作中的努力程度更高。

三、简答题

1. 教师人格特征的影响主要表现在哪些方面？

2. 合理的预防、积极的应对以减少和消除职业倦怠的方法有哪些？

3. 简述建立教师威信的途径。(常考)

4. 简述教师心理健康的标准。

5. 简述维护教师威信的措施。

6. 简述职业倦怠的特征。(易混)

四、论述题

1. 试述教师职业生涯中的心理适应问题主要表现在哪些方面。

2. 试述影响教师心理健康的因素。

3. 维护教师心理健康的策略有哪些？

4. 试述教师职业倦怠产生的原因。(常考)

五、材料分析题

1. 王老师是刚刚大学毕业走上教师岗位的新教师，身上依然保留着大学期间我行我素的作风。王老师的第一堂课穿着随便，一身休闲另类的打扮，本想拉近与学生们的距离，结果适得其反；由于紧张，王老师上课过程中出现了明显的错误，一些同学听出来了，并开始议论纷纷，但是王老师没有纠正也没有道歉，而是继续讲课。自从这节课之后，王老师总感觉自己在学生面前缺乏威信，但是不知道错在哪里。

问题：结合以上案例，谈谈树立教师威信的意义以及阻碍王老师在学生中建立威信的因素。

2. 某学校的两名老师在管理学生方面的做法截然不同：甲老师对学生要求严格，很少表扬学生，在该老师的严格要求下，该班成绩还不错；乙老师则经常表扬学生，给学生发小红花，班级气氛活跃。

试用皮格马利翁效应，分析以上两位老师的做法。

专题二　教师的成长

一、单项选择题

1. 衡量教师是否成熟的重要标志是(　　)(易错)

A. 能否关注自己的生存适应性　　B. 能否关注教学情境

C. 能否更多考虑班集体建设　　D. 能否自觉关注学生

2. 一开始就以人数众多的学生为对象，进行正规的一个课时的课堂教学，对于经验较少的新老师来说，是一件困难的事。在这种情况下，最佳的处理方法是采取(　　)

A. 教学决策训练　　B. 教学反思训练

C. 微型教学　　D. 教学观摩

3. 下列关于新手型教师教学特点的表述，正确的是(　　)

A. 新手型教师的课时计划简洁、灵活，以学生为中心，并具有预见性

B. 新手型教师有完善的维持学生注意的方法

C. 新手型教师往往较注意课堂的细节

D. 新手型教师有丰富的教学策略

4. 某教师在课堂教学中总是把主要精力集中在对学生成绩的关注上。这位教师的成长可能处在(　　)阶段。(常考)

A. 关注生存　　B. 关注情境

C. 关注学生　　D. 关注自我感受

5. 从教20年的于老师不再只关注学生的成绩，而是面面俱到认真分析每个学生的个性特点，有针对性地对不同学生展开具体合适的教育。则于老师处于教师专业发展中的(　　)

A. 关注情境阶段　　B. 关注学生阶段

C. 关注生存阶段　　D. 关注知识阶段

6. 以少数的学生为对象，在较短的时间内(5～20分钟)，尝试做小型的课堂教学，并把教学过程录制下来，课后再进行分析。这种形式称为(　　)

A. 慕课　　B. 翻转课堂

C. 微格教学　　D. 新教育

7. 波斯纳提出的教师成长公式为：成长=(　　)

A. 经验+能力　　B. 经验+机遇

C. 经验+反思　　D. 能力+机遇

8. 教学反思是教师成长与发展的途径之一。下列选项中不属于布鲁巴奇等人提出的反思方法的是(　　)

A. 理性思考　　B. 详细描述

C. 交流讨论　　D. 行动研究

9. 微格教学有许多特点，但最能体现其特点的是(　　)

A. 及时反馈　　B. 训练单元小

C. 过程录像　　D. 训练程序合理

10. 在解决困难问题时，专家型教师用于表征问题的时间与新手型教师相比(　　)(易错)

A. 更长　　B. 更短

C. 一样　　D. 说不清

11. 一位教师经常会反思同事们怎么看自己，领导觉得自己工作干得怎么样。这个教师目前处于(　　)(常考)

A. 关注学生阶段　　B. 关注生存阶段

C. 关注自我阶段　　D. 关注情境阶段

12. 新教师更多关注课堂中的细节，专家型教师很少谈论课堂管理问题和自己的教学是否成功。这是反映二者在(　　)方面的差异。(易错)

A. 课时计划　　B. 教学过程

C. 课后评价　　D. 教学策略

13. 一位教师调入某小学，开学后他就着手调研任教班级数学课的学习情况，设计灵活的教学流程，运用多种教学方法调动学生学习数学的积极性，培养学生对数学的兴趣。在他的引导下，学生期中考试的数学成绩大幅度提高。这说明该教师处于专业成长的(　　)

A. 关注情境阶段　　B. 关注生存阶段

C. 关注学生阶段　　D. 关注自我阶段

14. 根据福勒等人提出的教师成长阶段论，处于"关注情境阶段"的教师主要关注的问题是(　　)(常考)

①"学生喜欢我吗"　②"备课是否充分"　③"怎样上好每一堂课"　④"如何安排教学时间"

A. ①②③　　B. ①②④

C. ②③④　　D. ①③④

15. 老师将自己的实践活动定期进行梳理，总结出自己的教学经验，同时不断听取学生、同事、专家的反馈，这种反思方法属于(　　)

A. 行动研究　　B. 撰写日记

C. 观摩研究　　D. 案例分析

二、辨析题

教学反思是教育教学研究者的事情，普通任课老师写不写教学反思无所谓。

三、简答题

教学反思的方法有哪些？

四、论述题

1. 如何促进教师的成长与发展？

2. 试述专家型教师和新手型教师的差异。

真题必刷

单项选择题

1. [温州瑞安]教学过程中，教师不断自我认识和自我反思的能力叫(　　)

A. 教学组织能力　　B. 教师教学能力　　C. 教学决策能力　　D. 教学监控能力

2. [杭州萧山]教师会经常自我反思"学生喜欢我吗？"这是教师处于(　　)成长发展阶段。

A. 关注生存　　B. 关注学生　　C. 关注教学　　D. 关注情境

3. [丽水青田]罗森塔尔借用古希腊神话中的典故，把教师期望的预言效应称为(　　)

A. 期望效应　　B. 旁观者效应　　C. 预期效应　　D. 皮格马利翁效应

4. [温州]学生害怕在社交场合讲话，担心自己会因发抖、脸红、声音发颤、口吃而暴露自己的焦虑，觉得自己说话不自然，因而不敢抬头，不敢正视对方眼睛。这种心理症状是一种(　　)

A. 抑郁症　　B. 焦虑症　　C. 恐怖症　　D. 强迫症

第三部分　教育政策法规

命题分析

本部分主要以选择、填空、判断、辨析、简答、材料分析等形式考查，本部分需要重点掌握的知识包括：

1. 识记教育政策、教育法规、教育法律关系、教育行政执法、教育法律责任、教育法律救济和教育申诉制度的概念。
2. 识记教育法规的体系结构。重点掌握教育法规的纵向结构。
3. 识记并能准确区分教育政策与法规的关系。
4. 识记教育法律关系的构成要素、教育法律责任的类型和教育申诉制度。
5. 了解现行主要的教育政策及重要规定。
6. 识记主要的教育法律、法规条文。

基础必刷

第一章　教育政策法规基础知识

一、单项选择题

1. 由于制定机关的性质和法律地位不同，它们所制定的教育法规具有不同的效力。按照效力的大小顺序排列，正确的是(　　)
A.《宪法》中有关教育的条款、教育基本法律、教育单行法律、教育行政法规
B.《宪法》中有关教育的条款、教育单行法律、教育行政法规、教育基本法律
C.《宪法》中有关教育的条款、教育行政法规、教育基本法律、教育单行法律
D.《宪法》中有关教育的条款、教育行政法规、教育单行法律、教育基本法律

2. 我国的教育基本法和根本法是(　　)
A.《中华人民共和国义务教育法》　B.《中华人民共和国宪法》
C.《中华人民共和国教育法》　D.《中华人民共和国基本教育法》

3. 我国教育政策的最高表现形式是(　　)(常考)
A. 教育策略　B. 教育方针　C. 教育行动准则　D. 教育法规

4. 以下属于教育行政处分的是(　　)
A. 记过　B. 罚款　C. 没收违法所得　D. 行政拘留

5. 根据我国《宪法》的规定，国务院有权制定和发布(　　)
A. 教育法律　B. 教育行政法规
C. 教育政府规章　D. 教育单行条例

6. 我国《义务教育法》规定，适龄儿童、少年的父母或者其他法定监护人应当依法保证其按时入学接受并完成义务教育。这种法律规范属于(　　)
A. 禁止性规范　B. 义务性规范
C. 授权性规范　D. 奖励性规范

7. 教育法规实施的两种方式是(　　)
A. 适用与遵守　B. 贯彻与落实
C. 执行与监督　D. 宣传与执行

8. 教师与学生之间的教育法律关系属于(　　)教育法律关系。(易错)
A. 隶属型　B. 平权型
C. 调整性　D. 保护性

9. 教育法律关系中两个重要的主体是(　　)(常考)
A. 教育部门和下属学校　B. 教育机构和非教育机构
C. 教师和学生　D. 学校和学生

10. 教育法律规范是以(　　)保证实施的行为规则。
A. 社会规范　B. 国家强制力
C. 党的领导　D. 社会主义价值观

11. 教育法律救济的根本目的是(　　)
A. 避免损害　B. 避免纠纷
C. 补救受害者的合法权益　D. 获得赔偿

12. 我国教育政策的制定机关不包括下列哪项(　　)
A. 中共中央委员会　B. 全国人民代表大会
C. 地方各级人民政府　D. 政协

13. 如果学校侵犯了教师的合法权益，受理教师申诉的机关是(　　)
A. 当地人民政府　B. 当地人民法院
C. 当地人民检察院　D. 主管学校的教育行政部门

14. 下列不属于教育法律规范的结构的是(　　)(易错)
A. 法定条件　B. 法定事实
C. 法律后果　D. 行为准则

15. 根据教育法规效力等级和内容重要程度的不同，我国的教育法规可分为(　　)
A. 实体法和程序法　B. 成文法和不成文法
C. 根本法和普通法　D. 一般法和特殊法

16. 教育基本法，也称为“教育宪法”或“教育母法”，是我国教育改革与发展的根本大法，由(　　)制定并通过。

A. 全国人民代表大会　　B. 全国人民代表大会常务委员会

C. 国务院　　D. 教育部

17. 国家机关及其工作人员以及社会团体和广大公民在自己的实际活动中使法律规范得到实现指的是(　　)

A. 法律的遵守　　B. 法律的适用　　C. 法律的制定　　D. 法律的实施

18. 下列关于教育法律关系的描述，错误的是(　　)

A. 权利和义务不一定是对等的

B. 权利和义务对其主体来说，具有可选择性

C. 教育法律关系的内容由教育权利和义务构成

D. 权利与义务的关系是一种成对的相互依存的关系

19. (　　)是教育法律关系发生、变更和消灭的根据。(易混)

A. 法律事实　　B. 法律规范

C. 法律条文　　D. 法律责任

20. 教育法律救济的主要方式是(　　)

A. 司法救济　　B. 行政救济

C. 仲裁　　D. 调解

21. 教师在合法权益受到侵害时，依照法律规定，向法定主管机关申诉理由，请求处理的制度，称为(　　)

A. 教师行政复议　　B. 教师申诉制度

C. 教师行政诉讼　　D. 教师调解制度

22. 下列关系中，只存在隶属型教育法律关系的是(　　)

A. 教师与学生　　B. 学校与教师

C. 教育行政机关与学校　　D. 学校与学校

23. 李某在担任某县小学五年级英语教师期间通过了硕士研究生入学考试，学校以李某服务期未满、学校英语教师不足为由不予批准李某在职学习，李某以学校剥夺其参加进修权利为由提出申诉，受理申诉的机构应当是(　　)

A. 县教育局　　B. 县人民政府

C. 市教育局　　D. 省教育厅

24.《中华人民共和国教育法》规定：“学校、教师可以对学生家长提供家庭教育指导。”这说明的教育法律规范是(　　)

A. 强制性规范　　B. 义务性规范

C. 授权性规范　　D. 任意性规范

25. 在教师申诉的程序中，教育行政部门应当在接到申诉书的次日起(　　)日内，作出处理。

A. 15　　B. 20　　C. 25　　D. 30

26. (　　)是保障教育法规正确制定的关键，也是保障教育法规正确实施的必要手段，还是保障教育法律关系正常运行的重要途径。

A. 教育法规监督　　B. 教育行政执法

C. 教育法规适用　　D. 教育守法

27. 平权型教育法律关系是指两个具有平等法律地位的教育关系主体之间产生的教育法律关系，通常被视为(　　)

A. 教育民事法律关系　　B. 教育行政法律关系

C. 教育刑事法律关系　　D. 保护性教育法律关系

28. (　　)是教育法律救济的前提。(易错)

A. 纠纷的存在　　B. 损害的发生

C. 补救受害者的合法权益　　D. 侵权行为的发生

29. 新中国成立以后，颁布的第一部有关教育的法律是(　　)

A.《中华人民共和国教师法》　　B.《中华人民共和国教育法》

C.《中华人民共和国学位条例》　　D.《中华人民共和国义务教育法》

30. 在教育法律关系中，中小学校和教职员工可以依法分别称为法律关系的(　　)

A. 主体和主体　　B. 主体和客体

C. 客体和客体　　D. 客体和主体

31.《学生伤害事故处理办法》，从法规类型、属性(性质)上看，属于(　　)(常考)

A. 教育单行法律　　B. 教育行政法规

C. 教育规章　　D. 教育法令

二、辨析题

1. 教育政策与教育法规的制定主体是不同的，前者由政府制定，后者则由立法机关制定。

2. 从违法行为的要素来看，判断行为是否违法的关键要素是该行为有故意或者过失的过错。

3. 教育法律救济是为弱势群体实施的一种专业性的法律援助。

三、简答题

1. 简述教育法规适用的特点。(易错)

2. 简述教育立法的基本程序。

3. 简述教育政策的实施途径。

4. 教育法律责任的归责要件有哪些?(常考)

5. 简述教育法律关系的特征。

6. 行政诉讼与行政复议的区别有哪些?

7. 简述教育法规体系的横向结构。

8. 简述教育行政诉讼的特征。

9. 简述教育政策的基本特征。

10. 简述教育立法应遵循的原则。

11. 简述我国教育行政复议的范围。

12. 简述我国教育法规的纵向结构。(易错)

13. 简述教育政策、法规的功能。

14. 简述教育法律救济的特征。(易错)

四、材料分析题

1. 某学校曾发生了一起小学女教师在学生脸上刺字的骇人听闻的事件。该校某班一位学生发现其文具盒中的10元钱在课间不见了,遂报告班主任。班主任把学生王某叫来询问,王某不承认偷拿同学的钱。批评训斥过程中,该教师用锥子在王某脸上刺了一个"贼"字,并抹上红墨水。事件发生后,引起极大轰动,该教师受到开除处分,学校和该教师共同承担了6万元的赔偿金。司法机关根据该教师事后的态度和对学生王某造成的损害,决定免予追究其刑事责任。

请你分析材料的法律关系的类型;此材料提及的法律关系的主体、主体的权利与义务;此材料涉及的法律责任有哪些?

2. 某小学在"整顿校纪校风"活动中,让各班级自定违反校规处罚制度。六年级(3)班班主任牛老师率先发动同学制定了这样的"班规":迟到一次罚10元,不出操罚10元,上课睡觉罚15元,旷课一节罚20元,打架一次罚150元,考试作弊被抓罚250元。这一班规经学校同意"试行",接着在全校推行,后经学生家长反映到上级教育行政部门被查处。

(1)该校的做法是否违法?

(2)违法的主体有谁?

(3)违法主体应当承担哪些法律责任?

第二章　现行主要的教育政策及重要规定解读

一、单项选择题

1. 教育部等九部门提出的《关于防治中小学生欺凌和暴力的指导意见》中指出，对实施欺凌和暴力的学生，情节较重的，公安机关(　　)

A. 应登记在案　　B. 应进行严肃的批评教育和警示谈话

C. 应根据法律予以处理或由政府收留教养　　D. 应参与警示教育

2. (　　)作为公民道德建设的原则，是社会主义经济、政治和文化建设的必然要求。

A. 为人民服务　　B. 爱国主义

C. 集体主义　　D. 社会公德

3. 《国家教育事业发展"十三五"规划》提出了全面落实立德树人的根本任务，其中，"践行知行合一""加强劳动教育，充分发挥劳动综合育人功能""鼓励有条件的地区开展中小学生研学旅行和各种形式的夏令营、冬令营活动"体现了要(　　)

A. 提升学生思想道德水平　　B. 培养学生创新创业精神与能力

C. 强化学生实践动手能力　　D. 增强学生生态文明素养

4. 2019年6月，中共中央、国务院印发《关于深化教育教学改革全面提高义务教育质量的意见》，这次义务教育改革提出的工作目标是(　　)

A. 全面改革政府包揽办学的格局，全面深化教育体制改革

B. 全面提高普及水平，全面提高教育质量，基本实现区域内均衡发展

C. 解决乡村教育短板，增加优质教育资源供给

D. 凝聚人心、完善人格、开发人力、培育人才、造福人民

5. 《基础教育改革与发展的决定》明确指出，地方各级人民政府要坚持将普及九年义务教育和扫除青壮年文盲作为教育工作的"重中之重"，进一步扩大九年义务教育人口覆盖范围，初中阶段入学率达到(　　)

A. 60%左右　　B. 90%以上　　C. 95%以上　　D. 进一步发展

6. 小学生在校学习(包括自习)时间，一天不得超过(　　)小时。

A. 八　　B. 六　　C. 七　　D. 十

7. 《中国教育改革和发展纲要》指出："深化(　　)及以下教育体制改革，继续完善分级办学、分级管理的体制。"

A. 初等　　B. 高等　　C. 中等　　D. 中高等

8. 依据《中共中央关于教育体制改革的决定》的精神，教育体制改革的根本目的是(　　)

A. 提高民族素质，多出人才、出好人才

B. 大力发展经济，实现社会主义现代化

C. 多办学校，办好学校

D. 增强国家竞争力

9. "坚持以人为本，全面实施素质教育"是教育改革发展的战略主题，是贯彻党的教育方针的时代要求，其核心是(　　)(易混)

A. 面向全体学生、促进学生全面发展

B. 提高学生服务国家服务人民的社会责任感

C. 培养勇于探索的创新精神和善于解决问题的实践能力

D. 解决好培养什么样的人、怎样培养人的问题

10. "为中华之崛起而读书"体现了《中国学生发展核心素养》中的(　　)素养。

A. 责任担当　　B. 实践创新　　C. 学会学习　　D. 健康生活

11. 振兴民族的希望在教育，振兴教育的希望在(　　)

A. 政府　　B. 校长　　C. 教师　　D. 学生

12. 基础教育课程改革应该始终贯彻(　　)的工作方针。

A. "先立后破，先实验后推广"　　B. "教育要面向现代化，面向未来"

C. "三个代表"　　D. "农科教相结合"

13. 《面向21世纪教育振兴行动计划》强调，普及义务教育工作的重点和难点在(　　)(易错)

A. 山区　　B. 贫困地区

C. 中西部地区　　D. 边境地区

14. 《爱国主义教育实施纲要》规定成年公民和小学(　　)以上学生都应当会唱国歌，并能理解国歌的内容和国旗、国徽的涵义。

A. 三年级　　B. 四年级　　C. 二年级　　D. 五年级

15. 《面向21世纪教育振兴行动计划》是在贯彻落实(　　)及《中国教育改革和发展纲要》的基础上提出的跨世纪教育改革和发展的施工蓝图。

A. 《中华人民共和国宪法》　　B. 《中华人民共和国教育法》

C. 《中华人民共和国教师法》　　D. 《中华人民共和国义务教育法》

16. 全面推进素质教育的基本保证是(　　)

A. 建设数量足够多的学校　　B. 招收尽可能多的学生

C. 建设高质量的教师队伍　　D. 建设条件好的学校

17. 《中共中央国务院关于深化教育改革，全面推进素质教育的决定》指出："努力采取有效措施，切实加大教育投入，逐步实现国家财政性教育经费支出占国民生产总值(　　)的目标。"

A. 百分之四　　B. 百分之三

C. 百分之五　　D. 百分之六

18. 下列关于课程结构的说法错误的是(　　)

A. 小学阶段以综合课程为主

B. 初中阶段设置分科与综合相结合的课程

C. 高中阶段以分科课程为主

D. 从小学到高中设置综合实践活动并作为选修课

二、简答题

1.《中国学生发展核心素养》以培养“全面发展的人”为核心，分为文化基础、自主发展、社会参与三个方面，综合表现为六大素养，请具体写出这六大素养。

2. 如何大力提高教师队伍的整体素质？

3. 简述积极有效预防学生欺凌和暴力的方法。

4. 简述《中共中央国务院关于深化教育改革，全面推进素质教育的决定》的主要内容。

5. 简述《面向21世纪教育振兴行动计划》发布的意义。

6. 简述加强和改进未成年人思想道德建设任务的指导思想。

7. 简述加强和改进未成年人思想道德建设的主要任务。

8. 简述教育事业发展的目标。

9. 简述公民道德建设的方针原则。

第三章　现行主要的教育法律法规及重要规定解读

一、单项选择题

1. 为了促进我国与世界各国政府和人民之间的相互了解和友谊,促进我国教育、科学、文化事业的发展,对此专设一章做了原则性规定的法律是(　　)

A.《中华人民共和国高等教育法》　　B.《中华人民共和国教师法》

C.《中华人民共和国民办教育促进法》　　D.《中华人民共和国教育法》

2. 博物馆、科技馆、历史纪念馆等场所,应对未成年人(　　)

A. 免费或优惠开放　　B. 优惠开放

C. 优先开放　　D. 节假日开放

3. 我国法律法规规定的小学生的睡眠时间是(　　)

A. 8小时以上　　B. 9小时　　C. 9小时以上　　D. 8小时

4. 下列选项中属于《中华人民共和国教育法》规定的受教育者的权利的是(　　)

A. 遵守法律、法规

B. 参加教育教学计划安排的各种活动

C. 努力学习,完成规定的学习任务

D. 根据个人兴趣爱好,自由选择学习内容

5. (　　)年,第六届全国人民代表大会第四次会议通过了《中华人民共和国义务教育法》,规定:"国家实行九年义务教育"。(常考)

A. 1954　　B. 1986　　C. 1991　　D. 1993

6.《中华人民共和国义务教育法》第三十四条规定,教育教学工作应当符合教育规律和学生身心发展特点,面向全体学生,教书育人,将德育、智育、体育、美育等有机统一在教育教学活动中,注重培养学生(　　),促进学生全面发展。

A. 辩证分析问题的能力、创新能力和实践能力

B. 团队合作的能力、创新能力和实践能力

C. 沟通能力、创新能力和实践能力

D. 独立思考能力、创新能力和实践能力

7. 根据我国《教师法》的规定,教师的医疗待遇(　　)当地国家公务员。(易错)

A. 高于　　B. 不低于或高于

C. 同等于　　D. 低于

8. 根据《教师资格条例》的规定,教师资格证书(　　)

A. 在全国范围内适用　　B. 在全省范围内适用

C. 在全市范围内适用　　D. 在全县范围内适用

9. 根据《中华人民共和国未成年人保护法》的规定,国家、社会、学校和家庭对未成年人进行理想教育、道德教育、文化教育、(　　)、国家安全教育、健康教育、劳动教育,加强爱国主义、集体主义和中国特色社会主义的教育。

A. 社会教育　　B. 法治教育　　C. 心理教育　　D. 国防教育

10. 根据《中华人民共和国未成年人保护法》的规定,学校应当根据未成年学生身心发展的特点,对他们进行的指导不包括下列哪项(　　)(易错)

A. 社会生活指导　　B. 心理健康辅导

C. 青春期教育　　D. 国际理解教育

11.《中华人民共和国教育法》规定,国家建立以(　　)为主、其他多种渠道筹措教育经费为辅的体制。

A. 财政拨款　　B. 社会捐资

C. 学杂费　　D. 学校利用智力资源创收

12. 根据《中华人民共和国教育法》的相关规定,某地拟设立一所新学校,下列不属于设立该学校必备的条件是(　　)

A. 有组织机构和章程　　B. 有充足的生源

C. 有合格的教师　　D. 有稳定的经费来源

13. 某小学根据期末考试成绩,将学生分为甲、乙、丙三类班级,并对甲类班级在师资、经费等方面予以倾斜。该学校违背了国家关于义务教育(　　)的规定。

A. 重点发展　　B. 优先发展　　C. 协调发展　　D. 均衡发展

14. 义务教育是国家统一实施的所有适龄儿童、少年必须接受的教育,具有免费的特点,"免费"是指学校不收取(　　)(常考)

A. 学费　　B. 杂费　　C. 学费和杂费　　D. 任何费用

15. 我国法律规定,中小学校园周围(　　)米范围内不得设立互联网上网服务营业场所。

A. 200　　B. 300　　C. 400　　D. 100

16. 根据《中华人民共和国教育法》的规定,中等或中等以下教育(　　)管理。

A. 在国务院领导下,由省、自治区、直辖市人民政府

B. 在国务院领导下,由地方人民政府

C. 由国务院直接

D. 由省政府直接

17. 教师应当尊重未成年人的(　　),不得对未成年人实施体罚、变相体罚或者其他侮辱人格尊严的行为。

A. 个人意愿　　B. 人身自由　　C. 人格尊严　　D. 身心发展规律

18.《中华人民共和国义务教育法》规定,有下列情形之一的,依照有关法律、行政法规的规定予以处罚(　　)

①胁迫或者诱骗应当接受义务教育的适龄儿童、少年失学、辍学的

②非法招用应当接受义务教育的适龄儿童、少年的

③出版未经依法审定的教科书的
④教科书循环使用的
A.①②　B.③④　C.①②③　D.①②③④

19.(　　)为我国学校及其他教育机构的基本教学语言文字。
A.地方方言　B.网络语言　C.汉语言文字　D.国际通行语言文字

20.下列哪一项是取得教师资格的必要条件(　　)(易混)
A.有一定教学经历　B.有计算机等级证书
C.有良好的思想道德　D.有科研论文

21.如果发现未成年人合法权益受到侵犯,(　　)有权予以劝阻、制止或向有关部门提出检举或控告。
A.父母或其他监护人　B.国家机关
C.任何组织或个人　D.教师及学校

22.公共场所发生突发事件时,应当优先救护(　　)
A.校长、园长或所长　B.教师
C.女教师　D.未成年人

23.根据《中华人民共和国义务教育法》的规定,适龄儿童、少年因身体状况需要延缓入学或者休学的,其父母或者其他法定监护人应当提出申请,批准申请的单位是(　　)
A.当地学校、村委会或者居委会
B.当地乡镇人民政府或者县级人民政府教育行政部门
C.当地乡镇人民政府或者省级人民政府教育行政部门
D.当地县镇人民政府或者省级人民政府教育行政部门

24.进城务工的张某夫妇超计划生育一女孩,今年已满六周岁,由于没有准生证,他们临时住所附近的一所小学及当地教育局拒绝该孩子入学。学校和教育局的行为违背了(　　)(常考)
A.《中华人民共和国教师法》　B.《中华人民共和国义务教育法》
C.《中华人民共和国劳动法》　D.《中华人民共和国计划生育法》

25.根据《中华人民共和国义务教育法》的规定,学校应当把(　　)放在首位,将其寓于教育教学之中,开展与学生年龄相适应的社会实践活动。
A.美育　B.德育　C.智育　D.体育

26.根据《中华人民共和国义务教育法》的规定,由(　　)确定义务教育的教学制度、教学内容和课程设置。
A.省级教育主管部门　B.市级教育主管部门
C.国务院教育行政部门　D.学校

27.根据《中华人民共和国教师法》的规定,对教师的政治思想、业务水平等进行考核的部门是(　　)
A.当地教育行政部门　B.学校或者其他教育机构
C.当地政府部门　D.国务院教育行政部门

28.预防未成年人犯罪,立足于(　　),对未成年人的不良行为及时进行分级预防、干预和矫治。
A.教育　B.压制　C.保护　D.教育和保护

29.根据《中华人民共和国未成年人保护法》的规定,对未成年人的社会保护不包括(　　)
A.预防未成年人沉迷网络　B.禁止拐卖、虐待未成年人
C.履行监护职责,抚养未成年人　D.任何人不得在中小学教室吸烟

30.被撤销教师资格的,自撤销之日起(　　)年内不得重新申请认定教师资格。
A.3　B.4　C.5　D.6

31.根据我国《义务教育法》的规定,国家建立统一的义务教育教师职务制度,教师职务的类型不包括(　　)
A.初级职务　B.中级职务　C.高级职务　D.特级职务

32.教师资格考试科目、标准和考试大纲的审定部门是(　　)
A.县级以上教育行政部门　B.市级以上教育行政部门
C.省级以上教育行政部门　D.国务院教育行政部门

33.对违法犯罪的未成年人,实行教育、感化、挽救的方针,坚持(　　)的原则。(常考)
A.教育为主、惩罚为辅　B.惩罚为主、教育为辅
C.教育与惩罚并用　D.置之不理

34.母亲杨某外出打工,将15岁儿子小强留下长期单独居住,杨某的做法(　　)
A.合法,可以改善小强的物质生活条件
B.合法,可以提高小强的独立生活能力
C.不合法,不得让不满16周岁的未成年人脱离监护单独居住
D.不合法,不得让不满18周岁的未成年人脱离监护单独居住

35.未成年人的父母或者其他监护人和学校发现有人教唆、胁迫、引诱未成年人实施严重不良行为的,应当向(　　)报告。
A.未成年人父母　B.未成年人所在学校
C.人民政府教育行政部门　D.公安机关

36.根据《中华人民共和国教育法》的规定,下列不属于学校及其他教育机构应当履行的义务的是(　　)
A.遵照国家有关规定收取费用并公开收费项目
B.聘任教师及其他职工,实施奖励或者处分
C.依法接受监督
D.维护受教育者、教师及其他职工的合法权益

37.拖欠教师工资,侵犯教师其他合法权益的。根据《中华人民共和国教师法》的规定,应当(　　)
A.责令其限期改正　B.给予行政处分
C.依法追究刑事责任　D.对其处以罚款并责令改正

38.《中华人民共和国教师法》规定:"教师的平均工资水平应当不低于或者高于国家公务员的平均工资水平,并逐步提高。建立正常晋级增薪制度,具体办法由(　　)规定。"
A.国务院　B.省级人民政府
C.地市级人民政府　D.县级人民政府

39.“教师是履行教育教学职责的专业人员”，第一次从法律地位确认了教师的专业地位，这是1994年我国开始实施的(　　)中的规定。
A.《教师资格条例》　B.《中华人民共和国义务教育法》
C.《中华人民共和国教育法》　D.《中华人民共和国教师法》

40.我国《义务教育法》总则第一条规定，为了保障适龄儿童、少年接受义务教育的权利，保证义务教育的实施，提高全民族素质，根据(　　)，制定本法。
A.《中华人民共和国宪法》和《中华人民共和国教育法》
B.《中华人民共和国宪法》和《中华人民共和国未成年人保护法》
C.《中华人民共和国宪法》和《中华人民共和国预防未成年人犯罪法》
D.《中华人民共和国教育法》和《中华人民共和国未成年人保护法》

41.明知校舍或者教育教学设施有危险，而不采取措施，造成人员伤亡或者重大财产损失的，对直接负责的主管人员和其他直接责任人员，依法追究(　　)(常考)
A.刑事责任　B.民事责任
C.行政处分　D.行政处罚

42.某初中班主任李老师在批改学生作业时，发现学生张某的作业本中夹了写给×××的一封信。李老师拆封后发现信是张某写给一位女同学的情书。于是，李老师在班会上阅读了这封情书并批评了张某。李老师的做法(　　)
A.履行了对学生进行教育和管理的职责
B.体现了对学生张某的爱护
C.违反了《中华人民共和国未成年人保护法》
D.遵守了《中华人民共和国义务教育法》

43.根据《中华人民共和国教育法》的规定，个人依法举办学校，负责筹措该学校办学经费的主体是(　　)
A.举办者个人　B.当地政府
C.当地教育行政部门　D.当地社会团体及其他社会组织

44.我国教师职业道德的灵魂是(　　)
A.爱国守法　B.爱岗敬业
C.关爱学生　D.教书育人

45.某小学张老师利用晚上的时间有偿辅导学生，而且上班经常迟到、缺课，学校对其进行多次批评教育均无效。根据《中华人民共和国教师法》的规定，可给予张老师(　　)的处理。
A.批评教育　B.经济处罚
C.行政处分或者解聘　D.拘役

46.教师节为每年的(　　)
A.10月9日　B.9月10日　C.9月1日　D.10月10日

47.根据《中华人民共和国义务教育法》的规定，我国学校实行(　　)负责制。
A.家长　B.教师　C.校长　D.政府

48.负责认定教师资格的部门或学校，对符合认定条件的教师颁发相应的教师资格证书，颁发教师资格证书的时限是自受理期限终止之日起(　　)内。(常考)
A.10日　B.15日　C.30日　D.60日

49.自1995年9月1日起施行的新中国成立以来我国制定的第一部教育基本法是(　　)(易错)
A.《中华人民共和国教师法》　B.《中华人民共和国未成年人保护法》
C.《中华人民共和国教育法》　D.《中华人民共和国义务教育法》

50.课间休息时，某小学教师张某在教室吸烟。张某的行为(　　)
A.正确，吸烟是公民的自由权利
B.正确，课间休息时教师可以吸烟
C.不正确，违反了《中华人民共和国教师法》
D.不正确，违反了《中华人民共和国未成年人保护法》

51.具备高等师范专科学校或其他大专专科学历的公民不得申请的教师资格类型是(　　)
A.幼儿园　B.小学　C.初级中学　D.高级中学

52.下列不适用《中华人民共和国教育法》的主体的是(　　)
A.特殊教育儿童　B.少数民族儿童
C.孤儿　D.留居外国学习的学生

53.根据我国《教育法》的规定，学校及其他教育机构在不影响正常教育教学活动的前提下，应当积极参加当地的(　　)
A.商业性活动　B.招投标活动
C.社会公益活动　D.有偿支教活动

54.根据《中华人民共和国未成年人保护法》的规定，未成年人是指未满(　　)周岁的公民。(易错)
A.十四　B.十六　C.十八　D.二十

55.《中小学教师职业道德规范》中明确规定：“不讽刺、挖苦、歧视学生，不体罚或变相体罚学生。”这属于以下哪项内容(　　)
A.爱国守法　B.爱岗敬业　C.关爱学生　D.教书育人

56.根据《中华人民共和国义务教育法》的规定，为了缩小学校之间办学条件的差距，县级以上人民政府及其教育行政部门应当促进学校(　　)
A.稳定发展　B.持续发展　C.差异发展　D.均衡发展

57.根据《中华人民共和国义务教育法》的规定，(　　)用人单位招用应当接受义务教育的适龄儿童、少年。
A.允许　B.同意　C.认可　D.禁止

58.教师对学生的思想品德等方面给予客观、公正的评价，这种权利是法律赋予教师的(　　)
A.教育教学权　B.管理学生权　C.民主管理权　D.科学研究权

59. 根据《学生伤害事故处理办法》的规定，对于学生伤害事故经调解达成的协议，一方当事人不履行或者反悔的，双方可以依法(　　)

A. 提出申诉　　B. 提出复议　　C. 提起诉讼　　D. 提起上诉

60. 当前，减少学生伤害事故给学校造成的压力(负担)，同时能较好解决学生伤害事故损害赔偿或补偿责任的合法而有效的途径是(　　)(易错)

A. 学校加强安全教育，学生学会自护自救本领

B. 学校参加责任保险，学生参加意外伤害保险

C. 学校发动师生捐款，设立学生伤害赔(补)偿基金

D. 学校与学生家长签订"学生(子女)安全责任协议"

61. 根据我国《预防未成年人犯罪法》的规定，预防未成年人犯罪，在各级人民政府组织下，实行(　　)

A. 集中治理　　B. 系统治理

C. 源头治理　　D. 综合治理

62. 下列哪种情况下造成的学生伤害事故，学校应当承担责任(　　)

A. 在学生自行上学、放学、返校、离校途中发生的

B. 学生或者其监护人知道学生有特异体质，或者有特定疾病，但未告知学校的

C. 学生行为具有危险性，学校、教师已经告诫、纠正，但学生不听劝阻，拒不改正的

D. 学校组织学生参加教育教学活动或者校外活动，未对学生进行相应的安全教育，并未在可预见的范围内采取必要的安全措施的

63. 根据《中华人民共和国未成年人保护法》的规定，生产、销售用于未成年人的食品、药品、玩具、用具和游乐设施等，不得危害未成年人的(　　)

A. 成长和发育　　B. 安全和成长

C. 安全和健康　　D. 健康和发育

64. 根据《浙江省中小学校学生人身安全事故预防与处理办法》的规定，学生安全事故发生后，学校应当在(　　)小时内将有关情况报告主管的教育行政部门和其他有关部门及所在地乡(镇)人民政府、街道办事处。

A. 8　　B. 16　　C. 24　　D. 48

65. 中小学教师继续教育要以(　　)为重点。

A. 提高教师实施素质教育的能力和水平　　B. 提高教师的专业素质

C. 提高教师的心理素质　　D. 提高教师的学历

66. 在学生伤害事故处理中，学校责任适用的归责原则是(　　)(易错)

A. 过错责任原则　　B. 无过错责任原则

C. 严格责任原则　　D. 公平原则

67. 承担"必须使适龄子女或者被监护人按时入学，接受规定年限的义务教育"义务的人是(　　)

A. 父母或者其他法定监护人　　B. 地方各级人民政府

C. 地方各级人民政府教育行政部门　　D. 国务院教育行政部门

68. 我国实施义务教育的目的是(　　)

A. 扩大教育规模，赶上发达国家　　B. 提高民族素质，快出人才，出好人才

C. 普及基础教育　　D. 延缓就业，减轻社会就业压力

69. 义务教育是国家统一实施的所有适龄儿童、少年必须接受的教育，是国家必须予以保障的(　　)事业。

A. 普及性　　B. 公平性

C. 社会性　　D. 公益性

70. 考生在国家教育考试中，携带或者使用考试作弊器材、资料，情节严重者，由教育行政部门责令其停止参加相关国家教育考试(　　)

A. 1年　　B. 1年以上3年以下

C. 3年　　D. 5年

71. 下列关于《中华人民共和国教师法》的表述，不正确的是(　　)

A.《中华人民共和国教师法》自1994年1月1日起施行

B.《中华人民共和国教师法》是我国教育史上第一部关于教师的单行法律

C.《中华人民共和国教师法》仅适用于各级各类学校中专门从事教育教学工作的老师

D.《中华人民共和国教师法》第七条规定，教师享有参加进修或者其他方式的培训的权利

72. 学校违反国家规定收取费用的，由县级人民政府教育行政部门(　　)所收费用。

A. 责令退还　　B. 双倍退还

C. 没收　　D. 追缴

73. 聘任或任命教师担任职务应当有一定的任期，每一任期一般为(　　)(易混)

A. 三年　　B. 三至五年

C. 五年　　D. 十年

74. 学校可以对教师下列的哪种行为进行处分或者解聘(　　)(常考)

A. 组织交班费

B. 组织学生开展校外活动，一学生路上撞车，经抢救无效死亡

C. 强制搜学生的身，想知道是不是偷了东西

D. 与同事不和

75. 学校教育都应该遵循国家相关规定，宗教活动和宗教课程从不在学校内进行。这说明国家实行(　　)的原则。

A. 教育与宗教相分离　　B. 教育与宗教相结合

C. 宗教领导教育　　D. 教育领导宗教

76. 根据《中华人民共和国教育法》的规定，为保障教职工参与民主管理和监督，学校及其他教育机构必须成立(　　)

A. 董事会　　B. 校委会

C. 教职工代表大会　　D. 议事会

77. 根据《教师资格条例》的规定，弄虚作假、骗取教师资格的，其教师资格将依法被（　）

A. 取消　B. 注销　C. 撤销　D. 吊销

78. 未成年人的（　），对未成年人的预防犯罪教育负有直接责任。

A. 学校　B. 班主任

C. 父母或其他监护人　D. 校长

79. 根据《中华人民共和国教育法》的规定，学校及其他教育机构中的教学辅助人员和其他专业技术人员，实行（　）

A. 教育职员制度　B. 专业技术职员制度

C. 教育技术职务聘任制度　D. 专业技术职务聘任制度

80. 教师的（　）是受聘任教、晋升工资、实施奖惩的依据。

A. 考核结果　B. 业务水平

C. 工作态度　D. 工作成绩

81. 普通中小学校每天应当安排课间操，每周安排（　）次以上课外体育活动。

A. 1　B. 2　C. 3　D. 4

82. 根据《中华人民共和国义务教育法》的规定，确定教科书的价格所遵循的原则是（　）

A. 功利性原则　B. 市场经济性原则

C. 营利性原则　D. 非营利性原则

83. 我国现行义务教育的法定起始年龄是（　）

A. 五或六周岁　B. 六或七周岁

C. 七或八周岁　D. 未作规定

84. 教师在教育教学中应当（　）对待学生，关注学生的个体差异，因材施教，促进学生的充分发展。

A. 耐心　B. 个性　C. 平等　D. 分层次

85. 奖励"全国模范教师"、"全国教育系统先进工作者"和"全国优秀教师"、"全国优秀教育工作者"，每（　）年进行一次，并于当年教师节期间进行表彰。（易错）

A. 2　B. 3　C. 4　D. 5

86. 在民族地区和边远贫困地区工作的教师享有（　）津贴。

A. 特殊岗位补助　B. 生活补助

C. 艰苦贫困地区补助　D. 特殊奉献补助

87. 各级人民政府及其有关部门依法维护学校周边秩序，保护学生、教师、学校的合法权益，为学校提供（　）

A. 制度保障　B. 安全保障

C. 经费保障　D. 人员保障

88. 根据我国《义务教育法》的规定，教师的教育教学工作应当（　）（易错）

A. 履行法律规定的义务　B. 保证学生的课外活动时间

C. 促进学生全面发展　D. 平均工资不低于公务员

89. 因学校教师或者其他工作人员在履行职务中的故意或者重大过失造成的学生伤害事故，应当（　）

A. 由学校予以赔偿

B. 由直接责任人赔偿

C. 由学校和直接责任人各赔偿一半或协商赔偿

D. 由学校予以赔偿后，可以向直接责任人追偿

二、填空题

1. 根据《中华人民共和国义务教育法》的规定，由________确定教科书审定办法。
2. 对违反学校管理制度的学生，学校应当予以________，不得开除。
3. 适龄儿童、少年________入学。地方各级人民政府应当保障适龄儿童、少年在户籍所在地学校________入学。

三、辨析题

1. 根据《中华人民共和国未成年人保护法》的规定，对未满十周岁的小学生的信件、日记、电子邮件，教师可以代为开拆查阅。

2. 任何单位和个人不得歧视刑满释放和接受社区矫正的未成年人。

3. 某公办教师刘某在校外培训机构补课，学校查实后拟给予相应处分，在学校作出处理决定前，刘某可以进行申辩并要求举行听证。

4. 教师和学校要将分数作为评价学生的唯一标准。

5. 根据《中华人民共和国义务教育法》的规定，各级人民政府可以根据实际需要开设各种特殊教育学校。（易错）

四、简答题

1. 简述《中华人民共和国教师法》规定的教师医疗的待遇。

2. 简述建设部门对学校安全工作应履行的职责。

3.《中华人民共和国未成年人保护法》对羁押、服刑的未成年人的受教育权是怎样规定的？

4. 简述《中小学教师职业道德规范》中关于“为人师表”方面所规定的具体职业行为要求有哪些。

5. 简述《中华人民共和国义务教育法》的颁行意义。

6. 根据《中华人民共和国教育法》的规定，受教育者享有哪些权利？（常考）

7. 简述《中华人民共和国教师法》的立法意义。

8. 根据《中华人民共和国未成年人保护法》的规定，对招用童工的违法行为应该如何处理？

9. 学校组织学生参加大型集体活动，应当采取哪些安全措施？（常考）

10. 对招收义务教育阶段学生进行专业训练的社会组织有何特殊规定？

11. 简述教师申诉的范围。

12. 教育行政部门对学校安全工作应履行哪些职责？

13. 简述学校侵权责任的构成必须具备哪些要件。（易混）

14. 根据《中华人民共和国预防未成年人犯罪法》的规定，对引诱、胁迫、教唆未成年人实施不良行为的教职工的处罚是什么？

15. 简述《中小学教师职业道德规范》中关于“教书育人”方面所规定的具体职业行为要求有哪些。

16. 简述《中华人民共和国教师法》中对教师聘任制度的规定。

17. 按照《中华人民共和国教育法》的规定，学校及其他教育机构应履行哪些义务？

18. 中小学教师继续教育的内容有哪些？

19. 简述我国的教育阶段制度。(常考)

20. 根据《中华人民共和国教师法》的规定，教师享有哪些权利？(常考)

21. 简述拖欠教师工资应承担的法律责任。

22.《中华人民共和国教师法》中明确规定了教师的权利和义务。教师应当履行的义务有哪些？(常考)

23.《中华人民共和国义务教育法》对侵占、挪用义务教育经费等行为的法律责任是如何规定的？

24. 简述《中小学教师职业道德规范》中关于“关爱学生”方面所规定的具体职业行为要求有哪些。

25.《中华人民共和国未成年人保护法》中对撤销监护人的资格是如何规定的？

26. 简述《中华人民共和国未成年人保护法》的立法宗旨。

27. 简述选聘班主任应当突出考查哪些条件。

28. 简述家长、学校和政府对于有严重不良行为的未成年人的处理方法。(易错)

29. 卫生部门和学校应该如何做好未成年人的卫生保障工作？

30. 简述学校安全管理工作的主要内容。

31.《中华人民共和国教育法》的立法特点有哪些？

32. 简述监护职责与教育保护职责的区别。（易错）

33. 公安机关对学校安全工作应履行哪些职责？

34. 简述《教育行政处罚暂行实施办法》中教育行政处罚的种类。

35. 简述义务教育学校不得开除学生的原因。

36. 简述《中华人民共和国未成年人保护法》中关于保护未成年人隐私的规定。（常考）

37. 未成年人的合法权益有哪些？

38. 为保障教师完成教育教学任务，各级人民政府、教育部门应履行哪些职责？（常考）

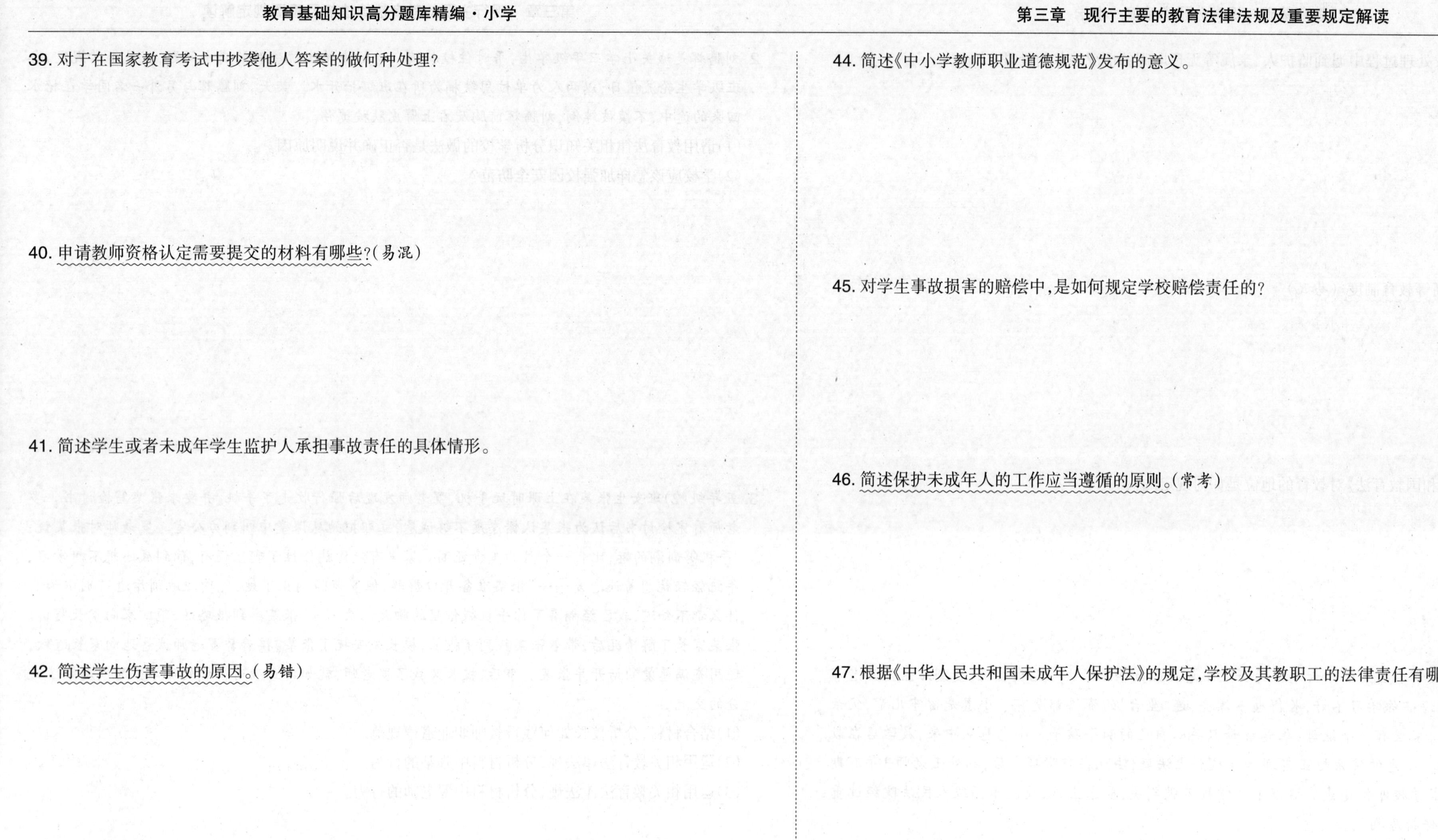

39. 对于在国家教育考试中抄袭他人答案的做何种处理?

40. 申请教师资格认定需要提交的材料有哪些?(易混)

41. 简述学生或者未成年学生监护人承担事故责任的具体情形。

42. 简述学生伤害事故的原因。(易错)

43. 简述教师资格认定条件。

44. 简述《中小学教师职业道德规范》发布的意义。

45. 对学生事故损害的赔偿中,是如何规定学校赔偿责任的?

46. 简述保护未成年人的工作应当遵循的原则。(常考)

47. 根据《中华人民共和国未成年人保护法》的规定,学校及其教职工的法律责任有哪些?

48. 简述《中小学教师职业道德规范》中关于“爱岗敬业”方面所规定的具体职业行为要求有哪些。

49. 学生伤害事故处理过程中遇到监护人、亲属等无理取闹的情况该如何处理?

50. 简述我国的高等教育制度。(易混)

51.《中华人民共和国教育法》对教育的地位是如何规定的?

五、材料分析题

1. 某天上午,重庆市某区某小学六年级的女生小惠在上数学课时由于无精打采,受到班主任王老师侮辱人格的批评:“你学习不好,长得也不漂亮,连‘坐台’的资格都没有。”小惠是留守儿童,父亲常年在外打工,家里有一个继母,但是继母只关心自己的两个孩子。小惠悲从中来,放学后在教学楼跳楼自杀。小惠的父亲把王老师和学校告上法庭,法院在查明事实后,判处王老师3年有期徒刑,并且要求学校赔偿小惠家8万元。学校不服判决,要求上诉,重庆市高级人民法院经过重新审理后决定保持原判。

(1)你如何评价班主任王老师的行为。

(2)你认为法院对该案件中王老师的判决合理吗?为什么?

(3)你认为应该如何保护留守儿童的合法权益。

2. 刘腾辉是城关小学三年级学生,平时住校就读。为解决学生就餐时的喝水问题,城关小学规定,各班级学生轮流值日,以两人为单位用铁桶为所在班级抬开水。某天,刘腾辉与另外一名同学在抬水回来的途中,不慎被绊倒,刘腾辉前胸及右上臂皮肤被烫伤。

(1)请用教育法律相关知识分析学校的做法是否正确并说明原因。

(2)学校应该怎样加强校园安全防范?

3. 五年级(2)班女生张某在上课时玩手机,罗老师发现后强行收走了手机,并要求张某写检讨书。罗老师看完检讨书后认为张某认错态度不够诚恳,立即把她从课堂中叫到办公室。罗老师对张某说:“手机够新潮的嘛,比我一个月的工资还高。家里有钱你就任性了啊!还有,你到底还想不想学习,年纪轻轻就想着谈恋爱……”张某准备开口辩解,但罗老师制止了她,气冲冲地训斥道:“别以为我什么都不知道,我已经翻看了你手机微信里的聊天记录……”张某感到很委屈,跑回家向家长哭诉。张某家长了解情况后,带着张某找到了校长,校长先安抚了张某,接着替罗老师诚恳地向家长道歉,还用充满慈爱的话开导张某。事后,校长又找了罗老师,就如何正确对待和处理学生的问题做了充分的交流。

(1)结合材料,分析校长如何践行教师职业道德规范。

(2)运用相关教育法律法规,分析材料中张某的行为。

(3)运用相关教育法律法规,分析材料中罗老师的行为。

4. 李老师是某小学二年级三班的体育老师。在一次上课时，李老师的手机响了，他让学生自由活动，自己去一边接电话。该班学生小博在玩单杠的时候，他的同学小方恶作剧地从后边推了他一下，致使小博从单杠上摔了下来，摔伤了头部，在医院治疗一个多月才得以恢复。

请运用教育法规知识对该案例进行分析。

5. 张某从某师范院校专科毕业后，应聘到一所小学教数学。一年后所教班级数学成绩明显下降，学生对他意见很大，强烈要求换老师。学校经调查发现，张某不认真研究本专业知识，课前不备课或备课很简单，课堂教学效果不好。教育组多次找他谈话，组织有关教师听他的课，但张某不接受对其教学工作的检查，甚至在成绩评定时，有意评低对他有意见学生的成绩，个别的甚至有意评不及格。学校经研究认为张某不再适宜担任该科教学工作，但又没有合适的科目，决定由他负责学校的治安、收发工作。张某不服，认为自己是教师，应担任教学工作，学校的决定侵犯其教育教学权，于是向教育局提出申诉。

本材料中，学校是否侵犯了张某的教育教学权？为什么？

6. 林某12岁的女儿在农村小学上五年级。林某认为女孩迟早要嫁人，读再多书也没用，还不如早早地让她去赚钱，于是在暑假的时候将女儿送到镇上的一个个体户处打工。新学期开学，学校领导多次登门家访，但林某拒送女儿返校。

(1)列出材料中的违法主体，并指出其违反的法律。

(2)违法主体应承担什么法律责任？

7. 小李以优异的成绩应聘为某小学教师，她一到岗就认真备课、讲课，勤奋学习，刻苦钻研，不断提高自己的教学技能，教学效果好，她的课很受学生欢迎。但是，小李不能容忍学生不认真听讲，对个别不认真听课的学生，她经常采取罚站、不许进教室听课等方式惩罚他们。

请从教师职业道德角度对李老师的做法进行分析评价。

8. 某小学二(1)班的学生薛某，因平时学习成绩不太好，上课总是不遵守纪律，老师们都不太喜欢他，尤其是语文老师。一天上语文讨论课时，老师要学生们自由发言进行讨论。薛某起身回答问题时，由于他的观点与老师的观点不一致，因此老师很不高兴，并用刻薄的语言训斥薛某，说他"笨得像猪"。薛某听了以后很不服气，就顶了老师一句，说："你才像呢。"老师一气之下就把薛某赶出了教室，并说"：既然我像猪，以后你就不要再来上我的课了！"

(1)请根据此材料分析老师的做法侵犯了学生的什么权利。

(2)教师遇到这种情况应该如何处理?

9. 某乡集资修建公共图书馆，要求每户都要按份额集资。由于进度缓慢，乡政府便向学校下了一道命令：凡是缴全了集资份额的家庭，其子女可以在学校正常上课，否则，一律要让学生停课回家催家长缴集资款，什么时候缴了才能回校上课。结果，学校有个50多人的教学班只剩下10多名学生。教师无法正常上课，只好停课一周。

请从法律角度分析这一事件。

10. **现象一**：学校规定不许迟到早退，任课老师也经常在班级里强调，但不少人仍经常上课迟到，张老师下令让迟到的学生在走廊罚站。

现象二：三年级(2)班的一位男同学老是不肯做一周一次的书面作业，每次问他为什么，总有原因，上次他说忘了，这次又说肚子疼，下次他会说作业本没带。这样几个星期下来，张老师火了，不仅让他在办公室反思了一刻钟，写下保证书，还对他说"：下次再不交作业，甭来上课。"

现象三：班主任张老师为加大对学生的管理力度，当学生犯错误时，立刻通知家长来校，向家长诉说学生的种种不足，让家长与自己一起教育学生。

现象四：个别学生在课堂上看课外书，张老师一般的处理方法：一是当众没收，批评一通；二是当众撕毁，公开检查；三是暗示制止，事后严惩。

问题：请分析"张老师"的做法，并提出合理解决此类问题的建议。

11. 小学生李某与其他同学玩耍时打坏了教室的一块玻璃，班主任段老师就此事批评了李某，并决定按照学校有关规定要求李某赔偿被打坏的玻璃。第二天上午课间休息时，李某的父亲冲进教室，不问青红皂白，对段老师就是一顿拳打脚踢，并且扬言，如果再"欺负"自己的儿子，还要"教训"他。经医院诊断，段老师眼底出血，鼻骨骨折，身上多处软组织受损，经鉴定为轻伤。

请运用教育法规知识对该案例进行分析。

12. 某小学五年级(1)班期中考试数学试卷改完了,有10多位学生的成绩低于80分,班主任戚老师很生气,便向这些学生的家长群发了短信:"某某67分,某某73.5分,某某78分……。这些连80分都达不到的成绩是垃圾成绩!某某只考了29分,简直是垃圾中的垃圾!留在学校没有任何意义,建议主动退学,收到短信的家长明天下午请到学校开家长会。"短信中使用了学生的真实姓名,所有家长能了解到每位学生的成绩。

根据《中华人民共和国未成年人保护法》,结合以上案例分析该老师的行为侵犯了学生的什么权利。

13. 某小学一名英语教师在怀孕期间,所在学校为了照顾她,将其调整到政教处工作。这名女教师休满三个月产假后来校上班,校长找其谈话说:"你现在的工作已安排了人,你看你想做什么工作?"这位教师说:"我想教课。"校长说:"好吧,我们研究研究。"学校研究的结果是:由于该教师在政教处的工作岗位已安排了人,又因学校不缺英语教师,故无法为其安排工作,学校决定将其解聘,让该教师自己找单位。该教师不得已向教育局提出申诉。经区教育局有关部门与学校多次协调后,学校留下了这名教师。工作虽然安排了,但这名教师觉得已经得罪了学校领导,最后还是离开了这所学校。

请运用相关教育法律知识对该材料进行分析。

第四章　依法治校、依法执教与教师违法(侵权)行为预防

一、单项选择题

1. 依法执教就是教师要依据法律法规履行教书育人的职责。下列选项中,体现教师依法执教的是(　　)

A. 将成绩较差的学生集中安排到教室靠后的座位

B. 对学生进行爱国主义教育

C. 将不遵守纪律的学生赶出教室

D. 进行有偿家教

2. 下面有关著作权的说法,不正确的是(　　)

A. 只有自己独立完成的,体现了自己的理想、情感、构思和表达方式的文学著作才受我国《著作权法》的保护

B. 著作权人对著作享有发表的权利

C. 任何人未经著作权人许可不得发表其作品

D. 中小学生的作文也是作品,受我国《著作权法》保护

3. 学生最基本、最重要的权利是(　　)(常考)

A. 受教育权　　B. 人身权　　C. 著作权　　D. 隐私权

4. 依法执教的主体是(　　)

A. 教育主管部门　　B. 学校　　C. 教师　　D. 班主任

5. 教师在日常工作中有时会出现侵犯学生人身权的状况,以下哪个选项不属于侵犯学生的人身权(　　)

A. 在课堂上辱骂学生

B. 请家长到学校谈话并教育学生

C. 明知操场器材损坏,而不主动维修,造成学生受伤

D. 在寝室通过搜身查找丢失物品

6. 下列哪些行为侵犯了学生的受教育权(　　)(常考)

①教师迫使学习成绩差的学生退学或转学　②教师禁止成绩差的学生参加考试

③教师提供学生成绩的方式不适当　④教师未经学生同意帮学生填报或修改志愿

A. ①②④　　B. ②③④　　C. ①②③　　D. ①③④

7. 下列属于体罚学生的情形的是(　　)

A. 让二年级的小学生一个生字抄写10遍

B. 陈某上课不用心,老师多给其布置3道作业题

C. 李某等八人上自习课讲话,老师令李某等八人到学校运动场跑10圈
D. 体育课教师在课堂上为纠正某学生的不规范动作,令其反复练习4次

8. 小李是一名小学五年级的学生,因为他学习成绩不好,影响全班同学的平均成绩,一次小李跟同年级的另一个班的同学打架,班主任劝退小李。这种行为侵犯了小李的(　　)
A. 人身权　　B. 财产权
C. 受教育权　　D. 人人平等权

9. 在一定情况下,对个别学生的违法违纪现象,教师可以采用(　　)的手段,以保证教育要求的实现,但不能超越法律的限度。
A. 打骂　　B. 罚跪　　C. 变相体罚　　D. 惩戒

10. 男同学小陈平时自由散漫,学习不认真,一天在课堂上用手机给班上的女同学发短信"曾某,我爱你",被上课的王老师发现没收,并将小陈的短信向全班同学宣读,同时指责其"思想堕落,道德败坏"。下课后小陈要求王老师归还手机,王老师说:"这是罪证不能归还,要交学校德育处。"校长指出,王老师:①未经学生同意翻看短信侵犯学生的隐私权;②批评的话语侵犯学生的人格尊严权;③没收手机侵犯学生的财产权;④作为老师不能以违法的方式对待学生的违纪行为。你认为校长的说法正确的是(　　)
A. ①②③　　B. ②③④　　C. ①②④　　D. ①②③④

11. 教师在所从事的教育教学活动中,严格按照《中华人民共和国宪法》和教育方面的法律、法规以及其他相关的法律、法规,使自己的教育教学活动法制化。这就是(　　)(易混)
A. 依法执教　　B. 爱岗敬业
C. 热爱学生　　D. 严谨治学

12. 教师不得因为各种理由对学生进行搜查,不得对学生关禁闭。这是由学生的(　　)决定的。
A. 人身自由权　　B. 隐私权
C. 人格尊严权　　D. 名誉权

13. 小学生小童(化名)因为上午语文课不能完整背诵课文,老师罚他当天放学前抄写课文20遍才能回家,小童只好利用午休和课外活动时间抄写,直到晚上七点才抄完。李老师的行为侵犯了学生的(　　)
A. 健康权　　B. 隐私权　　C. 生命权　　D. 名誉权

14. 朱老师向学生推荐课外辅导资料,并强制要求学生购买。这一做法侵犯了学生的(　　)
A. 受教育权　　B. 财产权
C. 健康权　　D. 教育选择权

15. 李老师发现班上的学生小麦经常在上课时偷偷看着抽屉,于是在课间操的时候,翻看了小麦的抽屉,从里面找到了几封信,并查看了信件的内容。李老师的行为侵犯了小麦的(　　)
A. 受教育权　　B. 名誉权　　C. 隐私权　　D. 人身自由权

16. 某天,陈老师在上课时因个别学生不遵守课堂纪律而对班上学生进行责骂,且用词不堪入耳。根据相关法律,陈老师的这一行为侵犯了学生的(　　)
A. 财产权　　B. 平等权　　C. 隐私权　　D. 人格尊严权

二、判断题

1. 冒名顶替别人上大学不仅侵犯了别人的姓名权,也侵犯了别人的受教育权。(　　)
2. 教师看到学生在校外被社会群体殴打未进行制止,构成不作为侵权。(常考)(　　)
3. 节假日有偿补课是教育部明令禁止的,是一种非法行为;但节假日无偿补课应当提倡和鼓励。(　　)
4. 教师增强法律意识不仅仅是为了规范自己的教育教学行为。(　　)
5. 教师对学生进行轻微的体罚不会侵犯学生的人身权。(　　)

三、简答题

1. 简述教师违法(侵权)行为的主要类型。(常考)

2. 简述依法治校的指导思想。

3. 简述依法治校的意义。(常考)

4. 侵犯学生受教育权的表现形式有哪些?

5. 简述预防教师违法(侵权)行为的必要措施。

6. 简述教师在教育教学过程中违法(侵权)行为的主要情况。

7. 简述依法执教的要求。(易错)

四、材料分析题

1. 某日,某小学三年级学生在学校的音乐教室里上音乐课,音乐老师丁某弹钢琴时,坐在下面的王同学一直在说话。丁老师开始"警告"王同学:"在课堂上不要讲话了,如果再讲话,就用胶带纸把嘴巴封起来。"但9岁的王同学没有听老师的话,又开始自言自语。这回,丁老师火了,立刻站起来,走到王同学跟前,掏出一段封箱胶带纸贴在了他的嘴上。在场所有的学生一下子哄堂大笑,而此刻的王同学却泪流满面,痛哭不已。丁老师没有理会,继续上课。就这样,王同学被封住嘴巴上完了音乐课,在同学们的笑声中哭到了下课。

请用教育法律相关知识分析:

(1)当事人侵犯了学生的哪些权利?违反了哪些法律?应当承担什么责任?

(2)材料中的事例对我们有哪些启示?

2. 涛涛很淘气,经常在课堂上说话、做小动作,有时还不完成作业。一天,他又在课上说话、做鬼脸,被班主任发现了。班主任非常生气,对涛涛说:"你的课不要上了,回家把家长找来,什么时候你家长来了,你再来上课。"涛涛不敢回家,只好在教室外面站着。这时,正好校长路过,问清了原因后把涛涛送回教室。事后,校长把涛涛的班主任找去,提出了批评。

你认为校长批评得对吗?班主任和涛涛应该怎样做呢?

真题必刷

一、单项选择题

1. [宁波余姚]根据《中华人民共和国教育法》,受教育者要履行的义务不包括(　　)

A. 使用教学设施设备、图书资料　　B. 完成规定的学习任务

C. 遵守学生行为规范　　D. 尊敬师长

2. [宁波市杭州湾新区]教育部制定的《学生伤害事故处理办法》属于(　　)

A. 教育基本法　　B. 教育单行法

C. 部门教育规章　　D. 政府教育规章

3. [统考]下列属于教师侵犯学生受教育权的是(　　)(常考)

A. 侵犯人格尊严　　B. 侵犯学生考试权

C. 侵犯人身自由权　　D. 侵犯隐私权

4. [统考]以下选项中属于体罚的是(　　)

A. 体育老师让小雪把新学的投篮动作练习5遍

B. 小刚破坏了班里的教具,老师让其按原价赔偿

C. 小林上课说话,老师用胶布封住他的嘴

D. 语文老师安排学生将需背诵的课文先抄写2遍

5. [统考]某乡镇小学为了提升小升初的竞争力,分设了重点班和非重点班,根据相关教育法律法规责令其限期改正的责任部门是(　　)

A. 县级人民政府　　B. 县级人民政府教育行政部门

C. 省级人民政府　　D. 省级人民政府教育行政部门

二、填空题

[衢州衢江区]学生发展核心素养,主要指学生应具备的,能够适应终身发展和社会发展需要的________和________。以培养________为核心,分为________、________、________三个方面。

三、辨析题

[统考]依法治教就是以法治教。

第三部分　教育政策法规

第一部分　教育学

第一章　教育、教育学及其产生与发展

基础必刷

专题一　教育及其产生与发展

一、单项选择题

1. C 【解析】题干所给选项中,《论语》《孟子》《大学》属于"四书"的内容,"五经"包括《诗经》《尚书》《礼记》《周易》《春秋》。故选C项。

2. A 【解析】我国古代的朱熹是神话起源说的代表人物。

3. A 【解析】原始社会的教育具有无阶级性,古代社会(奴隶社会和封建社会)以及近现代社会的教育都具有阶级性,都是为统治阶级服务的。故选A项。

4. B 【解析】从社会的角度来定义,人们把"教育"划分为:

广义的教育	社会教育、学校教育和家庭教育
狭义的教育	学校教育
更狭义的教育	与学校中常说的"德育"是同义词

因此,本题选B项。

5. C 【解析】在我国,许慎在《说文解字》中最早对"教育"一词进行了解释:"教,上所施,下所效也","育,养子使作善也"。故选C项。

易错提示:"教育"一词在我国的最早出处(使用)与最早解释是易混点,考生应注意区分:
(1)最早出处:孟子的《孟子·尽心上》,"得天下英才而教育之,三乐也"。
(2)最早解释:许慎的《说文解字》,"教,上所施,下所效也","育,养子使作善也"。

6. A 【解析】题干译文:第一年考查学生断句分章等基本阅读能力的情况,第三年考查学生是否专心学习和亲近同学,第五年考查学生是否在广博地学习和亲近老师,第七年考查学生讨论学业是非和识别朋友的能力……第九年学生能举一反三,推论事理。由此可见,这段话体现了我国古代教育德智并重的特点。

7. A 【解析】原始社会的教育具有非独立性,教育和社会生活、生产劳动紧密相连;原始社会的教育还具有原始性,教育内容简单,主要是传递生产经验。故题干的描述反映了原始社会的教育特征。

8. D 【解析】"六艺"是西周各级各类学校教育的基本学科,具体指礼、乐、射、御、书、数。

9. B 【解析】教育是人类所特有的一种有意识的社会活动,"幼猴学跳跃"只是动物自发的本能行为,不属于教育现象。

易错提示:考生需注意动物界是不存在教育行为的。动物界的某些行为虽与人类社会的教育相类似,但本质不同:(1)动物的活动出于一种本能需要,属于本能活动;(2)动物界没有语言,不具备明确的意识;(3)动物的"教育"以适应环境为指向,人类的教育还要改造环境和发展自己。

10. C 【解析】"人从出生到坟墓都要学习"即教育要贯穿人的一生,表达的是教育终身化的思想。

11. B 【解析】原始社会的教育是与社会生活、生产劳动紧密相连的。奴隶社会里,出现了专门从事教育工作的教师,产生了学校教育。教育从社会活动中分化出来,成为独立的形态。这时,学校教育与生产劳动开始脱离。

12. C 【解析】教育民主化首先是指教育机会均等,即教育要为所有的社会成员提供平等的教育权利,包括入学机会的均等、教育过程中享有教育资源机会的均等和教育结果的均等。故选C项。

13. D 【解析】A项,正规教育主要指学校教育,是学生在有组织的教育机构中所受到的教育。B项,狭义的教育指学校教育。C项,形式化教育是学生在有组织的教育机构中所接受的教育。D项,广义的教育指增进人的知识与技能、发展人的智力与体力、影响人的思想观念的活动,包括社会教育、学校教育和家庭教育。故"生活的磨难教育了我们"中的"教育"属于广义的教育。

14. D 【解析】批判教育学兴起于20世纪70年代,是当代西方教育理论界占主导地位的教育思潮,故选D项。A项,实验教育学于19世纪末20世纪初产生于德国;B项,文化教育学于19世纪末出现在德国;C项,实用主义教育学于19世纪末20世纪初兴起于美国。

15. B 【解析】在原始社会,教育方法单一,由于没有

文字和书籍，教育方法只限于动作示范与观察模仿、口耳相传与耳濡目染。

16. D 【解析】教育现代化的最高目的是实现人的现代化。

17. B 【解析】“以僧为师”“以吏(书)为师”是古代埃及教育的一大特征。

18. C 【解析】利托尔诺和沛西·能是教育的生物起源说的代表人物。

19. B 【解析】隋唐时期形成了以六学二馆为主干的中央官学。六学指国子学、太学、四门学、律学、书学、算学；二馆指崇文馆、弘文馆。

20. C 【解析】德国是世界上最早普及义务教育的国家。

21. A 【解析】古代雅典在西方最早形成体育、德育、智育、美育和谐发展的教育，教育内容比较丰富，教育方法也比较灵活，教育目的是培养有文化、有修养和多种才能的政治家和商人。

22. C 【解析】古代斯巴达教育以军事体育训练和政治道德灌输为主，教育内容单一，教育方法也比较严厉，其教育目的是培养忠于统治阶级的强悍的军人。

23. A 【解析】教育的继承性是指不同历史时期的教育都前后相继，后一时期教育是对前一时期教育的继承与发展。“教育传统”一词就体现了教育的继承性。

方法技巧：关于教育的社会属性的考查，一般有三种考查方式：(1)考查教育的社会属性有哪些；(2)考查教育的某一社会属性的具体含义；(3)提供一个例子，考查其反映了教育的哪一社会属性。针对第三种考查方式，考生可识记一些常考的例子以便快速答题。

永恒性：教育与人类社会共始终。

历史性：春秋战国时期“百家争鸣”，秦朝“焚书坑儒”，西汉初期“独尊儒术”。

继承性：《论语》《学记》等古代著作中的一些教育理念至今仍被借鉴。

长期性：十年树木，百年树人。

相对独立性：教育先行/教育优先发展。

民族性：举办中国特色社会主义高校。

24. D 【解析】广义的教育指增进人的知识与技能、发展人的智力与体力、影响人的思想观念的活动，包括社会教育、学校教育和家庭教育。狭义的教育指学校教育。路边的公益性广告属于广义的教育中的社会教育。

25. C 【解析】孔子认为在上位者只要重视礼、义、信，那么四面八方的老百姓就会背着自己的小孩来投奔，哪里用得着自己去种庄稼呢。这体现了古代教育与生产劳动相脱离的特点。

26. D 【解析】中世纪西欧教会教育的主要内容是“七艺”，包括“三科”(文法、修辞、辩证法)和“四学”(算术、几何、天文、音乐)。

27. B 【解析】教育的心理起源说认为教育起源于日常生活中儿童对成人的无意识模仿。

28. D 【解析】教育媒介是教育活动的中介。从内容上说，主要是教育内容、教育材料或教科书；从形式上说，主要是教育手段、教育方法、教育组织形式。

29. C 【解析】有学者提出，教育者、受教育者、教育内容是构成教育活动的基本要素。这三个基本要素之间构成了教育中三对最为基本的矛盾：受教育者与教育内容的矛盾；受教育者与教育者的矛盾；教育者与教育内容的矛盾。其中，受教育者与教育内容这一对矛盾是教育中的基本的、决定性的矛盾，故选C项。

30. A 【解析】马克思主义认为教育起源于人类所特有的生产劳动。故选A项。

31. D 【解析】当代世界教育的特征突出表现为：(1)教育规模迅速增长；(2)教育体制和结构显著变化；(3)教育内涵逐渐扩大；(4)教育不平等严重存在。

32. B 【解析】从个体的角度来定义“教育”，往往把教育等同于个体学习与发展的过程。

33. B 【解析】教育的历史性即不同时期的教育有其不同的历史形态、特征。西汉时期实行的“罢黜百家，独尊儒术”的文教政策说明在同一社会的不同历史阶段，教育的性质、目的、内容也各不相同，体现了教育的历史性特征。故选B项。

34. C 【解析】根据教育系统所赖以运行的时间标准以及建立于其上的产业技术和社会形态，可以将教育划分为农业社会的教育、工业社会的教育和信息社会的教育，故选C项。A项，根据教育的形式化程度，可将教育划分为非形式化教育和形式化教育。B项，根据教育系统所赖以运行的空间特性(或者教育的实施机构)，可将教育划分为家庭教育、学校教育和社会教育。D项，根据教育发展的历史阶段，可将教育划分为原始社会的教育、古代社会的教育和近现代社会的教育。

35. B 【解析】春秋战国时期，官学衰微，私学兴起，冲破了“学在官府”的限制，使教育对象由贵族扩大到民间。

36. D 【解析】“劳心者治人，劳力者治于人”的意思是脑力劳动者管理别人，而体力劳动者只能被别人管理。这体现了教育与生产劳动相脱离的倾向。

37. A 【解析】题干的描述在一定程度上揭示了教育是培养人的社会活动这一本质属性。

38. D 【解析】由“不局限于学龄阶段”“贯穿人的一生”可知题干阐述的是现代教育终身性的特点。

39. A 【解析】由题干中“教育”由人格化的神所创造”可判断其属于神话起源说的观点，故选A项。

40. B 【解析】“与人类社会共始终”体现了教育的永恒性。

41. A 【解析】题干中的这句话没有认识到人类的教育行为与动物的养育行为之间的质的差别，属于生物起源说的观点。

42. B 【解析】教育的本质属性是育人，即教育是一种有目的地培养人的社会活动，这是教育区别于其他事物现象的根本特征。故选B项。

43. C 【解析】“生物起源说”认为教育是一种生物现象，而不是人类所特有的社会现象。“心理起源说”把人类有意识的教育行为混同于无意识模仿，同样导致了教育的生物学化，否认了教育的社会属性，因而也是不科学的。因此，生物起源说和心理起源说都否定了教育的社会属性。

44. C 【解析】古代印度宗教权威至高无上，教育控制在婆罗门教和佛教手中，其教育主要分为婆罗门教育和佛教教育。

45. D 【解析】教育民主化的具体表现有：(1)教育普及化的开始；(2)“教育机会均等”口号的提出；(3)教育法制化的形成；(4)教育民主化的质量和水平不断提高。

46. D 【解析】我国古代的“六艺”教育中各学科的具体内容如下：

(1)礼乐：“礼”包括政治、历史以及以“孝”为本的伦理道德教育；“乐”包括音乐、诗歌、舞蹈教育，是当时的艺术教育。

(2)射御：“射”指射箭技术教育；“御”指驾驭马、拉战车的技术。是当时的军事技术教育。

(3)书数：“书”指文字教育；“数”指简单的计算教育。因此，本题选D项。

47. A 【解析】古代埃及主要有三种学校类型：宫廷学校、职官学校、文士学校。其中，文士学校是古埃及开设最多的学校。

48. D 【解析】教育问题是指反映到人们大脑中的、需要探明和解决的教育实际矛盾和理论疑难。教育问题是推动教育学发展的内在动力。

49. C 【解析】“骑士七技”是指骑马、游泳、击剑、打猎、投枪、下棋、吟诗。音乐属于“七艺”的内容。

50. B 【解析】生物起源说是第一个正式提出的有关教育起源的学说，它的提出标志着在教育起源问题上开始转向科学解释。

51. A 【解析】沛西·能的观点说明教育的产生完全来自于动物的本能，是种族发展的本能需要，这属于生物起源论的观点，故选A项。

52. D 【解析】构成教育活动的基本要素是教育者、受教育者(学习者)和教育媒介(教育影响)。

易错提示：关于教育的构成要素的说法比较多，但最基本的两个要素是教育者和受教育者。考生需注意：教育者≠教师，受教育者≠学生，它们之间是包含关系。

53. D 【解析】根据教育系统所赖以运行的空间特性，可将教育形态分为“家庭教育”“学校教育”和“社会教育”。

54. B 【解析】教育的全民化即全体国民都有接受教育的基本权利且必须接受一定程度的教育，通过各种方式满足基本的学习需求。也就是教育对象的全民化，亦即教育必须向所有人开放。故选B项。

易错提示：教育的全民化与民主化是易混淆的知识点，考生做题时需注意：

全民化(初级)——全体国民必须接受，强调必备性；

民主化(进阶)——拥有更多的机会，强调发展性。

二、填空题

1. 社会活动
2. 教师
3. 受教育者

三、判断题

1. √ 【解析】我国在西周时已建立了典型的政教合一的官学体系，而私学是在春秋战国时期兴起的，故官学的出现早于私学。

2. × 【解析】教育是一种有目的地培养人的社会活动，这是教育区别于其他事物现象的根本特征，是教育的本质属性，这也是教育的质的规定性。如果失去这一质的规定性，就不能称之为教育。例如，一个顽皮的孩子偶然把手指伸到火苗上，被灼伤，并由此获得火的有关知识的过程，不能算是受到了“教育”。这样没有明确目的的、偶然发生的外界对个体发展的影响就不能称为“教育”。

3. √ 【解析】广义的教育指增进人的知识与技能、发展人的智力与体力、影响人的思想观念的活动。广义的教育可能是无组织的、自发的或零散的,也可能是有组织的、自觉的或系统的。它包括社会教育、学校教育和家庭教育。

4. × 【解析】原始社会的生产力水平决定了教育具有原始性,教育内容简单,主要是传递生产经验,包括制造生产工具的经验、公共生活的规范、艺术和宗教教育;教育方法单一,由于没有文字和书籍,教育方法只限于动作示范与观察模仿、口耳相传与耳濡目染。古代社会的生产力水平有了巨大的进步,尽管教育具有阶级性,学校成为统治阶级培养人才的场所,但也有了巨大进步。例如,在奴隶社会,学校教育趋于分化和知识化;到了封建社会,封建社会的学校教育较之奴隶社会的学校教育,在规模上逐渐扩大,在类型上逐渐增多,在内容上也日益丰富。

四、简答题(参考答案)

1. 简述当代世界教育发展的趋势。

(1)教育全民化;(2)教育终身化;(3)教育民主化;(4)教育信息化。

2. 教育的社会属性有哪些?

(1)永恒性;(2)历史性;(3)继承性;(4)长期性;(5)相对独立性;(6)生产性;(7)民族性。

3. 近代社会教育的特征有哪些?

(1)国家加强了对教育的重视和干预,公立教育崛起;(2)初等义务教育的普遍实施;(3)教育的世俗化;(4)教育的法制化。

4. 简述古代东西方教育的共同特征。

(1)阶级性;(2)道统性;(3)等级性;(4)专制性;(5)刻板性;(6)象征性。

5. 简述原始社会教育的特征。

(1)教育具有非独立性,教育和社会生活、生产劳动紧密相连;(2)教育具有自发性、全民性(普及性)、广泛性、无等级性(平等性)和无阶级性,是原始状态下的教育机会均等,只因年龄、性别和劳动分工不同而有差别;(3)教育具有原始性。

五、材料分析题(参考答案)

1. (1)现代社会是一个多元化的社会,学生可以通过多种途径接受不同的信息。尤其在这个科学技术迅猛发展的时代,学生从课堂外接收到的信息往往要比在课堂上接收到的信息还多。而案例中教师的行为等同于闭门造车,因此,“他的教学效果很一般”。

(2)20世纪后期,教育终身化的思想被提了出来,教育技术也日趋现代化。在这样一种趋势下,教师更要顺应时代的要求,终身学习,运用先进的教育技术,以实现良好的教学效果。

2. (1)教育的本质属性是育人,即教育是一种有目的地培养人的社会活动,这是教育区别于其他事物现象的根本特征,也是教育的质的规定性。如果失去了这一质的规定性,那就不能称之为教育了。材料中的非洲南部狮由于不能顺利抓到猎物便开始重复练习猛扑,这不是教育,而是一种本能。

(2)从另一个角度而言,这个材料体现的是动物界的学习。对于动物来说,学习仅是一种有生物意义的活动。学习与教育是不能等同的。

(3)动物界中不存在教育,教育只存在于人类社会中。

专题二 教育学及其产生与发展

一、单项选择题

1. A 【解析】克鲁普斯卡娅的《国民教育与民主主义教育》是最早以马克思主义为基础探讨教育学问题的著作;凯洛夫的《教育学》被公认为世界上第一部马克思主义的教育学著作;杨贤江的《新教育大纲》是我国第一部马克思主义的教育学著作;《教育过程》是布鲁纳的代表作。

2. B 【解析】培根提出的归纳法为教育学的发展奠定了方法论基础。

3. D 【解析】教育学具有沟通教育理论与实践的价值,教育学研究的目的不仅是为了促进教育理论知识的增长,而且是为了更好地开展教育实践。在这个过程中,教育学扮演着一种“中介”或“桥梁”的作用。

4. C 【解析】陶行知的一生为改革和发展中国的教育事业鞠躬尽瘁,做出了不可磨灭的贡献。毛泽东称颂他为“伟大的人民教育家”,宋庆龄赞誉他为“万世师表”。

5. B 【解析】我国教育家杨贤江以李浩吾为化名出版的《新教育大纲》(1930年)是我国第一部马克思主义的教育学著作。

6. B 【解析】教育学是研究教育现象和教育问题,揭示教育规律的一门科学。其根本任务是揭示教育规律。

7. B 【解析】苏格拉底在向人传授知识时不是强制别人接受,而是发明和使用了以师生共同谈话、共同探讨问题而获得知识为特征的问答式教学法,也叫“产婆术”或“苏格拉底法”。

8. B 【解析】在西方教学史上,赫尔巴特第一次提出了“教育性教学”的概念。

9. A 【解析】晏阳初是享誉国内外的平民教育家、乡村改造运动的倡导者与实践家。在乡村教育实践中,他提出了“四大教育”“三大方式”。“四大教育”即文艺教育、生计教育、卫生教育和公民教育,“三大方式”即学校式、家庭式和社会式。

10. C 【解析】题干引文出自《学记》:“虽有嘉肴,弗食不知其旨也;虽有至道,弗学不知其善也。是故学然后知不足,教然后知困。知不足然后能自反也,知困然后能自强也。故曰:教学相长也。”意为:尽管有味美可口的菜肴,不吃是不会知道它的美味的;尽管有高深完善的道理,不学习也不会了解它的好处。所以,通过学习才能知道自己的不足,通过教人才能感到困惑。知道自己学业的不足,才能反过来严格要求自己;感到困惑然后才能不倦地钻研。所以说,教与学是互相促进的。

11. B 【解析】昆体良是古罗马教学法大师,他是西方教育史上第一个专门论述教育问题的教育家。其代表作《雄辩术原理》(《论演说家的教育》)是西方最早的教育著作,也被誉为古代西方的第一部教学法论著。

12. D 【解析】古希腊百科全书式的哲学家是亚里士多德。

13. D 【解析】蔡元培是我国近代著名的民主革命家和教育家,毛泽东评价他为“学界泰斗,人世楷模”。

14. C 【解析】孔子对我国教育的贡献主要包括三个方面:创立私学、创立儒学、删订六经。

15. B 【解析】题干所述为洛克的观点,洛克反对天赋观念,提出了“白板说”。他认为,人的心灵原来就像一块白板,没有一切特性,没有任何观念,天赋的智力人人平等。他认为教育的目的就是培养绅士,而这种培养只能通过家庭教育。

16. D 【解析】亚里士多德在教育史上首次提出了“教育遵循自然”的观点,主张按照儿童心理发展的规律对儿童进行分阶段教育。

17. B 【解析】实验教育学的主要代表人物有德国的梅伊曼和拉伊、法国的比纳、美国的霍尔和桑代克。

18. A 【解析】孟子认为,教育是扩充“善性”的过程,教育的目的在于“明人伦”。

19. B 【解析】法国教育家卢梭提出了自然主义教育思想,认为教育的任务应该使儿童“归于自然”,故选B项。

20. B 【解析】题干引文出自《论语·子路篇》,“子曰:‘其身正,不令而行;其身不正,虽令不从’。”故选B项。

21. C 【解析】赫尔巴特是近代德国著名的心理学家和教育学家,在世界教育史上被认为是“现代教育学之父”或“科学教育学的奠基人”。

易错提示:关于谁是“教育学之父”“近代教育学之父”“现代教育学之父”,在教育学界还有不同说法,根据对历年教师招聘考情的分析,我们采用以下说法:
(1)“教育学之父”“近代教育学之父”——夸美纽斯;
(2)“现代教育学之父”——赫尔巴特。

22. D 【解析】洛克在其著作《教育漫话》一书中,详细论述了绅士教育的内容及方法。

23. D 【解析】杜威的教育学说提出以后,西方教育学便出现了以赫尔巴特为代表的传统教育学派和以杜威为代表的现代教育学派的对立局面。

24. B 【解析】赫尔巴特的《普通教育学》的出版标志着规范教育学的建立。

25. A 【解析】孔子在教育对象上主张“有教无类”。

26. D 【解析】《给教师的一百条建议》和《把整个心灵献给孩子》是苏联教育家苏霍姆林斯基的代表作,他在书中阐述了和谐教育思想,认为学校教育的理想是培养全面和谐发展的人。

27. C 【解析】传统教育以知识为中心,不利于学生创造力的发挥,但并不能说是失败的教育。A项说法过于绝对。B项描述的是文化教育学的不足之处,实验教育学的局限性是:当其把科学的定量方法夸大为教育科学研究唯一有效的方法时,就走上了“唯科学主义”的迷途。对于获得知识的理解,墨子认为,人的知识来源可分为三个方面,即“亲知”“闻知”和“说知”。D项说法错误。故选C项。

28. D 【解析】实用主义教育学是19世纪末20世纪初兴起于美国的一种教育思潮,其代表人物是杜威、克伯屈。A项说法错误。定量研究是实验教育学所强调的研究范式。B项说法错误。马克思主义教育学认为教育的根本目的是促进学生的全面发展;批判教育学认为教育目的是要对师生进行“启蒙”,以达到意识“解放”。C项说法错误。文化教育学又被称为精神科学教育学,19世纪末出现在德国。故D项说法正确。

29. C 【解析】教育学独立形态时期的教育家主要有夸美纽斯、卢梭、康德、裴斯泰洛齐、洛克、赫尔巴特、杜威等。

30. C 【解析】"藏息相辅"的意思是:教学中要坚持课内学习与课外练习相结合,以达到更好的教学效果。故选C项。

31. A 【解析】孔子是世界上最早提出启发式教学的教育家,比苏格拉底的"产婆术"早几十年。

32. B 【解析】《理想国》是柏拉图的著作,《论演说家的教育》是昆体良的著作,《民主主义与教育》是杜威的著作。亚里士多德的教育思想主要体现在他的著作《政治学》中。

33. D 【解析】《学记》(收入《礼记》)是中国也是世界教育史上的第一部教育专著,成文大约在战国末期。

34. A 【解析】夸美纽斯于1632年出版的《大教学论》是教育学开始形成一门独立学科的标志,该书被认为是近代第一本教育学著作。

35. D 【解析】布鲁纳、赞科夫、瓦·根舍因等人提出的教学理论,充实了教育学的内容,提高了教育学的科学化水平,被视为现代教学理论的三大流派。

36. C 【解析】文化教育学又称精神科学教育学,是19世纪末出现在德国的一种教育学说,该学说主张教育的目的是促进社会历史的客观文化向个体的主观文化转变,培养完整的人格。

37. B 【解析】赫尔巴特提出的教学四阶段论即明了、联合(联想)、系统、方法。

38. B 【解析】实验教育学是19世纪末20世纪初产生于德国,随后在欧美一些国家发展的以教育实验为标志的教育思想流派。

39. B 【解析】赫尔巴特的贡献在于把道德教育理论建立在伦理学的基础上,把教学理论建立在心理学的基础上,可以说是奠定了科学教育学的基础。

40. A 【解析】黄炎培提出"使无业者有业,使有业者乐业"的著名职业教育理论,提倡"大职业教育主义"。

41. A 【解析】题干引文出自《荀子·儒效》,"不闻不若闻之,闻之不若见之,见之不若知之,知之不若行之。学至于行之而止矣。行之,明也;明之为圣人"。

42. C 【解析】赫尔巴特在世界教育史上被认为是"现代教育学之父"或"科学教育学的奠基人"。

43. A 【解析】在西方教育史上,裴斯泰洛齐是第一个明确提出"教育心理学化"口号的教育家。所谓"教育心理学化",就是把教育提高到科学的水平,将教育科学建立在人的心理活动规律的基础上。

44. B 【解析】赫尔巴特把教育的目的分为"可能的目的"和"必要的目的",认为教育的最高目的是道德和性格的完善。

45. B 【解析】作为墨家的代表人物,墨翟以"兼爱""非攻"为教,同时注重文史知识的掌握和逻辑思维能力的培养,还注重实用技术的传习。对于获得知识的理解,墨翟认为,人的知识来源可分为三个方面,即亲知、闻知、说知。

46. D 【解析】杜威在其教育论著中,曾系统阐述教育与生活、学校与社会、经验与课程、知与行、思维与教学、教育与职业、教育与道德、儿童与教师等八组关系,这些构成了实用主义教育思想的全部。

47. C 【解析】康德认为"人是唯一需要教育的动物""人只有通过教育才能成为一个人。人是教育的产物",故C项说法有误。

易错提示: 杜威与赫尔巴特都提出了教育的三中心,考生应注意区分:
(1)赫尔巴特——旧三中心——教师、课堂、教材;
(2)杜威——新三中心——儿童、活动、经验。

48. A 【解析】实用主义教育学的代表人物是杜威、克伯屈,其基本主张有:(1)教育即生活,教育的过程与生活的过程是合一的;(2)教育即学生个体经验持续不断的增长;(3)学校是一个雏形的社会;(4)课程组织应以学生经验为中心;(5)师生关系以儿童为中心;(6)教学过程注重学生的独立发现和体验,尊重学生发展的个体差异。A项属于马克思主义教育学的观点。

49. C 【解析】"教学相长"最早出自《礼记·学记》:"是故学然后知不足,教然后知困。知不足,然后能自反也;知困,然后能自强也。故曰:教学相长也。"

50. A 【解析】《学记》从正反两方面总结了儒家的教育理论和经验,系统阐发了教育的作用和任务、学校制度、教育目的、教学原则、教师的地位和作用、师生关系等问题。

51. D 【解析】陶行知提出了生活教育理论,认为"生活即教育""社会即学校""教学做合一"。

易错提示: 陶行知师从杜威,但陶行知与杜威的教育思想又有所不同,考生需注意区分。

	杜威	陶行知
关于教育本质	教育即生活	生活即教育
关于教育范围	学校即社会	社会即学校
关于教育方法	从做中学	教学做合一

52. B 【解析】B项"教也者,长善而救其失者也"出自《学记》,是《学记》中关于长善救失原则的论述。

ACD三项出自《论语》。

53. D 【解析】杜威认为，教育即生活，教育即生长，教育即经验的改组或改造。提出“从做中学”，要求以活动性、经验性的主动作业取代传统的书本式教材的统治地位。

54. C 【解析】“君子如欲化民成俗，其必由学乎”出自《学记》，是《学记》中关于教育目的的论述。

55. C 【解析】斯宾塞是英国著名的实证主义者，重视实科教育。他提出教育的任务是教导人们为完满生活作准备。

56. D 【解析】晏阳初提出的“四大教育”即文艺教育、生计教育、卫生教育和公民教育，“三大方式”即学校式、家庭式和社会式。

57. B 【解析】杜威的理论是现代教育理论的代表，他提出了“儿童中心(学生中心)”“活动中心”“经验中心”的“新三中心论”。

二、填空题

1. 教育问题
2. 《大教学论》 夸美纽斯
3. 《学记》
4. 孔子
5. 裴斯泰洛齐
6. 实验教育学

三、辨析题

1. 教育学就是教育方针政策的汇编。

(1)这种说法是不正确的。(2)教育学不等于教育方针政策。教育学研究并揭示教育规律，具有客观性；教育方针政策是一定的阶级、集团为了教育上的利益而制定的，具有主观性。当然，二者也有一定的联系：教育方针政策的制定要考虑教育学所阐述的教育规律；教育学也要围绕教育方针政策提出的问题开展科学研究和探讨，提出可供参考的意见。

2. 教育现象与教育问题是一回事。

(1)这种说法是不正确的。(2)教育现象是教育活动在运动发展中的表现形式，是教育活动外在的、表面的特征，包括教育社会现象和教育认识现象；而教育问题是指反映到人们大脑中的、需要探明和解决的教育实际矛盾和理论疑难。教育现象被认识和研究，便成为教育问题，两者并不是一回事。

四、简答题(参考答案)

1. 简述实用主义教育学的观点。

(1)教育即生活，教育的过程与生活的过程是合一的；(2)教育即学生个体经验持续不断的增长；(3)学校是一个雏形的社会；(4)课程组织应以学生的经验为中心；(5)师生关系以儿童为中心；(6)教学过程注重学生的独立发现和体验，尊重学生发展的个体差异。

2. 简述教育学与教育科学之间的关系。

教育学是庞大教育科学体系中的基础学科。教育科学是有关教育问题的各种科学理论的学科群，它包含教育社会学、教育经济学、教学论、课程论、教育技术学等。教育学研究的是教育基本的、一般的问题，是从总体上分析教育问题的，而其他学科则是从某个角度对某个方面问题的研究。其中，普通教育学是研究教育的一般原理和中小学教育规律的一门科学，是师范学校的一门公共必修课程，是理论性和应用性相结合的学科。

3. 简述《学记》中包含的主要教学原则。

(1)教学相长；(2)尊师重道；(3)藏息相辅；(4)豫时孙摩；(5)启发诱导；(6)长善救失。此外，《学记》还主张“学不躐等”，即教学要遵循学生的心理发展特点，循序渐进；同时，重视学生的学习，指出“善学者，师逸而功倍，又从而庸之”。

4. 简述教育学的价值。

(1)反思日常教育经验；(2)科学解释教育问题；(3)沟通教育理论与实践。

5. 简述实验教育学的主要观点。

(1)反对以赫尔巴特为代表的强调概念思辨的教育学，认为这种教育学对检验教育方法的优劣毫无用途；(2)提倡把实验心理学的研究成果和方法运用于教育研究，使教育研究“科学化”；(3)把教育实验分为提出假设、进行实验和确证三个基本阶段；(4)主张用实验、统计和比较的方法探索儿童心理发展过程的特点及其智力发展水平，用实验数据作为改革学制、课程和教学方法的依据。

6. 简述传统教育学派和现代教育学派各自的“三中心”主张。

(1)传统教育学派的“三中心”是“课堂中心”“教材中心”“教师中心”；(2)现代教育学派的“三中心”是“儿童中心(学生中心)”“活动中心”“经验中心”。

五、论述题(参考答案)

试述杜威的主要教育观点。

(1)论教育的本质。杜威认为，教育即生活，教育即生长，教育即经验的改组或改造。“教育是生活的过程，而不是将来生活的准备。”此外，杜威还提出“学校即社会”，这是对“教育即生活”的进一步引申。从“教育即生活”到“学校即社会”，再到课程的变革(“从做中学”)是层层递进的。

(2)论教育的目的。杜威从“教育即生活”中引出他的“教育无目的论”，即“教育的过程，在它自身以外没有目的，它就是它自己的目的；教育的过程是一个不断改组、不断改造和不断转化的过程。”

(3)“从做中学”。在经验论的基础上，杜威提出“从做中学”，要求以活动性、经验性的主动作业取代传统的书本式教材的统治地位。同时，“从做中学”也是杜威提出的教学方法，这是一种经验的方法、思维的方法和探究的方法。这种探究的五个步骤即思维五步说或五步探究教学法，即：创设疑难情境；确定疑难所在；提出解决问题的种种假设；推断哪个假设能解决这个困难；验证这个假设。

真题必刷

一、单项选择题

1. D 【解析】在我国，“教育”一词最早见于《孟子·尽心上》中的“得天下英才而教育之，三乐也”。
2. C 【解析】“得天下英才而教育之，三乐也”出自《孟子·尽心上》。
3. A 【解析】从社会的角度来定义“教育”，可以把“教育”的定义区分为三个层次：(1)广义的教育，指增进人的知识与技能、发展人的智力与体力、影响人的思想观念的活动，包括社会教育、学校教育和家庭教育。(2)狭义的教育，指学校教育。(3)更狭义的教育，有时是指思想品德教育活动，与学校中常说的“德育”是同义词。因此，“听君一席话，胜读十年书”指的是广义的教育现象。
4. C 【解析】夸美纽斯主张“泛智”教育，提出“把一切事物教给一切人”“一切男女青年都应该进学校”。他还在《大教学论》中最早从理论上对班级授课制做了阐述，为班级授课制奠定了理论基础。
5. B 【解析】“学而不思则罔，思而不学则殆”的意思是：只学习却不思考就会迷茫，只思考却不学习就会疑惑。这句话强调了在学习过程中要把学与思辩证地结合起来。故选B项。

二、填空题

1. 论语　孟子
2. 杜威

三、判断题

× 【解析】教育是人类社会特有的活动。社会性和意识性是人的教育活动和动物的“教育”活动的本质区别。

第二章　教育目的与教育基本规律

基础必刷

专题一　教育目的概述

一、单项选择题

1. C 【解析】教育方针是最高国家权力机关根据政治、经济要求，明令颁布实行的一定历史阶段教育工作的总的指导方针或总方向。故选C项。
2. C 【解析】社会本位论认为教育的目的是为社会培养合格的成员和公民，使受教育者社会化，社会价值高于个人价值，教育质量和效果可以用社会发展的各种指标来评价。简言之，教育以社会的稳定和发展为最高宗旨。故题干所述反映了社会本位的教育目的价值取向。
3. C 【解析】题干所述体现了社会生产力和生产方式的变化对教育目的的制约。
4. C 【解析】文化本位的教育目的论的代表人物有狄尔泰和斯普兰格。
5. C 【解析】教育目的与培养目标是普遍与特殊的关系，它们处于两个层次，两者并不是等同的关系。
6. A 【解析】教育方针是教育政策的总概括，是全国各级各类教育的目的和必须遵循的准则，是指导整个教育事业发展的战略原则和行动纲领。教育方针的内容主要包括教育工作的指导思想、教育目的和实现教育目的的基本途径等。题干所述体现了教育方针对教育质量的规定性。

易错提示：关于教育目的与教育方针，考生应注意以下内容：

教育目的	一般只包括“为谁培养人”“培养什么样的人”的问题，着重于规定教育培养人才的质量规格
教育方针	除“为谁培养人”“培养什么样的人”的问题之外，还含有“怎样培养人”的问题和教育事业发展的基本原则。着重于规定教育事业发展的方向(“办什么样的教育”“怎样办教育”)

7. B 【解析】个人本位论的代表人物有孟子、卢梭、裴斯泰洛齐、福禄贝尔、赫钦斯、奈勒、马斯洛、萨特等。故选B项。赫尔巴特、涂尔干是社会本位论的代表人物，夸美纽斯是宗教本位论的代表人物。
8. A 【解析】教育目的在不同时期有不同的特点，体现了教育目的的时代性。
9. B 【解析】教育目的对教育工作具有导向作用；教育目的对贯彻教育方针具有激励作用；教育目的是对教育效果进行评价的重要标准。故选B项。

10. C 【解析】教育方针是教育目的的政策性表达，具有政策的规定性，在一定时期内具有必须贯彻的强制性。

11. B 【解析】社会本位论认为，教育的目的是为社会培养合格的成员和公民，使受教育者社会化。“教化百姓”体现了社会本位论的观点。

12. A 【解析】题干强调教育的目的在于促进个体的社会化，这属于社会本位教育目的论的观点。

13. C 【解析】杜威提出了教育无目的论，他认为教育的过程，在它自身以外没有目的，它就是它自己的目的。

14. B 【解析】教育目的指教育要达到的预期结果，是根据一定社会发展和受教育者自身发展需要及规律，对受教育者提出的总的要求。教育目的一般只包括“为谁培养人”“培养什么样的人”的问题。故选B项。

15. D 【解析】教育目的包括三个层次：国家的教育目的、各级各类学校的培养目标和教师的教学目标。其中，教师的教学目标居于第三个层次。

16. B 【解析】教育目的是对教育活动所要培养的人的个体素质的总的预期与设想，是对社会历史活动的主体的个体素质的规定。它既体现一定社会对受教育者质量规格的界定和要求，也体现人自身发展所应该达到的水准和高度。故选B项。

17. A 【解析】个人本位论主张教育的根本目的是人的本性和本能的高度发展，因此教育要培养“自由的人”体现的是个人本位论的观点。

二、填空题

1. 教育方针
2. 教育目的
3. 宗教本位(神学)
4. 课程目标　教学目标

三、判断题

1. × 【解析】杜威的教育无目的论发人深省的地方在于，他将教育目的与教育活动本身联系起来，反映了教育活动主体的自觉。“教育无目的论”并非主张真正教育无目的，而是认为无教育过程之外的“外在”目的。

2. √ 【解析】教育目的是最高层次的概念，它是培养各级各类人才的总的规定，各级各类学校的培养目标、教学目标都要依据教育目的制定。培养目标是指不同类型、不同层次的学校培养人的具体要求。教学目标是三者中最低层次的概念，更为具体，微观到每堂课甚至是每个知识内容，教育目的和学校的培养目标是制定教学目标的依据。教学目标日积月累地得以实现，就会渐次达到培养目标，进而达到教育目的。

3. × 【解析】确立教育目的的依据有：(1)特定的社会政治、经济、文化背景；(2)人的身心发展特点和需要；(3)人们的教育理想。因此，人的发展需求只是确定教育目的的一个方面，题干说法不正确。

4. √ 【解析】教育目的有时是由社会团体或个人提出的，对教育实践可以不具约束力；而教育方针则是由政府或政党提出的，对教育实践具有强制性。

5. × 【解析】个人本位的教育目的论典型的错误是抽象地谈论人的本性，社会本位的教育目的论典型的错误是抽象地谈论社会。

四、简答题(参考答案)

1. 简述个人本位的教育目的价值取向的基本观点。

个人本位论认为，确立教育目的的根据是人的本性，教育的目的是培养健全发展的人，发展人的本性，挖掘人的潜能，增进受教育者的个人价值，个人价值高于社会价值，而不是为某个社会集团或阶级服务。简言之，教育的根本目的是人的本性和本能的高度发展。

2. 简述确定教育目的的依据。

(1)特定的社会政治、经济、文化背景；(2)人的身心发展特点和需要；(3)人们的教育理想。

专题二　我国的教育目的

一、单项选择题

1. D 【解析】马克思主义认为，所谓人的全面发展是指人的劳动能力，即人的体力和智力的全面、和谐、充分的发展，还包括人的道德的发展和人的个性的充分发展。A、B、C项表述不准确。

2. A 【解析】劳动技术教育是引导学生掌握劳动技术知识和技能，形成劳动观点和习惯的教育。劳动技术教育包括劳动教育和技术教育。故选A项。

3. D 【解析】现阶段我国教育目的的基本要求是实施以培养创新精神和实践能力为重点的素质教育。

4. A 【解析】智育的根本任务是培育或发展学生的智慧，尤其是智力。

5. B 【解析】学校体育的基本组织形式是体育课。

6. A 【解析】素质教育是依据人的发展和社会发展的实际需要，以全面提高全体学生的基本素质为根本目的，以尊重学生主体性和主动精神，注重开发人的智慧潜能,形成人的健全个性为根本特征的教育。

7. D 【解析】我国确定教育目的的理论依据是马克思主义关于人的全面发展学说。

8. A 【解析】德育对其他各育起着保证方向和保持动力的作用,它体现了社会主义教育的方向,是"五育"的灵魂;智育则为其他各育的实施提供了认识基础;体育则是实施各育的物质保证;美育和劳动技术教育是德育、智育、体育的具体运用和实施。

9. B 【解析】人们对美育功能的认识主要有三个方面:(1)美育的直接功能,即"育美"功能;(2)美育的间接功能,具体说就是美育的育德功能,促智、健体功能等;(3)美育的超美育功能,即美育的超越性功能。故选B项。

10. C 【解析】能不能培养学生的创新精神和实践能力是应试教育和素质教育的本质区别。

11. D 【解析】美育的基本形态是艺术美和现实美,艺术美育在学校中主要靠艺术类课程去实施。开设美术、音乐、书法课即通过艺术类课程实施美育。

12. B 【解析】题干中赵敏老师的话说明他在教育过程中注重学生的全面发展,这表明赵老师具有素质教育的理念。

13. D 【解析】ABC三项均是在实施素质教育过程中出现的误区。素质教育倡导教育应该使学生主动、生动、愉快地发展,D项表述正确。

14. C 【解析】在全面发展教育的组成部分中,德育对其他各育起着保证方向和保持动力的作用,它体现了社会主义教育的方向,是"五育"的灵魂。

15. D 【解析】素质教育与全面发展教育从本质上讲是一致的。全面发展教育思想是素质教育的理论基础;素质教育是全面发展教育在社会主义建设时期的具体落实和深化。故D项正确。

16. C 【解析】我国教育目的的基本特征包括:(1)以马克思主义关于人的全面发展学说为指导思想;(2)具有鲜明的政治方向;(3)坚持全面发展与个性发展的统一。

17. B 【解析】我国中小学智育的主要任务与内容是传授知识、发展技能、培养自主性和创造性。故选B项。

18. D 【解析】题干中描述的教育乱象都对学生造成了很大的伤害,这种做法变相给学生分了等级,不仅不能促进有错误的学生积极反省,反而极大地阻碍了学生的健康成长。

19. A 【解析】马克思主义认为,教育与生产劳动相结合,不仅是提高社会生产的一种方法,而且是造就全面发展的人的唯一方法。

20. C 【解析】当前我国的教育目的主要是培养"社会主义事业的建设者和接班人",强调德、智、体等方面的全面发展,着力于提高全民素质。

21. B 【解析】1957年,在生产资料所有制的社会主义改造基本完成以后,毛泽东在最高国务会议上提出:"我们的教育方针,应该使受教育者在德育、智育、体育几方面都得到发展,成为有社会主义觉悟的有文化的劳动者。"这是新中国成立后颁布的第一个教育方针。

22. D 【解析】学校体育的根本任务是增强学生体质。

23. B 【解析】题干中海伦·凯勒认为学校教育应致力于让学生善于发现生活中被忽视的欢乐,善于发现生活中的美,这体现了美育的重要性。

24. B 【解析】从教育对象上来说,应试教育重视高分学生,忽视大多数学生和差生。素质教育面向全体学生,面向每一个有差异的学生,即素质教育要求平等,要求尊重每一个学生。故B项说法错误。

二、辨析题

1. 素质教育就是要学生什么都学,什么都学好。

(1)这种说法是不正确的。(2)题干所述是对素质教育使学生全面发展的误解。素质教育强调为学生的发展奠定基础,同时又要发展学生的个性,因此素质教育对学生的要求是合格加特长。这决定了一方面学生必须学习国家规定的必修课程,夯实基础;另一方面,学生还应该学习选修课程,充分发挥自己的特长,形成独特的个性。

2. 减负就是减轻学生的作业负担。

(1)这种说法是不正确的。(2)所谓减负,主要指减轻学生过重的课业负担和心理负担。合理的负担是学生发展的需要,同时也是社会发展的需要。减轻学生过重的负担,不仅要减轻课业负担更要减轻心理负担。只有以激发学生的学习兴趣为目的,把学生当作学习主体来看待减负,才是真正意义上的减负。

3. 发展学生创造美的能力是美育的任务之一。

(1)这种说法是正确的。(2)美育是培养学生健康的审美观,发展他们感受美、鉴赏美和创造美的能力,以及培养他们高尚的情操与文明素养的教育。美育的主要任务包括:①培养学生正确的审美观点,使他们具有感受美、理解美和鉴赏美的知识与技能;②培养学生艺术活动的技能,发展他们体现美和创造美的能力;③培养学生的心灵美和行为美,使他们在生活中体现内在美和外在美的统一。

4. 全面发展就是指学生德智体诸方面平均发展。

(1)这种说法是不正确的。(2)全面发展不能理解为要求学生"样样都好"的平均发展,也不能理解为人人都要发展成为一样的人。全面发展的教育同"因材施教""发挥学生的个性特长"并不是对立的、矛盾的。人的发展既应是全面的、和谐的,又应有鲜明个性。

5. 劳动技术教育即组织学生参加生产劳动。

(1)这种说法是不正确的。(2)劳动技术教育是引导学生掌握劳动技术知识和技能,形成劳动观点和习惯的教育。它包括劳动教育和技术教育两个方面。组织学生参加生产劳动是劳动技术教育的重要途径,但不能等同于劳动技术教育。

三、简答题(参考答案)

1. 简述实施素质教育的措施。

(1)改变教育观念;(2)转变学生观;(3)加大教育改革的力度;(4)建立素质教育的保障机制;(5)建立素质教育的运行机制;(6)营造良好的校园文化氛围。

2. 简述全面发展教育各组成部分之间的关系。

德育、智育、体育、美育、劳动技术教育是全面发展教育的基本组成部分,它们之间的关系表现为:(1)在全面发展中的地位存在不平衡性;(2)各有其相对独立性;(3)它们之间具有内在联系。

3. 简述素质教育的概念和内涵。

(1)素质教育是依据人的发展和社会发展的实际需要,以全面提高全体学生的基本素质为根本目的,以尊重学生主体性和主动精神,注重开发人的智慧潜能,形成人的健全个性为根本特征的教育。

(2)素质教育的内涵:①素质教育是面向全体学生的教育;②素质教育是促进学生全面发展的教育;③素质教育是促进学生个性发展的教育;④素质教育是以培养创新精神和实践能力为重点的教育。

4. 简述德育的基本任务。

(1)培养学生良好的道德品质;(2)培养学生正确的政治方向;(3)培养学生正确的价值观;(4)培养学生良好、健康的心理品质;(5)培养学生良好的思想品德能力等。

5. 简述现阶段我国教育目的的基本精神。

(1)坚持社会主义方向性;(2)坚持全面发展;(3)培养独立个性;(4)教育与生产劳动相结合,是实现我国教育目的的根本途径;(5)注重提高全民族素质。

四、论述题(参考答案)

1. 试述我国全面发展教育的内容。

(1)德育。德育是培养学生正确的人生观、世界观、价值观,使学生具有良好的道德品质和正确的政治观念,形成正确的思想方法的教育。

(2)智育。智育是传授给学生系统的科学文化知识、技能,发展他们的智力和与学习有关的非认知因素的教育。智育的主要任务与内容是传授知识、发展技能、培养自主性和创造性。

(3)体育。体育即身体素质教育,是指组织和指导学生进行锻炼身体,增强身体素质,提高健康水平和运动能力的教育。

(4)美育。美育是培养学生健康的审美观,发展他们感受美、鉴赏美和创造美的能力,以及培养他们高尚的情操与文明素养的教育。

(5)劳动技术教育。劳动技术教育是引导学生掌握劳动技术知识和技能,形成劳动观点和习惯的教育。

2. 试述素质教育与全面发展教育的关系。

素质教育的提法与全面发展教育并不矛盾,从本质上讲,二者是一致的。

(1)全面发展教育思想是素质教育的理论基础。素质教育正是以全面发展教育思想为指导,以历史上和现阶段的"全面发展教育"为基础的。

(2)素质教育是全面发展教育在社会主义建设时期的具体落实和深化。素质教育的提出是为了纠正教育实践对教育目的的背离,比如片面追求升学率,过于注重学生的智育而忽视其他方面教育的情况等;素质教育是全面发展的教育目的对教育活动进行调控的一个结果,当然也是教育目的的具体落实和深化。

五、材料分析题(参考答案)

1. (1)①从学校来讲,劳动与技术课程经常被占用,师资、场地、经费缺乏,劳动教育无计划、无考核;有的教师把劳动当作惩罚手段,劳动多教育少,忽视劳动观念和劳动习惯的培养。②从家庭来讲,体力劳动和生产劳动在家庭教育中被忽视,家长往往只关心孩子的学业成绩,只要学习好,什么都不用干。③从社会来讲,一夜暴富、不劳而获的思想有所蔓延,体力劳动和生产劳动被淡化。

(2)①劳动能使儿童的肌体充满活力,改善肌体的各种生理素质，增强体质。②培养儿童的自信心、责任心、情感和意志等思想品质。③促进人的体力发展和智力发展，培养学生的创新精神和实践能力，养成尊重劳动的思想品德。

(3)在校内：①劳动教育要和思想品德教育相结合。要实现劳动教育的目的，就必须在劳动教育中贯穿思想品德教育。“一些孩子不爱劳动、不会劳动，甚至扫一下地都不愿意”，因此要在劳动教育中贯穿思想品德教育，帮助学生改掉怕苦、怕累的思想情感，树立正确的劳动观念。②劳动教育要和各科教学相结合。其他学科也要有机融入劳动教育，如在语文、历史等学科教学中加大劳动观念和态度的培养，在物理、化学、生物等学科教学中加大动手操作和劳动技能、职业技能的培养，在其他学科教学和相关教育活动中也应有机融入劳动教育内容。在教学中各科教师要互相配合，帮助学生树立正确的劳动观念。③劳动教育要因地制宜地进行。地方和学校可结合实际在地方和校本课程中加强劳动教育，开设家政、烹饪、手工、园艺、非物质文化遗产等相关课程。

在校外：①组织校外劳动实践，结合研学旅行、社会实践活动，组织学生学工学农、参加公益劳动与志愿服务。②鼓励学生积极参加家务劳动，教育学生自己的事情自己做，家里的事情帮着做，引导学生践行中华传统美德，参与孝亲、敬老、爱幼等方面的劳动。针对“一些孩子不爱劳动、不会劳动，甚至扫一下地都不愿意”的问题，学校可以安排适量的劳动家庭作业，如洗碗、洗衣服、扫地、整理自己的书包等。

2. (1)随着受教育年限的增多，学生的思维更单一，视野更狭窄，更缺乏想象力，更加不自信，这是教育对学生创造精神和创造力的一种扼杀，不利于学生个性生动活泼的发展。

(2)在教学活动中，我们往往过分看重学生统一的一面，忽视其丰富个性的另一面，喜欢处处压抑学生的好奇心，以便使他们“专心学习”。在这种氛围中成长的学生，不是越来越健康、活泼，而是越来越颓废、无生机、缺乏创造力，结果成为了一批墨守成规、人云亦云、缺乏独立个性的“小绵羊”。

(3)在教学实践活动中，我们的教育应从学生的个性出发，并以“个性充分的自由的发展”为目的，承认每个学生的差异，高度重视学生的个性，善于发现个性，研究个性，反对教育的整齐划一与陈旧僵化；坚持教育目的、课程、方法、教学组织等的多样化、灵活化、个性化；因材施教，发掘每个学生的特点、优点和闪光点，为每个学生的发展提供有利的条件。此外，强调个性教学的另一面，就是要求教师有独立个性，即要求每个教师具备个性素质和个性品质；要求每个教师在教学活动中做到教学内容有个性，教学方法有个性，逐步形成独特的教学风格。

3. (1)素质教育是依据人的发展和社会发展的实际需要，以全面提高全体学生的基本素质为根本目的，以尊重学生主体性和主动精神，注重开发人的智慧潜能，形成人的健全个性为根本特征的教育。素质教育倡导的是在教育中要使每个学生都得到充分的、全面的发展。实施素质教育必须坚持“五育”并举，促进学生生动活泼地发展。

(2)材料中的教师按考试成绩排座位，这一行为严重伤害了学生的自尊心，给学生带来了很大的精神压力和心理负担，最终导致四名学生集体自杀。素质教育要求教师正确看待分数，不以分数作为判断学生的唯一标准。作为教师，应把考试作为一种检查学生学习效果的手段，而不是目的，应以提高学生的素质为目的，促进学生德智体美劳各方面的发展。

专题三　教育和社会发展的关系

一、单项选择题

1. D 【解析】教育之所以需要先行，需要超前于经济建设，是由教育本身的特点决定的。教育的特点之一是超前性。教育的周期性长，是为未来培养人才的，需要先于经济的发展。故选D项。

2. C 【解析】生产力的发展水平制约着学校的专业设置。

易错提示：不同的社会因素可能会对教育的同一方面产生制约作用，但它们的具体表现是不同的。考生应重点区分以下几个因素对教育的影响。

(1)政治经济制度：影响领导权、受教育权、教育目的、教育内容、教育体制、教育的改革与发展等。

(2)生产力：影响教育发展的规模和速度、人才培养规格、教育结构、教育内容、教育方法、教育手段、学校专业设置等。

(3)科学技术：影响教育者观念、受教育者数量、教育质量、教育内容、教育方法、教育手段、教育技术等。

3. B 【解析】教育通过传播文化，使不同国家和民族的文化相互交流、交融，促进文化的优化和发展。题干所述体现了教育具有传播和交流文化的功能。

4. D 【解析】教育传承文化的功能有三种主要表现

形式:传递、保存、活化。

5. A 【解析】从蒸汽机时代到电气生产时代再到自动化时代体现了生产力的发展,说明生产力的发展水平制约着人才培养的规格。

6. B 【解析】教育发展的规模与速度,取决于生产力发展所提供的物质条件和生产力发展对教育事业所提出的要求。此外,生产力的发展促使经济结构产生各种变化,从而也决定了教育结构的变化。故选B项。

7. A 【解析】舒尔茨重视教育投资的作用,认为教育不仅是一种消费活动,也是一种投资活动。这体现了教育的经济功能。

8. D 【解析】社会政治经济制度决定受教育权。在阶级社会中,统治阶级总是要采取种种直接或间接的手段,决定和影响受教育权在社会中的分配,决定谁享有受学校教育的权利、谁无享受学校教育的权利、谁有受什么样学校教育的权利等问题。唐朝"六学二馆"等级森严的入学条件是对受教育权的规定。

9. D 【解析】社会政治经济制度决定教育的领导权。

10. C 【解析】筛选假设理论,又称文凭理论,它强调教育的信号本质,强调筛选作用为教育的主要经济价值。

11. D 【解析】生产力发展水平制约着教育的内容、方法与手段。与古代社会相对低下的生产力水平相适应,学校课程门类不多,教育内容主要偏重于哲学、伦理、宗教、语言等人文学科,与生产力直接联系的自然科学和技术方面的课程很少。随着生产力的不断发展,自然科学逐渐分化出来,成为相对独立的学科。

12. D 【解析】教育的个体功能包括个体发展功能、个体谋生功能、个体享用功能。

13. B 【解析】教育对社会政治经济制度起着巨大的影响作用,但不是决定作用。社会政治经济制度发展的根本动力是生产力与生产关系的矛盾运动,教育在这种矛盾运动中只起加速或延缓作用,而不起决定作用。

14. D 【解析】教育的相对独立性是指教育有其自身的规律,可以"超前"或"滞后"于当时的社会发展。

15. D 【解析】从题干中将学生在学习中学到的"有用才能"看成是"固定资本"可知,亚当·斯密认为教育具有经济功能。

16. C 【解析】办教育需要必要的人力、物力、财力等物质条件,而这些东西来源于生产力的发展水平。生产力水平最终决定了一个国家教育经费投入的多少。故选C项。

17. A 【解析】教育能够使潜在的劳动力转化为现实的劳动力,是科学技术再生产的重要手段,说明教育具有经济效益,体现了教育的经济功能。

18. B 【解析】科学技术影响教育技术。科学技术可以渗透到教育活动的所有环节中去,为教育技术的更新和发展提供各种必要的思想基础和技术条件。教育的科技功能主要表现为完成科学知识的再生产、推进科学的体制化、进行科学研究以及促进科研技术成果的开发利用。故B项表述错误。

19. A 【解析】教育的文化功能是教育社会功能的一个基本功能,与人类教育共始终。

20. C 【解析】教育目的的确立,除了取决于社会政治经济制度和生产力发展水平以外,还受文化的影响。例如,我国古代社会的主流文化是以儒学为核心的伦理型文化,这种文化反映在人才培养上,就强调教育目的是"在明明德,在亲民,在止于至善"。

21. A 【解析】教育与经济的关系,总的来说,是经济决定教育,教育反作用于经济。故选A项。

22. C 【解析】文化选择是对某种、某部分文化的吸收或舍弃。对传统文化要取其精华、去其糟粕即体现了教育对文化的选择功能。

23. D 【解析】题干所述体现了社会文化对学校教育发展的影响,故选D项。

24. A 【解析】题干所述出自《学记》,意思是古代的君主在建立国家、统治百姓时,总是把教育放在首要的位置。这揭示的是教育与政治的关系。

25. B 【解析】不同的政治经济制度要求传递不同的教育内容,特别是思想道德方面的内容。资本主义教育通过专门设置"公民课""宗教教育"向年青一代宣传资产阶级的思想和宗教精神,并且利用国家机关建立教材审批制度等干预、控制教育内容,这反映了社会政治经济制度对教育内容的影响。

26. D 【解析】科学知识是第一生产力,但是科学知识在未用于生产前只是一种意识形态的或潜在的生产力。必须通过教育才能把前人积累的科学知识传递给年青一代,把潜在的生产力转化为现实的生产力。

27. D 【解析】受过教育的人口更容易做远距离迁移,小周毕业后选择留在北京工作体现了教育促进人口迁移的功能。

28. C 【解析】教育结构是指各级各类学校的比例关系和衔接方式,以及不同性质专业之间的比例构成。人口老龄化对教育行业的影响主要体现在教育市场需求、教育体系、教育形式等方面。也即人口老龄化主要影响教育的结构。

二、判断题

1. √ 【解析】科技对教育的作用主要表现为:(1)科学技术能够改变教育者的观念;(2)科学技术能够影响受教育者的数量和教育质量;(3)科学技术能够影响教育的内容、方法和手段;(4)科学技术影响教育技术。故题干说法正确。

2. √ 【解析】现代教育乃是使科学技术这个潜在的生产力变为现实的生产力的中间环节和关键因素。从这个意义上可以说,现代教育也是一种潜在的生产力,因为它是生产劳动力的机构。没有现代教育,没有现代教育使科学技术转化为劳动者的精神财富,没有劳动者使用科学技术装备起来的生产设备,没有劳动者使科学技术和劳动对象的结合,科学技术就永远是一种潜在的生产力,就没有现代生产。故题干表述正确。

3. √ 【解析】教育可以促进政治民主。一个国家的民主程度直接取决于一个国家的政体,但又间接取决于这个国家人民的文化程度和教育事业发展的程度,一个国家普及教育的程度越高,人的知识越丰富,就越能增强公民的意识,认识民主的价值。

4. × 【解析】受教育程度高,在校学习时间就延长,毕业后又面临就业压力,使初婚年龄推迟,育龄期相应缩短。这是教育之所以能起到控制人口增长作用的原因之一。故题干所述体现的是教育的人口功能。

5. √ 【解析】从政治方面而言,一个国家的教育制度往往是其政治制度的翻版,或者说,有什么样的政治制度便有什么样的教育制度,而且教育制度会随着政治制度的变革而调适。

6. √ 【解析】文化制约和影响着教育的发展,先进的文化对教育具有推动作用,落后的文化对教育具有阻碍作用。故题干说法正确。

三、辨析题

1. 现代教育具有显著的经济功能。

(1)这种说法是正确的。(2)教育的经济功能主要体现在教育对社会生产力的促进作用中,具体表现有:①教育再生产劳动力;②教育再生产科学知识。

2. 教育先行是指教育可以先于政治、经济、文化而发展。

(1)这种说法是正确的。(2)教育优先发展又称教育超前发展或教育先行。教育优先发展有两个内涵:其一是社会用于发展教育的投资要适当超越于现有生产力和经济发展水平而超前投入;其二是教育发展要先于或优于社会上其他行业和部门而先行发展。在这里,“优先是指在全局中与其他非优先的事务相比较而言,是指在长远的多种事务不能齐头并进时,在排序上使某一事务先行而言。”故题干说法正确。

3. 政治经济制度决定着教育的性质,因此教育没有自己的相对独立性。

(1)这种说法是不正确的。(2)社会政治经济制度决定教育的性质,对教育有着巨大的影响和制约作用,但教育也具有自身的规律,有自己的相对独立性。

4. 在任何时期,教育与生产力的发展都是同步的。

(1)这种说法是不正确的。(2)教育具有相对独立性,特定的教育形态不一定跟其当时的社会形态保持一致,而存在教育“超前”或“滞后”的现象。因此题干说法不正确。

四、简答题(参考答案)

1. 简述科学技术对教育的影响。

科学技术对教育的影响,首先表现为对教育的动力作用。具体地说,科技对教育的作用表现为:(1)科学技术能够改变教育者的观念;(2)科学技术能够影响受教育者的数量和教育质量;(3)科学技术能够影响教育的内容、方法和手段;(4)科学技术影响教育技术。

2. 简述文化对教育发展的影响和制约。

(1)文化类型影响教育目的;(2)文化观念影响教育观念;(3)文化传统影响教育内容和教育方法。

3. 简述教育的文化功能。

(1)教育能够传承文化;(2)教育能够改造文化(选择和整理、提升文化);(3)教育能够传播、交流和融合文化;(4)教育能够更新和创造文化。

五、论述题(参考答案)

试述教育与社会政治经济制度的关系。

教育受到政治经济制度的制约,同时又对政治经济制度有维护、巩固和加强的作用。

(1)社会政治经济制度对教育的制约表现为:①社会政治经济制度决定教育的领导权;②社会政治经济制度决定受教育权;③社会政治经济制度决定教育目的;④社会政治经济制度决定着教育内容的取舍;⑤社会政治经济制度决定着教育体制;⑥社会政治经济制度制约教育的改革与发展。

(2)教育的政治功能表现为:①教育具有维系社会政治稳定的功能:教育为社会培养各种政治人才;教育培养具有一定政治素质的社会公民。②教育具有促进社会政治变革的功能:现代社会教育的普及化是现代社会政治变革的重要标志,同时又是推进社会政治变革的重要力量;教育通过传播先进的思想,弘扬优良的道德促进社会政治的变革;教育可以促进社会政治民主化,教育可以促进民主化进程,但对政治经济制度不起决定作用。

专题四　教育和人的发展的关系

一、单项选择题

1. C 【解析】个体身心发展的个别差异性要求教育必须因材施教,充分发挥每个学生的潜能和积极因素,有的放矢地选择适宜、有效的教育途径和方法手段,使每个学生都能得到最大的发展。

2. A 【解析】个体身心发展的顺序性规律要求教育一般不可"陵节而施"。

3. D 【解析】人的主观能动性主要是通过人的活动表现出来的,从活动水平角度看,个体主观能动性由三个层次构成:第一层次是人作为生命体进行的生理活动;第二层次是个体的心理活动;最高层次是社会实践活动。

4. D 【解析】人的发展的顺序性是客观的、不以人的意志为转移的,教育工作要遵循这种顺序性,循序渐进地促进人的发展。

5. D 【解析】个体身心发展的互补性是指机体一方面的机能受损甚至缺失后,可通过其他方面的超常发展得到部分补偿。包括生理与生理之间的互补和生理与心理之间的互补。题干所述即体现了个体发展中生理与生理之间的互补。

6. D 【解析】个体身心发展的互补性规律要求教师要掌握科学的教育方法,发现学生的优势,扬长避短、长善救失,激发学生自我发展的信心和自觉。故选D项。

7. D 【解析】学校教育具有加速个体发展的特殊功能。首先,学校教育目标明确、时间相对集中、有专人指导并进行专门训练,所以能加速个体身心发展的速度。其次,学校教育使个体处于一定的学习群体中,个体之间发展水平有差异,有助于促进个体的发展。再次,如果学校教育能正确判断学生的最近发展区,这种加速会更明显、更富有成效。

8. A 【解析】遗传素质是人的身心发展的前提,为人的发展提供了可能性。

9. A 【解析】个体在与环境相互作用中表现出来的个体主观能动性,是人的身心发展的内在动力,也是促进个体发展从潜在的可能状态转向现实状态的决定性因素。高尔基能成为一名伟大的作家在于其能克服各种不利因素,体现了个体主观能动性能促进人的发展。

10. C 【解析】在影响人的发展的诸因素中,教育对人的发展特别是对年青一代的发展起着主导作用。

11. A 【解析】个体身心发展包括身体和心理两方面的发展。

12. D 【解析】题干中的王老师针对每个学生的特点和情况因材施教,这种做法遵循了学生发展的个别差异性。

13. B 【解析】教育的个体个性化功能主要体现在三个方面:(1)教育促进个体主体意识的发展;(2)教育促进人的个体特征的发展;(3)教育促进人的个体价值的实现。

14. D 【解析】学生是一个整体的人,以其整个身心投入教学生活,并以整个身心来感知、体验、享受和创造这种教学生活。教学要着眼于学生的整体性,以促进学生的一般发展,注意做到认知因素与非认知因素、意识与潜意识、科学与艺术的统一。

15. B 【解析】个体身心发展的特殊性表现在:(1)人的身心发展是在社会实践过程中实现的;(2)人的身心发展具有能动性。

16. A 【解析】关键期是指人的某种身心潜能在人的某一年龄段有一个最好的发展时期。在这一时期内,对学生某一方面进行训练可以获得最佳成效,并能充分发挥学生在这一方面的潜力。错过了关键期,训练的效果就会降低,甚至永远无法补偿。"兽孩"往往从小与动物生活在一起,没有接触过人类社会,就算后期被人类发现并对其进行补救教育,也不会很成功,这恰好说明了人的发展具有关键期。

17. B 【解析】题干所述说明青春初期的孩子身高体重的发展水平与其骨化过程是不均衡的,这说明个体的身心发展具有不均衡性。

18. C 【解析】个体身心发展的不平衡性要求教师在教育过程中要把握施教的关键期或最佳期,视时而教、及时施教。题干所述即体现了个体身心发展具有不平衡性。

19. A 【解析】教育的个体社会化功能主要体现在三个方面:(1)教育根据社会的规范和要求促进个体思想意识的社会化;(2)教育通过引导和规范个体的行为,促进个体行为的社会化;(3)教育通过指导学生根据自己的兴趣和能力确定自己未来的职业意向和角色,培养个体的职业角色意识。题干中教师的行为促进了学生的社会化,这体现了教育的个体社会化功能。

20. B 【解析】个体身心发展的阶段性是指不同年龄阶段学生的身心发展具有不同的特征和任务。因而教育工作者对不同年龄阶段的学生,在教育的内容和方法上应有所不同。题干描述的是针对不同年龄阶段学生的特征,应采用不同的教学方式,体现了儿童身心发展具有阶段性。

21. D 【解析】个体在与环境相互作用中表现出来的个体主观能动性,是人的身心发展的内在动力,也是促进个体发展从潜在的可能状态转向现实状态的决定性因素。

22. B 【解析】"蓬生麻中,不扶而直;白沙在涅,与之俱黑"出自《荀子·劝学》,意为蓬草长在麻地里,不用扶持也能挺立,而白沙混进了泥土里,就会变得和泥土一样黑。意在说明环境对个体身心发展的影响,好的人或物处在相应环境里,也会随着环境而变化。

23. C 【解析】美国心理学家格塞尔强调成熟机制对人的发展的决定作用,并通过双生子爬梯实验证明了他的"成熟势力说"。

24. B 【解析】个体身心发展的差异性要求贯彻因材施教的原则。题干中第斯多惠的话说明个体身心发展具有差异性。

25. C 【解析】学校教育在人的身心发展中起主导作用,但是并不能解决人发展过程中的所有问题。C项说法错误。

26. B 【解析】孟子认为人的本性是善的,"万物皆备于我",人的本性中就有恻隐、羞恶、辞让、是非四端,这是仁、义、礼、智四种基本品性的根源,人只要善于修身养性,向内寻求,这些品性就能得到发展。他是中国古代"内发论"的代表人物。

27. C 【解析】"教育万能论"是一种片面地夸大教育在人的发展中的作用的观点,认为人完全是教育的产物。题干中洛克和康德的话表明他们都认为人是教育的产物,这属于教育万能论的观点。

28. D 【解析】"外塑论"学生发展观以英国教育家洛克及德国教育家赫尔巴特为代表。

二、辨析题

1. 只要教育得法,人人都可以成为歌唱家、科学家、诗人。

(1)这种说法是不正确的。(2)人的身心发展不仅受教育的影响,还受遗传素质、环境、个体主观能动性等的影响。题干观点片面夸大了教育的作用,忽视了其他因素对人的身心发展的影响。因此,这种观点是不正确的。

2. 家庭背景是个体身心发展的先决条件,为个体发展奠定基础。

(1)这种说法是不正确的。(2)社会环境是人的发展的外部条件,为个体的发展提供了多种可能,使遗传提供的发展可能变成现实,如一个家庭、一所学校等。遗传素质是指从上一代继承下来的生理解剖上的特点,是先天的,与生俱来的。遗传素质是个体身心发展的先决条件,为个体发展奠定基础。

三、简答题(参考答案)

1. 为什么说学校教育在人的身心发展中起主导作用?

(1)学校教育是有目的、有计划、有组织地培养人的活动;(2)学校有专门负责教育工作的教师,相对而言效果较好;(3)学校教育能有效地控制和协调影响学生发展的各种因素。

2. 简述学生发展的一般规律。

(1)顺序性;(2)阶段性;(3)不平衡性(不均衡性);(4)互补性;(5)稳定性和可变性;(6)个别差异性;(7)整体性。

3. 简述"勤能补拙"体现的教育学原理。

(1)个体的主观能动性是人的一种内在需要和动力,是一种寻求发展的积极动机和渴望。所以,个体的主观能动性是人的身心发展的内在动力,也是促进个体发展从潜在的可能状态转向现实状态的决定性因素。"勤能补拙"体现了遗传素质不决定人的发展,决定人发展的是个体主观能动性的发挥。

(2)影响人的身心发展的因素是多方面的。遗传素质是人的身心发展的物质前提,环境为个体的发展提供了多种可能,而教育作为特殊的环境对人的身心发展起主导作用,个体主观能动性是人的身心发展的内因和动力。这些因素彼此关联、相互配合,共同发挥作用,促进人的身心发展。

4. 教育的个体社会化的功能主要体现在哪几个方面?

(1)教育根据社会的规范和要求促进个体思想意识的社会化;(2)教育通过引导和规范个体的行为,促进个体行为的社会化;(3)教育通过指导学生根据自己的兴趣和能力确定自己未来的职业意向和角色,培养个体的职业角色意识。

四、材料分析题(参考答案)

1. (1)环境对学生身心发展的作用表现在:①社会环境为个体的发展提供了多种可能,使遗传提供的发展可能变成现实;②环境是推动人身心发展的动力;③环境不决定人的发展;④人对环境的反应是能动的。

(2)全面发展教育的内容主要包括德育、智育、体育、美育、劳动技术教育。全面发展教育各组成部分之间的关系表现为:①“五育”在全面发展中的地位存在不平衡性。在实际生活中,青少年德、智、体、美、劳诸方面的发展往往是不平衡的,有时需要针对某个带有倾向性的问题强调某一方面。学校教育也常会因某一时期任务的不同,在某一方面有所侧重。②“五育”各有其相对独立性,有其特定的任务、内容和功能,对其他各育起着影响、促进的作用,各育不能相互代替。③“五育”之间具有内在联系。德育、智育、体育、美育、劳动技术教育紧密相连,它们互为条件、互相促进、相辅相成,构成一个统一的整体。它们的关系具有在活动中相互渗透的特征。

(3)①转变教育观念,面向全体学生,提高学生的整体素质;②转变学生观,要尊重学生的主体地位,充分发展学生的个性,发挥学生的积极主动精神;③改革教育教学方法,实施素质教育,培养学生的创新精神和实践能力。

2. 个体身心发展的顺序性是客观的、不以人的意志为转移的,教育工作要遵循这种顺序性,循序渐进地促进人的发展。所以,教育一般不可“陵节而施”,否则就会出现教育的异化,造成教育的负效应。早期教育并不是越早越好,过于夸大早期教育的目的和作用是极为错误的。而小敏的妈妈在小敏6岁的时候就带她上各种特长班,违背了小敏身心发展的顺序性,最后使得对小敏的教育取得了反效果。

真题必刷

一、单项选择题

1. A 【解析】个人本位论与社会本位论是教育目的的两种典型对立的理论主张。个人本位论认为教育的根本目的是人的本性和本能的高度发展;社会本位论认为教育以社会的稳定和发展为最高宗旨。

2. D 【解析】全面发展与个性发展是一致的、统一的。全面发展是指每个人的全面发展,即“个性的全面发展”。个性是每个人在全面发展的过程中由于客观存在的各种差异而形成的各不相同的个性,是全面发展的自然结果,即“全面发展的个性”。马克思主义的全面发展有一个重要的维度是自由发展,是以个人合乎本性的自由发展为条件的。所以,全面发展不等于平均发展或平面发展,不是整齐划一的发展,不是也不可能是每个人同样的发展。

3. A 【解析】教育事业发展的规模和速度归根结底是由生产力发展水平决定的。教育发展的规模与速度,取决于生产力发展所提供的物质条件和生产力发展对教育事业所提出的要求。故选A项。

4. A 【解析】社会本位论认为确立教育目的的根据是社会的要求,个人的发展必须服从社会需要,因为个人生活在社会中,受制于社会环境。教育的目的是为社会培养合格的成员和公民,使受教育者社会化。代表人物有荀子、柏拉图、赫尔巴特、涂尔干、纳托普、凯兴斯泰纳、孔德、巴格莱等。故选A项。

5. A 【解析】教育目的是整个教育工作的核心,是教育活动的依据和评判标准、出发点和归宿,在教育活动中居于主导地位。

6. C 【解析】马克思主义关于人的全面发展学说的基本内容之一即社会主义制度是实现人的全面发展的社会条件。机器大工业生产所提供的人的全面发展的可能性,在资本主义社会并不能充分地实现。只有消灭剥削,实现生产资料公有制,为全体劳动者提供物质的和精神的条件,才能使他们全面发展。

7. B 【解析】影响人的发展的因素主要有遗传、环境、教育、个体主观能动性。我们常说的“近朱者赤,近墨者黑”强调的就是环境因素对个体发展的影响,接近好人可以使人变好,接近坏人可以使人变坏。而“近墨者未必黑”则强调了人的能动性对人的发展的影响,虽然环境为个体发展提供了多种可能性,但是个体主观能动性是人的发展的决定性因素。故选B项。

二、填空题

立德树人　素质教育　教育公平　德智体美全面发展

三、判断题

1. × 【解析】从体现美的本质角度看,学校美育的内容主要包括形式教育、理想教育和艺术教育三个方面。艺术教育是美育最重要和最主要的内容和手段,是美育的主体部分,但不能将美育等同于艺术教育。

2. √ 【解析】一般审美活动包括审美主体和审美对象两个方面,而美育过程包括教师、学生、审美对象三个方面,三者交互作用,学生是审美教育对象又是审美主体,教师是审美主体又是教育主体,处理好三方面关系是有效实施美育过程的保证:(1)培养学生审美感知能力是美育过程起点;(2)培养学生审美判断能力是美育过程的进一步发展;(3)发展学生的创造才能,把感受美、鉴赏美的能力用于实践是美育过程的最终目的。

四、判断说理题

1. 你赞成这个说法吗?为什么?

(1)不赞成。(2)在影响人的身心发展的诸多因素中，虽然环境制约着人的身心发展，为人的发展提供了多种可能，但不能决定人的发展，因为人在一定程度上可以发挥主观能动性，并超越环境的制约。个体主观能动性是促进个体发展从潜在的可能状态转向现实状态的决定性因素。

2. 请结合自己成长的实际，运用所学教育学理论加以分析。

总体看来，影响个体身心发展的因素主要有遗传、环境、教育(学校教育)和个体主观能动性等，它们彼此关联、相互配合，共同发挥作用，促进人的身心发展。具体表现为：

(1)遗传(遗传素质)。遗传素质对个体发展的影响主要表现为：①遗传素质是人的身心发展的前提，为人的发展提供了可能性，但不能决定人的发展；②遗传素质的个别差异是人的身心发展的个别差异的原因之一，这些差异是个性形成的生理基础，是人的个性差异的最初原因；③遗传素质的成熟机制制约着人的身心发展的水平及阶段。因此，我们不能夸大遗传的作用，把遗传看作是决定人的发展的唯一因素，而且教育必须按照遗传素质发展的水平进行。

(2)环境。主要指社会环境，社会环境为个体的发展提供了多种可能，使遗传提供的发展可能变成现实，是推动人身心发展的动力，但环境不决定人的发展。因为环境对人的发展的影响要通过个体的主观努力和社会实践活动才能实现。因此，我们不能夸大环境对人的发展的作用。

(3)教育(学校教育)。教育对人的发展起着主导作用和促进作用。学校教育具有开发个体特殊才能和发展个性的功能，对于个体发展的影响具有即时和延时的价值，而且具有加速个体发展的特殊功能。但学校教育主导作用和促进作用的实现是相对的、有条件的，我们应正确看待教育在个体发展中的作用，既不能夸大学校教育对于个体发展的作用，认为人完全是教育的产物，也不能抹杀教育在人的发展中的作用。

(4)个体主观能动性。个体的主观能动性是人的身心发展的内在动力，也是促进个体发展从潜在的可能状态转向现实状态的决定性因素。

五、简答题(参考答案)

1. 简述教育目的与教育方针的关系。

(1)联系：教育方针是一个国家在一定时期内关于教育工作的总要求，它反映了一个国家教育的根本性质、总的指导思想和教育工作的总方向等要素。教育方针是教育目的的政策性表达，具有政策的规定性，在一定时期内具有必须贯彻的强制性，教育目的只是教育方针的若干组成要素之一。

(2)区别：①"教育目的"是理论术语，是学术性概念，属于教育基本理论范畴；"教育方针"则是工作术语，是政治性概念，属于教育政策学范畴。同时，教育目的也属于目的性范畴，而教育方针则属于手段性范畴。②教育目的着重于对人才培养规格做出规定，教育方针着重于对教育事业发展方向提出要求。③教育目的有时是由社会团体或个人提出的，对教育实践可以不具约束力；而教育方针则是由政府或政党提出的，对教育实践具有强制性。④教育方针作为国家教育政策的概括，它对于教育工作产生的影响要大于教育目的，因为教育方针的内容中不只限于教育目的的规定，还涉及教育的性质和实现教育目的的途径。

2. 简述社会本位的教育目的价值取向的基本观点。

社会本位论认为确立教育目的的根据是社会的要求，个人的发展必须服从社会需要，因为个人生活在社会中，受制于社会环境。教育的目的是为社会培养合格的成员和公民，使受教育者社会化，社会价值高于个人价值，教育质量和效果可以用社会发展的各种指标来评价。简言之，教育以社会的稳定和发展为最高宗旨。

3. 小学美育的基本任务有哪些？

(1)培养学生正确的审美观点，使他们具有感受美、理解美和鉴赏美的知识与技能；(2)培养学生艺术活动的技能，发展他们体现美和创造美的能力；(3)培养学生的心灵美和行为美，使他们在生活中体现内在美和外在美的统一。

4. 简述教育的经济功能。

教育的经济功能是指教育对一国经济增长和经济发展所起的促进作用。具体表现在：(1)教育再生产劳动力；(2)教育再生产科学知识。

第三章　学校教育制度

基础必刷

专题一　教育制度概述

一、单项选择题

1. C 【解析】非制度化教育是相对于制度化教育而言的。它指出了制度化教育的弊端，但又不是对制度化教育的全盘否定。非制度化教育所推崇的理想是："教育不应再限于学校的围墙之内。"

2. C 【解析】学校教育制度是国民教育制度的核心与主体。

3. D 【解析】狭义的教育制度指学校教育制度，简称学制。

4. B 【解析】“十月革命”后，苏联制定了单轨学制，但与美国的单轨制不同，这种学制既有上下级学校间的相互衔接，又有职业技术学校横向的相互联系，形成了立体式的学制。所以，它是介于双轨学制和单轨学制之间的分支型学制，也被称为中间型学制或“Y”型学制。

5. A 【解析】美国的学制主要是单轨制，这种学制有利于教育的普及。

6. C 【解析】欧洲双轨制的学校系统分为两轨：一轨是学术教育，为特权阶层子女所占有，学术性很强，学生可升到大学以上；另一轨是职业教育，为劳动人民的子弟所开设，属生产性的一轨。根据题干中的“自上而下”可知这是学术教育一轨，也即“精英轨”。

7. A 【解析】教育制度的发展经历了前制度化教育、制度化教育、非制度化教育三个阶段。前制度化教育阶段的一个重要标志是奴隶社会初期出现的定型的教育组织形式，即实体化教育——学校。教育实体的形成具有以下特点：(1)教育主体确定；(2)教育的对象相对稳定；(3)形成系列的文化传播活动；(4)有相对稳定的活动场所和设施等；(5)由以上因素结合而成的独立的社会活动形态。故题干所述特征的出现标志着教育制度进入前制度化教育阶段，选A项。

8. C 【解析】教育制度的发展经历了从前制度化教育到制度化教育，再到非制度化教育的过程。

9. A 【解析】英国是西欧双轨制的典型代表。双轨学制的学校系统分为两轨：一轨是学术教育，为特权阶层子女所占有，学术性很强，学生可升到大学以上；另一轨是职业教育，为劳动人民的子弟所开设，属生产性的一轨。两轨之间互不相通，互不衔接。

10. B 【解析】现代学制最早出现在欧洲，主要有三种类型：一是双轨学制，二是单轨学制，三是分支型学制。

11. C 【解析】非制度化教育所推崇的理想是：“教育不应再限于学校的围墙之内。”提出构建学习化社会的理想是非制度化教育的重要体现。故选C项。

12. A 【解析】近代学校系统的出现，开启了制度化教育的新阶段。学校教育系统的形成，即意味着制度化教育的形成。

13. A 【解析】教育制度的特征：(1)客观性；(2)强制性；(3)规范性；(4)历史性。

14. B 【解析】单轨制有利于教育的普及，但教育参差不齐、效益低下、发展失衡，同级学校之间的教学质量相差较大。

15. B 【解析】非制度化教育是相对于制度化教育而言的。它指出了制度化教育的弊端，但又不是对制度化教育的全盘否定。非制度化教育相对于制度化教育而言，改变的不仅是教育形式，更重要的是教育理念。

16. D 【解析】现代学制主要有三种类型：一是双轨学制，二是单轨学制，三是分支型学制。

二、判断题

1. √ 【解析】广义的教育制度包括一切教育设施，不仅包括教育行政机构，也包括教育实施机构。

2. √ 【解析】随着学校教育的不断扩展，入学机会的不断增加，大众的教育需求得到了极大的满足。终身教育的理念逐渐被人们广泛接纳，并影响着制度化教育体系的变革与发展。在一次性教育向终身教育转变的过程中，以获得文凭为受教育目的的程度逐渐降低，通过教育补充知识、丰富人生的目的越来越强，社会教育的程度越来越高，学历教育与非学历教育的界限逐渐淡化。

3. × 【解析】非制度化教育是相对于制度化教育而言的。它指出了制度化教育的弊端，但又不是对制度化教育的全盘否定。故题干表述错误。

4. × 【解析】现代教育制度发展的趋势之一是中等教育中普通教育与职业教育朝着相互渗透的方向发展。

5. × 【解析】教育体制不同于教育制度。教育体制是一个国家配合政治、经济、科技体制而确定下来的学校办学形式、层次结构、组织管理等相对稳定的运行模式和规定。教育制度是指一个国家或地区各级各类教育机构与组织的体系及其各项规定的总称。

三、简答题(参考答案)

简述现代教育制度的发展趋势。

(1)加强学前教育并重视与小学教育的衔接；(2)强化普及义务教育，延长义务教育年限；(3)中等教育中普通教育与职业教育朝着相互渗透的方向发展；(4)高等教育的大众化；(5)终身教育体系的建构；(6)教育社会化与社会教育化；(7)教育的国际交流加强；(8)学历教育与非学历教育的界限逐渐淡化。

专题二 学校教育制度

一、单项选择题

1. A 【解析】从类别结构上来看，我国现行学校教育可划分为基础教育、职业技术教育、高等教育、成人教育和特殊教育五个大类。

2. A 【解析】“癸卯学制”明文规定教育目的是“忠君、尊孔、尚公、尚武、尚实”，明显反映了“中学为体，西学为用”的思想。

3. C 【解析】“癸卯学制”主要承袭了日本的学制，是中国近代教育史上第一部由国家颁布的并在全国实行的学制系统，成为中国近代教育走向制度化、法制化阶段的标志。

4. C 【解析】学制的设置要受青少年儿童身心发展规律的影响，青少年儿童身心发展的各个阶段，都有明显的年龄特征。正是由于学制受青少年儿童身心发展规律的制约，所以不同国家在学制的很多方面是一致的，如入学年龄，大学、中学、小学阶段的划分等。

5. B 【解析】中国近代教育史上最先制定的系统的学校制度是1902年的《钦定学堂章程》，亦称“壬寅学制”。“壬寅学制”以日本学制为蓝本，由当时的管学大臣张百熙起草，是中国近代教育史上最早由国家正式颁布的学制系统，但并未实行。

6. C 【解析】1993年颁布的《中国教育改革和发展纲要》确定了20世纪末教育发展的总目标——基本普及九年义务教育和基本扫除青壮年文盲；全面贯彻党的教育方针，全面提高教育质量；要建设好一批重点学校和一批重点学科。简称“两基”“两全”“两重”。故选C项。

7. D 【解析】从层次结构上来看，我国现行学校教育包括学前教育、初等教育、中等教育和高等教育四个层次。故选D项。

8. C 【解析】壬子癸丑学制第一次规定了男女同校，明令废除在受教育权方面的性别和职业限制，在法律上体现了教育机会均等。

9. A 【解析】从类型上看，我国现行学制是从单轨学制发展而来的分支型学制。

10. B 【解析】1922年，留美派主持的全国教育会联合会以美国学制为蓝本，颁布了“壬戌学制”，也称六三三学制。该学制是中国近代史上实施时间最长、影响最大的学制。

11. C 【解析】由题干中对中、初级技术人员、管理人员、技工和其他城乡劳动者的迫切需求可知应大力发展职业技术教育。

12. C 【解析】1922年的“壬戌学制”在高中增加职业科，大中学校课程采用学分制、选科制，考虑到了青少年的不同需要和个性发展。这是在中国教育制度发展史上，中学阶段最早兼顾升学和就业双重需要的学制。故选C项。

13. A 【解析】学校教育制度（简称学制）是指一个国家各级各类教育组织（主要指学校）的总体系统，它规定了各级各类教育组织的性质、任务、入学条件、学习年限以及它们之间的衔接与关系。故选A项。

14. A 【解析】我国学制改革和发展的基本方向是重建和完善分支型学制，即通过发展基础教育后的职业教育走向分支型学制，再通过高中综合化走向单轨学制。

15. C 【解析】学校教育制度由三个基本要素构成，即学校的类型、学校的级别和学校的结构。

16. B 【解析】“癸卯学制”是中国近代教育史上第一部由国家颁布的并在全国实行的学制系统。故选B项。

17. A 【解析】癸卯学制明文规定教育目的是“忠君、尊孔、尚公、尚武、尚实”，明显反映了“中学为体，西学为用”的思想。

18. C 【解析】学制的建立必须考虑生产力发展水平与科学技术发展状况，要与它们的要求相适应。发达国家由于生产力发展水平与科学技术发展对劳动者的文化素质提出了较高的要求，义务教育的年限也比发展中国家要长。所以题干中发达国家和发展中国家义务教育年限的不同体现了经济发展水平对学制的影响。

19. B 【解析】我国近代制度化教育兴起的标志是清朝末年的“废科举，兴学校”，以及颁布了全国统一的教育宗旨和近代学制。

20. D 【解析】1922年，在北洋军阀统治下，留美派主持的全国教育会联合会以美国学制为蓝本，颁布了“壬戌学制”，又称“新学制”或“六三三学制”。

易错提示：旧中国的四个主要学制的借鉴蓝本是易混点，考生应注意区分。

(1)借鉴日本学制：壬寅学制、癸卯学制、壬子癸丑学制。

(2)借鉴美国学制：壬戌学制。

21. D 【解析】“壬子癸丑学制”是我国教育史上第一个具有资本主义性质的学制。

22. A 【解析】1993年颁布的《中国教育改革和发展纲要》确定了20世纪末教育发展的总目标——基本普及九年义务教育和基本扫除青壮年文盲；全面贯彻党的教育方针，全面提高教育质量；要建设好一批重点学校和一批重点学科。简称“两基”“两全”“两重”。

23. A 【解析】1958年9月，中共中央和国务院颁布《关于教育工作的指示》，该指示提出了学制改革的“两条腿走路”的办学方针和“三个结合”“六个并举”的具体办学原则。

24. C 【解析】壬戌学制以美国学制为蓝本，采用美国式的六三三分段法，即小学六年、初中三年、高中三年，又称“新学制”或“六三三学制”。

25. D 【解析】我国于1993年颁布的《中国教育改革和发展纲要》确定了20世纪末教育发展的总目标：基本普及九年义务教育和基本扫除青壮年文盲；全面贯彻党的教育方针，全面提高教育质量；要建设好一批重点学校和一批重点学科。简称“两基”“两全”“两重”。

26. C 【解析】“允许智力超常的学生跳级、设立特殊学校与特殊班”是依据个体身心发展的个别差异性规律而进行的因材施教，这说明学制的制定受人的身心发展规律的影响。

二、填空题

1. 官学　私学
2. 壬子癸丑学制
3. 壬子癸丑(1912～1913年)
4. 学校教育制度

三、简答题(参考答案)

1. 简述建立学制的依据。

(1)生产力发展水平和科学技术发展状况；(2)社会政治经济制度；(3)青少年儿童身心发展规律；(4)人口发展状况；(5)文化传统；(6)本国学制的历史发展和国外学制的影响。

2. 简述我国当前学制改革的主要内容。

(1)加强基础教育，落实义务教育；(2)调整中等教育结构，发展职业技术教育；(3)稳步发展高等教育，走内涵发展为主的道路；(4)重视成人教育，发展终身教育。

专题三　学校与学校文化、义务教育与终身教育

一、单项选择题

1. A 【解析】一般认为，在夏朝的时候，我国就出现了学校。但是，我们并没有从考古发掘中找到可靠的实物来证实。而有文字记载，同时又有考古出土的实物证实的学校出现在商朝。

方法技巧：关于我国最早的学校出现的时期，在选择题中，如果选项同时出现了夏朝和商朝，而题干中又没有严格的条件限制，一般认为我国最早的学校教育形态出现在夏朝。

2. A 【解析】稷下学宫是养士的一个缩影，虽然由齐国提供教学活动的经费，但它基本上是私学，是一所由官家举办、私家主持的学校。其特点是学术自由。

3. B 【解析】在夏山学校，上课是自愿的，儿童可以从事他们自己感兴趣的活动，并且自己“管理”自己。因而，从其本质上来看，夏山学校是一所以儿童为中心的学校。

4. A 【解析】世界上最早的一所幼儿园是由德国人福禄贝尔于1837年在德国的勃兰根堡创立的，并于1840年正式命名为幼儿园。

5. C 【解析】我国近代学校的诞生以1862年京师同文馆的设立为标志，这是我国政府自行创立的第一所新式学堂。

6. D 【解析】“终身教育”这一术语是1965年在联合国教科文组织主持召开的成人教育促进国际会议期间，由时任联合国教科文组织成人教育局局长的保罗·朗格朗正式提出来的。

7. D 【解析】义务教育是以法律形式规定的，适龄儿童和少年必须接受的，国家、社会、学校和家庭必须予以保证的国民基础教育。故选D项。

8. B 【解析】学校制度文化相对于物质文化与精神文化，是学校在日常管理要求或规范中长期逐步形成的管理机构和规章制度、条例、措施、规定、行为规范等，体现学校个体特有的管理理念、人文精神、发展目标、运行效果等。学校制度文化建设的重点是尊重与参与、学习与创新、发展与诚信价值观的确立，服务、激励、保障等学校制度文化的构建，具体包括对学校制度文化建设的认识，师生工作学习主动性、创造性和实效性制度的激活，富有人文情怀、创新活力与团队精神的学校部门群体的制度，学生教育管理制度，班级管理制度，教师教育教学管理制度等的文化建设。

9. B 【解析】“控辍保学”是“普及九年义务教育”工作提出来的一个概念，控是控制，辍是停止、中止，保是保护、保障，学是学习、接受教育。意思为控制学生失学、辍学，保证所有适龄儿童、少年入学就读，接受义务教育。义务教育的强制性是义务教育的最本质特征。对不履行义务教育的行为，国家以立法的形式，强制执行。因此，“控辍保学”工作的落实体现了义务教育的强制性。

10. D 【解析】五四制实验始于1981年，由北京师范大学学制研究小组在其附属中小学开始实验。

11. A 【解析】公益性是学校及其他教育机构有别于企业组织的根本性特点。

12. C 【解析】终身教育是“人们在一生中所受到的各种培养的总和”,它指开始于人的生命之初,终止于人的生命之末,包括人发展的各个阶段及各个方面的教育活动。既包括纵向的一个人从婴儿到老年期各个不同发展阶段所受到的各级各类教育,也包括横向的从学校、家庭、社会各个不同领域受到的教育,其最终目的在于“维持和改善个人社会生活的质量”。故选C项。

13. B 【解析】A项,终身性是终身教育最大的特征,它突破了正规学校的框架,把教育看成是人一生中连续不断的学习过程,是人们在一生中所受到的各种培养的总和,实现了从学前期到老年期的整个教育过程的统一。故A项说法正确。

B项,终身教育既包括正规教育,又包括非正规教育,包括了教育体系的各个阶段和各种形式。故B项说法不正确。

C项,终身教育没有固定内容和方法,并且终身教育将动摇整个教学观念和教学方法的传统基石,使得课堂教学不再是教育的核心,其基本特点是具有连续性和整体性。故C项说法正确。

D项,终身教育的培养目标主要有两个方面:培养新人和实现教育民主化。故D项说法正确。

二、辨析题

1. 终身教育是一种全新的教育。

(1)这种说法是不正确的。(2)终身教育是对现代教育的补正。终身教育并非一种全新的教育,它不是对现代教育的完全否定,而是对现代教育实行补正机能以克服现代教育的缺点。

2. 终身教育就是成人教育。

(1)这种说法是不正确的。(2)终身教育既包括正规教育,又包括非正规教育,包括了教育体系的各个阶段和各种形式。把终身教育等同于成人教育或职业教育是片面的。

3. 义务教育最本质的特征是强制性。

(1)这种说法是正确的。(2)义务教育的强制性,是义务教育最本质的特征。它是指义务教育依照法律的规定,由国家强制力保证推行和实施。

三、简答题(参考答案)

1. 简述学校产生的条件。

(1)生产力的发展以及社会生产水平的提高,为学校的产生提供了物质基础;(2)脑力劳动和体力劳动的分离,为学校的产生提供了专门从事教育活动的知识分子;(3)文字的创造与知识的积累,为学校教育活动的开展提供了有效的教育手段与充分的教育内容;(4)国家机器的产生需要专门的机构培养官吏和知识分子来为统治阶级服务。

2. 简述我国义务教育实施的重心。

(1)巩固提高九年义务教育水平,重点推进义务教育均衡发展;(2)基本普及学前教育;(3)加快普及高中阶段教育。

3. 简述教师终身学习的内容。

(1)学会学习;(2)通晓自己所教的学科,成为学科专家;(3)学习有关教育的学问;(4)学习信息技术。

4. 简述终身教育思想的主要观点。

(1)从胎儿到坟墓的人生全程教育(终身性);(2)超越学校围墙的教育(开放性);(3)终身教育的学习方式:自学导向学习(自主性);(4)无所不包的学习内容;(5)终身教育的目标——完善的人与和谐的社会(实用性)。

5. 简述教师终身学习的方法。

(1)参加系统的终身学习;(2)参加校本学习;(3)参加各类成人教育;(4)借助媒体学习。

6. 学校的基本性质有哪些?

(1)学校是一种社会组织;(2)学校是一个规范性组织;(3)学校是一个公益性组织;(4)学校是专门的教育机构;(5)学校具有民族性;(6)学校处于不断变革之中。

7. 如何理解“学校是专门的教育机构”?

学校作为一种专门的教育机构与其他社会组织是相互区别的,学校的专门性主要体现在以下几点:(1)专门的教育职能;(2)专门的教育人员;(3)专门的活动内容和形式;(4)专门的评价方式;(5)专门的经费支持。

8. 简述义务教育的性质。

义务教育具有强制性(义务性)、普及性(普遍性、统一性)、免费性(公益性)、公共性(国民性)和基础性。

四、材料分析题(参考答案)

(1)坚持立德树人,着力培养担当民族复兴大任的时代新人。落实立德树人根本任务就是要在教育教学过程中培养德才兼备、德智体美劳全面发展的人,培养合格的社会主义建设者和接班人。全面落实立德树人的根本任务,要着力在坚定理想信念、厚植爱国主义情怀、加强品德修养、增长知识见识、培养奋斗精神、增强综合素质上下功夫。

(2)坚持“五育”并举,全面发展素质教育。素质教育是促进学生全面发展的教育。素质教育的理论依据是全面发展教育。全面发展教育是素质教育的内容或途径,素质教育是全面发展教育的目标或落实。实施素质教育必须坚持“五育”并举,突出德育实效，提升智育水平，强化体育锻炼，增强美育熏陶，加强劳动教育，促进学生生动活泼地发展。

(3)强化课堂主阵地作用，切实提高课堂教学质量。各级教育部门和学校要加强教学管理，完善作业考试辅导，促进信息技术与教育教学融合应用。教师要优化教学方式，坚持教学相长，注重启发式、互动式、探究式教学。

(4)按照“四有好老师”标准，建设高素质专业化教师队伍。“四有好老师”的标准是有理想信念、有道德情操、有扎实学识、有仁爱之心。

(5)深化关键领域改革，为提高教育质量创造条件。

(6)加强组织领导，开创新时代义务教育改革发展新局面。

(考生可结合实际加以阐述，言之有理即可)

真题必刷

一、单项选择题

1. C 【解析】终身教育既包括正规教育，又包括非正规教育，包括了教育体系的各个阶段和各种形式，故C项表述不正确。因此，本题选C项。A项属于终身教育思想的意义，表述正确。终身教育强调统筹安排各种教育活动，谋求各类教育之间的联系和统一，故B项表述正确。自20世纪60年代以来，终身教育作为一种最有影响的教育思潮已被不同社会制度的国家普遍接受，故D项表述正确。
2. D 【解析】教育制度的概念有广义和狭义之分。广义的教育制度指国民教育制度，是一个国家为实现其国民教育目的，从组织系统上建立起来的一切教育设施和有关规章制度的总和。狭义的教育制度指学校教育制度，简称学制。
3. B 【解析】学校教育系统的形成，即意味着制度化教育的形成，学校教育制度的建立是制度化教育的典型表征。故选B项。
4. D 【解析】义务教育的强制性是义务教育的最本质特征。义务教育是法律保证实施的教育活动。义务教育不仅是受教育者的权利，而且还是国家的义务，国家、社会、学校和家庭必须依法予以保证。对不履行义务教育的行为，国家以立法的形式，强制执行。题干所述体现了义务教育的强制性。
5. C 【解析】学校教育制度(简称学制)是指一个国家各级各类教育组织(主要指学校)的总体系统，它规定了各级各类教育组织的性质、任务、入学条件、学习年限以及它们之间的衔接与关系。故选C项。

二、填空题

1. 壬寅学制
2. 癸卯学制(《奏定学堂章程》)

三、判断题

1. √ 【解析】教育管理体制是教育领域中关于机构的设置、隶属关系以及权限划分等方面的制度。题干所述为教育管理体制的含义，表述正确。
2. √ 【解析】校风具有感染、同化作用。一所学校一旦形成了好的校风，就会对生活在这个环境中的师生起着潜移默化的影响作用。校风是一种无声的命令，无形的教育力量，因此，有人把它称为“第二教师队伍”。

四、简答题(参考答案)

简述学校文化的功能。

(1)导向作用；(2)凝聚作用；(3)规范作用。

第四章 教师与学生

基础必刷

专题一 教 师

一、单项选择题

1. A 【解析】题干所述表明教师要教给学生知识，首先自身应具备广博的知识。故选A项。
2. C 【解析】题干的描述体现了教师在教学方法上的不断更新，这是教师劳动创造性的表现。
3. A 【解析】教师职业的最大特点在于职业角色的多样化，故选A项。
4. A 【解析】“学在官府”“以吏为师”说明当时的教师都由官吏兼任，官师一体。这在教师职业发展历史中属于非职业化阶段。
5. A 【解析】教师要使教学更加具有科学性与有效性，就必须掌握教育教学的规律，掌握教育教学的原则、方法体系，即必须具备教育科学知识。
6. C 【解析】热爱学生是教师职业道德的核心，是教师高尚道德品质的表现。
7. C 【解析】我国最早的师范教育产生于清末。1897年，盛宣怀在上海开办“南洋公学”，分设上院、中院、师范院和外院，其中的师范院即中国最早的师范教育。
8. A 【解析】获得报酬权是教师的基本物质保障权利。包括：(1)按时获取工资报酬权；(2)享受国家规定的福利待遇权；(3)寒暑假期的带薪休假权。

9. B 【解析】夸美纽斯说过："我们对于国家的贡献，哪里还有比教导青年和教育青年更好、更伟大的呢？"他认为，教师是太阳底下最崇高、最优越的职业。

10. C 【解析】构成师表维度的四个不同层次包括：规范、垂范、模范、世范。

11. C 【解析】"度德而师之"的意思是：衡量(一个人的)德行是否能够服人，然后向其学习。这说明教师在教育教学工作中应扮演好示范者角色，成为学生学习和模仿的榜样。

12. D 【解析】条件性知识主要是解决如何将知识传授给学生，即解决"如何教"的问题；本体性知识主要用于解决教师"教什么"的问题；实践性知识，即课堂情境知识，体现教师个人的教育教学智慧和教学风格。

13. C 【解析】教师劳动的间接性是指教师的劳动不直接创造物质财富，而是以学生为中介实现教师劳动的价值。题干所述体现了教师劳动的间接性特点。

14. A 【解析】教育学、心理学及各科教材教法是教师首先要掌握的最为基本的教育学科知识，即条件性知识。

15. A 【解析】教师的专业能力是教师综合素质最突出的外在表现，也是评价教师专业性的核心因素。

16. C 【解析】忠于人民的教育事业要求教师做到：(1)依法执教，严谨治教；(2)爱岗敬业，廉洁从教。

17. D 【解析】《中华人民共和国教师法》第二章第七条规定，教师享有六个方面的权利：教育教学权、科学研究权(学术自由权)、管理学生权(指导评价权)、获得报酬权、民主管理权(参与教育管理权)和进修培训权。保护学生属于教师的义务。

18. A 【解析】师范学校的设置是教师职业独立和专门化的一个重要标志。

19. B 【解析】教育目的的全面性和劳动任务的多样性决定了教师劳动的复杂性。教师要培养德、智、体全面发展的人，教师不仅要教书，还要育人，教师不仅要传授文化科学知识，训练学生技能，发展学生智力和能力，还要培养学生良好的思想品德、行为习惯，促进学生身心健康发展。

20. D 【解析】教师劳动的主体性指教师自身可以成为活生生的教育因素和具有影响力的榜样。对于教师来说，首先，教育教学过程就是教师直接用自身的知识、智慧、品德影响学生的过程。再者，教师劳动工具的主体化也是教师劳动主体性的表现。

21. A 【解析】留守儿童把老师当作亲人，反映的是教师的"家长代理人、父母"和"朋友、知己"的角色。

22. C 【解析】1681年，法国"基督教兄弟会"神甫拉萨儿在兰斯创立了世界上第一所师资训练学校，这是世界上独立的师范教育的开始。

23. B 【解析】进行教育科学研究有利于教师的专业发展，故选B项。

24. B 【解析】"智如泉源，行可以为仪表者，人之师也"的意思是：一个人的智慧像水源一样永不枯竭，行为可以做别人学习的榜样，就可以成为别人的老师了。这句话说明教师不仅要有从教的学识能力，还要做到以身作则。

25. A 【解析】教师的教育能力是指教师完成一定的教育教学活动的本领，具体表现为完成一定的教育教学活动的方式、方法和效率。教师的教育能力是教师职业的特殊要求。

26. A 【解析】"道之所存，师之所存也。"意思是：无论(地位)高低贵贱，无论(年纪)大小，道理存在的地方，就是老师存在的地方。这体现了教师职业的"传道者"角色。

27. C 【解析】教师热爱教育事业具体体现在热爱学生上。热爱学生是教师职业道德的核心，是教师高尚道德品质的表现。

28. A 【解析】教师要成为教育的研究者，必须具备教育科研能力。不管是小学、中学还是大学教师都应该具备这种能力。故B项错误。教师教育不仅包括职前的师范教育，还包括新教师的入职培训、教师的在职学习等。故C项错误。教师的自我专业发展是指教师通过不断的学习、反思和探索来拓宽其专业内涵、提高专业水平，从而达到专业成熟的境界。它强调的是教师的终身学习和终身成长，是职前培养、新任教师培养和在职培训，直到结束教职为止的整个过程。所以，教师自我专业发展和教师培训不可能采取整齐划一的模式。故D项错误。

29. A 【解析】教师的能力素养包括语言表达能力、组织管理能力、组织教育和教学的能力、自我调控和自我反思能力。其中，组织教育和教学的能力要求教师要善于组织课堂教学，以保证教学过程的顺利进行和教学任务的完成。题干所述说明王老师欠缺驾驭课堂教学的能力，在今后的工作中应首先提高自身组织教育和教学的能力，故选A项。

30. A 【解析】教师劳动的广延性是指空间的广延

性。教师没有严格界定的劳动场所,课堂内外、学校内外都可能成为教师劳动的空间。题干所述体现了教师劳动的广延性的特点。

易错提示:教师劳动的长期性和广延性是容易混淆的知识点,两者的区别在于:
广延性强调空间,无严格界定的劳动场所;长期性强调时间,培养周期长、影响迟效。

31. B 【解析】教师的劳动具有长期性,其劳动成效并不是一时就可以检验出来的,而是需要教师付出长期的大量的劳动才能看到结果、得到验证,教师的某些影响对学生终身都会产生作用。故选B项。

32. D 【解析】教师的知识素养包括政治理论修养、精深的学科专业知识、广博的科学文化知识、必备的教育科学知识和丰富的实践知识。D项的语言表达能力属于教师的能力素养,故选D项。

33. B 【解析】教师的劳动具有长期性。教师的劳动成果是人才,而人才培养的周期比较长。把一个人培养成为能够独立生活、服务社会、为人类做出贡献的合格人才,不是一朝一夕之功。"十年树木,百年树人"就是对这个道理的最佳阐释。

34. A 【解析】本体性知识即学科专业知识,是教师知识结构的核心,也是教师向学生传授知识的必备基础。主要包括:(1)掌握该学科的基本知识和基本技能;(2)掌握该学科的基本理论和学科体系;(3)了解该学科的发展脉络;(4)了解学科领域的思维方式和方法论。题干中的数学老师不了解圆周率的含义,说明其缺乏本体性知识。

35. A 【解析】示范性指教师的言行举止,如人品、才能、治学态度等都会成为学生学习的对象。教师劳动的示范性特点是由学生的向师性和可塑性心理特征决定的。

36. B 【解析】题干的意思是:知识积累深厚了,就能在取用之时左右逢源,取之不尽。对于教师来说,就是要具备精深的学科专业知识。

37. A 【解析】教师的学科专业素养是教师胜任教学工作的基础性要求。

38. B 【解析】教育教学权是指教师享有进行教育教学活动、开展教育教学改革和实验的权利。这是教师为履行教育教学职责必须具备的最基本权利。

39. D 【解析】教师劳动的创造性主要是由劳动对象的特点决定的。这种创造性的主要表现不同于科学家在未知领域的探索和发现,而是体现在创造性地运用教育教学规律,在复杂多变的教育情境中塑造发展中的人。教师劳动的创造性主要表现在以下三个方面:(1)因材施教。(2)教学方法上的不断更新。(3)教师需要"教育机智"。"同课异构"是指选用同一教学内容,由不同的教师从现有的教学条件和学生实际出发,根据自己对课标、教材的理解,结合教学经验和自身特点等独立进行教学设计,并公开示范展示,使同一教学内容以不同的课堂结构、不同的教学风格、不同的方法策略呈现,课后统一进行反思交流,方便教师取长补短,相互学习。因此,在校本教研中,经常采用"同课异构"的方式说明教师注重教学方法的不断更新,体现了教师劳动的创造性。

40. D 【解析】中共中央、国务院印发的《关于全面深化新时代教师队伍建设改革的意见》中指出,教师承担着传播知识、传播思想、传播真理的历史使命,肩负着塑造灵魂、塑造生命、塑造人的时代重任,是教育发展的第一资源,是国家富强、民族振兴、人民幸福的重要基石。

41. D 【解析】"其身正,不令而行"意为自我品行端正了,即使不发布命令,老百姓也会去实行,这反映了教师劳动的示范性特点。

42. D 【解析】根据题干中托尔斯泰的话可知,要想成为一个完美的教师,必须把热爱教育事业和热爱学生结合起来。

43. A 【解析】题干所述说明教师必须具备精深的学科专业知识,即强调了本体性知识对教师专业发展的重要性。

44. C 【解析】专业理想是推动教师发展的巨大动力。

45. C 【解析】在教师专业发展的任务关注阶段,随着基本"生存"知识、技能的掌握,教师自信心日益增强,由关注自我的生存转到更多地关注教学,由关注"我能行吗"转到关注"我怎样才能行"上来。

46. B 【解析】从历史发展的总趋势来看,教师专业发展的核心以及最终体现就在于教师个体的专业发展。

47. D 【解析】教师的自我教育是专业理想确立、专业情感积淀、专业技能提高、专业风格形成的关键。

48. A 【解析】自我反思是教师职业生涯规划的基础;成长目标的制定是教师职业生涯规划的核心;成长阶段设计是教师职业生涯规划的关键。

49. B 【解析】"生存关注"阶段是教师专业发展的关键阶段,这一阶段的突出特点是"骤变与适应",教师面对着自己新角色的适应,其关注的焦点是生存的适应性。

50. C 【解析】“自我更新关注”阶段的教师已经可以自觉依照教师发展的一般路线和自己目前的发展条件，有意识地自我规划，以谋求最大程度的自我发展，也开始了对自身的专业发展进行反思。

51. C 【解析】由题干所给信息可知，刘老师已工作一年多，因此可排除A、D两项。专家指导一般以讲座、报告等形式进行。在职培训是为了适应教育改革与发展的需要，为在职教师提供的继续教育，主要采取“理论学习、尝试实践、反省探究”三结合的方式，培养教师研究教育对象、教育问题的意识和能力。故有效促进刘老师专业发展的途径是在职培训。

52. D 【解析】职前师范教育阶段是师范生进行专业准备与学习，初步形成教师职业所需要的知识与能力的关键时期，是教师专业化发展的起始和奠基阶段。

二、填空题

1. 热爱教育事业
2. 间接性
3. 理想信念

三、简答题(参考答案)

1. 简述教师专业发展的内容。

(1)专业理想的建立;(2)专业自我的形成;(3)专业知识的拓展与深化;(4)专业能力的提高;(5)教师的专业人格;(6)专业态度和动机的完善。

2. 教师的职业角色表现在哪些方面?

(1)“传道者”角色(人类灵魂的工程师);(2)“授业、解惑者”角色(知识传授者、人类文化的传递者);(3)示范者角色(榜样);(4)“教育教学活动的设计者、组织者和管理者”角色;(5)“家长代理人、父母”和“朋友、知己”的角色;(6)“研究者”角色和“学习者”“学者”角色。

3. 为什么教师在教育过程中起主导作用?

(1)教师是代表社会要求的施教者，他的作用就在于使学生的身心朝着社会要求的方向发展;(2)教师是教育活动的组织者、领导者;(3)教师是专门的教育工作者;(4)教师在教育改革中起关键作用。

4. 教师应如何热爱学生?

(1)把对学生的爱与严格要求相结合;(2)把爱与尊重、信任相结合;(3)要全面关怀学生;(4)要关爱全体学生;(5)理解和宽容学生;(6)解放学生;(7)对学生要保持积极、稳定的情绪。

5. 简述教师专业发展的途径。

(1)师范教育;(2)入职培训;(3)在职培训;(4)自我教育。此外，跨校合作(如教师专业发展学校)、专家指导(如讲座、报告)、政府教育部门和教研机构组织的各类专业培训和交流活动等也是教师专业发展的途径。

6. 教师职业心理健康的内容有哪些?

(1)高尚的师德;(2)愉悦的情感;(3)良好的人际关系;(4)健康的人格。

7. 简述教师的知识素养。

(1)政治理论修养;(2)精深的学科专业知识;(3)广博的科学文化知识;(4)必备的教育科学知识;(5)丰富的实践知识。

8. 教师的能力素养包括哪些内容?

(1)语言表达能力;(2)组织管理能力;(3)组织教育和教学的能力;(4)自我调控和自我反思能力(较高的教育机智)。

9. 简述教师劳动的特点。

(1)复杂性和创造性;(2)连续性和广延性;(3)长期性和间接性;(4)主体性和示范性;(5)劳动方式的个体性和劳动成果的群体性。

10. 简述教师职业的性质。

(1)教师职业是一种专门职业，教师是专业人员;
(2)教师是教育者，教师职业是促进个体社会化的职业。

11. 教师劳动的创造性体现在哪几个方面?

(1)因材施教;(2)教学方法上的不断更新;(3)教师需要“教育机智”。

四、论述题(参考答案)

教师的职业道德素养是从哪几个方面来体现的?

教师的职业道德素养是从教师对待事业、对待学生、对待集体和对待自己的态度上来体现的。

(1)对待事业:忠于人民的教育事业。热爱教育事业是教师做好教育工作的前提，也是教师劳动积极性和创造性的源泉。忠于人民的教育事业要求教师做到:①依法执教，严谨治教;②爱岗敬业，廉洁从教。

(2)对待学生:热爱学生。热爱教育事业具体体现在热爱学生上。热爱学生是教师职业道德的核心，是教师高尚道德品质的表现。

(3)对待集体:团结协作。团结协作要求教师做到:①相互支持、相互配合;②严于律己，宽以待人;③弘扬正气，摒弃陋习。

(4)对待自己:为人师表(良好的道德修养)。为人师表是由教师劳动的“主体性和示范性”特点以及学生的“向师性、模仿性和可塑性”特点决定的。因此，教师必须做到:①高度自觉，自我监控;②身教重于言教。

五、材料分析题(参考答案)

1. (1)①教师应具备职业道德素养。教师的职业道德素养是从教师对待事业、对待学生、对待集体和对待自己的态度上来体现的。案例中的老师从小就喜欢当老师,第一志愿就报考了师范类大学,这体现了她对教育事业的热爱。但在教学中,对于小黑板擦着学生掉落的情况,她像什么事情都没有发生一样,对碰没碰到学生,吓没吓到学生,没有过问。这说明该老师没有做到热爱学生。

②教师应具备知识素养。主要包括政治理论修养、精深的学科专业知识、广博的科学文化知识、必备的教育科学知识、丰富的实践知识。案例中的老师经过四年努力,顺利毕业成为一名中学数学老师,并在公开课上,让所有听课的人收获满满。这说明该老师具备知识素养。

③教师应具备能力素养。主要包括语言表达能力、组织管理能力、组织教育和教学的能力、自我调控和自我反思能力(较高的教育机智)。案例中的老师在小黑板擦着学生的肩头掉下来后,能够很快的平静下来,并将小黑板牢牢的固定在黑板上,这说明该老师具有较强的自我调控能力。此外,教师还应该具备教育科研能力、学习能力、观察学生的能力、创新能力以及运用现代教育技术手段的能力。案例中的老师在公开课上,用精准的语言,互动的眼神,丰富的手势,极具条理性的推理板书,让所有听课的人收获满满。这体现了该老师具有良好的语言表达能力、组织教育和教学的能力。

④教师应具备健康的职业心理。一个优秀教师所应有的心理素质,也就是教师对内外环境及人际关系有着良好适应所需要的条件。题干中老师在课堂中对于突发事件的反应说明该老师具有良好的心理素质。

(2)首先,教师应注重专业发展,具体包括:①建立专业理想;②拓展与深化专业知识;③提高专业能力。其次,教师应该具备教师职业道德素养和遵守教师职业道德规范,做到热爱学生、关心学生。

2. 案例中的教师对于课堂问题的处理展现出了较高的教学艺术,同时也表明该教师具有较强的教育机智。教育机智是教师在教育教学过程中的一种特殊定向能力,是指教师能根据学生新的特别是意外的情况,迅速而正确地做出判断,随机应变地采取及时、恰当而有效的教育措施解决问题的能力。教育机智是教师良好的综合素质和修养的外在表现,是教师娴熟运用综合教育手段的能力。教育机智可以用四个词语概括:因势利导、随机应变、掌握分寸、对症下药。案例中的教师在学生读错文字后,并没有批评学生,而是因势利导,向学生解释“后来人”和“后人来”的含义,并请该学生重新朗读,既体现了对学生的尊重,又调动起了学生的积极性,取得了良好的教学效果。

专题二　学　生

一、单项选择题

1. C 【解析】“外塑论”的学生发展观以英国教育家洛克及德国教育家赫尔巴特为代表。这一观点突出教师的作用,强调教师的权威,否定学生的主观能动性,把学生视为完全消极被动接受外来影响的客体。

2. A 【解析】A项,虚假群体是指由一些具有某些典型的心理特点但又没有任何个人之间接触的成员构成的群体,比如“中学生”“小学生”等就属于虚假群体。B项,真实群体是指群体成员之间在不同程度上发生相互作用和接触的群体,比如学校、班级就是真实群体。C项,正式群体是指由有关行政部门明文规定的、有固定的成员编制、明确的职责权限和确定的组织地位的群体,比如学校、年级、班级、小组等都属于正式群体。D项,松散群体是最低水平的群体,它几乎没有共同的活动目的。故选A项。

3. A 【解析】根据群体构成的原则和方式,可以将学生群体分为正式群体和非正式群体;根据群体成员相互作用和接触的方式,学生群体可以分为虚假群体和真实群体;根据群体发展的水平,可以把学生群体分为松散群体、联合群体、合作群体、集体、小集团等。

4. B 【解析】数学老师从李岩现在数学学习上的表现推断其以后物理、化学也学不好,否定了学生的发展潜能,忽视了学生是发展中的人,没有用发展的观点认识学生。

5. D 【解析】学生的向师性表现在:学生入学后,教师会自然地成为他们亲近、信赖、尊敬甚至崇拜的对象,他们会把教师作为获取知识的智囊、解决问题的顾问,行为举止的楷模。

6. B 【解析】非正式群体是指人们在相互交往的基础上,自然形成的具有强烈的情感色彩的群体。题干所述为非正式群体的概念,故选B项。

7. C 【解析】学生是具有主观能动性的人。学生是有意识、有情感、有个性的社会人,他们不是盲目、机械、被动地接受作用于他们的影响,而是具有主观能动性的人。题干的描述将学生看成可以被随意支配或任意捏塑的物体,没有认识到学生的能动性。

8. C 【解析】泄露学生私人信息,侵犯了学生的隐私权。故选C项。

9. D 【解析】把学生看成是独特的人,包含三个基本含义:(1)学生是完整的人;(2)每个学生都有自身的独特性;(3)学生与成人之间存在着巨大的差异。

10. B 【解析】学生是独特的人,学生和成人之间是存在很大差别的,学生的观察、思考、选择和体验,都和成人有明显不同。"应当把成人看作成人,把孩子看作孩子。"

11. B 【解析】自我意识性是学生的主观能动性的主要表现之一,指学生作为主体对自己的状态及在教育中的地位、作用、情感、态度、行为等的自我认知。

12. C 【解析】学生具有可塑性。学生处于长知识、长身体的时期,也是他们的品德、人格正在形成的时期,各方面尚未成熟,具有很大的发展潜力,而且尚未定型,极容易受外部环境因素的影响,具有"染于苍则苍,染于黄则黄"的特点。

13. D 【解析】现代学生观的内容:(1)学生是发展中的人,要用发展的观点认识学生;(2)学生是独特的人;(3)学生是具有独立意义的人。

14. A 【解析】松散群体是最低水平的群体,它几乎没有共同的活动目的。

15. D 【解析】学生主观能动性的主要表现包括:独立性、选择性、调控性、创造性、自我意识性。

16. A 【解析】题干所述内容体现了学生的学习具有主体性。

二、判断题

1. √ 【解析】现代学生观强调学生是独特的人,其基本含义之一是学生是完整的人,即学生并不是单纯的、抽象的学习者,而是有着丰富个性的、完整的人。

2. × 【解析】"以学生为本"的教育理念强调在教学过程中要以学生为主体,尊重学生的主体地位,而不是让学生成为教育活动的主导者。

3. × 【解析】学生具有依赖性,但同样也具有主观能动性。学生在接受教育的过程中,具有一定的素质,可以进行自我教育。因此,学生是自我教育和发展的主体。

4. × 【解析】学生具有天然的向师性,对教师有特殊的依赖感,充满着对教师的敬佩、爱戴和崇敬,愿意听从教师的教导。同时,学生还具有独立性,随着他们的成长、成熟,独立性越来越强,越来越显示出自己的主动性、自主性和创造性。故题干说法错误。

三、简答题(参考答案)

1. 简述同辈群体对学生个体的影响。

(1)同辈群体为学生社会化提供必要条件;(2)同辈群体为学生自我意识的发展提供必要的借鉴;(3)同辈群体为学生平等观念的发展提供了基础;(4)同辈群体为学生进步提供了竞争的环境;(5)同辈群体除了具有正功能外,还具有负功能。

2. "学生是具有独立意义的人。"这句话的含义是什么?

把学生看成是具有独立意义的人,包含三个基本含义:(1)每个学生都是独立于教师的头脑之外,不以教师的意志为转移的客观存在;(2)学生是学习的主体;(3)学生是责权主体。

四、论述题(参考答案)

1. 试述学生在学校教育中的地位与作用。

(1)学生是教育的对象(客体)。①依据:从教师方面看,由于教师是教育过程的组织者、领导者,学生是教师教育实践活动的作用对象,因而学生是被教育者、被组织者和被领导者。从学生自身特点看,学生具有可塑性、依赖性和向师性。②表现:学生明确自己的主要任务是学习,具有愿意接受教育的心理倾向;学生愿意服从教师的指导,接受教师的帮助,期待从教师那里汲取营养,从而促进自身的身心发展。

(2)学生是自我教育和发展的主体。①依据:学生是具有主观能动性的人。学生是有意识、有情感、有个性的社会人,他们不是盲目、机械、被动地接受作用于他们的影响,而是具有主观能动性的人。学生在接受教育的过程中,也具有一定的素质,可以进行自我教育。因此,学生是自我教育和发展的主体。②表现:学生的主观能动性主要表现为五个方面,即独立性、选择性、调控性、创造性、自我意识性。

2. 如何理解"学生是发展中的人,要用发展的观点认识学生"?

(1)学生的身心发展是有规律的。学生的身心发展具有顺序性、阶段性、不平衡性(不均衡性)、互补性、稳定性和可变性、个别差异性以及整体性,这是经过现代科学和教育实践证实的。

(2)学生具有巨大的发展潜能。学生具有巨大的发展潜能,智力水平可以明显提高,这已被科学研究,如裂脑研究、左右脑研究等所证实。

(3)学生是处于发展过程中的人。作为发展中的人，意味着学生还是不成熟的人，是一个正在成长的人。

(4)学生的发展是全面的发展。现代学生观强调，教师在教育教学实践中，不仅要重视“知识与技能”的传授，更要看到“过程与方法”“情感态度与价值观”的重要性，把学生培养成全面发展的人。

五、材料分析题(参考答案)

1. (1)组织教育教学活动要尊重学生的感觉与感受。材料中的教师在组织教学活动时并没有考虑到小男孩的具体感受，在一定程度上伤害了小男孩的自尊心，会使学生产生自卑心理。

(2)在教育活动中，要给学生留有选择的余地，并尊重学生的选择。现代学生观认为，学生是学习活动的主体，教师的教在于构建学生主体。所以教师要起到引导的作用，而不是像材料中的教师那样阻碍学生的自主发展。

(3)学生是自我教育和发展的主体，学生的主观能动性主要表现为学生的独立性、选择性、调控性、创造性、自我意识性，所以在教育中要鼓励学生的创造性，尊重学生的主观能动性。材料中的教师在听到与众不同的具有创造性的“理想”之后，并没有鼓励学生的创造性，反而对学生的“理想”进行了批评。在实际教学中，教师应该尊重学生的创造性，鼓励学生充分发挥主观能动性，提倡学生自主学习，这样不仅有利于建立良好的师生关系，更有利于促进学生的发展。

2. (1)树立以人为本的学生观，就是要关心、尊重、爱护学生，把学生看作发展中的人，把学生当作完整的人，把学生当作具有独立个性和创新精神的人，充分尊重学生的权利。以人为本的学生观要求教师在教育教学活动中必须尊重学生，关心爱护学生，必须意识到学生的发展潜力；公平公正地对待每一个学生，不因性别、民族、地域、经济状况、家庭背景和身心缺陷等歧视学生；对学生严慈相济，做学生的良师益友；保护学生安全，关心学生健康，维护学生权益；不讽刺、挖苦学生，不体罚或变相体罚学生。案例中的张老师发现莎莎的耳朵脏，就叫莎莎站起来给大家看，作为一个反面的教材，引起了全班同学的大笑。张老师的做法就没有做到关心爱护学生，尊重学生的人格。

(2)“以人为本”要求以学生为本，在教育教学活动中做到以学生的全面发展为本。学生是处于发展过程中的人。作为发展中的人，意味着学生还是不成熟的人，教师要理解学生身上存在的不足，就要允许学生犯错误。当然，更重要的是要帮助学生解决问题，改正错误，从而不断促进学生的进步和发展。莎莎因为在数学课上被嘲笑过，以后再上张老师的课时，一直低头，以致她的数学成绩越来越差。张老师把原因归结于莎莎上课不认真，没能集中注意力去听课。张老师没有深入了解莎莎数学成绩差的根本原因，仅仅把责任归结于莎莎不认真，没有把学生作为发展中的人来看待，没有主动帮助学生解决问题，改正错误。

3. (1)在个体发展中张老师持有遗传决定论(内发论)的观点。这种观点强调内在因素，如“需要”“成熟”，强调人的身心发展的力量主要源于人自身的内在需要，身心发展的顺序也是由身心成熟机制决定的。张老师认为小林同学头脑聪明，不愧是外交官的孩子。而父母是农民的李××就不是块读书的料，没人能教好。张老师过分关注遗传在人的身心发展中的作用，忽视了教育等外在因素的影响。

(2)张老师没有做到热爱、尊重学生，公平对待学生。热爱学生包括热爱所有学生，对学生充满爱心，经常走到学生之中，忌挖苦讽刺学生、粗暴对待学生。热爱学生要求教师一视同仁，平等对待，不偏爱某些或个别学生；理解和宽容学生；了解学生的特点，理解学生特定情境下的行为，给他们反思和纠正不良行为的机会。张老师因为小林同学聪明、考试成绩优异就对他加以表扬。李××成绩不好就对他加以批评，没有做到热爱学生，一视同仁，平等对待学生。

(3)张老师忽视了学生是发展中的人。学生不是成人，他们正处于身心发展最迅速的时期，生理和心理两方面都不太成熟，具有很大的发展的可能性与可塑性。学生具有发展的巨大潜在可能性。张老师仅仅因为李××现在成绩倒数第一，就对他进行严厉的批评和指责，认为他不是块读书的料，谁都教不好，张老师的这种做法就没有把学生当成发展中的人。

专题三　师生关系

一、单项选择题

1. B 【解析】我国中小学课桌的摆放多呈“秧田式”，教师讲台置于块状空间的正前方，这种格局阻隔了师生之间的交往及生生之间的交往。目前，许多国家都在探讨圆桌式、马蹄形、半圆形等便于师生交往和交流的座位排列方式。

2. B 【解析】教师对学生的指导、引导的目的是促进学生的自主发展。教师的责任是帮助学生由知之不多到知之较多，由不成熟到成熟，最终是要促成学生能够不再依赖教师,学会学习,学会判断,学会选择。故选B项。

3. A 【解析】强硬专断型的教师,对学生严加看管,要求学生即刻无条件地接受一切命令,他认为表扬可能宠坏学生,所以很少表扬学生;认为没有教师的监督,学生就不可能自觉学习。学生的典型反应为:屈服,但一开始就不信服和厌恶这种领导;推卸责任是常见的事情;学生易激怒,不愿合作,而且可能背后伤人;教师一旦离开教室,学习就明显松垮。

4. C 【解析】"学然后知不足,教然后知困"的意思是:在教育过程中,教师的教促进学生的学,学生的学促进教师的教,教与学是相互促进的。

5. A 【解析】关于师生关系,有两种对立的观点,即"教师中心论"和"儿童中心论"。"教师中心论"的典型代表是赫尔巴特,"儿童中心论"的代表人物有法国的卢梭和美国的杜威。

6. A 【解析】师生之间的伦理关系是师生关系体系中最高层次的关系形式,对其他关系形式具有约束和规范作用。

7. C 【解析】师生之间的心理交往贯穿于教育的全过程,渗透于一切师生关系之中。心理关系有认知方面的,也有情感方面的。题干描述的是师生之间的情感联系,这符合师生心理关系的表现。

8. B 【解析】在自由放任型的师生关系中,教师对学生没有严格要求,放松指导责任,学生对学习采取自由态度,教学效果明显下降。因此题干中刘老师与学生之间的关系属于自由放任型的师生关系。

9. B 【解析】要增强师生之间的心理相容性,提高教学效果,应该着重在以下几个方面努力:(1)多接触学生,研究学生,了解学生的心理状态;(2)遵循教育规律,多采取讨论、启发等教学方法;(3)为人师表,以人格力量感化学生。B项属于实现民主平等的师生关系对教师提出的要求。

10. C 【解析】关于师生关系,有两种对立的观点,即教师中心论和儿童中心论。教师中心论认为教师在教育教学过程中起主宰作用,强调教师的权威作用,但忽视了学生的主观能动性,在教育实践中使教育活动脱离学生的实际,以致难以达到预期的效果。而学生中心论正好相反,学生中心论过分夸大了学生的主观能动性,忽视了学生是教育对象这一基本事实,结果会导致教育质量下降。题干所述观点忽视了学生的主观能动性,属于教师中心论的观点。

11. D 【解析】民主平等是现代师生伦理关系的核心要求。

12. C 【解析】心理相容指的是教师与学生之间在心理上协调一致,在教学实施过程中表现为师生关系密切、情感融洽、平等合作。题干为心理相容的概念,故选C项。

13. A 【解析】教师在职业活动中要处理好各种各样的关系,其中最核心的关系是师生关系。

14. B 【解析】解决师生冲突的关键是教师。教师用民主的态度对待学生,热情、耐心地帮助学生,使学生不断加深对教师的了解,是建立良好师生关系的基础,也是防止师生冲突的一个重要前提。

15. C 【解析】在民主型的师生关系中,师生间的态度表现为:教师对学生严格要求,热情、和蔼、公正,尊重学生,发扬教学民主;学生尊敬教师,接受指导,主动自觉进行学习。故题干所述属于民主型的师生关系。

16. C 【解析】师生在社会道德上是互相促进的关系,在教育内容的教学上结成授受关系,在人格上是平等的关系。

17. B 【解析】平等公正对待学生要求教师关爱全体学生,而不是某一部分学生。

18. C 【解析】教师的教应面向全体学生,不能只教育、培养精英学生。故C项中"只教育、培养精英学生"的宣誓词是不恰当的。

二、判断题

1. × 【解析】尊师与爱生是相互促进的两个方面:教师通过对学生的尊重和关爱换取学生发自内心的尊敬和信赖,而这种尊敬和信赖又可激发教师更加努力地工作,为学生营造良好的心理气氛和学习条件。爱生是尊师的重要前提,尊师是爱生的必然结果。题干说法错误。

2. × 【解析】教师与学生在心理上应协调一致,在教学实施过程中表现为师生关系密切、情感融洽、平等合作,但这并不是要求教师与学生建立亲密无间、"零距离"的关系。

3. √ 【解析】在教学过程中,教与学两方面互相影响和促进,都会得到提高。教师和学生都能够在双方共同建构的教学活动中不断进行吸纳、总结、反思,形成彼此受益、互惠互利、互动双赢的教学关系。"教学相长"正体现了这一点。

4. × 【解析】师生关系是指教师和学生在教育教学活动中为完成一定的教育任务,以"教"和"学"为中介而形成的一种特殊的社会关系,包括彼此所处的地位、作用和态度等。师生关系是一个结构复杂的多层次的关系体系。教与学的关系只是其中的一部分。

5. √ 【解析】师生间的心理关系是指教师和学生为了维持和发展教育关系而构成的内在联系，包括人际认知关系、情感关系、个性关系等。师生心理关系的实质是师生个体之间的情感是否融洽、个性是否冲突、人际关系是否和谐。

6. × 【解析】教师是教育过程的组织者，在全部教育活动中起主导作用。从根本上说，良好的师生关系首先取决于教师，题干说法错误。

三、简答题（参考答案）

简述良好师生关系的作用。

(1)良好的师生关系是教育教学活动顺利进行的保障；(2)良好的师生关系是构建和谐校园的基础；(3)良好的师生关系是实现教学相长的催化剂；(4)良好的师生关系能够满足学生的多种需要。此外，良好的师生关系还有助于提高教师的威信，有助于师生心理健康发展。

四、论述题（参考答案）

1. 影响师生关系的因素有哪些？

(1)教师方面：①教师对学生的态度。学生受教师的评价影响很大。教师对学生的评价往往通过语言暗示、表情等反映。②教师的领导方式。大量教育实践表明，民主型领导方式下的师生关系比较融洽，最能发挥学生的主观能动性。③教师的智慧。学识渊博是学生亲近教师的重要因素之一。④教师的人格因素。教师的性格、气质、兴趣等是影响师生关系的重要因素。

(2)学生方面：学生对师生关系影响的主要因素是学生对教师的认识。

(3)环境方面：影响师生关系的环境主要是学校的人际关系环境和课堂的组织环境。学校领导与教师的关系、教师之间的关系、教师与家长的关系，必然影响师生关系。课堂的组织环境主要包括教室的布置、座位的排列、学生的人数等。

2. "关系重于教育"，和谐的师生关系会对教育产生重要的影响，对于良好师生关系的构建，教师应从哪几方面做出努力？

教师是教育过程的组织者，在全部教育活动中起主导作用。从根本上说，良好的师生关系首先取决于教师。为此，教师要从以下几个方面努力：

(1)了解和研究学生。教师要与学生取得共同语言，使教育影响深入学生的内心世界，就必须了解和研究学生。

(2)树立正确的学生观。教师既要把学生看作教育的对象，又要把学生看作学习的主人；既要耐心细致地做好各项指导工作，又要充分调动学生的主动积极性。

(3)提高教师自身的素质。教师的道德素养、知识素养和能力素养是学生尊重教师的重要条件，也是教师提高教育影响力的保证。

(4)热爱、尊重学生，公平对待学生。热爱学生包括热爱所有学生，对学生充满爱心，经常走到学生之中，忌挖苦、讽刺学生和粗暴对待学生。尊重学生特别要尊重学生的人格，保护学生的自尊心，维护学生的合法权益，避免师生对立。教师处理问题必须公正无私，使学生心悦诚服。

(5)发扬教育民主。教育教学中，要尊重学生的看法，鼓励学生质疑，发表不同意见，以讨论、协商的方式解决争端。要营造一个民主的氛围，保护学生的积极性，保证学生具有安全感。

(6)主动与学生沟通，善于与学生交往。教师要掌握沟通与交往的主动性，经常与学生保持接触、交流；同时，教师还要掌握与学生交往的策略与技巧。

(7)正确处理师生矛盾。教师要善于驾驭自己的情绪，冷静全面地分析矛盾，正视自身的问题，敢于做自我批评，对学生的错误进行耐心的说服教育或必要的等待、解释等。

(8)提高法制意识，保护学生的合法权利。教师要提高法制意识，明确师生之间的权利义务，切实依法保护学生的合法权利。

(9)加强师德建设，纯化师生关系。师生关系是一种教育关系，即一种具有道德纯洁性的特殊社会关系。教师应加强自身修养，提高抵御不良社会风气的积极性和能力。

真题必刷

一、单项选择题

1. C 【解析】教师劳动的创造性主要表现在三个方面：(1)因材施教。(2)教学方法上的不断更新。"教学有法，教无定法"是对教师劳动创造性的最好注脚。(3)教师需要"教育机智"。故选C项。

2. D 【解析】在自由放任型的师生关系中，师生的课堂合作状态为：教师让学生自主学习，学生各行其是，教师能够解答学生的问题，但不能给予及时的正确指导，不认真检查学习结果。题干为自由放任型师生关系的表现，故选D项。

3. C 【解析】处于生存关注阶段的教师的主要特征为：在"现实的冲击"下，产生了强烈的自我专业发展的忧患意识，特别关注专业活动中的"生存"技能，专业发展集中在专业态度和动机方面。故选C项。

4. C 【解析】关于学生的本质属性的论述主要包括：(1)学生是人。他们具有人的主观能动性，故D项论述正确。(2)学生是发展中的人。他们具有与成人不同的身心特点，具有发展的潜在可能性，故A项论述正确。(3)学生是一个完整的人。故B项论述正确。(4)学生是以学习为主要任务的人。故C项论述不正确。

5. D 【解析】教师职业属于专门职业，教师是从事教育教学工作的专业人员。1994年实施的《中华人民共和国教师法》第一次从法律角度确认了教师的专业地位。故选D项。

二、填空题

1. 民族素质

2. 对象 主体

三、判断题

× 【解析】教师是学校教育工作的主要实施者，根本任务是教书育人。

四、简答题(参考答案)

1. 教师的基本权利有哪些?

《中华人民共和国教师法》第二章第七条规定，教师享有六个方面的权利：(1)教育教学权；(2)科学研究权(学术自由权)；(3)管理学生权(指导评价权)；(4)获得报酬权；(5)民主管理权(参与教育管理权)；(6)进修培训权。

2. 简述新课改提倡的学生观。

(1)学生是发展中的人，要用发展的观点认识学生；(2)学生是独特的人；(3)学生是具有独立意义的人。

五、材料分析题(参考答案)

(1)案例中的老师对学习成绩的理解有偏差。学生在学校接受的不只是智育，而且包括德育、体育、美育、劳动技术教育，学生的发展应该是德智体美劳等方面的全面发展，老师对学生的评价也应该是全面的评价。而案例中的学生蓝冬虽然在演讲、表演、写作以及组织管理等方面很优秀，但因文化课成绩不理想而被老师评价学习成绩不佳，显然该老师认为文化课的考试成绩就是学生的学习成绩，对学习成绩的理解存在偏差。

(2)启示：①在教育过程中，我们应树立"以人为本"的学生观。认识到学生是独特的人，他们在兴趣、爱好、动机、气质、性格、智能和特长等方面各不相同，在教育工作中要做到因材施教，根据学生的特点有针对性的教学，发挥学生的长处，弥补学生的不足，激发学生学习的兴趣，树立学生学习的信心，从而促进学生全面发展。

②在教育过程中，我们应树立全面发展的教学观。教学重结论更要重过程，关注学科更要关注人。这意味着在教育教学中要关注学生的情绪生活和情感体验，关注学生的道德生活和人格养成。

③在教育过程中，我们应树立与素质教育理念相一致的评价观念。树立发展性的评价理念，重视综合评价，关注学生的个体差异，实现评价指标的多元化。即从过分关注学业成就逐步转向对综合素质的考查。

第五章 课 程

基础必刷

专题一 课程概述

一、单项选择题

1. B 【解析】隐性课程是学校情境中以间接的、内隐的方式呈现的课程，有多种表现形式。其中，物质性隐性课程主要包括学校建筑、教室的设置、校园环境等。故"图书角、黑板报、光荣榜、植物区等"属于物质性隐性课程。

2. A 【解析】活动课程与学科课程的关系，实际上反映的是人的直接经验与间接经验、个人知识与公共知识、儿童当下的心理经验与凝结在学科中的逻辑经验之间的关系，也从一个侧面反映了成人学习方式与儿童学习方式的分歧与差异。

3. D 【解析】结构课程论以学科结构为课程中心，认为人的学习是认知结构不断改进与完善的过程，因此，学科基本结构的学习对学习者的认知结构发展最有价值。

4. A 【解析】学科课程是指以文化知识(科学、道德、艺术)为基础，按照一定的价值标准，从不同的知识领域或学术领域选择一定的内容，根据知识的逻辑体系，将所选出的知识组织为学科的课程类型。其主导价值在于传承人类文明，强调使学生掌握、传递和发展人类积累下来的文化遗产。我国古代的"六艺"和古希腊的"七艺"都是学科课程。

5. B 【解析】A项，杜威是活动课程理论的代表人物；B项，巴格莱是要素课程理论的代表人物；C项，布鲁纳是结构课程理论的代表人物；D项，罗杰斯是情意中心课程理论的代表人物。故选B项。

6. C 【解析】"宽着期限，紧着课程"出自宋朝朱熹的《朱子全书·论学》。

7. D 【解析】从课程的表现形式或者说影响学生的方式来划分，课程可分为显性课程和隐性课程。

8. D 【解析】杜威是活动课程的主要代表人物。

9. A 【解析】“隐性课程”一词是由杰克逊在1968年出版的《班级生活》一书中首先提出来的。

10. C 【解析】人们对儿童身心发展规律的认识决定着课程组织的心理逻辑。课程内容的深度、广度和逻辑结构，不仅要符合学生的年龄特征、学生身心发展的一般规律，而且要正确处理需要与可能、现实与发展的关系，从而最大程度地促进学生身心健康和谐发展。

11. C 【解析】美国学者博比特于1918年出版的《课程》一书，标志着课程作为专门研究领域的诞生，这也是教育史上第一本课程理论专著。

12. D 【解析】活动课程理论主张课程内容要适合儿童的需要和接受能力，要求以活动为中心组织教学，没有固定的课程标准和教材。故选D项。

13. B 【解析】A项，基础型课程注重培养学生的基础学力；B项，拓展型课程注重拓展学生的知识和能力；C项，研究型课程注重培养学生的探究态度和能力；D项，学科课程重视理论知识，强调把各门科学中的基本概念、基本原理、规律和事实教给学生。故选B项。

14. A 【解析】“课程”一词在我国始见于唐宋期间。唐朝孔颖达在《五经正义》里为《诗经·小雅·巧言》中“奕奕寝庙，君子作之”一句注疏：“维护课程，必君子监之，乃得依法制也。”这是“课程”一词在汉语文献中的最早显露。但这里所说的课程并不是现代意义上的。宋朝朱熹在《朱子全书·论学》中多次提及课程，如“宽着期限，紧着课程”，这里的课程已含有学习范围、进程、计划的程序之义。这与我们现在许多人对课程的理解有相似之处。

易错提示：在我国，最早提出的“课程”一词≠现代意义上的“课程”？(√)

关于“课程”一词在中国的发展，现代意义上的“课程”与“课程”一词的最早提出的两个出处是易混淆的知识点，考生需要理解在不同出处中“课程”一词的含义：“维护课程，必君子监之，乃得依法制也”是我国“课程”一词的最早出处，这里的“课程”一词由于指“寝庙”及其喻义“伟业”，所以此时的“课程”含义广泛，超出了学校教育的范围。“宽着期限，紧着课程”中的“课程”主要指“功课及其进程”，这与今天日常语言中“课程”的意义极为相近。

15. C 【解析】陶行知先生提出了生活教育理论。他认为，生活含有教育的意义，实际生活是教育的中心，生活决定教育，教育改造生活。“教学做合一”，要求“在劳力上劳心”，即把传统教育下的劳力与劳心连接起来，这是对注入式教学法的否定。他的理论重视实际的生活和实践，符合活动课程的特点。

16. C 【解析】学科课程是我国学校课程的主导课程，有利于学生系统地掌握科学文化知识和技能。根据题干中教师的介绍可知，该教师所教课程属于学科课程。

17. A 【解析】活动课程的特点为：(1)乡土性，以儿童所在地区的课题为题材；(2)综合性，以生活题材为学习单元；(3)经验性，儿童通过解决面临的问题重构经验；(4)伸缩性，儿童可以根据自己的兴趣和能力选择学习；(5)心理学化，强调把教材变为直接的和个人的经验。A项为学科课程的特点，故选A项。

18. B 【解析】要素主义课程理论的产生源于对杜威实用主义“儿童中心”课程的反思，认为儿童中心的课程难以保证学生获得基本的知识技能，而教育和课程应当将人类文化要素传授给下一代。故选B项。

19. A 【解析】显性课程亦称公开课程，是指在学校情境中以直接的、明显的方式呈现的课程。显性课程的主要特征是计划性，这是区分显性课程和隐性课程的主要标志。

20. D 【解析】隐性课程的主要表现形式有：观念性隐性课程、物质性隐性课程、制度性隐性课程、心理性隐性课程。

21. C 【解析】课程与教学二者从产生时就是不可分割的。课程总是在特定的教学活动中实现，教学也总是在特定的课程基础上进行。

22. A 【解析】学科课程是指以文化知识(科学、道德、艺术)为基础，按照一定的价值标准，从不同的知识领域或学术领域选择一定的内容，根据知识的逻辑体系，将所选出的知识组织为学科的课程类型。夸美纽斯所倡导的“泛智课程”，赫尔巴特根据人的“六种兴趣”设置的课程，斯宾塞根据功利主义原则设置的课程，都属于学科课程。

23. C 【解析】从课程内容的固有属性来划分，课程可分为学科课程与活动课程。从课程设计、开发和管理主体来看，可将课程分为国家课程、地方课程与校本(学校)课程。从对学生学习要求的角度来划分，课程可分为必修课程与选修课程。根据课程任务，课程可分为基础型课程、拓展型课程与研究型课程。故选C项。

24. C 【解析】显性课程亦称公开课程，是指在学校情境中以直接的、明显的方式呈现的课程。题干为显性课程的概念，故选C项。

25. D 【解析】活动课程论的基本主张有：(1)经验论；(2)以儿童为中心的活动论；(3)主动作业论；(4)课程组织的心理顺序论。

26. A 【解析】观念性隐性课程包括隐藏于显性课程之中的意识形态，学校的校风、学风，有关领导与教师的教育理念、价值观、知识观、教学风格、教学指导思想等。故选A项。

27. D 【解析】情意中心课程论的代表人物是罗杰斯与马斯洛，故选D项。

28. A 【解析】隐性课程的主要表现形式有：(1)观念性隐性课程。包括隐藏于显性课程之中的意识形态，学校的校风、学风，有关领导与教师的教育理念、价值观、知识观、教学风格、教学指导思想等。(2)物质性隐性课程。包括学校建筑、教室的设置、校园环境等。(3)制度性隐性课程。包括学校管理体制、学校组织机构、班级管理方式、班级运行方式。(4)心理性隐性课程。主要包括学校人际关系状况、师生特有的心态、行为方式等。故选A项。

29. A 【解析】活动课程论是与结构课程论相对立的一种课程理论，它主张课程内容要适合儿童的需要和接受能力，要求以活动为中心组织教学，没有固定的课程标准和教材。

30. B 【解析】永恒主义课程理论的代表人物是赫钦斯，故选B项。

31. B 【解析】从课程功能的角度，可将课程分为工具性课程、知识性课程、技能性课程、实践性课程。

32. C 【解析】“课程”一词最早出现在英国教育家斯宾塞的《什么知识最有价值》一文中，他是最早把“课程”用作一个专门的教育术语的教育家。

33. A 【解析】“课程即知识”课程观的最大缺点是忽略了学习者的经验活动，即没有体现“学习者是课程主体”的思想。

34. D 【解析】把课程理解为学科教材，容易导致“见物不见人”的倾向；把课程理解为学习经验，有利于解决“教育中无儿童”的问题，但教师又感到迷茫，不知如何操作。活动课程将视角转向了二者的交合处——活动，从活动的角度看待和解释课程，有利于改变这种两难困境。

35. C 【解析】综合课程坚持知识统一性的观点，把所有的知识视为一个整体，采用综合课程的形式教授。心理学家认为，综合课程可以发挥学习者的迁移能力。通过综合课程的学习，学生常常会把某一学科领域的概念、原理和方法运用到其他学科领域。

36. A 【解析】课程是知识，这是一种比较早、影响相当深远的观点，也是比较传统的观点。可以说，在世界范围内，近代的课程体系主要是在这种观点的影响下建立起来的。

37. C 【解析】布鲁纳认为，任何学科的基础都可以用某种形式教给任何年龄的任何人。他提倡的是结构主义课程理论，故选C项。

38. B 【解析】研究型课程注重培养学生的探究态度和能力。

二、判断题

1. × 【解析】分科课程使学生获得逻辑严密和条理清晰的文化知识，但是容易带来科目过多、分科过细的问题。综合课程的缺点主要有两点：一是教科书的编写较为困难，只专不博的教师很难胜任综合课程的教学，教学具有一定的难度；二是难以向学生提供系统完整的专业理论知识，不利于高级专业化人才的培养。分科课程与综合课程各有优缺点，因此，不能说综合课程比分科课程更优越。

2. × 【解析】课程是指学校学生所应学习的学科总和及其进程与安排。广义的课程是指学校为实现培养目标而选择的教育内容及其进程的总和，它包括学校所教的各门学科和有目的、有计划的教育活动。狭义的课程是指某一门学科。

3. × 【解析】永恒主义课程理论属于学科中心课程理论，这一流派认为课程涉及的第一个根本问题就是为了实现教育目的，什么知识最有价值或如何选择学科。

4. √ 【解析】根据组织方式，课程可分为综合课程和分科课程。其中，综合课程是指打破传统的学科课程的知识领域，组合两门以上学科领域而构成的一门学科。故道德与法治课程属于综合课程。

5. × 【解析】选修课程的主导价值在于培养和发展学生的个性。

6. × 【解析】活动课程论重视学生通过亲自体验获得直接经验。学科中心课程理论重视儿童对系统知识的学习。

7. × 【解析】选修课程是针对必修课程的不足之处提出来的，是为发展学生的兴趣、爱好和个性特长而开设的课程。但选修课的开设并不是越多越好。

三、简答题(参考答案)

1. 简述课程与教学的关系。

课程与教学是相互决定、相互制约的。二者的区别主要表现为：它们侧重教育的不同方面。课程是指学校的意图,侧重“教什么”的问题;教学是指达到教育目的的手段,侧重“怎么教”的问题。

简言之,我们可以把“课程”与“教学”分别归结为“内容”与“形式”。二者的联系主要表现为:它们存在统一的基础,二者的研究对象在实践中具有内在联系。也就是说,课程与教学在实践中并不是截然分离的两个事物,而是相互交叉和融合在一起的。无论是教育史研究,还是课程与教学论研究都表明:课程与教学都始于人类专门教育活动的产生,即使在最早期的教育活动中,也可同时找到二者的萌芽。

2. 简述制约课程的因素。

(1)一定历史时期社会发展的要求及提供的可能(社会需求);(2)一定时代人类文化及科学技术发展水平(学科知识水平);(3)学生的年龄特征、知识与技能的基础及其可接受性(学习者身心发展的需求)。

四、论述题(参考答案)

试述活动课程论的基本主张。

(1)经验论。教育就是经验的改造或改组。这种改造或改组,既能增加经验的意义,又能提高指导后来经验进程的能力。课程即那种对学生经验增长有教育价值的经验。(2)以儿童为中心的活动论。活动课程论认为,教育应以儿童实际经验为起点,从做中学。一切学习都要通过“做”,由“做”而得到的知识才是真正的知识。(3)主动作业论。所谓主动作业是着眼于儿童经验的发展而对社会生活中的典型职业进行分析、归纳而获得的各种活动方式,如商业、烹饪、缝纫、纺织、木工等。(4)课程组织的心理顺序论。杜威并不否认课程的组织要考虑教材的逻辑顺序,但他更重视课程的组织要考虑儿童的心理顺序。他主张课程的组织应从儿童的经验出发,将教材心理学化,在教学过程中将儿童的个体经验逐渐提升到教材的逻辑水平。

专题二　课程开发

一、单项选择题

1. A 【解析】课程计划具体规定了教学科目的设置(课程设置)、学科顺序(课程开设顺序)、课时分配(教学时数)、学年编制和学周安排。其中,开设哪些科目(课程设置)是课程计划的中心和首要问题。
2. C 【解析】教科书是学生获取系统知识的重要工具,也是教师进行教学的主要依据。故选C项。
3. C 【解析】教科书编写应遵循的基本原则与要求有:(1)科学性与思想性统一;(2)强调内容的基础性与适用性;(3)知识的内在逻辑与教学法要求的统一;(4)理论与实践统一;(5)教科书的编排形式要有利于学生的学习;(6)注意与其他学科的纵向和横向联系。
4. A 【解析】泰勒的目标模式可概括为目标、内容、方法、评价,即:确定课程目标、根据目标选择课程内容(经验)、根据目标组织课程内容(经验)、根据目标评价课程。故选A项。
5. A 【解析】目标评价模式是美国课程评价专家泰勒针对20世纪初形成并流行的常模参照测验的不足而提出的。这种模式以目标为中心展开。
6. A 【解析】目标模式是伴随20世纪初的课程开发科学化运动而产生的,是课程开发的经典模式,其主要代表人物是泰勒。
7. C 【解析】课程标准是根据教学计划以纲要的形式编写的有关学科教学内容的指导性文件,是教材编写、教学、评价和考试命题的依据,是国家管理和评价课程的基础。同样的课程标准要求下,可以有不同版本的教材;而这些不同版本的教材都反映着同一课程标准的要求。
8. B 【解析】恰当处理学科知识与课程内容的关系意味着既要尊重学科知识的内在逻辑体系的要求,又要尊重儿童的心理发展的内在要求,即要实现学科逻辑与儿童心理逻辑的统一。
9. A 【解析】课程计划是根据教育目的和培养目标,由国家教育行政部门制定的有关学校教育和教学工作的指导性文件。
10. D 【解析】目的游离评价模式是由美国学者斯克里文针对目标评价模式的弊病而提出来的。他主张把评价的重点从“课程计划预期的结果”转向“课程计划实际的结果”上来。
11. C 【解析】针对目标模式过分强调预期行为结果即“目标”而忽视“过程”的缺陷,英国课程论专家斯腾豪斯提出了“过程模式”。
12. C 【解析】泰勒被称为“课程评价之父”。
13. D 【解析】泰勒原理可概括为:目标、内容、方法、评价,即:(1)确定课程目标;(2)根据目标选择课程内容(经验);(3)根据目标组织课程内容(经验);(4)根据目标评价课程。其中,确定课程目标是最为关键的一步,其他所有步骤都是围绕目标展开的。
14. A 【解析】泰勒原理的实质是以目标为中心的模式,其整个课程开发过程都是围绕目标来进行的。
15. C 【解析】课程标准包括以下内涵:(1)它是按门类制定的;(2)它规定本门课程的性质、目标、内容框架;(3)它提出了指导性的教学原则和评价建议;(4)它不包括教学重点、难点、时间分配等具体内容;(5)它规定了不同阶段学生在知识与技能、过程与方法、情感态度与价值观等方面所应达到的基本要求。

二、填空题

1. 知识与技能

2. 教科书　讲义

三、判断题

1. √ 【解析】课程实施即将已经编定好的课程付诸实践的过程,它是达到预期的课程目标的基本途径。一般来说,课程设计得越好,实施起来就越容易,效果也就越好。

2. × 【解析】新课程改革倡导教师"用教材教",而不是简单地"教教材"。教师完全可以而且应该根据学生的情况来处理教材。因此,李老师的做法是正确的。

3. × 【解析】课程计划是根据一定的教育目的和培养目标,由教育行政部门制定的有关学校教育和教学工作的指导性文件。课程标准是课程计划的分学科展开,每门学科都有对应的学科课程标准。因此题干说法不正确。

4. × 【解析】课程标准无论从目标、要求还是结构、体例上都是全新的,蕴含着素质教育的理念,体现着鲜明的时代气息,是一部内容十分丰富的全新意义上的"教学大纲"。因此,题干说法不正确。

5. × 【解析】课程标准规定了学科的教学目标、任务,知识的范围、深度和结构,教学进度以及有关教学方法的基本要求。教科书是依据课程标准编制的教学规范用书,是学生获取系统知识的重要工具,也是教师进行教学的主要依据。

6. √ 【解析】教材是根据学科课程标准系统阐述学科内容的教学用书,它是知识授受活动的主要信息媒介,是课程标准的进一步展开和具体化。故题干说法正确。

四、简答题(参考答案)

1. 简述教科书编写应遵循的基本原则。

(1)科学性与思想性统一;(2)强调内容的基础性与适用性;(3)知识的内在逻辑与教学法要求的统一;(4)理论与实践统一;(5)教科书的编排形式要有利于学生的学习;(6)注意与其他学科的纵向和横向联系。

2. 简述影响课程实施的主要因素。

(1)课程计划本身的特点;(2)学区的特征;(3)学校的特征;(4)校外环境。

五、论述题(参考答案)

试述泰勒的课程设计模式的优缺点。

泰勒是美国著名的课程理论家,是目标模式的主要代表人物。

(1)目标模式的最大优点是注重目标的重要性,其整个课程开发过程都是围绕目标来进行的。目标模式提出了一个有章可循的实践模式,便于操作。

(2)目标模式也有其自身的缺陷:①目标行为化有很大的局限性,如情感、审美、道德这样一些重要的目标很难直接通过行为表现出来。②课程开发也不只是一个直线式的过程,而是一个循环的、不断反馈的过程。而目标模式轻视课程设计过程与实施过程,不重视学生的主动性,从而压抑了学生的主动积极性等。③目标模式过于注重目标而忽视了过程。

专题三　课程管理与课程资源

一、单项选择题

1. C 【解析】校本课程的主导价值在于通过课程展示学校的办学宗旨和特色,提升学校的办学水平,促进学生的个性发展。题干中的小学根据当地太极拳具有悠久历史的现实,开设了太极拳课程,这属于校本课程的开发。

2. B 【解析】校本课程的主导价值在于通过课程展示学校的办学宗旨和特色,提升学校的办学水平,促进学生的个性发展。

3. A 【解析】2001年颁布的《基础教育课程改革纲要(试行)》明确规定实行国家、地方和学校三级课程管理体制。这样做是为了改变我国原有课程管理过于集中的状况,通过确立地方和学校参与课程改革的权力主体地位,完善课程管理体系,进一步增强课程对地方、学校及学生的适应性。故选A项。

4. C 【解析】学校范围之内的课程资源就是校内课程资源,超出学校范围的课程资源就是校外课程资源。与企业合作开发的课程资源属于校外课程资源。

5. B 【解析】按课程资源的存在方式区分,可将课程资源分为显性课程资源和隐性课程资源。

6. A 【解析】以学生为本是校本课程开发的理念。

方法技巧: 考生在理解校本课程开发的理念时,可参考下面的内容进行联想记忆:老师(开发主体)准备为学生(学生为本)编写一本《乡土地理》校本课程教材,组织了相关人员参与查找资料(全员参与),经过多次开会讨论(决策分享),最终确定(同一目标)该课程要以学校暑期实践为依托(现场课程资源),体现个性化的核心思想(价值追求),补充现有地理课程(国家课程的补充)。

7. D 【解析】CIPP评价模式是美国教育评价家斯塔弗尔比姆倡导的课程评价模式，该模式包括背景评价、输入评价、过程评价和成果评价四个步骤。

8. A 【解析】校本课程开发的主体必须是教师，学校教师之外的其他机构和人员，可以参与和协助教师开发校本课程，但却不能取代教师的工作。故选A项。

9. B 【解析】素材性课程资源包括知识、技能、经验、活动方式与方法、情感态度与价值观以及培养目标等。其特点是直接作用于课程并成为课程的要素，并内化为学生身心发展的素质。

10. C 【解析】隐性课程资源是以潜在的方式对教育教学活动施加影响的课程资源。例如：学校的风气，社会风气，家庭氛围，师生关系，教师或学生的经验、感受、困惑、意见等。

11. A 【解析】教材是课程资源的核心和主要组成部分。

12. B 【解析】校本课程可以为学生提供多样化的课程，在一定范围内补充国家课程的不足。因此，校本课程是对国家课程的补充。

13. A 【解析】2001年，《基础教育课程改革纲要(试行)》明确规定实行国家、地方和学校三级课程管理体制。至此，我国的课程管理体制逐步完善和成熟起来。

14. A 【解析】校本课程应该完全是学校教师开发和选用的课程方案或指南，而不能是学生人手一本的教材，所以校本课程开发并不是必须开发出相应的书面教材。

15. B 【解析】校本课程包括学校自行设计的新课程，题干中的"某校自主开发的经典诵读课"即属于校本课程。

二、辨析题

1. 凡是课堂上发生的预设外的情况，老师都应该将其开发成课程资源。这才符合新课程改革的要求。

(1)这种说法是不正确的。(2)课程资源开发与利用的基本原则包括：共享性原则；经济性原则；实效性原则；因地制宜原则。其中，经济性原则是指课程资源的开发与利用要尽可能用最少的开支和精力，达到最理想的效果，具体包括开支的经济性、时间的经济性、空间的经济性和学习的经济性。显然，题干的说法违背了该原则。

2. 学生既是课程资源的消费者，又是课程资源的开发者。

(1)这种说法是正确的。(2)在开放的时代，学生有着丰富的生活信息、个性化的生活体验、奇异多彩的想法，这些应该是课程资源的重要来源。同时，由于学生的学习方式也发生了根本的变革，学生在合作学习、探究学习、自主学习的过程中，相互之间都形成了丰富多彩的课程资源。学生作为课程资源的开发者，本身就可以成为课程资源的活动载体。开发与利用课程资源的过程本身，就是学生学习的过程，而且这种学习过程还可以影响到其他学生的学习过程。

3. 教材是教学活动可以利用的唯一资源。

(1)这种说法是不正确的。(2)课程标准和教科书等是基本而特殊的课程资源。除了教材之外，教学活动可以利用的课程资源还包括教师、学生、教学过程等。

4. 开发地方课程和校本课程就意味着要编写教材。

(1)这种说法是不正确的。(2)开发地方课程和校本课程并不能等同于编写教材，或者说主要不是编写学生统一使用的、人手一本的教材，而应该充分开发和利用当地的课程资源，更多地采用活动形态以及为开展活动而提供给教师一些参考性的课程方案。

5. 国家课程具有普遍适用性，但难以顾及各学校的特殊性。

(1)这种说法是正确的。(2)设置"国家课程""地方课程"固然有必要，但这种课程免不了带有普遍适用性和更新周期长，难以反映学校的特殊性，也不足以在课程中及时吸纳新信息、反映社会生活变化的弊病，而"学校课程"可弥补此类不足。

三、简答题(参考答案)

1. 简述校本课程开发的理念。

(1)"学生为本"的课程理念(校本课程开发要基于学生的实际发展要求)；(2)"决策分享"的民主理念；(3)校本课程开发的主体是教师而不是专家；(4)"全员参与"的合作精神；(5)校本课程开发的基础：善于利用现场课程资源；(6)个性化是校本课程开发的价值追求；(7)校本课程开发的性质：国家课程的补充；(8)校本课程开发的运作：同一目标的追求。

2. 新课程改革为什么将"教学大纲"改为"课程标准"？

新课程改革中以"课程标准"代替"教学大纲"，至少应包含以下几方面的理解和考虑：(1)课程价值趋向从精英教育转向大众教育；(2)课程目标着眼于学生素质的全面提高；(3)从只关注教师教学转向关注课程实施过程；(4)课程管理从刚性转向弹性。

3. 简述校本课程开发的途径。

(1)合作开发；(2)课题研究与实验；(3)规范原有的

选修课、活动课和兴趣小组。

4. 课程资源开发的途径有哪些？

(1)进行社会调查；(2)审查学生活动，总结和反思教学经验；(3)开发实施条件；(4)研究学生情况；(5)鉴别利用校外资源；(6)建立资源数据库。

四、论述题(参考答案)

试述校本课程开发对教师专业发展的重要性。

作为校本课程开发的主力军，校本课程的开发带给教师的不仅是挑战，更为其自身专业发展提供了契机，是教师专业发展的有效途径。(1)校本课程开发促进教师专业自主意识的提升；(2)校本课程开发促进教师知识结构的完善；(3)校本课程开发提高教师的学科教学能力；(4)校本课程开发增强教师的参与意识和合作能力；(5)校本课程开发促进教师研究意识和能力的提升；(6)校本课程开发促进教师反思意识和能力的提升；(7)校本课程开发对教师的精神世界有重大的影响。

五、材料分析题(参考答案)

1. (1)校本课程开发要树立"学生为本"的课程理念，校本课程开发要基于学生的实际发展需要，尤其重视学生个体的有差异的学习需要，同时兼顾社会的需要。材料中的"茶道课"引起了学生的学习兴趣，同时能够改变学生不健康的习惯，符合"学生为本"的课程理念。

(2)校本课程开发要体现"全员参与"的合作精神。在校本课程开发过程中，要充分发挥校长、学生家长、学生和社区人士等的作用，形成一个开发校本课程的合作共同体，大家都有权对课程发表自己的看法，集思广益，最终形成一个大家都能够接受的课程方案。材料中，校本课程的开发由家长提议，得到了班主任和家长委员会的积极响应，学生也积极参与，体现了"全员参与"的合作精神。

(3)校本课程开发要善于利用蕴藏在当地社区和学校师生中的各种课程资源，更好地反映学生的实际生活。校本课程开发要根据已有的条件进行切实可行的资源重组，开发出适合自己学校的、具有特色的、学生喜欢的课程。材料中的"茶道课"是在学生家长建议、家长委员会购置茶具、由研究茶文化的学生家长担任教师等因素的组合下开发出来的课程，这充分利用了已有资源，开发出了学生喜欢的特色课程。

2. (1)课程资源是指课程设计、实施和评价等整个课程教学过程中可以利用的一切人力、物力以及自然资源的总和，包括教材、教师、学生、家长以及学校、家庭和社区中所有有利于实现课程目标、促进教师专业成长和学生有个性的全面发展的各种资源。课程资源按不同的依据可分为：校内课程资源和校外课程资源；素材性课程资源和条件性课程资源；显性课程资源和隐性课程资源。我们应针对不同形式存在的课程资源进行灵活的开发利用。如材料中只是因为学校没有配备风琴就取消了音乐课的做法就是对课程资源的认识不到位，缺乏开发利用课程资源的理念。

(2)开发课程资源应遵守的一个原则就是因地制宜原则。不同的地区，可以开发的课程资源是多种多样的，这就要求根据具体的地区，开发富有地区特色的课程资源。如材料中由于工作条件所限，音乐课上没有风琴，但当地的二胡、民歌、地方戏曲等都是可以开发利用的课程资源，也是非常有地方特色的课程资源，如果加以合理利用，也能取得很好的教学效果。

专题四　基础教育课程改革

一、单项选择题

1. D 【解析】"整体设置九年一贯的课程门类和课时比例，并设置综合课程"是基础教育课程改革的具体目标之一"体现课程结构的均衡性、综合性和选择性"的具体体现。
2. B 【解析】基础教育课程改革的核心理念是：为了中华民族的复兴，为了每位学生的发展。
3. B 【解析】新课程结构的内容大致有：小学阶段以综合课程为主；初中阶段设置分科与综合相结合的课程；高中以分科课程为主；从小学至高中设置综合实践活动课程并作为必修课程。选项ACD说法错误，故选B项。
4. B 【解析】邓小平同志"三个面向"思想指的是教育要面向现代化，面向世界，面向未来。
5. A 【解析】《基础教育课程改革纲要(试行)》明确提出课程设置必须"体现课程结构的均衡性、综合性和选择性"。
6. A 【解析】实施素质教育是我国当前教学改革的主题。
7. B 【解析】新课程为了改变课程管理过于集中的状况，实行国家、地方、学校三级课程管理，增强课程对地方、学校及学生的适应性。
8. A 【解析】新课程结构的选择性是针对地方、学校与学生的差异而提出的，它要求学校课程要以充分的灵活性适应于地方社会发展的现实需要，以显著的特色性适应于学校的办学宗旨和方向，以选择性适应于学生的个性发展。开设戏曲体验课程适应了地方差异，有助于学生的个性发展，体现了新课程的选择性原则。

二、填空题

1. 学习方式转变

2. 全面发展

3. 生活

三、判断题

1. √ 【解析】基础教育课程改革的具体目标之一是密切课程内容与生活和时代的联系。

2. × 【解析】新课程倡导“立足过程，促进发展”的课程评价，要求改变课程评价过分强调甄别与选拔的功能，发挥评价促进学生发展、教师提高和改进教学实践的功能。故题干说法错误。

3. × 【解析】新课程倡导开放与生成的教学观——教学不只是课程传递和执行的过程，更是课程创生与开发的过程。教师和学生不是外在于课程的，而是课程的有机构成部分，是课程的创造者和主体，他们共同参与课程开发的过程。

4. √ 【解析】“研究性学习”既是一种学习方式，也是一种课程形态，题干说法正确。

5. × 【解析】综合实践活动具有课程的规定性，是有目的、有计划、有组织、有评价的课程，全体学生都必须参加；而课外活动具有自愿性，学生可自愿参加，且不受大纲限制，灵活、多样、有一定的随意性。故综合实践活动不同于课外活动。

6. × 【解析】新课程倡导民主、开放、科学的课程理念，同时确立了国家、地方、学校三级课程管理政策，这就要求课程与教学相互整合，教师必须在课程改革中发挥主体作用。教师不仅是课程实施的执行者，更应成为课程的开发者和建设者。故题干说法错误。

7. × 【解析】课程改革不是单一的教材改革或教学方法改革，而是涉及课程理念乃至整个教育观念更新的系统变革。

四、简答题(参考答案)

1. 我国基础教育课程改革的具体目标有哪些？

(1)实现课程功能的转变；(2)体现课程结构的均衡性、综合性和选择性；(3)密切课程内容与生活和时代的联系；(4)改善学生的学习方式；(5)建立与素质教育理念相一致的评价与考试制度；(6)实行三级课程管理制度。

2. 简述我国基础教育课程改革的背景。

(1)国际背景：①初见端倪的知识经济；②人类的生存和发展面临困境；③在国际开展课程改革的背景下不至落后。(2)国内背景：①国际竞争空前激烈，基础教育课程改革是国家发展的需要；②基础教育课程改革是学生发展的需要；③基础教育课程改革是教育发展的必然。

3. 简述新课程倡导的教学观。

(1)全面发展的教学观。教学重结论更要重过程；教学关注学科更要关注人。(2)交往与互动的教学观——教学不只是教师教学生学的过程，更是师生交往、积极互动、共同发展的过程。(3)开放与生成的教学观——教学不只是课程传递和执行的过程，更是课程创生与开发的过程。

五、论述题(参考答案)

试述我国学校课程改革存在的问题并提出建议。

(1)问题：从整体来看，尽管我国当前进行的课程改革推动了中小学教材文本的变化、部分教师观念和课堂实践的变化，但从整体上看，仍面临着很大的挑战。包括当前课程教学改革的理论基础不够扎实，仅仅依靠借鉴国外课程教学理论；现有评价体制仍然处于单一模式中，而教育评价制度的改进对当前课程改革的影响是十分明显的。

(2)建议：①课程改革必须有适用于本土的理论体系。大量引进别国的课程教学理论，而缺乏自己的课程教学理论，这对中国的课程改革是一大危险。因此，改革过程中，一定要适当地将国外的成果与国内的实际经验相结合，同时也要充分发掘以往的课程、教学方面好的做法，推动课程、教学理论的本土化。

②课程改革还必须做好教师培训先行的策略。应当在给教师减轻负担的情况下，充分地对教师进行相关的培训，逐步使教师的课程与教学文化适应课程改革的需要，充分吸收国内外的先进教学理论，并将其与自己的课程与教学文化经验结合起来。

③课程改革的进行要有充分的评价体系与之相适应。目前的课程改革在很大程度上受现行评价体制的影响，使得教师和学校无法充分地开展选修、综合课程等一系列活动，这从根本上限制了课程改革的进行，造成了教师、学生和家长不愿过多投入到课程改革的洪流中来。还没有充分地尊重学生的主体价值，也没有充分运用多元价值目标，因此，造成课程实施中的被动局面。

六、材料分析题(参考答案)

(1)在“动物学校”中，所有的动物都要学习跑步、跳跃、爬行、飞行、游泳这五种课程，但显然这些课程并不适合于所有的动物。由此可见“动物学校存在的问题主要有：①违背了新课程改革“为了每位学生的发展”的核心理念。“动物学校”只开设了跑步、跳跃、爬行、游泳、飞行五门课程。许多鼠类动物子弟没有到“动物学校”学习,因为学校拒绝增开挖掘课。②课程设置存在问题。首先,课程结构的设置不能有效促进各种动物的个性发展,而是需要动物去适应课程;其次,课程内容统一设置,不注重各种动物的选择与需求。③违背了新课程所倡导的“立足过程,促进发展”的课程评价。“动物学校”对所有学生的评价都依据五门功课的总成绩,因此各门成绩都普普通通的泥鳅成了成绩最高的学生,而在某一门课程上表现优异的学生却成绩不佳。由此可见,动物学校的评价体系没有充分了解学生发展中的需求,没有关注学生的个别差异,不能帮助学生认识自我、建立自信,也不能促进每个学生在已有水平上的发展。④违背了新课程倡导的师生关系。在对待师生关系上,新课程强调尊重、赞赏。动物学校的老师一味地按照自己的方式来严格要求学生,对于在某方面表现出色的动物也没有给予表扬,不利于良好师生关系的建立。

(2)材料中的“动物学校”违背了教师主导作用与学生主体作用相统一的教育规律,而且还违背了因材施教的教学原则。

(3)解决方法:①遵循“为了每位学生的发展”的核心理念,遵循以人为本的理念,在课程的设置上,要更加综合,体现整体性、开放性、动态性,培养学生综合的视角和综合的能力,以适应科学技术既分化又综合的现实。②在课程内容的选择上,要努力与社会生活相联系,与学生已有的经验相联系,加强教学内容的“生活化”,使学习更有意义。③在教学评价上,倡导发展评价观,重视学习的过程性评价,通过评价发挥促进学习的作用而不只是检查验收的作用。④在教学中遵循因材施教原则。因材施教原则是指教师在教学中,要从课程计划、学科课程标准的统一要求出发,面向全体学生,同时又要根据学生的个别差异,有的放矢地进行有差别的教学,使每个学生都能扬长避短,获得最佳的发展。⑤在教学中要遵循教师主导作用与学生主体作用相统一的规律(双边性规律)。在教学中,教师的教依赖于学生的学,学生的学离不开教师的教,教与学是辩证统一的。

真题必刷

一、单项选择题

1. B 【解析】综合课程是指打破传统的分科课程的知识领域,组合两门以上学科领域而构成的一门学科。“相关课程”“融合课程”“广域课程”“核心课程”都是综合课程的形式,隶属综合课程,只不过综合的程度以及设计的思路略有差异。其中,融合课程是把有内在联系的学科的内容融合在一起而形成一门新的学科。故选B项。

2. D 【解析】A项,从课程制定者或管理制度角度来划分,课程可分为国家课程、地方课程和学校课程。B项,从课程的功能角度来划分,课程可分为工具性课程、知识性课程、技能性课程和实践性课程。C项,从课程的组织核心角度来划分,课程可分为学科中心课程、学生中心课程、社会中心课程等。D项,根据课程任务,可将课程分为基础型课程、拓展型课程和研究型课程。故选D项。

3. A 【解析】我国当前教学改革的主要观点与发展趋势可综合为:(1)实施素质教育,这是我国当前教学改革的主题;(2)坚持整体教学改革和实验,这是我国当前改革的基本策略;(3)建立合理的课程结构,这是我国当前教学改革的重心;(4)实施科学的教学评价。故选A项。

4. C 【解析】结构主义课程理论的代表人物是布鲁纳,该理论以学科结构为课程中心,认为人的学习是认知结构不断改进与完善的过程,因此,学科基本结构的学习对学习者的认知结构发展最有价值。

5. A 【解析】指导我国第八次课程改革的《基础教育课程改革纲要(试行)》采用“课程计划”这一术语,把原来用的“教学大纲”改称为“课程标准”。故选A项。

6. A 【解析】国家课程标准是国家对基础教育课程的基本规范和质量要求。它是教材编写、教学、评估和考试命题的依据,也是国家管理和评价课程的基础。故选A项。

7. B 【解析】课程整合是表示学科教学中,各学科内部的知识和跨学科间的知识,通过渗透、互补、重组形成知识体系的过程和结果。它超越不同知识体系和不同的学科,打破学科之间的界限,对课程目标、课程内容和学习方式等进行统整,以体现课程结构的均衡性、综合性,使学生对知识有一个整体的认识。题干体现了课程整合的内涵,故选B项。

二、填空题

1. 校本课程
2. 学科课程
3. 各种活动 学科
4. 情感态度与价值观

三、判断题

1. × 【解析】确定课程目标的依据有:(1)学习者的需要(对学生的研究);(2)当代社会生活的需要(对社会的研究);(3)学科知识及其发展的需要(对学科的研究)。题干说法错误。

2. √ 【解析】综合实践活动课程的内容主要包括:信

息技术教育、研究性学习、社区服务与社会实践以及劳动与技术教育。

四、辨析题

校本课程就是学校自己组织的活动课程。

(1)这种说法是不正确的。(2)校本课程是一种多样化的课程,其课程的形式多种多样,既可以是必修课,也可以是选修课;既可以是学科课程,也可以是活动课程。课程内容可以和某一学科紧密相关,也可以和多门学科相互结合;可以以学习知识为主,也可以以各种探索性、实践性活动为主。

第六章　教　学

基础必刷

专题一　教学及其过程

一、单项选择题

1. B 【解析】学习间接经验是学生认识客观世界的基本途径。

2. D 【解析】传授知识与思想品德教育相统一规律,即教学的教育性规律。

3. D 【解析】学生具有不成熟性,学生的认识始终是在教师的传授、指导下进行以达到认识目的的,题干所述内容体现了教学过程的指导性特点。

4. B 【解析】教学是学校教育的中心工作,也是贯彻教育方针,实施全面发展教育,实现教育目的的基本途径。

5. A 【解析】实质教育论者认为教学的主要任务在于传授给学生有用的知识,至于学生的智力则无需进行特别的培养和训练;形式教育论者认为教学的主要任务在于通过开设希腊文、拉丁文、逻辑、文法和数学等学科发展学生的智力,至于学科内容的实用意义则是无关紧要的。

易错提示: 形式教育论与实质教育论的主要观点为易混点,形式教育论强调发展学生的智力,实质教育论强调传授给学生有用的知识。

6. B 【解析】巴班斯基认为评价教学过程最优化的基本标准有两个:效果标准和时间标准。

7. D 【解析】一般认为智力是人们完成任务所需能力的综合,包括观察力、记忆力、思维力和想象力等;非智力因素是指人的理想、动机、爱好、意志、情绪、自信心等。故选D项。

8. D 【解析】实质教育论的代表人物主要是德国的赫尔巴特和英国的斯宾塞。洛克和裴斯泰洛齐是形式教育论的代表人物。故选D项。

9. A 【解析】理论联系实际原则是指教师在教学中,应使学生从理论与实际的结合中来理解和掌握知识,并引导他们运用新获得的知识去解决各种实际问题,培养他们分析问题和解决问题的能力。这一原则是间接经验与直接经验相统一的教学规律在教学中的体现。

10. D 【解析】教学的特点之一是:教学具有多种形态,是共性与多样性的统一。

11. A 【解析】教学过程本质的特殊认识说认为,教学活动就其本质而言,是一种特殊的认识活动。

12. A 【解析】A项"学不躐等"体现了循序渐进的教学原则。B、C项是启发性原则的典型体现,而启发性原则是教师主导作用与学生主体作用相统一的规律在教学中的反映。D项包括三层含义:(1)教师的教可以促进学生的学;(2)教师可以向学生学习;(3)学生可以超越教师。这也体现了教师主导作用与学生主体作用的统一。故选A项。

13. D 【解析】教学与教育是一种部分与整体的关系。

易错提示: 考生应注意区分教学与教育、智育、上课的关系:
(1)教学与教育:部分与整体。
(2)教学与智育:既有联系又有区别。教学是智育的主要途径,但不是唯一途径。
(3)教学与上课:上课是实施教学的一种方式。

14. A 【解析】认识—发展说认为,教学过程是一种特殊的认识过程,也是一个促进学生身心发展的过程。

15. B 【解析】教学过程本质的交往说认为,教学是一种特殊的交往活动。教学过程是师生交往、沟通、互动和共同发展的过程。

16. B 【解析】教学是学校教育的中心工作,学校教育工作必须坚持以教学为主。学校工作以教学为主,既是由教学本身的性质决定的,也是多年来教育工作经验的总结。但这并不意味着可以轻视甚至忽略其他工作,应当坚持"教学为主,全面安排"。

17. A 【解析】教学的首要任务是使学生掌握系统的科学文化基础知识,形成基本技能、技巧,其他任务的实现都是在完成这一任务的过程中和基础上进行的。

18. B 【解析】掌握知识和发展智力相互依存、相互促进,二者统一在教学活动中。主要表现为:

(1)传授知识与发展智力这两个教学任务统一在同一个教学活动之中,统一在同一个认识主体的认识活动之中;(2)知识是发展智力的基础;(3)发展智力又是掌握知识的重要条件。故B项说法错误。

19. A 【解析】教学过程中学生的认识具有教育性与发展性。教学中学生认识的形成既是目的,也是发展的手段,认识中追求并实现着学生的知、情、意、行等方面的发展与完全人格的养成。故选A项。

20. B 【解析】感知教材主要是使学生获得关于所学内容的一个整体的表象,是所有教学活动的必经阶段。

21. A 【解析】领会知识是教学过程的中心环节。领会知识包括使学生感知和理解教材。教师要引导学生通过感知形成清晰的表象和鲜明的观点,为理解抽象概念提供感性知识的基础并发展学生相应的能力。题干中的教师通过播放视频使学生对地球环境恶化的状况有所了解,就是让学生形成清晰的表象,为学习环境保护知识打下基础,属于教学过程的领会知识阶段。

二、辨析题

1. 坚持以教学为主的办学规律,要求学校领导集中全校所有的人力、物力和财力用于教学活动。

(1)这种说法是不正确的。(2)学校工作以教学为主,既是由教学本身的性质决定的,也是多年来教育工作经验的总结。但这并不意味着可以轻视甚至忽略其他工作,应当坚持"教学为主,全面安排"。

2. 学生的认识活动是教学中最主要的活动。

(1)这种说法是正确的。(2)教学过程中有两类不同性质的活动(教和学),但教学过程的主要矛盾是学生与其所学的知识之间的矛盾(教师提出的教学任务同学生完成这些任务的需要、实际水平之间的矛盾),实际上也就是学生认识过程的矛盾,是认识主体与其客体之间的矛盾,因此,学生的认识活动是教学中最主要的活动。

3. 教学就是教师上课学生听课。

(1)这种说法是不正确的。(2)上课是实施教学的一种方式。就当前我国的情况来看,班级上课是教学的基本组织形式。教学工作以上课为中心环节。因此,把教学等同于教师上课学生听课的说法是错误的。

4. 有教师认为,课堂教学以传授学科知识、达成"双基"为目的,不应再承担其他任务和功能。

(1)这种说法是不正确的。(2)教学的首要任务是使学生掌握系统的科学文化基础知识,形成基本技能、技巧,即"双基"教学。除此之外,教学的任务还有发展学生智能、体能,培养学生高尚的审美情趣和审美能力,培养学生具备良好的道德品质和个性心理特征,形成科学的世界观。因此课堂教学的任务并不仅仅是进行"双基"教学。

5. 教学与教育是两个相同的概念。

(1)这种说法是不正确的。(2)教学与教育是一种部分与整体的关系。教育包括教学,教学只是学校进行教育的一个基本途径。除教学外,学校还通过课外活动、生产劳动、社会活动等途径对学生进行教育。因此,教学与教育是不同的概念。

6. "勤能补拙""笨鸟先飞"说的是非智力因素对智力因素的补偿作用。

(1)这种说法是正确的。(2)一般认为智力是人们完成任务所需能力的综合,包括观察力、记忆力、思维力和想象力等。非智力因素是指人的理想、动机、爱好、意志、情绪、自信心等。"勤能补拙""笨鸟先飞"中的"拙"和"笨"体现的是智力因素,"勤"和"先飞"体现的是非智力因素,故"勤能补拙""笨鸟先飞"体现了非智力因素对智力因素的补偿作用。

7. 教师是教学过程的主角,学生学得好坏由教师决定。

(1)这种说法是不正确的。(2)教师主导作用与学生主体作用相结合是教学过程的一个基本特点。一方面,教师的主导作用和学生的主体作用是不可分割的。发挥教师的主导作用并不意味着制约学生的主动性。相反,发挥教师的主导作用,就是要更好地发挥学生的主动精神。同样,发挥学生的主动性又离不开教师的主导作用。另一方面,教师的主导作用和学生的主体作用是相互促进的。教师的主导作用要依赖于学生主体作用的发挥。学生学习的主动性、积极性越高,说明教师的主导作用发挥得越好。反过来,学生主体作用要依赖于教师的主导作用来实现。只有教师、学生两方面互相配合,才能收到最佳的教学效果。故题干说法不正确。

三、简答题(参考答案)

1. 简述教学过程的基本规律。

(1)教师主导作用与学生主体作用相统一(双边性规律);(2)间接经验与直接经验相结合(间接性规律);(3)传授知识与思想品德教育相统一(教育性规律);(4)掌握知识与发展智力相统一(发展性规律)。

2. 教学的一般任务有哪些?

(1)引导学生掌握科学文化基础知识和基本技能;

(2)发展学生智能，特别是培养学生的创新精神和实践能力；(3)发展学生体能，提高学生的身心健康水平；(4)培养学生高尚的审美情趣和审美能力；(5)培养学生具备良好的道德品质和个性心理特征，形成科学的世界观。

3. 简述教学的特点。

(1)教学以培养全面发展的人为根本目的；(2)教学由教与学两方面组成，教学是师生双方的共同活动；(3)学生的认识活动是教学中的重要组成部分；(4)教学具有多种形态，是共性与多样性的统一。

4. 简述教学的意义。

(1)教学是传播系统知识、促进学生发展的最有效的形式，是社会经验的再生产、适应并促进社会发展的有力手段；(2)教学是进行全面发展教育、实现培养目标的基本途径，为个人全面发展提供科学的基础和实践，是培养学生个性全面发展的重要环节；(3)教学是学校教育的中心工作，学校教育工作必须坚持以教学为主。

5. 教师发挥主导作用的条件是什么？

(1)教师主导作用的实现有赖于教师自身的条件，即具备应有的知识和能力素质、品德及人格。(2)教师主导作用的发挥还必须具备各种客观条件，如教师在教育过程中的地位是否得到应有的肯定，教师工作的条件是否得到基本的保证。

6. 简述有效教学的原则。

(1)以学生发展为中心；(2)以学科内容为载体；(3)以融洽师生关系为基础；(4)以学生良好状态为保障。

7. 简述教学过程的基本阶段。

(1)激发学习动机；(2)领会知识；(3)巩固知识；(4)运用知识；(5)检查知识。

8. 简述赞科夫提出的发展教学的五条原则。

(1)以高难度进行教学的原则；(2)以高速度进行教学的原则；(3)理论知识起主导作用的原则；(4)使学生理解学习过程的原则；(5)使全班学生(包括最差学生)都得到发展的原则。

四、论述题(参考答案)

1. 有人认为，素质教育可以用6个字概括——教是为了不教。请谈谈你对这6个字的理解和认识。

(1)“教是为了不教”体现了在教学过程中要遵循双边性规律，即教师主导作用与学生主体作用相结合。要注意发挥学生的主体作用，充分发挥学生主体参与教学的能动性。另外，还要求处理好传授知识与发展智力相互统一和相互促进的关系。教学过程既是向学生传授知识的过程，又是发展学生智力和能力的过程。从大的方面讲，德智体美劳全面发展就是素质教育。但素质教育还有另一个方面，就是通过启发式教学让孩子们的智慧和能力得到自由的释放和全面的发展。这体现了素质教育对学生创新精神和实践能力的重视。

(2)此外，这6个字还体现了在教学中要遵循启发性教学原则。注重在教学中调动学生的主动性和积极性，引导他们通过独立思考、积极探索，生动活泼地学习，自觉地掌握科学知识，提高分析问题和解决问题的能力。

2. 试述在教学中，应该如何正确看待间接经验与直接经验的关系。

(1)人们认识客观事物主要有两条途径：一是获取直接经验，即通过亲自探索、实践所获得的经验；二是获取间接经验，即他人的认识成果，主要是指人类在长期认识过程中积累并整理而成的书本知识。教学活动是学生认识客观世界的过程，要以间接经验为主、直接经验为辅，将二者有机结合起来。

(2)以间接经验为主是教学活动的主要特点。借助间接经验认识世界，是认识上的捷径。学习间接经验也是由学生特殊的认识任务决定的。

(3)学生学习间接经验要以直接经验为基础。书本知识，一般表现为概念、定理、原理等，这对学生来说是间接经验。学生要把这些知识转化为自己的知识，必须以个人以往积累的或现时获得的感性经验为基础，教师要根据教学需要充分利用和丰富学生的直接经验。

(4)贯彻间接经验与直接经验相统一的规律，要防止两种倾向：①过分强调书本知识的传授和学习，忽视引导学生通过实践活动、亲身参与、独立探索去积累经验、获取知识的倾向；②只强调学生通过自己探索去发现、积累知识，忽视书本知识的学习和教师的系统讲授。应该将间接经验与直接经验有机结合起来。

五、材料分析题(参考答案)

(1)材料体现了教学过程中间接经验与直接经验相结合的规律(特点)。以间接经验为主是教学活动的主要特点，但在教学中必须重视直接经验的作用。材料中，学生对雨的观察得到的是直接经验，而语文老师将其引向古诗这一间接经验，从而完美地完成了教学任务。

(2)材料体现了教学过程中教师主导作用与学生主体作用相结合的规律(特点)。教师在教学活动中起主导作用，而学生是教学活动中具有能动性的主体。学生是具有主观能动性的人,他们能够能动地反映客观事物。他们的学习动机、兴趣、意志等因素直接影响学习效果。因此,在教学中必须发挥学生的主体作用。教师的主导作用和学生的能动性是相互促进的。无论多么优秀的教师,都无法代替学生学习。成功的教学有赖于学生主观能动性的发挥。材料中,语文老师只是提了一个问题,给了学生一句评价,虽然话不多,但是很关键,充分调动了学生学习的积极性,给了学生很大的想象空间,引导学生主动思考,收到了良好的教学效果。

专题二　教学原则与教学方法

一、单项选择题

1. D 【解析】讲授法的优点是:可以充分发挥教师的主导作用,使学生在短时间内获得大量系统的科学知识,并且能结合知识传授进行思想品德教育。因此,能够在最短的时间内向学生呈现、介绍大量和系统信息的方法是讲授法。

2. C 【解析】巩固性原则是指教师在教学中要引导学生在理解的基础上牢固地掌握基本知识和基本技能,而且在需要的时候,能够准确无误地呈现出来,以利于知识技能的利用。题干中的陈老师在给学生讲解完等差数列的基本概念之后,不断给学生出新的题目进行练习,加深学生对知识的理解,体现的是巩固性原则。

3. D 【解析】"学而时习之"的意思是:学过的内容要经常复习它。贯彻巩固性原则的要求之一是:组织好学生的复习工作,教会学生记忆的方法。故"学而时习之"体现的教学原则是巩固性原则。

方法技巧:关于教学原则的考查常常会引用一段文字,要求考生分析其反映了什么教学原则。考生可识记一些常考的例子,从而快速解题:

(1)直观性原则:①不闻不若闻之,闻之不若见之;②儿童是依靠形式、颜色、声音和感觉来进行思维的。

(2)启发性原则:①一个坏的教师奉送真理,一个好的教师则教人发现真理;②不愤不启,不悱不发;③道而弗牵,强而弗抑,开而弗达。

(3)循序渐进原则:①学不躐等;②不陵节而施;③杂施而不孙,则坏乱而不修。

(4)巩固性原则:①学而时习之;②温故而知新;③复习是学习之母。

(5)因材施教原则:①视其所以,观其所由,察其所安。②求也退,故进之;由也兼人,故退之。③一把钥匙开一把锁。④西邻五子。

(6)量力性原则:①夫智者必量其力所能至而从事焉;②最近发展区。

4. D 【解析】实验法是指教师引导学生使用一定的仪器和设备,进行独立操作,引起某些事物和现象产生变化,从而使学生获得直接经验,培养学生技能和技巧的教学方法。故题干所述的教学方法是实验法。

5. C 【解析】提倡启发式,反对注入式,是当代运用教学方法的指导思想。故选C项。

6. C 【解析】小学生年龄偏小,知识储备和经验较少,注意力集中时间较短,老师应该侧重运用直观的方法。

7. C 【解析】演示法是指教师通过展示实物、教具和示范性的实验来说明、印证某一事物和现象,使学生掌握新知识的一种教学方法。题干中的教师通过演示实验让学生观察水的"三态"变化,运用的教学方法是演示法。

方法技巧:部分考生看到题目中有"实验"二字就认为题目考查的是实验法,从而造成误选。在做题时,演示法中的实验演示与实验法容易造成混淆,考生可结合以下内容进行理解:

实验演示———教师做实验,学生看;

实验法———学生做实验,教师指导。

8. B 【解析】王老师用生动形象的图片进行汉字教学是遵循直观性原则的体现。

9. A 【解析】讲授法的基本形式可分为讲读、讲述、讲解和讲演四种。

10. A 【解析】"杂施而不孙,则坏乱而不修"的意思是:如果教学不按一定的顺序,杂乱无章地进行,学生就会陷入紊乱而没有收获。贯彻循序渐进原则的要求有:教师的教学要有系统性;抓主要矛盾,解决好重点与难点;教师要引导学生将知识体系化、系统化;按照学生的认识顺序,由浅入深、由易到难、由简到繁地进行教学。故"杂施而不孙,则坏乱而不修"强调的教学原则是循序渐进原则。

11. C 【解析】因材施教的教学原则要求教师从学生的实际情况、个别差异出发,有的放矢地、有差别地教学。允许成绩优秀的学生跳级,就体现了因材施教的教学原则。

12. A 【解析】发现法的缺点在于,对于同样的教学内容,它花费的时间要比讲授法多出许多,这是它无法完全取代讲授法的重要原因。

13. B 【解析】"到什么山上唱什么歌儿"启示我们应该坚持因材施教原则。

14. B 【解析】量力性原则,也称可接受性原则,是指教学的内容、方法、分量和进度要适合学生的身心发展,使他们能够接受,但又要有一定的难度,需要他们经过努力才能掌握,以促进学生的身心发展。由题干中的“量力而为”可知,体现的是量力性原则。

15. D 【解析】贯彻直观性教学原则要求将直观教具的演示与语言讲解结合起来。

16. B 【解析】《西邻五子》讲的是:西边邻居家有五个儿子。一个儿子老实,一个儿子聪明,一个儿子瞎,一个儿子驼背,一个儿子瘸。就让老实的务农,聪明的经商,瞎子卜卦算命,驼背的搓麻绳,瘸子纺线,五个儿子都不为衣食发愁。这个故事说明根据每个人的特点施以不同的教育,即可取得良好的效果。这体现了因材施教的教学原则。

17. A 【解析】题干中的教师通过引导学生复习之前学过的字来帮助学生学习新字,运用的是巩固性教学原则。

18. B 【解析】题干中的引文是指在教学中同伴之间要相互学习,讨论切磋,取长补短,共同进步。这体现了讨论法的意义。

19. D 【解析】题干中的曹老师通过介绍祖冲之的卓越贡献,让同学们感到自豪,说明曹老师在讲授知识的同时,注重思想教育,遵循了科学性与思想性相统一的教学原则。

20. C 【解析】循序渐进的“序”包括科学知识的逻辑顺序和学生身心发展规律。其中,学生身心发展规律包括学生认识能力的发展顺序、学生的认识顺序、学生生理发展节律。

21. D 【解析】讲授法的缺点是不易发挥学生的主动性和积极性,不利于因材施教,容易造成“填鸭式”“满堂灌”的教学效果。

22. C 【解析】情境教学法的核心在于激发学生的情感。

23. B 【解析】题干的描述体现的是知和行的统一关系,反映了理论联系实际的教学原则。

24. D 【解析】量力性原则,也称可接受性原则,是指教学的内容、方法、分量和进度要适合学生的身心发展,使他们能够接受,但又要有一定的难度,需要他们经过努力才能掌握,以促进学生的身心发展。由题干中的“恰当地把握教学的难度和速度”可知,这一教学基本要求贯彻的是教学的可接受性原则。

25. D 【解析】贯彻理论联系实际原则的要求之一是补充必要的乡土教材。

26. D 【解析】当前国内教学方法变革中具有代表性的有李吉林首创的情境教学法、邱学华首创的尝试教学法、刘京海为首的一批教改研究者首先提出的成功教学法和倪谷音首先倡导的愉快教学法。故选D项。

27. A 【解析】贯彻启发性原则的要求之一是:设置问题情境,启发学生独立思考,培养学生良好的思维方法和思维能力。题干的关键词是“问题”,即学生思维的发展是从问题或者疑问开始的,故教学应遵循启发性原则。

二、填空题

1. 因材施教
2. 尝试
3. 讲授法
4. 注入式　启发式
5. 洛扎诺夫

三、判断题

1. × 【解析】教学方法是为完成教学任务而采用的方法,它包括教师教的方法和学生学的方法,是教师引导学生掌握知识技能、获得身心发展而共同活动的方法。

2. √ 【解析】由“复习”二字可知,这句话强调的是教学的巩固性原则。

3. × 【解析】贯彻循序渐进原则的基本要求之一是抓主要矛盾,解决好重点与难点。教学要循序渐进并不意味着教学要面面俱到、平均使用力量,而是要求区别主次、分清难易、有详有略地教学。故题干的说法错误。

4. × 【解析】依据指导思想不同,各种教学方法可归并为两大类:注入式和启发式,这是两种根本对立的教学方法指导思想。启发式是指教师从学生实际出发,采取各种有效的形式去调动学生学习的积极性,指导他们自己去学习的方法。它是运用各种教学方法的指导思想,不是一种具体的教学方法。因为一种具体的教学方法是由一套固定的教学格式和教学环节来构成的。启发式教学并没有固定的教学格式和环节,它的真正含义是要调动学生主动学习的积极性,引导学生独立思考、融会贯通,学会正确分析问题、解决问题的思路和方法。

5. √ 【解析】讲解的目的是使人明白,使人更快更好地接受。因此,讲解要努力做到目的明确、条理清楚、准确明了、生动有趣、深入浅出、通俗易懂。讲解不应长篇大论、平铺直叙、枯燥乏味,而应尽量做到生动有趣。教师要用恰当的比喻、生动的事例等使讲解生动有趣。

6. × 【解析】衡量一种教学方法是否具有启发性,关键是看教师能否促进学生积极主动地去学习,而不是单从形式上去加以判断。如果教师在运用讲授法的过程中，只是简单地向学生灌注知识，那么这种教学方法就是“填鸭式”的；如果教师能够启发学生思考，调动学生学习的积极性，那么这种讲授就是启发式的。因此，讲授法既可以是“填鸭式”的教学方法，也可以是启发式的教学方法。故题干的说法错误。

7. × 【解析】思想性（教育性）和科学性相统一的原则是指教学要以马克思主义为指导，授予学生科学知识，并结合知识教学对学生进行社会主义品德和正确人生观、科学世界观教育。这一原则的实质是要求在教学活动中把教书和育人有机地结合起来。题干中王老师在教学的同时，联系屠呦呦躬身钻研的故事对学生进行德育，体现了教书与育人的统一，表明王老师在教学中遵循了思想性（教育性）和科学性相统一的原则。

8. √ 【解析】贯彻直观性教学原则的要求之一即正确选择直观教具和教学手段。

四、简答题（参考答案）

1. 讨论是班级成员之间的一种互动交流方式，教师要组织好学生的讨论需要注意哪些问题？

(1)讨论前，教师应提出有吸引力的讨论题目，并明确讨论的具体要求，指导学生收集有关资料；(2)讨论时，教师要善于引导学生围绕中心，联系实际，自由发表意见，并让每个学生都有发言的机会；(3)讨论结束后，教师要进行小结，并提出需要进一步思考的问题。

2. 我国小学常用的教学原则有哪些？

(1)直观性原则；(2)启发性原则；(3)巩固性原则；(4)循序渐进原则；(5)因材施教原则；(6)理论联系实际原则；(7)量力性原则；(8)思想性（教育性）和科学性相统一的原则。

3. 简述运用讲授法的优缺点。

(1)优点：可以充分发挥教师的主导作用，使学生在短时间内获得大量系统的科学知识，并且能结合知识传授进行思想品德教育。

(2)缺点：不易发挥学生的主动性和积极性，不利于因材施教，容易造成“填鸭式”“满堂灌”的教学效果。

4. 简述循序渐进原则的含义及贯彻此原则的要求。

(1)含义：循序渐进原则在西方常称为系统性原则，是指教师要严格按照科学知识的内在逻辑和学生的认知发展规律进行教学，使学生掌握系统的科学文化知识，能力得到充分的发展。

(2)贯彻此原则的要求：①教师的教学要有系统性；②抓主要矛盾，解决好重点与难点；③教师要引导学生将知识体系化、系统化；④按照学生的认识顺序，由浅入深、由易到难、由简到繁地进行教学。

5. 简述运用演示法的基本要求。

(1)明确演示目的，做好演示准备；(2)演示必须精确可靠、操作规范；(3)演示时要引导学生集中注意力，运用多种感官去感知，以发展学生的思考力和观察力；(4)演示结束后，教师要引导学生分析观察结果以及各种变化之间的关系，通过分析、对比、归纳、综合得出正确结论。

五、论述题（参考答案）

1. “启发式”教学与“注入式”教学的不同之处是什么？运用启发式教学的好处有哪些？

(1)依据指导思想不同，各种教学方法可归并为两大类：注入式和启发式，这是两种根本对立的教学方法。注入式是一种“填鸭式”的教学方法，是指教师从主观出发，把学生看成单纯接受知识的容器，向学生灌注知识，无视学生在学习上的主观能动性。在这种思想的指导下，教师在教学中仅仅起了一个现成信息的载负者和传递者的作用，而学生则仅仅起着记忆器的作用。启发式则是指教师从学生实际出发，采取各种有效的形式去调动学生学习的积极性，指导他们自己去学习的方法。两者的不同表现为：①理论基础不同；②教学的目的、任务不同；③学生观不同；④教学信息传输的方式不同；⑤师生心理相容度不同。

(2)运用启发式教学的好处：①启发式教学能激发学生的学习动机；②启发式教学有助于学生的智力开发；③启发式教学有助于学生的个性发展；④启发式教学能有效地传递科学信息；⑤启发式教学是教学规律的正确反映。

2. “教学有法，教无定法，贵在得法。”这句话中的三个“法”分别是什么意思？结合教育理论知识和教育实践谈谈你对这句话的认识。

(1)①“教学有法”是指我们的教育教学活动是有规律可遵循、有法则可遵守、有模式可遵照的，是有可以掌握的基本方法、基本规律的。“教学有法”中的“法”指的是教学活动自身的基本规律和基本方法。②“教无定法”指的是教学的模式、方法、技能等不是机械的、教条的，而是灵活多变、富有个性、充满灵性的。“教无定法”是我们组织教育教学活动的依据。“教无定法”中的“法”指的是教学的模式、方法、技能等。③“贵在得法”指的是教师将各种教学方法、手段、技巧等恰如其分、灵活巧妙地应用于具体的教学情境中。“贵在得法”中的“法”指的是教师采用的教学手段、方法、技巧等,即科学化的教法。

(2)在实际教学中,教师要想做到"得法"就要选择和运用好教学方法,教师要根据教学目的和任务的要求,课程性质和特点,学生年龄特征,自身的业务水平、实际经验及个性特点等选择合适的教学方法。教师要综合性、灵活性、创造性地运用教学方法。教学方法运用的综合性是指根据教学任务和教学内容的需要,综合运用多种教学方法,而不要长期只使用一种教学方法;教学方法运用的灵活性是指在实际应用中,要从实际需要出发,随时对其进行调整;教学方法运用的创造性是指从教学实践出发,在把握现有教学方法的基础上有所创造。

3. 联系实际,谈谈在教学中应如何贯彻理论联系实际的原则。

(1)重视书本知识的教学,在传授知识的过程中注重联系实际;(2)重视引导和培养学生运用知识的能力;(3)加强教学的实践性环节,逐步培养与形成学生综合运用知识的能力,进行"第三次学习";(4)正确处理知识教学与能力训练的关系;(5)补充必要的乡土教材。(考生可结合实际加以阐述,言之有理即可)

六、材料分析题(参考答案)

1. (1)材料中这位老师的做法体现了理论联系实际和启发性的教学原则。理论联系实际原则是指教师在教学中,应使学生从理论与实际的结合中理解和掌握知识,并引导他们运用新获得的知识去解决各种实际问题,培养他们分析问题和解决问题的能力。这一原则是直接经验与间接经验相统一的教学规律在教学中的体现。教师通过让学生自己学习并亲手去做菜来引导学生写作文,这充分体现了理论与实际相结合的教学原则。启发性原则是指在教学活动中,教师要调动学生的主动性和积极性,引导他们通过独立思考、积极探索,生动活泼地学习,自觉地掌握科学知识,提高分析问题和解决问题的能力。教师提出去学生家吃饭,诱导学生学习做菜,调动了学生做菜的积极性,从而为写好作文奠定基础。这是运用启发性教学原则的体现。

(2)该材料中的老师主要是运用谈话法进行教学的。谈话法是教师和学生相互交谈,以引导学生根据自己已有的知识、经验,通过独立思考去获得新知识的教学方法,也叫问答法。运用谈话法能够照顾到每个学生的特点,充分激发学生的思维活动,有利于发展学生的语言表达能力;并使教师通过谈话直接了解学生的学习程度,及时检验自己的教学效果,从而提出一些补救措施来弥补学生的知识缺陷,开拓学生的思路,使学生保持注意和兴趣。材料中教师与学生的问答过程是运用谈话法的体现。

(3)教学过程要遵循间接经验与直接经验相结合以及教师主导作用与学生主体作用相统一的基本规律。在进行教学时,学生学习间接经验要以直接经验为基础,要注重学生的间接经验,同时也要注重学生的直接经验。注重发挥教师的主导作用,同时充分发挥学生主体参与教学的能动性。

(4)该材料体现了新的教学观。师生之间的对话体现了教师在教学过程中关注师生交往、积极互动、共同发展;教师重过程甚于重结论,体现了新课程三维目标中的"过程与方法"目标;更为关注人而不只是学科,关注的是学生在完成作业过程中的情感体验,体现了三维目标中的"情感态度与价值观"目标。

2. (1)斯霞老师运用了启发性原则。该原则是指在教学活动中,教师要调动学生的主动性和积极性,引导他们通过独立思考、积极探索,生动活泼地学习,自觉地掌握科学知识,提高分析问题和解决问题的能力。斯霞老师要学生用"饱满"这个词语造句,引导学生积极探索,由植物的饱满到精神的饱满,调动了学生学习的主动性和积极性,体现了启发性原则。

(2)斯霞老师运用了直观性原则。该原则是指在教学活动中,教师应尽量利用学生的多种感官和已有的经验,通过各种形式的感知,使学生获得生动的表象,从而比较全面、深刻地掌握知识。斯霞老师用抬头挺胸的动作,使学生理解"饱满"一词,体现了直观性原则。

(3)斯霞老师运用了理论联系实际原则。该原则是指教师在教学中,应使学生从理论与实际的结合中来理解和掌握知识,并引导他们运用新获得的知识去解决各种实际问题,培养他们分析问题和解决问题的能力。斯霞老师在引导学生探索知识的过程中,联系实际生活,体现了理论联系实际原则。

(4)斯霞老师在教学过程中更关注人,在对待教学关系上,注重对学生的帮助和引导,充分发挥了学生的主体作用,调动了学生学习的积极性,促进了学生的发展,是值得肯定的。

3. (1)相同点:都可以使学生学到知识,得到发展。

不同点:①李老师主要采用注入式的教学方法。"教师讲,学生听;教师写,学生抄"属于"填鸭式"的教学方法,教师把学生看成单纯接受知识的容器,向学生灌注知识,无视学生在学习上的主观能动性。在这种思想的指导下,教师在教学中仅仅起着一个现成信息的载负者和传递者的作用，而学生则仅仅起着记忆器的作用。王老师则主要采用启发式的教学方法。启发式是指教师从学生实际出发，采取各种有效的形式去调动学生学习的积极性，指导他们自己去学习的方法。材料中，王老师设计游戏环节，并提出贴合学生实际生活的问题，并让学生自由讨论、思考，都体现了启发式的教学方法。

②李老师注重教学结果，注重单方面的传授知识，是课程的执行者。"教师讲，学生听；教师写，学生抄"，这反映了李老师只注重学生知识的掌握和学习，简单地、机械地传授学生知识，而不注重学生的学习过程和情感体验。王老师则体现了新的教学观。材料中，王老师善于运用多媒体、设计游戏环节等手段配合教学，提出贴合学生实际生活的问题，并给予学生自由讨论、思考的时间，这反映了他不仅注重教学过程，更关注人，注重学生在师生交往、积极互动、共同发展的过程中学习知识，把教学过程当作课程的创生与开发过程。

(2)我喜欢王老师的教学。王老师具备现代教学观，不仅能够根据学生的需求、教学目的和任务的要求以及课程的性质和特点，灵活地选择教学方法，而且注重学生素质的发展和对学生潜能的挖掘，能帮助学生实现全面发展。

4. (1)教学原则是根据一定的教学目的和教学过程规律而制定的指导教学工作的基本准则。它是有效进行教学必须遵循的基本要求和原理。启发性原则是指在教学活动中，教师要调动学生的主动性和积极性，引导他们通过独立思考、积极探索，生动活泼地学习，自觉地掌握科学知识，提高分析问题和解决问题的能力。王老师在教学过程中运用了启发性原则，但是由于学生的年龄较小，学生的思维未向王老师预设的方向发展，且王老师启发不当，所以未达到理想的教学效果。

(2)直观性原则是指在教学活动中，教师应尽量利用学生的多种感官和已有经验，通过各种形式的感知，使学生获得生动的表象，从而比较全面、深刻地掌握知识。直观性原则的提出是由学生的年龄特征所决定的，直观手段一般分为三大类：实物直观、模像直观和言语直观。案例中的王老师在教学生认字时主要使用了言语直观，言语直观往往要结合学生经验，效果才会较好。而王老师虽然运用了直观性原则，但是在运用的过程中，没有考虑到学生的年龄特点，盲目运用了言语直观。案例中的学生正处于认字阶段，年龄较小、经验较少，对于低年级学生，教师在教学中应以模像直观和实物直观为主，使学生获得生动的表象，从而比较全面、深刻地掌握知识。此外，王老师在引导学生回答问题时，所用语言引导性不强。教师在提出问题后，应注意对问题进行补充，这样才能引导学生一步一步去思考。

专题三　教学组织形式与教学工作的基本环节

一、单项选择题

1. A 【解析】道尔顿制的主要措施有：(1)把教室一律改为作业室；(2)废除班级授课制；(3)实行学分制。

2. A 【解析】在原始社会和奴隶社会，个别教学是教学组织的主要形式，这就是教师分别对个别学生进行教学的形式。这是出现最早的教学组织模式。

3. A 【解析】特朗普制把大班上课、小班讨论、个人自学结合起来，以灵活的时间单位代替固定统一的上课时间。

4. A 【解析】根据教学的任务，课分为传授新知识课(新授课)、巩固新知识课(巩固课)、技能技巧课(技能课)和检查知识课(检查课)。

5. D 【解析】班级授课制的不足之一是：不利于因材施教，难以满足学生个性化的学习需要。故D项不属于班级授课制的优点。

6. C 【解析】1632年，捷克教育家夸美纽斯出版的《大教学论》最早从理论上对班级授课制进行阐述，为班级授课制奠定了理论基础。

7. B 【解析】备课是教师根据学科课程标准的要求和本门课程的特点，结合学生的具体情况，选择最合适的表达方法和顺序，以保证学生有效地学习。

8. B 【解析】上课是教学工作的中心环节，是教师教和学生学的最直接体现，是提高教学质量的关键。

9. A 【解析】备课首先是从精神上、思想上重视上课、准备上课——谨慎而为，态度决定行动；其次才是从物质上、行动上准备课。

10. B 【解析】领会知识是教学过程的中心环节。

易错提示：关于教学过程的中心环节，目前有两种说法考的比较多：(1)领会知识(包括感知和理解教材)是教学过程的中心环节；(2)理解教材是教学过程的中心环节。这两种说法都对，一般以单选题的形式进行考查。考生可参考以下内容进行理解：

在教学中，学生对教材的感知、形成表象是学生认识的初级阶段，教师要在学生感知教材、形成表象的基础上，进一步引导学生进行抽象思维活动，对感知的材料加以思考、分析、比较、综合、抽象、概括以形成概念。概念是一种思维形式，它反映了客观事物的本质属性。在感知阶段，学生对学习对象的认识只是一种感性认识。只有形成了概念，学生对学习对象的认识才能达到理性的认识。这是教学的深化阶段。所以在教学过程中，只有学生理解了教材，形成了概念，才算是真正领会和掌握了知识。因此，理解教材，形成概念，是教学过程的中心环节。

11. A 【解析】评定学生学业成绩，一般采用百分制记分法和等级制记分法。故A项正确。一般来说，题的数量多、便于给小分的，用百分制较便利；题的数量不多，开卷、理解和灵活运用的题用等级制较方便；等级制可以换算成一定的分数。故B、C、D项错误。

12. A 【解析】备课是教师教学的起始环节，是上好课的先决条件，备好课是上好课的前提。

13. A 【解析】教师掌握教材有一个深化的过程，一般要经过懂、透、化三个阶段。

14. B 【解析】教师备课要写好三种计划，即学年（或学期）教学计划、课题（或单元）计划、课时计划（教案）。

15. B 【解析】课的结构是指课的基本组成部分及各组成部分进行的顺序、时限和相互关系，不同类型的课有不同的结构。

16. A 【解析】外部分组是打破传统的年龄编班，按学生的能力或学习成绩的差异分组教学。

17. C 【解析】在我国，最早采用班级授课制的是清政府于1862年设于北京的京师同文馆。

18. B 【解析】班级授课制有利于经济有效地大面积培养人才。

19. D 【解析】课外辅导的对象既有学习成绩优良的学生，也有学习成绩暂时落后的学生。

20. A 【解析】布置课外作业是为了使学生进一步巩固所学知识，并培养其独立学习和工作的能力。

21. D 【解析】班级授课制的基本特点包括：(1)以班为单位集体授课，学生人数固定；(2)按课教学；(3)按时授课。故班级授课制可以用班、课、时三个字概括，选D项。

22. C 【解析】教学组织形式是指教学活动中教师与学生为实现教学目标所采用的社会结合方式。

23. C 【解析】道尔顿制是由美国教育家柏克赫斯特创建的一种教学组织形式。

二、填空题

1. 复式教学
2. 上课
3. 检查复习
4. 平时考查　考试
5. 现场教学

三、判断题

1. × 【解析】分组教学和班级授课制各有其利弊，不能说谁比谁更优越。

2. × 【解析】平时考查中的口头提问可以在课前、课中、课后进行；检查书面作业可以在课外进行，也可以在课堂上进行。

3. √ 【解析】在实际的教学中，有时一节课只完成一个任务，有时一节课则需完成多项任务，所以根据一节课所完成任务的类型数，又可分为单一课和综合课。一般来说，综合课的基本组成部分有组织教学、检查复习、讲授新教材、巩固新教材、布置课外作业等。

4. × 【解析】教师在布置作业时要适度适量，不能布置过多的作业，以避免学生产生厌学情绪。故教师在布置作业时让家长也额外给学生布置作业的做法是不合理的。

5. √ 【解析】课外辅导是上课的必要补充，是适应学生个别差异，贯彻因材施教的重要措施。

6. × 【解析】上好课是提高教学质量的关键。明确教学目的是上好一堂课的前提。上好一堂课的内在动力是调动学生的学习积极性。故题干说法错误。

四、简答题（参考答案）

1. 教师上好一节课的标准有哪些？

(1)要使学生的注意力集中；(2)要使学生的思维活跃；(3)要使学生积极参与到课堂中来；(4)要使个别学生得到照顾。

2. 简述课外辅导的内容。

(1)给学生解答疑难问题，指导学生做好作业；(2)为基础差和因事、因病缺课的学生补课；(3)给成绩特别优异的学生做个别辅导；(4)对学生进行学习方法上的辅导；(5)对学生进行学习目的和学习态度的教育。

3. 简述当前教学组织形式改革的趋势。

(1)使整个教学过程个别化、个性化，主张用自学辅导以及借助现代教学技术的程序教学、计算机辅助教学等新的教学组织形式来代替班级授课制。

(2)以班级授课制为基础，追求教学组织形式的综合化和多元化，吸收其他教学组织形式的优点，如分组教学、合作教学等，实现多种教学组织形式的综合运用，弥补班级授课制的不足，最大限度地发挥班级授课制的优势。

4. 简述学业成绩检查的基本要求。

(1)检查要坚持科学性、有效性和可靠性原则；(2)检查的内容应力求全面，使其既能反映学生对课程知识的掌握程度，又能反映学生认知结构的情况；(3)检查的方法要灵活多样。

五、论述题(参考答案)

备好课是上好课的前提。新课程理念下，你认为教师应如何"分析教材"？

分析教材包括学习学科课程标准、钻研教科书和阅读有关参考资料。首先，学习学科课程标准就是指教师要弄清楚本学科的教学目的，教材的体系、结构、基本内容和教学法上的基本要求。其次，教师必须钻研教科书，掌握学科主要内容、重点、难点所在，同时也要考虑如何利用它来促进学生态度、情感、价值观的转变，知识的拓展及各种能力的提高。此外，各种参考资料是教科书的重要补充，教师应广泛阅读有关参考书来获得有价值的信息，以满足教学需求。

六、材料分析题(参考答案)

1. (1)在新课改背景下，布置作业需要考虑不同学生的能力需求。案例一中的老师经常给学生布置抄写字词的作业，没有考虑到尖子生和后进生的不同能力需求，导致尖子生对作业产生厌烦情绪。所以，教师在布置作业时，要考虑不同学生的能力需求，根据不同学生的学习程度，布置难易度不同的作业，以促进不同学生在原有基础上的发展。

(2)在新课改背景下，布置作业需要分量适宜、难易适度，并且作业形式要多样，具有多选性。案例二中的老师给所有学生都布置了实践作业，但是有一部分学生不会写这种作业，因此也不交作业。从案例中，我们可以看出教师在布置作业时，要难易适度，不能过难也不能过易，要考虑到不同学生的能力水平，并且布置的作业要多样化，要让学生有选择的余地，这样才能使学生愉快地做作业，并且取得进步。

2. (1)备课就是教师根据学科课程标准的要求和本门课程的特点，结合学生的具体情况，选择最合适的表达方法和顺序，以保证学生有效地学习。备好课是教好课的前提。对教师而言，备好课可以加强教学的计划性，有利于教师充分发挥主导作用。教师要在平时的学习、生活中有意识地收集教学资料，为上课做准备。

(2)①备课要体现预设与生成的统一。材料中"有些经过教研组集体合力打磨的课，展示时总感觉太失真，作秀太明显"，这种情况的出现就说明教师在备课时忽视了学生的兴趣和经验，不能有效地引导学生生动、活泼、主动地进行新知识的探究活动。②备课要体现尊重学生差异性的理念。材料中"也有一些教师精心准备的课，却受到学生的冷遇，台上教师口若悬河，台下学生却昏昏欲睡"，这就体现了教师在备课时没有正视学生的个体差异，不能充分发挥学生的潜能，使其各有所得，因此就没有收到良好的教学效果。③备课要体现教学方式与学习方式转变的理念。材料中"教师备课不应只是备课本，更要关注学生学情，并由此出发有针对性地设计教什么、怎么教的问题"，即在教学中要从以教为中心变为以学为中心，充分发挥学生的主体性。

(3)①教师备课要做好三方面的工作，即钻研教材、了解学生、设计教法，也即备教材、备学生、备教法；②写好三种计划，即学年(或学期)教学计划、课题(或单元)计划、课时计划(教案)。

(考生可适当结合材料加以阐述，言之有理即可)

专题四　教学模式与教学评价

一、单项选择题

1. C 【解析】形成性评价是在教学过程中为改进和完善教学活动而进行的对学生学习过程及结果的评价。因此，对教学过程中测验结果的解释就是形成性评价。

2. D 【解析】情境—陶冶教学模式是从"人的认识是有意识心理活动和无意识心理活动的统一、理智活动和情感活动的统一"的观点出发，通过创设一种情感和认知相互促进的教学环境，引导学生在轻松愉快的教学氛围中有效地获取知识、陶冶情感的教学模式。

3. D 【解析】形成性评价是在教学过程中为改进和完善教学活动而进行的对学生学习过程及结果的评价。它包括在一节课或一个课题的教学中对学生的口头提问和书面测验。故教师在教学过程中就所学的知识向学生进行提问属于形成性评价。

方法技巧：诊断性评价、形成性评价和总结性评价是易混点，考生可识记这三种评价方式的常用手段从而快速解题。

(1)诊断性评价：摸底考试；

(2)形成性评价：口头提问和书面测验；

(3)总结性评价：期中、期末考试。

4. B 【解析】分数决定一切的教育评价体系，是目前实施新课改最大的绊脚石。为此，应逐步把评价的重点从期末考试、毕业考试等终结性评价，转移到日常学习、记录等过程性评价上。只有这样，教师才能对学生进行全面的评价,新课改"以学生发展为本"的精神才能得以体现。A、C两项注重期末考试成绩,D项体现了评价的主观性,只有B项体现了评价的综合性,评价较为全面、合理。

5. C 【解析】"情境—陶冶"教学模式是吸取了洛扎诺夫的暗示教学理论,并参照我国教学实际工作者积累的有效经验加以概括而形成的。

6. A 【解析】罗杰斯是非指导性教学模式的代表人物,该教学模式以人本主义教育理论为指导思想,以发展学生的人格和情感为目标。

7. C 【解析】范例教学模式比较适合于社会科学中的一些原理和规律的教学,有助于培养学生的分析能力,有助于学生理解规律和原理。

8. B 【解析】相对性评价又称为常模参照性评价,是运用常模参照性测验对学生的学习成绩进行的评价,它主要依据学生个人的学习成绩在该班学生成绩序列或常模中所处的位置来评价和决定学生成绩的优劣,而不考虑是否达到教学目标的要求。题干中陈浩的期中语文测试成绩在班上属于中等水平即属于相对性评价。

方法技巧:考生容易混淆相对性评价、绝对性评价和个体内差异评价。在理解这三个概念时,可把相对性评价理解为"看位置",绝对性评价理解为"看标准",个体内差异评价理解为"看自己"。

9. D 【解析】诊断性评价是在学期开始或一个单元教学开始时,为了了解学生的学习准备状况及影响学习的因素而进行的评价。它包括各种通常所称的摸底考试。

10. B 【解析】相对性评价主要依据学生个人的学习成绩在该班学生成绩序列或常模中所处的位置来评价和决定他的成绩的优劣,而不考虑是否达到教学目标的要求,具有甄选性强的特点,可以作为选拔人才、分类排队的依据。选拔性考试属于相对性评价,故选B项。

11. A 【解析】范例教学的范例性,即在学科知识中精选起示范作用的内容,便于学生学习时进行正向迁移。它是针对教学内容而言的。

12. C 【解析】暗示教学模式是指运用暗示手段激发个人心理潜力,提高学习效率的一种教学模式。它由保加利亚心理治疗医生洛扎诺夫提出,故选C项。

13. C 【解析】个体内差异评价是对被评价者的过去和现在进行比较,或将评价对象的不同方面进行比较。老师将小明的期末测验成绩与其期中测验成绩进行对比属于个体内差异评价。

14. C 【解析】范例教学模式是由德国教育心理学家瓦·根舍因提出来的。

15. A 【解析】根据评价采用的标准,可将教学评价分为相对性评价、绝对性评价和个体内差异评价。

16. A 【解析】传递—接受式教学模式以传授系统知识、培养基本技能为目标,其着眼点在于充分挖掘人的记忆力、推理能力以及间接经验在掌握知识方面的作用,使学生能够快速有效地掌握更多的信息量。

17. A 【解析】暗示教学模式的教学原则有:愉快而不紧张的原则、有意识和无意识相统一的原则、暗示手段相互作用的原则。

18. D 【解析】教学评价的目的是对课程、教学方法以及学生培养方案做出决策。

19. C 【解析】诊断性评价的主要功能有:(1)检查学生的学习准备程度;(2)决定对学生的适当安置;(3)辨别造成学生学习困难的原因。故选C项。

20. C 【解析】问题—探究式(引导—发现式)教学模式是在教师的引导下,学生通过对实际问题的独立研究来发现、获取知识。这是一种以解决问题为中心,注重学生独立活动,着眼于创造性思维能力和意志力培养的教学模式。

21. C 【解析】与自我评价相比,他人评价更为客观真实,更容易看到成绩与问题所在。

22. B 【解析】示范—模仿式教学模式是教学中最基本的教学模式之一,多用于以训练技能为目的的教学。其基本步骤是:第一步,定向(明确所学目的);第二步,示范;第三步,参与性练习;第四步,自主练习;第五步,迁移(熟练掌握)。

23. D 【解析】教学评价的原则有客观性原则、发展性原则、整体性原则、指导性原则。其中,发展性原则即教学评价是鼓励师生、促进教学的手段,所以教学评价应着眼于学生的学习进步和动态发展,着眼于教师的教学改进和能力提高,以调动师生的积极性,提高教学质量。

24. B 【解析】绝对性评价宜用于升级考试、毕业考试和合格考试。题干中的"以及格分为过关标准"就是这一评价方式的典型体现。

二、判断题

1. × 【解析】总结性评价也称为终结性评价,是在一个大的学习阶段、一个学期或一门课程结束时对学生学习结果的评价。总结性评价注重考查学生掌握某门学科的整体程度,概括水平较高,测验内容范围较广,常在学期中或学期末进行。故期中、期末考试属于总结性评价。

2. × 【解析】教学评价是教学工作不可缺少的一个基本环节，从整体上调节、控制着教学活动的进行，保证着教学活动向预定的目标前进并最终达到该目标。它贯穿于教学工作的整个过程。

3. × 【解析】教学评价主要包括对学生学习结果的评价和对教师教学工作的评价，也可以划分为学生学业评价、课堂教学评价和教师评价。

4. × 【解析】总结性评价注重考查学生掌握某门学科的整体程度，概括水平较高，测验内容范围较广，常在学期中或学期末进行。所以注重考查学生掌握某门学科的整体程度的是总结性评价而非形成性评价。

5. × 【解析】教学方法是教学模式的重要组成要素或重要特征，二者不能等同。

6. × 【解析】相对性评价又称为常模参照性评价，绝对性评价又称为目标参照性评价(标准参照评价)。

三、简答题(参考答案)

1. 简述发现教学模式的优缺点。

(1)优点：有利于促进学生的智力发展；能够激发学生的学习兴趣；有助于学生掌握发现和探究的方法；有助于保持记忆。

(2)缺点：通过发现学习来掌握知识，效率很低；适用范围有限；对教师和学生的要求比较高。

2. 简述范例教学模式的特点。

(1)体现基本性，教学重视基本知识的学习；(2)体现基础性，教学重视学生的实际和可接受性，难度适宜；(3)体现范例性，在学科知识中精选起示范作用的内容，便于学生学习时进行正向迁移；(4)体现三个统一，即解决问题与系统学习的统一、掌握知识与培养能力的统一、主体与客体(学生与教材)的统一。

3. 简述教学评价的原则。

(1)客观性原则；(2)发展性原则；(3)整体性原则；(4)指导性原则。

四、论述题(参考答案)

试述当前我国教学评价改革的新方向。

(1)由过去主要评价教师的“教”向重点评价学生的“学”转变。在“评学”问题上，以关注学生在课堂中的表现为课堂教学评价的主要内容，包括在课堂内的师生互动、自主学习、合作学习中的行为和表现、参与热情、情感体验和探究、思考过程等。这就需要通过了解学生在课堂上如何讨论、如何交流、如何思考、如何发现和获得知识等行为表现来评价课堂教学。在“评教”问题上，着力于促进教师与学生的共同发展，既关注教师在教学中的行为，也把评价重点放在教师的行为对学生的“学”所起的作用之上。

(2)由过去注重“双基”和“学科能力”目标落实的评价，向既注重“双基”和“能力”的形成，也注重学生在学习过程中情感态度的发展转变的评价。新课程改革将教学目标分成知识与技能、过程与方法、情感态度与价值观三个维度，教学评价体系也围绕这三个维度构建，可见，评价既关注了学生知识和能力的发展，也重视学生情感态度的正确发展方向。

(3)重视教学评价的发展性功能的发挥，即淡化评比和奖惩，突出其发展性价值，发挥其提高课堂教学质量和促进任课教师专业成长的功能。新课程强调教学评价要发挥发展性功能，关注教师专业素质的提高与能力的发展，关注学生学习能力的形成与个性的培养，最终达到提高教学质量的目的，而非是曾有的教学评价只为了给学生排名次、作为教师奖励或评级的标准的状况。这样的教学评价更加人性化，体现了以人为本的理念。

(4)构建新的课堂教学评价标准。此点主要体现在：注重培养学生的个性发展及评价能力的养成，越来越注重对学生解决问题能力的评价；关注学生的全面发展；注重教师角色的转变，发展新型的师生关系；倡导自主、探究、合作的学习方式；关注个体差异，满足不同学生的需要等。

五、材料分析题(参考答案)

1. (1)该材料中魏老师的做法体现了因材施教的教学原则，综合运用了多种评价方式。

(2)因材施教原则是指教师在教学中，要从课时计划、学科课程标准的统一要求出发，面向全体学生，同时又要根据学生的个别差异，有的放矢地进行有差别的教学，使每个学生都能扬长避短，获得最佳的发展。贯彻这一原则的要求有：教师要坚持课程计划和学科课程标准的统一要求；教师要了解学生，从实际出发进行教学；教师要善于发现每个学生的兴趣、爱好，并创造条件，尽可能使每个学生的不同特长都得以发挥。魏老师帮学生检查学习效果、确定学习内容，不断地督促、检查他的学习落实情况，而不是全班同学统一标准，充分体现了因材施教的教学原则。

(3)①魏老师对刚接任的班级进行摸底测验，属于诊断性评价，该评价是在教学活动开始之前对学生的知识、技能以及情感等状况进行的预测。通过这种预测可以了解学生的知识基础和准备状况，以判断他们是否具备实现当前教学目标所要求的条件，为实现因材施教提供依据。②从整个教学进程来看，材料中“在期中考试时他考了40多分……”

“到期末考试的时候，他已经可以考到70多分了……”这是形成性评价的一种体现。这种评价是监控学生学习进展最重要的手段，也是进一步教学的基础。对于那些在形成性评价中持续出现困难的学生，教师必须找准导致学习障碍的原因，采取切实有效的补救措施，从而为学生的发展提供最有价值的建议。总之，教师在教学过程中，应建立促进学生全面发展的评价体系。评价不仅要关注学生的学业成绩，而且要发现和发展学生多方面的潜能，了解学生发展中的需求，帮助学生认识自我，建立自信，发挥评价的教育功能，促进学生在原有水平上的发展。

2. 材料中，张老师注重运用总结性评价，而王老师注重运用发展性评价、形成性评价和个体内差异评价。

(1)发展性评价以被评价者的发展为本，重视被评价者的起点和发展过程中的各种问题。评价的根本目的是促进评价对象的发展，它基于评价对象的过去，重视评价对象的现在，更着眼于评价对象的未来。材料中的小丽内向敏感，成绩不好，王老师通过与她谈心、联系其家长等方式充分地了解小丽，并帮助她进步。

(2)形成性评价是在教学过程中为改进和完善教学活动而进行的对学生学习过程及结果的评价。形成性评价可以改进学生的学习，强化学生的学习。王老师在小丽的教育问题上，关注小丽的学习过程，这也促进了小丽在学习成绩和性格等方面的改善。

(3)个体内差异评价是对被评价者的过去和现在进行比较，或将评价对象的不同方面进行比较。个体内差异评价体现了尊重个体差异性。材料中，小丽内向敏感，成绩不好。王老师针对她的这些特点，在课堂上对她进行提问，在同学面前适当地表扬她，逐渐帮她建立起自信心，使她在学习中体验到成功的快乐。从而促使小丽在学习成绩和性格上都有了很大的改善。

真题必刷

一、单项选择题

1. D 【解析】“博学之，审问之，慎思之，明辨之，笃行之”出自《礼记·中庸》，是思孟学派对教学过程的理解。
2. A 【解析】苏联教育家沙塔洛夫创造了纲要信号图式教学法，故选A项。
3. B 【解析】启发性原则是指在教学活动中，教师要调动学生的主动性和积极性，引导他们通过独立思考、积极探索，生动活泼地学习，自觉地掌握科学知识，提高分析问题和解决问题的能力。由“一个好的教师则教人发现真理”可知，第斯多惠提倡教师在教学中应启发和引导学生主动学习。故选B项。
4. B 【解析】演示法是指教师通过展示实物、教具和示范性的实验来说明、印证某一事物和现象，使学生掌握新知识的一种教学方法。题干为演示法的概念，故选B项。
5. C 【解析】教学中应处理好掌握知识与提高能力的关系。一方面，能力的发展有赖于一定知识的积累，而学生自觉地掌握和运用知识亦能更有效地发展他们的能力，因此在教学中要抓好系统知识的教学，尤其注重传授有关反映客观世界规律性、解决问题的方法等知识，注意传授掌握知识的方法；同时在教学中有计划地设计一定的能力训练。列宁的话说明学习者思考力的发展与提升需要以知识为基础，故阐明了掌握知识与提高能力的关系，选C项。
6. A 【解析】启发性原则是指在教学活动中，教师要调动学生的主动性和积极性，引导他们通过独立思考、积极探索，生动活泼地学习，自觉地掌握科学知识，提高分析问题和解决问题的能力。“不愤不启，不悱不发”意为：学生如果不经过思考并有所体会，想说却说不出来时，就不去开导他；如果不是经过冥思苦想而又想不通时，就不去启发他。这体现了启发性的教学原则，故选A项。
7. B 【解析】因材施教原则是指教师在教学中，要从课程计划、学科课程标准的统一要求出发，面向全体学生，同时又要根据学生的个别差异，有的放矢地进行有差别的教学，使每个学生都能扬长避短，获得最佳的发展。“一把钥匙开一把锁”说明我们在教学过程中要遵循因材施教原则，故选B项。

二、填空题

1. 启发性
2. 班级授课制　夸美纽斯
3. 设计教法

三、判断题

√ 【解析】教学是学校教育的基本途径，是教育过程的重要组成部分，是实现教育目的的重要保证。

四、简答题(参考答案)

简述教师进行教学的几个基本环节。

教师教学工作包括五个基本环节(基本程序)：备课、上课、作业的布置与反馈、课外辅导和学业成绩的检查与评定。

第七章　学校德育

基础必刷

专题一　德育概述与德育模式

一、单项选择题

1. B 【解析】德育目标确定了培养人的总体规格和要求，但必须落实到德育内容上，才能进行有效的德育活动，达到预期目标。

2. A 【解析】道德教育的认知模式是当代德育理论中流行最为广泛、占据主导地位的德育学说。

3. C 【解析】狭义的德育专指学校德育。广义的德育包括社会德育、社区德育、学校德育和家庭德育等方面。故选C项。

4. C 【解析】道德教育的认知模式是由瑞士学者皮亚杰提出，而后由美国学者科尔伯格进一步深化的。

5. B 【解析】在德育过程中，受教育者既是德育的客体，又是德育的主体。

6. D 【解析】心理健康教育主要有三个方面的内容，即学习辅导、生活辅导和择业指导。

7. C 【解析】德育目标是德育工作的出发点，它不仅决定了德育的内容、形式和方法，而且制约着德育工作的基本过程。

8. B 【解析】体谅或学会关心的道德教育模式形成于20世纪70年代，为英国学校德育学家彼得·麦克费尔和他的同事所创。体谅模式把道德情感的培养置于中心地位。该模式假定与人友好相处是人类的基本需要，满足这种需要是教育的职责。

9. D 【解析】爱国主义教育是德育的永恒主题。

10. D 【解析】德育的基础是教学生学会做人。

11. B 【解析】劳动教育的主要内容包括：(1)教育学生树立正确的劳动观念，认识劳动的伟大意义与价值；(2)培养学生热爱劳动和劳动人民的情感，养成良好的劳动习惯；(3)学习是学生的主要劳动，要教育学生热爱学习，勤奋学习；(4)教育学生爱护公共财物和劳动成果，反对浪费，提倡节俭。而培养学生的文明行为是社会公德教育的主要内容之一。

12. B 【解析】德育具有社会性、历史性、阶级性、民族性、继承性。其中，继承性是指在德育的历史发展过程中，其原理、原则、内容和方法等存在一定的共同性。题干为德育的继承性的内涵，故选B项。

13. C 【解析】社会模仿模式认为儿童的道德行为、道德判断是通过社会学习(观察学习)获得和改变的。故选C项。

14. A 【解析】德育的社会性功能指的是学校德育能够在何种程度上对社会发挥何种性质的作用。题干所述为古代中国德育的社会性功能的体现。因为，古代中国是一个特别重视道德教化的国度，德育一直是统治者"齐风俗，一民心""齐家治国平天下"的工具。

15. C 【解析】德育的教育性功能有两大含义：一是指德育的"教育"或价值属性；二是指德育作为教育子系统对平行系统的作用。题干的描述出自赫尔巴特，这里的"教学"指的是传授具体的知识和技能等，着眼点在于帮助学生完成一定的课业；"教育"则主要指对于学生价值追求的引导。所谓德育的教育性就是德育的价值教育属性。故选C项。

16. A 【解析】A项属于爱国主义教育活动，B项和C项属于道德教育活动，D项属于思想教育活动。

17. A 【解析】德育的性质是由特定的社会经济基础决定的。

18. C 【解析】社会模仿模式是由美国的班杜拉创立的，该模式认为人与环境是一个互动体，人既能对刺激做出反应，也能主动地解释并作用于情境。

19. A 【解析】我国学校的德育内容主要包括政治教育、思想教育、道德教育和心理健康教育。其中，政治教育、思想教育和道德教育所包含的具体内容主要有：(1)爱国主义教育；(2)理想教育；(3)集体主义教育；(4)劳动教育；(5)人道主义与社会公德教育；(6)自觉纪律教育；(7)民主与法制观念的教育；(8)科学世界观和人生观教育。B项属于劳动教育，C项属于爱国主义教育，D项属于科学世界观和人生观教育，这三项均属于德育的内容。

二、判断题

1. × 【解析】我国学校德育内容主要有政治教育、思想教育、道德教育和心理健康教育。因此德育不等于道德教育。

2. √ 【解析】德育的意义包括：(1)德育是社会主义现代化建设的重要条件和保证；(2)德育是青少年、儿童健康成长的条件和保证；(3)德育是实现我国教育目的的基础和保障。故题干说法正确。

3. √ 【解析】德育目标是教育目标在受教育者思想品德方面要达到的总体规格要求，亦即德育活动所要达到的预期目的或结果的质量标准。题干所述为德育目标的概念,说法正确。

4. √ 【解析】麦克费尔等人提出了道德教育的体谅模式,"体谅"即教师要对学生"多关心,少批评",确定了学校道德教育的侧重点应该以情感为主。

5. √ 【解析】根据1988年、1994年和1996年中共中央颁布的有关决定,我国学校德育内容主要有政治教育、思想教育、道德教育和心理健康教育。

三、简答题(参考答案)

1. 中小学德育的任务有哪些?

(1)培养学生树立坚定正确的政治方向;(2)引导学生逐步树立科学世界观和人生观;(3)逐步使学生具有社会主义的基本道德品质和法纪观念及养成文明行为习惯;(4)培养学生具有一定的品德能力和良好的品德心理品质。

2. 简述德育的体谅模式的主要观点。

(1)满足学生与人友好相处的需要是教育的重要职责;(2)道德教育重在提高学生的人际意识和社会意识,引导学生学会关心;(3)鼓励处于社会体验期的青少年体验不同的角色和身份;(4)教育即学会关心。

四、论述题(参考答案)

1. 德育模式中的认知模式的理论假设是什么?该模式对我国学校德育改革有什么启示?

(1)认知模式假定人的道德判断力按照一定的阶段和顺序从低到高不断发展,道德教育的目的就在于促进儿童道德判断力的发展及其行为的发生。

(2)该模式对我国学校德育改革的启示:①科尔伯格对于道德判断发展六个阶段的界定未必合乎我们的国情,但其研究方法和研究结果总的来说是可信的,值得进一步研究和发展。可根据本民族的文化传统,对科尔伯格的研究进行修正。②发展性原则在我国学校的知识教学中已经得到广泛认可和应用,但在德育上还没有更多的研究和展开。我们应遵循发展性原则,探索德育的多种模式。③我国学校在系统地传授道德知识方面颇有心得,但在提高学生道德思维能力方面缺乏行之有效的办法,在此方面,道德认知模式可提供有益的借鉴。

2. 试述道德与品德的关系。

(1)区别:①道德是依赖于整个社会的存在而存在的一种社会现象,而品德则是依赖于某一个体存在而存在的一种个体心理现象。②道德的发生和发展受社会发展规律的制约,不同的社会有不同的道德标准,具有明显的阶级性和历史性。品德的形成和发展不仅受社会环境的影响,还受个体生理、心理等内部因素的影响。③社会道德内容是一定社会或阶级伦理行为规范的完整体系,个体品德内容只是社会道德准则或规范的部分表现。④道德是伦理学和社会学研究的对象,品德则是心理学和教育学研究的对象,心理学研究品德也会涉及某些品德的内容和教育方法,但它的主要任务是探讨品德的心理结构及其产生和发展的规律。

(2)联系:①社会道德制约着个人品德,离开了社会道德也就谈不上个人品德,个人品德的内容是社会道德在个体身上的具体表现。②品德是个人在社会生活中,主要在社会道德舆论、家庭成员与学校教育的影响下,通过自己的道德实践活动而形成发展的。③个人品德对社会道德风气能产生一定的反作用,特别是优秀人物的品德,作为一种道德品质的典范,往往会对整个社会良好道德风气产生深远的影响。

专题二 德育过程与德育原则

一、单项选择题

1. C 【解析】题干所述体现的是德育过程的基本规律之一:德育过程是对学生知、情、意、行的培养与提高的过程。

2. A 【解析】通过角色扮演来激发学生的道德热情,激发学生的心理内部矛盾运动。这体现了德育过程规律中的学生思想内部矛盾转化规律。

3. A 【解析】教育者是德育过程的组织者、领导者,在德育过程中起主导作用。

4. A 【解析】知行统一原则是指教育者在进行德育时,既要重视对学生进行系统的思想道德理论教育,又要重视组织学生参加实践锻炼,把提高认识和行为养成结合起来,使学生做到言行一致。王老师既关注理论知识的讲解,又组织学生进行实践活动(矿泉水义卖等)的做法体现了德育原则中的知行统一原则。

5. A 【解析】学生思想品德形成的长期性和反复性规律要求在品德形成和不良品德的克服中不要操之过急,要经过多次的培养和矫正训练。

6. C 【解析】导向性原则是指进行德育时要有一定的理想性和方向性,以指导学生向正确的方向发展。

7. D 【解析】德育的因材施教原则是指教育者在德育过程中,应根据学生的年龄特征、个性差异以及品德发展现状,采取不同的方法和措施,加强德育的针对性和实效性。"视其所以,观其所由,察其所安"是孔子提出的了解学生的方法,孔子注重根据学生的不同特点进行区别性的教育。这体现了德育的因材施教原则，故选D项。

8. D 【解析】贯彻教育影响的一致性与连贯性原则的要求之一是：争取家长和社会的配合，主动协调好与家庭、社会教育的关系，逐步形成以学校为中心的“三位一体”的德育网络。

9. C 【解析】德育过程由三大系统构成：受教育者的思想品德系统、德育内容、德育环境系统。

10. C 【解析】知行统一原则是指教育者在进行德育时，既要重视对学生进行系统的思想道德的理论教育，又要重视组织学生参加实践锻炼，把提高认识和行为养成结合起来，使学生做到言行一致。“知是行之始，行是知之成”即表明在德育过程中要坚持知行统一的原则。

11. C 【解析】集体教育和个别教育相结合原则是指在德育过程中，教育者要善于组织和教育学生集体，并依靠集体教育每个学生，同时，通过对个别学生的教育，来促进集体的形成和发展，从而把集体教育和个别教育有机地结合起来。这一原则是苏联教育家马卡连柯成功教育经验的总结。马卡连柯指出，教师要影响个别学生，首先要去影响这个学生所在的集体，然后通过集体和教师一道去影响这个学生，便会产生良好的教育效果。这就是著名的“平行教育原则”。

12. B 【解析】德育过程的主要矛盾是教育者提出的德育要求（社会所要求的道德规范）与受教育者已有品德水平之间的矛盾。

13. B 【解析】品德形成的基础是活动与交往。

14. C 【解析】德育过程是一个反复的、逐步提高的过程。学生正处于成长期，世界观尚未形成，思想很不稳定，品德发展容易出现反复。学生品德形成过程中的反复是不断深化的过程，每一次反复都会注入新的内容，都会对教育者提出更高的要求。C项体现了德育过程的长期性特点。

15. B 【解析】贯彻依靠积极因素，克服消极因素原则的基本要求之一是：教育者要用一分为二的观点，全面分析和了解学生，客观地评价学生的优点和不足。

16. D 【解析】“5+2=0”现象说明学校教育与社会现实生活严重脱节，要解决这个问题，学校德育应坚持教育影响的一致性与连贯性原则，处理好学校教育和家庭教育、社会教育的衔接工作，形成教育合力，保证对学生影响的连续性、系统性。

17. B 【解析】“严慈相济”是尊重信任学生与严格要求学生相结合原则的典型体现。

18. D 【解析】德育过程的本质就是个体社会化与社会规范个体化的统一过程，故选D项。

19. C 【解析】疏导原则是指进行德育时要循循善诱，以理服人，从提高学生认识入手，调动学生的主动性，使他们积极向上。

20. A 【解析】学生的思想品德由知、情、意、行四个心理因素构成。其中，知是基础，行是关键。

21. B 【解析】德育过程与品德形成过程是教育与发展的关系。

22. D 【解析】题干所述是贯彻德育过程规律中德育过程是学生思想品德长期的、反复的、逐步提高的过程的具体要求。

23. D 【解析】知行统一原则是指教育者在进行德育时，既要重视对学生进行系统的思想道德理论教育，又要重视组织学生参加实践锻炼，把提高认识和行为养成结合起来，使学生做到言行一致。题干中的班主任只上交材料，未开展“扫黑除恶”的具体工作，违反了知行统一原则。

24. A 【解析】题干中的“纸上”代表了理论知识，“躬行”代表了实践，即体现了知行统一的德育原则。

25. D 【解析】马卡连柯的话体现了严格要求与尊重信任相结合的原则。尊重信任与严格要求是辩证统一的，是制约德育效果的两个相辅相成的必要条件，尊重和信任是严格要求的前提，正如苏联教育家马卡连柯所说：“要尽量多地要求一个人，也要尽可能地尊重一个人。”

易错提示：尊重信任学生与严格要求学生相结合的原则、正面教育与纪律约束相结合的原则是两个比较容易混淆的原则，考生要准确把握二者区别：前者强调教师提出比较合理的道德要求，但这种要求没有上升到制度层面；后者侧重于通过规章制度、群体约定、公约等来约束学生。

26. A 【解析】知行统一的德育原则是指教育者在进行德育时，既要重视对学生进行系统的思想道德的理论教育，又要重视组织学生参加实践锻炼，把提高认识和行为养成结合起来，使学生做到言行一致。它是遵循德育过程是对学生知、情、意、行的培养与提高的过程而提出来的。

27. D 【解析】学生的自我教育过程，实际上也是他们思想内部矛盾斗争的过程。根据这一规律，要求教育者在重视对学生进行思想品德教育的同时，高度重视培养学生的自我教育能力，发挥学生在德育过程中的主观能动性。

28. C 【解析】疏导原则是指进行德育时要循循善诱、以理服人，从提高学生认识入手，调动学生的主动性，使他们积极向上。我国古代教育家孔子很善于诱导他的学生，其弟子颜回这样称赞道：“夫子循循然善诱人，博我以文，约我以礼，欲罢不能。”

29. A 【解析】导向性原则要求德育工作要把无产阶级的政治方向放在首位，对学生的德育要求要同共产主义目标相联系。A项符合这一要求。B项为疏导原则的贯彻要求，C项为长善救失原则的贯彻要求，D项为集体教育和个别教育相结合原则的贯彻要求。

30. C 【解析】学生思想品德的任何变化，都依赖于学生个体的心理活动。任何外界的教育和影响，都必须通过学生思想状态的变化，经过学生思想内部的矛盾斗争，才能发生作用，促使学生品德的真正形成。因此，学校的德育工作必须放在促进学生品德发展内部矛盾的产生与积极转化上。故C项说法不正确。

31. B 【解析】因材施教原则是指教育者在德育过程中，应根据学生的年龄特征、个性差异以及品德发展现状，采取不同的方法和措施，加强德育的针对性和实效性。题干中的班主任根据后进生的特点进行有针对性的教育，就属于对因材施教原则的具体运用。

32. C 【解析】题干中的老师看到了学生敲打课桌，扰乱课堂秩序的缺点，却没有看到学生在打击乐方面的特长和潜力，违背了正面教育、以表扬鼓励为主的德育原则。

二、填空题

1. 知行统一
2. 循循善诱原则
3. 德育原则
4. 依靠积极因素，克服消极因素的原则(长善救失原则)

三、辨析题

1. 教育者严格要求学生，就很难尊重信任学生。

(1)这种说法是不正确的。(2)在德育工作中，尊重、信任与严格要求是辩证统一的，尊重和信任是严格要求的前提。爱是严的基础，严是爱的体现，只有把两者紧密结合在一起，才能取得最佳教育效果。

2. 学生对善恶美丑有了分别，说明学生具有了品德情感。

(1)这种说法是不正确的。(2)学生的思想品德由知、情、意、行四个心理因素构成。知即品德认识，是人们对是非善恶的认识和评价，以及在此基础上形成的品德观念，包括品德知识和品德判断两个方面。情即品德情感，是人们对客观事物做出是非善恶判断时引起的内心体验，表现为人们对客观事物的爱憎、好恶等态度。题干中学生对善恶美丑有了分别，说明学生对善恶美丑有了一定的认识，能够辨别出善恶美丑。这属于品德认识，而非品德情感。

3. 思想品德教育的过程具有多端性，是指不一定要按照知、情、意、行的顺序来进行。

(1)这种说法是正确的。(2)德育具有多种开端，可根据学生品德发展的具体情况，或从导之以行开始，或从动之以情开始，或从锻炼品德意志开始，最后达到使学生品德在知、情、意、行几方面和谐发展的目的。

4. 任何外界的教育和影响，都必须经过学生思想内部的矛盾斗争，才能促使学生品德的真正形成。

(1)这种说法是正确的。(2)学生思想品德的任何变化，都依赖于学生个体的心理活动。任何外界的教育和影响，都必须通过学生思想状态的变化，经过学生思想内部的矛盾斗争，才能发生作用，促使学生品德的真正形成。

5. 德育过程中的活动和交往不同于社交。

(1)这种说法是正确的。(2)德育过程中的活动和交往的特点是：①具有引导性、目的性和组织性；②不脱离学生学习这一主导活动，主要交往对象是教师和同学；③具有科学性和有效性，是按照学生品德形成发展规律和教育学、心理学原理组织的，因而能更加有效地影响学生品德的形成。而社交不具有这些特点。

四、简答题(参考答案)

1. 作为教师，怎样贯彻尊重信任学生与严格要求学生相结合的德育原则？

(1)教育者要有强烈的事业心、责任感以及尊重热爱学生的态度；(2)教育者应根据教育目的和德育目标，对学生严格要求，认真管理；(3)教育者要从学生的年龄特征和品德发展状况出发，提出适度的要求，并坚定不渝地贯彻到底。

2. 简述德育过程的基本规律。

(1)德育过程是对学生知、情、意、行的培养与提高的过程；(2)德育过程是一个促进学生思想内部矛盾斗争的发展过程，是教育与自我教育相结合的过程；(3)德育过程是组织学生的活动和交往，统一多方面教育影响的过程；(4)德育过程是一个长期的、反复的、逐步提高的过程。

3. 为什么说德育过程是一个长期的、反复的、逐步提高的过程？

(1)德育过程是一个长期的过程。①人类社会不断发展进步,要使德育适应社会的不断变化,就需要在德育内容、手段、方法等方面不断地加以调整、补充;②在德育过程中,知、情、意、行的培养提高,需要通过长期的训练、积累才能实现;③在意识形态领域里,不同的思想斗争长期存在,必然会反映到学生思想中来,这就决定了德育过程必然是一个长期的、坚持不懈的过程。

(2)德育过程是一个反复的、逐步提高的过程。学生正处于成长期,世界观尚未形成,思想很不稳定。品德发展容易出现反复,学生品德形成过程中的反复是不断深化的过程,注入了新内容,带有逐步提高的性质。

(3)德育过程是一个系统工程。德育过程由三大系统构成:①受教育者的思想品德系统;②德育内容;③德育环境系统。德育过程就是运用这些系统的各种元素,重新组合成一个新的品质体系的过程。这样的一个系统重构过程必然需要一定的时间。

4. 简述贯彻疏导原则的要求。

(1)讲明道理,疏通思想;(2)因势利导,循循善诱;(3)以表扬、激励为主,坚持正面教育。

5. 简述贯彻教育影响的一致性与连贯性原则的要求。

(1)充分发挥教师集体的作用,统一学校内部的多种教育力量,使之成为一个分工合作的优化群体;(2)争取家长和社会的配合,主动协调好与家庭、社会教育的关系,逐步形成以学校为中心的"三位一体"的德育网络;(3)保持德育工作的经常性和制度化,处理好衔接工作,保证对学生影响的连续性、系统性,使学生的思想品德得以循序渐进地持续发展。

五、论述题(参考答案)

试述学生品德形成的一般过程。

一种品德的形成过程经历了从外到内的转化过程,它是社会规范的接受和内化,大致经历了三个阶段:

(1)依从。依从即表面上接受规范,按照规范的要求来行动,但对规范的必要性或根据缺乏认识,甚至有抵触情绪。依从具有一定的盲目性和被动性,只是迫于权威或情境的压力才遵从规范。依从是规范内化的初级阶段,是品德建立的开端。

(2)认同。认同是在思想、情感、态度和行为上主动接受规范,从而试图与之保持一致。与依从相比,认同更深入一层,它不受外界压力控制,行为具有一定的自觉性、主动性和稳定性等特点。认同的愿望越强烈,对榜样的模仿就越主动,在困难面前就越能表现出坚强的意志和毅力。榜样的特点、榜样行为的性质、示范的方式等都影响着认同。

(3)内化。内化指在思想观念上与社会规范及其价值一致,将自己所认同的思想和自己原有的观点、信念融为一体,构成一个完整的价值体系。由于在内化过程中解决了各种价值的矛盾和冲突,当个人按自己内化了的价值行动时,会感到愉快和满意;而当出现了与自己的价值标准相反的行动时,会感到内疚、不安。在内化阶段,个体的行为具有高度的自觉性和主动性,并具有坚定性。此时,稳定的态度和品德即形成了。

六、材料分析题(参考答案)

1. (1)材料中的教师违背了尊重信任学生与严格要求学生相结合的原则以及"依靠积极因素,克服消极因素"的原则。

(2)首先,在德育过程中,教育者既要尊重信任学生,又要对学生提出严格的要求,把严和爱有机地结合起来,使教育者的合理要求转化为学生的自觉行动。材料中的教师对三毛进行讽刺挖苦以及"在三毛的眼睛周围重重地画了两个大圆圈"的做法,并没有做到尊重信任学生。其次,在德育工作中,教育者要善于依靠、发扬学生自身的积极因素,调动学生自我教育的积极性,克服消极因素,以达到长善救失的目的。教育者要用一分为二的观点,全面分析和了解学生,客观地评价学生的优点和不足。教师应看到学生积极进步的一面,并对此进行鼓励,而不应只看到学生不好的一面。

(3)如果我是三毛的老师,首先,我会肯定三毛的进步,对其进行鼓励;其次,我会针对她的缺点以及学习上的困惑对其进行指导。

2. 刘老师的做法遵循了以下德育规律:

(1)德育过程是对学生知、情、意、行的培养与提高的过程。学生的思想品德由知、情、意、行四个心理因素构成。学生思想品德的形成与发展,即这四个心理因素的形成与发展的过程。案例中,刘老师通过组织学生们观看纪录片、进行分组讨论和集体交流等方式提高了学生们对"献爱心"的认识,激发了他们的道德情感,有利于引导学生做出正确的道德行为。

(2)德育过程是一个促进学生思想内部矛盾斗争的发展过程,是教育与自我教育相结合的过程。学生思想品德的任何变化,都依赖于学生个体的心理活动。任何外界的教育和影响,都必须通过学生思想状态的变化,经过学生思想内部的矛盾斗争,才能发生作用,促使学生品德的真正形成。刘老师在听到学生的“嘀咕”后，因势利导，通过有计划的活动提高了学生的自我意识，发展了他们的自我教育能力，同时也促进了他们品德的发展。

(3)德育过程是组织学生的活动和交往，统一多方面教育影响的过程。个体的思想品德是在活动和交往的过程中，接受外界教育影响，逐渐形成和发展，并通过活动和交往的过程表现出来的。刘老师通过精心设计并实施活动，最终促进了学生品德的发展。

3. 案例中谢老师的做法主要体现了以下德育原则：

(1)疏导原则。疏导原则是指进行德育时要循循善诱、以理服人，从提高学生认识入手，调动学生的主动性，使他们积极向上。贯彻这一原则要求教师讲明道理，疏通思想；因势利导，循循善诱；以表扬、激励为主，坚持正面教育。案例中的谢老师没有正面回答男生的问题，而是以对待心爱的旧玩具的态度做对比，侧面表示了自己对待差生的态度，同时说明自己会帮助学生改正缺点，帮助他们成为优秀的学生。这说明谢老师能够做到因势利导，循循善诱，并且以表扬、激励为主，坚持正面教育，是贯彻疏导原则的体现。

(2)尊重信任学生与严格要求学生相结合的原则。在德育过程中，教育者既要尊重信任学生，又要对学生提出严格的要求，把严和爱有机地结合起来，使教育者的合理要求转化为学生的自觉行动。案例中的谢老师对待差生的态度说明他做到了尊重学生；谢老师相信学生通过努力都会成为优秀的学生，说明他对学生做到了严格要求。这些是贯彻尊重信任学生与严格要求学生相结合原则的体现。

专题三　德育途径与德育方法

一、单项选择题

1. B 【解析】实际锻炼法是有目的地组织学生参加各种实际活动，使其在活动中锻炼思想，增长才干，培养优良的思想和行为习惯的德育方法。锻炼的方式主要是学习活动、社会活动、生产劳动和课外文体科技活动。

2. A 【解析】品德修养指导法主要包括学习、自我批评、座右铭、自我实践体验与锻炼等。

3. D 【解析】班主任工作是学校对学生进行德育的一个重要而又特殊的途径。

4. A 【解析】说理教育法的方式有两类：第一类是运用语言文字进行说理的方式；第二类是运用事实进行说理教育的方式。

5. B 【解析】“身教重于言教”是指以身作则比泛泛空谈地教育人更有效，这体现了榜样的作用，突出的是榜样示范法。

6. A 【解析】说服教育法又叫说理教育法，是通过语言说理，使学生明晓道理，分清是非，提高品德认识的德育方法。题干中王老师把违纪的学生请到办公室聊天，让他们自己意识到学习的重要性以及自己的错误，采用的是说服教育法。

7. B 【解析】所谓“情感激励法”，是指在德育活动中，教育者运用真挚感人的言语、举止、表情、情景以及其他情感因素作为教育手段来调动学生的情感活动，使学生的心灵受到感化的一种德育方法。这一方法是根据“皮格马利翁效应”提出来的。

8. B 【解析】“春风化雨”指适宜于草木生长的风雨，比喻良好的熏陶和教育。陶冶教育法是教师利用或创设具有教育意义的环境或情境，对学生进行潜移默化的熏陶和感染，使其在耳濡目染中受到感化的德育方法。因此，“春风化雨”所体现的德育方法是陶冶教育法。

9. A 【解析】运用榜样示范法符合学生爱好学习、善于模仿、崇拜英雄、追求上进的年龄特点。

10. B 【解析】少先队活动的基本形式是队会，队会有大队会、中队会、小队会三种基本形式。

11. A 【解析】实际锻炼法是有目的地组织学生参加各种实际活动，使其在活动中锻炼思想，增长才干，培养优良的思想和行为习惯的德育方法。锻炼的方式主要是学习活动、社会活动、生产劳动和课外文体科技活动。题干中王老师通过组织志愿活动来对学生进行德育，所运用的德育方法是实际锻炼法。

12. B 【解析】角色扮演法对于发展个体关爱他人、体谅他人的社会情感以及发展人际交往能力方面有着重要意义。

13. D 【解析】教学是学校有目的、有计划、系统地对学生进行德育的基本途径，也是最经常、最有效的途径。

14. C 【解析】陶冶教育法是教师利用环境和自身的教育因素，对学生进行潜移默化的熏陶和感染，使其在耳濡目染中受到感化的德育方法。题干中班主任孔老师多次举办诗词朗诵、手工制作等多项比赛，有助于陶冶学生的性情；在教室内张贴名人名言，设置班级读书角，有助于形成良好的班风和学风，在潜移默化中发挥环境对学生的陶冶作用。所以，题干所述体现的德育方法是陶冶教育法。

15. D 【解析】人格陶冶是陶冶教育法的方式之一，指通过教育者自身的品德、情操和对受教育者深切期望的态度来感染教育对象。故题干所述属于陶冶教育法。

16. A 【解析】品德评价法包括奖励、惩罚、评比和操行评定。采用贴小红星、小红花等形式鼓励学生属于品德评价法中的奖励。

17. D 【解析】说服教育法又叫说理教育法，是通过语言说理，使学生明晓道理，分清是非，提高品德认识的德育方法。说服教育法的方式有两类：第一类是运用语言文字进行说服教育的方式，如讲解、报告、谈话、讨论、辩论、读书指导等；第二类是运用事实进行说理教育的方式，主要包括参观、访问和调查。题干中班主任与学生一起讨论“沉迷网络的危害”，采用的是说服教育法的第一类方式。故选D项。

18. B 【解析】“参观历史博物馆、走访抗日老战士”体现了德育途径中的课外、校外活动。

19. C 【解析】陶冶教育法是教师利用环境和自身的教育因素，对学生进行潜移默化的熏陶和感染，使其在耳濡目染中受到感化的德育方法。所以，“让学校的一草一木、一砖一瓦都发挥教育影响”体现的德育方法是陶冶教育法。

20. C 【解析】指导自我教育法(自我修养法)是在教育者指导下，学生在自我教育意识基础上产生积极进取心，培养自我教育能力，养成自我教育习惯，进行自觉思想转化，促使自身品德不断完善的一种方法。题干中孔子提倡的“求诸己”即体现了这一方法。

21. A 【解析】艺术陶冶是陶冶教育法的主要方式之一。艺术陶冶是指用艺术陶冶学生的思想感情，如文学作品、电影、电视、音乐、舞蹈等。故选A项。

22. B 【解析】运用合作学习法的要求有：(1)要让学生明白合作是一种重要的目标；(2)要根据学习内容选择恰当的合作学习策略，或者从合作策略出发，安排或设计恰当的学习内容；(3)要规定一些重要的合作原则；(4)要指导学生学习一些基本的合作技巧。而明确目的性和针对性是运用说服教育法的要求。

23. D 【解析】说理教育法又称说服教育法，是通过语言说理，使学生明晓道理，分清是非，提高品德认识的方法。它是我国学校对学生进行德育的基本方法。

24. D 【解析】实际锻炼法是有目的地组织学生参加各种实际活动，使其在活动中锻炼思想、增长才干、培养优良的思想和行为习惯的德育方法。题干引文的意思是：所以上天要把重任降临在一个人的身上，一定先要使他心意苦恼，筋骨劳累，使他忍饥挨饿，受尽贫困之苦，使他所做的事情颠倒错乱，用来使他的内心受到震撼，使他性情坚韧起来，增加他所不具备的能力或原来没有的才能。这就体现了对实际锻炼法的运用。

二、判断题

1. √ 【解析】说服教育法的方式包括两大类：第一类是运用语言文字进行说服教育的方式，如讲解、报告、谈话、讨论、辩论、读书指导等；第二类是运用事实进行说理教育的方式，主要包括参观、访问和调查。所以题干表述正确。

2. × 【解析】周会主要对学生进行社会主义道德教育和时事政策教育。每天的晨会可以对随时出现的问题予以及时解决。

3. × 【解析】品德评价法是通过对学生品德进行肯定或否定的评价而予以激励或抑制，促使其品德健康形成和发展的德育方法。品德评价法的方式包括：(1)奖励。奖励一般有三种形式：赞许、表扬和奖赏。(2)惩罚。惩罚分为两种：批评和处分。(3)评比。(4)操行评定。从题干中“表扬”“奖励”“处分”“批评”等可以看出，许老师采用的是品德评价法。

4. √ 【解析】德育方法受德育内容、任务制约，以德育规律、德育原则为依据。它是提高德育实效的关键，在具体德育工作中必须根据实际情况，选择行之有效的方法，这样才能达到事半功倍的效果。

5. × 【解析】疏导原则是指进行德育时要循循善诱、以理服人，从提高学生认识入手，调动学生的主动性，使他们积极向上。贯彻疏导原则要求以表扬、激励为主，坚持正面教育，但这并不等于德育过程要严禁惩罚。适当的惩罚在品德形成过程中是非常必要的。

三、简答题(参考答案)

1. 简述运用陶冶教育法的要求。

(1)创设良好的情境；(2)与启发、说服相结合；(3)引导学生参与情境的创设。

2. 简述选择德育方法的依据。

(1)德育目标；(2)德育内容；(3)学生的年龄特点和个性差异。此外，选择德育方法还要考虑到所面对的时代特征、学生的思想实际、学校和教师的实际情况，以及文化传统的作用。

3. 在德育实践中应该如何运用榜样示范法？

(1)选好学习的榜样；(2)激起学生对榜样的敬慕之情；(3)狠抓落实，引导学生用榜样来调节行为，提高修养。

4. 小学德育有哪些途径?

(1)各科教学;(2)少先队、学生会的活动;(3)课外、校外活动;(4)社会实践活动;(5)校会、班会、周会、晨会、时事政策的学习;(6)班主任工作。

5. 运用实际锻炼法的要求有哪些?

(1)目的明确,计划周密,加强指导,坚持严格要求;(2)生动活泼,灵活多样,调动学生的主动性;(3)注意检查和持之以恒,随时总结。

四、论述题(参考答案)

试述当前我国中小学德育存在的问题及改革趋势。

(1)问题:①中小学教育中重智育、轻德育的现象依然存在,德育为先的办学思想未得到落实;②德育目标脱离实际且杂乱无序;③德育内容与学生的思想实际、生活实际和发展需要脱节;④知与行分离,重视德育知识的灌输,轻视实践教育和道德行为的养成;⑤形式主义和简单化盛行,缺乏吸引力和感染力。

(2)改革趋势:①落实德育工作在素质教育中的首要位置;②确立符合中小学生思想品德发展实际的德育目标;③坚持贴近实际、贴近生活、贴近学生的德育方式,改进德育内容;④积极改进中小学思想品德的教育方法和形式;⑤坚持知和行统一,积极探索实践教学和学生参加社会实践、社区服务的有效机制,建立科学的学生思想道德行为综合考评制度;⑥因地制宜开展德育活动。

五、材料分析题(参考答案)

1. (1)班主任张老师主要运用了以下德育原则:

①疏导原则。疏导原则是指进行德育时要循循善诱、以理服人,从提高学生认识入手,调动学生的主动性,使他们积极向上。张老师找王凯谈心,了解他的内心世界,并在此基础上采取措施转变他,做到了因势利导,循循善诱。此外,肯定了他上网学习电脑技术的积极性,利用各种机会表扬他,做到了以表扬、激励为主,坚持正面教育。

②因材施教原则(从学生实际出发)。因材施教原则是教育者在德育过程中,应根据学生的年龄特征、个性差异以及品德发展现状,采取不同的方法和措施,加强德育的针对性和实效性。张老师并没有全盘否定王凯的上网行为,而是以发展的眼光客观、全面、深入地了解学生,针对其特点选择不同的内容和方法进行教育,如成立兴趣小组并让王凯担任组长,与他沟通,拉近师生之间的距离等,这体现了因材施教的德育原则。

③依靠积极因素,克服消极因素的原则(长善救失原则)。该原则是指在德育工作中,教育者要善于依靠、发扬学生自身的积极因素,调动学生自我教育的积极性,克服消极因素,以达到长善救失的目的。张老师针对王凯喜欢电脑的特点,成立了计算机兴趣小组,并由他担任组长,给同学讲解互联网知识,这有利于调动王凯自我教育的积极性,将其思想中的消极因素转化为积极因素,并启发他发扬优点,克服缺点,王凯之后的一系列积极变化正说明了这一点。

(2)班主任张老师主要运用了以下德育方法:

①实际锻炼法。实际锻炼法是有目的地组织学生参加各种实践活动,使其在活动中锻炼思想,增长才干,培养优良的思想和行为习惯的德育方法。张老师鼓动王凯多多参加集体活动,加强与同学的交流,正是采用了实际锻炼法。

②品德评价法。品德评价法是通过对学生品德进行肯定或否定的评价而予以激励或抑制,促使其品德健康形成和发展的德育方法。张老师利用各种机会表扬王凯,与他沟通,体现了对品德评价法的运用。

③合作学习法。合作学习有助于培养合作精神,提高个体的群体意识、归属感、自尊心和成就感。张老师成立计算机兴趣小组,让王凯在合作中学习、成长,之后王凯也乐于在班级工作中为老师出谋划策,有活抢着干,这体现的是合作学习法。

2. 杨老师采用了以下德育方法:

(1)榜样示范法。榜样示范法是用榜样人物的优秀品德来影响学生的思想、情感和行为的方法。由于榜样能把社会真实的思想、政治和法纪、道德关系表现得更直接、更亲切、更典型,因而能给人以极大的影响、感染和激励,教育、带动和鼓舞人们前进。杨老师为了让男生剪短头发,先从自身出发,给学生树立了一个榜样,更能让学生接受教育。

(2)陶冶教育法。陶冶教育法是教师利用或创设具有教育意义的环境或情境,对学生进行潜移默化的熏陶和感染,使其在耳濡目染中受到感化的德育方法。杨老师即通过五分钟的交流会对学生剪短头发产生了潜移默化的影响。

(3)说服教育法。说服教育法是通过语言说理,使学生明晓道理,分清是非,提高品德认识的德育方法。这是一种坚持正面理论教育和正面思想引导,增强辨别是非能力,促进道德发展的重要方法。杨老师就理发事件开展五分钟的交流会,这体现了他对说服教育法的运用。在运用说服教育法时,杨老师还注意到了说服的趣味性,抓住了运用该方法的时机。

(4)品德修养指导法。品德修养指导法是教师指导学生自觉主动地进行学习、自我反省,以实现思想转化及行为控制的德育方法。从“发现那几个男生的长头发变短了”可以看出,学生在听到杨老师的一番话后进行了反省,这体现出杨老师运用品德修养指导法达到了效果。

真题必刷

一、单项选择题

1. D 【解析】德育就是教育者培养受教育者品德的教育。故D项说法正确。

2. D 【解析】学校德育的功能可以概括地表述为德育的社会性功能、个体性功能和教育性功能。其中,德育的社会性功能是指学校德育能够在何种程度上对社会发挥何种性质的作用。具体来说,主要指学校德育对社会政治、经济、文化等发生影响的政治功能、经济功能、文化功能等。题干为德育的社会性功能,故选D项。

3. C 【解析】德育过程是组织学生的活动和交往,统一多方面教育影响的过程。组织活动和交往是德育过程的基础。学生在活动中,必定受到多方面的影响,其中既有校内的正式影响,又有校外的非正式影响;既有积极正面的影响,也有消极负面的影响。学校德育应在多方面影响中发挥主导作用,将多方面教育影响统一到教育目的上来,形成学校与家庭、社会教育的合力,促使学生良好品德的形成和发展。

4. C 【解析】陶冶教育法是教师利用环境和自身的教育因素,对学生进行潜移默化的熏陶和感染,使其在耳濡目染中受到感化的德育方法。陶冶教育法的方式主要有环境陶冶、情感陶冶、人格陶冶、艺术陶冶、科学知识陶冶、各种活动和交往情境陶冶等。题干所述即利用学校的“墙壁”对学生进行潜移默化的影响,这属于陶冶教育法中的环境陶冶。

5. B 【解析】科尔伯格提倡道德认知发展模式,他认为个体的道德判断形式处于不断发展之中,这种发展要经历三种水平六个阶段并按照不变的顺序由低到高逐步展开:

三水平	六阶段
前习俗水平	服从与惩罚的道德定向阶段
	相对功利的道德定向阶段
习俗水平	好孩子的道德定向阶段
	维护权威或秩序的道德定向阶段
后习俗水平	社会契约的道德定向阶段
	普遍原则的道德定向阶段

二、填空题

1. 品德认识　品德情感　品德意志　品德行为

2. 德育要求　品德水平

三、简答题(参考答案)

简述现阶段我国学校德育的主要原则。

现阶段我国学校德育的主要原则包括:(1)导向性原则;(2)疏导原则;(3)尊重信任学生与严格要求学生相结合原则;(4)教育影响的一致性与连贯性原则;(5)因材施教原则;(6)知行统一原则;(7)集体教育和个别教育相结合原则;(8)正面教育与纪律约束相结合的原则;(9)依靠积极因素,克服消极因素的原则。

四、论述题(参考答案)

试述德育过程是对学生知、情、意、行的培养与提高过程的规律。

(1)学生的思想品德由知、情、意、行四个心理因素构成。其中,知是基础,行是关键。学生思想品德的形成与发展,即这四个心理因素的形成与发展的过程,学校德育过程也就是对这四个心理因素的培养过程。

(2)德育过程的一般顺序可以概括为:提高品德认识、陶冶品德情感、锻炼品德意志和培养品德行为习惯。德育过程一般以知为开端,以行为终结。但由于社会生活的复杂性,德育影响的多样性等因素,在德育具体实施过程中,又具有多种开端,可根据学生品德发展的具体情况,或从导之以行开始,或从动之以情开始,或从锻炼品德意志开始,最后达到使学生品德在知、情、意、行几方面和谐发展的目的。

(3)进行德育时,应根据学生思想品德发展中知、情、意、行的不平衡情况和德育内容的要求,从薄弱环节入手,即有时可以从知或情的培养入手,有时又可从意志或行为的锻炼开始。但无论从何处开始,都要注意同其他因素的配合,因为知、情、意、行的独立是相对的,它们之间的不平衡是绝对的。只有使各个因素都能相互协调、配合,才能发挥其最大的整体功能,才能促进学生的知、情、意、行不断地发展。

第八章 班主任工作

基础必刷

专题一 班集体与班主任

一、单项选择题

1. D 【解析】班级是学校中开展各类活动最基本的组织形式，是学校行政体系中最基层的行政组织。
2. B 【解析】班主任了解和研究学生的具体方法主要有观察法、谈话法、调查法、书面材料分析法等。
3. A 【解析】学籍管理以及教学档案管理属于教导处的职责，不属于班主任班级管理的主要内容。
4. D 【解析】操行评定是以教育目的为指导思想，以“学生守则”为基本依据，对学生一个学期内在学习、劳动、生活、品行等方面的小结与评价。
5. A 【解析】班集体初建期的松散群体阶段是班集体的雏形期，这一时期是班主任工作最繁忙的时期，也是班主任工作能力经受考验的关键期。
6. B 【解析】书面材料分析法，即借助学生的成绩表、作业、日记等书面材料对学生进行了解的方法。
7. D 【解析】班集体舆论是班集体生活与成员意愿的反映。
8. A 【解析】操行评定的一般步骤是学生自评、小组评议、班主任评价、信息反馈。
9. A 【解析】组织主题班会的步骤是：第一，确定主题；第二，精心准备；第三，具体实施；第四，总结深化。
10. C 【解析】班集体成熟期的集体阶段是班集体发展趋向成熟的时期，集体的特征得到充分而完全的体现，并为集体成员所内化，全班已成为一个组织制度健全的有机整体，整个班级洋溢着一种平等、和谐、上进、合作的心理气氛，学生积极参加班级活动，个性特长得到发展。
11. B 【解析】《中小学班主任工作规定》指出：“班主任是中小学日常思想道德教育和学生管理工作的主要实施者，是中小学生健康成长的引领者，班主任要努力成为中小学生的人生导师。”
12. A 【解析】建立学生档案一般分四个环节：收集—整理—鉴定—保管。
13. C 【解析】学生操行评语的基本写法有：(1)谈心式；(2)描述性；(3)过程性；(4)情感性。
14. B 【解析】民主型的领导方式属于综合性的指导，能够灵活地适应学生的个别差异，以此为基础引出学生的自发行为，促进班级同学的思想在合作中进行交流。采用民主型领导方式的班主任比较善于倾听学生的意见，在领导班级的过程中，不是以直接的方式管理班级，而是以间接的方式引导学生。
15. D 【解析】班会一般有三类，即常规班会、生活班会和主题班会。
16. C 【解析】主题班会是班级活动的主要形式。
17. B 【解析】权威型的领导方式属于支配性指导，无视学生的个别差异，以僵硬的对策为基础，只给予统一强制的指导，或一味的斥责、威胁。在强制性指令的指导下，学生的活动性显著降低，消极性、依存性行为增多。
18. C 【解析】有效地组织和培养优秀班集体是班主任进行班级管理的中心工作。
19. B 【解析】传统的班级管理模式是以教师为中心建构的，学生参与班级管理的机会有限，以致不少学生缺乏独立、主动、创新的精神。现代班级管理制度改革的重点是把以教师为中心的班级教育活动转变为学生自我教育的过程，即把班集体作为学生自我教育的主体。
20. B 【解析】调查法，即通过对学生本人或知情者的调查访问，从侧面间接地了解学生，包括问卷、座谈等。
21. D 【解析】生活指导包括：(1)对学生进行礼仪常规教育；(2)指导学生的日常交往；(3)指导学生搞好生理卫生；(4)指导学生遵纪守法；(5)对学生进行劳动教育。
22. D 【解析】班主任做好个别教育工作，包括做好先进生的教育工作、中等生的教育工作和后进生的教育工作。因此，加强个别教育就是对全体学生的教育。

   易错提示：考生在理解班主任的个别教育工作时，需要把握“个别教育工作”是根据学生的个别差异而对全体学生进行不同的教育，而非针对个别学生进行的教育。

23. D 【解析】班主任为组织管理而开展班级活动时，最重要的是要树立使班级活动真正成为学生的自主活动，使学生在自主活动中进行自我教育的思想。
24. B 【解析】班主任的工作总结可分为全面总结和专题总结两类，一般在学期学年末进行。
25. D 【解析】在当前班级管理实践中，班主任在具体操作过程中有两种领导方式运用得比较多，即

“教学中心”和“集体中心”的领导方式。

26. C 【解析】偶发事件的特点包括突发性、紧迫性、冲击性和多样性。

27. A 【解析】“班级”一词最早由埃拉斯莫斯提出。

28. A 【解析】过程式评语反映学生的成长过程，既看过去和现在，还要预示未来。题干所述内容即过程式评语。

29. C 【解析】班集体的正常秩序是维持和控制学生在校生活的基本条件，是教师开展工作的重要保证。

30. A 【解析】了解和研究学生是班主任工作的前提和基础。

31. D 【解析】民主型的班主任领导方式有利于良好班集体的形成。

32. A 【解析】“集体中心”的领导方式视集体为管理主体，主张信赖而不是怀疑集体，用集体领导的手段管理班级，将班级作为教育的对象。题干所述体现了“集体中心”的领导方式的观点。

33. A 【解析】题干引用的俗语都强调了团结的重要性。

34. A 【解析】班会的主要形式有：(1)班级例会，它是班级定时开展的活动，主要有周会和晨会(或夕会)；(2)主题班会，即围绕一个特定的主题而开展的班会活动。

35. B 【解析】在班主任的地位和作用中，班主任最重要的角色是学生的精神关怀者。

36. C 【解析】对学生的管理要以表扬激励为主，开展“缺点大王”评比活动会伤害学生的自尊心，不利于学生健康发展。

37. C 【解析】题干中“没有规矩，不成方圆”意为：做任何事都要有一定的规矩、规则，否则就无法成功。班集体的正常秩序是维持和控制学生在校生活的基本条件，是教师开展工作的重要保证。建立健全必要的班级规则就是为班级“立规矩”，建立正常的班集体秩序，以保证教师顺利开展工作。

38. C 【解析】主题班会的要求包括教育性、针对性、主体性、多样性、时代性。其中，针对性要求班主任在举行主题班会前必须做好调查研究，把握学生所关注的、所需要的、所追求的以及他们正在面临的各种具体矛盾和问题，对症下药。

二、判断题

1. × 【解析】情感是班级组织中师生之间、生生之间的纽带。

2. √ 【解析】在现代学校教育中，班级活动完全是一种培养人的实践活动，满足学生发展的需要既是班级活动的出发点，又是班级活动的最终归宿。

3. × 【解析】组织和培养班集体是班主任工作的中心环节。建立学生档案是班主任工作的重要内容之一，但不是中心环节。

4. × 【解析】关于班主任工作的主要任务，有多种说法，有人认为班主任工作的主要任务是建立良好的班集体，有人认为对学生进行思想品德教育是班主任工作的主要任务，也有人认为班主任工作的主要任务是带好班级、教育学生，等等。但无论何种表述，题干的说法都是错误的。

5. × 【解析】组织班会时，班主任要做好“导演”而不是“演员”。

6. √ 【解析】教育部于2009年印发的《中小学班主任工作规定》特别指出，“班主任要努力成为中小学生的人生导师”。

7. √ 【解析】班主任的评语要简明、具体、贴切，严防用词不当伤害学生的情感；并且要充分肯定学生的进步，并适当指出他们的不足。

三、简答题(参考答案)

1. 班主任做好操行评定应注意的问题有哪些？

(1)要实事求是，抓主要问题，评定要准确反映学生思想品德的全面表现和发展趋向；(2)要充分肯定学生的进步，并适当指出他们的不足；(3)评语要简明、具体、贴切，严防用词不当伤害学生的情感。

2. 班主任了解和研究学生的主要内容有哪些？

(1)了解和研究班级群体的主要内容包括：①班级成员的基本构成；②班级群体的学业状况；③班级群体的发展状况；④班级日常行为表现。

(2)了解和研究班级个体的主要内容包括：①学生的基本情况；②学生的社会关系；③学生的学业和品德状况；④学生的品德形成与社会性发展状况。

3. 简述班集体的特征。

(1)明确的共同目标；(2)一定的组织结构，有力的领导集体；(3)共同生活的准则，健全的规章制度；(4)具有正确的集体舆论以及团结、和谐、向上的人际关系。

4. 简述班主任处理偶发事件的办法。

(1)沉着冷静面对；(2)机智果断应对；(3)公平民主处理；(4)善于总结引导。

5. 新时期班主任工作的主要内容有哪些？

(1)了解和研究学生；(2)有效地组织和培养优秀班集体；(3)协调校内外各种教育力量；(4)学习指导、学习活动管理和生活指导、生活管理；(5)组织课外、校外活动和指导课余生活；(6)建立学生档案；(7)操行评定；(8)班主任工作计划与总结；

(9)个别教育工作;(10)班会活动的组织;(11)偶发事件的处理。

6. 简述班主任的作用。

(1)班主任是班集体的组织者和领导者;(2)班主任是实现教育目的,促进学生全面发展的骨干力量;(3)班主任是沟通学校、家庭、社会三方面的桥梁,是形成教育合力的重要中介。

7. 简述班主任协调任课教师工作的主要任务。

(1)了解任课教师课堂管理情况;(2)指导任课教师进行课堂管理;(3)对任课教师课堂管理提供支持。

8. 简述班主任工作的意义。

(1)班主任是学校对学生教育管理的具体执行者。班主任工作为贯彻教育方针,完成教育任务和实现教育目标提供了重要保证。

(2)班主任是班集体内教育和教学活动的核心。班主任工作是提高教育教学工作效率的重要手段,它有效保障了班级各项工作有计划、有目的、有针对性的展开。

(3)班主任是学生全面发展的指导者,为学生健康、全面发展提供了保障。

(4)班主任是联系各科任课教师的纽带,是学校班级间互相联系的纽带,同时也是沟通学校与家庭、社会各方面教育力量的桥梁。

9. 简述班级组织建构的原则。

(1)有利于教育的原则;(2)目标一致的原则;(3)有利于身心发展的原则。

10. 如何做好个别教育工作?

(1)摸清情况,分析原因,区别对待;(2)热爱和尊重学生,促其转化;(3)发现"闪光点",及时表扬,逐步提高;(4)自我剖析,制定措施,接受监督;(5)常抓不懈,持之以恒。

四、论述题(参考答案)

1. 试述不同的班主任领导方式对学生发展的影响。

(1)权威型的领导方式属于支配性指导,无视学生的个别差异,以僵硬的对策为基础,只给予统一强制的指导,或一味的斥责、威胁。在强制性指令的指导下,学生的活动性显著降低,消极性、依存性行为增多。

(2)放任型的领导方式属于不干预性指导,容忍班级生活的种种冲突,更无意组织班级活动,回避学生的主动精神。学生在无指导的班级生活中,有目的的活动水平低下,违背团体原则的自发行为增多。

(3)民主型的领导方式属于综合性的指导,能够灵活地适应学生的个别差异,以此为基础引出学生的自发行为,促进班级同学的思想在合作中进行交流。学生在民主型领导方式的指导下,行为较稳定,自主积极的行为较多。

2. 作为一名班主任,你应该怎样协调校内外的各种教育力量?

(1)协调本班各任课教师的工作,充分发挥本班任课教师的作用。(2)协助和指导班级团队活动。(3)争取运用家庭和社会教育力量。班主任要与学生、家庭和社会有关方面取得联系,加强学生的思想政治工作。具体如下:①借助社会力量到学校来影响学生;②把学生有组织、有目的地放到社会上去接受积极影响;③学校与社会合作,形成有组织的来往,使其成为班级活动的一部分。

3. 试述班主任建设和管理班级组织的策略。

(1)创造性地规划班级发展目标。①以提高素质、发展个性为导向,制定适合班级组织实际水平的发展目标;②在班级组织的目标管理中,既要注重提高班级的整体发展水平,又要为班级中的每个成员精心规划其个性发展目标,并创造达成合理的个人发展目标的机会和条件,使班级中的每个成员在集体目标下树立自尊、自信、自强的自我形象。

(2)合理地确定学生在班级中的角色位置。①科学地诊断班级人际关系的现状;②实行班干部轮换制;③丰富班级管理角色;④正确对待班级中的非正式群体。

(3)协调好班内外各种关系。①协调班级内的各种组织和成员的关系;②协调与各任课教师及学校其他部门、其他班级的关系;③协调班级与社会、家庭的关系;④协调好班级内的各种活动和事务。

(4)建构"开放、多维、有序"的班级活动体系。在活动主题的选择和方式上须注意:①主题性活动的确定要贴近学生成长的实际;②主题性活动的开展应体现学生的全员参与和获益;③主题性活动要达到使学生在活动中有新的体悟和变化,避免形式主义;④主题性活动的形式要丰富而富有创意。

(5)营造健康向上、丰富活跃的班级文化环境。创建班级文化要做到:①营造文化性物质环境;②营造社会化环境;③营造良好的人际环境;④营造正确的舆论和班风;⑤营造健康的心理环境。

五、材料分析题(参考答案)

1. (1)这个材料反映了班级管理中的偶发事件。

(2)班主任应从以下几个方面来管理班级:①严肃纪律,从严治班。制定班规是实施班级管理的第一步。当然,小学生的纪律意识不强,这就需要班主任多加强调,让小学生意识到遵守纪律的重要性。

引导小学生一起制定本班的班规,达成共识。②正确引导班级舆论,营造良好氛围。在班级中形成扶持正气,伸张正义,制止错误思想,阻止不道德现象的集体舆论。所有舆论都建立在压倒多数学生的正确的认识和言论基础上,以此感染和约束全班同学。③培养优秀的班干部队伍。班干部是班主任的得力助手,他们能将学生的心声传达给班主任,也能将老师的意愿传达给学生。班干部的带头作用,对良好班风的形成、纪律的养成具有很大作用。④开好班会,对学生进行思想教育。班主任应利用好班会时间,针对学生一段时间内在学习上、生活上、纪律上出现的问题与学生进行讨论,并提出解决问题的办法,端正学生的思想。⑤班主任应以身作则,真诚地关心和爱护学生。小学生的模仿能力很强,教师自然成为他们模仿的对象,所以,教师只有以身作则,为学生树立良好的榜样,才能引导学生养成良好的行为习惯。

2. 案例中涉及的主要是后进生的教育问题。后进生的心理特征一般表现为:不适度的自尊心;学习动机不强;意志力薄弱。对于后进生的教育,教师首先应对其进行深入的了解,针对他们的具体情况采取有针对性的教育方式,逐步促其转化。具体可以采取以下措施:

(1)对于后进生要尊重他们。教师要主动与学生建立良好的师生关系,这是做好后进生转化工作的极为重要的前提和条件。教师应该多与这样的学生沟通,主动与后进生做朋友,取得其信任,为转化工作打好基础。

(2)要针对学生的个性差异进行因材施教。教师要认真调查,了解后进生不良习惯形成的原因。教师要通过自己观察、向其他同学侧面了解、与后进生交流沟通等方式深入了解后进生的情况,这样才能够对症下药,帮助其向积极的方向转化。

(3)要本着赏识的原则,全面、辩证地看待后进生,培养和激发他们的学习动机。每个人身上都有闪光点,后进生也不例外,关键是教师要有一双善于发现和挖掘后进生优点的眼睛。王峰"特别喜欢画画,象棋也下得非常棒",教师应该抓住他这些特长和优点进行表扬和鼓励,为其向好的方面转化建立信心。

(4)遵循教育合力的原则,为后进生转化创造各种条件。教师要主动与后进生建立良好的师生关系,积极与其家长联系争取家庭的配合与支持,并依靠、发挥班集体的力量,共同促进后进生的转化。

(5)遵循循序渐进的原则,促进后进生逐步向好的方向转化。对于后进生的转化工作,要抓反复、反复抓,抓一点,进步一点,巩固一点,在低谷时应注重培养其意志力;在进步时,要及时给予鼓励。

专题二　班级管理、班级活动设计与班级教育力量管理

一、单项选择题

1. C 【解析】班级管理的实质就是让学生的潜能得到尽可能的开发。

2. A 【解析】班级管理是一种有目的、有计划、有步骤的社会活动,这一活动的根本目的是实现教育目的,使学生得到充分的、全面的发展。

3. A 【解析】有利于教育的原则是班级组织建立的一条首要原则。当其他原则与其发生冲突的时候,其他原则都必须无条件地服从这一原则。

4. D 【解析】文化体育活动指各种文娱体育及文化艺术活动,活动旨在丰富学生的课余生活,创建校园文化氛围,活跃学生身心,增强学生体质,培养和发展学生的审美能力和创造美的能力。如校园艺术节、体育节、拔河比赛、球类比赛、文艺晚会等。

5. C 【解析】锻炼学生能力,学会自治自理是班级管理的重要功能。

6. B 【解析】班级管理的对象是班级中的各种管理资源,而主要对象是学生,班级管理主要是对学生的管理。

7. D 【解析】在学校、家庭、社会三结合教育中,学校教育居于主导地位。

8. C 【解析】发挥教育合力的作用必须注意家庭教育、学校教育、社会教育这三种教育形态的有机结合。

9. B 【解析】建立以学生为本的班级管理机制,可以确立学生在班级中的主体地位,有利于提高班级民主管理水平。

10. C 【解析】教学是学校的中心工作,教学质量管理是班级教学管理的核心。

11. A 【解析】家庭教育是学校教育的基础和补充,有不可替代的教育作用。

12. B 【解析】班干部是班主任的得力助手,是形成班集体的核心力量。

13. C 【解析】班级常规管理是指通过制定和执行规章制度来管理班级的经常性活动。班级民主管理是指班级成员在服从班集体的正确决定和承担责任的前提下参与班级全程管理的一种管理方式。班级民主管理的实质是在班级管理的全过程中,调动学生自我教育的力量,使人人都积极主动地参与班级事务。题干中,班主任通过制定一日常

规来稳定班级秩序，运用的是班级常规管理模式；班主任发动学生参与管理，且每项打分都由学生负责，运用的是班级民主管理模式。

14. B 【解析】建立以学生为本的班级管理机制是解决当前我国学校班级管理中存在的问题的重要策略，这项策略的重要内容之一就是确立学生在班级中的主体地位。因此，答案选B项。

15. A 【解析】班级管理的合力原则要求班主任把班级视为一个有机整体，全面规划、统一指挥、有机整合各个层次、各种影响因素和教育力量，以达到最佳的管理效果。

16. C 【解析】班级活动具有班集体建设的功能。班级从松散的聚集体到交往密切、关系融洽的集体，并逐步地成为彼此思想上和行动上统一协调，感情上融洽一致的班集体，离不开班主任组织和指导的多种多样的班级活动。在班级活动中，全班学生更能够充分交往，互相了解，建立友谊，使班集体产生强大的向心力和凝聚力。

17. B 【解析】实行班级民主管理要求建立班级民主管理制度，如干部轮换制度、定期评议制度、值日生制度、值周生制度、民主教育活动制度等。ACD三项均属于民主管理方式。B项属于班级常规管理的要求。

18. A 【解析】班级平行管理的理论源于马卡连柯的“平行影响”的教育思想。马卡连柯认为，教师要影响个别学生，首先要影响学生所在的班级，然后通过学生集体与教师一起去影响这个学生，这样就会产生巨大的教育力量。

19. A 【解析】班级常规管理是指通过制定和执行规章制度来管理班级的经常性活动。遵守班级规章制度是对每个学生的基本要求，也是每个学生必须履行的基本义务和职责。

20. C 【解析】开展以班级规章制度为核心的常规管理，是班主任工作的重要内容之一。

21. D 【解析】现代班级管理强调以学生为核心，建立一套能够持久地激发学生主动性、积极性的管理机制，确保学生的持久发展。

22. B 【解析】有助于维持班级秩序，形成良好的班风是班级管理的基本功能。故选B项。

23. C 【解析】班级目标管理是指班主任与学生共同确定班级总体目标，然后转化为小组目标和个人目标，使其与班级总体目标融为一体，形成目标体系，以此推动班级管理活动，实现班级目标的管理方法。题干的描述体现了目标管理的内涵。

24. A 【解析】教育合力是指学校、家庭、社会三种教育力量相互联系、相互协调、相互沟通，统一教育方向，形成以学校教育为主体，以家庭教育为基础，以社会教育为依托的共同育人的力量，使学校、家庭、社会教育一体化，以提高教育活动实效。

25. D 【解析】社会教育主要是指学校、家庭环境以外的社区、文化团体和组织等给予儿童和青少年的影响。题干描述的是社会教育的概念，故选D项。

二、判断题

1. √ 【解析】“5+2=0”的现象说明学校教育和家庭教育、社会教育的方向不一致，导致教育效果落空。因此，只有学校、家庭、社会三种教育力量相互联系、相互协调、相互沟通，统一教育方向，才能取得很好的教育效果，促进学生的全面发展。

2. √ 【解析】班干部的轮换和班级岗位的设立，有利于学生公民意识的形成和综合素质的提升，对班级的发展也能起到积极的促进作用。

3. √ 【解析】在我国，家庭、学校和社会的根本利益是一致的。为了使受教育者身心得以健康的发展，学校应成为这三者相互联系、相互配合的最积极的倡导者和组织者，而家庭和社会应大力支持学校工作。

4. × 【解析】班级管理是一种有目的、有计划、有步骤的社会活动，这一活动的根本目的是实现教育目的，使学生得到充分的、全面的发展。班级管理是一种组织活动过程，它体现了教师与学生之间的双向活动，是一种互动的关系。

三、简答题(参考答案)

1. 简述班级管理的功能。

(1)有助于实现教学目标，提高学习效率——主要功能；(2)有助于维持班级秩序，形成良好的班风——基本功能；(3)有助于锻炼学生能力，学会自治自理——重要功能。

2. 班级活动的特点有哪些？

(1)参加班级活动的自愿性和选择性；(2)活动内容的广泛性和伸缩性；(3)活动方法的独立性和自主性；(4)组织形式和考核方式的多样性和灵活性。

3. 简述班主任对家长进行家庭教育指导的途径和方法。

(1)参与家长学校工作；(2)召开家长会；(3)进行家访和接待家长来访。

4. 家庭教育的基本要求有哪些？

(1)环境和谐——创造和谐的家庭环境；(2)方法科学——家长教育子女需要科学的态度和方法；

(3)以身作则——树立良好的榜样;(4)爱严相济——家长要把对孩子的关心爱护与严格要求紧密结合;(5)要求一致——家长对孩子的要求应统一,前后一贯;(6)全面关心——要对孩子的物质生活与精神生活、身体健康与心理健康、智力开发与非智力因素培养等多方面给予全面关心,把孩子培养成全面发展的合格公民。

四、论述题(参考答案)

试述当前我国学校班级管理中存在的问题及解决策略。

(1)学校班级管理中存在的问题有:①班主任的班级管理方式偏重于专断型;②班级管理制度缺乏活力,学生参与班级管理的程度较低。

(2)解决策略是建立以学生为本的班级管理新机制:①以满足学生的发展为目的;②确立学生在班级中的主体地位;③有目的地训练学生进行班级管理的能力。

五、材料分析题(参考答案)

1. “破窗效应”启示我们,班级管理工作要始终遵循“教育无小事”的原则,警惕在班级中“破窗效应”的发生,让一切隐患消失于萌芽状态。

(1)应该在班级中建立起一整套行之有效的规章制度,使学生有制度可依,有制度必依。

(2)要充分重视班级的各种“第一”,使好的开端能够为教育教学的顺利实施铺平道路。有了平时的预防,“破窗效应”就没有了可乘之机。

(3)对学生的错误行为要及时制止,处理要到位。教育一旦错过了学生认识的兴奋点,就很难再在学生心中引起共鸣,说多了反而会引起学生的逆反心理。

2. (1)加强学校与家庭之间的相互联系,通过与家庭相互访问、建立通讯联系、定时举行家长会、组织家长委员会、举办家长学校等了解学生的家庭情况,对家长进行家庭教育的指导,及时帮助学生解决在成长过程中遇到的各种问题,让学生感受到家的温暖。

(2)对学生进行学习与生活指导。在日常的学习生活中,班主任与学生接触多,容易与之建立深厚的感情,可以凭其特殊的人格魅力得到拥戴,班主任要及时洞察学生的内心世界,指导学生进行积极的心理调节。让学生明白“恋爱”本身无可厚非,但是作为学生,“恋爱”还为时尚早,现在应当以学业为重,并对学生进行学习方法的指导,促进学生学习。班主任还可以通过制定教育方案,创设良好的心理气氛,运用心理激励等手段,促进学生身心健康发展。

3. (1)学校、家庭、社会构成了儿童和青少年学习和成长的环境,以不同的空间形式和时间形式占据孩子的整个生活。材料中小明的疑惑就充分体现了家庭与学校没有形成教育合力。小学生各方面的发展还不成熟,材料中,小明爸爸的话说明在保护野生动物的问题上小明接受的家庭教育与学校教育发生了冲突,这不利于小明正确价值观的形成。为此,应加强学校与家庭的联系,使学校与家庭的教育力量统一起来。

(2)家庭、社会、学校对儿童和青少年的教育影响,各有自己的特点和优势。只有三者协调,取长补短,才能取得最佳的教育效果。材料中小明的爸爸与服务员代表的是家庭和社会的力量,王老师代表的是学校教育的力量,显然,小明爸爸不赞同小明老师的观点,并告诉小明不用听老师的话。这说明小明在学校获得的保护野生动物的观念没有得到家长的承认以及社会的支持,这就很难巩固小明保护野生动物的观念。为此,学校与家庭应及时沟通,使学生在学校学到的观念或行为得到父母言行和社会印象的印证,这样才能够为学生所接受。

真题必刷

一、单项选择题

1. C 【解析】正确的舆论和良好的班风是班集体形成的重要标志,故选C项。
2. B 【解析】教育部于2009年印发的《中小学班主任工作规定》指出,“为进一步推进未成年人思想道德建设,加强中小学班主任工作,充分发挥班主任在教育学生中的重要作用,制定本规定。”故选B项。
3. C 【解析】班主任是联系各科任课教师的纽带,是学校班级间互相联系的纽带,同时也是沟通学校与家庭、社会各方面教育力量的桥梁。故班主任在组织班级教育力量中所起的是纽带和桥梁作用。
4. D 【解析】班级管理的内容包括班级组织建设、班级制度管理、班级教学管理和班级活动管理,故选D项。

二、填空题

学期计划　月或周计划

三、判断题

√ 【解析】班级平行管理的理论源于马卡连柯的“平行影响”的教育思想,是指班主任既通过对集体的管理去间接影响个人,又通过对个人的直接管理去影响集体,从而把对集体和个人的管理结合起来的管理方式。

四、简答题(参考答案)

1. 简述班集体对学生的教育有哪些作用。

在学校教育中,良好的班集体对学生的健康成长是非常重要的,具体表现在:(1)有利于形成学生的群体意识;(2)有利于培养学生的社会交往与适应能力;(3)有利于训练学生的自我教育能力。

2. 简述班集体建设的内容。

(1)确定班集体的发展目标;(2)建立得力的班集体核心;(3)建立班集体的正常秩序;(4)组织形式多样的教育活动;(5)培养正确的舆论和良好的班风。

第九章 教育研究与教育改革

基础必刷

一、单项选择题

1. A 【解析】在教育研究过程中,文献检索是必不可少的步骤,它贯穿教育研究的全过程。

2. A 【解析】根据研究目的的不同,教育研究可分为基础研究、应用研究和开发研究。

3. B 【解析】邓老师的研究课题来源于他自己的教育实践。故选B项。

4. D 【解析】教育研究同所有的科学研究一样,由三个要素组成,即客观事实、科学理论和方法技术。

5. C 【解析】基础研究以抽象、一般为特征,目的是揭示、描述、解释某些现象和过程,以及它们的活动机制与内在规律。也就是说,所涉及的研究将对研究领域具有直接增加知识的价值。

6. B 【解析】在教育研究过程中,进行文献检索可以吸取前人研究的经验教训,避免重复研究。

7. A 【解析】观察研究法是指人们有目的、有计划地通过感官和辅助仪器,对处于自然状态下的客观事物进行系统考察,从而获取经验事实的一种科学研究方法。

8. D 【解析】教育研究的最终目的是改进教育现状,促进教育发展。

9. D 【解析】教育文献综述包括四个方面的内容:(1)问题的提出,说明查阅文献资料的目的及研究的问题;(2)研究方法,确定文献资料的分析范围、分析维度和分析程序;(3)正文部分,这是文献综述的主体部分;(4)主要文献目录,包括专著及论文。故D项说法有误。

10. A 【解析】个案研究的对象往往是那些具有特殊行为表现的个体或具有反常行为的个体,研究周期一般较长,需要对个案进行连续的跟踪研究。题干中班主任对小王的研究属于个案研究法。

11. A 【解析】描述性研究对客观事物予以考察,努力反映其客观状态,回答“是什么”“怎么样”“为什么”的问题。

12. B 【解析】质性研究法也称为“实地研究法”或“参与观察法”,它是基于经验和直觉的研究方法,以研究者本人作为研究工具,凭借研究者自身的洞察力,在与研究对象的互动中理解和解释其行为和意义建构。

13. B 【解析】选择研究课题是进行教育研究的第一步,并且是关键性的一步。故选B项。

14. A 【解析】观察研究法的类型:(1)根据观察的情境条件可分为自然观察法和实验观察法;(2)根据观察时是否借助仪器设备可分为直接观察法和间接观察法;(3)根据观察者是否直接参与被观察者所从事的活动,可分为参与观察法和非参与观察法;(4)根据观察内容是否有统一设计的、有一定结构的观察项目和要求,可分为结构性观察和非结构性观察。故选A项。

15. D 【解析】网络检索是查阅资料最快捷的方法。

16. B 【解析】二次文献是对原始文献加工、整理,使之系统化、条理化的检索性文献。一般包括题录、书目、索引、提要和文摘等。

17. C 【解析】调查研究法的类型:(1)依据调查的目的,可将调查研究法分为历史调查、现状调查、发展调查、常规调查、比较调查和原因调查等;(2)依据调查的性质,可将调查研究法分为事实调查和意见调查;(3)依据调查的范围,可将调查研究法分为综合调查和专题调查;(4)依据调查的对象,可将调查研究法分为全面调查、重点调查、抽样调查和个案调查。故选C项。

18. C 【解析】实验研究的目的是发现事物间的因果关系,是各类研究中唯一能确定因果关系的研究。

19. C 【解析】在一般情况下,教育科学研究报告的标题不超过20字。标题的简洁不仅不会影响内容的表述,而且正是深刻、准确、有力表述内容所需要的。

20. A 【解析】教育研究是以教育问题为对象,运用科学的方法,遵循一定的研究程序,收集、整理和分析有关资料,以发现和总结教育规律的一种认识活动。

21. D 【解析】观察研究法的特点有:(1)目的性,即在观察过程中要有明确的观察目的;(2)自然性,即在观察过程中对观察对象不加任何干预控制;(3)有翔实的观察记录;(4)能动性,观察要求事先制定提纲和程序、规定观察的时间和内容,选择典型对象、典型条件,全面地把握研究对象并科学分析、判断和理解观察结果。

22. D 【解析】教育行动研究的特点可以概括为"为教育行动而研究""在教育行动中研究""由教育行动者研究"。

23. A 【解析】调查研究法是研究者采用问卷、访谈、观察、测量等方式对现状进行了解,对事实进行考察,对材料进行收集,从而探讨教育问题、教育现象之间联系的研究方法。

24. C 【解析】采用多种方法收集资料,收集到的资料系统性更强。故C项说法错误。

25. C 【解析】比较法是根据一定的标准,对不同国家的教育制度、教育理论或教育实践进行比较研究,找出各国教育的特殊规律和普遍规律的研究方法。由题干中"研究中国和日本两国课程改革状况的差异"可知,最宜采用比较法。

26. C 【解析】定量研究的主要方法有调查法、相关法和实验法。

27. D 【解析】题干中"透过单向玻璃进行的隐蔽性观察"即观察者没有直接参与被观察者所从事的活动,属于非参与观察。

28. B 【解析】定量分析是教育研究走向成熟的重要标志,它常常可以消除一些无谓的争论,验证和确认定性的结论。

29. A 【解析】研究方法的选择取决于研究目的。在教育研究的多种类型的方法中,不存在绝对的"最优方法",哪一种或哪几种研究方法对实现研究目的最有效,就选择哪一种或哪几种。

30. D 【解析】相关调查研究是调查研究不同教育现象或教育对象的特点和规律,考察它们是不是有联系和联系的程度如何。例如,学习成绩与智力水平关系调查研究、学生学习兴趣与教师教学态度关系调查研究、互联网与品德教育关系的调查研究等。

31. A 【解析】研究计划是研究工作进行之初所做的书面规划,是如何进行研究的具体设想,是研究实施的蓝图,是实现研究目的的前提。

32. D 【解析】在教育调查研究中,常用的调查方法有查阅资料、问卷法、开调查会、访谈法和调查表法,其中最基本、使用最广泛的方法是问卷调查。

33. B 【解析】结构性观察即事先经过设计,规定好观察项目,选定观察对象,采用观察工具,在观察中填写观察量表等进行的观察。

34. D 【解析】行动研究的基本过程大致分为循序渐进的四个环节,即计划、行动、考察和反思。

35. A 【解析】分析研究资料就是对收集到的教育事实和数据进行整理和分析,做理性的加工处理。资料分析的基本步骤:阅读资料—筛选资料—解释资料。

36. C 【解析】应用研究以具体、特殊为特征,它是对基础研究的成果做进一步的验证,就所关注的某一实际问题,如某一课程设置问题、某一特殊的教师培训计划,从大量的案例中寻求概率性的必然结论。其目的在于解决某些特定的问题或提供直接有用的知识。

37. B 【解析】题干中的教师通过向学生发放问卷收集信息,故采用的教育研究方法是调查法。

38. D 【解析】一个好的研究课题必须具有以下特点:(1)选题必须有价值;(2)选题必须有科学的现实性;(3)选题必须明确具体;(4)选题必须新颖,有独创性;(5)选题必须有可行性。

39. B 【解析】实验研究法是根据研究目的,运用一定的人为手段,主动干预或控制研究对象的发生、发展过程,通过观察、测量、比较等方式探索、验证所研究现象因果关系的研究方法。

40. C 【解析】课程改革是我国当前教育改革的核心。

41. A 【解析】教育随笔的主要特点是短小精悍、取材广泛、迅速及时。

42. C 【解析】通俗地讲,定量研究(即量化研究)就是对事物的量的分析和研究,也就是通过解决"是多少"等的数量问题来对事物进行研究,主要是侧重于用数字和量表来描述所研究的事物。

43. B 【解析】实验研究法是根据研究目的,运用一定的人为手段,主动干预或控制研究对象的发生、发展过程,通过观察、测量、比较等方式探索、验证所研究现象因果关系的研究方法。题干中教师的做法正是对实验研究法的运用。

44. C 【解析】理论性的学术论文,常见的形式有案例、综述、述评、理论性的论文等。

45. C 【解析】教育行动研究的主体是实际工作者,主要是教师。

46. B 【解析】依据调查的对象来划分,调查研究法可以分为全面调查、重点调查、抽样调查和个案调查。

47. B 【解析】比较法是根据一定的标准,对不同国家的教育制度、教育理论或教育实践进行比较研究,找出各国教育的特殊规律和普遍规律的研究方法。

48. B 【解析】制订研究计划要做好的工作包括：(1)确定研究类型和方法；(2)选择研究对象；(3)分析研究变量；(4)形成研究方案。题干中的张老师已经选择了研究对象，确定了自变量和因变量，正在思考研究方法。这说明张老师的课题研究处于制订计划环节。

49. C 【解析】教育叙事研究主要用来研究教师的教育思想。

二、判断题

1. × 【解析】专著、论文、调查报告、档案材料等属于一次文献。三次文献主要包括动态综述、专题述评、数据手册、年度百科大全以及专题研究报告等。故题干说法错误。

2. √ 【解析】逆查法是以目前研究的时间为起点，按照由近及远的顺序查找有关资料的方法，适合于新出现的教育问题的研究。

3. × 【解析】教育研究课题必须明确具体，要有价值，并不是课题大了就好。

三、简答题(参考答案)

1. 简述教育研究的发展趋势。

(1)研究背景的现场化；(2)多种教育理论流派的形成导致教育研究方法的统一性与多元性；(3)现代科学研究成果及其研究方法的移植；(4)关注教育研究的价值标准；(5)研究手段的现代化。

2. 简述实验研究法的优缺点。

(1)优点：①能确立因果关系，认识事物的本质和规律；②研究结果客观、准确、可靠；③能对变量进行控制，提高研究的信度；④能为理论的构建提供佐证和说明；⑤能将实验变量和其他变量的影响分离开来；⑥严密的逻辑性是其他研究方法难以比拟的。

(2)缺点：①应用范围有限，有些问题难以用实验的方法来解决；②可能会有人为造作的痕迹，实验的结果不一定就是现实的结果，缺乏生态效应等。

3. 简述教师在教育研究中的作用。

(1)教师的教育研究有利于解决教育教学实际问题，提高教育教学质量；(2)教师的教育研究可以使课程、教学与教师真正融为一体；(3)教师的教育研究也是教育科学发展的需要；(4)教师的教育研究可以促进教师专业成长与发展，不断提升教师的自我更新能力和可持续发展能力，增强教师职业的价值感和尊严感；(5)教师的教育研究有利于教师不断积累实践知识；(6)教师的教育研究有利于提高学校办学品位，形成学校办学特色。

4. 研究计划包括哪些内容？

(1)研究题目；(2)对研究课题目的及意义的简单说明；(3)课题研究的基本内容；(4)课题的研究思路和方法，制定研究工作方案和进度计划；(5)研究课题已具备的工作基础和有关条件；(6)研究成果的预计取向及适用范围；(7)经费概算以及需购置的仪器设备。

5. 简述实验研究法的类型。

(1)按照实验研究的目的，可分为探索性实验、验证性实验和改造性实验；(2)根据对实验的控制程度，可分为前实验、准实验和真实验；(3)根据实验环境不同，可分为实验室实验和自然实验；(4)根据分配方法，可分为等组实验、单组实验和轮组实验；(5)根据自变量因素的多少，可分为单因素实验和多因素实验。

6. 简述教育研究的性质。

(1)文化性；(2)价值性；(3)主体性。

7. 简述教育研究的基本过程。

(1)选择研究课题；(2)教育文献检索与综述；(3)制订研究计划；(4)教育研究资料的收集、整理与分析；(5)教育研究论文与报告的撰写。

8. 简述调查研究法的步骤。

(1)明确调查目的；(2)制订调查计划；(3)准备调查材料和工具；(4)实施调查；(5)整理调查材料；(6)撰写调查报告。

9. 简述在教育研究中收集资料的途径。

(1)采用问卷、访谈、测量、个案、观察等方法直接收集资料；(2)从现成的文献资料入手，在有关的文件、档案、作品中收集有关资料。

四、论述题(参考答案)

1. 当今国外教育改革的趋势有哪些？

(1)高度重视教育改革，突出教育的战略地位；(2)教育改革的重点转向提高教育质量；(3)课程改革是教育改革的核心；(4)加强和改进道德教育；(5)重视提高师资水平；(6)教育公平渐成教育改革的主题。

2. 试述我国教育改革的主要内容。

(1)教育优先，完善教育体系；(2)以人为本，积极推进新课程改革，落实素质教育，加强德育；(3)大力革新教育体制；(4)努力促进教育公平；(5)以提高质量为重点；(6)增加教育投入。

3. 试述教育研究课题的来源。

研究课题可以来源于教育实践，也可以来源于教育理论。

(1)从教育实践出发，教育研究课题产生的途径有：①从社会变革与发展需要中提出课题；②从日常的教育实践活动中发现课题；③从教育实践的变革与发展中提出课题。

(2)从教育理论出发,教育研究课题的来源主要有:①承袭已有的研究成果来探究新的问题;②在理论空白处挖掘问题;③在理论观点的争议中寻找问题;④以反其道而行之来开拓问题;⑤在阅读理论、审视理论的过程中构思研究问题;⑥来源于各级课题指南。

五、材料分析题(参考答案)

“家庭学校”的出现对学校教育提出了挑战,具体表现在以下几个方面:

(1)基础教育要勇于创新。教育形式要适应时代发展,与时俱进,要不断拓展和完善学校教育制度,重新审视家庭教育的地位,发展有中国特色的家庭教育,既重视青少年团队精神的塑造,又注重个性和创造力的培养,以适应经济社会的发展与时代的进步。

(2)观念层面应该革新。从材料中也可看出,“家庭学校”对学校教育也形成了一定的挑战,正是由于学校教育存在着种种弊端或者缺漏之处,致使家长会选择“家庭学校”的方式对自己的子女进行教育。也突出反映了现今学校教育效率低下、质量不高的问题,学校提供的教育无法满足时代进步的需求,从而需要对学校教育进行进一步的革新,能够跟上时代的脚步,也满足不同家庭对学校教育的需求。

(3)技术手段上要革新。在学校教育的手段上,可以大量采用一些先进的教学手段,诸如多媒体和互联网,让学校教育在技术层面上不落后于时代的脚步。利用这些教学手段可以提高教学的效率,改进教学质量,也可以利用这些先进的技术手段作为学校教育的突破口和教学的亮点,改善学校的形象,增强对学生的吸引力。

(4)提倡素质教育。应继续坚持大力推进素质教育,各级各类学校都要全面推进素质教育。推进基础教育课程改革,改革人才培养模式、教育内容和教学方法,减轻学生的课业负担,克服片面追求升学率的倾向。加强学校教育、家庭教育和社会教育的融合,在全社会形成推进素质教育的良好氛围,使每个学生在学校都能得到充分的、全面的发展。

真题必刷

一、单项选择题

1. C 【解析】等距抽样适用于总体很大,样本较小,总体无中间层次结构的抽样。等距抽样的第一步是对总体所有元素编号,所编号码应该是连续有序的;第二步是计算每相邻两个入样元素的间隔距离;第三步是在第一间隔中随机确定第一个入样元素的号码;第四步则开始抽取入样元素。题干所述正是等距抽样的应用事例。

2. D 【解析】行动研究法即身处教育实践第一线的研究者与受过专门训练的科学研究者密切协作,以教育实践中存在的某一问题作为研究对象,通过合作研究,再把研究结果应用到自身教育实践中去的一种方法。

3. A 【解析】自然实验法减少了人为的影响,从而使得结果的真实性更高。故选A项。

二、判断题

× 【解析】教育叙事研究是以抓住人类经验的故事性特征进行研究并用故事的形式呈现研究结果的一种研究方式。教育叙事研究并非为讲故事而讲故事,而是通过教育叙事展开对现象的思索,对问题的研究,是一个将客观的过程、真实的体验、主观的阐释有机融为一体的教育经验的发现和揭示过程。

三、简答题(参考答案)

简述教育科研选题的基本要求。

(1)选题必须有价值;(2)选题必须有科学的现实性;(3)选题必须明确具体;(4)选题必须新颖,有独创性;(5)选题必须有可行性。

第二部分　心理学

第一章　心理学概述

基础必刷

专题一　心理学的研究与发展

一、单项选择题

1. B 【解析】普通心理学是心理学的基础学科或总学科。它的主要任务是依据并归纳心理学在各个方面的研究成果,阐明心理现象中各种最基本的事实与最一般的问题,探索心理活动的普遍规律。

2. C 【解析】心理学是研究心理现象及其发生发展规律的科学,心理现象又称心理活动。题干所述为心理学的概念,故选C项。

3. C 【解析】人格倾向性是人进行活动的基本动力,决定着人对现实的态度,决定着人对认识和活动对象的趋向和选择，是个性结构中最活跃的因素。

4. D 【解析】霍尔将儿童心理学研究的年龄范围扩大到青春期。

5. B 【解析】构造主义心理学主张研究人的直接经验即意识，并把人的经验分为感觉、意象和激情状态三种元素。

6. B 【解析】题干描述的是机能主义学派的观点。

7. A 【解析】心理过程是心理活动的一种动态过程，它包括认知过程、情绪情感过程和意志过程三个方面。人的各种心理活动中，都伴随着注意这种心理状态，但注意不是独立的心理过程。

8. C 【解析】1924年，廖世承编写了我国第一本《教育心理学》教科书。

9. B 【解析】“Gestalt”在德文中意味着“整体”，它代表了格式塔心理学的基本主张和宗旨，所以格式塔心理学又称完形心理学。

10. A 【解析】1903年，美国心理学家桑代克出版了《教育心理学》，这是西方第一本以“教育心理学”命名的著作。

11. A 【解析】1879年，德国著名心理学家冯特在德国莱比锡大学创建了第一个心理学实验室，这一事件标志着科学心理学的诞生。

12. D 【解析】人格心理特征包括个体的气质、性格、能力等。

13. B 【解析】人本主义心理学认为人的本质是好的、善良的，他们不是受无意识欲望驱使的野兽。人有自由意志，有自我实现的需要。

14. B 【解析】精神分析学派重视对异常行为的分析和无意识的研究，认为人的一切个体的和社会的行为都根源于心灵深处的某种欲望或动机，特别是性欲的冲动。

15. C 【解析】美国心理学家何林渥斯最先提出要追求人的心理发展全貌，而不是满足于孤立地研究儿童心理，并于1930年出版了《发展心理学概论》一书，这是世界上第一部发展心理学著作。

16. C 【解析】现代认知心理学以1967年奈塞尔出版的《认知心理学》为诞生标志，该学派是以信息加工观点为核心的心理学，又称为信息加工心理学，代表人物是瑞士心理学家皮亚杰。

17. D 【解析】测验法是运用一套标准化题目，按照规定的程序，通过心理测量的手段来收集数据资料的方法。根据测验法的含义，故选D项。

18. C 【解析】亚里士多德的《论灵魂》是历史上第一部论述各种心理现象的著作。

19. B 【解析】1913年，美国心理学家华生发表了《在行为主义者看来的心理学》，宣告了行为主义的诞生。

20. D 【解析】心理过程是心理活动的一种动态过程，是人脑对客观现实的反映过程。它包括认知过程、情绪情感过程和意志过程三个方面。

21. D 【解析】能力与性格属于人格心理特征的范畴。

22. D 【解析】A项是构造主义、机能主义的主张；B项是人本主义的主张；C项是精神分析的主张；D项是行为主义的主张。

23. B 【解析】学习过程指学生在教学情境中，通过与教师、同学以及教学信息的相互作用获得知识、技能和态度的过程。在教育心理学中，人们研究最早和最多的就是这一过程。

24. D 【解析】心理学是研究心理现象及其发生发展规律的科学，心理现象又称心理活动。

25. A 【解析】构造主义心理学的奠基人是冯特，并由其弟子铁钦纳将其发展成为严密的心理学体系。

26. C 【解析】1903年，美国心理学家桑代克出版了《教育心理学》，这是西方第一本以“教育心理学”命名的著作。后来，该书又扩充为三卷本的《教育心理大纲》，奠定了教育心理学发展的基础，西方教育心理学的名称和体系由此确立，桑代克也因此被称为“教育心理学之父”。

27. B 【解析】1877年，俄国教育家和心理学家卡普捷列夫发表了《教育心理学》一书，这是最早正式以“教育心理学”命名的著作。

二、判断题

1. × 【解析】心理学既研究动物的心理，也研究人的心理，而以人的心理现象为主要研究对象。

2. × 【解析】个性心理是在心理过程中形成的，如果没有对主观和客观世界的认识，没有情绪情感的体验，没有积极地与困难做斗争的意志活动，心理的个性差异就无从形成和表现；已经形成的个性心理倾向性和个性心理特征又制约着心理过程的进行。

3. × 【解析】需要、兴趣、情感、意志的形成属于心理发展。

三、简答题（参考答案）

1. 简述心理学研究的一般过程。

(1)研究课题的选择；(2)文献资料的查阅；(3)确定研究假设；(4)研究的设计；(5)数据的收集；(6)结果的处理与分析；(7)结果的解释和表达。

2. 简述心理现象的结构。

心理现象非常复杂，但从形式上可以归纳为心理过程和人格心理两个方面。(1)心理过程是心理活动的一种动态过程，是人脑对客观现实的反映过程。它包括认知过程、情绪情感过程和意志过程三个方面。(2)人格心理是指表现在一个人身上比较稳定的心理特性的综合，是一个人总的精神面貌，反映了人与人之间稳定的差异特征。人格心理的差异主要表现在人格倾向性和人格心理特征两个方面。

3. 简述教育心理学的学科性质。

(1)从学科范畴来看，教育心理学既是心理学的一个分支学科，又是以教育学与心理学结合而产生的交叉学科；

(2)从学科作用来看，教育心理学既是一门理论性学科(具有基础性)，又是一门应用性较强的学科(具有实践指导性)，并以应用为主。

4. 简述心理学的研究任务。

(1)确定心理事实；(2)揭示心理规律；(3)揭示心理机制；(4)揭示心理本质。

5. 简述构造主义心理学的代表人物和主要观点。

(1)冯特是构造主义心理学的奠基人，其弟子铁钦纳将其发展成为严密的心理学体系。

(2)主要观点：①在研究内容上，主张心理学应该研究人的直接经验即意识，并把人的经验分为感觉、意象和激情状态三种元素；②在研究方法上，主张采用实验内省法分析意识的内容或构造；③构造主义强调心理学的基本任务是理解正常成人的一般心理规律。

6. 简述课题选择的方法。

(1)根据社会需要选择课题；(2)根据心理科学发展的理论来选择课题；(3)通过查阅文献选择课题；(4)在研究过程中选择课题；(5)根据科技发展和学科发展选择课题。这五个方面的选题是相互交叉的，研究者可以根据某种或某几种方法进行选题。

四、论述题(参考答案)

1. 试述普通心理学与教育心理学的关系。

(1)教育心理学与普通心理学是个性与共性的关系，普通心理学是教育心理学的基础，教育心理学是普通心理学原理在教育这一特定领域的体现；(2)普通心理学研究一般人在日常生活中的心理现象与发展规律，教育心理学则研究教育工作中学生的心理现象及其发展规律，用以指导教育和教学，从而提高教学效率。那种认为教育心理学仅仅是普通心理学的原理、原则在教育领域中的应用，是一门应用的、缺乏特殊性与独立性的学科的观点是不恰当的。

2. 试述心理知识对于教育工作的意义。

(1)理论意义：①心理学的研究成果为马克思主义认识论和辩证法提供了科学依据；②心理学的研究对邻近的社会科学，如文学、艺术、法学、政治学、经济学等，也有一定的理论意义。

(2)实践意义：①有助于教师理解和解释学生的心理现象和行为，更好地完成教育工作；②有助于教师运用心理学原理，指导和开展当代教育改革；③有助于教师判断学生的心理健康状况，有效地开展学生心理异常的调适工作；④有助于教师依据心理学知识进行自我教育。

3. 试述人本主义心理学的代表人物及观点。

(1)人本主义心理学兴起于二十世纪五六十年代，代表人物有马斯洛、罗杰斯等。该学派猛烈冲击着在美国很有势力的精神分析心理学派和行为主义心理学派，代表了当代心理学发展的新方向，从而形成了心理学中的“第三势力”。(2)人本主义心理学着重于人格方面的研究，认为人的本质是好的、善良的，他们不是受无意识欲望驱使的野兽。人有自由意志，有自我实现的需要。因此，只要有适当的环境，他们就会力争达到某些积极的社会目标。(3)人本主义反对行为主义只相信可以观察到的刺激与反应，认为正是人们的思想、欲望和情感等这些内部过程和内部经验，才使他们成为各不相同的个体。

4. 试述心理过程和人格心理的关系。

心理过程和人格心理是心理学研究的两大方面。这两方面是相互联系、相互渗透、相互制约的，是一个统一的、具体的人的心理现象的两个方面。(1)人格心理是在心理过程中形成的，如果没有对主观和客观世界的认识，没有情绪情感的体验，没有积极地与困难做斗争的意志活动，心理的人格差异就无从形成和表现。(2)已经形成的人格倾向性和人格心理特征又制约着心理过程的进行。既没有不带人格的心理过程，也没有不表现在心理过程之中的人格。

专题二　心理的生理基础

一、单项选择题

1. B 【解析】神经元(又称神经细胞)是神经系统结构和机能的基本单位。

2. D 【解析】用语词作为条件刺激而建立的条件反射系统叫作第二信号系统，如成语“谈虎色变”。

3. B 【解析】人的心理既是客观的又是主观的，主观性主要体现在由于人的知识经验、需要、愿望以及个性特征的不同，因而对客观现实的反映也不同。

4. B 【解析】人脑对客观现实的反映是能动的，而不是被动地由客观现实所支配。

5. A 【解析】颞叶主要对听觉刺激进行加工。

6. D 【解析】反射弧是通过五个环节而实现的,即感受器→传入神经(感觉神经)→神经中枢→传出神经(运动神经)→效应器。

二、填空题

1. 第二信号

2. 兴奋

3. 视觉

4. 左半球

三、辨析题

1. 大脑分为四叶,其中枕叶在组织有目的、有方向的活动中,有使活动服从于坚定意图和动机的作用;额叶主要是调节机体的触觉、温觉、动觉等。

(1)这种说法是不正确的。(2)大脑分为四叶,包括额叶、顶叶、枕叶、颞叶。额叶在组织有目的、有方向的活动中,有使活动服从于坚定意图和动机的作用;顶叶主要是调节机体的触、温、动感觉等;枕叶是视觉中枢;颞叶主要加工听觉刺激。

2. 食物放入口中会导致唾液分泌是条件反射。

(1)这种说法是不正确的。(2)无条件反射是先天具有的、不学而能的反射。例如,食物放入口中会导致唾液分泌,婴儿遇冷后会哭啼等。条件反射是后天经过学习获得的反射。

3. 相同的刺激情境必定产生相同的情感体验。

(1)这种说法是不正确的。(2)人的心理既是客观的又是主观的,它是由具体的个体在头脑中进行的。由于人的知识经验、需要、愿望以及个性特征的不同,因而对客观现实的反映也不同。受人的心理主观性的影响,相同的刺激情境可能会有不同的情感体验。

四、简答题(参考答案)

简述第一信号系统和第二信号系统。

根据条件刺激的特点,巴甫洛夫把大脑皮层的功能分为第一信号系统活动和第二信号系统活动。用具体事物及其属性作为条件刺激而建立的条件反射叫作第一信号系统,如"望梅生津",是人和动物共有的;用语词作为条件刺激而建立的条件反射叫作第二信号系统,如成语"谈虎色变",这是人类特有的,是人类和动物的条件反射活动的根本区别。

五、材料分析题(参考答案)

这一事例有力地说明了社会生活实践对人的心理发展起着决定性的作用。由于这位女孩自幼落到狼群中,由狼喂养长大,有长达8年的时间在狼群中生活。虽然她有人的遗传素质,具有人的一切外貌特征、生理结构和感觉器官,确确实实是由人生育出来的,但她没有一般人的心理机能和理性思维能力;虽然她生下来就具备说话的神经结构,但没有同人们进行交往,所以没有习得人类的语言;虽然她有人的大脑,以及各种感官神经结构,但没有受到社会文化环境的熏染,没有得到正常的发展与训练,所以无法形成人的心理现象和精神世界。相反,由于她长期过着野兽的生活,在兽群的生活环境中成长,原有的那些人的神经结构发生了萎缩,身体的特征也发生了一些变化,时间越长,其狼的习性就越多,这就是人慢慢变成"狼孩"的原因。

可见,仅有人类健全的大脑,若离开人的社会生活环境,人的心理也不可能正常发展。

真题必刷

一、单项选择题

1. D 【解析】心理现象非常复杂,但从形式上可以归纳为心理过程和人格心理两个方面。这里的人格心理与个性心理同义。故本题选D。

2. A 【解析】本题中考生需准确区分各心理现象,具体内容如下表。

心理过程	认知过程:感觉、知觉、记忆、思维、想象
	情绪情感过程:情绪、情感
	意志过程:意志行动的心理过程
人格心理	人格倾向性:需要、动机、信念、理想、价值观、世界观
	人格心理特征:能力、性格、气质

由上表可知,感知、记忆、思维属于认知过程,故本题选A。

3. C 【解析】额叶在组织有目的、有方向的活动中,有使活动服从于坚定意图和动机的作用;顶叶主要是调节机体的触压觉、温度觉、痛觉和内脏感觉等;枕叶是视觉中枢;颞叶主要对听觉刺激进行加工。故本题选C。

4. B 【解析】心理是人脑对客观现实的主观映像。人的心理是客观的又是主观的,主观性表现在由于人的知识经验、需要、愿望以及个性特征的不同,因而对客观现实的反映也不同。题干表述正是体现了心理的主观性。

5. A 【解析】德国生理学家和实验心理学家普莱尔是儿童心理学真正的创始人,他于1882年出版了《儿童心理》一书,该书被公认为第一部科学的、系统的儿童心理学著作。

二、填空题

1. 情绪情感　意志

2.《教育心理学》

3. 教育学与心理学

三、判断题

1. √ 【解析】1877年，俄国教育学和心理学家卡普捷列夫发表了《教育心理学》一书，这是最早正式以"教育心理学"命名的著作。

方法技巧：为方便考生记忆教育心理学发展阶段中的代表人物及贡献，编者将其总结成顺口溜，供考生参考：裴赫首提出，乌申俄奠基，房东岳翻译，廖世承主编。中国第一廖和房，西方第一桑代克，世界第一是卡普捷。

2. √ 【解析】亚里士多德的《论灵魂》是历史上第一部论述各种心理现象的著作。

第二章　认知过程

基础必刷

专题一　感觉和知觉

一、单项选择题

1. C 【解析】A项，知觉的选择性是指当面对众多的客体时，知觉系统会自动地将刺激分为对象和背景，并把知觉对象优先地从背景中区分出来。B项，知觉的理解性是指人以知识经验为基础对感知的事物加工处理，并用语词加以概括赋予说明的加工过程。C项，知觉的整体性是指人根据自己的知识经验把直接作用于感官的客观事物的多种属性整合为统一整体的过程。D项，知觉的恒常性是指客观事物本身不变，但知觉条件在一定范围内发生变化时，人的知觉映像仍相对不变。在知觉的整体性中，知觉对象各部分之间的结构关系会影响知觉的整体性。同样一些部分，处于不同的结构关系中就会成为不同的知觉整体。例如，把相同的音符置于不同的排列顺序、不同的节拍和旋律之中就构成不同的曲调；如果曲调的各成分关系不变，只是个别刺激成分发生变化，或用不同的乐器演奏或不同人来演唱，就不会改变我们对其歌曲整体性的知觉。

2. B 【解析】时间错觉是指在某种情况下对同样长短的时间觉得有快有慢。参加紧张而有趣的活动觉得时间过得快，从事枯燥乏味的活动觉得时间过得很慢。时间错觉主要是由态度、情绪的干扰造成的。"欢娱嫌夜短，寂寞恨更长"就是对同一段时间的长短估计不同，即产生了时间错觉。

3. D 【解析】言语直观指在生动形象的言语作用下唤起学生头脑中的表象，以提供感性材料的直观方式。

4. A 【解析】感受性与感觉阈限在数值上成反比关系，感受性高则感觉阈限低，感受性低则感觉阈限高。

5. C 【解析】时间知觉是对客观事物时间关系（即事物运动的速度、延续性和顺序性）的反映。

6. B 【解析】题干描述的是绝对感觉阈限的概念。

7. B 【解析】视敏度，也称视力，是指视觉系统分辨最小物体或物体细节的能力。题干描述的是视敏度的概念，故选B项。

8. D 【解析】根据人脑反映的对象的不同，可以把知觉分为物体知觉和社会知觉，其中物体知觉包括空间知觉、运动知觉和时间知觉等。

9. B 【解析】暗适应是指照明停止或由亮处转入暗处时视觉感受性提高的过程。在暗适应的最初7～10分钟内，感觉阈限骤降，而感受性骤升。整个暗适应持续大约30～40分钟，以后感受性就不再继续提高了。

10. C 【解析】在刺激作用停止后暂时保留的感觉现象称为感觉后效，即感觉后像。

11. A 【解析】动景运动是当两个刺激按一定的空间间隔和时距相继呈现时，我们就会看到从一个刺激物向另一个刺激物的连续运动。电子广告、摄影技术、放映机运用的就是这个原理。

12. A 【解析】知觉的整体性是指人根据自己的知识经验把直接作用于感官的客观事物的多种属性整合为统一整体的过程。知觉的整体性既有助于人的知觉能力与速度的提高，也可能妨碍和干扰部分与细节特征的反映。

13. C 【解析】模像直观指观察与教材相关的模型与图像（如图片、图表、幻灯片、电影、录像、电视等），以形成感知表象。

14. B 【解析】明适应是指照明开始或由暗处转入亮处时视觉感受性下降的过程。题干所述的现象为明适应。

15. C 【解析】感觉是人脑对直接作用于感觉器官的客观事物的个别属性的反映，是一种最简单的心理现象，是认识的起点，是一切知识和经验的基础，是人正常心理活动的必要条件。人脑对事物整体的认识属于知觉。

16. B 【解析】错觉是指在特定条件下对事物必然会产生的某种固有倾向的歪曲知觉，是对客观事物不正确的知觉，是知觉的一种特殊情况。

17. B 【解析】知觉恒常性包括颜色恒常性、亮度恒常性、形状恒常性、大小恒常性和声音恒常性。

18. A 【解析】感觉对比是同一感受器接受不同的刺激，而使感受性发生变化的现象。用不同颜色标出“p”和“b”，使得这两个单词对学生的感受性产生不同的影响，更易于对比。

19. B 【解析】在知识的初级学习阶段，实物直观虽然真切，但是难以突出本质要素和关键特征；模像直观虽然与实际事物之间有一定的距离，却有利于突出本质要素和关键特征。因此，一般而言，模像直观的教学效果优于实物直观。

20. D 【解析】知觉的恒常性是指客观事物本身不变，但知觉条件在一定范围内发生变化时，人的知觉映象仍相对不变。题干所述体现了知觉的恒常性。

21. C 【解析】对两个同类的刺激物，只有达到一定的差异强度才能引起人们的差别感觉。刚刚能引起差别感觉的刺激物间的最小差异量，叫差别阈限，又称最小可觉差；对这一最小差异量的感受能力，叫差别感受性。

22. D 【解析】运动后效是指注视向一个方向运动的物体之后，如果将注视点转向静止的物体，那么会看到静止的物体似乎朝相反的方向运动。

23. D 【解析】一种感觉兼有另一种感觉的心理现象叫联觉。

24. C 【解析】感觉是人脑对直接作用于感觉器官的客观事物的个别属性的反映。闻到苹果香味是嗅觉，看到苹果红色外观是视觉，触摸光滑果皮是触觉，这些都属于感觉，只有把这些特征综合起来，知道它是“苹果”才形成知觉。

25. B 【解析】同一感觉中的相互作用有：(1)感觉适应；(2)感觉对比；(3)感觉后效。

26. B 【解析】知觉是在感觉的基础上产生的，它是人脑对直接作用于感觉器官的客观事物的整体属性的反映。题干所述就是对苹果的知觉过程。

27. A 【解析】观察是人的一种有目的、有计划、持久的知觉活动，是知觉的高级形式。

28. A 【解析】皮肤觉主要包括触觉、压觉、温度觉和痛觉等感觉。

29. B 【解析】由于一个物体的运动使其相邻的静止的物体产生运动的印象叫诱导运动。未开动的火车是相对静止的，而旁边的火车是运动的，由于旁边火车的运动使得人们感觉自己乘坐的未开动的火车也在运动。这属于诱导运动。

30. D 【解析】晕轮效应是指当我们认为某人具有某种特征时，就会对他的其他特征做相似判断，也称光环效应。当一个人的外表充满魅力时，那么他(她)的其他同外表无关的特征，也会得到更好的评价。

31. B 【解析】知觉的选择性是指当面对众多的客体时，知觉系统会自动地将刺激分为对象和背景，并把知觉对象优先地从背景中区分出来。在此过程中，对象和背景的差别越大，越容易优先选择。相反，军事上的伪装、昆虫的保护色，使对象和背景差别变小，则不易被人发现。所以，士兵身穿迷彩服以达到隐蔽的效果主要是利用了知觉的选择性。

32. A 【解析】有心理学家证明，人的学习83%通过视觉，11%通过听觉，3.5%通过嗅觉，1.5%通过触觉，1%通过味觉。

二、辨析题

1. 某人从光线明亮的地方进入暗室，开始什么也看不见，但过一会儿慢慢就能看见一些物体了。这种变化是由学习导致的。

(1)这种说法是不正确的。(2)视觉的适应可分为暗适应和明适应。暗适应是指照明停止或由亮处转入暗处时视觉感受性提高的过程。学习是个体在特定情境下由于练习或反复经验而产生的行为或行为潜能的相对持久的变化。题干所述是暗适应的具体表现，是一种生理反应，而不是由学习导致的。

2. 错觉现象的存在正说明了人类无法客观地反映世界。

(1)这种说法是不正确的。(2)错觉是指在特定条件下对事物必然会产生的某种固有倾向的歪曲知觉，是对客观事物不正确的知觉，是知觉的一种特殊情况。错觉的出现并不能说明人不能准确地认识客观世界。

3. 面对耀眼的玻璃墙反光，小黄产生了不适的反应，此时他的视觉感受性提升了。

(1)这种说法是不正确的。(2)小黄面对耀眼的玻璃墙反光主要发生的是明适应，其感受性是降低的，感觉阈限升高。

三、简答题(参考答案)

1. 简述知觉的基本特征。

(1)知觉的选择性;(2)知觉的理解性;(3)知觉的整体性;(4)知觉的恒常性。

2. 简述感觉与知觉的关系。

(1)联系:①知觉和感觉一样,都是刺激物直接作用于感觉器官而产生的,都是我们对现实的感性反映形式;②感觉和知觉都是人类认识世界的初级形式,反映的都是事物的外部特征和外部联系。

(2)区别:①感觉反映的是事物的个别属性,知觉反映的是事物的整体属性;②感觉仅依赖于个别感觉器官的活动,而知觉依赖于多种感觉器官的联合活动;③感觉受感觉系统的生理因素影响,知觉不仅受感觉系统的生理因素影响,而且依赖于人的过去经验,受人的心理特点制约;④知觉与词联系在一起。可见,知觉比感觉更加复杂。

3. 简述提高直观教学效果的方法。

(1)根据学习任务的性质,灵活运用各种直观方式;(2)运用知觉的组织原则,突出直观对象的特点;(3)教会学生观察方法,养成良好的观察习惯;(4)让学生充分参与直观过程。

四、材料分析题(参考答案)

(1)材料中王老师这么做是为了突出形近字不同的地方,使学生能够迅速、清楚地感知到形近字的相同和不同的地方,这样容易引起学生的注意。

(2)王老师的做法体现了知觉的选择性。知觉的选择性是指当面对众多的客体时,知觉系统会自动地将刺激分为对象和背景,并把知觉对象优先地从背景中区分出来。知觉的选择性受主客观两方面因素的影响。①客观方面包括:对象和背景的差别性,也即差异律。扩大对象与背景的差距,可以增强感知部分的强度,提高感知效果。材料中王老师用红粉笔区分字的不同部分,使学生易于感知。同时,相对于同一种颜色的字,不同色的书写更容易引起学生优先去知觉形近字的差异,有利于学生学习形近字。②主观方面包括:学生知觉有无目的和任务、学生已有知识经验的丰富程度,都会对学生的学习效果有一定的影响。材料中王老师用白粉笔书写形近字相同的部分,用红粉笔书写形近字不同的部分,能够使学生在学习过程中有一定目的地去区分形近字,并与他们已经掌握的字进行比较,加深对形近字的识记,有利于提高教学效果。

专题二 注 意

一、单项选择题

1. A 【解析】注意有两个基本特征:注意的指向性和注意的集中性。

2. A 【解析】有意注意也称随意注意,是有预先目的、必要时需要意志努力、主动地对一定事物所发生的注意。

3. C 【解析】在感知同一事物时,注意很难长时间地保持固定不变。短时间内注意周期性地不随意跳跃现象称为注意的起伏(或注意的动摇),它是由人的感受性不能长时间地保持固定的状态,而是间歇性地加强和减弱造成的。注意的起伏周期一般为2、3秒至12秒,因此预备信号与起跑信号之间相隔2秒比较合适。

4. C 【解析】注意的稳定性,是指注意保持在某一对象或某一活动上的时间长短特性。持续时间愈长,注意就愈稳定。题干所述体现了小易的注意较稳定,小旺的注意不稳定。

5. C 【解析】注意的指向性和集中性是注意状态的两个方面。注意指向性是注意集中性的前提和基础,注意集中性则是注意指向性的体现和发展,二者紧密联系在一起。

6. C 【解析】注意的稳定性是指注意维持在某一对象或活动上的时间长短特性。

7. C 【解析】引起无意注意的客观条件包括:(1)刺激物的强度,如一道强光、一声巨响、一种浓烈的气味,都会不由自主地引起人们的注意。(2)刺激物之间显著的对比关系,如万绿丛中一点红。(3)刺激物的活动和变化,如活动变化的霓虹灯、演讲者抑扬顿挫的声调。(4)刺激物的新异性,如画廊中新张贴的广告等。教师在制作教学课件时,应注意字体颜色的搭配,这是因为色彩之间显著的对比关系更易引起人的无意注意。

8. B 【解析】无意注意也称不随意注意,是没有预定目的、无需意志努力、不由自主地对一定事物所发生的注意。

9. D 【解析】注意的分散是指注意离开了当前应当完成的任务而被无关的事物所吸引。儿童在教室中被室外的喧哗声吸引属于注意的分散。

10. D 【解析】有意后注意也称随意后注意,是指有自觉目的,但不需要意志努力的注意。它是在有意注意的基础上,经过学习、训练或培养个人对事物的直接兴趣达到的。题干中学生开始凭借兴趣自然地将注意力集中到学习上就是有意后注意。

11. C 【解析】刺激物的新异性是引起无意注意的客观条件之一,新异的刺激比熟知的刺激更易引起无意注意。教师穿的新裙子对学生来说是不熟悉的、新异的,因而容易引起学生的注意。

12. A 【解析】有意注意是有预先目的、必要时需要意志努力、主动地对一定事物所发生的注意。儿童早期学习汉字时,对汉字字形、结构、正误的注意是有目的的,需要意志努力的,因此属于有意注意。

13. A 【解析】注意的转移是根据新的任务,主动地把注意从一个对象转移到另一个对象或由一种活动转移到另一种活动的现象。万事开头难,是因为没有进行注意的转移。

14. A 【解析】注意的集中性是指心理活动停留在被选择的对象上的强度或紧张度,它使心理活动离开一切无关的事物,并且抑制多余的活动,以保证注意的对象能得到比较鲜明和清晰的反映。人在注意力高度集中时,除了对目标物之外,对自己周围的其他事物就会"视而不见、听而不闻"了。

二、辨析题

注意转移即注意分散。

(1)这种说法是不正确的。(2)注意的转移是根据新的任务,主动地把注意从一个对象转移到另一个对象或由一种活动转移到另一种活动的现象。注意的分散是指注意离开了当前应当完成的任务而被无关的事物所吸引。注意的转移和注意的分散是不同的,虽然都是注意对象的变换。注意的转移是在实际需要时,有目的地把注意转向新的对象,使一种活动合理地被另一种活动所代替。注意的分散是在需要注意稳定时,受无关刺激干扰,或由单调刺激所引起,使注意离开需要注意的对象。

三、简答题(参考答案)

1. 简述引起无意注意的条件。

(1)客观条件,即刺激物本身的特点:①刺激物的强度;②刺激物之间显著的对比关系;③刺激物的活动和变化;④刺激物的新异性。

(2)主观条件,即人本身的状态:①当时的需要;②当时的特殊情绪状态;③当时的直接兴趣;④个体的知识经验等。

2. 简述影响注意分配的条件。

(1)在同时进行的两种活动中,必须有一种活动是已经熟练的;(2)同时进行的几种活动都已熟练;(3)几种不同的活动已成为一套统一的组织。

3. 什么是有意注意?怎样运用有意注意的规律组织教学?

有意注意也称随意注意,是有预先目的、必要时需要意志努力、主动地对一定事物所发生的注意。运用有意注意的规律组织教学的措施有:(1)明确学习的目的和任务;(2)培养间接兴趣;(3)合理组织课堂教学,防止学生分心;(4)运用多种教学手段。

4. 简述维持有意注意的条件。

(1)加深对目的任务的理解;(2)合理组织活动;(3)利用学生对兴趣的依从性,培养间接兴趣;(4)排除内外因素的干扰。

四、论述题(参考答案)

1. 如何运用注意规律提高小学生的课堂注意力?

(1)运用注意规律组织教学。①根据注意的外部表现了解学生的听课状态;②运用无意注意的规律组织教学;③运用有意注意的规律组织教学;④运用两种注意相互转换的规律组织教学。

(2)在教学过程中培养学生良好的注意品质。①要增强注意的稳定性,就要防止注意的分散;②要扩大注意的广度,需要学生积累本学科相当的知识经验和一定的素养;③注意的分配在教学中有实践意义,要训练学生的注意分配能力;④注意的转移同人的先天的神经活动类型有关,但也可以通过对外在因素的控制和后天训练加以改善和提高。

(考生可结合教学实际进行阐述,言之有理即可)

2. 试述注意的稳定性及其影响因素。

(1)注意的稳定性是指注意保持在某一对象或某一活动上的时间长短特性。持续时间愈长,注意就愈稳定。

(2)影响注意稳定性的因素有:①注意对象的特点。维持时间的长短取决于事物的复杂和变化程度,简单而无变化的对象,注意集中的时间就很短。②有无坚定的目的。注意的集中和稳定主要取决于人们有无坚定的目的。当人们为达到一定目的而把注意集中于某一对象时,可以保持相当的稳定性。③个人的主观状态。一个意志坚强、善于控制自己又能同各种干扰做斗争的人,注意就比较稳定;一个身体健康、精力充沛、心情愉快的人,注意就较能持久。

3. 试述影响注意转移的条件。

(1)原有注意的紧张度。原有注意的紧张度越小,转移就越容易、迅速;反之,就越困难、缓慢。(2)新的注意对象的特点。新的注意对象越符合人的需要和兴趣,注意转移就越容易、迅速;反之,就越困难、缓慢。(3)大脑皮层神经兴奋过程和抑制过程相互转换的灵活性。灵活性强的人,注意转移比较容易;灵活性差的人,注意转移较难。(4)各项活动的目的性或第二信号系统的调节作用。目的性不明确，语言的调节能力太弱，既不能很快地抑制那些不该兴奋的区域，也不能很快地解除大脑皮层上应该解除的抑制，这样就使注意的转移表现得不灵活。

注意转移的速度和质量取决于前后两种活动的性质和个体对这两种活动的态度，同时也受个性特点的影响。

五、材料分析题（参考答案）

(1)①创造良好的教学环境。为了使学生在学习过程中不受外部无关刺激的干扰，应该创造一个安静、整洁的教学环境。②注重讲演、板书技巧和教具的使用。在讲课过程中，教师应该音量适中，语音、语调做到抑扬顿挫，遇到重点、难点还要加强语气，伴以适当的手势和表情。另外，可以配合使用板书和教具。③注重教学内容的组织和教学形式的多样化。

(2)分析材料可知：①林老师穿着漂亮的新衣服，用彩色粉笔装饰黑板边缘，这样做会分散学生对学习内容的注意力，而更多地注意这些与学习无关的内容。②先宣布期中考试成绩会让学生接下来思考考试的结果而不是老师上课的内容，也不利于学生将注意力集中在学习上。③在正式讲课过程中，林老师语言平静，这容易使学生产生疲劳。④立即点名批评，制止不良行为的做法会分散学生的注意力，对课堂教学的连贯性有消极影响。

专题三　记　忆

一、单项选择题

1. A 【解析】陈述性记忆是指对有关事实和事件的记忆。
2. D 【解析】压抑（动机）说认为，遗忘是由于情绪或动机的压抑作用引起的，如果压抑被解除，记忆就能恢复。由于情绪紧张而引起的遗忘（考试时经常发生）就属于这种类型。
3. D 【解析】对于大多数学习而言，分散复习的效果优于集中复习，因为分散复习可以降低疲劳感，可以减少前摄抑制和倒摄抑制的影响。故D项说法不正确。
4. B 【解析】短时记忆又称工作记忆，是指人脑中的信息在1分钟之内加工与编码的记忆。短时记忆信息保持的时间很短。在无复述的情况下一般只有5～20秒，最长也不超过1分钟。根据题干中“不久就忘得一干二净”的描述，可以排除C、D两项。又因为这是在英语学习中应用的记忆，故属于一种工作记忆，可以排除A项。因此，答案选B项。
5. A 【解析】遗忘发展的规律表明，识记后遗忘很快就会发生。因此，对于新学习的材料，为了防止遗忘，必须“趁热打铁”，及时进行复习。题干所述说明了及时复习的重要性。
6. C 【解析】过度学习是指学习达到恰能背诵之后再继续学习。实验证明：过度学习达到50%，即学习的熟练程度达到150%时，学习的效果最好。
7. B 【解析】难度小的材料适合集中复习，更有助于对知识系统地掌握；难度大的材料适合分散复习，更有助于加深对知识的理解，有助于知识的消化。
8. C 【解析】记忆是人脑对过去经验的保持和再现。它是比感知觉更为复杂的心理现象。人脑感知过的事物、思考过的问题和理论、体验过的情绪和情感、练习过的动作等，都可以成为记忆的内容。记忆是人的心理过程在时间上的持续。
9. A 【解析】实验表明，精细复述而不是机械复述，是短时记忆保持的重要条件。
10. C 【解析】情绪记忆是个体以曾经体验过的情绪或情感为内容的记忆。
11. B 【解析】机械识记是根据材料的外在联系，采取多次重复的方式所进行的识记，即平时所说的“死记硬背”。
12. C 【解析】语义记忆又称语词逻辑记忆，是个体对以各种有组织的知识为内容的记忆，语义记忆是以语词所概括的事物的关系以及事物本身的意义和性质为内容的记忆。例如，概念、定理、公式和规则等。
13. C 【解析】前摄抑制是先学习的材料对识记和回忆后学习材料的干扰作用。后学习的材料对保持和回忆先学习的材料的干扰作用，称为倒摄抑制。早上和晚上的记忆效果优于白天是由于早上只受倒摄抑制的干扰，晚上只受前摄抑制的干扰，而白天既受前摄抑制的干扰又受倒摄抑制的干扰，即早上和晚上所受到的干扰都是单一抑制，而白天所受到的干扰是双重抑制。
14. B 【解析】奥苏伯尔提出遗忘的同化说，他认为，遗忘是知识的组织和认知结构简化的过程。
15. B 【解析】形象记忆是以我们感知过的事物形象为内容的记忆。这种记忆在头脑中保留的是事物具体的形象，它以表象的形式在头脑中储存过去的经验。
16. D 【解析】短时记忆的容量是5～9个组块。
17. B 【解析】程序性记忆是指对如何做事情的记忆，包括对知觉技能、认知技能和运动技能的记忆。对如何骑自行车的记忆属于程序记忆。
18. D 【解析】回忆是过去经历过的事物不在面前，

人们在头脑中把它重新呈现出来的过程。题干描述属于回忆。

19. C 【解析】长时记忆的容量无限，信息保持时间长久。

20. D 【解析】艾宾浩斯以无意义音节为材料，采用节省法(又称重学法)对遗忘进行实验研究，依据保持效果，提出了著名的“遗忘曲线”。

21. A 【解析】感觉记忆的特点是容量大，保持时间很短；短时记忆的容量是有限的(一般是7±2，即5～9个项目)，保持时间短；相对而言，长时记忆的容量无限、信息保持时间长久。所以，A项说法错误，B项说法正确。感觉记忆和长时记忆中的信息是我们意识不到的，这两种记忆中的信息只有被传送到短时记忆中才能被执行、控制和加工，短时记忆是唯一对信息进行有意识加工的记忆阶段。所以，C项说法正确。瞬时记忆的编码方式有图像记忆和声像记忆两种；短时记忆的编码方式有听觉编码和视觉编码两种，也存在语义编码，主要是听觉编码。所以，D项说法正确。因此，答案选A项。

22. D 【解析】明明知道某件事，但就是不能回忆出来的现象称为“舌尖现象”或“话到嘴边现象”。“舌尖现象”可以用提取失败说来解释。

23. B 【解析】短时记忆的编码方式有听觉编码和视觉编码两种，主要是听觉编码。语义编码是长时记忆最主要的编码形式。

24. C 【解析】压抑说认为，遗忘是由于情绪或动机的压抑作用引起的，如果压抑被解除，记忆就能恢复。由于情绪紧张而引起的遗忘(考试时常常发生)就属于这种类型。

25. C 【解析】题干中造成知识遗忘的原因为前摄抑制和倒摄抑制的作用，而干扰说可用前摄抑制和倒摄抑制来说明。因此，答案选C项。

26. C 【解析】A项，形象记忆是以我们感知过的事物形象为内容的记忆。B项，语义记忆又称语词逻辑记忆，是以语词所概括的事物的关系以及事物本身的意义和性质为内容的记忆。C项，情绪记忆是个体以曾经体验过的情绪或情感为内容的记忆。D项，动作记忆是以做过的运动或动作为内容的记忆，又称运动记忆。“良言一句三冬暖，恶语伤人六月寒”的意思是关心的话说一句，即使在三九寒冬都会觉得温暖；伤人的话说出来，即使在三伏天里也会觉得心寒。这体现了情绪情感的内容，因此属于情绪记忆。

27. C 【解析】所谓及时复习就是在初期大量遗忘开始之前就进行复习。

28. D 【解析】长时记忆的编码形式有表象编码和语义编码两种，其中语义编码是最主要的编码形式。

29. A 【解析】在教学中，难度适中而新颖的题材、令人产生兴趣的东西、生动形象的事件等，都不需要付出太大的意志努力就容易被人记住。所以，教师要讲究教学艺术，调动学生的无意识记。

30. D 【解析】系列位置效应就是指接近开头和末尾的记忆材料的记忆效果好于中间部分的记忆效果的趋势。题干所述表明遗忘受材料的系列位置影响。

31. B 【解析】过度学习是指学习达到恰能背诵之后再继续学习。

32. C 【解析】记忆过程包括识记、保持、再现(包括再认和回忆)三个环节。从信息加工的角度来看，记忆过程是对输入信息的编码、储存和提取的过程。

33. D 【解析】记忆的准备性是记忆的提取和应用特征，它使人能及时、迅速、灵活地从记忆信息的储存库中提取所需要的知识经验，以解决当前的实际问题。

34. C 【解析】定势(即心向)是指重复先前的操作所引起的一种心理准备状态。在定势的影响下，人们会以某种习惯的方式对刺激情境做出反应。定势对解决问题有积极作用，也有消极作用。题干中学生记忆前面无意义音节的过程加快了对后面音节的记忆，由此可知这是心向与定势的积极影响。

二、判断题

1. × 【解析】痕迹衰退说是一种对遗忘原因的最古老的解释。按照这种理论，遗忘是由记忆痕迹衰退引起的，衰退随时间的推移自动发生。它起源于亚里士多德，由桑代克和巴甫洛夫学派进一步发展。

2. √ 【解析】遗忘是与保持相反的心理过程，是指对识记过的材料不能回忆或再认，或者表现为错误的回忆或再认。

3. × 【解析】机械识记也存在一定的必要性，可能进行机械识记的情况有两种：一是识记者面对的本身就是没有意义或者没有内在联系的材料，这种识记具有被动性，但对学生而言也是必要的，因为它能够防止对记忆材料的歪曲。二是面对的材料虽然有可能有意义，而识记者对其缺乏应有的理解，只能先机械识记，随着知识经验的积累再逐步加以理解。

4. × 【解析】小学低年级学生经常采用机械记忆的

方法学习，但意义记忆的效果好于机械记忆。

5. × 【解析】无意识记是指事先没有预定目的，也不需要运用任何有助于识记的方法和意志努力，自然而然地识记。"潜移默化"地接受往往是通过无意识记。

三、辨析题

1. 采用反复阅读与试图回忆相结合的方式比采用单纯的反复阅读的复习效果好。

(1)这种说法是正确的。(2)反复阅读与尝试回忆相结合的方法，能使学习者及时了解到识记的成绩，从而提高学习的兴趣，激起进一步学习的动机。同时，在每次回忆后，学习者可以及时检查记忆效果，在重新阅读时就会有针对性地集中精力攻克难点，纠正错误，不至于平均用力。

2. 长期过度学习容易造成疲劳，所以应该适当使用过度学习的方法。

(1)这种说法是正确的。(2)过度学习是指学习达到恰能背诵之后再继续学习。实验证明：过度学习达到50%，即学习的熟练程度达到150%时，学习的效果最好；超过150%时，效果并不递增，很可能引起厌倦、疲劳而成为无效劳动。

3. 人们觉得早上睡醒后背单词记得更好，是因为新的一天刚开始，没有前摄抑制的干扰。

(1)这种说法是正确的。(2)前摄抑制是指先学习的材料对识记和回忆后学习材料的干扰作用，早上睡醒后背单词没有前摄抑制的干扰，因此记忆的效果更好。

4. 外显记忆是受意识控制的记忆。

(1)这种说法是正确的。(2)外显记忆是指个体有意识地或主动地收集某些经验用以完成当前任务时表现出来的记忆。它对行为的影响是个体能够意识到的，因此又称受意识控制的记忆。

5. 长时记忆的保持量只会减少，不会增加。

(1)这种说法是不正确的。(2)保持在数量上的变化，一般表现为识记的内容随着时间的进程呈减少的趋势，甚至遗忘。保持在数量上的变化还表现为记忆恢复。记忆恢复(记忆回涨)是指识记某种材料，经过一段时间后测得的保持量大于识记后即时测得的保持量。

6. 遗忘总是不利于学习的。

(1)这种说法是不正确的。(2)遗忘是与保持相反的心理过程，是指对识记过的材料不能回忆或再认，或者表现为错误的回忆或再认。奥苏伯尔的同化说认为遗忘是知识的组织和认知结构简化的过程。当人们学到了更高级的概念与规律之后，就可以以此来代替低级的观念，使低级观念简化，从而减轻记忆负担。这是一种积极的遗忘。故遗忘并非总是不利于学习的。

7. 前摄抑制和倒摄抑制均体现了遗忘的干扰说。

(1)这种说法是正确的。(2)前摄抑制是先学习的材料对识记和回忆后学习材料的干扰作用；后学习的材料对保持和回忆先学习材料的干扰作用，称为倒摄抑制。干扰说认为，遗忘是因为在学习和回忆之间受到其他刺激的干扰。一旦干扰被排除，记忆就能恢复，而记忆痕迹并未消退。干扰说可用前摄抑制和倒摄抑制来说明。

8. 一般来说分散复习的效果优于集中复习。

(1)这种说法是正确的。(2)相对于大多数学习而言，分散复习的效果优于集中复习，因为分散复习可以降低疲劳感，可以减少前摄抑制和倒摄抑制的影响。

四、简答题(参考答案)

1. 简述记忆的品质。

(1)记忆的敏捷性；(2)记忆的持久性；(3)记忆的准确性；(4)记忆的准备性。

2. 影响遗忘进程的因素有哪些？

影响遗忘进程的因素有：(1)学习材料的性质；(2)系列位置效应；(3)识记材料的数量和学习程度；(4)记忆任务的长久性与重要性；(5)识记的方法；(6)时间因素；(7)情绪和动机。

3. 简述影响识记效果的因素。

(1)识记的目的与任务；(2)识记的态度和情绪状态；(3)活动任务的性质；(4)材料的数量和性质；(5)识记的方法。

五、论述题(参考答案)

1. 结合教育实际，说明如何引导学生进行有效的复习。

有效组织复习的方法有：

(1)复习时机要得当。①及时复习；②合理分配复习时间；③间隔复习；④循环复习。

(2)复习方法要合理。①分散复习与集中复习相结合；②复习方法多样化；③运用多种感官参与复习；④尝试回忆与反复识记相结合。

(3)复习次数要适宜，要掌握复习的量。

(4)重视对记忆品质的培养。

(5)注意用脑卫生。

2. 试述提高记忆效果的方法。

(1)明确记忆目的，增强学习的主动性；(2)理解学习材料的意义；(3)对材料进行精细加工，促进对知识的理解；(4)运用组块化学习策略，合理组织学习材料;(5)运用多重信息编码方式,提高信息加工处理的质量;(6)有效运用记忆术;(7)适当过度学习;(8)重视复习方法,防止知识遗忘。

六、材料分析题(参考答案)

(1)该材料反映了记忆过程的特点,根据艾宾浩斯提出的著名的"遗忘曲线"可知,遗忘是有规律的,即遗忘的进程是不均衡的,其趋势是先快后慢、先多后少,呈负加速,且到一定的程度就不再遗忘了。

(2)该材料说明了正确运用复习策略,可以提高对知识掌握的速度和延长记忆的保持时间。丰子恺充分运用了心理学中的复习策略,如及时复习、合理分配复习时间、间隔复习等,减少了遗忘的发生,使所学知识得到及时的巩固。

专题四　言语与思维

一、单项选择题

1. A 【解析】聚合思维,也叫求同思维、集中思维、辐合思维、会聚思维,是指人们解决问题时,思路集中到一个方向,从而形成唯一的、确定的答案。

2. B 【解析】分析思维是遵循严密的逻辑程序和规律,逐步推导,然后得出合乎逻辑的正确答案或做出合理结论的思维。分析思维是以概念、判断、推理的形式来反映客观世界的思维。

3. D 【解析】言语理解可以分为三级水平:第一级水平是词汇理解或词汇识别;第二级水平是句子的理解;第三级水平是课文或话语的理解。

4. C 【解析】思维是人脑对客观事物的本质属性与内在联系的概括的、间接的反映。

5. A 【解析】独白言语是个人独自进行的,与叙述思想、情感相联系的,较长而连贯的言语。它表现为报告、讲演等。

6. D 【解析】具体化是指人脑把经过抽象概括后的一般特征和规律推广到同类的具体事物中去的过程。

7. D 【解析】系统化是指人脑把具有相同本质特征的事物归纳到一定类别系统中去的思维过程。把整数、分数归为有理数的过程属于系统化。

8. D 【解析】思维的深刻性是指能深入地思考问题,善于透过事物的表面现象,抓住事物的实质,揭露事物之间的内在联系。

9. C 【解析】内部言语是一种自问自答或不出声的言语活动。C项属于内部言语,不属于对话言语。

10. A 【解析】语言是一种符号系统,是一种社会现象,是语言学研究的对象;言语是借助语言传递信息的活动过程,是心理现象,是心理学研究的对象。

11. A 【解析】直观动作思维是以实际动作为支柱的思维过程。思维活动往往是在实际操作中,借助触摸、摆弄物体而产生和进行的。成人也有动作思维,是在经验的基础上,第二信号系统的调节下实现的。例如,技术工人在对一台机器进行维修时,一边检查一边思考故障的原因,直至发现问题排除故障为止,这一过程中动作思维占据主要地位。

12. A 【解析】思维的逻辑性和严谨性是指考虑和解决问题时思路鲜明,条理清楚,严格遵循逻辑规律。思维的逻辑性和严谨性是思维品质的中心环节,是所有思维品质的集中体现。

13. C 【解析】题干描述的是理解问题(明确问题)的概念。

14. C 【解析】提出假设就是提出解决问题的可能途径与方案,选择恰当的解决问题的操作步骤,是解决问题的关键阶段。

15. B 【解析】思维的基本形式包括概念、推理和判断,其中,概念是思维的最基本单位。

16. C 【解析】肯定、积极的情绪状态有利于问题的解决,而否定、消极的情绪状态则会阻碍问题的解决。

17. A 【解析】抽象是在人脑中提炼各种事物或现象的共同的、本质的特征,舍弃其个别的、非本质的特征的过程。

18. B 【解析】思维的间接性,是指思维能对感官所不能直接把握的或不在眼前的事物,借助于某些媒介物与头脑加工来进行反映。通过地面潮湿推断夜里下雨体现的是思维的间接性。

19. A 【解析】直觉思维是未经逐步分析就迅速对问题的答案做出合理的猜测、设想或突然领悟的思维。灵感现象就是直觉思维的结果。

20. D 【解析】思维的逻辑性是指考虑和解决问题时思路鲜明,条理清楚,严格遵循逻辑规律。

21. B 【解析】从个体思维发展的经历来看,儿童总是先发展直观动作思维和具体形象思维,在此基础上才能逐步发展抽象逻辑思维。

22. A 【解析】直觉思维,是指对一个问题未经逐步分析,仅依据内因的感知迅速地对问题答案做出判断、猜想、设想,或者在对疑难百思不得其解时,突然对问题有"灵感"和"顿悟",甚至对未来事物的结果有"预感""预言"等。

23. D 【解析】思维的批判性是指既善于批判地评价他人的思想与成果,也善于批判地对待自己的思想与成果。题干的描述体现了思维的批判性。

24. A 【解析】发现问题是问题解决的首要环节。能否发现问题，与个体的活动积极性、已有知识经验等有关。

25. D 【解析】演绎推理是从一般到特殊或具体的推理过程。例如，所有的哺乳类动物都是胎生的，虎是哺乳类动物，因此得出的结论是：虎也是胎生的。

26. D 【解析】原型启发是指从其他事物上发现解决问题的途径和方法。

27. D 【解析】思维的深刻性是指能深入地思考问题，善于透过事物的表面现象，抓住事物的实质，揭露事物之间的内在联系。

28. C 【解析】分析是指在头脑中把事物或对象分解成各个部分或各个属性。综合是在头脑中把事物或对象的个别部分或属性联合为一体。考查两个以上知识点交叉的题目需要学生分析与综合的思维能力，所以题干中学生思维中分析与综合的过程需要强化。

29. B 【解析】经验思维是以日常经验为依据，判断生产、生活中的问题的思维。"太阳从东边升起，往西边落下"这是人们通过自己的日常经验进行的判断，属于经验思维。

30. D 【解析】人们把某种功能赋予某物体的倾向称为功能固着。在功能固着的影响下，人们不易摆脱事物用途的固有观念，从而直接影响问题解决的灵活性。小李认为一定要用螺丝刀才能拧螺丝，而想不到利用其他工具，这体现了功能固着对问题解决的影响。

31. B 【解析】思维的一般过程包括分析与综合、比较与分类、抽象与概括、系统化与具体化。其中，分析与综合是思维的基本过程，其他过程都是由此派生出来的。

32. D 【解析】书面言语是言语发展的高级阶段。

33. B 【解析】具体形象思维是以直观形象和表象为支柱的思维过程，在人脑中对各种道路的表象进行思维的过程是具体形象思维过程。

二、填空题

1. 灵感

2. 间接

三、辨析题

思维定势会阻碍问题的解决。

(1)这种说法是不正确的。(2)定势(即心向)是指重复先前的操作所引起的一种心理准备状态。在定势的影响下，人们会以某种习惯的方式对刺激情境做出反应。定势对解决问题有积极作用，也有消极作用。

四、简答题(参考答案)

1. 简述思维的一般过程。

思维的一般过程包括：(1)分析与综合；(2)比较与分类；(3)抽象与概括；(4)系统化与具体化。其中，分析与综合是思维的基本过程，其他过程都是由此派生出来的。

2. 影响问题解决的因素有哪些？

(1)问题情境；(2)定势与功能固着；(3)原型启发；(4)已有知识经验；(5)情绪与动机。此外，个体的认知结构、个性特征以及问题的特点等也会影响问题解决。

五、论述题(参考答案)

1. 试述如何培养学生的思维能力。

(1)激发求知欲，增强思维的自觉性；(2)创建问题情境，培养学生提出问题的能力；(3)发挥学生学习的主动性，培养独立思考的习惯；(4)提高学生的言语表达水平。

2. 简述思维的认知加工方式，并请谈谈如何在课堂上加强学生的思维？

思维的认知加工方式有：(1)分析与综合；(2)比较与分类；(3)抽象与概括；(4)系统化与具体化。

在课堂上加强学生思维的方法有：(1)让学生分析研究学习的材料；(2)进行抽象概括，得出结论，概括大意；(3)应用得出的结论解决实际问题；(4)总结归纳所学的知识，使之系统化。

六、材料分析题(参考答案)

(1)①思维的深刻性是指能深入地思考问题，善于透过事物的表面现象，抓住事物的实质，揭露事物之间的内在联系。小叶能透过现象看本质，体现了其思维的深刻性。②思维的独立性(独创性)是指既能不受他人暗示，不人云亦云，不盲从别人的见解，不依赖现成的方法和结论，又能不武断、不一意孤行、不固执己见、不唯我是从，充分地发挥个人的主观能动性，独立地发现、思考、处理和解决问题。小叶对待问题能触类旁通，有独立见解，体现了其思维的独立性(独创性)。③思维的灵活性表现为能从不同角度、运用不同方法思考问题；在条件发生变化时，能随机应变，及时地改变原有计划、方案，寻找新的解决问题的途径。小叶在数学课上，当问题与条件发生变化时，他总能打破常规，想出新办法，体现了其思维的灵活性。④思维的敏捷性是指思维活动迅速正确，能当机立断。小叶解决问题当机立断，毫不犹豫，体现了其思维的敏捷性。

(2)教师在教育教学过程中培养学生良好的思维品质可以从以下几个方面着手:①加强科学思维方法的训练;②运用启发式方法调动学生思维的积极性、主动性;③加强言语交流训练;④发挥定势的积极作用;⑤培养学生解决实际问题的思维品质。社会实践活动是思维发展的源泉,实践不仅为思维活动提出了新问题,还为学生提供了丰富的感性材料和经验,也提供了检验思维正确性的标准。实践有助于学生的理论思维、操作思维及创造性思维品质的发展。梁老师安排在班上开展课前讲故事活动,提高学生的言语表达能力和对数学题意的理解力;在课堂教学中,梁老师设置问题情境,激励学生独立发现问题、提出问题,鼓励学生运用已有知识经验去思考如何解决问题,调动了学生的积极性,培养了学生解决实际问题的能力。

专题五 想象与创造性思维

一、单项选择题

1. B 【解析】无意想象又称不随意想象,是没有预定目的,不由自主产生的想象。

2. B 【解析】幻想是有意想象的一种特殊形式,是一种与生活愿望相结合并指向于未来的想象。

3. C 【解析】形态扩散即以事物的形态(如颜色、味道、形状等)为扩散点,设想出利用某种形态的各种可能性。

4. B 【解析】在创造性思维的验证阶段,创造者要把头脑中产生的新假设或新观点通过实践加以检验。验证可以对新假设加以确定、修正、补充或完善。

5. D 【解析】使用头脑风暴法时应遵循四条基本原则:(1)让参与者畅所欲言,对提出的所有方案禁止批评,延迟评价;(2)鼓励标新立异、与众不同的观点,提倡自由奔放的思考,充分发表自己的看法;(3)以获得方案的数量而非质量为目的,即鼓励多种想法,多多益善;(4)鼓励提出改进意见或补充意见,提倡对他人的设想进行组合和重建以求改善。

6. A 【解析】表象是认识过程的重要环节,是感性认识过渡到理性认识的桥梁。

7. D 【解析】再造想象是依据词语或符号的描述、示意在头脑中形成与之相应的新形象的过程。创造想象是按照一定目的、任务,使用自己以往积累的表象,在头脑中独立地创造出新形象的过程。人在阅读作品时,头脑中出现的有关人物的形象属于再造想象;作家在作品中创造的人物形象属于创造想象。

8. C 【解析】创造性思维是指用独特新颖的方法解决问题的思维过程。它是人类思维的高级形态,是智力的高级表现。

9. A 【解析】创造性思维以发散思维为核心。

10. D 【解析】自我设计训练课即教师为学生提供必要的材料与工具,让学生利用这些材料,实际动手去制作某种物品。

11. D 【解析】再造想象是依据词语或符号的描述、示意在头脑中形成与之相应的新形象的过程。通过看《哈利·波特》系列书籍想到魔法学院的场景,就是再造想象的过程。

12. B 【解析】记忆表象是在记忆中保持的客观事物的形象,如想起朋友的音容笑貌。

13. D 【解析】头脑风暴法通常以集体讨论的方式进行,鼓励参加者尽可能快地提出各种各样异想天开的设想或观点,相互启迪,激发灵感,从而引发创造性思维的连锁反应,形成解决问题的新思路。

14. C 【解析】心理学家通过"心理旋转实验"证明了表象的可操作性。

二、辨析题

"幻想是一种不切实际、不能实现的想象,不宜提倡。"这种说法是否正确?结合想象的知识说明理由。

(1)这种说法是不正确的。(2)幻想是一种与生活愿望相结合并指向于未来的想象。它可分为科学幻想、理想、空想三种形式。科学幻想是科学预见的一种形式,是创造想象的准备阶段和发展的推动力,是具有进步意义和实现可能的积极幻想。理想是符合事物发展规律、有实现可能的积极幻想。空想是与客观现实相违背的消极幻想,根本不可能实现。因此,科学幻想和理想是我们所要提倡的幻想,而空想是不可取的。所以题干中的说法是不正确的。

三、简答题(参考答案)

1. 简述学生创造性活动能力的培养措施。

(1)在教学中创设适宜的条件,激发创造需要;(2)积极开展创造性活动;(3)鼓励学生的独创行为;(4)培养创造性个性。

2. 简述表象的特征。

(1)直观性;(2)概括性;(3)易变性;(4)可操作性。

3. 简述表象的作用。

(1)表象对知觉的作用。表象在知觉中的作用,表现为选择性的促进和干扰两个方面。

(2)表象对思维的作用。表象为思维提供了素材,是思维的基础。表象还是认识过程的重要环节,是感性认识过渡到理性认识的桥梁。

(3)表象对记忆的作用。表象有助于提高学习和记忆的效率。

(4)表象对问题解决的作用。人们在解决问题时经常要用到表象,许多人都有这样的经验。表象对推理也有促进作用。

4. 再造想象与创造想象有什么相同点与不同点?

相同点:再造想象与创造想象都属于有意想象。

不同点:再造想象与创造想象的概念不同,产生的条件不同,创造程度不同。

(1)再造想象是依据词语或符号的描述、示意在头脑中形成与之相应的新形象的过程。创造想象是按照一定目的、任务,使用自己以往积累的表象,在头脑中独立地创造出新形象的过程。它是一切创造性活动的重要组成部分。

(2)再造想象的产生条件:①必须具有丰富的表象储备;②为再造想象提供的词语及实物标志要准确、鲜明、生动;③正确理解词语与实物标志的意义。创造想象的产生条件:①强烈的创造愿望;②丰富的表象储备;③积累必要的知识经验;④原型启发;⑤积极的思维活动;⑥灵感的作用。

5. 简述创造想象产生的条件。

(1)强烈的创造愿望;(2)丰富的表象储备;(3)积累必要的知识经验;(4)原型启发;(5)积极的思维活动;(6)灵感的作用。此外,创造性思维能力、高水平的表象改造能力、丰富的情绪生活、正确的理想和世界观也是创造想象产生的条件。

四、论述题(参考答案)

如何培养学生的创造性思维能力?

(1)运用启发式教学,保护学生的好奇心,激发学生的求知欲,培养创造性动机,调动学生学习的积极性和主动性;(2)培养学生的发散思维,并将发散思维和集中思维相结合;(3)发展学生的创造性想象能力;(4)组织创造性活动,正确评价学生的创造力;(5)开设具体的创造性课程,教授学生创造性思维策略和创造技法;(6)结合各学科特点进行创造性思维训练。

五、材料分析题(参考答案)

(1)①幻想是有意想象的一种特殊形式,是一种与生活愿望相结合并指向于未来的想象。②创造想象是按照一定目的、任务,使用自己以往积累的表象,在头脑中独立地创造出新形象的过程。

(2)在教学中培养学生的创造想象要做到:①要引导学生学会观察,丰富学生的表象储备;②引导学生积极思考,有利于打开想象力的大门;③引导学生努力学习科学文化知识,扩大学生的知识经验以发展学生的空间想象能力;④注意发展学生的语言能力;⑤结合学科教学,有目的地训练学生的想象力;⑥引导学生进行积极的幻想。

真题必刷

一、单项选择题

1. B 【解析】知觉的选择性是指当面对众多的客体时,知觉系统会自动地将刺激分为对象和背景,并把知觉对象优先地从背景中区分出来。看书时用红笔画出重点,人为地加大对象与背景的区别,以便更好地注意重点部分,这利用的是知觉的选择性。C项知觉的理解性是指人以知识经验为基础对感知的事物加工处理,并用语词加以概括赋予说明的加工过程。A项知觉的整体性是指人根据自己的知识经验把直接作用于感官的客观事物的多种属性整合为统一整体的过程。D项知觉的恒常性是指客观事物本身不变,但知觉条件在一定范围内发生变化时,人的知觉映像仍相对不变。

方法技巧:知觉的特征是常考点,也是易混点。考生需把握各自的关键词:选择性——对象和背景的区分;理解性——知识经验的作用;整体性——也强调知识经验的作用,但是会突出部分与整体;恒常性——不变性。

2. C 【解析】知觉的恒常性是指客观事物本身不变,但知觉条件在一定范围内发生变化时,人的知觉映像仍相对不变。不管是关闭的门还是敞开的门,我们看上去都是长方形,即知觉映像不变,体现的就是知觉的恒常性。

3. A 【解析】注意的稳定性,是指注意保持在某一对象或某一活动上的时间长短特性。题干所述学生的注意始终保持在听教师讲课这一活动上,因此学生的注意状态是稳定的。

易错提示:注意的稳定性有广义和狭义之分,广义的注意稳定性并不意味着注意总是指向同一对象,而是指当注意的对象和行动有所变化,注意的总方向和总任务不变。简单来说,广义的注意稳定性对应同一活动,狭义的注意稳定性对应同一对象。

4. A 【解析】艾宾浩斯遗忘曲线表明,遗忘是有规律的,即遗忘的进程是不均衡的,其趋势是先快后慢、先多后少,呈负加速,且到一定的程度就不再遗忘。

5. C 【解析】人们把某种功能赋予某物体的倾向称为功能固着。在功能固着的影响下,人们不易摆脱事物用途的固有观念,从而直接影响问题解决的灵活性。把火柴盒的用途固定在装火柴而想不到其他用途,体现的是功能固着。

6. C 【解析】思维的特点主要有间接性和概括性。(1)思维的间接性,是指思维能对感官所不能直接把握的或不在眼前的事物,借助于某些媒介物与头脑加工来进行反映。(2)思维的概括性包含两层意思:①把同一类事物的共同特征和本质特征抽取出来加以概括。②将多次感知到的事物之间的联系和关系加以概括,得出有关事物之间的内在联系的结论。例如,每次看到"月晕"就要"刮风",础石"潮湿"就要"下雨",就能得出"月晕而风,础润而雨"的结论。故本题选C。

二、填空题

1. 感觉对比
2. 语义编码　5~9(7±2)

三、判断题

1. × 【解析】注意的转移是根据新的任务,主动地把注意从一个对象转移到另一个对象或由一种活动转移到另一种活动的现象。注意的分散是指注意离开了当前应当完成的任务而被无关的事物所吸引。上课的小朋友被外面说话声音吸引,将注意转向外面,是注意被无关事物吸引,离开了当前应当注意的内容,体现的是注意的分散。故题干说法错误。
2. × 【解析】过度学习是指学习达到恰能背诵之后再继续学习。实验证明,过度学习达到50%,即学习的熟练程度达到150%时,学习的效果最好;超过150%时,效果并不递增,很可能引起厌倦、疲劳而成为无效劳动。因此,并非过度学习越多,保持效果越好。
3. √ 【解析】头脑风暴法通常以集体讨论的方式进行,鼓励参加者尽可能快地提出各种各样异想天开的设想或观点,相互启迪,激发灵感,从而引发创造性思维的连锁反应,形成解决问题的新思路。它属于一种集体激励的策略。

四、简答题(参考答案)

简述问题解决的思维过程。

(1)发现问题。从完整的问题解决过程来看,发现问题是其首要环节。(2)理解问题。理解问题即明确问题,就是把握问题的性质和关键信息,摒弃无关因素,并在头脑中形成有关问题的初步印象,即形成问题的表征。(3)提出假设。提出假设就是提出解决问题的可能途径与方案,选择恰当的解决问题的操作步骤。能否有效提出假设,受到个体思维的灵活性与已有知识经验的影响。提出假设是问题解决的关键阶段。(4)检验假设。检验假设就是通过一定的方法来确定假设是否合乎实际、是否符合科学原理。检验假设的方法有两种:直接检验和间接检验。

第三章　情绪情感和意志过程

基础必刷

专题一　情绪与情感

一、单项选择题

1. A 【解析】道德感是根据一定的道德标准评价人的思想、意图和言行时所产生的主观体验。它表现在对待国家、集体、工作、事业、学习以及人与人之间的关系等各个方面,如爱国主义情感、集体主义情感、责任感、事业心、荣誉感、自尊心等。
2. D 【解析】情绪和情感是人对客观事物的态度体验及相应的行为反应。不同的态度体验反映着客观事物与人的需要之间不同的关系。
3. A 【解析】詹姆斯—兰格情绪学说强调情绪的产生是植物性神经活动的产物,也就是说,情绪刺激引起身体的生理反应,而生理反应进一步导致情绪体验的产生。
4. C 【解析】美感是人们根据一定的审美标准对自然或社会现象及其在艺术上的表现予以评价时所产生的情感体验。小雪对绘画作品的喜欢属于情感中的美感。
5. C 【解析】应激是出乎意料的紧迫情况所引起的急速而高度紧张的情绪状态。当人们遇到突发事件、危险或发生意外时,为了应付瞬息万变的紧急情况,就得果断地采取决定,迅速地做出反应。"急中生智"就属于这种情况。
6. D 【解析】人对社会的适应是通过调节情绪来进行的,情绪调控的好坏会直接影响到身心健康。"一个小丑进城胜过一打医生。"就非常形象地说明了情绪对人身心健康的影响,体现了情绪的健康功能。
7. B 【解析】坎农和巴德认为,情绪的中枢不在外周神经系统,而在中枢神经系统的丘脑。外界刺激引起感觉器官的神经冲动,传至丘脑,再由丘脑同时向大脑和植物性神经系统发出神经冲动,从而在大脑产生情绪的主观体验,而由植物性神经系统产生个体的生理变化。
8. A 【解析】心境是一种微弱的、持续时间较长的,带有弥漫性的情绪状态。心境一经产生就不只表现在某一特定对象上，而是在相当长的一段时间内，使人的整个心理活动都染上某种情绪色彩，影响人的整个行为表现，成为情绪生活的背景。

9. A 【解析】依据情绪发生的强度、持续性和紧张度的不同，可以把情绪状态划分为心境、激情、应激三种。

10. B 【解析】测谎仪是一种记录多项生理反应的仪器，一定的情绪状态总伴有内脏器官、内分泌腺或神经系统的生理变化，情绪状态产生时的生理反应称为生理唤醒。

11. C 【解析】理智感是人认识事物和探求真理的需要是否得到满足而产生的主观体验。例如，人们在探求未知的事物时所表现出的求知欲、问题解决的喜悦感等。

12. A 【解析】情绪与动机关系密切，因此A项不正确。

13. B 【解析】情绪和情感在人际间具有传递信息、沟通思想的功能。情绪的信号功能体现在个体将自己的愿望、要求、观点、态度通过一定的情感表达方式传递给别人并加以影响。这种功能是通过表情实现的。它是非言语沟通的重要组成部分，在人与人之间的信息交流中具有信号意义。例如：点头微笑表示赞赏；摇头皱眉表示否定。

14. D 【解析】需要是情绪和情感产生的中介。

15. A 【解析】心境是一种微弱的、持续时间较长的、带有弥漫性的情绪状态。心境一经产生就不只表现在某一特定对象上，而是在相当长的一段时间内，使人的整个心理活动都染上某种情绪色彩，影响人的整个行为表现，成为情绪生活的背景。“见花落泪，见月伤心，良辰美景也有一种无可奈何之感”说的就是心境。

16. C 【解析】激情是一种爆发式的、猛烈而时间短暂的情绪状态。例如，狂喜、暴怒、恐惧、绝望、剧烈的悲痛等，都是激情的表现。它往往带有特定的指向性和较明显的外部行为表现，如暴跳如雷、浑身战栗、手舞足蹈等。题干所述是激情的表现。

17. C 【解析】情绪和情感的组织功能表现为积极的情绪和情感具有调节和组织作用，消极的情绪和情感则具有干扰、破坏作用。

18. D 【解析】情绪情感的动机功能表现在情绪和情感是动机的源泉之一，是动机系统的一个基本成分。它能够激励人的活动，提高人的活动效率。适度的情绪兴奋，可以使身心处于活动的最佳状态，推动人们有效地完成任务。

19. A 【解析】情绪是原始的、低级的态度体验，与生理需要是否满足相联系，是人和动物共有的；情感是后继的、高级的态度体验，与社会需要是否满足相联系。

20. D 【解析】移置是无意识地将指向某一对象的情绪、意图或幻想转移到另一个对象或替代的象征物上，以减轻精神负担取得心理安宁。例如，一个孩子被妈妈打后，满腔愤怒，难以回敬，转而踢倒身边的板凳，把对妈妈的怒气转移到身边的物体上。这时虽然客体变了，但其冲动的性质及其目的仍然未改变。

21. C 【解析】小明即将上考场，有点激动和焦虑，这种伴随情绪产生的心跳加速和微微出汗属于内脏器官和内分泌腺的生理变化，因此属于生理唤醒。

二、填空题

1. 表情

2. 道德感　理智感

三、判断题

1. × 【解析】人对社会的适应是通过调节情绪来进行的，情绪调控的好坏会直接影响到身心健康。情绪情感的健康功能表现为积极的情绪有助于身心健康，消极的情绪会引起人的各种疾病。“怒伤肝、喜伤心、思伤脾、忧伤肺、恐伤肾”说明情绪情感具有健康功能。情绪情感的信号功能指情绪和情感在人际间具有传递信息、沟通思想的功能。

2. √ 【解析】应激是出乎意料的紧迫情况所引起的急速而高度紧张的情绪状态。当人们遇到突然出现的事件或意外发生危险时，为了应付瞬息万变的紧急情况，就得果断地采取决定，迅速地做出反应。应激正是在这种情境中产生的内心体验。

3. √ 【解析】应激状态所造成的机体内部稳定状态的紊乱以及各种消极情绪都可导致认识功能障碍。过度的应激状态使人的记忆、思维能力降低，幽默感减弱，也妨碍人的技能活动，一些熟练动作也受到干扰。

4. × 【解析】道德感是根据一定的道德标准评价人的思想、意图和言行时所产生的主观体验。理智感是人认识事物和探求真理的需要是否得到满足而产生的主观体验。故题干描述的是理智感。

四、辨析题

1. 与人的责任心有关的情感体验最主要的是理智感。

(1)这种说法是不正确的。(2)道德感是根据一定的道德标准评价人的思想、意图和言行时所产生的主观体验，如爱国主义情感、集体主义情感、责任感、事业心、荣誉感、自尊心等。与人的责任心有关的情感体验最主要的是道德感。

2. 人在激情状态下认识和自控能力会减弱，所以总是做错事。

(1)这种说法是不正确的。(2)激情发生时，意识范围缩小，意识对行为的控制作用明显降低，理解力降低，判断力减弱，易感情用事，不考虑后果。但是人在激情的作用下，常能调动身心的巨大潜力。有人用激情爆发来原谅自己的错误，认为“激情时完全失去理智，自己无法控制”，这种说法是不对的，人能够意识到自己的激情状态，也能够有意识地调节和控制它。

3. 激情与应激是两种不同的情绪状态。

(1)这种说法是正确的。(2)依据情绪发生的强度、持续性和紧张度的不同，可以把情绪状态划分为心境、激情和应激三种。激情是一种爆发式的、猛烈而时间短暂的情绪状态。应激是出乎意料的紧迫情况所引起的急速而高度紧张的情绪状态。激情和应激是两种不同的情绪状态。

五、简答题(参考答案)

1. 简述情绪的三种状态类型。

(1)心境是一种微弱的、持续时间较长的，带有弥漫性的情绪状态。(2)激情是一种爆发式的、猛烈而时间短暂的情绪状态。(3)应激是出乎意料的紧迫情况所引起的急速而高度紧张的情绪状态。

2. 简述情感的品质。

(1)倾向性；(2)深刻性；(3)稳固性；(4)效果性。

3. 简述道德感的分类。

道德感从表现形式上看，主要包括三种：(1)直觉的道德感，即由于对某种具体的道德情境的直接感知而迅速发生的情感体验；(2)想象的道德感，即通过对某种道德形象的想象而发生的情感体验；(3)伦理的道德感，即以清楚地意识到道德概念、原理和原则为中介的情感体验。

4. 简述情绪和情感与认识过程的关系。

(1)认识过程是情绪和情感的基础，并引导情绪和情感的发展。只有通过认识过程对客观事物的反映，主体才能确定客观事物是否满足自己的需要，从而产生相应的态度体验，引起不同的情绪和情感。

(2)情绪和情感伴随着认识活动的发展而发展。古语“知之深，爱之切”，就是说两个人随着了解的深入，感情不断地加深。

(3)情绪和情感反过来对认识过程起调节作用。积极的情绪和情感会促进人的认识活动，提高学习和工作的效率；消极的情绪和情感则会妨碍人的认识活动，降低活动效率。

六、论述题(参考答案)

试述情绪与情感的关系。

(1)区别：①从需要的角度来看：情绪是原始的、低级的态度体验，与生理需要是否满足相联系，是人和动物共有的；情感是后继的、高级的态度体验，与社会需要是否满足相联系；②从发生的角度来看：情绪可以由对事物单纯的感知觉直接引起，具有情境性和易变性；情感则由对事物复杂意义的理解所引起，具有稳定性和持久性；③从表现形式来看：情绪体验强度大，往往带有冲动性，并伴随明显的外部表现；情感则比较内隐，较为深沉。

(2)联系：①情绪是情感的基础，情感离不开情绪。情感依赖于情绪。人的情感是在大量情绪体验的基础上形成和发展起来的，也是通过情绪表达出来的。②对人类而言，情绪离不开情感，是情感的具体表现。情绪是情感的外在表现，情感是情绪的本质内容。

七、材料分析题(参考答案)

人们的不良情绪有些是因为生活中的不利境遇所引起的，但也有些不良情绪是由于人们对事情的真实情况缺乏了解或认识有偏差而产生的。同一事物，由于出发点和认识的不同，心情就不同，以上事例正是如此。老太太未能全面合理地认识事物，而是只从不利的、悲观的一面看待问题，这种不合理信念导致了消极的情绪。若从积极的角度理性地分析问题，就能获得愉快体验。

个体在日常生活和学习中会遇到很多不良情绪，培养情绪调节和控制能力应做到以下几点：(1)形成正当的、合理的需要；(2)培养高尚的人生观和正确分析问题的能力；(3)锻炼身体和培养幽默感；(4)培养消除不良情绪的能力。

专题二　意　志

一、单项选择题

1. A 【解析】意志是指人自觉地确定目的，有意识地根据目的、动机调节支配行动，努力克服困难，实现目标的心理过程。“头悬梁，锥刺股”体现的心理过程是意志。

2. C 【解析】意志使人的情感服从于人的理智的认识。人在日常生活中常常产生对工作和学习不利的情感冲动，这就必须通过意志努力，冷静地评价自己的情感，克服与理智相矛盾的情感，并自觉地加以控制。例如，我们常说的“化悲痛为力量”“不要意气用事”等，都是意志使人的情感服从理智的例子。

3. B 【解析】意志是指人自觉地确定目的，有意识地根据目的、动机调节支配行动，努力克服困难，实现目标的心理过程。题干中学生遇到困难就不完成作业、在活动中叫苦叫累说明其意志薄弱，应该对其进行意志品质的培养。

4. A 【解析】意志行动是人特有的自觉确定目的的行动，这是意志的首要特征。

5. C 【解析】意志的坚韧性是一个人在行动中坚持决定，百折不挠地克服重重困难去达到行动目的的品质。

6. B 【解析】双避冲突是指从希望回避的两种事物中必取其一的心理状态。

7. D 【解析】意志的自制性是一个人善于控制和支配自己的情绪，约束自己言行的品质。与自制性相反的意志品质是任性和怯懦。前者不能约束自己的行动；后者在行动中畏缩不前，惊慌失措，这都是意志缺乏自制性的表现。

8. C 【解析】意志的果断性是一种善于辨明是非、抓住时机、迅速而合理地采取决定并执行决定的意志品质。具有果断性品质的人善于审时度势、对问题情境做出正确的分析和判断、洞察问题的是非真伪。

9. B 【解析】挫折是个体在从事有目的的活动的过程中，遇到障碍或干扰，致使个人动机不能实现、需要不能满足时的情绪状态。

10. C 【解析】趋避冲突是指对同一目的兼具好恶的矛盾心理。李明既想竞选班长，又害怕失败丢面子的心理体现了趋避冲突。

11. C 【解析】执行决定是意志行动的关键环节和完成阶段。

12. B 【解析】意志是指人自觉地确定目的，有意识地根据目的、动机调节支配行动，努力克服困难，实现目标的心理过程。"背诵课文"强调克服困难，需要人的积极控制能力；"吹口哨"和"摇头晃脑"都不需要意志努力；"膝跳反射"是本能行为。

13. D 【解析】意志的坚韧性是一个人在行动中坚持决定，百折不挠地克服重重困难去达到行动目的的品质。与坚韧性相反的意志品质是动摇性和执拗性。具有动摇性的人或缺乏坚定的行动目的，对既定目的持怀疑态度，或对实现目的缺乏信心和决心。

14. B 【解析】双避冲突是指从希望回避的两种事物中必取其一的心理状态。进退维谷是指无论是进还是退，都是处在困境之中。形容处境艰难，进退两难。

15. A 【解析】双趋冲突是指从自己同时都很喜爱的两个事物中仅择其一的心理状态。

二、辨析题

1. "胜不骄，败不馁"是意志对人情感的调节控制作用。

(1)这种说法是正确的。(2)意志可以调节、控制人的情感。"胜不骄，败不馁"就是情感服从于意志的表现。

2. 人应该立长志，而不应该常立志。

(1)这种说法是正确的。(2)意志的坚韧性是一个人在行动中坚持决定，百折不挠地克服重重困难去达到行动目的的品质。坚持是对行动目的的坚持。人应该培养自己意志的坚韧性，克服动摇性和执拗性。

3. 意志的果断性要建立在自觉性的基础上。

(1)这种说法是正确的。(2)果断性是以自觉性、独立性为前提的，并与思维的批判性和敏捷性、知识经验的丰富性相联系，大胆无畏和深思熟虑等也是重要条件。

三、简答题(参考答案)

1. 简述意志行动的过程。

(1)准备阶段(采取决定阶段/确定决定阶段)：①动机斗争；②确定目标；③选择行动方法和制订行动计划。

(2)执行决定阶段。行动计划制订后，执行计划、采取有效的行动是达到目标的关键步骤。执行决定阶段是意志行动的中心环节，是意志努力的集中表现。

2. 简述意志的特征。

(1)意志行动是人特有的自觉确定目的的行动；(2)意志对活动有调节支配作用，使人的行动能按设定好的目的去改造世界；(3)克服内部和外部的困难是意志行动最重要的特征；(4)意志行动以随意动作为基础。

四、论述题(参考答案)

如何培养小学生良好的意志品质？

(1)培养小学生行为的目的性，减少其行动的盲目性；(2)培养小学生良好的行为习惯，从生活入手培养其意志品质；(3)培养小学生自我控制、自我调节的能力；(4)有意识地为学生创设克服困难的情境，使学生在克服困难的过程中，锻炼各种意志品质。

真题必刷

一、单项选择题

1. A 【解析】情绪的动机功能一方面表现在某些情绪会提高人们大脑活动的积极性，提高认知和操作的速度和效率,这是情绪的促进功能。某些情绪对认知和操作有消极影响,会降低人们活动的速度和效率,这是情绪的瓦解功能。例如,在一般情况下,人们倾向于接近会给自己带来愉快和高兴的事,逃避会给自己带来烦恼和痛苦的事。情绪的动机功能还表现在人们在某种情景下情绪的强弱间接地表明了主体内在动机的强弱。

2. A 【解析】意志的自制性是一个人善于控制和支配自己的情绪,约束自己言行的品质。具有良好自制性的人,一方面善于控制自己去执行所采取的决定,具有较强的组织性和纪律性;另一方面又善于控制自己的情绪,表现出较强的忍耐性。题干所述体现了意志的自制性。

3. A 【解析】意志的自觉性是指一个人清晰地意识到自己行动的目的和意义,并且能够主动地支配自己的行动,使之符合既定目的的意志品质。与自觉性相反的意志品质是受暗示性(盲从)和独断性。

4. C 【解析】动机斗争可分为四类,如下表:

分类	定义
双趋冲突	从自己同时都很喜爱的两个事物中仅择其一的心理状态
双避冲突	从希望回避的两种事物中必取其一的心理状态
趋避冲突	对同一目的兼具好恶的矛盾心理
多重趋避冲突	对含有吸引与排斥两种力量的多种目标予以选择时所发生的冲突

既想参加演讲比赛,又怕被人讥笑,是对同一目的兼具好恶,因此属于趋避冲突。故本题选C。

方法技巧:考生易混淆不同种类的动机冲突,可借助关键词进行识记。双趋冲突,表示两种趋近,既想……又想……。双避冲突,表示两种逃避,既不想……又不想……。趋避冲突,表示一种矛盾,既想……又怕……。多重趋避冲突,表示两种及以上矛盾。

5. B 【解析】理智感是人认识事物和探求真理的需要是否得到满足而产生的主观体验。例如,人们在探求未知的事物时所表现的求知欲、认识兴趣和好奇心,发现问题的惊奇感、问题解决的喜悦感、为真理献身的自豪感、问题不解的苦闷感等。

二、填空题

1. 理智感
2. 想象的道德感
3. 克服内部和外部的困难

三、判断简析题

“情人眼里出西施”反映的是认知对情感的作用。

(1)这种说法是不正确的。(2)情绪情感与认知是相互制约的,认知是情绪情感的基础,情绪情感也会影响认知。情绪情感对认知的影响表现为,当我们处于积极的情绪状态时,我们更容易看到事物美好积极的一面;而当我们处于消极的情绪状态时,我们更容易以否定、悲观的态度看待事物。“情人眼里出西施”指由于有感情,不论对方外表如何,都会觉得对方外表美,这反映了情感对认知的影响。

第四章 人格心理

基础必刷

专题一 人格概述

一、单项选择题

1. B 【解析】人格是在遗传和环境交互作用下形成的,其中遗传为其提供了可能性,环境使人格发展成为现实。

2. A 【解析】父母的教养方式可以分为四类:权威型、专断型、放纵型、忽视型。其中专断型的父母要求孩子绝对服从自己,希望子女按照为其设计的发展蓝图去成长,希望对孩子的所有行为都加以保护监督。题干中乔英子受到的家庭教养方式就属于专断型。

3. C 【解析】学校教育是影响人格形成与发展的因素之一,学校教育在学生社会化中的作用主要是通过教师与学生的相互影响来实现的。教师是学生的指导者,是学生经常学习的榜样。教师的言行对学生人格的形成会产生潜移默化的作用。

4. D 【解析】人格的功能性是指人格是一个人生活成败、喜怒哀乐的根源。人格决定一个人的生活方式,有时甚至会决定一个人的命运。故题干所述说明人格具有功能性。A项,人格的稳定性是指一个人的某种人格特征一旦形成,就相对稳定下来了,要想改变它是比较困难的事情。B项,人格的独特性是指一个人的人格是在遗传、成熟、环境、教育等先后天因素的交互作用下形成的。不同的遗传、生存及教育环境,形成了各自独特的心理特点。C项,人格的整合性是指每个人的人格世界并非各种特征的简单堆积,而是依照一定的内容、秩序、规则有机结合起来的系统。

5. B 【解析】“人心不同，各如其面。”这句俗语为人格的独特性做了最好的诠释。一个人的人格是在遗传、成熟、环境、教育等先后天因素的交互作用下形成的。不同的遗传、生存及教育环境，形成了各自独特的心理特点。

6. C 【解析】弗洛伊德认为，个性是一个整体，由彼此相关的本我、自我和超我构成。这三部分相互作用形成的内在动力，支配了个体的行为。个体道德行为的原动力来自超我的支配。

7. A 【解析】人格是构成一个人思想、情感及行为的特有模式，这个独特模式包含了一个人区别于他人的稳定而统一的心理品质，即人格是决定个体的外显行为和内隐行为，并使其与他人行为有稳定区别的综合心理特征。

8. B 【解析】权威型教养方式是一种理性且民主的教养方式。权威型的父母认为自己在孩子心目中应该有权威，但这种权威来自父母对孩子的理解与尊重，来自他们与孩子的经常交流及对子女的帮助。这种教养方式下的儿童独立性较强，善于自我控制和解决问题，自尊感和自信心较强，喜欢与人交往，对人友好。

9. B 【解析】内外向的概念是由荣格提出来的，他认为，多数人并非典型的内向型或外向型性格，而是介于两者之间的中间型。

10. C 【解析】人格的整合性是心理健康的重要指标。当人格结构的各方面彼此和谐一致时，就会呈现出健康的人格特征，否则，就会产生心理冲突，出现适应困难，甚至出现“分裂人格”。

二、简答题(参考答案)

简述影响人格形成与发展的因素。

(1)生物遗传因素。(2)社会因素：家庭教养方式、学校教育、同辈群体。(3)个人主观因素。

三、论述题(参考答案)

如何培养学生优良的人格?

(1)教育遵循人格发展规律，重视学生人格的整体发展；(2)学校和学生之间实现最佳组合；(3)教师要学心理学知识；(4)注意家庭、学校和社会的密切配合；(5)开设人格辅导课程；(6)心理咨询和治疗；(7)在学科教学中渗透人格教育。

专题二 需要、动机与兴趣

一、单项选择题

1. D 【解析】需要主要有三个特点，即对象性、动力性和社会性。

2. A 【解析】动机的激活功能表现在：动机是个体能动性的一个主要方面，它具有发动行为的作用，能推动个体产生某种活动，使个体由静止状态转向活动状态。故选A项。动机的指向功能指动机不仅能激发行为，而且能将行为指向一定的对象或目标。动机的维持和调节功能是指动机具有维持功能，它表现为行为的坚持性。动机激发个体的某种活动后，这种活动能否坚持下去，同样要受动机的调节和支配。

3. C 【解析】C项，交往动机是在交往需要的基础上产生的社会性动机。交往需要表现为每个人都有团体归属感，每个人都希望得到别人的关心、支持、友谊、合作与奖赏。这种需要促使人们结交朋友，寻找支持，参加群体活动，因而形成交往动机。A项，工作动机是最有效能、最为复杂的社会性动机之一，是一种使个体努力工作，高质量创新并不断完善自己工作的动机。B项，成就动机是指个体努力克服障碍，施展才能，力求又快又好地解决某一问题的愿望或趋势。D项，生理动机是与人的生理需要有关的初级的、原发性动机，也称内驱力。

4. B 【解析】A项，需要是有机体感到某种缺乏或不平衡状态而力求获得满足的心理倾向，是有机体自身和外部生活条件的要求在头脑中的反映。B项，动机是激发和维持有机体的行动，并使该行动朝向一定目标的心理倾向或内部驱力。C项，兴趣是人对事物的一种认识倾向，伴随着积极的情绪体验，对个体活动，特别是对个体的认知活动有巨大的推动作用。D项，诱因是指能够引起个体动机并满足个体需要的外在刺激。故选B项。

5. B 【解析】动机的指向功能是指在动机的作用下，人的行为将指向某一目标。题干所述不同学生学习的目标指向不同，这体现了动机的指向功能。

6. D 【解析】社会性动机是与人的心理、社会需要有关的后天习得的动机。人有权力的需要、社会交往的需要、成就的需要、认识的需要等，因而产生了相应的权力动机、交往动机、成就动机、兴趣动机(认识动机)等。繁衍后代、获取食物以及逃避危险都属于生理性动机，它以有机体自身的生物学需要为基础。只有参与交往才属于社会性动机。故选D项。

7. A 【解析】根据需要的对象，可将需要分为物质需要和精神需要。根据需要的起源不同，可将需要分为生理性需要和和社会性需要。故选A项。

8. C 【解析】动机具有维持功能，它表现为行为的坚持性。当动机激发个体的某种活动后，这种活动能否坚持下去,同样要受动机的调节和支配。

9. C 【解析】精神需要是指人对社会精神生活及其产品的需求,如对知识、文化艺术的需要等。喜欢看动画片属于精神需要。

二、辨析题

需要转化成动机不需要条件。

(1)这种说法是不正确的。(2)动机是在需要的基础上产生的,与需要联系紧密,但它又不同于需要。只有当需要达到一定程度时,才能成为推动或阻止某种活动的内部动力。

三、简答题(参考答案)

简述动机的功能。

(1)激活功能;(2)指向功能;(3)维持和调节功能(强化功能)。

专题三　气质与性格

一、单项选择题

1. A 【解析】针对学生的气质差异,在教育过程中对不同气质类型的学生采取的方法应尽可能地因人而异,做到"一把钥匙开一把锁"。对黏液质的学生,教师要采取耐心教育的方式,让他们有考虑和做出反应的足够时间,培养其生气勃勃的精神、热情开朗的个性和以诚待人、工作踏实顽强的优点。对胆汁质的学生,教师应采取直截了当的方式,但这些学生不宜轻易激怒,对其严厉批评时要有说服力,培养其自制力与坚持到底的精神,豪放、勇于进取的人格品质。对多血质的学生,可以采取多种教育方式,但要定期提醒,对其缺点严厉批评。教师应鼓励他们勇于克服困难,培养扎实专一的精神,防止其见异思迁。对抑郁质的学生,则应采取委婉暗示的方式,对其多关心、爱护,不宜在公开场合下指责,不宜过于严厉的批评。故选A项。

2. A 【解析】A项,性格的理智特征是指个体在感知、记忆、想象、思维等认知过程中表现出来的认知特点和风格。B项,性格的情绪特征是指个体稳定而独特的情绪活动方式。C项,性格的意志特征是指个体自觉地确定目标,调节支配行为,从而达到目标的性格特征。D项,性格的态度特征是指个体对自己、他人、集体、社会以及对工作、劳动、学习的态度特征。题干描述的是性格的理智特征,故选A项。

3. B 【解析】巴甫洛夫将动物的高级神经活动分为四种类型,这四种高级神经活动类型与气质类型对照如下表。

高级神经活动类型	高级神经活动过程	气质类型
不可遏制型(兴奋型)	强、不平衡	胆汁质
活泼型(灵活性)	强、平衡、灵活	多血质
安静型(不灵活型)	强、平衡、不灵活	黏液质
弱型(抑制型)	弱	抑郁质

因此,强、平衡、灵活的高级神经活动类型对应的气质是多血质。

4. D 【解析】气质受生理影响大,性格受社会影响大。A项表述正确。气质特征表现较早,性格特征表现较晚。C项表述正确。气质无所谓好坏,性格有优劣之分。B项表述正确。气质的稳定性强,性格的可塑性强。由于气质较多地受生物因素的制约,因此,气质变化较难、较慢。性格是后天形成的,由生活实践决定,它虽然也具有一定的稳定性,但在社会生活条件的影响下,比气质的变化要快得多,可塑性也更强。D项表述错误。本题为选非题,故选D。

5. A 【解析】性格是指人的较稳定的态度与习惯化了的行为方式相结合而形成的人格特征。题干所述为小林的性格。

6. B 【解析】性格的情绪特征是指个体稳定而独特的情绪活动方式,如情绪活动的强度、稳定性、持久性和主导心境等方面的特征。

7. B 【解析】根据理智、情绪、意志三者在心理机能方面哪一个占优势,性格可分为理智型、情绪型和意志型。意志型的人行动目标明确,积极主动,勇敢、坚定、果断,自制力强,不易为外界因素干扰,但有的人会表现出固执、任性或轻率、鲁莽。

8. B 【解析】本题中考生需要区分各气质类型的特点,如下表。

气质类型	特点	代表人物
胆汁质	精力旺盛、粗枝大叶、表里如一、刚强、易感情用事	张飞、李逵
多血质	反应迅速、有朝气、活泼好动、动作敏捷、情绪不稳定	王熙凤、孙悟空
黏液质	稳重,但灵活性不足;踏实,但有些死板;沉着冷静,但缺乏生气	林冲

续表

气质类型	特点	代表人物
抑郁质	敏锐、稳重、体验深刻、外表温柔、怯懦、孤独、行动缓慢	林黛玉

9. B 【解析】性格是指人的较稳定的态度与习惯化了的行为方式相结合而形成的人格特征。它是一个人的心理面貌本质属性的独特结合,是人与人相互区别的主要方面。题干所述体现了人的性格差异。

10. B 【解析】气质是人典型的、稳定的心理特点,包括心理活动的速度、强度、稳定性和指向性。这些特征的不同组合,便构成了个人的气质类型,它使人的全部心理活动都染上个性化的独特色彩。因此,气质是人的底色。

11. A 【解析】性格是指人的较稳定的态度与习惯化了的行为方式相结合而形成的人格特征。

12. A 【解析】胆汁质对应的高级神经活动过程是强、不平衡。

13. C 【解析】气质是人的天性。气质的动力特征受制于人的高级神经活动类型。

14. B 【解析】胆汁质和抑郁质的学生由于兴奋性太强或太弱而容易影响其心理健康。因此,在教育中,对这两种极端类型的学生应该给予特别的照顾,采取一些特殊的措施,尽量避免强烈的刺激和大起大落的情绪变化。

15. A 【解析】性格的态度特征是指个体对自己、他人、集体、社会以及对工作、劳动、学习的态度特征,如谦虚或自负、利他或利己、粗心或细心、创造或墨守成规等。性格的态度特征在性格结构中具有核心意义。

16. D 【解析】抑郁质的人以敏锐、稳重、体验深刻、外表温柔、怯懦、孤独、行动缓慢为特征。小雨的气质类型是典型的抑郁质。

17. C 【解析】气质特征是职业选择的依据之一。气质与职业活动的关系表现在两个方面:(1)要使个人的气质特征适应于职业活动的客观要求;(2)在选拔人才和安排工作时应考虑个人的气质特点。

18. D 【解析】情绪型的人内心体验深刻,外部表露明显,情绪不稳定。言行举止受情绪的影响,缺乏理智感,处理问题常感情用事。

19. D 【解析】性格是人格特征中最具核心意义的心理特征。A项说法正确。人的性格是现实社会关系在人脑中的反映。B项说法正确。性格体现着一个人的本质属性,具有明显的社会道德评价意义,有好坏之分。C项说法正确。性格可塑性强,D项说法错误。

20. B 【解析】性格是人格中具有核心意义的成分。

21. D 【解析】按照个体活动的独立性程度,性格可分为独立型和顺从型。故选D项。根据理智、情绪、意志三者在心理机能方面哪一个占优势,性格可分为理智型、情绪型和意志型。按照心理活动的指向,性格可分为外向型和内向型。

22. D 【解析】性格的态度特征,是指个体对自己、他人、集体、社会以及对工作、劳动、学习的态度特征。例如,谦虚或自负、利他或利己、粗心或细心、创造或墨守成规等。

二、填空题

1. 抑郁质
2. 内向型　外向型
3. 强度　速度　灵活性
4. 黏液质
5. 胆汁质

三、辨析题

1. 做事缺乏主见,容易受他人意见的干扰,这种性格类型属于内向型。

(1)这种说法是不正确的。(2)顺从型的人做事缺乏主见,容易受他人意见的干扰,常常不加分析地接受别人的观点或屈从于他人的权势;在突发事件面前,常表现为束手无策或惊慌失措。内向型的人心理活动指向于内部世界,感情比较深沉,办事小心,谨慎多思,不善于交往,适应环境的能力较差,很注重别人对自己的评价。

2. 在人的各种气质类型中,抑郁质是最差的一种气质类型。

(1)这种说法是不正确的。(2)气质是人的天性,无好坏之分。

3. 胆汁质气质类型的人比黏液质气质类型的人更容易形成果断与勇敢的性格特征,这说明气质影响性格形成与发展的速度。

(1)这种说法是正确的。(2)气质影响性格的形成和发展,以及形成的速度,因此,胆汁质气质类型的人比黏液质气质类型的人更容易形成果断与勇敢的性格特征。

4. "江山易改,禀性难移"说明气质是不可以改变的。

(1)这种说法是不正确的。(2)气质是依赖于人的生理素质或身体特点的人格特征。由于气质较多地受生物因素的制约,因此,气质变化较难、较慢,但并不意味着它完全不起变化。在生活环境和教育条件的影响下,在性格的掩盖下,气质可以得到相当程度的改造。

四、简答题(参考答案)

1. 简述性格的结构特征。

(1)性格的态度特征;(2)性格的意志特征;(3)性格的情绪特征;(4)性格的理智特征。

2. 简述影响性格形成与发展的因素。

(1)家庭;(2)学校教育;(3)同伴群体;(4)社会实践;(5)自我教育;(6)社会文化因素。

3. 简述性格的类型。

(1)根据理智、情绪、意志三者在心理机能方面哪一个占优势,性格可分为理智型、情绪型和意志型;(2)按照心理活动的指向,性格可分为外向型和内向型;(3)按照个体活动的独立性程度,性格可分为独立型和顺从型。

4. 简述气质的类型。

(1)胆汁质:胆汁质的人以精力旺盛、表里如一、刚强、粗枝大叶、易感情用事为特征。整个心理活动笼罩着迅速而突发的色彩。

(2)多血质:多血质的人以反应迅速、有朝气、活泼好动、动作敏捷、情绪不稳定为特征。

(3)黏液质:黏液质的人稳重,但灵活性不足;踏实,但有些死板;沉着冷静,但缺乏生气。

(4)抑郁质:抑郁质的人以敏锐、稳重、体验深刻、外表温柔、怯懦、孤独、行动缓慢为特征。

5. 请简述性格与气质的联系和区别。

联系:(1)性格与气质都属于稳定的人格特征。(2)性格与气质相互渗透,彼此制约,二者相互影响。这表现在:①气质影响到一个人对事物的态度和行为方式,因而使性格带上某种气质的色彩和具有某种特殊的形式;②气质影响性格的形成和发展,以及形成的速度;③性格可以掩蔽和改造气质,指导气质的发展,使它服从于生活实践的要求。

区别:(1)气质受生理影响大,性格受社会影响大。(2)气质的稳定性强,性格的可塑性强。(3)气质特征表现较早,性格特征表现较晚。(4)气质无所谓好坏,性格有优劣之分。

五、论述题(参考答案)

1. 如何针对学生的气质类型进行教育?

(1)对待学生应克服气质偏见。气质仅使人的行为带有某种动力特征,无所谓好坏;同时,每一种气质类型都有其积极的方面,也都有其消极的方面,无法比较好坏。

(2)针对学生的气质差异因材施教。针对学生的气质差异,在教育过程中对不同气质类型的学生采取的方法应尽可能地因人而异,做到“一把钥匙开一把锁”。

①对胆汁质的学生,教师应采取直截了当的方式,但这些学生不宜轻易激怒,对其严厉批评时要有说服力,培养其自制力与坚持到底的精神,豪放、勇于进取的人格品质。

②对多血质的学生,可以采取多种教育方式,但要定期提醒,对其缺点严厉批评。教师应鼓励他们勇于克服困难,培养扎实专一的精神,防止其见异思迁;创造条件,多给他们活动的机会,培养他们朝气蓬勃、足智多谋的优点。

③对黏液质的学生,教师要采取耐心教育的方式,让他们有考虑和做出反应的足够时间,培养其生气勃勃的精神、热情开朗的个性和以诚待人、工作踏实、顽强的优点。

④对抑郁质的学生,则应采取委婉暗示的方式,对其多关心、爱护,不宜在公开场合下指责,不宜过于严厉的批评,培养他们亲切、友好、善于交往、富有自信的精神,培养其敏感、机智、认真、细致、高自尊的优点。

(3)帮助学生进行气质的自我分析、自我教育,培养良好的气质品质。

(4)特别重视胆汁质和抑郁质学生。

(5)组建学生干部队伍时,应考虑学生的气质类型。

2. 如何根据学生的性格差异进行因材施教?

(1)摸清特点,扬长避短。学生的性格正在形成和发展中。教育工作者的任务就在于摸清学生的性格特点,帮助学生发展优良的性格,改造不良的性格,使他们的性格更加健全完善。(2)帮助明辨是非,强调自我教育。学生既是教育的对象,也是教育的主体。教师对学生进行性格教育时必须充分发挥学生的主观能动性,引导学生进行性格的自我教育。在教育过程中,必须发展学生的自我意识,帮助学生明辨是非,培养学生自我评价、自我批评的能力。与此同时,还要从各方面对他们坚持严格要求,以养成他们严格要求自己的习惯。此外,教师应该有意识、有目的、有针对性地向学生介绍一些进行性格自我修养的方法。(3)关注性格缺陷学生的教育问题。学生性格缺陷的形成常常与不良的家庭教育或学校教育有关。要矫正学生的性格缺陷,教师必须关怀爱护学生,针对学生性格缺陷的形成原因,采取有效的教育措施。

六、材料分析题(参考答案)

(1)小明的气质类型属于多血质。多血质的人以反应迅速、有朝气、活泼好动、动作敏捷、情绪不稳定为特征。并且多血质的人不随意反应性强,具有外向性和可塑性，情绪兴奋性高而且外部表现明显。小明活泼聪明，语言思维活动敏捷，善于交际，适应环境能力强，对学习新知识非常感兴趣且掌握得较快等，这些都是多血质的表现。

(2)对多血质的学生，可以采取多种教育方式，但要定期提醒，对其缺点严厉批评。教师应鼓励他们勇于克服困难，培养扎实专一的精神，防止其见异思迁；创造条件，多给他们活动的机会，培养他们朝气蓬勃、足智多谋的优点。

专题四　智力与创造力

一、单项选择题

1. D 【解析】A项，流畅性是指在限定时间内产生观念数量的多少。B项，灵活性是指摒弃以往的习惯思维方法而开创不同思维方向的能力，也叫思维的变通性。D项，独创性是指产生不寻常的反应和不落常规的能力，以及重新定义或按新的方式对所见所闻加以组织的能力。C项为干扰项。题干描述表明创造性思维具有独创性，故选D项。
2. D 【解析】美国心理学家加德纳提出多元智力理论。美国心理学家吉尔福特提出了智力的三维结构论。英国心理学家斯皮尔曼首先提出了智力的二因素论。戴斯(J. P. Das)等人基于鲁利亚(A. R. Luria)提出的大脑运作的机能区的观点和认知心理学的研究提出智力的PASS理论。故选D项。
3. A 【解析】研究表明，人们的智力水平呈正态分布，又称常态分布，大多数人的智力属于中等水平。
4. D 【解析】加德纳的多元智力理论表明每个学生的智力都有自己独特的表现形式，有自己的智力强项和学习风格。这就启示教育教学应该注重个别化，因材施教。故选D项。
5. D 【解析】明尼苏达测验属于典型的人格测验。
6. A 【解析】A项，效度是指一个测验工具希望测到某种行为特征的有效性与准确程度。表示效度的一种方法是，将测量的结果与随后的行为进行对照，如果一种测验能够预测后来的行为，这种测验的效度就高。B项，信度是指一个测验量表的可靠程度(或可信程度)。它以反复测验时能否提供相同的结果来说明。C项，难度指题目的难易程度。D项，区分度是指该项题目对不同水平的答题者反应的区分程度和鉴别能力。根据题干描述可判断该测验具有较高的效度。
7. D 【解析】流畅性是指在限定时间内产生观念数量的多少。在短时间内产生的观念越多，流畅性越大。该特征能反映个体心智灵活、思路通达的程度。题干所述体现了思维的流畅性。
8. B 【解析】加德纳认为，人的智力结构中存在着九种相对独立的智力，如下表。

智力维度	界定
言语智力	说话、阅读、书写的能力。能说会道、妙笔生花是言语智力高的表现
逻辑—数学智力	数学运算与逻辑思考的能力以及科学分析的能力
视觉—空间智力	认识环境、辨别方向的能力
音乐智力	对声音的辨识与韵律表达的能力，多系天赋
运动智力	支配肢体以完成精密作业的能力
人际智力(社交智力)	与人交往并和睦相处的能力。人际智力高者善于处理人际关系，善于与人交往
自知智力(内省智力)	认识自己并选择自己生活方向的能力
认识自然智力(自然观察智能)	认识自然，并对我们周围环境中的各种事物进行分类的能力
存在智力	陈述、思考有关生与死、身体与心理等问题的倾向性

人际智力高者善于处理人际关系，善于与人交往。推销员、教师、心理咨询师、政治家的人际智力很高。
9. B 【解析】遗传素质是智力发展的基础和自然条件。有研究发现，遗传关系越密切，个体之间的智力越相似。但是遗传只为智力发展提供了可能性，要使智力发展的可能性变成现实性，还需要社会、家庭与学校教育许多方面的共同作用。题干所述说明了遗传对智力有很大的影响。
10. A 【解析】最早的智力测验是由法国心理学家比纳和西蒙于1905年编制的，称为比纳—西蒙智力量表。后经美国斯坦福大学推孟教授的翻译和修订，改名为斯坦福—比纳量表(S-B量表)。这是目前世界上最著名的智力量表。
11. B 【解析】创造性认知品质主要包括：创造性想象、创造性思维、创造性认知策略三个方面。其中，创造性思维是创造性认知品质的核心。
12. C 【解析】区分度是指该项题目对不同水平的答题者反应的区分程度和鉴别能力。能鉴别答题者学业水平高低、能力的强弱说明测验区分度好，故选C项。

13. B 【解析】加德纳提出了第八种智力，即认识自然智力，它是认识自然，并对我们周围环境中的各种事物进行分类的能力。

14. C 【解析】吉尔福特的三个智力维度中，内容主要是思维的对象，产品是经过加工的产物，当对象相同时，操作方式决定着产物的质量高低，所以操作代表智力的高低。

15. B 【解析】英国心理学家斯皮尔曼认为，智力包括两种因素：一般因素（即G因素）和特殊因素（即S因素）。

16. A 【解析】斯皮尔曼首先提出了智力的二因素论，他认为智力包括两种因素：一般因素（即G因素）和特殊因素（即S因素）。其中，每个人拥有的G因素只有数量和高低的差别。一个人智力水平的高低取决于G因素的数量。

17. C 【解析】加德纳的多元智力理论认为，运动智力是支配肢体以完成精密作业的能力，其核心成分是控制身体运动和灵活操作物体的能力，运动员、舞蹈家的运动智力比较好。博尔特短跑成绩好可能因为他的运动智力好。

18. C 【解析】该生测验得80分，他的智商$IQ=15\times(X-\overline{X})/SD+100$，将题干中的数字代入上述公式，得出他的智商是115。

19. B 【解析】瑟斯顿的智力群因素理论概括出智力的七种基本因素：言语理解能力、语言流畅程度、数字能力、空间知觉能力、知觉速度、记忆能力和推理能力。

20. B 【解析】智力不是天生的，教育和教学对智力的发展起着主导作用。

21. C 【解析】加德纳认为，人的智力结构中存在着七种相对独立的智力（后发展为九种），这几种智力在每个人身上的组合方式是多种多样的，每个人在不同领域的智力发展水平是不同步的。有人可能在某一两个方面是天才，而在其余方面却是蠢材；有人可能每种智力都很一般，但如果他所拥有的各种智力被巧妙地结合在一起，则可能在解决某些问题时会显得很出色。因此，不能仅从一方面衡量、评价学生的好坏。

22. B 【解析】加德纳的多元智力理论认为，空间智力是指能以三维空间的方式思考，准确地感觉视觉空间，并把所知觉到的表现出来，对色彩、线条、形状及空间关系敏锐。

23. C 【解析】自知智力（也即内省智力），包括认识自己并选择自己生活方向的能力。题干所述体现了自知智力的内涵。

24. B 【解析】美国心理学家卡特尔根据因素分析的结果，按心智能力功能上的差异，将人的智力分为流体智力和晶体智力两种不同的形态。流体智力是一种以生理为基础的认知能力。它受先天遗传因素的影响较大。晶体智力是以学得的经验为基础的认知能力。它受后天经验的影响较大，与教育、文化有关。

25. A 【解析】智力成分亚理论认为，智力包括三种成分，即元成分、操作成分和知识获得成分。元成分起着核心作用，它决定人们解决问题时所使用的策略。

26. C 【解析】晶体智力是以学得的经验为基础的认知能力。它受后天经验的影响较大，主要表现为运用已有知识和技能去吸收新知识和解决新问题的能力。显然，晶体智力与教育、文化有关，但在个体差异上与年龄的变化没有密切关系，晶体智力不因年龄增长而降低，有些人甚至因知识经验的累积，晶体智力随着年龄的增长而升高。

27. A 【解析】受测验长度影响的测量指标是信度。

28. C 【解析】韦克斯勒智力量表的计算公式：$IQ=100+15Z$，$Z=(X-\overline{X})/SD$。C项表述错误。斯坦福—比纳量表是目前世界上广泛流传的智力测验之一。它用智龄和实际年龄的比率代表的智商，即智商（IQ）=智龄（MA）/实龄（CA）×100。故AB两项表述正确。瑞文标准推理测验的优点，在于适用的年龄范围宽，测验对象不受文化、种族与语言的限制，并且可用于一些生理缺陷者。故D项表述正确。

29. A 【解析】离差智商反映一个人在同龄人中智力所处的位置，其依据是每个年龄组人群总体的智力水平都呈正态分布。

30. B 【解析】流体智力是一种以生理为基础的认知能力，它受先天遗传因素影响较大。一般人在20岁以后，流体智力的发展达到顶峰，30岁以后随着年龄的增长而降低。故ACD三项说法正确，B项说法错误。

31. C 【解析】效度是指一个测验工具希望测到某种行为特征的有效性与准确程度。故A项说法正确。信度是指一个测验量表的可靠程度或可信程度。故B项说法正确。信度是效度的必要条件，但不是充分条件。信度低，效度不可能高；信度高，效度未必高；效度低，信度可能高；效度高，信度也必然高。C项说法错误，D项说法正确。

32. B 【解析】最早的智力测验是由法国心理学家比

纳和西蒙于1905年编制的，称为比纳—西蒙智力量表。

二、判断题

1. √ 【**解析**】区分度指对答题者在该项题目上的区分情况。高水平学生在测验上能得高分，低水平学生得低分，说明该测验区分度高。

2. × 【**解析**】晶体智力是以学得的经验为基础的认知能力，它受后天经验的影响较大。因此题干所述的能力属于晶体智力。

3. × 【**解析**】加德纳认为，在多元智力结构中，各种智力的地位是平等的。

4. × 【**解析**】韦克斯勒智力量表，简称韦氏智力量表，用离差智商来衡量人们的智力水平。

5. × 【**解析**】用智龄和实际年龄的比率代表的智商，称作比率智商。实际年龄大于智力年龄时，智商低于100，表明智力中等或低下。

三、辨析题

1. 信度高，效度不一定高；效度高，信度一定高。

(1)这种说法是正确的。(2)信度是效度的必要条件，但不是充分条件。一个测量工具要有效度必须有信度，没有信度就没有效度；但是有了信度不一定有效度。信度低，效度不可能高；信度高，效度未必高。效度低，信度很可能高；效度高，信度也必然高。

2. 小辉的学习成绩一般，但音乐节奏感却很强。这说明他的智商高。

(1)这种说法是不正确的。(2)英国心理学家斯皮尔曼认为，智力包括两种因素：一般因素(即G因素)和特殊因素(即S因素)。一个人智力高低取决于G因素的数量。音乐节奏感属于特殊因素，小辉音乐节奏感很强并不能说明他的智商高。

3. 晶体智力随着年龄的上升而升高。

(1)这种说法是正确的。(2)晶体智力是以学得的经验为基础的认知能力。它受后天经验的影响较大，主要表现为运用已有知识和技能去吸收新知识和解决新问题的能力。显然，晶体智力与教育、文化有关，但在个体差异上与年龄的变化没有密切关系，晶体智力不因年龄增长而降低，有些人甚至因知识经验的累积，晶体智力随着年龄的增长而升高。

4. 非逻辑思维是创造性思维的重要成分，在各种创造性活动中都起着重要作用。教师应鼓励学生大胆猜测，进行丰富想象，不必拘泥于常规答案。

(1)这种说法是正确的。(2)非逻辑思维是创造性思维的重要成分，在各种创造性活动中都起着重要作用，贯穿整个创造性活动的始终。教师应鼓励学生大胆猜测，进行丰富的想象，不必拘泥于常规的答案。给学生机会进行猜测，并尽量让他们有猜测的成功体验。

四、简答题(参考答案)

1. 简述多元智力理论。

(1)加德纳认为，智力是在某种文化环境的价值标准之下，个体用以解决问题与生产创造所需的能力。

(2)人的智力结构中存在着七种相对独立的智力(后发展为九种)，这几种智力在人身上的组合方式是多种多样的，每个人在不同领域的智力发展水平是不同步的。

(3)九种智力分别是：言语智力、逻辑—数学智力、视觉—空间智力、音乐智力、运动智力、人际智力、自知智力、认识自然智力和存在智力。

2. 简述创造力与智力的关系。

创造力的研究表明，创造力与智力并非简单的线性关系，二者既有独立性，又在某种条件下具有相关性，在整体上呈正相关趋势。高智商是高创造力的必要条件，但不是充分条件。其关系表现为：(1)低智商不可能具有高创造力；(2)高智商可能有高创造力，也可能有低创造力；(3)低创造力者的智商水平可能高，也可能低；(4)高创造力者必须有高于一般水平的智商。

3. 简述创造力的特征。

(1)流畅性。流畅性是指在限定时间内产生观念数量的多少。在短时间内产生的观念越多，流畅性越大。该特征能反映个体的心智灵活、思路通达的程度。

(2)灵活性。灵活性是指摒弃以往的习惯思维方法而开创不同思维方向的能力，也叫思维的变通性。

(3)独创性(独特性)。独创性是指产生不寻常的反应和不落常规的能力，以及重新定义或按新的方式对所见所闻加以组织的能力。

4. 简述斯坦伯格的三元智力理论。

美国耶鲁大学的心理学家斯坦伯格提出了智力的三元理论。该理论包括智力成分亚理论、智力情境亚理论和智力经验亚理论。

(1)智力成分亚理论认为，智力包括三种成分及相应的三种过程，即元成分、操作成分和知识获得成分。元成分是用于计划、控制和决策的高级执行过程，如确定问题的性质，选择解题步骤等；操作成分表现在任务的执行过程中，是指接收刺激，将信息保持在短时记忆中，并进行比较，它负责执行元成分的决策;知识获得成分是指获取和保存新信息的过程,负责接收新刺激,做出判断与反应,以及对新信息的编码与存储。在智力成分中,元成分起着核心作用,它决定人们解决问题时所使用的策略。

(2)智力情境亚理论认为,智力是指获得与情境拟合的心理活动。在日常生活中,智力表现为有目的地适应环境、塑造环境和选择新环境的能力,这些能力统称为情境智力。

(3)智力经验亚理论认为,智力包括两种能力:一种是处理新任务和新环境时所要求的能力;另一种是信息加工过程自动化的能力。

五、论述题(参考答案)

1. 如何培养学生的创造力?

(1)培养创造性认知能力。①培养创造力的知识基础。知识是提高创造力的基础。②创造性思维的培养。

(2)注重创造性人格的塑造。①保护好奇心;②解除个体对答错问题的恐惧心理;③鼓励独立性和创新精神;④重视非逻辑思维能力;⑤给学生提供具有创造力的榜样。

(3)创设有利的社会环境。①创设宽松的心理环境;②给学生留有充分选择的余地;③改革考试制度与考试内容。

(4)培养创造型的教师队伍。

2. 试述影响智力形成和发展的因素。

(1)遗传与营养。遗传素质是智力发展的基础和自然条件。胎儿及婴幼儿的营养状况也会影响智力的发展。(2)早期经验。研究表明,早期阶段获得的经验越多,智力发展就越迅速,不少人把学龄前称为智力发展的一个关键期。(3)教育与教学。智力不是天生的,教育和教学对智力的发展起着主导作用。(4)社会实践。社会实践不仅是学习知识的重要途径,也是智力发展的重要基础。(5)主观努力。环境和教育的决定作用,只能机械、被动地影响智力的发展。如果没有主观努力和个人的勤奋,要想获得事业的成功和智力的发展是根本不可能的。

3. 试述加德纳的多元智力理论对教学改革的启示。

(1)积极乐观的学生观。加德纳认为,每个学生的智力都有自己独特的表现形式,有自己的智力强项和学习风格。因此,我们应对所有的学生都抱有热切的成长希望,充分尊重每一个学生的智力特点,使教学真正成为愉快教学、成功教学,而不是把学生区分为三六九等。

(2)科学的智力观。长期以来,学校教育偏重于培养学生的言语智力和逻辑—数学智力,而忽视了对学生其他智力的开发和培养。根据多元智力理论,我们必须认识到学生智力的多样性、广泛性和差异性,把培养学生的多种能力放在同等重要的地位。

(3)因材施教的教学观。由于每个学生的智力都是多元的,其作用方式也是有差异的。因此,教师应该根据学生的智力特点来进行教学,要善于针对不同智力特点的学生,尤其是要根据学生智力结构中的优势智力,采用多元化的教学模式和教学方式,使不同的学生都能得到最好的发展。

(4)多样化的人才观和成才观。传统的观点认为,只有读了大学的人才是人才,也只有通过上大学这条路才有可能成才。而根据多元智力理论,每个学生都有自己的优势智力,只要这一优势智力得到了合理的发展,都有可能成为优秀人才,成才的道路也应该是多样化的。

六、材料分析题(参考答案)

多元智力理论是由美国心理学家加德纳提出来的。加德纳认为,人的智力结构中存在着七种相对独立的智力(后发展为九种),这几种智力在每个人身上的组合方式是多种多样的,每个人在不同领域的智力发展水平是不同步的。有人可能在某一两个方面是天才,而在其余方面却是蠢材;有人可能每种智力都很一般,但如果他所拥有的各种智力被巧妙地结合在一起,则可能在解决某些问题时会显得很出色。他还认为,通过提供丰富的环境、适当的训练与指导,能促使绝大多数学生将任何一种智力发展到更高水平。加德纳所提出的九种智力是:(1)言语智力;(2)逻辑—数学智力;(3)视觉—空间智力;(4)音乐智力;(5)运动智力;(6)人际智力(社交智力);(7)自知智力(内省智力);(8)认识自然智力(自然观察智能);(9)存在智力。

根据材料描述,妞妞的言语智力和逻辑—数学智力发展水平较高,而运动智力和人际智力发展水平相对较低。因此,教师应当因材施教,一方面继续发展提高妞妞的言语智力和逻辑—数学智力,使其优势得以发挥;另一方面应该针对其较弱的运动智力和人际智力进行适当的指导和训练,使其学会与同学和谐相处,运动智力也得到一定水平的发展。

真题必刷

一、单项选择题

1. D 【解析】A项,冲动型的学生在解决认知任务时,总是急于给出问题的答案,而不习惯对解决问题的各种可能性进行全面思考,有时问题还未弄清楚就开始解答。B项,沉思型的学生在解决认知任务时,总是谨慎、全面地检查各种假设,在确认没有问题的情况下才会给出答案。这种类型的学生解决问题的速度虽然慢,但错误率很低。C项,场依存型的学生对客观事物的判断常以外部线索为依据,其态度和自我认知易受周围环境或背景的影响,往往不易独立地对事物做出判断,而是人云亦云,从他人处获得标准;行为常以社会为定向,社会敏感性强,爱好社交活动。D项,场独立型的学生对客观事物的判断常以自己的内部线索为依据,不易受周围环境因素的影响和干扰,倾向于对事物的独立判断;行为常是非社会定向的,社会敏感性差,不善于社交,关心抽象的概念和理论,喜欢独处。"利用内部参照,不易受外界干扰"属于场独立型认知方式的特点,故选D项。

2. D 【解析】加德纳认为,人的智力结构中存在着七种相对独立的智力(后发展为九种)。这几种智力分别为:言语智力、逻辑—数学智力、视觉—空间智力、音乐智力、运动智力、人际智力(社交智力)、自知智力(内省智力)、认识自然智力(自然观察智能)和存在智力。D项不属于加德纳提出的智力。

3. C 【解析】黏液质的人安静稳重,沉默寡言,喜欢沉思,表情平淡,情绪不易外露,但内心的情绪体验深刻,给人以貌似"冷"的感觉,很像外凉内热的"热水瓶"。他们自制力很强,不怕困难,忍耐力高,表现出内刚外柔。他们与人交往适度,交情深厚,朋友少但却知心。他们的思维灵活性略差,但考虑问题细致而周到。故选C项。

4. B 【解析】英国心理学家艾森克根据内倾与外倾、情绪的稳定与不稳定这两个维度,把人的气质分成四种类型。(1)稳定内倾型,表现为温和、镇定、安宁、善于克制自己,相当于黏液质。(2)稳定外倾型,表现为活泼、悠闲、开朗、富于反应,相当于多血质。(3)不稳定内倾型,表现为严峻、慈爱、文静、易焦虑,相当于抑郁质。(4)不稳定外倾型,表现为冲动、好斗、易激动等,相当于胆汁质。题干描述对应的气质类型是稳定内倾型,故选B项。

5. A 【解析】美国心理学家戴安娜·鲍姆林德把父母教养方式归纳为两个维度:其一是父母对待儿童的情感态度,即接受—拒绝维度;其二是父母对儿童的要求和控制程度,即控制—容许维度。根据这两个维度的不同组合,可以形成四种教养方式:权威型(接受+控制)、专断型(拒绝+控制)、放纵型(接受+容许)和忽视型(拒绝+容许)。故选A项。

6. C 【解析】A项,操作能力是指人们操纵自己的肢体去完成各项活动的能力。B项,社交能力是指人们在社会交往活动中所表现出来的能力。C项,一般能力是指在不同种类的活动中都会表现出来的能力,是从事一切活动所必备的能力的综合,如观察力、记忆力、抽象概括能力、创造力等。D项,特殊能力是指从事某种专门活动所需要的能力。题干描述符合一般能力的定义,故选C项。

7. A 【解析】效度是指一个测验工具希望测到某种行为特征的有效性与准确程度。故选A项。考生应能辨析信度和效度。信度是指一个测验量表的可靠程度,效度是指有效性和准确性。

二、填空题

1. 多血质　黏液质
2. 胆汁质

三、判断题

1. × 【解析】智力是使人能顺利完成某种活动所必需的各种认知能力的有机结合,主要包括注意力、观察力、记忆力、想象力和思维力等成分,并以思维力为核心。

2. √ 【解析】创造性思维以发散思维为核心。发散思维具有流畅性、灵活性(变通性)和独创性(独特性)等特点。

第五章　儿童心理发展

基础必刷

专题一　人生全程发展概述

一、单项选择题

1. A 【解析】心理发展的普遍模式为我们构建了儿童心理成长的基本框架。但就每个个体而言,尽管心理发展遵循着相同的模式,但必须注意到发展的个体差异:发展的优势、发展的速度、最终达到的水平各不相同。题干所述体现了心理发展的普遍性的内含。

2. C 【解析】幼儿感知能力发展迅速,但不具有抽象思维说明个体不同系统在发展的过程中存在差异,体现的是心理发展的不平衡性。

3. C 【解析】从总的发展趋势来看,3岁前的幼儿期出现了第一个加速发展的时期,然后是儿童期的平稳发展,然后到青春发育期又出现第二个加速期,然后又是平稳发展,到老年期开始下降。

4. D 【解析】学习准备,又可称为学习的"准备状态"或学习的"准备性",指的是学习者在从事新的学习时，其身心发展水平对新的学习的适应性，即学生在学习新知识时，那些促进或妨碍学习的个人生理、心理发展的水平和特点。故选D项。A项，定势(即心向)是指重复先前的操作所引起的一种心理准备状态。B项，最近发展区是儿童在有指导的情况下，借助成人帮助所能达到的解决问题的水平与独自解决问题所达到的水平之间的差异，实际上是两个邻近发展阶段间的过渡状态。C项，学习迁移也称训练迁移，是指一种学习对另一种学习的影响，或习得的经验对完成其他活动的影响。

5. C 【解析】教育在个体心理发展中起主导作用。

6. D 【解析】2岁是儿童口头言语发展的关键期，4岁是形状知觉形成的关键期。

7. D 【解析】心理学家所讲的关键期，是指人或动物的某些行为与能力的发展有一定的时间，如果在此时给予适当的良性刺激，会促使其行为与能力得到更好的发展；反之，则会阻碍发展甚至导致行为与能力的缺失。

8. D 【解析】心理发展是指个体从出生、成熟、衰老直至死亡的整个生命过程中所发生的一系列心理变化。故选D项。

二、简答题(参考答案)

1. 简述儿童心理发展的基本特征。

(1)心理发展的连续性与阶段性；(2)心理发展的普遍性与多样性；(3)心理发展的稳定性与变化性；(4)心理发展的主动性与被动性；(5)心理发展的方向性与不可逆性；(6)心理发展的不平衡性。

2. 简述我国心理学家对个体心理发展的阶段划分。

我国心理学家将个体的心理发展划分为八个阶段：乳儿期(0～1岁)、婴儿期(1～3岁)、幼儿期(3～6、7岁)、童年期(6、7～11、12岁)、少年期(11、12～14、15岁)、青年期(14、15～25岁)、成年期(25～65岁)、老年期(65岁以后)。

3. 简述个体心理发展的影响因素。

(1)遗传；(2)环境；(3)教育；(4)主观能动性。

4. 如何根据心理发展的特征进行教育？

(1)教育必须以一定的心理发展特点为依据。①结合学生的心理发展特点，注意学生心理发展的个体差异；②注意学生的学习准备状态；③注意关键期对儿童心理发展的作用，抓住关键期。(2)教育对心理发展起主导作用。

三、材料分析题(参考答案)

材料体现了环境决定论的观点。环境对个体的心理发展有着十分巨大的影响，人所处的环境和一般动物有着本质的区别，离开了社会环境与社会实践，人的心理就不可能向人的方向发展。环境对人的心理发展具有一定的影响，但不决定人的发展，影响个体心理发展的因素还有：(1)遗传，它是个体心理发展的生物前提和物质基础；(2)教育，它制约着学生心理发展的过程、方向、趋势、速度和程度；(3)主观能动性，它是个体心理发展的内在动力。虽然环境制约着人心理的发展，但是人在一定程度上又可以发挥主观能动性，超越环境的制约，因此，夸大环境对人的发展的作用，特别是“环境决定论”的观点是错误的。

专题二　儿童认知发展与教育

一、单项选择题

1. B 【解析】本题中考生需识记并区分皮亚杰的认知发展阶段理论中每个阶段对应的特征，如下表。

阶段	表现特征
感知运动阶段(0～2岁)	(1)感觉和动作的分化；(2)“客体永久性”的形成；(3)问题解决能力开始得到发展；(4)延迟模仿的产生
前运算阶段(2～7岁)	(1)早期的信号功能：用符号“牛”代表真正的牛；(2)自我中心性(中心化)；(3)不可逆运算：没有“守恒”能力；(4)不能够推断事实；(5)泛灵论：任何物体都有生命；(6)不合逻辑的推理；(7)不能理顺整体和部分的关系；(8)认知活动具有具体性，还不能进行抽象的思维运算
具体运算阶段(7～11岁)	依赖于实物和直观形象进行逻辑推理和运用逻辑思维解决问题，不能够进行纯符号运算。(1)去自我中心性(去中心化)；(2)可逆性；(3)守恒；(4)分类；(5)序列化
形式运算阶段(11岁～成人)	思维的发展趋于成熟。(1)命题之间的关系；(2)假设—演绎推理；(3)类比推理；(4)抽象逻辑思维；(5)可逆与补偿；(6)反思能力；(7)思维的灵活性；(8)形式运算思维的逐渐发展

用竹子和长凳代替骏马，体现的是早期的信号功能，对应的发展阶段是前运算阶段。

2. C 【解析】“教学应走在发展前面”包含两层含义：(1)教学在发展中起主导作用，它决定着儿童的发展，决定着发展的内容、水平、速度及智力活动的特点；(2)教学创造着最近发展区。教学应适应学生的现有水平，但更重要的是要发挥教学对发展的主导作用。

3. A 【解析】感知运动阶段的其中一个特点是客体永久性，即知道某人或某物虽然现在看不见但仍然是存在的。故选A项。

4. A 【解析】维果斯基认为，儿童有两种发展水平：一是儿童的现有水平，即由一定的已经完成的发展系统所形成的儿童心理机能的发展水平；二是可能达到的发展水平。这两种水平之间的差异，就是最近发展区。数学老师不仅看到了学生的现有水平，还看到了学生可能达到的发展水平，说明该老师了解学生的最近发展区。

5. A 【解析】A项，同化是指在有机体面对一个新的刺激情境时，把刺激整合到已有的图式或认知结构中。通过这一过程，主体才能对新刺激做出反应，动作也得以加强和丰富。毛毛将看到的新刺激"潜水员"整合到自己已有的图式"消防员"中，这个过程是同化过程。故选A项。B项，顺应是指当有机体不能利用原有图式接受和解释新刺激时，其认知结构发生改变来适应新刺激的影响。C项，平衡是指同化和顺应之间的"均衡"。D项，图式是指人在认识周围世界的过程中，形成自己独特的认知结构。

易错警示：考生易混淆同化和顺应的概念。简单记忆就是同化不改变认知结构，顺应改变认知结构。

6. B 【解析】皮亚杰的理论核心是"发生认识论"。皮亚杰认为，人的知识来源于动作，动作是感知的源泉和思维的基础。儿童心理发展的实质和原因就是主体通过动作完成对客体的适应。

7. A 【解析】同化是指在有机体面对一个新的刺激情境时，把刺激整合到已有的图式或认知结构中。题干中幼儿的知识建构方式是同化。

8. B 【解析】前运算阶段儿童的思维具有泛灵论的特点，即将人类的特征赋予无生命的物体。前运算阶段的儿童会认为任何物体都是有生命的。

9. C 【解析】皮亚杰认为，儿童对环境做出的适应性变化并不是消极被动的过程，而是一种内部结构的积极建构过程。因此，皮亚杰的认知发展观属于建构主义。

10. C 【解析】前运算阶段儿童的思维具有自我中心性的特点，只能站在自己的角度上思考问题。小红认为自己喜欢狗，所以每个人都喜欢狗，这体现了小红思维具有自我中心性。

11. B 【解析】高级心理机能作为历史发展的结果，以语言符号系统为中介，它是人类所特有的，使得人类心理在本质上区别于动物。

12. B 【解析】具体运算阶段(7~11岁)的儿童能够运用逻辑思维解决具体问题，但必须依赖于实物和直观形象的支持才能进行逻辑推理和运用逻辑思维解决问题，不能够进行纯符号运算。婷婷在做数学题时，会时不时数一数手指，说明婷婷处于具体运算阶段。故选B项。

13. A 【解析】处于前运算阶段的儿童的思维具有自我中心性。他们往往只注意主观的观点，不能向客观事物离中，常以自己的经验为中心，从自己的角度出发来观察和理解世界。处于该阶段的小小还不会从他人的角度看问题，会认为丁丁回来后会到衣柜里找玩具。

14. C 【解析】皮亚杰认为，儿童心理发展的实质和原因就是主体通过动作完成对客体的适应。适应的本质在于取得机体与环境的平衡。适应分为两种不同的类型：同化和顺应。

15. C 【解析】具体运算阶段的儿童不能想象独立于他们直接经验之外的事物，但能够考虑多个感知特征，即去自我中心，得出具体问题的解决方法。儿童能够从两个或两个以上角度考虑问题，说明其思维已经具有去中心化的特征，认知水平已经达到了具体运算阶段。

16. D 【解析】前运算阶段的儿童还没有"守恒"能力或没有形成"守恒"的概念，思维缺乏观念的传递性。思维活动表现的关系单一，不能进行可逆运算。题干所述体现出小男孩处于前运算阶段。

二、判断题

1. × 【解析】认知发展处于形式运算阶段的儿童，其思维是以命题形式进行的。故题干说法错误。

2. √ 【解析】皮亚杰认为，图式是指人在认识周围世界的过程中，形成自己独特的认知结构。从发展的角度来看，儿童最初的图式是遗传所带来的一些本能反射行为，如吸吮反射、定向反射等。

3. √ 【解析】皮亚杰认为，认知发展是一个建构的过程，是个体在与环境的相互作用中实现的。

4. √ 【解析】维果斯基强调教学不能只适应发展的现有水平，还应适应最近发展区，从而走在发展的前面，最终跨越"最近发展区"而达到新的发展水平。

5. × 【解析】皮亚杰认为，认知阶段出现的先后次序是不变的，具有普遍性。认知结构的发展是一个连续构造的过程，每一阶段都是前一阶段的延伸，是在新的水平上对前一阶段进行改组而形成的新系统。

三、简答题（参考答案）

1. 简述“教学应该走在发展的前面”的含义及其意义。

（1）在维果斯基看来，教学的可能性由学生的最近发展区决定，“教学应该走在发展的前面”。这里有两层含义：①教学在发展中起主导作用。它决定着儿童的发展，决定着发展的内容、水平、速度及智力活动的特点。②教学创造着最近发展区。教学应适应学生的现有水平，但更重要的是要发挥教学对发展的主导作用。（2）它的提出说明了儿童发展的可能性，其意义在于：指导教育者不应只看到儿童今天已达到的发展水平，还应看到仍处于形成的状态，正在发展的过程。所以，维果斯基强调教学不能只适应发展的现有水平，还应适应最近发展区，从而走在发展的前面，最终跨越“最近发展区”而达到新的发展水平。因此，教学的最佳效果产生于“最近发展区”。

2. 简述影响认知发展的因素。

（1）成熟；（2）练习和经验（自然经验）；（3）社会性经验；（4）平衡。

四、论述题（参考答案）

1. 如何根据认知发展理论促进儿童的认知发展？

（1）教学应充分发挥学生的主体性；（2）教学策略要和学生的能力相匹配；（3）教学要提供学生互动的课堂情境；（4）教学要重视学生自我调节能力的培养。

2. 试述皮亚杰的认知发展阶段理论。

皮亚杰认为认知发展是一个建构的过程，是个体在与环境的相互作用中实现的。他提出了认知发展阶段理论，将个体的认知发展分为四个阶段：

（1）感知运动阶段（0～2岁）

感知运动阶段的婴儿主要有以下几个方面的特点：①感觉和动作的分化；②“客体永久性”（即知道某人或某物虽然现在看不见，但仍然是存在的）的形成；③问题解决能力开始得到发展；④延迟模仿的产生。

（2）前运算阶段（2～7岁）

这一阶段，儿童的思维特征主要表现在以下几个方面：①早期的信号功能；②自我中心性（中心化）；③不可逆运算；④不能够推断事实；⑤泛灵论；⑥不合逻辑的推理；⑦不能理顺整体和部分的关系；⑧认知活动具有具体性，还不能进行抽象的思维运算。

（3）具体运算阶段（7～11岁）

具体运算是一种与真实、具体的物体相关的可逆的心理活动。与前运算阶段相比，具体运算阶段的儿童能够运用逻辑思维解决具体问题，但必须依赖于实物和直观形象的支持才能进行逻辑推理和运用逻辑思维解决问题，不能够进行纯符号运算。这一阶段儿童的思维具有以下特点：①去自我中心性（去中心化）；②可逆性；③守恒（即儿童认识到客体在外形上发生了变化，但特有的属性不变）；④分类；⑤序列化。

（4）形式运算阶段（11岁～成人）

形式运算阶段，是儿童思维发展趋于成熟的阶段。本阶段儿童思维的特征如下：①命题之间的关系；②假设—演绎推理；③类比推理；④抽象逻辑思维；⑤可逆与补偿；⑥反思能力；⑦思维的灵活性；⑧形式运算思维的逐渐发展。

五、材料分析题（参考答案）

1. （1）瑶瑶会回答瓶子里的牛奶多。

（2）依据皮亚杰的认知发展阶段理论，四岁的瑶瑶认知发展处于前运算阶段，这个阶段的儿童还没有形成“守恒”的概念，思维缺乏观念的传递性。儿童观察事物时往往只能注意表面的、显著的特征，倾向于注意事物的静止状态。思维活动表现的关系单一，不能进行可逆运算。所以，瑶瑶看到瓶子里的牛奶比坛子里的牛奶高后，会认为瓶子里的牛奶多。

2. （1）原因：皮亚杰认为认知发展是一个构建的过程，是个体在与环境的相互作用中实现的。他提出了认知发展的阶段理论，将个体的认知发展分为以下四个阶段：①感知运动阶段（0～2岁）；②前运算阶段（2～7岁）；③具体运算阶段（7～11岁）；④形式运算阶段（11岁～成人）。每个阶段的儿童都表现出不同的认知特征。初中生处于形式运算阶段，他们的思维是以命题形式进行的，他们不仅能够运用经验—归纳的方式进行逻辑推理，而且能够运用假设—演绎推理的方式来解决问题，能够很好地进行类比推理，能理解符号的意义、隐喻和直喻，能对事物做一定的概括，形式运算思维得到逐渐发展等；而具体运算阶段的儿童虽然能够运用逻辑思维解决具体问题，但必须依赖于实物和直观形象的支持才能进行逻辑推理和运用逻辑思维解决问题，不能够进行纯符号运算。谢老师以前从事的是初中数学教学，初中生的认知发展水平处于形式运算阶段，而后来所教的小学生的认知发展水平处于具体运算阶段，两者的认知结构发展程度不同，因此谢老师原来的教法不适用于现在所教的小学生。

(2)解决办法：①按认知发展顺序设计课程。第一，学校课程的难度必须配合学生心理发展的水平；第二，在确定某年级的课程难度时，应该先设计实验，从学生实际的思维过程中观察分析各单元的编排是否适宜。谢老师应该调整原来的教学方法，使其适应小学生的认知发展。

②教师应该安排教学内容，提供略微高于学生现有思维水平的教学。谢老师可以适当设计训练，在这个基础上开展和安排教学促进思维发展，引导小学生发展抽象逻辑思维。

③调动学生学习的主动性和自主性，使他们积极地参与到学习活动中来。根据小学生的特点，谢老师可以设计吸引学生注意力的课程、活动，调动学生学习的热情与积极性。

④重视社会交往对儿童认知发展的作用。儿童与同伴的合作学习、相互讨论、互相促进，容易获得最佳的学习效果。

⑤儿童在认知发展过程中存在着个体差异，要因材施教。根据儿童认知发展的具体情况以及个体的需求、兴趣因材施教，满足不同类型儿童的个性化需求。

专题三　儿童个性、社会性发展与教育

一、单项选择题

1. A 【解析】本题中考生应区分艾里克森人格发展阶段理论中每一阶段所对应的冲突和矛盾。如下表。

阶段	年龄	任务
基本的信任感对基本的不信任感	0～1.5岁	培养信任感
自主感对羞耻感	2～3岁	培养自主性
主动感对内疚感	4～5岁	培养主动性
勤奋感对自卑感	6～11岁	培养勤奋感
自我同一性对角色混乱	12～18岁	培养自我同一性
亲密感对孤独感	成年早期	培养亲密感
繁殖感对停滞感	成年中期	培养繁殖感
自我整合对绝望感	成年晚期	培养自我整合

因此，6～11岁的发展任务是培养勤奋感。

2. A 【解析】科尔伯格采用“道德两难故事法”进行研究，最典型的就是用“海因茨偷药”的故事，让儿童对道德两难问题做出判断。

3. B 【解析】习俗水平包括以下两个阶段：(1)好孩子的道德定向阶段；(2)维护权威或秩序的道德定向阶段。好孩子的道德定向阶段儿童的价值是以人际关系的和谐为导向，顺从传统的要求，符合大众的意见并谋求大家的称赞。在进行道德评价时，总是考虑到社会对一个“好孩子”的期望和要求，并总是按照这种要求去展开思维。根据题干所述，本题选B项。

4. A 【解析】艾里克森认为，0～1.5岁孩子的发展任务是发展对周围世界，尤其是对社会环境的基本态度，培养信任感。

5. C 【解析】处于后习俗水平中社会契约的道德定向阶段的个体，具有强烈的责任心和义务感，故C项说法错误。前习俗水平包括两个阶段：(1)服从与惩罚的道德定向阶段。这一阶段儿童的道德价值来自对外力的屈从或对惩罚的逃避。他们衡量是非的标准是由成年人来决定的，对成人或准则采取服从的态度，缺乏是非善恶的观念。AD两项说法正确。(2)相对功利的道德定向阶段。这一阶段的儿童在进行道德评价时，开始从不同角度将行为与需要联系起来，但具有较强的自我中心性，认为符合自己需要的行为就是正确的。B项说法正确。

6. A 【解析】儿童道德的发展经历从他律到自律的转化发展过程。他律是指早期儿童的道德判断只注意行为的客观效果，不关心主观动机，是受自身以外的价值标准所支配的道德判断，具有客体性；自律则是指儿童自己的主观价值、主观标准所支配的道德判断，具有主体性。故选A项。

7. D 【解析】美国精神分析学家艾里克森认为，人格发展是一个逐渐形成的过程，必须经历八个顺序不变的阶段。

8. B 【解析】科尔伯格认为，处于习俗水平的人际协调的定向阶段的个体按照人们所称“好孩子”的要求去做，以得到别人的赞许。题干所述说明儿童的道德发展处于习俗水平。

9. C 【解析】自律或合作道德阶段的儿童已不把准则看成是不可改变的，而把它看作是同伴间共同约定的。该阶段的特征是：儿童一般都形成了这样的概念，如果所有的人都同意的话，规则是可以改变的。儿童已经意识到一种同伴间的社会关系，应相互尊重。准则对他们来说已具有一种保证他们相互行动、互惠的可逆特征。

10. B 【解析】服从与惩罚的道德定向阶段的儿童的道德价值来自对外力的屈从或对惩罚的逃避。他们缺乏是非善恶的观念，只根据行为后果来判断对错。

11. A 【解析】皮亚杰采用“对偶故事法”对儿童道德判断的发展进行研究。

12. A 【解析】皮亚杰从儿童对规则的态度、对行为责任的判断、儿童的公正观念以及对惩罚公正性的判断这几个方面来研究儿童道德认知的发展。他认为，随着年龄的增长，儿童判断行为对错是从客观责任向主观责任发展的。

13. A 【解析】艾里克森将个体的发展划分为八个阶段，青春期为 12 岁～18 岁，本阶段的主要矛盾是自我同一性对角色混乱，本阶段的发展任务是培养自我同一性。

14. B 【解析】皮亚杰将儿童的道德发展划分为四个阶段：(1)自我中心阶段(2～5岁)；(2)权威阶段(6～8岁)；(3)可逆性阶段(8～10岁)；(4)公正阶段(10～12岁)。

15. B 【解析】习俗水平包括两个阶段：好孩子的道德定向阶段和维护权威或秩序的道德定向阶段。维护权威或秩序的道德定向阶段的道德价值是以服从权威为导向，包括服从社会规范，遵守公共秩序，尊重法律的权威，以法制观念判断是非、知法守法。小周认为司机违反了交通法规，理应受到处罚，说明小周的道德发展水平处于习俗水平阶段。

二、论述题(参考答案)

1. 试述造成学生品德不良的主要原因。

学生品德不良的客观原因：(1)家庭方面。不良的家庭环境和家庭教育对学生品德不良的影响有：①父母的溺爱、迁就；②父母对子女要求过高，管教过严，又缺乏正确的教育方法和措施；③家长在教育方式、方法上的不一致，或单凭个人情绪来处理和教育子女的行为问题；④家长缺乏表率作用，无视或忽视自己的一言一行所产生的不良后果；⑤家庭成员本身的恶习或家庭结构的剧变，如父母离异、有偷拿或赌博等行为，会使儿童受到腐蚀，或使儿童心灵受到创伤而引起性格变异，导致品德不良。(2)社会方面。广义的社会环境，指整个社会关系和社会风尚。狭义的社会环境，则指学校和家庭以外的学生的朋友、邻居、社区，以及影响个体发展的各种社会活动，等等。从总体看，社会主义的社会环境是有利于学生品德健康成长的。但是，对于那些形形色色的腐朽思想和不正之风对学生可能产生的侵蚀和影响也不能低估。处于成长发展中的青少年、儿童缺乏较为全面、深刻的分析能力，一些社会允许但不适宜于儿童接触的文艺作品也可能对学生品德的发展产生副作用。对此教育者应该注意防范和引导。(3)学校方面。学校教育工作者在教育观点上的偏颇或方法上的不当，也会在一定程度上间接地造成或助长学生的不良品德。

学生品德不良的主观原因：(1)缺乏正确的道德观念和道德信念；(2)道德意志薄弱；(3)受不良行为习惯的支持；(4)性格上的某些缺陷；(5)某些需要没有得到满足。

2. 试述皮亚杰关于儿童的品德发展的划分。

皮亚杰把儿童的品德发展划分为四个阶段：

(1)自我中心阶段(2～5岁)

自我中心阶段是从儿童能够接受外界的准则开始的。此阶段儿童还不能把自己同外在环境区别开来，而把外在环境看作是他自身的延伸。规则对于他来说，还不具有约束力。

(2)权威阶段(他律道德阶段或道德实在论阶段)(6～8岁)

该时期的儿童服从外部规则，接受权威指定的规范，把人们规定的准则看作是固定的、不可变更的，而且只根据行为后果来判断对错。看待行为有绝对化的倾向；赞成严厉的惩罚，并认为受惩罚的行为本身就说明是坏的，还把道德法则与自然规律相混淆，认为不端的行为会受到自然力量的惩罚。

(3)可逆性阶段(自律或合作道德阶段)(8～10岁)

这一阶段的儿童已不把准则看成是不可改变的，而把它看作是同伴间共同约定的。该阶段的特征是：儿童一般都形成了这样的概念，如果所有的人都同意的话，规则是可以改变的。儿童已经意识到一种同伴间的社会关系，应相互尊重。准则对他们来说已具有一种保证他们相互行动、互惠的可逆特征。同伴间的可逆关系的出现，标志着品德开始由他律进入自律阶段。开始以动机作为道德判断的依据，认为公平的行为都是好的。关于惩罚，认为只有有回报的惩罚才是合理的；能把自己置于别人的位置，判断不再绝对化，看到可能存在的几种观点。

(4)公正阶段(10～12岁)

这一阶段的公正观念是从可逆的道德认知中脱胎而来的。他们开始倾向于主持公正、公平等。公正的奖惩不能是千篇一律的，应根据个人的具体情况进行。也就是说，儿童不再刻板地按固定的规则去判断，在依据规则判断时会考虑到同伴的一些具体情况，从关心和同情的角度出发去判断。

3. 试述艾里克森人格发展理论的教育价值。

(1)艾里克森探讨了社会文化因素对人格发展的影响,重视教育对发展的作用。艾里克森认为适当的教育可以促进个体的发展,而不适当的教育则将阻碍个体的发展,因此,儿童时期的教育环境对以后的发展有重要作用。

(2)艾里克森提出了人格的发展在不同阶段有不同任务,掌握不同时期的发展特点,就可避免出现心理危机,使发展达到理想的境界。这有助于教育者了解学生,采取相应的教育指导,帮助学生顺利发展。

4. 试述皮亚杰和科尔伯格道德发展理论的教育价值。

(1)学校道德教育应符合儿童的道德发展水平。儿童的道德发展阶段是一个渐进有序的过程,因此,对各个阶段的儿童进行道德教育的内容也不同。它不能超越儿童道德发展的一般进程,应当符合儿童道德发展的实际水平,否则,儿童不能将其内化为自身的道德观念,从而导致教育的失败。

(2)学校应在实践活动中进行德育,充分发挥学生的主体作用。学生作为独立的个体,有着巨大的发展潜力,而且存在个别差异。因此,学校道德教育应首先注重人的主体性,从学生的兴趣和内在需要出发,在活动中为学生提供发展个性的机会,使他们在实践中承担和扮演各种角色,从中因势利导,在实践中不断强化道德认识、培养道德情感、促进道德的发展,从而提高学生的道德综合素质。

(3)改进学校道德教育的方法。我国传统的道德教育的最大特点是以教育者为中心的灌输和说教。教师将德育的内容通过讲授的方式传授给学生,使学生接受社会所认可的道德观念并最终形成固定的行为习惯。这种单一、僵化的灌输方式忽略了学生是一个自主能动地进行认识和实践的主体,很容易引起学生的厌恶和反感。所以,教师在课堂上应鼓励学生提问,促进学生间的相互作用;鼓励学生,甚至是学龄前儿童,去参与道德问题的讨论,使他们产生认知冲突,以此促进其道德思维的发展。

三、材料分析题(参考答案)

(1)美国精神分析学家艾里克森认为,人格发展是一个逐渐形成的过程,必须经历八个顺序不变的阶段,其中前五个阶段属于儿童成长和接受教育的时期。每一个阶段都有一个由生物学的成熟与社会文化环境、社会期望之间的冲突和矛盾所决定的发展危机。成功而合理地解决每个阶段的危机或冲突将使个体形成积极的人格特征和健全的人格。人格发展的第五个阶段是自我同一性对角色混乱阶段(12~18岁)。这一阶段大体相当于少年期和青春初期。个体此时开始体会到自我概念问题的困扰,开始考虑"我是谁"这一问题,体验着角色同一性与角色混乱的冲突。这里的角色同一性是有关自我形象的一种组织,它包括有关自我的能力、信念、性格等的一贯经验和概念。材料中梁丽和王磊面临角色同一性对角色混乱之间的冲突和选择时,产生同一性迷乱。他们未能成功地选择或没有严肃地考虑这些选择,对自己的社会角色和人生目标未能形成定论,产生了迷乱。

(2)教师通常是最合适和最有可能帮助学生获得同一性的人。当学生出现同一性危机时,教师要积极帮助学生处理这些危机。本材料中,教师可以采取的措施有:①把青少年当作成人看待;②不在其他同伴或其他有关的人面前轻视青少年;③给予明确的指示,让青少年独立完成任务;④注意发挥非正式群体积极的作用;⑤提供机会让学生体验社会角色和职业;⑥和学生保持良好的沟通,让学生有意识的了解自己;等等。

真题必刷

一、单项选择题

1. B 【解析】心理学家将个体的心理发展划分为八个阶段:乳儿期(0~1岁)、婴儿期(1~3岁)、幼儿期或学龄前期(3~6、7岁)、童年期或学龄初期(6、7~11、12岁)、少年期或学龄中期(11、12~14、15岁)、青年期(14、15~25岁)、成年期(25~65岁)、老年期(65岁以后)。故选B项。

2. A 【解析】感知运动阶段的婴儿主要有以下几个方面的特点:(1)感觉和动作的分化;(2)"客体永久性"的形成;(3)问题解决能力开始得到发展;(4)延迟模仿的产生。故选A项。

3. D 【解析】维果斯基提出了最近发展区理论,并认为教学的可能性由学生的最近发展区决定,"教学应该走在发展的前面"。

4. B 【解析】科尔伯格将道德判断分为三个水平,每一水平包含两个阶段,六个阶段依照由低到高的层次发展。(1)前习俗水平。这个水平包括服从与惩罚的道德定向阶段和相对功利的道德定向阶段。(2)习俗水平。习俗水平包括好孩子的道德定向阶段和维护权威或秩序的道德定向阶段。(3)后习俗水平。后习俗水平包括社会契约的道德定向阶段和普遍原则的道德定向阶段。故选B项。

二、简答题(参考答案)

1. 简述科尔伯格的品德发展阶段理论。

科尔伯格将道德判断分为三个水平,每一水平包含两个阶段,六个阶段依照由低到高的层次发展。

(1)前习俗水平大约出现在幼儿园及小学中低年级。包括两个阶段:①服从与惩罚的道德定向阶段;②相对功利的道德定向阶段。

(2)习俗水平。这是在小学中年级出现的,一直到青年、成年。包括两个阶段:①好孩子的道德定向阶段;②维护权威或秩序的道德定向阶段。

(3)后习俗水平:①社会契约的道德定向阶段;②普遍原则的道德定向阶段。

2. 在艾里克森的人格发展阶段理论中,小学生处于哪个阶段?其发展的主要任务是什么?

(1)在艾里克森的人格发展阶段中,小学生处于勤奋感对自卑感(6~11岁)阶段。(2)本阶段的发展任务是培养勤奋感。在这个时期,多数儿童已进入学校,第一次接受社会赋予他们并期望他们完成的任务。他们追求任务完成时获得的成就感及由此带来的长辈的认可和赞许。如果儿童在学习、游戏等活动中不断取得成就并受到成人的奖励,儿童将以成功、嘉奖为荣,形成乐观、进取和勤奋的人格;反之,如果由于学习方法不当或努力不够而多次遭受挫折或其成就受到漠视,儿童就容易形成自卑感。

第六章　小学生心理发展

基础必刷

专题一　小学生认知、情感发展与教育

一、单项选择题

1. A 【解析】青春期前的男孩在动作技能方面的优势很微弱,之后优势越来越明显。
2. D 【解析】发展小学生观察力的首要条件是向学生明确地提出观察的目的、任务和具体方法。教师必须明确地给学生提出观察的目的和任务,只有这样,才能正确地引发学生的注意,使它指向于必须知觉的对象。
3. B 【解析】识字是儿童掌握书面言语的基础。A项说法正确。小学生的阅读发展不平衡,个体差异较大,总体呈现出女生优于男生的状态。小学三年级学生已经学会默读,五年级达到高峰。B项说法错误,D项说法正确。小学生的写作能力是从口头造句、看图讲话开始,在小学中年级以后才能进入独立写作阶段,写作能力随着年龄的增长而发展。C项说法正确。本题为选非题,故选B项。
4. D 【解析】小学生思维发展的基本特征是从以具体形象思维为主逐步向以抽象逻辑思维为主过渡,但仍带有较大的具体性、不自觉性和不平衡性。
5. C 【解析】小学生注意的广度存在着性别差异,无论低年级或高年级,女生的注意广度高于男生。
6. D 【解析】小学儿童知觉的发展表现为:知觉的有意性、目的性、选择性随年级增长而显著提高,知觉的分析与综合水平也在逐步提高,形状知觉、空间知觉、时间知觉和运动知觉也得到较快发展。故ABC三项表述正确。小学儿童的方位知觉发展具有不平衡的特点:前后、上下知觉发展较早,而左右知觉发展较晚。故D项表述错误。
7. B 【解析】小学低年级学生的无意注意即不随意注意占主导地位。
8. B 【解析】总的来说,小学生的思维还是具有很大的具体性,其具体形象思维向抽象逻辑思维过渡的时期大约出现在四年级(10~11岁)。
9. D 【解析】小学生的积极情感是在实践活动中形成和发展起来的,因此,可以通过各种实践活动培养小学生积极的情感:(1)通过参加劳动培养热爱劳动的情感;(2)通过参加集体活动培养集体主义情感;(3)通过接触大自然和社会实践培养爱国主义情感。
10. D 【解析】从记忆的内容看,小学生的记忆主要以具体形象记忆为主,语词逻辑记忆在逐步发展。
11. A 【解析】小学低年级学生观察的精确性、深刻性不够,对事物的观察通常是笼统的、表面的、局部的,不能准确、全面、深入地感知事物。因此会出现形近字混淆的问题。
12. D 【解析】运动觉就是关节肌肉的感觉。它是传递人们对四肢位置、运动状态及肌肉收缩程度的信号的。这种感受器的器官散布在关节、肌肉和肌腱等神经纤维的深处。运动觉的发展对人的活动具有重大的意义。小学低年级学生手部肌肉力量不强,骨化未完成,因此,运笔不协调,字迹容易歪歪扭扭。小学生使用铅笔和田字格本是为了规范书写。
13. D 【解析】小学儿童的方位知觉发展具有不平衡的特点:前后、上下知觉发展较早,而左右知觉发展较晚。例如,刚入学儿童对字形的感知,注意形状而不注意方位,因此他们常把“b”与“d”、“p”与“q”相混淆。
14. B 【解析】小学生情感发展的特点:(1)情感体验的内容日益丰富;(2)情感表现的深刻性逐步增加;

(3)友谊感逐渐发展;(4)情感的动力特征明显,(5)高级情感得到进一步发展;(6)情感稳定性明显增强;(7)情感自控力不断增强。

15. B 【解析】兴趣可以分为直接兴趣和间接兴趣。直接兴趣是对活动本身感兴趣,而间接兴趣是对活动的结果感兴趣。直接兴趣会引起小学生的无意注意,而间接兴趣和有意注意有密切的关系,它是培养注意力的一个重要的心理条件。

16. D 【解析】良好观察品质的形成是以良好观察习惯的养成为标志的。培养小学生的观察力要注意培养他们良好的观察习惯。

17. C 【解析】小学生常用的记忆策略有复述策略、精加工策略和组织策略。

18. A 【解析】小学儿童认识字形的心理过程一般有三个阶段:泛化阶段、初步分化阶段和精确分化阶段。

19. A 【解析】在整个小学时期,儿童想象的主题易变性还比较明显,想象不能有效地指向某一预定的目的。因此,小学低年级学生仍以无意想象为主。

20. C 【解析】从记忆方法来看,小学低年级儿童较多地运用机械记忆,随着年龄增长,意义记忆逐步增加,而机械记忆相对减少。

21. D 【解析】儿童的口头言语在形式上包括两种:对话言语和独白言语。

22. C 【解析】合理宣泄法是指当人受到不良刺激而产生消极情绪时,应让不良情绪充分得以宣泄,通过合理的宣泄来减轻心理负担,恢复心理平静。跑步、大声喊叫和痛哭一场都是合理的宣泄方式。故选C。

23. C 【解析】低年级小学生观察事物凌乱、不系统是观察缺乏顺序性的表现。

24. A 【解析】从记忆方法看,小学生的记忆还是以机械记忆为主,意义记忆在逐步发展。

二、辨析题

小学生观察的品质随年级升高而不断发展,小学低年级学生的观察力不及小学高年级的学生。

(1)这种说法是正确的。(2)小学生观察的品质随年级升高而不断发展,小学一年级学生在观察的各个品质方面都较差,而经过两年的教育,到小学三年级时,已有明显的发展;到五年级时,有了进一步的发展。

三、简答题(参考答案)

1. 如何培养小学生的观察力?

(1)使小学生明确观察的目的和任务;(2)为小学生观察提供相应的知识准备;(3)指导小学生观察的方法,培养观察的技能;(4)培养小学生良好的观察习惯。

2. 简述小学生想象力的培养方法。

(1)丰富小学生的知识经验,扩大小学生的表象储备;(2)发展小学生的言语;(3)通过思维训练促进想象力的发展;(4)通过各种途径培养小学生的想象力;(5)注重创造性想象能力的培养;(6)有意识地培养小学生的理想。

3. 简述怎样培养小学生的注意力。

(1)要使小学生明确学习目的和任务;(2)培养小学生的间接兴趣;(3)培养小学生的抗干扰能力;(4)训练小学生的注意品质。

4. 如何提高小学生的记忆能力?

(1)加强对小学生有意记忆的培养;(2)注重培养小学生的意义记忆能力;(3)重视培养小学生的记忆品质;(4)教给小学生记忆的方法和策略;(5)加强复习,防止遗忘。

5. 简述小学生思维发展的基本特征。

(1)从以具体形象思维为主要形式逐步过渡到以抽象逻辑思维为主要形式,但这种抽象逻辑思维在很大程度上仍然与感性经验相联系,仍然具有很大程度的具体形象性,可以称为形象抽象思维。(2)小学生思维的不同方面发展表现出不平衡性,不同儿童之间的思维发展也存在差异性。此外,小学生的各种思维形态、思维的过程、思维的品质在小学阶段也都得到较为全面的发展。

6. 如何调节小学生的消极情绪?

(1)注意转移法。(2)合理地发泄情绪。(3)学会控制情绪,其方法包括自我暗示法、自我激励法、换位思考法。

7. 简述小学生想象力发展的特点。

(1)想象的有意性迅速发展;(2)想象中的创造成分日益增多;(3)想象的内容逐渐接近现实。

8. 如何培养小学生的思维能力?

(1)创设问题情境,巧设疑点,激发思维;(2)抓住疑点,启发诱导;(3)运用直观材料,启迪思维;(4)动手操作,在活动中发展思维;(5)运用讨论的方式,提高学生的思维能力;(6)鼓励一题多解,培养发散思维。

9. 简述小学生情感发展的特点。

(1)情感体验的内容日益丰富;(2)情感表现的深刻性逐步增加;(3)友谊感逐渐发展;(4)情感的动力特征明显;(5)高级情感得到进一步发展;(6)情感稳定性明显增强;(7)情感自控力不断增强。

10. 如何培养小学生的智力?

(1)转变教师的教学方法;(2)转变学生的学习方

式;(3)培养学生的创新精神和实践能力;(4)帮助学生建立完善的知识结构。

四、论述题(参考答案)

1. 试述小学生知觉发展的特点。

小学儿童知觉的发展表现为:知觉的有意性、目的性、选择性随年级增长而显著提高,知觉的分析与综合水平也在逐步提高,形状知觉、空间知觉、时间知觉和运动知觉也得到较快发展。

(1)在小学教育的影响下,儿童的形状知觉水平逐年提高,他们不仅能正确辨认几何图形,而且能正确绘制各种图形,最后还能用语言正确说明图形的特征。

(2)小学儿童的方位知觉发展具有不平衡的特点:前后、上下知觉发展较早,而左右知觉发展较晚。

(3)小学儿童的时间知觉发展较弱,对时间单位的认识通常与生活经验紧密联系。

(4)由于运动知觉非常复杂,小学儿童的运动知觉发展相对较慢。

此外,小学儿童在知觉的整体性、选择性、理解性、恒常性等方面的发展随年级增长而提高,小学低年级较差,小学高年级发展较好,到小学末时已接近成人水平。

2. 试述小学生智力发展的特点。

(1)在小学时期,儿童的思维能力出现了一次质的飞跃,即逐步从以具体形象思维为主过渡到以抽象逻辑思维为主,这种抽象思维的发展,为小学生进一步掌握人类文化知识提供了可能性。

(2)小学生认知活动的目的性、有意性迅速发展起来,有意注意、有意记忆、有意想象等认知能力发展很快,使小学生逐步学会自觉地、有效地进行学习。

(3)小学生认知活动的逻辑性不断发展,已逐步能够较为深刻地理解事物及其关系。

(4)小学生认知活动的持续性和稳定性有了迅速的提高,认知活动的创造性成分也日益增多。

3. 如何培养小学生的言语能力?

(1)促进小学生口头言语的发展。①让小学生说完整的话;②加强口头造句练习;③要及时更正小学生口语中的错词、病句,克服说话时的坏习惯;④通过课堂提问形式给予口语表达能力相对较差的学生更多练习的机会,并加以鼓励。

(2)促进小学生书面言语的发展。小学生书面言语的发展包括识字量的增加、阅读能力的提高和写作能力的发展。

(3)促进小学生内部言语的发展。内部言语的发展不是在小学阶段完成的,它是一个螺旋上升的过程,是一个终身发展的过程,只能通过在教学中启发学生多思考来实现。

五、材料分析题(参考答案)

(1)小学生注意发展的特点是:从无意注意占优势逐渐发展到有意注意占主导地位。游戏机动感强烈,内容新奇多变,极容易吸引孩子们的无意注意。从主观上讲,小毛缺乏对学习的兴趣,缺乏对学习目的性的认识,缺乏良好的意志品质。

(2)教师和家长可以从以下方面入手:①用有吸引力的刺激物吸引孩子,转移孩子的注意力,如踢足球、买些孩子喜欢的读物,把孩子的注意力从游戏机上引开,不要急着硬逼孩子学习,因为孩子本身就不爱学习,正如"强按牛头,牛仍然不会饮水"一样。②引导孩子逐渐明确学习的目的和任务,开始时可以提出少量的学习任务,以后逐渐提高要求,逐步让学生学会自己提出学习任务,自己完成,自己督促检查。③教给孩子一些调控注意力的方法,学习时间过长,可以听听舒缓的音乐,远眺绿色,休息一会儿,再来学习,另外可在书桌旁贴上由孩子自己撰写的自警语录,如"有志者事竟成""战胜自己、挑战自己"等,增强孩子自我控制能力。

专题二　小学生个性、社会性、品德发展与教育

一、单项选择题

1. A 【解析】道德认知是个体对道德规范及其执行意义的认识,其中包括道德观念、道德信念及道德评价。道德认知是品德的基础。

2. D 【解析】品德又称道德品质,是个体依据一定的社会道德准则规范自己行动时所表现出来的比较稳定的心理倾向和特征。

3. B 【解析】我国学者研究认为,小学阶段品德发展的质变大概出现在三年级下学期前后,这也是加强辅导和促进发展的关键阶段。

4. C 【解析】C项,道德意志是个体自觉地确定道德目的和动机,并依此积极调节和支配自己的行为,以实现既定目的的心理过程。道德意志实际上是道德观念的能动作用,是个体通过自己理智的权衡作用去解决道德生活中的内心矛盾与支配行为的力量,这种力量表现为能够排除内部障碍和外部困难,坚决执行道德动机所引起的行为决定。"三军可夺帅,匹夫不可夺志"体现的是道德意志。故选C项。A项,道德认知是个体对道德规范及其执行意义的认识,其中包括道德观念、道德信念及道德评价。B项,道德情感是在道德认知基础上产生的一种内心体验,道德情感是品德的推力。D项,道德

行为是个体在一定的道德认识和道德意志支配下产生的涉及道德意义的行为。

5. C 【解析】在道德信念确立阶段，小学生特别是低年级小学生品德培养的重要途径是模仿。

6. B 【解析】教师在调整集体的人际关系时，工作的重点是处境不利的儿童。

7. A 【解析】小学儿童与教师的关系是一种重要的人际关系。低年级学生对教师的要求绝对服从，从三年级开始学生不再无条件地服从、信任教师。

8. A 【解析】人际关系是人们在共同活动中彼此为了满足各种需要而建立起来的相互间的心理关系，包括个体间相互认识、相互好恶、相互亲疏的心理上的距离。就小学生来说，其人际关系主要表现为亲子关系、师生关系和同伴关系等类型。

9. C 【解析】自我也称自我意识，是指一个人对自己各种身心状况的意识，包括对自己的生理状况、心理特征以及与他人关系状况的认识。

10. D 【解析】赛尔曼曾将儿童友谊的发展划分为五个阶段：第一阶段（3～7岁），不稳定阶段；第二阶段（4～9岁），单向帮助阶段；第三阶段（6～12岁），双向帮助阶段；第四阶段（9～15岁），亲密共享阶段；第五阶段（12岁开始），友谊发展的最高阶段。

11. B 【解析】不良品德的矫正与转化要经历一个由量变到质变的过程，这个过程必须经历醒悟、转变以及自新三个阶段。

12. D 【解析】道德行为是品德形成的最终环节，是指个体在一定的道德意识支配下表现出来的对他人和社会的有道德意义的活动，是衡量道德品质的重要标志。

13. C 【解析】小学生道德感的发展具有不平衡性，义务感发展较早，水平较高；爱国主义情感发展较晚，水平较低。

14. C 【解析】小学生的道德感处于不断发展的过程中，他们会为自己或他人做好事而高兴，做错事而愧疚。

15. B 【解析】道德情感是在道德认识基础上产生的一种内心体验，是品德的推力。

16. C 【解析】小学生自发团体可以分为以下几类：(1)亲社会团体，即被社会肯定的团体，如学雷锋小组；(2)非社会团体，即有各种共同兴趣的团体，如课外兴趣小组；(3)反社会团体，即被社会所反对的团体，如盗窃集团等。

17. C 【解析】小学生需要的发展水平在不断地提高，具体表现为以下几个方面的特点：(1)精神需要逐渐超越物质需要；(2)社会性需要逐渐增多；(3)需要的倾向性逐渐从关注自身转向关注他人；(4)需要的自觉性和自控性水平逐渐提高。故选C项。

18. A 【解析】现代智力心理学运用智力测验的方法把儿童的智力分成超常（IQ≥130）、中常（70<IQ<130）和低常（IQ≤70）。故选A项。

二、判断题

1. × 【解析】小学儿童与教师的关系是一种重要的人际关系。低年级学生对教师的要求绝对服从，从三年级开始学生不再无条件地服从、信任教师。

2. × 【解析】小学生的自我意识的总体水平在不断发展，但发展不是直线均匀的。一年级到三年级是一个上升期，三年级到五年级是相对平稳阶段，五年级到六年级处于第二个上升时期。

3. √ 【解析】品德具有相对的稳定性，若只是此一时彼一时的偶然表现，则不能称之为品德，只有经常地表现出一贯的规范行为，才标志着品德的形成。

4. √ 【解析】小学生自我控制的水平也在不断发展，逐渐由他律转向自律，到高年级开始使用内化的行为准则来监督、调节和控制自己的行为。

5. × 【解析】品德又称道德品质，是个体依据一定的社会道德准则规范自己行动时所表现出来的稳定的心理倾向和特征。道德行为是衡量道德品质的重要标志。题干中小红有了相应的道德认识，但并未表现出相应的道德行为，因此不能表明其已经形成相应的道德品质。

三、简答题（参考答案）

1. 如何对同伴关系进行调节？

(1)在生活中培养儿童的交往能力；(2)形成正确的交往态度和原则；(3)调整处境不利儿童在集体中的地位。

2. 简述小学生性格特征的发展。

(1)小学生性格的态度特征：小学生对待现实的态度特征随着年级的增长而不断成熟。(2)小学生性格的理智特征：小学生的理智特征随着学习的不断进展而不断丰富，其发展趋势表现为二年级到四年级的发展相对稳定，四年级到六年级的发展呈加速趋势。(3)小学生性格的情绪特征：随着年龄和阅历的增长，小学生的情绪和情感越来越稳定、持久和内敛。(4)小学生性格的意志特征：小学生意志的坚持性和自制力随年级的升高其发展速度呈逐渐变缓的趋势，与其他几个性格特征相比，其发展相对较缓慢。

3. 简述小学生良好品德的培养。

(1)小学德育是培养小学生良好品德的重要途径；

(2)要根据小学生品德形成的规律,从知、情、意、行四个方面着手;(3)要重视培养小学生自我教育、自我管理的意识与能力。

四、论述题(参考答案)

1. 教师应该如何培养小学生的自我意识?

(1)引导小学生正确认识自我、评价自我;

(2)培养小学生的自信心、悦纳自我,培养积极的情感体验;

(3)培养小学生的自我控制能力,发展自我。

2. 试述小学生不良品德的矫正与转化。

(1)小学生不良品德转化的过程

不良品德的矫正与转化要经历一个由量变到质变的过程,这个过程必须经历醒悟、转变以及自新三个阶段。

(2)小学生不良品德的预防和纠正

①建立新型师生关系,树立良好班风;②培养小学生的自尊心和集体荣誉感;③帮助小学生形成正确的是非观;④锻炼小学生的道德意志。

3. 如何针对小学生的人格差异进行因材施教?

(1)针对小学生不同的气质类型采取不同的教育方式。①气质本身没有好坏之分,教师不应该对小学生的气质存在任何偏见,不能偏爱某种气质类型的学生,或讨厌某种气质类型的学生,因为每一种气质类型的人都既有优点又有缺点,每种气质类型的人都能够取得成功。②教师的教育任务是找到适合于不同气质类型特点的、能激发学生个性积极性的最好的教育方式。③教师要指导小学生正确认识和调控自己的气质。

(2)根据小学生不同的性格特征进行因材施教。①教师要在了解小学生的性格特点的基础上实施个性化教育。②教师要对小学生的性格特点做恰当的评价,指出其性格中的优点与缺点,并指导其进行自我教育。教师还要指导小学生针对自己的性格特点扬长避短,指导他们不断地完善自己的性格特征。③教师要针对小学生的性格缺陷进行有意识地矫正。

(3)针对小学生不同的认知风格进行不同的教育。①教师要认识到各认知风格的特点,引导小学生朝不同的兴趣发展,使得小学生的学习兴趣与其认知风格相匹配。②教师的教育方式也要与小学生的学习方式相匹配,可分别采用不同的教学方式和强化模式。

五、材料分析题(参考答案)

1. (1)特点:小学儿童与教师的关系是一种重要的人际关系。低年级学生对教师的要求绝对服从,从三年级开始学生不再无条件地服从、信任教师。学生的各种表现影响着教师对学生的认识和评价,而教师的教学水平、个性特点、期望等因素也以直接或间接的方式影响着学生。

(2)建议:①小学阶段,特别是中、高年级,教师一定要处理好与儿童的关系,一定要想办法使儿童真正能够"亲其师"。②利用教师的期望与学生建立良好的师生关系并营造一种温和的学习气氛;对学生的成绩给予及时和正确的反馈;教给他们更多(或有一定难度)的材料;给他们更多的机会去做出反应和提出问题,那么就会在很大程度上提高学生的水平,实现教育者的预期。

2. (1)师生的对话直接改变了小刚的道德认识。

道德认识是个体对道德规范及其执行意义的认识,其中包括道德观念、道德信念及道德评价。道德认识是品德的基础。

(2)本材料中,教师通过对话引导小刚认识到在超市拿起话梅就吃的行为是不对的,对是非进行判断,使小刚产生正确的道德认识,为品德的形成奠定了基础。

专题三 小学生学习的特点与指导

一、单项选择题

1. D 【解析】小学生的学习兴趣有三个特点:(1)小学生的学习兴趣容易激发起来,但很难维持稳定;(2)小学生的学习兴趣比较广泛,但缺乏中心兴趣;(3)小学生的直接兴趣较容易形成,而间接兴趣较难以形成。

2. A 【解析】儿童的学习动机可分四类:(1)为了得到好分数,不落人后,或为得到奖励、表扬而学习;(2)为了履行组织交给自己的任务,或为集体争光而学习;(3)为了个人的前途而学习;(4)为了祖国的前途、人民的利益而学习。调查结果表明,整个小学阶段,小学生学习的主导动机是第一类和第二类,低年级以第一种学习动机居多。

3. C 【解析】从对学习的促进看,学习兴趣可以成为学习的原因;从学习产生新的兴趣和提高原有兴趣看,学习兴趣是在学习活动中产生的,又是学习的结果。所以,学习兴趣既是学习的原因,又是学习的结果。

4. C 【解析】学习习惯是指在学习过程、学习生活中,在学习环境的影响下,反复练习形成的,最终发展成为个体需要的一种自觉的学习行为方式。

5. A 【解析】直接兴趣是由认识事物本身的需要引起的,如对看电视、小说的兴趣;间接兴趣是由认识事物的目的和结果所引起的，如科学家可能对繁杂的数据处理没有兴趣，只对研究结果有兴趣，这种兴趣就是间接兴趣。小石对数学本身不感兴趣但因为想当数学课代表而努力学习就是间接兴趣。

二、辨析题

1. 教师在教学中可以忽视小学生学习策略的差异。

(1)这种说法是不正确的。(2)小学生在学习策略上存在个体差异是客观事实，对于学习策略的个体差异，教师一方面要承认它、正视它，另一方面应采用有差异的教学或辅导方法，使得学生的学习策略得到有差异的发展。因为，有些学习策略具有广泛的实用性，而有些学习策略只适合特定的学习类型的学生。另外，学习策略是死的，而学生是活的，即教师要教育学生灵活地运用学习策略，才能取得好的效果。

2. 小学生的学习动机从一年级到六年级跨度不大。

(1)这种说法是不正确的。(2)小学生的学习动机从一年级到六年级跨度较大，小学生的学习动机在家庭和学校教育的影响下在不断地变化，逐步由低水平的动机向高水平的动机发展。具体表现为以下几个特点：①外部动机占主导，内部动机逐步增多；②直接动机占主导，间接动机逐步发展；③近景性动机占主导，远景性动机逐步发展；④个体性动机占主导，社会性动机逐步发展。

三、简答题(参考答案)

1. 简述小学生学习策略的培养方法。

(1)教给小学生多种学习策略；(2)在课堂教学中要不失时机地向学生传授基本的学习策略；(3)应正确对待小学生学习策略的个体差异。

2. 如何培养小学生学习兴趣？

(1)运用多种方法和手段来激发和培养小学生的直接兴趣。比如，①运用形象生动的语言来激发小学生的学习兴趣；②利用学具操作激发学习兴趣；③利用游戏激发学习兴趣；④利用多媒体教学激发学习兴趣；⑤采用多种形式的教学方法，激发小学生学习的兴趣。(2)加强目的性教育以培养小学生的间接兴趣。

3. 如何培养小学生的学习动机？

(1)激发小学生的内部动机：

①培养学生正确的学习态度，是激发学习动机的前提；②要加强目的教育，培养小学生长远的学习动机；③激发小学生的好奇心和求知欲；④让小学生经常获得成功的体验；⑤帮助学生正确归因，建立积极的自我概念；⑥利用以前所获得的成功感进行动机迁移，产生新的学习动机。

(2)培养小学生的外部动机：

①坚持反馈与评价相结合；②正确运用表扬和批评，强化学习动机；③适当运用竞争与合作；④利用学习任务激励学生。

四、论述题(参考答案)

试述小学生良好学习习惯的培养。

(1)小学生良好的学习习惯养成要从低年级抓起。心理学研究表明，学习习惯在小学低年级就开始形成了。在小学低年级就加以引导，小学生的良好学习习惯既容易建立，也容易巩固；而不良的学习习惯若被及时发现也易于纠正。

(2)循序渐进，逐步发展。良好的学习习惯不是一朝一夕养成的，它是一个由简单到复杂的逐渐形成的过程。教师应根据学生的年龄特点，根据教学的具体情况，结合学生能力增长的需要，循序渐进，逐步提出具体的切实可行的要求，使他们良好的学习习惯持续稳定地得到发展。

(3)严格要求，多方密切配合。教师要有目的、有计划地增强学生的学习意识，并结合教学给予细心指导，反复训练，认真检查，将良好学习习惯的培养融于课堂教学中，让学生在自主学习的过程中养成良好的学习习惯。

(4)树立榜样，启发自觉。对于小学低年级学生要多树立一些现实生活中的榜样，同时家长和教师也要注重自己的言行，做好学生的表率，不能使自己的不良学习习惯传染到孩子身上。对于小学高年级的学生则要给他们多讲一些名人持之以恒、勤奋好学、刻苦钻研等方面的故事，引导他们多读一些课外书籍，从中感受良好习惯对一个人成材的重要影响，从而自觉培养良好的学习习惯。

(5)整体发展，互相促进。培养小学生良好的学习习惯，要与良好的生活习惯、卫生习惯、劳动习惯等结合起来，整体发展，互相促进。

真题必刷

一、单项选择题

1. C 【解析】小学生想象发展的特点表现在以下三个方面：(1)想象的有意性迅速发展；(2)想象中的创造成分日益增多；(3)想象的内容逐渐接近现实。故选C项。

2. C 【解析】为学生选择榜样不是越优秀越好，而是要选适合学生的。故A项错误。学生对学习的目标了解得越明确、具体，就越有学习的积极性。故B项错误。学习动机的迁移是指把其他活动的动机转移到学习上来，或把对某一学科的学习动机转移到另一学科的学习中去。故C项正确。将失败都归因于外部因素,会使学生对自己的学习不负责任,不利于学习动机的激发。教师应引导学生做"努力归因"(无论成功或失败都归因于努力与否的结果)和"现实归因"。故D项错误。

3. D 【解析】品德的心理结构由道德认识(道德认知)、道德情感、道德意志和道德行为四种心理成分构成,四者紧密联系,相互依存。

4. C 【解析】美国心理学家舒茨提出了人际需要的理论,最基本的人际关系需要有三类:(1)包容需要。这种需要表现为希望与别人发生相互作用,建立联系并维持和谐关系的愿望。(2)控制需要。这种需要表现为在权力或权威基础上与别人建立和维持良好关系的愿望。(3)感情需要。这种需要表现为在情感上与他人建立和维持良好关系的愿望。故选C项。

二、简答题(参考答案)

1. 简述儿童道德发展的特征。

(1)心理结构发展的特点:①小学生的道德认识尚未得到有效的发展。②小学生道德情感的发展不稳定。③小学生的道德意志总体还比较薄弱,具体主要表现为:常表决心,但做事缺乏恒心;能常立志,但不能立长志;抵制诱惑的意志薄弱;意志类型有很大的个体差异。④从道德行为的发展来看,小学生的言行基本上是协调一致的,但年龄越小,言行越一致;随着年龄的增长,言行脱节、能说不会做的现象便会出现。(2)小学生品德发展呈现出阶段性、顺序性、长期性的特点。(3)小学生品德发展呈现出不平衡性和差异性的特点。

2. 简述小学生亲子关系发展的特点。

(1)双方交往的时间减少;(2)发生冲突的数量也减少,并开始具有解决冲突的多种不同的方式;(3)父母对儿童的关注也有所减少;(4)父母对儿童的控制由直接控制逐步转变为引导、教育儿童自我控制、自我监督。

三、材料分析题(参考答案)

(1)语文老师因坤坤在上课时做小动作,对他进行了批评和辱骂,伤害了坤坤的自尊心,让他对教师产生了抵触,为了减少受到的伤害,坤坤对学习产生了厌烦,不愿意学习。在坤坤转学后,刘老师在坤坤做小动作时敲他的肩制止,并对坤坤不做小动作进行表扬,为了得到老师更多的表扬,坤坤在上课时不做小动作并认真听课。

(2)①坤坤的小动作属于一般问题行为。由于一般问题行为大都是一些暂时性的干扰,教师在处理这些行为时,通常只需要运用简单的非言语线索进行暗示,就可以得到既制止问题行为又不影响课堂教学进程的双重效果。刘老师在坤坤做小动作时,走到他的身边轻轻地敲一下他的肩,这样做既不会影响课堂教学的进行,又能制止坤坤的小动作。②强化是采用适当的强化物而使机体反应频率、强度和速度增加的过程。刘老师在坤坤不做小动作时,向他微笑一下以示奖励,并在课堂上表扬坤坤不做小动作,坐姿端正,刘老师的微笑和表扬强化了坤坤不做小动作的行为,慢慢改变了坤坤上课老是做小动作的习惯。

第七章 学习理论

基础必刷

专题一 学习概述

一、单项选择题

1. A 【解析】按学习结果,心理学家加涅将学习分为五种类型:(1)智慧技能。智慧技能指运用符号或概念与环境交互作用的能力的学习。(2)认知策略。认知策略指调控自己的注意、学习、记忆和思维等内部心理过程的技能的学习。(3)言语信息。言语信息指有关事物的名称、时间、地点、定义以及特征等方面的事实性信息的学习。(4)动作技能。动作技能指通过身体动作的质量的不断改善而形成整体动作模式的学习。(5)态度。态度指影响个人对人、事、物采取行动的内部状态。学生运用成语造句体现的是智慧技能。

2. D 【解析】学习的内涵可以从以下几个方面去理解:(1)学习实质上是一种适应活动,D项说法正确。(2)学习是人和动物共有的普遍现象,这是广义的学习。B项说法错误。(3)学习是由反复经验引起的。(4)学习是有机体后天习得经验的过程。(5)学习的过程可以是有意的,也可以是无意的,C项说法错误。(6)学习引起的是相对持久的行为或行为潜能的变化,A项说法错误。

3. A 【解析】独立的发现学习包括尝试与错误、例行的"研究"或智慧工作、科学研究。因此,答案选A项。

4. A 【解析】智慧技能指运用符号或概念与环境交互作用的能力。

5. A 【解析】言语信息学习指对有关事物的名称、时间、地点、定义以及特征等方面的事实性信息的学习。

6. C 【解析】C项,辨别学习是指学会识别多种刺激的异同并对之做出不同的反应。学了“全等三角形的判定定理”后再学习“相似三角形的性质定理”,这是对两种不同的刺激的学习,需要学习者做出不同的反应,属于辨别学习。故选C项。A项,信号学习是指学习对某种信号做出某种反应,其过程为:刺激—强化—反应。B项,连锁学习是指学习联合两个或两个以上的刺激—反应动作,以形成一系列刺激—反应动作联结。D项,规则或原理学习是指学习两个或两个以上概念之间的关系。

7. A 【解析】按学习内容,我国学者一般把学习分为知识的学习、技能的学习和行为规范的学习。

8. C 【解析】学习是个体在特定情境下由于练习或反复经验而产生的行为或行为潜能的相对持久的变化。C项符合学习的定义。A项属于感觉适应,B项是由酒精引起的变化,D项是由药物引起的变化,均不属于学习。

方法技巧:对给出的例子让考生判断哪个或哪些属于学习的题目,考生进行判断时要牢记五个原则,即学习的“五非原则”:非本能、非成熟、非疲劳、非药物、非病。

9. A 【解析】奥苏伯尔从学习内容与学习者认知结构的关系上,将学习分为有意义学习和机械学习。有意义学习的本质就是以符号为代表的新观念与学习者认知结构中原有的适当观念建立起非人为的和实质性的联系的过程,是原有观念对新观念加以同化的过程。学习者并未理解符号所代表的知识,只是依据字面上的联系,记住某些符号的词句或组合,死记硬背。题干中学生不能将对地球结构的学习应用于实际,即为机械学习。

10. D 【解析】概念学习是指对刺激进行分类时,学会对一类刺激做出同样的反应,也就是对事物的抽象特征的反应。将花、草、树等归纳为植物的学习属于概念学习。

11. C 【解析】人类的学习是指个体在社会生活实践中,以语言为中介,自觉地、积极主动地掌握社会的和个体的经验的过程。

12. B 【解析】奥苏伯尔从两个维度对学习做了区分:从学生学习的方式上,将学习分为接受学习与发现学习;从学习内容与学习者认知结构的关系上,又将学习分为有意义学习和机械学习。

13. A 【解析】信号学习是指学习对某种信号做出某种反应,其过程为:刺激—强化—反应,如巴甫洛夫的经典性条件反射。学生听到上课铃响时,就停止其他课外活动而准备上课,属于信号学习。

14. D 【解析】内隐学习是指有机体在与环境接触的过程中不知不觉地获得了一些经验,并因之改变其事后某些行为的学习。根据内隐学习的定义可判断ABC三项均属于内隐学习。

二、辨析题

1. 学习所引起的行为或行为潜能的变化是短暂的。

(1)这种说法是不正确的。(2)学习是个体在特定情境下由于练习和反复经验而产生的行为或行为潜能的相对持久的变化。因此,学习所引起的是相对持久的行为或行为潜能的变化。

2. 听教师精心设计的教学既是有意义学习,也是有指导的发现学习。

(1)这种说法是正确的。(2)奥苏伯尔从两个维度对学习做了区分:从学生学习的方式上,将学习分为接受学习与发现学习;从学习内容与学习者认知结构的关系上,又将学习分为有意义学习和机械学习。听教师精心设计的教学在学生学习方式的维度上属于有指导的发现学习,在学习内容与学习者认知结构的关系维度上属于有意义学习。

三、简答题(参考答案)

1. 如何理解学习的内涵?

学习的内涵可以从以下几方面去理解:(1)学习实质上是一种适应活动;(2)学习是人和动物共有的普遍现象;(3)学习是由反复经验引起的;(4)学习是有机体后天习得经验的过程;(5)学习的过程可以是有意的,也可以是无意的;(6)学习引起的是相对持久的行为或行为潜能的变化。

2. 简述奥苏伯尔关于学习的划分。

奥苏伯尔从两个维度对学习做了区分:从学生学习的方式上,将学习分为接受学习与发现学习;从学习内容与学习者认知结构的关系上,又将学习分为有意义学习和机械学习。接受学习和发现学习是学生学习最基本的类型,也是最主要的学习方式。

3. 简述加涅关于学习的划分。

(1)学习水平分类。根据学习情境由简单到复杂、学习水平由低到高的顺序,加涅把学习分为八类,建构了一个完整的学习层级结构。①信号学习;②刺激—反应学习;③连锁学习;④言语联结学习;⑤辨别学习;⑥概念学习;⑦规则或原理学习;⑧解决问题学习(高级规则的学习)。

(2)学习结果分类。按学习结果,心理学家加涅将学习分为五种类型:①智慧技能;②认知策略;③言语信息;④动作技能;⑤态度。

专题二　行为主义学习理论

一、单项选择题

1. C 【解析】机体对与条件刺激相似的刺激做出条件反应，属于刺激的泛化。因为被蛇咬，害怕与蛇相似的绳子属于典型的刺激泛化。

方法技巧：区分泛化与分化只需读懂题干表述：表述意思是相同反应就选泛化；表述中有“分辨”“区分”等强调不同反应，就选分化。

2. D 【解析】D项，正强化是通过呈现想要的愉快刺激来增强反应频率。表扬属于正强化。故选D项。A项，消退是指条件反射形成以后，如果得不到强化，条件反应会逐渐减弱，直至消失的现象。B项，间隔强化是指间隔一定时间或比例才给予强化。C项，负强化是通过消除或中止厌恶、不愉快刺激来增强反应频率。

3. B 【解析】正强化也称积极强化，是通过呈现想要的愉快刺激来增强反应频率。题干中小江的老师因小江正确回答问题而对其进行表扬（愉快刺激），这属于正强化。惩罚是指当有机体做出某种反应以后，呈现一个厌恶刺激，以消除或抑制此反应的过程。题干中小江的妈妈因房间很乱而批评小江和禁止其玩游戏（厌恶刺激），这属于惩罚。

方法技巧：考生可以通过目的来区分强化和惩罚，而通过手段可以进一步区分强化或惩罚的类型。如下表。

	强化		惩罚	
分类	正强化	负强化	呈现性惩罚（正惩罚）	移除性惩罚（负惩罚）
手段	呈现愉快刺激	取消厌恶刺激	呈现厌恶刺激	取消愉快刺激
目的	增加反应频率		降低反应频率	

4. C 【解析】自我强化是指对自己表现出的符合或超出标准的行为进行自我奖励。题干所述运用的是自我强化。

5. A 【解析】任何学习都应该在学生有准备的状态下进行，不能经常搞“突然袭击”。这是准备律对教育的指导意义。

6. D 【解析】形成认知结构是布鲁纳的认知发现学习理论的观点。

7. C 【解析】强化是采用适当的强化物而使机体反应频率、强度和速度增加的过程。对戴罪立功的犯人从轻发落是为了强化犯人的立功行为。

8. C 【解析】消退就是指条件刺激形成以后，如果得不到强化，条件反应就会逐渐减弱，直至消失的现象。题干中老师运用的是消退法。

9. B 【解析】B项是观察学习中的替代强化，其他三项都是直接强化。

10. D 【解析】班杜拉的社会学习理论认为，学习是个体通过对他人的行为及其强化结果的观察，从而获得某些新的行为反应或已有的行为反应得到修正的过程。题干中教师的做法依据的就是社会学习理论。

11. A 【解析】班杜拉把观察学习的过程分为注意、保持、复现和动机四个子过程。

12. B 【解析】强化是采用适当的强化物而使机体反应频率、强度和速度增加的过程。实验中小白鼠按压杠杆的频率增加是因为得到了强化（食物）。

13. C 【解析】班杜拉把强化分为三类：(1)直接强化。直接强化是指观察者因表现出观察行为而受到强化。(2)自我强化。自我强化是指对自己表现出的符合或超出标准的行为进行自我奖励。(3)替代强化。替代性强化是指观察者因看到榜样的行为被强化而受到强化。表扬优秀的学生，会让其他学生产生替代性强化，进而激发其向优秀学生学习，故选C项。

14. A 【解析】负强化也称消极强化，是通过消除或中止厌恶、不愉快刺激来增强反应频率。通过中止刺耳的提示噪音来增加学生系好安全带的行为运用了负强化。

15. C 【解析】效果律是指刺激和反应之间的联结可因导致满意的结果而加强，也可因导致烦恼的结果而减弱。题干中的教师给予学生满意的结果，从而加强学生对学习的兴趣，这是效果律的运用。

16. C 【解析】斯金纳以白鼠为被试，运用一种特殊的实验装置——迷箱，发现有机体作出的反应与其随后的刺激条件之间的关系对行为起着控制作用，它能影响以后反应发生的概率。由此，他提出了操作性条件作用理论。

方法技巧：本章中的学习理论观点大多是通过动物实验研究得出的。因此，为方便考生准确记忆，特总结如下口诀：巴甫洛夫的狗（狗进食实验），桑代克的猫（饿猫迷笼实验）。斯金纳的白鼠（白鼠拉杆取食实验），班杜拉的宝宝（波波玩偶实验）。苛勒的猩猩抓香蕉（黑猩猩取香蕉实验），托尔曼的白鼠走迷宫（白鼠走迷宫实验）。

17. D 【解析】班杜拉认为，观察学习是人的学习最重要的形式。学习是个体通过对他人的行为及其强化结果的观察，从而获得某些新的行为反应或已有的行为反应得到修正的过程。小芳学习妈妈的助人为乐行为属于观察学习。

18. D 【解析】题干的描述体现了普雷马克原理，即用高频的活动作为低频活动的有效强化物。如果有一件愉快的事等着学生去做，他们会很快完成另一件不喜欢的行为；另外行为和强化的关系不能颠倒，必须先有行为，再有强化。D项是该原理的正确运用。

19. C 【解析】(1)惩罚并不能使行为发生永久性的改变，它只能暂时抑制行为，而不能根除行为。(2)惩罚的运用必须慎重，惩罚一种不良行为应与强化一种良好行为结合起来，方能取得预期的效果。(3)一般来说，要尽可能地少用惩罚，在必要的时候才使用。(4)惩罚的运用应该及时，即在学生做出某种行为之后，立即给予惩罚。惩罚紧紧跟在错误行为之后，与错误的行为之间建立联结。故C项正确，AD项错误。B项任何时候都可以应用奖励代替惩罚的说法不正确。

20. D 【解析】泛化是对事物的相似性的反应，分化则是对事物的差异性的反应。狗在受到训练后只对圆形做出反应体现的是刺激的分化。

21. A 【解析】行为塑造原理是通过小步强化最终达成目标，即将目标行为分解成一个个小步子，每完成一个小步子就给予强化，直到最终达到目标，这种原理也叫连续接近法。题干所述属于行为塑造。

22. C 【解析】逃避条件作用是指当厌恶刺激出现时，有机体做出某种反应，从而逃避了厌恶刺激，则该反应在以后的类似情境中发生的概率便增加的一类条件作用。回避条件作用是指当预示厌恶刺激即将出现的刺激信号呈现时，有机体也可以自发地做出某种反应，从而避免了厌恶刺激的出现，则该反应在以后的类似情境中发生的概率增加的一类条件作用。看到路上的垃圾后绕道走开属于逃避条件作用。

23. D 【解析】在动机过程中，观察者因表现所观察到的行为而受到激励。观察者习得的行为不一定都表现出来，观察者是否会表现出已习得的行为，会受强化的影响。

24. D 【解析】根据替代强化原理，当儿童发觉“坏人”通常不能得到好的下场时，为了避免这种不良后果，自己也会远离破坏性行为。故选D项。

25. D 【解析】班杜拉的社会学习理论认为，学习的实质是观察学习。“其身正，不令而行；其身不正，虽令不从。”这句话强调的是学生对教师行为的观察模仿，体现的是教育心理学中的社会学习理论。

26. B 【解析】俄国生理学家和心理学家巴甫洛夫在研究狗的进食行为时发现：狗吃到食物时，会分泌唾液。这是自然的生理反应，不需要学习，这种反应叫无条件反射，引起这种反应的刺激是食物，称为无条件刺激。

二、判断题

1. √ 【解析】行为主义学习理论的核心观点认为，学习过程是有机体在一定条件下形成刺激与反应的联系，从而获得新经验的过程。由于行为主义强调刺激—反应的联结，因此，也属于联结派学习理论。联结学习理论认为，一切学习都是通过条件作用，在刺激和反应之间建立直接联结的过程。

2. × 【解析】操作性条件反射理论强调行为发生在刺激之前，即行为发生后给予强化。

3. × 【解析】机体对与条件刺激相似的刺激做出条件反应，属于刺激的泛化。例如，一朝被蛇咬，十年怕井绳。故题干中的小刘对警察产生了泛化心理。

4. √ 【解析】在对学生的行为进行奖励时，应注意避免外部奖励对内部兴趣的破坏。在很多情况下，维持行为的强化物是活动本身带来的快乐，这时再给予外部的奖励，就会使学生活动的目的逐渐变为获得外部奖励。

5. × 【解析】准备律是指联结的加强或削弱取决于学习者的心理准备和心理调节状态。准备不是指学习前的知识准备或成熟方面的准备，而是指学习者在学习开始时的预备定势。

三、辨析题

1. 正强化提高学生的正确反应，负强化降低学生的错误反应。

(1)这种说法是不正确的。(2)正强化也称积极强化，是通过呈现想要的愉快刺激来增强反应频率。负强化也称消极强化，是通过消除或中止厌恶、不愉快刺激来增强反应频率。因此，正强化和负强化都是为了增强反应频率，故题干说法错误。

2. 刺激泛化和刺激分化是互补过程。

(1)这种说法是正确的。(2)机体对与条件刺激相似的刺激做出条件反应，属于刺激的泛化。如果只对条件刺激做出条件反应，而对其他相似刺激不做反应，则出现了刺激的分化。刺激泛化和刺激分化是互补的过程。泛化是对事物的相似性的反应，分化则是对事物的差异的反应。

3. 观察学习是与条件反射完全无关的学习形式。

(1)这种说法是不正确的。(2)观察学习认为学习可以通过对他人的行为及其强化性结果的观察，从而获得某些新的行为反应。本人的行为不一定受到强化，但观察到他人学习的结果也是一种强化过程。因此观察学习与条件反射存在联系。

4. 消退是一种强化的过程，其作用在于降低某种反应在将来发生的概率。

(1)这种说法是不正确的。(2)消退是一种无强化过程，其作用在于降低某种反应在将来发生的概率，以达到消除某种行为的目的。

四、简答题(参考答案)

1. 简述桑代克的三条主要的学习律。

(1)准备律是指联结的加强或削弱取决于学习者的心理准备和心理调节状态。(2)练习律是指刺激与反应之间的联结会由于重复或练习而加强；不重复或练习，联结的力量就会减弱。练习律又分为应用律和失用律两个次律。(3)效果律是指刺激和反应之间的联结可因导致满意的结果而加强，也可因导致烦恼的结果而减弱。

2. 简述华生的行为主义学习理论。

(1)华生认为学习的实质，即形成刺激与反应之间牢固的联结的过程，从而形成习惯。

(2)习惯的形成遵循频因律和近因律。①根据频因律，在其他条件相等的情况下，某种行为练习得越多，习惯形成得就越快、越牢固，练习在习惯形成过程中有着很重要的作用；②根据近因律，当反应频繁发生时，最新近的反应比较早的反应更容易得到强化而被保留下来。因此，华生的学习理论也被称为"替代—联结"学说。华生认为环境在学习过程中起着极其重要的作用，他是一个环境决定论者。

3. 简述班杜拉的社会学习理论的基本观点。

(1)学习的实质是观察学习。班杜拉以儿童的社会行为习得为研究对象，形成了其关于学习的基本思路，即观察学习是人的学习最重要的形式。

(2)班杜拉把观察学习的过程分为注意、保持、复现和动机四个子过程。

(3)班杜拉将强化分为直接强化、替代强化和自我强化。

五、论述题(参考答案)

1. 试述强化在学习过程中的应用。

在学习过程中，强化物有很多种类，如表扬、奖励、自我强化等。表扬或奖励可以根据具体的情况采用不同的形式：关注、特权、拥抱、活动、实物和金钱等。没有一种强化形式适合于所有的人，当采用的表扬或奖励方式对学生无效时，并不是强化无效，而是没有选择正确的强化方式。在对学生的行为进行奖励时，应注意避免外部奖励对内部兴趣的破坏。在很多情况下，维持行为的强化物是活动本身带来的快乐，这时再给予外部的奖励，就会使学生活动的目的逐渐变为获得外部奖励。因此，当学生已经自行从事某种活动时，教师应谨慎考虑奖励是否必要，避免给予不必要的奖励。奖励虽然是塑造行为的有效手段，但是奖励的运用必须得当，否则便会强化不良行为。

2. 有人建议，在教育实践中，"要多使用奖励，而尽量少用惩罚"。请简要阐述你对这种建议的看法。

我认为奖比罚好，原因如下：(1)惩罚并不能使行为发生永久性的改变，它只能暂时抑制行为，而不能根除行为。惩罚的运用必须慎重，惩罚一种不良行为应与强化一种良好行为结合起来，方能取得预期的效果。一般来说，要尽可能地少用惩罚，在必要的时候才使用。一个经常惩罚孩子的家长或教师，本身就给孩子树立了一个不好的榜样。惩罚的目的可能没有达到，反而使孩子学会了粗暴的不顾别人自尊的处事方式。惩罚的运用应该积极，即在学生做出某种行为之后，立即给予惩罚。惩罚紧跟在错误行为之后，与错误的行为之间建立联结。在惩罚时，最好选择一样替代反应进行强化，即指出正确的行为方式，在孩子做出正确的行为后给予强化。(2)但是奖励也不是越多越好，教师在使用奖励的时候应该注意，在对学生的行为进行奖励时，应注意避免外部奖励对内部兴趣的破坏。在很多情况下，维持行为的强化物是活动本身带来的快乐，这时再给予外部的奖励，就会使学生活动的目的逐渐变为获得外部奖励。因此，当学生已经自行从事某种活动时，教师应谨慎考虑奖励是否必要，避免给予不必要的奖励。奖励虽然是塑造行为的有效手段，但是奖励的运用必须得当，否则便会强化不良行为。例如，小孩的许多无理取闹的行为实际上是学习的结果，因为他们通过哭闹能得到诸如玩具、冷饮等强化物。

3. 试述班杜拉的社会学习理论对教育的意义。

(1)教师的榜样和楷模作用。在学生眼里，教师是重要他人和权威的化身。作为教师，应该认识到学生每时每刻都在观察和倾听你的一言一行。

(2)同伴的示范作用。在学校生活中，同伴也是学生观察学习的一个来源。

(3)父母的言行一致。父母对孩子的行为和道德的发展起着重要作用，其教育方式会对孩子产生重大影响。

(4)认知示范。社会学习理论在教育实践中有着广泛的应用，认知示范是最常用的方法之一，包括对榜样行为的演示以及对榜样的想法和行为进行言语描述。

(5)认知行为矫正。社会学习理论在教育领域中的一个新近应用是认知行为矫正,强调运用自我管理帮助学生自主学习。这对于实现新课改所倡导的突出学生的主体地位、让学生积极参与到学习过程中来等理念都有重要意义。

4. 桑代克的联结—试误说对教育有什么意义?

(1)在学习过程中,教师应该允许学生犯错误,并鼓励学生多尝试,从错误中学习,这样获得的知识才会更牢固。

(2)任何学习都应该在学生有准备的状态下进行,不能经常搞"突然袭击"。(准备律)

(3)在学习过程中,应加强合理的练习,并注意学习结束后不时地进行练习。(练习律)

(4)在实际教育过程中,教师应努力使学生的学习能得到自我满足的积极结果,防止一无所获得到消极的后果。(效果律)

六、材料分析题(参考答案)

1. (1)班杜拉以儿童的社会行为习得为研究对象,形成了其关于学习的基本思路,即观察学习是人的学习最重要的形式。班杜拉认为,学习是个体通过对他人的行为及其强化结果的观察,从而获得某些新的行为反应或已有的行为反应得到修正的过程。材料中儿童出现攻击行为,是因为他们观看成年男子对充气玩偶进行攻击(如大声吼叫或拳打脚踢)后,发生了观察学习。

(2)替代强化是指观察者因看到榜样的行为被强化而受到强化。材料中"第一组儿童产生较多的攻击性行为,第二组则比第三组表现出更少的攻击行为",是因为他们在观看过程中出现了替代强化的结果。

2. (1)根据行为主义学习理论,数学老师所采取的方法是惩罚,这样不仅不会改变小刚的不良行为,反而满足了他渴望被老师和同学注意的需要。在本案例中,老师可以采用消退法来消除小刚的不良行为。消退是一种无强化过程,其作用在于降低某种反应在将来发生的概率,以达到消除某种行为的目的。不去强化而去淡化,既可消除不良行为,又不会带来诸如惩罚等导致的感情受挫的副作用。消退是减少不良行为、消除坏习惯的有效方法。案例中小刚在课堂上折飞机并把飞机投向空中,是为了得到老师和同学的关注,老师与同学可以不予理睬,不给予其希望得到的强化,那么此类行为就会逐渐减少。

(2)根据班杜拉的社会学习理论,个体可以通过替代强化,即观察榜样的行为被强化而受到强化。老师可采用的最好的方法是在班级中树立榜样,让同学们都学习榜样的良好行为,从而减少或抑制不良行为的出现。

专题三　认知主义学习理论

一、单项选择题

1. A 【解析】潜伏学习是指动物在没有强化的条件下学习也会发生,只不过结果不太明显,是"潜伏"的。
2. D 【解析】加涅提出了他的学习过程的八个阶段:(1)动机阶段;(2)了解(领会)阶段;(3)获得阶段;(4)保持阶段;(5)回忆阶段;(6)概括阶段;(7)操作阶段;(8)反馈阶段。其中,动机阶段是学习的最初阶段。

方法技巧: 考生在做此类题时,可采用口诀进行记忆。东邻活宝会做盖饭:东(动机)邻(领会)活(获得)宝(保持)会(回忆)做(操作)盖(概括)饭(反馈)。

3. D 【解析】奥苏伯尔提出"先行组织者"的概念,即先于某个学习任务本身呈现的引导性学习材料。先行组织者的抽象、概括和综合水平高于学习任务,并与认知结构中的原有观念及新的学习任务相关联。
4. D 【解析】托尔曼的学习理论认为学习是有目的的,是期望的获得。学习的目的性是人类学习区别于动物学习的主要标志。期望是个体依据已有经验建立的一种内部准备状态,是通过学习而形成的关于目标的认识和期待。期望是托尔曼学习理论的核心概念。
5. A 【解析】格式塔学派认为,从学习的结果来看,学习并不是形成刺激—反应的联结,而是形成了新的格式塔(或称完形)。
6. D 【解析】奥苏伯尔提出逐渐分化原则和整合协调原则。
7. C 【解析】布鲁纳认为学习包括三种几乎同时发生的过程,这三种过程是:新知识的获得、知识的转化和知识的评价。
8. A 【解析】布鲁纳认为,学习的实质在于主动形成认知结构,而非被动地形成刺激—反应联结。
9. A 【解析】布鲁纳认为学习包括三种几乎同时发生的过程,这三种过程是:新知识的获得、知识的转化和知识的评价。(1)新知识的获得指个体运用已有的认知经验,在新知识与原有的认知结构间建立联系或进行区分,以理解新知识所描绘的事物及其意义的过程。(2)知识的转化指对新知识做进一步的分析、概括,用新知识重新建构原有认知结构的过程。(3)知识的评价是新知识学习的重要环节,通过此过程个体可以检查出对新知识的分类是否适当,问题解决是否正确,新的认知结构是否合理等,并在以后的学习中做出进一步调整。题干所述是知识的获得,故选A项。

10. B 【解析】托尔曼首先提出了中介变量的概念。他认为,中介变量就是在有机体内正在进行的东西,包括需求变量和认知变量。中介变量是不能被直接观察到的,但它同可以观察到的周围事件和行为表现相关联,因此可以从这些事件和表现中推断出来。为了解释有机体对情境做出的反应,托尔曼在S–R公式中加进了中介变量O,改为S–O–R公式。

11. A 【解析】先行组织者策略,是一种重要的教学策略,先行组织者即先于某个学习任务本身呈现的引导性学习材料。先行组织者的抽象、概括和综合水平高于学习任务,并与认知结构中的原有观念及新的学习任务相关联。它可以在学习者已有的知识与需要学习的新内容之间架设一道桥梁,使学生能更有效地同化、理解新学习的内容。

12. B 【解析】根据加涅的信息加工学习理论,在领会这一学习阶段,相对应的心理过程为注意和选择性知觉。根据题干所述,答案选B项。

13. C 【解析】托尔曼学习理论的主要观点有:(1)学习是有目的的,是期望的获得。他认为,有机体要达到未来的目的,必然要对未来的目的有所期待,当前的行为是受主体对未来行为结果的期待所支配的。(2)学习是对完形的认知,是形成认知地图的过程。故ABD三项说法正确,C项说法错误。

14. D 【解析】新学习一定要适合学习者当时的认知发展水平,任何新能力的学习需要先学习包含在新能力里面的从属的能力。奥苏伯尔非常强调原有的认知结构在新的学习中的作用,他在《教育心理学:认知观点》中写道:"假如让我把全部教育心理学仅仅归结为一条原理的话,那么,我将一言以蔽之曰:影响学习的唯一最重要的因素,就是学习者已经知道了什么。要探明这一点,并应据此进行教学。"

15. C 【解析】加涅将教学过程分为九个教学事件:指引注意、告知目标、提示回忆原有知识、呈现教材、提供学习指导、引出作业、提供反馈、评估作业、促进保持与迁移。

16. D 【解析】发现学习具有四个方面的作用:(1)能提高智慧的潜力;(2)有助于外在动机向内在动机的转化;(3)有利于学生学会发现探索的方法;(4)有利于所学材料的保持。但发现教学法在实际教学中的运用范围非常有限,仅适用于部分科目和小学及中学低年级学生。

二、填空题

1. 接受学习
2. 有意义学习
3. 信息加工流程
4. 好奇内驱力　胜任内驱力　互惠内驱力
5. 黑猩猩实验　形成新的完形

三、辨析题

1. 布鲁纳认为教学的目的在于理解学科的基本结构。

(1)这种说法是正确的。(2)由于布鲁纳强调学习的主动性和认知结构的重要性,所以他主张教学的最终目标是促进学生对学科结构的一般理解。所谓学科的基本结构,是指学科的基本概念、基本原理及其基本态度和方法。学生理解了学科的基本结构,就容易掌握整个学科的具体内容,就容易记忆学科知识,就能促进学习迁移,促进儿童智力和创造性的发展,并且可以提高学习兴趣。

2. 试误式解决问题是动物解决问题的特征,而顿悟式解决问题则是人类解决问题的特征。

(1)这种说法是不正确的。(2)联结—试误和顿悟在人类学习中均极为常见,它们是两种不同方式、不同阶段或不同水平的学习类型。一般来说,简单的、主体已有经验可循的问题解决,往往不需要进行反复的尝试—错误;而对于复杂的、创造性的问题解决,大多需要经过尝试—错误的过程,方能产生顿悟。

3. 奥苏伯尔强调的有意义的接受学习是指学习材料有意义。

(1)这种说法是不正确的。(2)奥苏伯尔强调有意义的接受学习可以在短时期内使学生获得大量的系统知识。"有意义"指材料能与学生已有的认知结构建立起非人为的和实质性的联系。或者说,有意义学习的本质就是以符号为代表的新观念与学习者认知结构中原有的适当观念建立起非人为的和实质性的联系的过程,是原有观念对新观念加以同化的过程。

4. 奥苏伯尔将学习分为机械学习和有意义学习。他认为有意义学习的发生只需要具备客观方面的条件即可。

(1)这种说法是不正确的。(2)奥苏伯尔从学习内容与学习者认知结构的关系上,将学习分为有意义学习和机械学习。他认为,有意义学习的条件包括:①客观条件,是指受学习材料本身性质的影响。有意义学习的材料本身必须合乎这种非人为的和实质性的标准,即具有逻辑意义。教材一般符合此要求。②主观条件,是指受学习者自身因素的影响。主要表现在:学习者必须具有有意义学习的心向;学习者认知结构中必须具有适当的知识,以便与新知识进行联系;学习者必须积极主动地使这种具有潜在意义的新知识与认知结构中有关的旧知识发生相互作用。

四、简答题(参考答案)

1. 奥苏伯尔认为有意义学习应具备哪些主客观条件?

(1)客观条件,是指受学习材料本身性质的影响。有意义学习的材料本身必须合乎这种非人为的和实质性的标准,即具有逻辑意义。教材一般符合此要求。

(2)主观条件,是指受学习者自身因素的影响。①学习者必须具有有意义学习的心向;②学习者认知结构中必须具有适当的知识,以便与新知识进行联系;③学习者必须积极主动地使这种具有潜在意义的新知识与认知结构中有关的旧知识发生相互作用。

2. 简述托尔曼的"潜伏学习"及其对教学实践的启示。

潜伏学习是指动物在没有强化的条件下学习也会发生,只不过结果不太明显,是"潜伏"的。一旦受到强化,具备了操作的动机,这种结果才通过操作而明显表现出来。

托尔曼对"潜伏学习"的发现,对我们的教学实践有一定的启示。潜伏学习的现象告诉我们,不是所有的学习都是在强化中进行的,不仅在动物学习中存在这种现象,在人类学习中,潜伏学习的现象更普遍。这就提示我们在教学中,不仅要注意学生学习的外显行为状态和表面现象,而且要注意了解学生潜伏的学习积极性和认知探究倾向。在教学中,要充分地利用和发挥学生学习的潜在积极性,配合适当的鼓励和强化手段,调动学生最大的学习热情,提高教学效率和学习效果。

3. 简述发现学习的作用。

(1)能提高智慧的潜力;(2)有助于外在动机向内在动机的转化;(3)有利于学生学会发现探索的方法;(4)有利于所学材料的保持。

4. 简述桑代克的联结—试误学习理论与完形—顿悟学习理论的关系。

格式塔学派对学习理论的发展做出了重要贡献,肯定了主体的能动作用,把学习视为主动构造完形的过程,强调观察、顿悟和理解等认知功能在学习中的作用,同时也批判了桑代克的联结—试误学习理论。但是,苛勒的完形—顿悟学习与桑代克的联结—试误学习也并不是互相排斥和绝对对立的。联结—试误往往是顿悟的前奏,顿悟则是练习到某种程度时出现的结果。联结—试误和顿悟在人类学习中均极为常见,它们是两种不同方式、不同阶段或不同水平的学习类型。一般来说,简单的、主体已有经验可循的问题解决,往往不需要进行反复的联结—试误;而对于复杂的、创造性的问题解决,大多需要经过联结—试误的过程,方能产生顿悟。

5. 简述布鲁纳的认知—发现学习理论的主要观点。

(1)学习观。①学习的实质在于主动形成认知结构;②学习包括获得、转化和评价三个过程。

(2)教学观。布鲁纳认为教学的目的在于理解学科的基本结构,提出了掌握学科的基本结构的教学原则,主要有动机原则、结构原则、程序原则、强化原则。

(3)发现学习。布鲁纳认为,发现是教育儿童的主要手段,学生掌握学科的基本结构的最好方法是发现学习。发现学习是指给学生提供有关的学习材料,让学生通过探索、操作和思考,自行发现知识、理解概念和原理的教学方法。

6. 简述格式塔学派的完形—顿悟学习理论。

(1)学习的实质——形成新的完形。从学习的结果来看,学习并不是形成刺激—反应的联结,而是形成了新的格式塔(完形)。(2)学习的过程——顿悟过程。从学习的过程来看,学习是通过顿悟过程实现的。①学习不是简单地形成由此及彼的神经通路的联结活动,而是在头脑里主动积极地对情境进行组织的过程;②学习过程中知觉的重新组织,不是渐进的尝试错误的过程,而是突然的顿悟。

五、论述题(参考答案)

比较布鲁纳的发现学习理论与奥苏伯尔的接受学习理论。

发现学习的特征是学习的主要内容未直接出现,只呈现有关线索或例证,而且必须由学习者去独立发现,自己得出结论,然后再将发现的内容和结论内化。发现学习具有以下特点:(1)强调学习的过程,而不只是最后的结果;(2)强调直觉思维;(3)强调内部动机,即从学习探索活动本身得到快乐和满足,而不是外部奖励;(4)强调信息的组织、提取,而不只是存储。与布鲁纳的发现学习观相反,奥苏伯尔认为,学生的学习主要是接受学习。接受学习不同于发现学习。接受学习的特征是把要学习的全部内容或多或少地以定论的形式呈现给学习者，不需要学习者任何形式的独立发现，只需要学习者把学习材料加以内化，把新旧材料的内容有机地结合，即新学习的内容与认知结构中的有关内容融为一体，并存储下来。教师给学生提供的材料应该是经过仔细考虑的、有组织的、有序列的、完整的形式，学生在学习中最重要的是将所学的内容加以内化，形成自己的认知结构。可见，发现学习过程比接受学习过程多一个发现即解决问题的阶段，因此，前者比后者复杂。同时接受学习和发现学习在智力发展认知功能中的作用也不同。大量的材料是通过接受学习获得的，而各种问题则是通过发现学习解决的。当然这两种学习的功能也有交叉重叠现象，通过接受学习获得的知识可以用来解决问题，而发现学习也有扩大知识和检查知识理解得如何的作用。但在儿童的发展中，接受学习比发现学习出现稍晚。接受学习的出现意味着儿童达到了较高水平的认知成熟程度。

专题四　人本主义学习理论和建构主义学习理论

一、单项选择题

1. C 【解析】从学习者的角度出发，建构主义认为学生是意义的主动建构者，而不是外部刺激的被动接受者和被灌输的对象，因此，在教学过程中除了传统知识的传授，还应当充分发挥学生的主体地位，强调学生的自主性和能动性，在学习过程中能够主动发现、分析、解决问题。

2. C 【解析】抛锚式教学要求建立在有感染力的真实事件或真实问题的基础上。建构主义认为，学习者要想完成对所学知识的意义建构，即达到对该知识所反映事物的性质、规律以及该事物与其他事物之间联系的深刻理解，最好的办法是让学习者到现实世界的真实环境中去感受、去体验，而不是仅仅聆听别人关于这种经验的介绍和讲解。故题干所述为抛锚式教学模式。

3. A 【解析】建构主义学习理论强调在教学中，教师的角色从传统的知识灌输者转变为学生学习的促进者和指导者，同时也是学生在课堂学习中的合作者。

4. C 【解析】建构主义学习理论认为“情境”“协作”“会话”“意义建构”是学习环境中的四大要素或四大属性。

5. D 【解析】罗杰斯认为，促进学生学习的关键不在于教师的教学技巧，而在于特定的心理氛围。它包括：(1)真实或真诚；(2)尊重、关注和接纳；(3)移情性理解。

6. A 【解析】有意义学习，是指一种涉及学习者是完整的人，使个体的行为、态度、个性以及在未来选择行动方针时发生重大变化的学习，是一种与学习者各种经验融合在一起的、使个体全身心地投入其中的学习。题干所述属于有意义学习。

7. B 【解析】人本主义学习理论的观点包括：知情统一的教学目标观、有意义的自由学习观、学生中心的教学观。故①③⑤属于人本主义学习理论教育主张。②中的主张属于建构主义学习理论；④中的主张属于奥苏伯尔的有意义接受学习理论。

8. C 【解析】在非指导性教学模式中，教师最富有意义的角色不是权威，而是“助产士”和“催化剂”。教师只是一个“为学习提供便利条件的人”“学习的促进者”。

9. B 【解析】罗杰斯认为，有意义学习是一种涉及学习者是完整的人，使个体的行为、态度、个性以及在未来选择行动方针时发生重大变化的学习，是一种与学习者各种经验融合在一起的、使个体全身心地投入其中的学习。因此，强调知识与个人经验、兴趣的关系。奥苏伯尔认为，有意义学习的本质就是以符号为代表的新观念与学习者认知结构中原有的适当观念建立起非人为的和实质性的联系的过程，是原有观念对新观念加以同化的过程。强调新旧知识之间存在的联系。因此，答案选B项。

10. A 【解析】建构主义在一定程度上对知识的客观性和确定性提出质疑，强调知识的动态性，强调学习的主动建构性、社会互动性和情境性三方面。故题干描述的是建构主义学习理论的观点。

11. D 【解析】随机通达教学的基本原理是：对于同一教学内容，要在不同时间、在重新安排的情境下、带着不同的目的、从不同的角度多次进行学习，以此来达到获得高级知识的目标。

12. D 【解析】建构主义在学习观上强调学习的主动建构性、社会互动性和情境性三方面。故题干所述教师可能更支持建构主义学习理论。

13. D 【解析】有意义学习是指一种涉及学习者是完整的人，使个体的行为、态度、个性以及在未来选择行动方针时发生重大变化的学习，是一种与学习者各种经验融合在一起的、使个体全身心地投入其中的学习。莉莉在几个月内掌握了一种新的语言而且学会了当地的口音，属于有意义学习。

二、判断题

1. √ 【解析】信息加工的认知主义更多地把教师看成是学生学习的指导者、设计者，而建构主义更愿意把教师看成是学生学习的帮助者、合作者。

2. × 【解析】建构主义强调知识的动态性和主动建构性，并不把它看成是对现实的准确表征，更不是最终答案。

3. √ 【解析】人本主义心理学家认为，师生之间良好关系的构筑是引导学生实现自己潜能、达到最好教育教学效果的重要前提。为了构建良好的师生关系，教师应充分信任学生能够发挥自己的潜能，真诚、接受、理解地对待学生。

4. × 【解析】抛锚式教学要求建立在有感染力的真实事件或真实问题的基础上，所以有时也被称为"实例式教学"或"基于问题的教学"或"情境性教学"。认知学徒制是指让学习者像手工艺行业中的徒弟跟随师傅那样在实际中进行学习，从多个角度观察、模仿专家在解决真实性问题时所外化出来的认知过程，从而获得可应用的知识和解决问题的能力。在认知学徒制中，教师经常给学生示范。然后，教师或者有经验的同辈支持学生努力地完成学习任务。最终，他们鼓励学生独立完成。故题干表述有误。

5. √ 【解析】建构主义学生观认为，教学不能无视学生的已有经验，而是要把儿童现有的知识经验作为新知识的生长点，引导儿童从原有的知识经验中发展出新的知识经验。

三、简答题(参考答案)

1. 简述人本主义有意义学习的四个要素。

(1)学习是学习者自我参与的过程，整个人都要参与到学习之中，既包括认知参与，也包括情感参与；(2)学习是学习者自我发起的，内在动力在学习中起主要作用；(3)学习是渗透性的，它会使学生的行为、态度以及个性等都发生变化；(4)学习的结果由学习者自我评价，他们知道自己想学什么和学到了什么。

2. 罗杰斯的有意义学习与奥苏伯尔的有意义学习有何不同？

(1)概念方面：罗杰斯认为有意义学习是指所学的知识能够引起变化、全面渗入人格和人的行动之中的学习；奥苏伯尔认为有意义学习是以符号为代表的新观念与学习者认知结构中原有的适当观念建立起非人为的和实质性的联系。

(2)学习结果方面：罗杰斯认为有意义学习不局限于知识的简单积累，而是渗入到个人的行为之中，渗入到他为了未来而选择的一系列活动之中。学习使其态度和人格发生变化，是智、德融为一体的人格教育和价值观的熏陶。奥苏伯尔认为有意义学习是在对事物理解的基础上，依据事物的内在联系所进行的学习，即新的学习材料如何纳入已有知识的系统之中。

(3)概念范畴方面：罗杰斯的有意义学习属于知情统一；奥苏伯尔的有意义学习属于认知范畴。

3. 简述建构主义学习观。

建构主义在学习观上强调学习的主动建构性、社会互动性和情境性三方面。

(1)学习的主动建构性是指学生能够主动地对已有知识经验进行综合、重组和改造，从而用以解释新信息，并最终建构属于个人意义的知识内容。

(2)学习的社会互动性主要表现在学习者和学习都不是孤立的，而是在一定的社会文化环境下进行的。虽然很多时候从表面上看，学习者是一个人在进行学习，但是他在学习中采用的学习材料、学习用具以及学习环境等都是属于社会的，是集体经验的累积。

(3)学习的情境性主要指学习、知识和智慧的情境性，认为知识是不可能脱离活动情境而孤立存在的。只有通过实际应用活动，知识才能真正被理解。因此，人的学习应该与情境化的社会实践活动相联系，通过对某种社会实践的参与而逐渐掌握有关的社会规则并形成相应的知识。

四、论述题(参考答案)

1. 与学习的联结理论和认知理论相比，人本主义学习理论有什么独特之处？这一理论对于我国当前的新课改有什么启示？

(1)学习的联结理论认为学习的实质是通过条件作用，在刺激和反应之间建立直接联结的过程。学习的认知理论认为学习是学生主动地在头脑内部构造完形，形成认知结构。而人本主义学习理论则更加关注个体的情感、人格的健康成长。

(2)人本主义学习理论对新课改的启示：

①课程目标层面。罗杰斯主张课程"以学生为中心"，应培养"完整的人"，培养具有独立人格和创造力，能适应时代变化的人。因此，基础教育课程改革在目标上发生了很大的变化。重视学生的情感态度和价值观的培养，使学生不但有知识，而且还要有良好的人文修养。

②课程结构层面。人本主义要求学校设立并行课程和整合课程，着眼于整体人格的发展。因此，新课改要求课程结构体现综合性，构建分科课程与综合课程相结合的课程结构，淡化学科界限，强调学科间的联系与综合。

③课程内容层面。罗杰斯提出适切性原则，强调课程内容要与学生的生活与体验发生联系，使学生产生有意义的学习和自发的经验学习。因此，新课程改革的目标首先是要选择适合现代社会发展需要的内容，同时要紧密联系学生的学习兴趣与生活

经验。

④课程实施层面。罗杰斯非常强调非指导性教学，并把良好的人际关系作为课程实施的重要影响因素。因此，新课程改革提倡教师在教学的过程中创设信息化、人文化的学习环境，形成良好的人际关系，同时要把课堂还给学生，与学生积极互动，共同发展，正确处理传授知识与培养能力的关系，注重学生的经验与兴趣，培养学生主动参与、探究发现、交流合作的学习方式，促使学生在教师的指导下主动地、富有个性地学习。

⑤课程评价层面。罗杰斯主张让学生进行自我评价，教师只起辅助的作用，他反对一切外部评价，特别是测验与考试，并持一种动态的评价观。新课程改革提倡发展性评价，它让学生参与评价。评价不仅关注学生的学业成绩，还要关注其创新能力的培养，使学生的各方面素质得到发展。

2. 试述建构主义学习理论对当前教育实践的启示。

(1)从建构主义的知识观出发，建构主义强调知识是个体对于现实的理解和假设，其受到特定经验和文化等的影响，因此每个人对知识所建构的理解都是不同的。因此，教师在教育教学过程中应当更加重视学生的个性化特点，因材施教，并不是要对所有的学生传授完全相同的原理知识，而是要让每个学生能够按照他的知识经验建构出新的知识内容。

(2)从教学的角度来看，建构主义认为学习就是主体对学习客体的主动探索、不断变革，从而建构对客体意义理解的过程。因此，在教学中应当注意学生的有意义建构，通过适当的教学策略启发学生能够自主建构认知结构。

(3)从学习者的角度出发，建构主义认为学生是有意义的主动建构者，而不是外部刺激的被动接受者和被灌输的对象，因此在教学过程中除了传统知识的传授，还应当充分发挥学生的主体地位，强调学生的自主性和能动性，在学习过程中能够主动发现、分析和解决问题。学生由被动的知识接受者变为主动的信息搜集者，教师由知识的灌输者变为引导学生建构知识意义的领路人，教师在学生心目中的地位也不再是不可亵渎的权威，而是学生学习的辅助者，师生之间成为共同的学习伙伴和合作者。

五、材料分析题(参考答案)

1. 建构主义认为，"教材是例子"，学生是主动的信息建构者，学习是知识建构的过程，无论专家选出的文章是好是坏、是对是错，学生总要以自己的经验和方式去理解。

建构主义的观点引发了新一轮的教育观念变革，新观念要求我们尊重学生，发展学生的独特个性，造就健康有序、宽松和谐、激励上进的新型教育。鼓励学生在教学情境中建构自己独立的意义。如果我们总是以一个固定的模子去框住学生的思维，势必会使学生丧失个性、丧失自我、丧失创造力。

2. (1)人本主义心理学认为心理学应该探讨完整的人，强调人的价值，强调人有发展的潜能，而且有发挥潜能的内在倾向，即自我实现倾向。人本主义者的教育理想是培养"躯体、心智、情感、精神、心力融汇一体"的人，要想实现这一教育理想，应该有一个现实的教学目标，这就是"促进变化和学习，培养能够适应变化和知道如何学习的人"。因为作业的繁重和家长的看管，学生冰冰自由支配学习的时间少，可自主学习的机会也比较少。学生家长也没有关心冰冰的个性需要。家长的做法和冰冰现在的学习状态不符合人本主义学习理论的基本观点。

(2)有意义学习主要具有四个特征:①学习是学习者自我参与的过程，整个人都要参与到学习之中，既包括认知参与，也包括情感参与;②学习是学习者自我发起的，内在动力在学习中起主要作用;③学习是渗透性的，它会使学生的行为、态度以及个性等都发生变化;④学习的结果由学习者自我评价，他们知道自己想学什么和学到了什么。

(3)①教育者应无条件积极关注学生，为学生提供学习的手段和条件，促进学生自由地成长;②教育者应尊重学生，把学生看作学习活动的主体，相信学生可以自己指导自己，具有"自我实现"的潜能;③教育者应该尊重学生的意愿、情感、需要，为学生的成长提供帮助;④教育者应培养学生学习的积极性和主动性，并为此做出努力。(考生可适当结合材料加以阐述，言之有理即可)

真题必刷

一、单项选择题

1. A 【解析】加涅按学习结果将学习分为五种类型:(1)智慧技能;(2)认知策略;(3)言语信息;(4)动作技能;(5)态度。其中，智慧技能指运用符号或概念与环境交互作用的能力的学习。智慧技能又可分为五个小类:辨别学习、具体概念学习、定义性概念学习、规则学习、高级规则学习。其中，辨别是将刺激物的一个特征和另一个特征或者将一个符号与另一个符号加以区别的一种习得能力，小朋友学会区分"q"和"p"两个字的字形属于智慧技能中的辨别学习。

2. B 【解析】布鲁纳认为，发现是教育儿童的主要手段，学生掌握学科的基本结构的最好方法是发现学习。发现学习是指给学生提供有关的学习材料，让学生通过探索、操作和思考，自行发现知识、理解概念和原理的教学方法。

3. A 【解析】正强化是通过呈现想要的愉快刺激来增强反应频率。负强化是通过消除或中止厌恶、不愉快刺激来增强反应频率。惩罚是指当有机体做出某种反应以后，呈现一个厌恶刺激，以消除或抑制此反应的过程。A项教师的大声制止正好达到学生怪叫的目的，因此属于正强化。B项教师通过不向家长讲学生做错的事鼓励学生认真完成作业，即通过取消厌恶刺激来增强反应效率，属于负强化。C项和D项都是呈现厌恶刺激来抑制学生的行为表现，因此属于惩罚。

二、辨析题

1. 消极强化与惩罚的性质一样，都是学生想要回避的教学行为。

(1)这种说法是不正确的。(2)消极强化是通过消除或中止厌恶、不愉快刺激来增强反应频率。惩罚是指当有机体做出某种反应以后，呈现一个厌恶刺激，以消除或抑制此反应的过程。这二者的性质不一样。

2. 建构主义学习过程常常是在社会文化互动中完成的。

(1)这种说法是正确的。(2)建构主义在学习观上强调学习的主动建构性、社会互动性和情境性三方面。社会互动性主要表现在学习是通过对某种社会文化的参与而内化相关的知识和技能、掌握有关工具的过程，这一过程常常需要通过一个学习共同体的合作互动来完成。建构主义者认为，学习不是每个学生单独在头脑中进行的活动，学习者也不是一个孤独的探索者，而是一个社会的人。学习总是学习者在一定社会文化环境下进行的，即使表现上学习者是一个人在进行学习，但是他在学习中采用的学习材料、学习用具以及学习环境等都是属于社会的，是集体经验的累积。

三、案例分析题(参考答案)

(1)教师在教学中要注重学生已有的知识经验。建构主义非常强调学习者本身已有的经验结构，认为学习者在学习新信息、解决新问题时往往可以基于相关的经验，依靠其认知能力形成对问题的解释。小鱼形成“鱼牛”的形象是基于自己已有的知识经验。因此，教学不能忽视学生的已有经验，而是要把儿童现有的知识经验作为新知识的生长点，引导儿童从原有的知识经验中发展出新的知识经验。

(2)学习是学生主动建构的。学习的主动建构性是指学生能够主动地对已有知识经验进行综合、重组和改造，从而用以解释新信息，并最终建构属于个人意义的知识内容。小鱼对“牛”的学习是在听青蛙的讲解中主动加工形成的，而不是被动接受的。因此在教学过程中除了传统知识的传授，还应当充分发挥学生的主体地位，强调学生的自主性和能动性，在学习过程中能够主动发现、分析和解决问题。

(3)学习具有社会互动性和情境性。建构主义认为，学习总是学习者在一定社会文化环境下进行的，并且知识是不可能脱离活动情境而孤立存在的。小鱼根据自身所处环境，并结合青蛙的描述，形成了“鱼牛”的形象。因此，人的学习应该与情境化的社会实践活动相联系，通过对某种社会实践的参与而逐渐掌握有关的社会规则并形成相应的知识。

第八章　知识的学习与迁移

基础必刷

专题一　知识的学习

一、单项选择题

1. D 【解析】命题既可以陈述简单的事实，也可以陈述一般规则、原理、定律、公式等，因此它被看成是陈述性知识掌握的高级形式。它旨在反映事物之间的关系，是一种更加复杂的学习。

2. C 【解析】策略性知识是关于如何学习和如何思维的知识，即个体运用陈述性知识和程序性知识去学习、记忆、解决问题的一般方法和技巧。例如，学习中如何有效记忆，写作时如何拟定提纲，解决问题时如何明确思维方向等。

3. C 【解析】并列结合学习，又称组合学习，是在新命题与认知结构中原有的命题既非下位关系又非上位关系，而是一种并列的关系时产生的。学习质量与能量、遗传与变异、需求与价格等概念之间的关系就属于并列结合学习。

4. B 【解析】陈述性知识是相对静态的知识，其运用形式常常是输入信息的再现；而程序性知识是体现在动态的操作过程中的知识，其运用常要对信息进行变形和运算，结果往往得出不同于输入刺激的信息。故B项说法错误。

5. A 【解析】下位学习，又称类属学习，是一种把新的观念归属于认知结构中原有观念的某一部分，并使之相互联系的过程。原有观念在包容和概括水平上高于新学习的知识。技能包括智慧技能,因此题干描述的学习属于下位学习。

6. A 【解析】概念学习以表征学习为前提,又为命题学习奠定基础,因此,它是意义学习的核心。

7. A 【解析】策略性知识是关于如何学习和如何思维的知识,即个体运用陈述性知识和程序性知识去学习、记忆、解决问题的一般方法和技巧。根据题干描述可知,"英语单词联想记忆"培训班主要教授的是学习、记忆英语的一般方法和技巧。因此,可以推断,这个培训班主要教授的知识类型是策略性知识。

8. C 【解析】一个大的知识单元中既有陈述性知识,也有程序性知识,二者相互交织在一起,许多心理学家用图式一词来描述这种大块知识的表征和贮存。

9. A 【解析】变式,就是变换使用不同形式的直观材料或事例说明事物的本质属性,而非本质属性或有或无,以便突出本质属性。通过同类比较,便于区分对象的一般与特殊、本质与非本质特征,从而找出一类事物所共有的本质特征。题干中教师在教"菌类"知识时,先后向学生介绍可以食用的菌类和不可食用的菌类,这是通过正确运用变式的方式进行教学。

10. D 【解析】符号学习又称表征学习,是指学习单个符号或一组符号的意义。符号学习的心理机制是符号和它们所代表的事物或观念在学习者认知结构中建立相应的等值关系。符号学习的主要内容是词汇学习。

11. A 【解析】通常所说的知识的理解主要指学生运用已有的经验、知识去认识事物的种种联系、关系,直至认识其本质、规律的一种逐步深入的思维活动。它是学生掌握知识过程的中心环节。

12. B 【解析】新命题(节约资源是爱国的表现)因类属于旧命题(唱国歌、升国旗是爱国的表现)而获得意义,原有概念的内涵被加深或扩展,所以属于相关类属学习。

13. D 【解析】程序性知识即操作性知识,是一种经过学习后自动化了的关于行为步骤的知识,表现为在信息转换活动中进行具体操作。程序性知识主要用来解决"做什么"和"怎么做"。

14. C 【解析】问题解决是指为了从问题的初始状态到达目标状态,而采取一系列具有目标指向性的认知操作的过程。问题解决具有以下三个特征:(1)目的性。没有明确目的指向的心理活动,不能称为问题解决,如漫无目的的幻想。(2)认知性。荡秋千没有重要的认知成分的参与,因而不属于问题解决的范畴。(3)序列性。简单的记忆操作不能称之为问题解决,如记住一个人的名字。因此,答案选C项。

15. B 【解析】概念学习是指掌握概念的一般意义,其实质是掌握一类事物的共同的本质属性和关键特征。题干所述属于概念学习。

16. D 【解析】程序性知识主要以产生式和产生式系统进行表征。其他三项皆为陈述性知识的表征方式。

17. A 【解析】香蕉和口琴都是长的,苹果和球都是圆形的,幼儿是根据事物的指认属性形成的概念,所以是具体概念。

18. D 【解析】客观事物的本质特征与非本质特征是交融在一起的,这使学生在学习科学概念时,容易混淆事物的本质特征。为了避免这种误解,在概念教学中可采用"变式"。

19. D 【解析】知识是指主体通过与环境相互作用而获得的信息及其组织。其实质是人脑对客观事物的特征与联系的反映,是客观事物的主观表征。

20. D 【解析】启发法是基于一定的经验,根据现有问题状态与目标状态之间的内在联系,采用较少搜索而找到解决问题途径的一种策略。

21. A 【解析】概念形成是指个体通过反复接触大量同一类事物或现象的共同特征或共同属性,并通过肯定(正例)或否定(反例)的例子加以证实的过程。发现学习是概念形成的主要方式。

22. D 【解析】在教"鸟"的概念时,可用麻雀、燕子作为正例,说明"有羽毛""前肢为翼""无齿有喙"是鸟的概念的本质特征;用蝙蝠作为反例,说明"会飞"是鸟的概念的无关特征。

23. A 【解析】产生式迁移理论是指前后两项学习任务产生迁移的原因是两项任务之间产生式的重叠,重叠越多,迁移量越大。产生式迁移理论是针对认知技能的迁移提出的。

24. D 【解析】问题解决是指为了从问题的初始状态到达目标状态,而采取一系列具有目标指向性的认知操作的过程。

25. C 【解析】算法策略是将所有可能的针对问题解决的方法都一一列举出来并进行尝试,直到最终从根本上解决问题。

26. A 【解析】陈述性知识也叫描述性知识,是个人能用言语进行直接陈述的知识,主要用于区别和辨别事物。程序性知识即操作性知识,是一种经过学习后自动化了的关于行为步骤的知识，表现为在信息转换活动中进行具体操作。B、C、D项为程序性知识。

27. B 【解析】当代认知心理学认为，陈述性知识学习的过程包括获得、保持和提取三个阶段。

28. B 【解析】上位学习又称总括学习，是在学生掌握一个比认知结构中原有概念的概括和包容程度更高的概念或命题时产生的。遵循从具体到一般的归纳概括过程。

二、辨析题

1. 上位学习和下位学习中都可能发生垂直迁移。

(1)这种说法是正确的。(2)垂直迁移也称纵向迁移，是指先行学习内容与后续学习内容是不同水平的学习活动之间产生的影响。垂直迁移表现在两个方面：①自下而上的迁移，即下位的较低层次的经验影响上位的较高层次的经验的学习；②自上而下的迁移，即上位的较高层次的经验影响下位的较低层次的经验的学习。下位学习属于自上而下的迁移，上位学习属于自下而上的迁移。

2. 学习认知结构的不断分化所依靠的学习形式是下位学习。

(1)这种说法是正确的。(2)下位学习又称类属学习，是一种把新的观念归属于认知结构中原有观念的某一部分，并使之相互联系的过程。原有观念在包容和概括水平上高于新学习的知识。

3. 并列结合学习，需要比照新旧知识之间的关系。

(1)这种说法是正确的。(2)一般而言，并列结合学习比较困难，必须在直观的基础上，认真比较新旧知识的联系与区别才能掌握。

三、简答题(参考答案)

1. 简述陈述性知识和程序性知识的区别和联系。

区别：(1)反映的对象不同；(2)与意识的关系不同；(3)获得方式与顺序不同。

联系：(1)程序性知识的获得往往建立在陈述性知识的基础之上，学习程序性知识的第一步，通常是学习相应的陈述性知识；(2)陈述性知识和程序性知识在实际的学习和问题解决活动中是相互联系的。

2. 如何提高知识直观的效果？

(1)灵活选用实物直观和模像直观；(2)加强词和形象的配合；(3)运用感知规律，突出直观对象的特点；(4)培养学生的观察能力；(5)让学生充分参与直观过程。

3. 简述规则学习的条件。

(1)内部条件：①对原理所涉及概念的学习和理解；②学习者的认知发展水平；③学习者的语言表达能力。

(2)外部条件。原理学习的外部条件主要体现在教师的言语指令中。教师的言语指令设置得是否合理，在很大程度上影响着学生对原理学习的效果。

4. 促进陈述性知识学习的条件有哪些？

(1)激发学习动机，培养学习兴趣(动机激发策略)；(2)有效运用注意规律(注意策略)；(3)对陈述性知识进行精加工(精加工策略)；(4)合理使用工作记忆的有限容量；(5)必要的复习；(6)整理和综合知识材料，使知识系统化(组织者策略)；(7)了解学生已有的知识系统(认知结构化策略)。

5. 在教授程序性知识时有哪些策略？

(1)课题的选择与设计策略；(2)示范与讲解策略；(3)变式练习与比较策略；(4)练习与反馈策略；(5)条件性策略(明确程序性知识的使用条件)；(6)分解性策略(分解程序的操作过程)。

6. 简述程序性知识学习的一般过程。

程序性知识学习的一般过程是从陈述性知识转化为自动化的技能的过程，它主要由三个阶段构成：(1)陈述性阶段；(2)程序化阶段；(3)自动化阶段。

7. 简述影响概念形成与掌握的因素。

(1)概念的定义性特征；(2)原型；(3)讲授概念的方式；(4)概念间的联系。

四、论述题(参考答案)

1. 如何帮助学生有效地掌握概念？

(1)以感性材料作为概念掌握的基础；(2)合理利用过去的知识经验；(3)提供概念范例，配合运用正例和反例，适当运用比较；(4)突出有关特征，控制好无关特征的数量和强度，正确而充分地利用“变式”；(5)正确运用语言表达，明确提示概念的本质特征；(6)形成正确的概念体系，并运用于实践中。

2. 试述陈述性知识学习的一般过程。

当代认知心理学认为，陈述性知识的掌握过程一般分为获得、保持和提取三个阶段。(1)知识获得阶段，新信息进入短时记忆，与长时记忆中的相关信息联系，出现新的意义构建；(2)知识保持阶段，新建构的意义储存于长时记忆中，如果没有复习或新的学习，这些意义将随时间的延长而遗忘；(3)知识提取阶段，个体运用所获得的知识回答“是什么”和“为什么”的问题，并应用这些知识解决实际问题，使所学知识产生广泛的迁移。

3. 试述问题解决策略的主要种类。

(1)算法

算法策略是将所有可能的针对问题解决的方法都

一一列出来并进行尝试,直到最终从根本上解决问题。很明显,算法策略需要在解决问题时进行大量的准备工作,需要花费较大的精力和较多的时间,但优点就是能够确保找到问题解决的途径。

(2)启发法

与算法的思维过程不同,启发法是基于一定的经验,根据现有问题状态与目标状态之间的内在联系,采用较少搜索而找到解决问题途径的一种策略。启发法不需要像算法策略那样费时费力,往往是一种比较快捷的方法,但却并不能保证一定可以成功地解决问题。以下是几种常用的启发法策略:

①手段—目的分析法

所谓手段—目的分析法,就是将需要达到的问题的目标状态分成若干个子目标,通过实现一系列的子目标而最终达到总目标。手段—目的分析法是一种不断减少当前状态与目标状态之间的差别而逐步前进的策略,是一种常用的解题策略,对解决复杂问题有重要的应用价值。

②爬山法

爬山法是采用一定的方法逐步降低初始状态和目标状态的距离,以达到问题解决的一种方法,与手段—目的分析法类似。

③逆推法

逆推法就是从问题的目标状态开始搜索直至找到通往初始状态的方法。逆向搜索更适合于解决那些从初始状态到目标状态只有少数解决方法的问题,数学中的推理运算有时采用这一策略。

4. 为了使学生更好地掌握规则,教师在进行规则教学时,必须要注意哪些?

(1)了解学生对概念理解和掌握的水平。(2)创设规则学习的问题情境。(3)设置言语指令,唤起学生对相关概念的回忆。①在规则学习的过程中,应当为学习者创造回忆相关概念的条件,如实物、图片、言语指令等。②建立恰当的规则学习的引导条件。(4)强调规则的运用,促进学生对规则的理解。

专题二　技能的形成

一、单项选择题

1. C 【解析】技能是指在练习基础上形成的、按某些规则或操作程序顺利完成某种智慧任务或身体协调任务的能力。
2. D 【解析】动作技能形成的最后阶段即自动化阶段。此阶段,各个动作相互协调似乎是自动流出来的,无需特殊的注意和纠正。练习者能根据情况变化灵活、迅速而准确地完成动作,并且这种动作已经达到自动化程度,几乎不需要有意识的控制。有经验的司机在开车时,可以顺利地与别人交谈表明他的动作技能处于自动化阶段。
3. B 【解析】冯忠良提出的操作技能形成四阶段模型包括:操作定向、操作模仿、操作整合、操作熟练。
4. C 【解析】“曲不离口,拳不离手”的意思是习武的人应该经常练习,唱歌的人应该经常唱。比喻只有勤学苦练,才能使功夫纯熟。这体现的是练习的重要性。
5. A 【解析】通常把学生在学习过程中出现一段时间的学习成绩和学习效率停滞不前,甚至学过的知识感觉模糊的现象,称为“高原现象”。
6. D 【解析】在自动化阶段,各个动作相互协调似乎是自动流出来的,无需特殊的注意和纠正。这时,练习者的多余动作和紧张状态已经消失,能根据情况变化,灵活、迅速而准确地完成动作,并且这种动作已经达到自动化程度,几乎不需要有意识的控制,这就是操作技能进入自动化阶段的熟练操作特征。
7. A 【解析】菲茨和波斯纳将动作技能形成的过程分为认知、联系形成和自动化三个阶段。第一阶段为认知阶段,在学习一种新的动作技能初期,个体首先要通过对示范动作的观察及对刺激情境的知觉,形成一个内部的动作意象,以作为实际执行动作时的参照。这个阶段的主要任务是领会技能的基本要求、重点,掌握组成技能的局部动作。题干所述小宇观察字帖属于认知阶段。
8. D 【解析】反馈在操作技能学习过程中的作用是非常关键的,其中结果反馈的作用尤其明显。准确的结果反馈可以引导学生矫正错误的动作,强化正确动作,并鼓励学生努力改善其操作。
9. A 【解析】操作定向就是了解操作活动的结构与要求,在头脑中建立起操作活动的定向映像的过程。陈老师对每个动作进行示范与讲解,并让学生仔细观察并思考应该怎么做这些动作就是为了让学生在头脑中建立起操作活动的定向映像。
10. C 【解析】“见者易,学者难”这句话意思是说看着容易,学起来就难了,强调在学习中不要眼高手低,而要通过实际训练来掌握相关知识和技能。具体到动作技能学习中,强调的是练习的重要性。
11. A 【解析】原型定向就是了解原型的活动结构,从而使主体明确活动的方向,知道该做哪些动作和怎样去完成这些动作。
12. D 【解析】复杂的动作技能保持的时间较简单的

动作技能保持的时间长，动作技能的遗忘进程与无意义音节的遗忘进程是不同的，动作技能的学习中也存在迁移现象。

13. D 【解析】联系形成阶段需要把局部动作综合成更大单位，从认知方面转向动作方面，最后形成一个连贯的初步动作系统，具体表现为学习者通过练习把已掌握的局部的、个别的动作联系起来，形成比较连贯的初级动作系统。在此阶段，局部动作虽然已经形成了联系，但动作之间的联系尚不够紧密、牢固，在实现动作转换时，常常出现短暂的停顿现象。乐乐运球动作和上篮动作之间尚未形成紧密的联系，因此容易出错，这表明其篮球技能处于联系形成阶段。

14. B 【解析】操作技能又叫运动技能、动作技能，是在练习的基础上，由一系列实际动作以合理、完善的程序构成的操作活动方式，本质上是按一定的关系组织起来的成套的识记动作，表现为动作的连锁化和自动化。日常生活中的写字、打字、绘画等都属于操作技能。

15. C 【解析】操作模仿阶段，即个体在定向阶段了解了一些基本的动作机制之后，就会尝试做出某种动作。模仿的实质是将头脑中形成的定向映像以外显的实际动作表现出来。小丽把动作分成小节拍，跟着老师一步步地做，表明小丽正处于动作模仿阶段。

16. D 【解析】原型指那些被模拟的自然现象或过程。智力活动的原型是对一些最典型的智力活动样例的设想。

17. D 【解析】产生"高原现象"的原因之一是心理和生理上的疲劳，而分散练习可以避免长时间练习所产生的疲劳或厌烦情绪，效果较佳，因此D项说法错误。

18. B 【解析】操作模仿阶段学习者动作的稳定性、准确性、灵活性较差；各动作要素之间的协调性较差，并且会互相干扰；个体动作主要依靠视觉控制，动觉控制水平较低；完成某一操作的效能也较低。故选B项。

19. C 【解析】练习中有时也会出现某一时期练习成绩不随练习次数而提高的停滞现象。故C项说法有误。

20. C 【解析】问题解决的认知性即问题解决活动是通过内在的心理加工实现的，整个活动的过程依赖于一系列认知操作的进行。自动化的操作如走路、穿衣等基本上没有重要的认知成分参与，因而，不属于问题解决的范畴。

二、填空题

1. 集中练习
2. 认知　自动化
3. 智慧技能

三、辨析题

初学者在学习新的动作时，分解能力较差，动作掌握较慢。

(1)这种说法是正确的。(2)在动作技能形成过程中的动作的认知和定向阶段，初学者动作尚忙乱紧张，呆板而不协调，并出现多余动作，也难以觉察自己动作的全部情况，因此自己不易发现错误。

四、简答题(参考答案)

1. 简述冯忠良提出的操作技能形成的阶段理论。

(1)操作的定向；(2)操作的模仿；(3)操作的整合；(4)操作的熟练。

2. 简述学生心智技能的培养要求。

(1)识别教学内容；(2)确立合理的智力活动原型；(3)教师利用示范和讲解，并有效进行分阶段练习；(4)知识影响技能的形成；(5)摆脱思维定势的约束；(6)注重培养学生认真思考的习惯和独立思考的能力。

3. 在心智技能培养工作方面，为提高分阶段练习的成效，应采取哪些有效措施？

(1)要注意激发学生学习的积极性和主动性；(2)要注意原型的完备性、独立性与概括性；(3)要注意适应培养阶段的特征，正确使用言语；(4)注意学生的个别差异；(5)科学地进行练习。

4. 简述心智技能的形成阶段。

(1)原型定向。原型定向就是了解原型的活动结构，从而使主体明确活动的方向，知道该做哪些动作和怎样去完成这些动作。这一阶段是主体掌握操作性知识的阶段，也是心智技能形成的准备阶段。(2)原型操作。原型操作是依据智力技能的实践模式，把学生在头脑中已建立起来的活动程序计划以外显的操作方式付诸实施，获得完备的动觉映像的过程。这一阶段，借助于实物模型、图片、示意图或动作等，依据智力活动的实践模式，把学生在头脑中已建立起来的活动程序计划，以外显的操作方式付诸实施，帮助学生理解心智技能学习的内容,以获得完备的动觉映像,有利于形成新的智力活动。(3)原型内化。原型内化,即智力活动的实践模式(原型)向头脑内部转化,由物质的、外显的、展开的形式变成观念的、内潜的、简缩的形式的过程。该阶段开始借助言语来对观念性对象进行加工,是原型在学习者头脑中转化为心理结构内容的过程,是心智技能的完成阶段。

五、材料分析题(参考答案)

1.(1)练习是形成各种操作技能所不可缺少的关键环节,通过应用不同形式的练习,可以使个体掌握某种技能。一般来说,随着练习次数的增多,动作的精确性、速度、协调性等会逐步提高。

(2)虽然不同的学习者的练习曲线存在差异,但也具有共同点,表现在:①开始进步快。②中间有一个明显的、暂时的停顿期,即高原期。通常把学生在学习过程中出现一段时间的学习成绩和学习效率停滞不前,甚至学过的知识感觉模糊的现象,称为"高原现象"。在本案例中,学习英语单词过程中的滞留时间和收发电报练习中的成绩停顿属于高原现象。③后期进步较慢。在本案例中,随着词汇量的增加,英语学习出现的滞留期越长,说明练习后期的进步缓慢,但坚持练习还会有提升。④总趋势是进步的,但有时出现暂时的退步。整个练习过程中,成绩往往会有一些波动起伏现象。而且,多数情况下,练习曲线反映出来的技能的进步是先快后慢;也有少数情况可能出现先慢后快的趋势。在本案例中,体现了这一特点的是:在收发电报练习成绩停顿时,虽有练习,但成绩却不见提高甚至下滑。

(3)"高原现象"产生的原因:①学习方法的固定化;②学习任务的复杂化;③学习动机减弱;④兴趣降低;⑤心理和生理上的疲劳;⑥意志不够顽强。高原现象一般在学习中期出现,可以采取一些措施,帮助学生顺利度过"高原现象"。在教学中组织练习时,应明确练习的目的和要求,增强学习动机。另外,还需要帮助学生掌握正确的练习方法,并且及时进行反馈。

2.(1)反馈指在学习与练习过程中信息的返回传递。一般来讲,反馈来自两个方面,即内部反馈和外部反馈。内部反馈即操作者自身的感觉系统提供的感觉反馈。外部反馈即操作者自身以外的人和事给予的反馈,有时也称结果知识。在学习过程中,只有通过反馈,学习者才知道自己的动作是否合乎要求。其中准确的结果反馈可以引导学生矫正错误动作、强化正确动作,并鼓励学生努力改善其操作,作用尤为明显。影响反馈效果的因素有:①反馈的内容;②反馈的频率;③反馈的方式。

(2)在本材料中,前八周,第一组、第二组和第三组的反馈频率不同,第一组的成绩好于第二组,第一组和第二组都好于不做学习反馈的第三组,说明及时反馈对学生学习是非常重要的;后八周,第一组不给反馈,第三组每天给予学习反馈,第二组维持原有反馈,结果第一组成绩直线下降,第三组成绩直线上升,而第二组成绩不变。再次证明准确及时的反馈在学习中的重要性,它可以引导学生矫正错误,并不断改善其学习,学习效果明显提高。

专题三　学习策略

一、单项选择题

1. B 【解析】最具影响力的学习策略的分类是迈克卡等人对学习策略的分类。他们认为,学习策略可分为认知策略、元认知策略和资源管理策略三种。
2. A 【解析】题干所述体现了学习策略的含义。
3. D 【解析】资源管理策略里的学业求助策略包括两个方面:(1)学习工具的利用,如善于利用参考资料、工具书、图书馆、电脑等;(2)社会性人力资源的利用,如善于利用老师的帮助以及同学间的合作与讨论来加深对学习内容的理解。
4. C 【解析】复述策略是指在工作记忆中为了保持信息,运用内部语言在大脑中重现学习材料或刺激,以便将注意力维持在学习材料上的方法。背诵课文属于复述策略。
5. A 【解析】学习策略培养的原则有主体性原则、内化性原则、特定性原则、生成性原则、有效监控原则、个人效能感原则。特定性原则是指学习策略一定要适于学习目标和学生的类型。主体性原则是指学习策略教学中应该发挥和促进学生的主体作用。生成性原则是指在学习过程中要利用学习策略对学习的材料重新进行加工,产生某种新的东西。题干所述为学习策略培养的特定性原则的概念。
6. C 【解析】组织策略是指将经过精加工提炼出来的知识点加以构造,形成更高水平的知识结构的信息加工策略。思维导图属于组织策略的一种。
7. A 【解析】谐音联想法是通过谐音线索,运用视觉表象,假借意义进行人为联想。题干所述是谐音联想法在学习中的运用。

8. A 【解析】组织策略是指将经过精加工提炼出来的知识点加以构造,形成更高水平的知识结构的信息加工策略。B项是精加工策略,C项是复述策略,D项是认知策略。

9. B 【解析】精加工策略是指把新信息与头脑中的旧信息联系起来从而增加新信息意义的深层加工策略。对于比较复杂的课文学习,精加工策略有说出大意、总结、建立类比、用自己的话做笔记、解释、提问以及回答问题等。题干中赵老师通过以“一桶核桃和一桶大豆倒在一起,还是两桶吗?”的类比,使得学生豁然开朗,这是运用了精加工策略。

10. D 【解析】元认知策略是指学生对自己整个学习过程的有效监视及控制的策略。题干所述属于元认知策略。

11. C 【解析】画示意图的方式属于组织策略中的纲要策略。

12. A 【解析】题干所述是生成性学习的含义。

13. D 【解析】谐音联想法是通过谐音线索,运用视觉表象,假借意义进行人为联想。

14. B 【解析】做笔记策略是使用较为普遍的精加工策略。“好记性不如烂笔头”强调的是做笔记策略。

15. A 【解析】计划策略是指根据认知活动的特定目标,在认知活动开始之前计划完成任务所涉及的各种活动、预计结果、选择策略,设想解决问题的方法,并预估其有效性等。元认知计划策略包括设置学习目标、浏览阅读材料、设置思考题以及分析如何完成学习任务等。“小明根据考试范围安排自己的复习进度”属于元认知策略中的计划策略。

16. B 【解析】元认知策略是指学生对自己整个学习过程的有效监视及控制的策略。

17. C 【解析】题干的描述属于运用记忆术的方法,属于精加工策略。

18. C 【解析】先行组织者策略是在新材料学习之前,温习与新材料有关的已有的背景知识,属于精加工策略。

19. D 【解析】学业求助策略指当学生在学习上遇到困难时,向他人请求帮助的行为。学业求助不是自身能力缺乏的标志,而是获取知识、增长能力的一种途径,是一种重要的学习策略。题干所述小张的做法属于学业求助策略。

20. C 【解析】译意法是将要记的内容转译成有意义的材料。

21. B 【解析】根据弗拉维尔的观点,元认知就是对认知的认知,具体地说,是个人关于自己认知过程的知识和调节这些过程的能力。它包括两个独立但又相互联系的成分:元认知知识和元认知控制,元认知的核心是元认知控制。

22. B 【解析】美国心理学家弗拉维尔于1976年在《认知发展》一书中首次提出了元认知的概念。

23. B 【解析】精加工策略就是把新信息与头脑中的旧信息联系起来从而增加新信息意义的深层加工策略,因此它的实质就是建立新旧信息之间的联系。

二、判断题

1. √ 【解析】“学无当于五官,五官弗得不治”这句话强调的是学习时要运用多种感官协同记忆。从学习策略上看,这属于复述策略。

2. √ 【解析】认知策略(如画线、口头复述等)是学习内容必不可少的工具,而元认知策略则监控和指导认知策略的运用。所以,元认知策略总是和认知策略一起起作用。

3. × 【解析】学业求助策略是指当学生在学习上遇到困难时,向他人请求帮助的行为。学业求助不是自身能力缺乏的标志,而是获取知识、增长能力的一种途径,是一种重要的学习策略。

4. × 【解析】元认知,又称反省认知、监控认知、超认知等,是指人对自己的认知过程的认知,即个体对认知活动的自我意识与调节,主要包括元认知知识、元认知体验和元认知监控。元认知监控是指个体在认知活动中,对自己的认知活动进行积极监控和相应的调节,以达到预定目标,即知道何时做、如何做。

5. √ 【解析】研究认为,学习策略知识不是孤立的,不能脱离专门知识。专门领域的基础知识是有效利用策略的前提条件,脱离知识内容的单纯训练容易导致形式化倾向,难以保证学生提高学习策略水平。

6. × 【解析】学业求助策略指当学生在学习上遇到困难时,向他人请求帮助的行为。学业求助不是自身能力缺乏的标志,而是获取知识、增长能力的一种途径,是一种重要的学习策略。学业求助包括两个方面:(1)学习工具的利用,如善于利用参考资料、工具书、图书馆、电脑等;(2)社会性人力资源的利用,如善于利用老师的帮助以及同学间的合作与讨论来加深对学习内容的理解。

三、辨析题

1. 别人列出阅读的纲要可能是一种有效的学习方法,但对年幼学生可能比较困难,这体现了学习策略具有生成性。

(1)这种说法是不正确的。(2)学习策略的训练原则分为六条:①主体性原则;②内化性原则;③特定性原则;④生成性原则;⑤有效监控原则;⑥个人效能感原则。其中,特定性原则是指学习策略一定要适于学习目标和学生的类型。同样的策略,不同的学生使用起来的效果是不一样的。列出阅读纲要这种学习方法对年幼学生来讲比较困难体现了学习策略具有特定性。

2. 组织策略不需要在记忆的材料中增加信息。

(1)这种说法是正确的。(2)组织策略是指将经过精细加工提炼出来的知识点加以构造,形成更高水平的知识结构的信息加工策略。组织策略只是将提炼出的知识点加以构造,不需要在记忆材料中增加信息。

四、简答题(参考答案)

1. 简述学习策略训练的原则。

(1)主体性原则;(2)内化性原则;(3)特定性原则;(4)生成性原则;(5)有效监控原则;(6)个人效能感原则。

2. 教师如何在教学中训练学生的学习策略?

(1)注重对元认知监控和调节的训练;(2)有效运用教学反馈;(3)提供足够的教学时间。

五、材料分析题(参考答案)

1. (1)①测验是为了了解学生的学习情况,从而达到调整教学,以评促教,促进学生学习的目的。该教师大胆创新,允许学生"公然"作弊,学生通过在A4纸上写东西,带进考场参加考试,形成了"从他们在那张A4纸上总结的内容就能看出高低来"这种结果,反思了"为什么张某某能考好?为什么李某某考不了高分?""开始交流哪种学习方法好"。学生们明确了学习的方向和目的。这正体现了测验的价值和目的。

②该教师为了改变学生作弊的不良行为,采取了斯金纳行为塑造的方法。我们不能等到学习者完全不表现作弊行为的时候再给予强化,而需要把目标行为分解,分成一个个逐渐趋向于目标的小步子,"第二次考试让每个学生带二分之一的A4纸,第三次,带四分之一……"这种方式逐渐改善了学生带小抄作弊的不良行为。

(2)学习策略训练的原则:

①教师创设了适当的机会让学生感受策略的效力,发挥了学生的主动性和能动性,即"写上自己想写的任何东西",通过这一举动指导他们分析和反思策略使用的过程和效果,体现了主体性原则和个人效能感原则。

②生成性原则,即要对所学材料进行深层次加工。层次加工越深,学习效果越好。材料中学生采用了层次不同的学习策略,是他们学习成绩差异的主要原因。

③有效监控原则是指学生应该把注意力集中在学习结果和学习过程的关系上,监控自己使用每种学习策略所导致的学习结果,以便确定所选策略是否有效。本材料中"为什么张某某能考好?为什么李某某考不了高分?""开始交流哪种学习方法好"即体现了这一点。

2. (1)进行时间排序,统筹安排学习时间。时间管理的方法可以因人而异,可以指导学生给自己每个小时制订详细的计划,也可以仅就一天的事情排序。排序的依据一般为事情对我们的重要程度和紧急程度,排好序后,合理安排时间的分配。材料中,教师可以指导亮亮对每天的学习和活动任务进行梳理,并根据任务难度、重要性进行排序。(2)高效利用最佳时间。材料中,亮亮可以根据自己的生物钟安排学习活动,也可以根据一周内学习效率的变化安排学习活动。(3)灵活利用零碎时间。亮亮可以合理利用早自习和晚自习时间进行学习。(4)高效利用课堂学习时间。课堂中认真听讲,做好笔记,并将自己有疑问的地方进行记录,在课后抽取更多时间询问老师,解决疑难。(5)有效时间管理的使用。了解该把精力主要放在哪里,不等于进行有效时间管理,必须进行实践,并且持之以恒。(6)家校合一,家长和学校、教师共同督促亮亮,增强亮亮的时间意识。

专题四　学习迁移

一、单项选择题

1. A 【解析】学习迁移也称训练迁移,是指一种学习对另一种学习的影响,或习得的经验对完成其他活动的影响。
2. D 【解析】奥苏伯尔认为,一切有意义的学习必然包括迁移,迁移是以认知结构为中介进行的。
3. A 【解析】同化性迁移是指不改变原有的认知结构,直接将原有的认知经验应用到本质特征相同的一类事物中去。原有认知结构在迁移过程中不发生实质性的改变,只是得到某种充实。"举一反三、闻一知十、触类旁通"属于同化性迁移。
4. C 【解析】形式训练说认为,心理官能只有通过训练才得以发展,迁移就是心理官能得到训练而发展的结果,迁移是无条件的、自发的。强调对于有效的记忆方法、工作和学习的习惯以及一般的有效工作技术加以特殊训练。

5. C 【解析】通过迁移,各种经验得以沟通,经验结构得以整合。

6. C 【解析】逆向迁移是指后继学习对先前学习产生的影响,正迁移也叫“助长性迁移”,是指一种学习对另一种学习的促进作用。题干所述是后继学习对先前学习的促进作用,属于逆向正迁移。

7. D 【解析】根据迁移过程中所需的内在心理机制的不同,迁移可分为同化性迁移、顺应性迁移和重组性迁移。

8. C 【解析】贾德在1908年所做的“水下击靶”实验,是概括化理论的经典实验。

9. A 【解析】苛勒所做的“小鸡觅食”实验是支持关系转换说的经典实验。B项“水下击靶”是贾德在1908年所做的概括化理论的经典实验。C项“老鼠走迷宫”是托尔曼研究潜伏学习的经典实验。D项“猫开笼门”是桑代克试误说的经典实验。

10. D 【解析】负迁移也叫“抑制性迁移”,是指一种学习对另一种学习产生阻碍作用。分数乘法运算的学习对分数加减法运算造成的错误影响体现的是负迁移。

11. C 【解析】具体迁移也称特殊迁移,是指学习迁移发生时,学习者原有的经验组成要素及其结构没有变化,只是将一种学习中习得的经验要素重新组合并移用到另一种学习之中。故C项属于具体迁移。

12. B 【解析】概括化理论也称经验类化说,由美国心理学家贾德提出,其主要观点是,一个人只要对自己的经验进行了概括,就可以完成从一个情境到另一个情境的迁移。题干所述是经验类化说的典型现象。

13. C 【解析】学习迁移也称训练迁移,是指一种学习对另一种学习的影响,或习得的经验对完成其他活动的影响。平时所说的“举一反三”“触类旁通”等即是典型的迁移形式。

14. B 【解析】前摄抑制是先学习的材料对识记和回忆后学习材料(顺向迁移)的干扰(负迁移)作用。

15. D 【解析】概括化理论也称经验类化说,由美国心理学家贾德提出,其主要观点是,一个人只要对自己的经验进行了概括,就可以完成从一个情境到另一个情境的迁移。对原理了解、概括得越好,迁移效果也越好。

16. B 【解析】奥苏伯尔提出了影响迁移的三个主要的认知结构变量。其中可辨别性是指新的学习任务与同化它的相关知识的可分辨程度。两者的分辨程度越高,越有助于迁移,并避免因新旧知识的混淆而带来干扰。

17. D 【解析】形式训练说强调对于有效的记忆方法、工作和学习的习惯以及一般的有效工作技术加以特殊训练,强调原理、原则的学习,所以其涉及的迁移本质上是一般迁移。

18. C 【解析】学习迁移并不是在任何情况下都能发生的,它会受到一系列主客观条件的制约。其中,学习对象之间的共同要素是学习迁移产生的客观必要条件。

19. B 【解析】特殊迁移是指学习迁移发生时,学习者原有的经验组成要素及其结构没有变化,只是将一种学习中习得的经验要素重新组合并移用到另一种学习之中,即经验要素的重新组合。例如,英语语法的学习可以直接迁移到英语写作和口语表达中去。题干所述属于特殊迁移。

20. C 【解析】学科的基本概念与原理具有广泛应用价值,因此更具有迁移价值。

21. A 【解析】横向迁移,指先行学习内容与后继学习内容在难度、复杂程度和概括层次上属于同一水平的学习活动之间相互产生的影响,如数学学习对物理学习的影响。

22. D 【解析】形式训练说认为训练和改进心理官能是教学的重要目标,教育的任务就是要改善学生的各种官能,而改善以后的官能就能够自动地迁移到其他学习中去,一种官能的改进也能增强其他的官能。学生通过大量练习形成的能力可以迁移到考试中,就是对形式训练说的实践应用。

二、辨析题

1. 学习迁移是学习过程中常见的现象,它对新知识、新技能的学习起促进作用。

(1)这种说法是不正确的。(2)学习迁移不仅可能对学习起促进作用(正迁移),也可能起阻碍作用(负迁移),还可能不起作用(零迁移)。

2. 两种学习材料的相似度越高越容易产生正迁移。

(1)这种说法是不正确的。(2)根据桑代克的相同要素说,两种学习材料或对象在客观上具有某些共同点是实现迁移的必要条件。两种材料之间存在的共同因素越多,越容易发生学习迁移。共同因素对学习迁移的影响可以从不同的角度来进行研究。现代心理学倾向于从学习对象的构成成分来分析。他们把学习对象的构成成分区分为结构成分和表面成分两大类。所谓结构成分是指学习任务中与最终所要达到的目标或结果有关的成分,而表面成分是指学习任务中与最终目标的获得无关的成分。如果两个任务具有共同的结构成分,则会产生正迁移;结构成分不同则不能促进正迁移,甚至会产生负迁移。但不管是表面的还是结构的相似性，都将增加学习者对两个任务的相似程度的知觉，而知觉的相似性决定迁移量的多少，两种情境的结构相似性则决定迁移的正或负。

3. 学习中的负迁移就是逆向迁移。

(1)这种说法是不正确的。(2)负迁移也叫“抑制性迁移”，是指一种学习对另一种学习产生阻碍作用。逆向迁移是指后继学习对先前学习产生的影响。因此，负迁移和逆向迁移是不同的。

4. 迁移的可能性的大小与经验的概括水平成反比例关系。

(1)这种说法是不正确的。(2)概括水平越高、对事物本质的把握越深刻的知识经验，可以迁移的范围就越广，迁移的效果就越好；反之，迁移的范围就越窄，迁移的效果就越差。

三、简答题(参考答案)

1. 简述迁移的概括化理论。

概括化理论也称经验类化说，由美国心理学家贾德提出，其主要观点是，一个人只要对自己的经验进行了概括，就可以完成从一个情境到另一个情境的迁移。他认为先前的学习之所以能迁移到后来的学习中，是因为在先前学习中获得了一般原理，这种一般原理可以部分或全部地运用于后继的学习中。对原理了解、概括得越好，迁移效果也越好。贾德在1908年所做的“水下击靶”实验，是概括化理论的经典实验。

2. 简述迁移的共同要素说。

桑代克等人认为，迁移是非常具体的、有条件的，需要有共同的要素。只有当两个机能的因素中有相同要素时，一个机能的变化才会改变另一个机能的习得。两种情境中的刺激相似，反应也相似时，迁移才会发生。两种情境中相同要素越多，迁移的量也就越大。几乎与此同时，另一位心理学家武德沃斯通过研究也得出了与桑代克相同的结论，因此把相同要素说改为共同要素说。根据共同要素说，如果两种学习活动含有共同成分，无论学习者是否意识到这种成分的共同性，都会有迁移现象的产生。

3. 影响学习迁移的因素有哪些？

(1)学习材料的特点；(2)原有的认知结构；(3)对学习情境的理解；(4)学习的心理准备状态(心向)；(5)学习策略的水平；(6)智力与能力；(7)教师的指导。

4. 原有认知结构对迁移的影响表现在哪些方面？

(1)学习者是否拥有相应的背景知识是迁移产生的基本前提条件；(2)原有的认知结构的概括水平对迁移起到至关重要的作用；(3)学习者是否具有相应的认知技能或策略以及对认知活动进行调节、控制的元认知策略对迁移的产生有重要影响。

四、论述题(参考答案)

教学中教师要如何促进学生学习的迁移？

(1)改革教材内容，促进迁移。①精选教材，提高对概念和原理的理解水平；②合理编排教学内容，突出知识的组织特点。

(2)合理编排教学方式，促进迁移。①教学过程中应当按照从一般到个别、从整体到细节的顺序，渐进分化；②应当注意将各个内容综合贯通，促进知识的横向联系；③依据学生学习的特点，教学过程应由浅入深、由易到难、由已知到未知；④在具体操作上，可以将知识分成若干单元，每个单元还可分成若干小步子，让后一步的学习建立在前一步的基础之上，前一步的学习为后一步的学习提供固定点。

(3)教授学习策略，提高学生的迁移意识。学习不只是要让学生掌握一门或几门学科的具体知识与技能，而且还要让学生学会如何去学习，即掌握学习方法的知识与技能。

(4)改进对学生的评价。教学条件下的评价作为教学活动的组成部分，同样具有教育性，有效运用评价手段对学生形成积极的学习态度、对学习迁移都具有积极的作用。

真题必刷

一、单项选择题

1. D 【解析】概念系统最典型的等级表现具有三个层次：处于第一个层次上的概念最具有概括性，被称为上级类概念(上位概念)；处于第二个层次上的概念具有中等程度的概括性，被称为基本类概念；处于第三个层次上的概念则具有最具体的特点，被称为下级类概念(下位概念)。例如：家具(上级类概念)→桌子(基本类概念)→电脑终端桌(下级类概念)，就是一个典型的、具有三个层次的概念系统。一般认为，基本类概念既具体又有一定代表性，因此学生最先掌握的也就是这些基本类概念。故选D项。

2. C 【解析】贾德提出了经验类化说。则答案选C项。A项，奥苏贝尔提出的迁移理论是认知结构迁移理论；B项，桑代克提出的迁移理论是相同要素说；D项为干扰项，可排除。

3. A 【解析】本题考查迁移的定义。学习迁移也称训练迁移，是指一种学习对另一种学习的影响，或习得的经验对完成其他活动的影响。迁移是学习的一种普遍现象，广泛存在于各种知识、技能、行为规范与态度的学习中，平时所说的“举一反三”“触类旁通”等即是典型的迁移形式。故选A项。

4. B 【解析】本题考查考生对操作技能与心智技能的区分。操作技能或运动技能，其产生式规则控制的对象是骨骼、肌肉等运动系统，如各种运动技巧、打字、弹琴等，都属于动作技能。根据操作技能的含义可知，做操属于操作技能，答案选B项。心智技能（智慧技能）中产生式规则控制的对象是脑中的智力操作或信息加工过程，如运算、阅读、写作等，多为外部难以觉察的思维过程。据此可以判断，A、C、D项属于心智技能。

二、填空题

1. 观念性　内隐性　简缩性
2. 符号学习
3. 主讲者

三、简答题(参考答案)

简述培养操作技能的基本要求。

(1)准确的示范与讲解；(2)必要而适当的练习；(3)充分而有效的反馈；(4)建立稳定清晰的动觉。

四、论述题(参考答案)

试述教师在教学中如何培养学生的智慧技能。

(1)运用合适的例证促进学生的学习。①选择和呈现合适的正例；②设计和寻找合适的反例。

(2)提供学习指导。①要引导学生正确认识例证与概念、规则的关系；②要引导学生对例证进行分析，关注例证中蕴含的关键特征。

(3)设计并提供有效的练习。①设计变式练习；②安排间隔练习；③对程序的练习可采取多种形式；④为学生的练习提供反馈。

此外，为促进学生以后能更好地学习，在智慧技能练习的早期，可以将学生练习中的成功和失败归于其努力的程度，即成功是因其学习和练习上的努力，失败是因为努力不够；而到了练习后期，相应的智慧技能已为学习者牢固掌握后，应及时将学生技能上连续而一致的成功归之于学生相应能力水平的提高。

第九章　学习动机

基础必刷

专题一　学习动机概述

一、单项选择题

1. B 【解析】A项，自我提高内驱力并非直接指向学习任务本身，而是把成就看作赢得地位与自尊心的根源，属于外部动机。故A项说法错误。B项，在教育上广为流行的程序教学与计算机辅助教学的心理基础，就是通过强化原则来维持学生的学习动机。故B项说法正确。C项，需要层次理论说明，在某种程度上学生缺乏学习动机可能是由于某种缺失性需要没有得到充分满足而引起的。但这对于学习的影响是间接的。故C项说法错误。D项，阿特金森把个体的成就动机分为两类：力求成功的动机和避免失败的动机。力求成功者的目的是获取成就，即通过各种活动努力提高自尊心和获得心理上的满足，成功概率为50%的任务是他们最有可能选择的。避免失败者则往往通过各种活动防止自尊心受伤害和产生心理烦恼，倾向于选择非常容易或非常困难的任务。如果一项任务成功的概率大约是50%时，他们会回避这项任务。故D项说法错误。

2. A 【解析】内部学习动机是指诱因来自学习者本身的内在因素，即学生因对活动本身发生兴趣而产生的动机。故A项属于内部学习动机。B、C、D三项均属于外部学习动机。

3. B 【解析】学习动机的两个基本成分是学习需要与学习期待，两者相互作用形成学习的动机系统。

4. B 【解析】学习动机包含学习需要和学习期待两种基本成分。其中学习需要包括学习兴趣、爱好和信念等，在学习动机中占主导地位。学习兴趣是学习动机中最活跃的心理成分。

5. B 【解析】科学家的不懈探索主要是为了了解知识以及解决问题，这种动机指向学习任务本身，因此属于认知内驱力。

6. D 【解析】按学习动机产生的诱因来源，学习动机可分为内部学习动机和外部学习动机。按学习动机在活动中作用的大小，学习动机可分为主导性学习动机和辅助性学习动机。故D项说法错误。

7. B 【解析】成就动机理论是创设问题情境的理论基础。

8. C 【解析】自我提高内驱力是指个体因自己的胜任或工作能力而赢得相应地位的需要。自我提高内驱力并非直接指向学习任务本身，而是把成就看作赢得地位与自尊心的根源，属于外部动机。故选C。A、B项属于附属内驱力，D项为干扰项。

9. A 【解析】“耶克斯—多德森定律”表明，动机不足或过分强烈都会影响学习效果。一般来讲，最佳水平为中等强度的动机。动机的最佳水平随着任务性质的不同而不同。在比较容易的任务中,行为效果(工作效率)随着动机的提高而上升;随着任务难度的增加,动机的最佳水平有逐渐下降的趋势。"大考大玩,小考小玩,不考不玩"体现的就是这个原理。

10. A 【解析】动机的最佳水平随着任务性质的不同而不同。在比较容易的任务中,工作效率随着动机的提高而上升;随着任务难度的增加,动机的最佳水平有逐渐下降的趋势。

11. D 【解析】自我提高内驱力是指个体因自己的胜任或工作能力而赢得相应地位的需要。题干所述体现的学习动机是自我提高内驱力。

12. D 【解析】自我提高内驱力是指个体因自己的胜任或工作能力而赢得相应地位的需要。自我提高内驱力并非直接指向学习任务本身,而是把成就看作赢得地位与自尊心的根源,属于外部动机。"为了赢得社会地位"的学习动机属于自我提高内驱力和外部动机。

13. A 【解析】兴趣和好奇心是内部动机最为核心的成分,是培养和激发学生内部学习动机的基础。

14. B 【解析】在儿童早期,附属内驱力最为突出,他们努力获得学业成就,主要是为了实现家长的期待,并得到家长的赞许。

15. A 【解析】认知内驱力是指要求了解、理解和掌握知识以及解决问题的需要。这种动机指向学习任务本身(为了获得知识),满足这种动机的奖励(知识的实际获得)是由学习本身提供的,属于内部动机。所以,答案选A项。自我提高内驱力属于外部动机,则B项不符合题意。附属内驱力又称亲和内驱力,属于外部动机,则C、D项不符合题意。

16. D 【解析】远景的间接性学习动机是指由于了解活动的社会意义、活动结果的社会价值而引起的对某种活动的动机,这种学习动机既具有一定的社会性和理想色彩,又与个人的志向、世界观相联系,具有较强的稳定性和持久性,能在相当长的时间内起作用。

二、判断题

1. × 【解析】近景的直接性学习动机是指由活动的直接结果所引起的对某种活动的动机,这种动机很具体,但不够稳定,容易随着环境的变化而变化。远景的间接性学习动机是指由于了解活动的社会意义、活动结果的社会价值而引起的对某种活动的动机,这种学习动机既具有一定的社会性和理想色彩,又与个人的志向、世界观相联系,具有较强的稳定性和持久性,能在相当长的时间内起作用。小红为祖国做贡献的学习动机属于远景的间接性动机。

2. × 【解析】对于那些尚无学习动机或者学习动机不高的学生,尤其是年龄较小的学生,教师没有必要推迟学习活动。教学的最好办法是,把重点放在学习的认知方面而不是动机方面,致力于有效地教他们掌握有关知识,让他们获得成功的体验。学生尝到了学习的乐趣,就有可能产生或者增强其学习的动机。

3. × 【解析】外部奖励是指物质上的奖励。对学生的学习行为和学习结果给予奖励能有效地促进其学习。但外部奖励运用不当,也很可能会引起意想不到的负面效果,可能会破坏内部动机。只有当内部动机缺乏时,物质奖励才能起到很好的激励作用。教师要根据学生的具体情况进行奖励,把奖励看成某种隐含着成功的信息,其本身并无价值,只是用它来吸引学生的注意力,促使学生由外部动机向内部动机转换,对信息任务本身产生兴趣。有许多研究表明,如果滥用外部奖励,不仅不能促进学习,而且可能会破坏学生的内在动机。

三、填空题

1. 近景的直接性学习动机　远景的间接性学习动机
2. 认知内驱力

四、简答题(参考答案)

1. 简述奥苏伯尔关于学习动机的分类。

根据学校情境中的学业成就动机的不同,奥苏伯尔等人把动机分为认知内驱力、自我提高内驱力和附属内驱力三个方面。

(1)认知内驱力是指要求了解、理解和掌握知识以及解决问题的需要。一般来说,这种内驱力大多是从好奇倾向中派生出来的。在有意义学习中,认知内驱力是最重要、稳定的动机。这种动机指向学习任务本身(为了获得知识),满足这种动机的奖励(知识的实际获得)是由学习本身提供的,属于内部动机。(2)自我提高内驱力是指个体因自己的胜任或工作能力而赢得相应地位的需要。自我提高内驱力并非直接指向学习任务本身,而是把成就看作赢得地位与自尊心的根源,属于外部动机。(3)附属内驱力是指个体为了获得长者们(如家长、教师)的赞许或认可而表现出把工作、学习做好的一种需要。它既不直接指向学习任务本身,也不把学业成就看作赢得地位的手段,而是为了从长者或同伴那里获得赞许和接纳。附属内驱力是一种间接的学习需要,属于外部动机。

2. 简述"耶克斯—多德森定律"。

"耶克斯—多德森定律"表明,动机不足或过分强烈都会影响学习效率。(1)动机的最佳水平随任务性质的不同而不同。在比较容易的任务中,学习效率随动机的提高而上升;随着任务难度的增加,动机的最佳水平有逐渐下降的趋势。(2)一般来讲,最佳水平为中等强度的动机。(3)动机水平与行为效率呈倒U型曲线。

3. 教师在给予学生合理的反馈时应注意哪些问题?

(1)反馈要明确、适当;(2)反馈要及时、经常。

五、论述题(参考答案)

试述学习动机对学习的作用。

学习动机对学习的作用可表现在两方面:影响学习过程、影响学习结果。

(1)学习动机对学习过程的影响主要表现在学习动机对学习行为有启动、定向和维持作用。

(2)学习动机对学习结果的影响。①总体而言,在一般情况下,学习动机与学习效果的关系是一致的。②对一项具体的学习活动而言,学习动机与学习效果的关系并不是那么简单。只有当学习动机的强度处于最佳水平时,才能产生最好的学习效果。

(3)学习效果反作用于学习动机。所学知识的增多,学习成就的取得可以进一步激发学生的好奇心、求知欲,进一步提高学生的自信心等,从而增强学生进一步学习的学习动机。

六、材料分析题(参考答案)

1. (1)李丽老师应该利用原有动机的迁移,使学生产生学习的需要。在材料中,学生的学习动机各不相同:有的学生为了考上重点大学而学习,有的学生为了不辜负父母的期望而学习,有的学生因为数学老师讲课有意思而喜欢学习数学等。李丽老师应该引导学生把这些积极因素与学习联系起来,转化为学习需要和学习兴趣,使他们的学习动机从无到有,由外部动机转化为内部动机,附属内驱力转化为认知内驱力,低级的学习动机转化为高尚的学习动机。

(2)对于不知道为什么学习的学生,李老师应该做到:①了解和满足学生的需要,促进学习动机的产生;②重视立志教育,对学生进行成就动机训练;③帮助学生确立正确的自我概念,获得自我效能感;④培养学生努力导致成功的归因观;⑤培养对学习的兴趣;⑥利用原有动机的迁移,使学生产生学习的需要。

2. (1)周某和李丽考试成绩不理想的原因:

①"耶克斯—多德森定律"表明,动机不足会影响学习效率。周某认为自己天赋较高,教师每天授课内容知识点少,很容易就学会,不用着急学习,期末考试前仍沉迷于游戏、聊天等活动,学习动机不足,导致其考试成绩不理想。②"耶克斯—多德森定律"表明,学习动机过分强烈也会影响学习效率。李丽学习很刻苦,每天都想着要考出好成绩,每晚都熬夜学习,学习动机较高,其父母也对其抱有较高的期望,又进一步提高了她的学习动机,影响了学习效率,导致其期末考试成绩不理想。

(2)建议:动机水平与行为效率呈倒U型曲线,面对不同难度的任务时,要恰当的控制学习动机水平。二人应对学习和期末考试保持中等强度的动机水平,激发学习的兴趣,合理分配时间,组织有效的复习,提高学习效率。

3. (1)依据奥苏伯尔的动机分类,附属内驱力是指个体为了获得长者们(如家长、教师)的赞许或认可而表现出把工作、学习做好的一种需要。它既不直接指向学习任务本身,也不把学业成就看作赢得地位的手段,而是为了从长者或同伴那里获得赞许和接纳。附属内驱力是一种间接的学习需要,属于外部动机。明明因为老师的关注而学习,他的学习动机属于附属内驱力,是一种外部动机。

(2)如果我是这位英语老师,我会努力变明明的外部动机为内部动机,变附属内驱力为认知内驱力。我会帮助明明确立正确的学习目标并激发其对英语学习的兴趣,为理解掌握英语知识、运用英语知识而学习。具体做法:课堂上继续关注明明,提高他上课的积极性,课下与他探讨有关英语知识的趣闻,并推荐一些有趣的英语读物培养他的兴趣,让他在阅读中培养认知内驱力,最后达到在课堂上逐渐减少对他的关注,也能让他积极学习英语的效果。

专题二　学习动机理论

一、单项选择题

1. C 【解析】美国心理学家韦纳对成败归因进行了系统的研究。他把人经历过事情的成败归结为六种原因,即能力、努力程度、工作难度、运气、身心状况、外界环境。能力属于内部、稳定、不可控的因素。

2. C 【解析】强化理论认为,学生的学习行为可以通过一定的奖励或惩罚手段加以强化。学习动机的强化理论认为,任何学习行为都是为了获得某种报偿,所以,在学习活动中,采取奖赏、赞扬、评分、竞赛等外部手段可以激发学生的学习动机。题干所述是强化理论的观点。

3. C 【解析】自我效能感会影响人们在困难面前的

态度。期待包括结果期待和效能期待。结果期待是指人对自己的某一行为会导致某一结果的推测。效能期待是指人对自己能够进行某一行为的能力的推测或判断,它意味着人是否确信自己能够成功地进行带来某一结果的行为。题干中学生不相信自己能做到计划而放弃,表明其效能期待低。

4. D 【解析】个体的许多效能期望是来源于对他人的观察,如果看到一个与自己一样或不如自己的人成功,自己的效能感就会提高。这是替代经验对自我效能感的影响。

5. B 【解析】马斯洛是当代美国人本主义心理学家。他的需要层次理论是最富有影响力的需要理论。所以,答案选B项。A项,阿特金森是成就动机理论的代表人物;C项,班杜拉是自我效能理论的代表人物;D项为干扰项。

6. A 【解析】根据韦纳的成败归因理论可知,个体稳定的、不可控的内部特征为能力因素。把失败归因于能力的个体会产生“我太笨了”的观念。所以,答案选A项。B项,当学生将失败归因于个体不稳定的、可控的内部因素(即努力),他会产生一种“我不够努力”的观念。C项,当学生将失败归因于个体稳定的、不可控的外部因素(即工作难度),他会产生一种“问题太难”的观念。D项,当学生将失败归因于不稳定、不可控的外部因素(即运气),他会产生一种“我运气不佳”的观念。

7. D 【解析】阿特金森把个体的成就动机分为两类:力求成功的动机和避免失败的动机。

8. D 【解析】成长性需要包含求知需要、审美需要和自我实现的需要。做小发明属于自我实现的需要,因此本题选D项。家庭的现代化和安静的学习环境属于生理与物质生活需要,结交正直诚实的朋友属于交往与友谊需要,都属于缺失性需要。

9. C 【解析】缺失需要是个体生存所必需的,必须得到一定程度的满足,它包括生理需要、安全需要、归属与爱的需要、尊重需要。学生缺乏学习动机,可能是因为缺失需要没有满足,所以无法专心学习。

10. A 【解析】自我价值感理论认为自我价值感是个体追求成功的内在动力。

11. A 【解析】自我价值感理论是由美国教育心理学家科文顿提出的。该理论是在成就动机理论的基础上,结合了自我效能理论及归因理论而形成的。

12. B 【解析】成就动机理论的主要代表人物是阿特金森。他认为成就动机是指个体努力克服障碍,施展才能,力求又快又好地解决某一问题的愿望或趋势。因此答案选B项。A项,马斯洛是需要层次理论的代表人物;C项,韦纳是成败归因理论的代表人物;D项为干扰项。

13. D 【解析】王雷推测自己上课听讲、课后做好作业这些行为能使自己取得好成绩,也就是人对自己的某一行为会导致某一结果的推测,所以属于结果期待。

14. D 【解析】力求成功者的目的是获取成就,即通过各种活动努力提高自尊心和获得心理上的满足,成功概率为50%的任务是他们最有可能选择的。

15. D 【解析】归因总是与“为什么”这样的问题联系在一起。

16. C 【解析】班杜拉认为,个人自身行为的成败经验对自我效能感的影响最大。

17. A 【解析】根据韦纳的成败归因理论,成败归因因素分为稳定性、因素来源和可控制性三个维度。因素来源的归因与个体成败的情绪体验有关,当人们把成就行为归因于内部因素时,成功会感到满意和自尊,失败会感到内疚和羞愧。

18. C 【解析】归属与爱的需要,也称社交需要,是指每个人都有被他人或群体接纳、爱护、关注、鼓励及支持的需要。王虎从小父母离异,其归属与爱的需要没有得到充分满足。

19. B 【解析】正确的归因观应该归因于内部、可控的因素,这样才能使学生发挥主观能动性;而归因于稳定、不可控的内部因素容易使学生产生无助感,从而慢慢放弃自己。

20. B 【解析】习得性无力(助)感简称无力(助)感,指由于连续的失败体验而导致个体产生的对行为结果感到无力控制、无能为力的心理状态。

21. C 【解析】根据成就动机理论,当一项任务的成功率为50%时,追求成功者往往选择,避免失败者往往放弃。

22. B 【解析】A项,自我效能感理论是由班杜拉提出来的;C项,为了同学瞧得起自己而努力学习属于自我提高内驱力;D项,根据成就动机理论,力求成功的学生最有可能选择成功概率约为50%的任务。

23. D 【解析】由题干所述可知,小明将这次考试失败归因于努力不够。根据韦纳的归因理论,努力程度属于不稳定、内在、可控的归因。

24. D 【解析】学习期待是个体对学习活动所要达到目标的主观估计。学习期待是学习目标在个体头脑中的反映。所以,A、B项不符合题意。成就动机是指个体努力克服障碍,施展才能,力求又快又好地解决某一问题的愿望或趋势。C项不符合题意。自我效能感是指人对自己能否成功从事某一成就行为的主观判断。D项符合题意。

25. B 【解析】教师的反馈会对学生产生相当大的激励作用,其实质是指一种学习的概率取决于学习之后的反应,受到强化的学习比没有受到强化的学习再次出现的概率会更高一些,这就是动机的强化理论。

26. B 【解析】成就动机是成就需要、对成功的主观期望概率以及取得成就的诱因价值三者乘积的函数,它由以下三个因素所决定:(1)对成就的需要(成功的动机);(2)在该项任务上将会成功的可能性;(3)成功的诱因价值。想要提高成就动机,可以从它的三个影响因素着手。B项不属于影响成就动机的因素。

27. C 【解析】自我效能感的影响因素有:(1)个人自身行为的成败经验;(2)替代经验;(3)言语暗示;(4)情绪唤醒。一个非常困难的任务的失败可能对小王的自我效能感没有影响,这可能因为他本来就对困难任务完成的预期很低。

28. C 【解析】内控型的人认为自己可以控制周围的环境,无论成功还是失败,都是由于自己的能力或努力等内部因素造成的,他们乐于对自己的行为负责;外控型的人则感到自己无法控制周围的环境,无论成败都归因为他人的影响或运气等外在因素,他们往往对自己的行为不愿承担责任。A、B、D项体现了外控特征。

29. B 【解析】题干中学生把自己考试成绩差的原因归因于题太难太偏,即工作难度。这属于外部的、稳定的、不可控的因素。

30. A 【解析】无论考试结果如何,归因于努力比归因于能力会使学生有更强烈的内心感受。当学生倾向于做努力归因时,取得成功时会认为是自己努力的结果,并会鼓励自己继续努力,期望下一次获得更大的成功;遭遇失败时会认为是自己不努力或努力不够造成的不良后果,认为自己今后只要努力,也一定可以获得成功。所以,教师引导张名同学做努力归因,将能获得最佳教学效果。

31. C 【解析】自我实现的需要是最高层次的需要。所谓"自我实现",即追求自我理想的实现,是充分发挥个人潜能、才能的心理需要,也是一种创造和自我价值得到体现的需要。画家作画,诗人写诗是自身价值的实现,因此属于自我实现的需要。

32. C 【解析】题干描述的是先满足最基本的生活需要,而后满足社会和精神需要,这体现出人的需要是有层次的,人们的需要是不断地由低级向高级发展的。

二、填空题

1. 习得性无力(助)感

2. 难度中等

3. 结果　效能

三、辨析题

1. 学生的成败经验是影响学生自我效能感的重要因素,因此学生的学习成功经验越多,其自我效能感就会越强。

(1)这种说法是不正确的。(2)在影响自我效能感的因素中,个人自身行为的成败经验对自我效能感的影响最大。一般来说,成功经验会提高效能期望,反复的失败会降低效能感。但事实并非那么简单,成败经验对效能期望的影响还要取决于个体对成败的归因方式。如果把成功归于外部、不可控的因素就不会增强自我效能感;把失败归于外部、不可控的因素也不一定就降低自我效能感。因此个体的归因方式直接影响自我效能感的形成。

2. 习得性无助感与人们对失败的归因无关。

(1)这种说法是不正确的。(2)习得性无助感是指由于连续的失败体验而导致个体产生的对行为结果感到无力控制、无能为力的心理状态。其形成的原因是连续的失败,并把失败归于内部的、稳定的和不可控的因素(即能力低)。

3. 按照马斯洛的需要层次理论,教师在自尊水平低的学生中灌输为学习本身的满足而去学的做法是效果不明显的。

(1)这种说法是正确的。(2)人的需要是有层次的,对自尊需要没有得到满足的学生,教师一味强调学习本身的满足是收效甚微的。

四、简答题(参考答案)

1. 简述自我效能感的作用。

(1)决定人们对活动的选择,以及对活动的坚持性;(2)影响人们在困难面前的态度;(3)自我效能感不仅影响新行为的习得,而且影响已习得行为的表现;(4)自我效能感还会影响活动时的情绪。

2. 简述自我价值感理论的基本思想。

(1)自我价值感是个人追求成功的内在动力;(2)学生倾向于把成功看作是能力的显现,而不是努力的结果;(3)追求成功的需要不能满足时,学生倾向于回避失败,以维持自我价值感;(4)学生对能力与努力的归因倾向随着年纪的升高而变化。

3. 影响自我效能感的因素有哪些?

(1)个人自身行为的成败经验;(2)替代经验;(3)言

语暗示；(4)情绪唤醒。

五、论述题(参考答案)

1. 试述如何运用学习动机理论激发学生学习动机。

(1)增加学习的趣味性，激发学生的内在动机；(2)运用强化动机理论给予学生积极的反馈；(3)根据目标设置理论为学生设置合理有效的目标；(4)根据自我效能理论，努力使学生获得成功体验；(5)根据归因理论引导学生积极归因；(6)根据需要层次理论满足学生的缺失需要。

2. 试述韦纳的归因理论在教育上的重要意义。

(1)教师根据学生的自我归因可预测其此后的学习动机。学生自我归因虽未必正确，但却是重要的。因为归因促使学生在从了解自己到认识别人的过程中，建立起明确的自我概念，促进自身的成长。而如果学生有不正确的归因，则更表明他们需要教师的辅导与帮助。

(2)长期消极的归因不利于学生的人格成长，这就需要教师利用反馈的作用，并在反馈中给予鼓励和支持，帮助学生正确归因，重塑自信。

(3)通过归因训练改变学生消极的自我认识，提高学习动机。根据归因理论，学生将成败归因于努力比归因于能力会产生更强烈的情绪体验。

3. 试述成就动机理论的教育启示。

(1)在教育实践中对力求成功者，应通过给予新颖且有一定难度的任务，安排竞争的情境，严格评定分数等方式来激发其学习动机；(2)对于避免失败者，则要安排少竞争或竞争性不强的情境，如果取得成功则要及时表扬并给予强化，评定分数时要求稍稍放宽些，并尽量避免在公共场合下指责其错误；(3)由于力求成功者的动机比避免失败者的动机具有更大的主动性，因此，对学生还应增加他们力求成功的成分，使他们不以避免失败为满足，而以获取成功为快乐，这样才能真正调动一个人的积极性。

4. 试述需要层次理论的教育意义。

需要层次理论说明，在某种程度上学生缺乏学习动机可能是由于某种缺失性需要没有得到充分满足而引起的。

(1)教师发现学生行为异常时，要了解学生的日常状况，看其低级的生理需要是否得到满足。(2)个体要有一个秩序、规范的生活环境和生活方式，这是一种生存的需要，是在生理的需要满足以后产生的。生理需要和安全需要虽然并不直接推动学习，却是保证学生进行有效学习的前提条件。这两种需求得不到满足，不仅学习活动无法进行，而且会导致学生出现身心疾病。(3)归属与爱的需要是学生交往的动力，在学校环境中，师生交往、同伴交往既是学习的条件，也是学习的内容。教师和家长要尽可能地给学生以爱，要创造一个良好和善的学习环境；要重视师生之间的交互作用，要让学生在集体中受到欢迎和接纳，得到友情、友谊，尽可能使学生不遭到拒绝或排斥。(4)尊重需要是推动学生学习的重要动力，学生具有好胜心、求成欲、自尊的动机和避免失败的心愿，因此，教师要很好地利用这一特点，要使学生有成功和获得赞许的机会，使他们从中获得成功的体验，同时要重视和珍惜他们的每一点进步和每一次成功。(5)求知需要就是学习动机，审美需要在很大程度上也是学习动机，它们推动人去求真、求善、求美。(6)自我实现的需要推动人发挥自己的潜能，是学校教育应该重点加以培养的。培养自我实现的人在学习上至关重要，同时也是教育的主要目标。

六、材料分析题(参考答案)

1. (1)马斯洛是美国当代人本主义心理学家。他的需要层次理论是最富有影响力的需要理论。早期，他根据需要出现的先后及强弱顺序，把需要分成了五个层次，即生理需要、安全需要、归属与爱的需要、尊重需要和自我实现的需要。后来他又补充了求知需要和审美需要，即需要由五个层次扩充为七个层次。通过对材料的分析可知，小丽的归属与爱的需要没有得到满足。由于学习环境的改变，父母外出做生意，新环境中情感建立需要时间等，都使小丽感觉与周围日渐疏离，而情感上的变化造成学业上的困难，同时产生了一种不及别人的心理压力。

(2)高级需要对低级需要具有调节作用，所以小丽应该转变心态，把精力放到学习知识、提高技能上来。虽然由于父母工作需要，导致学习环境发生了改变，但小丽可以学习提高自己的环境适应能力，建立对这种生活的适应感。到一个新环境中，结交新的朋友，开始新的生活，享受这种生活方式。学习上，无论学习环境如何变化，必须稳打稳抓，快速融入不同学校的教学环境中，并且要有信心打开心扉，接纳更多的新朋友，相信知识是能够改变命运的。此外，还可以发展自己多方面的兴趣爱好，热情待人，建立良好的同学关系，最终将会得到大家的认同和赞许。

2. (1)小明把行为的原因归为外部的、不可控的因素，即运气。这种归因方式可能会导致他对自己的行为不负责，长此以往学习动机会下降，学习成绩也不会提高。小华把行为的原因归为内部的、可控的因素，即努力。根据归因理论，学生将行为的原因归于努力比归于能力会产生更强烈的情绪体验。努力而成功,体验到愉快;不努力而失败,体验到羞愧;努力而失败,也应受到鼓励。

(2)作为老师,应该对小明进行“努力归因”训练,即无论成功或失败都归因于努力与否的结果,因为学生将自己的成败归因于努力与否会提高学生学习的积极性。对小华进行“现实归因”训练,即针对一些具体问题引导学生进行现实归因,以帮助学生分析除努力这个因素外,影响学习成绩的因素还有哪些,是智力、学习方法,还是家庭环境、教师等因素。让学生做“努力归因”时联系现实,在做“现实归因”时又强调努力。

3. 学习动机对学生的学习有着极其重要的作用,它直接影响学生的学习效果,也影响学生的学习兴趣。学习动机的激发是指在一定教学情境下,利用一定的诱因,使已形成的学习需要由潜在的状态变成活动状态,形成学习的积极性。本材料从以下四个方面对18名后进生进行了动机的激发:

(1)正确指导结果归因,促使学生继续努力。人们做完一项工作之后,往往喜欢寻找自己或他人之所以取得成功或遭受失败的原因。美国心理学家韦纳对此进行了系统的研究。他把人经历过事情的成败归结为六种原因,即能力、努力程度、工作难度、运气、身心状况、外界环境。又把上述六项因素按各自的性质,分别归入三个维度:内部归因和外部归因、稳定性归因和不稳定性归因、可控制归因和不可控制归因。而学生对学习结果的归因,不仅是解释了以往学习结果产生的原因,更重要的是对以后的学习行为会产生影响。

(2)充分利用反馈信息,妥善进行奖惩。心理学研究表明,来自学习结果的种种反馈信息,对学习效果有明显影响。这是因为:①学生可以根据反馈信息调整学习活动,改进学习策略;②学生通过反馈取得更好的成绩或避免再犯错误而增加学习动机,从而保持了学习的主动性和积极性;③如果在提供定量的信息反馈基础上,再加上定性的评价,效果会更明显,这就是奖励与惩罚的作用。心理学研究表明,表扬、奖励比批评、指责能更有效地激发学生的学习动机。因为前者能使学生获得成就感,增加自信心,而后者恰恰起到相反的作用。虽然表扬和奖励对学生具有推进作用,但使用过多或者使用不当,也会产生消极作用。

(3)根据问题难度,恰当控制动机水平。学习动机和学习效果之间有着相互制约的关系。因此,在一般情况下,动机水平增加,学习效果也会提高。但是,动机水平也并不是越高越好,动机水平超过一定限度,学习效果反而更差。美国心理学家耶克斯和多德森认为,中等程度的动机激起水平最有利于学习效果的提高。同时,他们还发现,最佳的动机激起水平与问题难度密切相关;问题较容易,最佳激起水平较高;问题难度中等,最佳激起水平也适中;问题越困难,最佳激起水平越低。

(4)创设问题情境,实施启发式教学。启发式教学与传统的“填鸭式”教学相比,具有极大的优越性。而要实施启发式教学,关键在于创设问题情境。问题情境指的是具有一定难度,需要学生努力克服,而又是力所能及的学习情境。

真题必刷

一、单项选择题

1. B 【解析】“耶克斯—多德森定律”表明,动机不足或过分强烈都会影响学习效果。(1)动机的最佳水平随着任务性质的不同而不同。在比较容易的任务中,行为效果(工作效率)随着动机的提高而上升;随着任务难度的增加,动机的最佳水平有逐渐下降的趋势。(2)一般来讲,最佳水平为中等强度的动机。(3)动机水平与行为效果呈倒U型曲线。故选B项。

2. B 【解析】持有能力增长观的学生,他们更多设置掌握目标(学习目标),并寻求那些能真正锻炼自己的能力、提高自己的技能的任务。他们倾向于选择中等难度的任务。

二、判断题

1. × 【解析】外部学习动机是指诱因来自学习者外部的某种因素,即在学习活动以外由外部的诱因激发出来的学习动机。小学生为了班级名次或父母的期望而努力学习,属于外部学习动机。内部学习动机是指诱因来自学习者本身的内在因素,即学生因对活动本身发生兴趣而产生的动机。

2. × 【解析】罗特提出了控制点的概念,并依据控制点把个体分为“内控型”和“外控型”。内控型的人认为自己可以控制周围的环境,无论成功还是失败,都是由于自己的能力或努力等内部因素造成的,他们乐于对自己的行为负责;外控型的人则感到自己无法控制周围的环境,无论成败都归因为他人的影响或运气等外在因素,他们往往对自己的行为不愿承担责任。题干所述混淆了内控型者和外控型者的特点。

三、填空题

1. 倒U型

2. 学习需要　学习期待

四、材料分析题(参考答案)

(1)①自我效能感由班杜拉首次提出,是指人对自己能否成功从事某一成就行为的主观判断。当个体确信自己有能力进行某一活动,他就会产生高度的"自我效能感",并努力实施该活动。自我效能感的影响因素有:个人自身行为的成败经验、言语暗示、情绪唤醒和替代经验。

②材料中黄老师运用言语暗示的方式鼓励东东进行朗读活动,东东通过朗读,发现了自己的优势,体验到了成功的快乐,增强了其自我效能感,从而激发了学习动机,不但学习成绩提高了,而且口吃也好了很多。

(2)①激发小学生的内部动机。第一,培养学生具有正确的学习态度,是激发学习动机的前提;第二,要加强目的教育,培养小学生长远的学习动机;第三,激发小学生的好奇心和求知欲;第四,让小学生经常获得成功的体验;第五,帮助学生正确归因,建立积极的自我概念;第六,利用以前所获得的成功感进行动机迁移,产生新的学习动机。材料中黄老师鼓励东东上台分享作文,并帮助东东获得了成功的体验,有利于提高东东的自我效能感,激发东东的内部学习动机。

②培养小学生的外部动机。第一,坚持反馈与评价相结合;第二,正确运用表扬和批评,强化学习动机;第三,适当运用竞争与合作;第四,利用学习任务激励学生。材料中黄老师表扬东东的作文文笔优美、感情真挚、观察细腻,这有利于增强东东的学习动机;黄老师通过给东东提出学习任务,经常邀请东东和其他作文写得好的同学一起朗读作文,以此来激发和培养东东的学习动机。

第十章　教师心理

基础必刷

专题一　教师的心理特征和心理健康

一、单项选择题

1. C 【解析】教学监控能力是指教师为了保证教学达到预期的目的而在教学的全过程中,将教学活动本身作为意识对象,不断对其进行积极主动的计划、检查、评价、反馈、控制和调节的能力。
2. C 【解析】玛勒斯等人认为职业倦怠主要表现为三个方面:情绪耗竭、去人性化、个人成就感低。情绪耗竭表现为个体情绪情感处于极度的疲劳状态,工作热情完全丧失。张老师对工作失去热情,同时感觉很疲劳符合情绪耗竭的表现。
3. A 【解析】教学操作能力是指教师在教学中使用策略的水平,其水平高低主要看他们是如何引导学生掌握知识、积极思考、运用多种策略解决问题的,它是教师课堂教学能力的集中体现。
4. A 【解析】教师主要的职业心理特征有认知特征、人格特征和行为特征。
5. D 【解析】A、B、C三项均属于个体的自我干预,属于内部干预。D项属于外部干预。
6. C 【解析】教师威信是指教师的人格、能力、学识上使学生感到尊敬和信服的精神感召力量。教师威信的高低是以他们在学生心目中的地位、他们的教育活动对学生心理产生的影响来衡量的,那些受学生尊重的教师才有威信。
7. C 【解析】在教师的人格特征中,有两个重要特征对教学效果有显著影响:一是教师的热心和同情心;二是教师富于激励和想象的倾向性。
8. C 【解析】题干描述的是教师职业信念的概念。
9. D 【解析】在教师的人格特征中,有两个重要特征对教学效果有显著影响:一是教师的热心和同情心;二是教师富于激励和想象的倾向性。题干中的孙老师关心学生,尽力帮助学生,这些体现了孙老师的热心和同情心。
10. D 【解析】教学效能感一般指教师对自己影响学生行为和学习结果的能力的一种主观判断。李老师坚信自己能教好学生,是对自身教学能力的一种判断,表明其具有较高的自我效能感。
11. B 【解析】教师对学生思想的认可度越高,学生学习越主动,成绩越好。这表明教师对学生思想的认可与学生成绩有正相关趋势,故选B。
12. D 【解析】研究表明,工作发展的条件和学校的客观条件对一般教学效能感具有明显影响;工作发展的条件、学校风气和师生关系对教师的个人教学效能感具有明显的影响。所以,A、B项说法错误。教师的教学效能感对学生的学习成就有很强的预测力。所以,C项说法错误。教师的主观因素是影响教学效能感的关键,其中最重要的是教师的价值观和自我概念。所以,D项说法正确。
13. A 【解析】应对是指面对职业压力所采用的认知和行为方式的改变以及情绪的调整。应对策略包括:直接行动法和缓解方法。
14. B 【解析】严格要求自己和勇于批评与自我批评是教师威信形成的精神动力。故B项符合题意。

A项，具备良好的教育教学意识和心理结构是教师获得威信的基本条件；C项，加强教师的仪表、言语、表情、举止、生活作风和习惯的整饰对威信的获得有重要影响；D项，保持与学生良好的交往和沟通是教师威信形成的有效条件。

15. D 【解析】良好的认知能力和性格特征是教师获得威信所必需的心理品质。

16. B 【解析】教师期望效应分为自我应验效应和维持性期望效应。维持性期望效应是指老师认为学生将维持以前的发展模式。其问题在于，如果老师认可这种模式，将很难注意和利用学生潜在能力的发展。例如，老师对差生和优等生的不同期望，使得他很难关注差生的进步，甚至对其进步持怀疑态度，认定他在别人的帮助下甚至作弊得到好成绩。这种期望维持甚至增大了优等生和差生的差距。老师因为小李以前成绩不好，所以对小李的进步持怀疑态度，这打击了小李的自信心，使小李的成绩更差了，这体现的就是维持性期望效应。

17. D 【解析】教师应该树立信服威信，而不应该追求权力威信。

18. B 【解析】教师的教学效能感分为两个部分：一般教学效能感和个人教学效能感。

二、辨析题

1. 研究发现，教龄越长的教师，职业倦怠越低。

   (1)这种说法是不正确的。(2)教龄6～10年(年龄在30～40岁)是教师职业倦怠最严重的阶段，职称是影响职业倦怠最重要的因素，随着职称的提高，职业倦怠也有上升的趋势。

2. 教师对学生的期望越高，学生的成绩也就越好。

   (1)这种说法是不正确的。(2)教师对学生的期望要以学生能够承受为底线，因为完全脱离学生实际的期待有时也会给学生太大的压力。因此，并不是教师对学生的期望越高，学生的成绩也就越好。

3. 在教学活动中，倾向于外归因的教师会更主动地调整自己的教学行为，积极地影响学生的学习活动，在结果上也更可能促进学生的发展。

   (1)这种说法是不正确的。(2)一般来说，倾向于做内归因的教师会更主动地调整自己的教学行为，积极地影响学生的学习活动，在结果上也更可能促进学生的发展；倾向于做外归因的教师则更可能怨天尤人，听之任之，在结果上也更消极。

4. 教师的个人教学效能感影响着教师对教育工作的积极性，一般而言，效能感高的教师比效能感低的教师在工作中的努力程度更高。

   (1)这种说法是正确的。(2)一般来说，教师教学效能感会在以下三个方面影响教师的行为：①影响教师在工作中的努力程度。效能感高的教师相信自己的教学活动能使学生成才，便会投入很大的精力来努力工作，在教学中遇到困难的时候，勇于向困难挑战；效能感低的教师则认为家庭和社会对学生影响巨大，而自己的影响则很小，因而常放弃自己的努力。②影响教师在工作中的经验总结和进一步的学习。③影响教师在工作中的情绪。

三、简答题(参考答案)

1. 教师人格特征的影响主要表现在哪些方面？

   (1)影响着学生个性的发展；(2)影响着学生智力的发展；(3)影响着学生的学习成绩。

2. 合理的预防、积极的应对以减少和消除职业倦怠的方法有哪些？

   (1)个体的自我干预；(2)组织有效的干预；(3)构建社会支持系统。

3. 简述建立教师威信的途径。

   (1)培养自身良好的道德品质；(2)培养良好的认知能力和性格特征；(3)注重良好仪表、风度和行为习惯的养成；(4)给学生以良好的第一印象；(5)做学生的朋友与知己。

4. 简述教师心理健康的标准。

   (1)能积极地悦纳自我，即真正了解、正确评价、乐于接受并喜欢自己；(2)有良好的教育认知水平；(3)热爱教师职业，积极地爱学生；(4)具有稳定而积极的教育心境；(5)能自我控制各种情绪与情感；(6)和谐的教育人际关系；(7)能适应和改造教育环境；(8)具有教育独创性。

5. 简述维护教师威信的措施。

   (1)教师要有坦荡的胸怀、实事求是的态度；(2)教师要正确认识和合理运用自己的威信；(3)教师要有不断进取的敬业精神；(4)教师要言行一致，做学生的楷模。

6. 简述职业倦怠的特征。

   玛勒斯等人认为职业倦怠主要表现为三个方面：(1)情绪耗竭，主要表现在生理耗竭和心理耗竭两个方面；(2)去人性化，即刻意在自身和工作对象间保持距离，对工作对象和环境采取冷漠和忽视的态度；(3)个人成就感低，表现为消极地评价自己，贬低工作的意义和价值。

四、论述题(参考答案)

1. 试述教师职业生涯中的心理适应问题主要表现在哪些方面。

   (1)生涯的不适应，如有的教师事业早成，有的事业晚成；(2)知识的不适应，因为很多职业完成本职工作所需要的知识是稳定的、具体的，而教师职业的知识永远处于不确定的状态；(3)能力的不适应，因为教师只有不断探索，才能形成工作中所需要的各种能力，这种能力的形成或培养不是一蹴而就的；(4)其他不适应，如对工作环境不适应、人际关系的不适应等。

2. 试述影响教师心理健康的因素。

(1)社会因素。①社会的信息化和现代化发展，要求教师必须不断学习，不断更新自己的知识结构，不断丰富自己的教学策略和手段，而这无疑增大了教师的压力。②教育系统的不断变革，直接给教师提出了许多新要求。③社会支持系统乏力。

(2)教师职业特点。①教师职业的特点要求教师在品德、行为等各方面具有示范性；②教师的职业角色比较固定，使得教师的工作显得单调而重复，容易产生倦怠心理；③当今社会对教师职业角色提出了许多要求，这许多角色使教师在承担角色义务时经常会感受到角色压力，产生角色心理冲突，极易造成教师的角色混乱，成为威胁教师心理健康的危险因素。

(3)学校环境因素。学校环境因素对教师心理健康影响巨大。

(4)家庭因素。①家庭成员对教师职业不了解。②教师除了完成学校工作外，还要承担大量的家务劳动、孩子的教育任务，有的还要赡养老人，有的家庭经济状况不好等，这些因素都会导致教师压力倍增，出现心理疲惫。③家庭对教师工作不支持，家庭氛围压抑，导致教师在学校里出现的不良情绪在家里不能得到缓解或宣泄。④家庭人际关系不良，如夫妻关系、与父母的关系不正常，这是导致教师心理不健康的最严重的问题。

(5)教师个人的人格特征。人格特征往往决定个体的行为方式，决定个体应对压力的方式。教师的自尊需要过强、自我效能过低、思维方式过于消极、性格过于内向、情绪过于敏感、性格反复无常，将导致他在处理日常工作时困难重重，进而引发心理健康危机。

(6)学生方面的因素。①有的学生养成不良的行为习惯，经常在班级里捣乱，破坏班级秩序，教师难以管教，当出现问题时，学校领导就批评教师，给教师带来很大的压力。②学生家长不理解、不配合教师，甚至给教师出难题，把孩子的不良表现归咎于教师教育不到位，责怪教师，导致教师心理委屈，出现心理枯竭，把愤怒发泄到学生身上，出现体罚学生等违规行为。

3. 维护教师心理健康的策略有哪些？

(1)社会支持策略。①应通过各种媒体宣传和国家法律法规的规定，营造出全社会重视教育、尊重教师、关心教师的社会氛围，真正形成“尊师重教”的社会氛围；②要加快教育体制改革，消除教育体制中的一些不合理因素，加快教师的专业化进程；③把教师心理健康教育纳入全社会公共心理卫生体系中，充分利用社会领域中的专业化心理辅导、心理咨询和心理治疗资源来加强教师心理健康的预防、诊断和矫治工作。

(2)学校发展策略。①学校管理者要善于了解并创造条件满足教师的合理需要，为教师营造一个安全的生活环境和一个民主、开放的政治氛围，关心教师的发展前途，尊重教师的教学自主性，为所有的教师提供进修深造、自我提高和自我实现的机会等；②在对教师进行的职前培养和职后培训中，要注意增加心理健康教育的内容，并通过开展心理健康教育讲座、校本培训以及建立教师心理辅导室等途径来帮助教师学会心理调适，增强其应对困难和挫折的能力，减轻教师的精神紧张和心理压力，从而提高教师的心理健康水平；③优化校园文化建设，拓展教师的业余生活空间，帮助教师改变生活单调的局面，开展丰富多彩的文艺、体育、娱乐等健康休闲活动。

(3)自我维护策略。在社会高度重视教师心理健康、学校全力促进教师心理健康的前提下，要想真正提高教师的心理健康水平，教师个人加强自我维护才是根本途径。①教师应该树立科学理性的自我概念；②教师要保持一种开放的心态，勤于学习；③教师要掌握一些压力应对的策略和方法，进行积极的自我调适，避免消极情绪的影响。

4. 试述教师职业倦怠产生的原因。

(1)社会因素，即教师职业的声望压力；(2)职业因素，即教师担当的多种角色所产生的角色职责压力、角色冲突，学生问题，升学考试压力等；(3)工作环境，即教师与学生、家长、领导、同事之间的人际关系压力，学校的考评、聘任制度所带来的压力；(4)个人因素，即教师个人的认知方式和应对紧张的策略与心理压力的产生密切相关。

五、材料分析题(参考答案)

1. (1)教师威信是指教师在学生心目中的威望和信誉。教师威信实质上反映了一种良好的师生关系，是教师成功地扮演教育者角色、顺利完成教育使命的重要条件。教师威信的作用主要表现在教师实现了社会对他的角色期待，具体表现在以下三个方面:①有利于教师作为学习的引导者和促进者角色的实现;②有利于教师作为班集体管理者角色的实现;③有利于教师作为行为规范的示范者角色的实现。

(2)影响教师威信形成的主观因素有:①教师高尚的思想道德品质、渊博的知识和高超的教育教学艺术是获取威信的基本条件;②教师的仪表、作风和习惯,是教师获得威信的必要条件;③师生平等交往是教师获得威信的重要条件;④教师的评价手段包括教师对学生评价的时机是否适当、评价的场合是否适宜、评价的强度是否适中、评价的方式是否合适等。王老师在第一堂课时,自己的仪表没有给学生留下良好的印象,同时王老师也没有自我批判的精神,没有承认自己讲课中的错误,这些因素阻碍了王老师在学生中威信的建立。

2. (1)皮格马利翁效应又称教师期望效应,即教师的期望或明或暗地传送给学生,学生会按照教师所期望的方向来塑造自己的行为。

(2)甲老师的做法不是太好。严格要求学生虽然有必要,但一定要与尊重学生、关爱学生相结合,虽然该班的成绩不错,但是学生的学习是一种被动的状态,不利于学生学习积极性、主动性的发挥。

(3)乙老师的做法非常好。他能够经常表扬学生,给学生发小红花,让学生感觉到他们很优秀、非常棒,感受到教师对他们积极的期望,这样能够激发学生的学习兴趣,培养学生学习的积极性和主动性。

专题二　教师的成长

一、单项选择题

1. D 【解析】能否自觉关注学生是衡量教师是否成熟的重要标志之一。

2. C 【解析】微格教学又称微型教学,是指以少数的学生为对象,在较短的时间内(5~20分钟),尝试做小型的课堂教学,并把这种教学过程摄制成录像,课后再进行分析。这是训练新教师、提高其教学水平的一条重要途径。

3. C 【解析】新手型教师在制订课时计划时往往依赖于课程目标,不会随着课堂情境的变化来修改课时计划,并且较注意课堂的细节。新手型教师缺乏维持学生注意的有效方法,缺乏或不会运用教学策略。故选C项。

4. B 【解析】处于关注情境阶段的教师关心的是如何教好每一堂课,以及班级大小、时间压力和备课材料是否充分等与教学情境有关的问题,他们往往主要关注学生的成绩。

5. B 【解析】关注学生阶段,教师将考虑学生的个别差异,认识到不同发展水平的学生有不同的需要,根据学生的差异采取适当的教学,促进学生发展。

6. C 【解析】微格教学是指以少数的学生为对象,在较短的时间内(5~20分钟),尝试做小型的课堂教学,并把这种教学过程摄制成录像,课后再进行分析。

7. C 【解析】美国教育心理学家波斯纳提出了教师成长公式:经验+反思=成长。

8. A 【解析】布鲁巴奇等人认为教学反思的方法主要有:(1)反思日记;(2)详细描述;(3)交流讨论;(4)行动研究。

9. B 【解析】微格教学是指以少数的学生为对象,在较短的时间内(5~20分钟),尝试做小型的课堂教学,并把这种教学过程摄制成录像,课后再进行分析。最能体现其特点的是训练单元小。

10. A 【解析】在解决困难的新问题时,专家用于表征问题的时间比新手要长一些。原因是,他们有更多可供利用的知识,他们需要思考与当前问题最有关的是什么知识。

11. B 【解析】处于关注生存阶段的老师一般都是新教师,他们非常关注自己的生存适应性,最担心的问题是"学生喜欢我吗""同事们如何看我""领导是否觉得我干得不错"等。

12. C 【解析】专家型教师和新手型教师有以下几方面的差异:(1)课时计划的差异;(2)课堂教学过程的差异;(3)课后评价差异;(4)其他差异。其中,在课后评价时,专家型教师和新手型教师关注的焦点不同。新手型教师的课后评价要比专家型教师更多地关注课堂中发生的细节;而专家型教师则更多地谈论学生对新教材的理解情况和课堂中值得注意的活动,很少谈论课堂管理问题和自己的教学是否成功。故选C。

13. A 【解析】处于关注情境阶段的教师关心的是如何教好每一堂课,以及班级大小、时间压力和备课材料是否充分等与教学情境有关的问题,如"内容是否充分得当""如何呈现教学信息""如何掌握教学时间"等。一般来说,老教师比新教师更关注此阶段。根据题干所述,该教师处于关注情境阶段。

14. C 【解析】处于关注情境阶段的教师关心的是如何教好每一堂课,以及班级大小、时间压力和备课材料是否充分等与教学情境有关的问题,如"内容是否充分得当""如何呈现教学信息""如何掌握教学时间"等。

15. A 【解析】题干所述体现了行动研究的内涵。

二、辨析题

教学反思是教育教学研究者的事情，普通任课老师写不写教学反思无所谓。

(1)这种说法是不正确的。(2)善于教学反思既是教师教学的基本功，也是教师的基本学习能力。任何教师要想在教学中有所追求、有所建树，都必须不断培养和发展教学的反思力。

三、简答题(参考答案)

教学反思的方法有哪些？

(1)反思日记；(2)详细描述；(3)交流讨论；(4)行动研究。另外，教学反思的方法还有教学案例和教师成长档案袋。

四、论述题(参考答案)

1. 如何促进教师的成长与发展？

教师成长与发展的基本途径主要有两个方面：(1)通过师范教育培养新教师作为教师队伍的补充；(2)通过实践训练提高在职教师的素质。

促进教师成长有以下几种方法：

(1)观摩和分析优秀教师的教学活动；(2)开展微格教学；(3)进行专门训练；(4)进行教学反思。

2. 试述专家型教师和新手型教师的差异。

研究者认为，教师的成长过程是一个由新手到熟手向专家型教师发展的过程。专家型教师是有教学专长的教师。专家型教师和新手型教师有如下差异：

(1)课时计划的差异。对教师课时计划的分析表明，与新教师相比，专家型教师的课时计划简洁、灵活、以学生为中心，并具有预见性。①在课时计划的内容上，专家型教师的课时计划只是突出了课程的主要步骤和教学内容，并未涉及一些细节。相反，新教师却把大量的时间用在课时计划的一些细节上。同时，专家型教师的课时计划修改与演练所需的大部分时间都是在正式计划的时间之外，自然地在一天中的某个时候发生。而新教师要在临上课之前针对课时计划做一下演练。在两个平行班教同样的课时，新教师往往利用课间来修改课时计划。②在教学的细节方面，专家型教师认为，教学的细节方面是由课堂教学活动中学生的行为决定的。他们可以从学生那里获得一些有关教学细节的问题。而新教师的课时计划往往依赖于课程的目标，仅限于课堂中的一些活动或一些已知的课程知识，而不能够把课堂教学计划与课堂情境中学生的行为联系起来。③在制订课程计划时，专家型教师能根据学生的先前知识来安排教学进度。他们认为实施计划是要靠自己去发挥的。因此，他们的课时计划就有很大的灵活性。而新教师仅仅按照课时计划去做，并想办法去完成它，却不会随着课堂情境的变化来修正他们的计划。④在备课时，专家型教师表现出一定的预见性。他们会在头脑中形成包括教学目标在内的课堂教学表象和心理表征，并且能预测执行计划时的情况。而新教师则认为自己不能预测计划执行时的情况，因为他们往往更多地想到自己做什么，而不知道学生将要做些什么。

(2)课堂教学过程的差异。①在课堂规则的制定与执行上，专家型教师制定的课堂规则明确，并能坚持执行；而新手型教师的课堂规则较为含糊，难以坚持执行。②在维持学生注意上，专家型教师有一套完善的维持学生注意的方法；新手型教师则相对缺乏。③在教材内容的呈现上，专家型教师注重回顾先前的知识，并能根据教学内容选择适当的教学方法；新手型教师则不能。④在课堂练习方面，专家型教师将练习看作检查学生学习的手段，新教师仅仅把它当作必经的步骤。⑤在家庭作业的检查上，专家型教师具有一套检查学生家庭作业的规范化、自动化的常规程序；而新教师往往缺乏相应的规范。⑥在教学策略的运用上，专家型教师具有丰富的教学策略，并能灵活运用；新手型教师则或缺乏或不会运用教学策略。

(3)课后评价差异。在课后评价时，专家型教师和新手型教师关注的焦点不同。新手型教师的课后评价要比专家型教师更多地关注课堂中发生的细节；而专家型教师则更多地谈论学生对新教材的理解情况和课堂中值得注意的活动。

(4)其他差异。①在师生关系方面，专家型教师能热情、平等地对待学生，师生关系融洽，具有强烈的成就体验。②在人格魅力方面，专家型教师具有注重实际和自信心强的人格特点，能更好地控制和调节情绪，理智地处理面临的教育教学问题，并在课后进行评估和反思。③在职业道德方面，专家型教师对职业的情感投入程度高，职业义务感和责任感强。

真题必刷

单项选择题

1. D 【解析】教学监控能力是指教师为了保证教学达到预期的目的而在教学的全过程中，将教学活动本身作为意识对象，不断对其进行积极主动的计划、检查、评价、反馈、控制和调节的能力。题干描述体现的是教学监控能力的内涵。

2. A 【解析】处于关注生存阶段的一般是新教师,他们非常关注自己的生存适应性,最担心的问题是"学生喜欢我吗""同事们如何看我""领导是否觉得我干得不错"等。

3. D 【解析】教师期望效应是由美国心理学家罗森塔尔通过实验研究提出来的,是指教师根据对某一学生的了解而形成一定的期望,在这种期望的作用下,该学生的学习成绩和行为就会表现出符合这一期望的变化。罗森塔尔把这一现象称为皮格马利翁效应,后人也将其称为罗森塔尔效应。

4. C 【解析】恐怖症是对特定的无实在危害的事物与场景的非理性的惧怕。恐怖症可分为单纯恐怖、广场恐怖和社交恐怖。其中社交恐怖主要表现为:害怕在社交场合讲话,担心自己因双手发抖、脸红、声音颤抖、口吃而暴露自己的焦虑,觉得自己说话不自然,因而不敢抬头,不敢正视对方的眼睛。题干所述是社交恐怖的特征。

第三部分　教育政策法规

基础必刷

第一章　教育政策法规基础知识

一、单项选择题

1. A 【解析】由于制定机关的性质和法律地位不同,上下层次的教育法规之间具有从属关系。我国教育法律体系的纵向结构为:(1)我国《宪法》中有关教育的条款;(2)教育基本法律;(3)教育单行法律;(4)教育行政法规;(5)地方性教育法规;(6)教育规章。

2. C 【解析】《中华人民共和国教育法》是我国教育的根本法和基本法。

3. B 【解析】从教育政策的内容及其作用看,教育政策可以区分为方针、策略和行动准则等不同层次。教育方针是教育政策的最高表现形式。故此题选B。

4. A 【解析】行政处分是由国家机关或企事业单位对其所属人员予以的惩戒措施,包括警告、记过、记大过、降级、降职、撤职等。故选A。罚款、没收违法所得、行政拘留属于行政处罚。

5. B 【解析】教育行政法规是行政法规的形式之一,它是由国家最高行政机关(国务院)依据我国《宪法》和教育法律制定的关于教育行政管理的规范性文件。

6. B 【解析】义务性规范指"行为准则"要素中规定的教育法律关系主体必须为一定行为或不为某种行为的法律规范。义务性规范在文字表述形式上通常采用"必须""应当""义务""禁止""不准""不得"等字样。题干中法规的表述采用了"应当",属于义务性规范。

7. A 【解析】教育法规的实施可以有两种方式,即教育法规的遵守和适用。

8. B 【解析】依据主体之间关系的类型,教育法律关系可以分为隶属型教育法律关系和平权型教育法律关系。平权型教育法律关系是两个具有平等法律地位的教育关系主体之间产生的教育法律关系,通常视为教育民事法律关系。教师与学生之间属于平权型教育法律关系。

9. C 【解析】教育法律关系中最重要的法律主体是教师和学生。

10. B 【解析】教育法律规范是由国家制定或认可,并以国家强制力保证实施的行为规则。

11. C 【解析】补救受害者的合法权益是教育法律救济的根本目的,也是教育法律救济的基本功能。

12. D 【解析】我国政协的主要职能是政治协商和民主监督,没有制定教育政策的权力。

13. D 【解析】教师对学校或者其他教育机构侵犯其合法权益的,或者对学校或者其他教育机构作出的处理不服的,可以向教育行政部门提出申诉,教育行政部门应当在接到申诉的三十日内,作出处理。

14. B 【解析】教育法律规范通常由法定条件(假定)、行为准则(处理)和法律后果(制裁)三个要素组成。

15. C 【解析】根据教育法规效力等级和内容重要程度的不同,我国的教育法规可分为根本法和普通法,或称之为基本法与单行法。

16. A 【解析】我国教育的基本法律,由全国人民代表大会制定。

17. D 【解析】题干所述体现了法律的实施的内涵。

18. B 【解析】在现代法律制度基础之上所理解的权利是以法律形式规定并加以保障的、人们所应当或者可以享有的一种权益。主体可以按照自己的意愿,选择享有还是放弃某种权益。权利对其主体来说,具有可选择性。与权利是一种利益的享有相对应,义务则是一种付出,即义务的承担者付给他人和社会利益。义务的承担也是以法律形式来保证实现的。当义务的承担者没有履行义务时,就会引起某种法律后果,被要求承担一定的责任。因此,义务对其主体来说,不具有可选择性。

19. A 【解析】教育法律关系的发生、变更和消灭是因一定的客观情况的出现而引起的,通常把能够引起法律关系发生、变更和消灭的客观情况称之为法律事实。

20. B 【解析】行政救济是教育法律救济的主要方式。行政救济渠道主要有行政申诉和行政复议两种方式。

21. B 【解析】题干描述的是教师申诉制度的概念。

22. C 【解析】隶属型教育法律关系是以教育管理部门为核心,向外辐射,与其他主体之间形成的教育法律关系。教育行政机关与学校之间属于教育行政法律关系,存在的是隶属型教育法律关系。A、B、D项存在或者可能存在平权型教育法律关系。

23. A 【解析】所谓教师申诉制度,是指教师在其合法权益受到侵犯时,依照法律、法规的规定,向主管的行政机关申诉理由,请求处理的制度。李某在县小学教学,由此可知受理其申诉的部门是县教育局。

24. C 【解析】授权性规范指教育法律关系主体有权做出或不做出某种行为的法律规范。授权性规范在表述形式上通常采用"可以""有权""不受……干涉""有……的自由"等术语。根据题干表述可知其属于授权性规范。

25. D 【解析】教育行政部门应当在接到申诉书的次日起30日内,做出处理。逾期未做处理或者久拖不决的,若申诉内容涉及人身权、财产权及其他属于行政复议、行政诉讼受案范围的,申诉人可依法提起行政复议或行政诉讼。

26. A 【解析】教育法规监督是指具有教育法规监督权的国家机关、社会团体和公民个人作为监督主体,对监督对象(有关国家机关及其工作人员)管理教育活动的合法性所进行的监察与督导。它是保障教育法规正确制定的关键,也是保障教育法规正确实施的必要手段,还是保障教育法律关系正常运行的重要途径。

27. A 【解析】平权型教育法律关系是两个具有平等法律地位的教育关系主体之间产生的教育法律关系,通常视为教育民事法律关系。这是一类具有教育特征和民事性质的教育法律关系。

28. B 【解析】教育法律救济是指教育法律关系主体的合法权益受到侵犯并造成损害时,获得恢复和补救的法律制度。即使发生了侵权行为但没有造成损害,也不存在救济问题。因此,损害的发生是教育法律救济的前提。

29. C 【解析】中华人民共和国颁布的第一个教育法规是《中华人民共和国学位条例》,是1980年2月12日第五届全国人民代表大会常务委员会第十三次会议通过的。

30. A 【解析】教育法律关系的主体是指教育法律关系的参加者,也就是在具体的教育法律关系中享有权利并承担义务的人和组织。我国教育法律关系的主体可分为三类:公民(自然人)、机构和组织(法人)、国家。而教育法律关系客体是教育法律关系主体的权利与义务所指向的对象,一般包括物质财富、非物质财富、行为三个大的方面。中小学校和教职员工分别属于机构和公民,因此都属于教育法律关系的主体。

31. C 【解析】《学生伤害事故处理办法》由教育部颁布,于2002年9月1日起施行。《学生伤害事故处理办法》对学生在校期间所发生的人身伤害事故的预防与处理作出了具体规范,其从性质上看,属于教育规章。

二、辨析题

1. *教育政策与教育法规的制定主体是不同的,前者由政府制定,后者则由立法机关制定。*

(1)这种说法是不正确的。(2)教育法规与教育政策的制定主体不同。教育法规是由国家权力机关和国家行政机关按法定程序制定的;而教育政策的制定主体既可以是政党组织,也可以是国家立法机关和国家行政机关。

2. *从违法行为的要素来看,判断行为是否违法的关键要素是该行为有故意或者过失的过错。*

(1)这种说法是不正确的。(2)行为违法即行为人实施了违反法律、法规的行为,是构成教育法律责任的前提条件。这个条件包括两个方面的含义:一方面是指行为的违法性,只有行为违反了现行法律的规定才是违法行为;另一方面,违法的必须是一种行为。如果内在的思想不表现为外在的行为,则并不构成违法。

3. *教育法律救济是为弱势群体实施的一种专业性的法律援助。*

(1)这种说法是不正确的。(2)在现实生活中,人们常常把法律援助和法律救济混为一谈,其实二者存在明显的区别。法律援助实质上是为弱势群体实施的一种专业性法律帮助,使其在法律上享受到与社会其他阶层一样的待遇,不会因为经济和智力等因素而失去其维护合法权益的权利。而法律救济则是通过一定的途径和程序裁决社会生活的纠纷,从而使权益受到损害的相对人受到法律上的补救,其保护对象的范围十分广泛,其中包括贫弱残者。

三、简答题(参考答案)

1. 简述教育法规适用的特点。
(1)教育法规适用的主体是检察机关和审判机关;(2)教育法规适用具有被动性;(3)教育法规适用具有国家强制性;(4)教育法规适用具有程序法定性;(5)教育法规适用具有态度中立性;(6)教育法规适用具有裁决权威性。

2. 简述教育立法的基本程序。
(1)教育法律草案的提出;(2)教育法律草案的审议;(3)教育法律草案的表决和通过;(4)教育法律的公布。

3. 简述教育政策的实施途径。
(1)通过党的报刊及其他宣传工具;(2)通过工会、共青团、妇联等群众组织,在学校还包括教育工会、学生会、少先队等群众组织;(3)通过各民主党派、无党派民主人士;(4)通过各级各类学校的校长、教师的教育、教学活动。

4. 教育法律责任的归责要件有哪些?
(1)有损害事实;(2)损害行为必须违法;(3)行为人主观有过错;(4)违法行为与损害事实之间具有因果关系。

5. 简述教育法律关系的特征。
(1)教育法律关系的产生以教育法律规范的存在为前提;(2)教育法律关系必须是在教育教学活动过程之中发生的;(3)教育法律关系是以权利和义务为内容的社会关系。

6. 行政诉讼与行政复议的区别有哪些?
行政诉讼和行政复议作为两种不同的行政救济制度,其区别主要表现在以下几点:(1)性质不同;(2)受理机关不同;(3)适用程序不同;(4)审查范围不同;(5)法律效力不同。

7. 简述教育法规体系的横向结构。
(1)教育基本法;(2)基础教育法;(3)高等教育法;(4)职业教育法;(5)成人教育或社会教育法;(6)学位法;(7)教师法;(8)教育投入法或教育财政法。

8. 简述教育行政诉讼的特征。
(1)诉权专属;(2)标的确指;(3)救济和监督相结合;(4)被告举证;(5)不得调解。

9. 简述教育政策的基本特征。
(1)政治性与原则性(利益倾向);(2)目的性与可行性;(3)稳定性与可变性;(4)合法权威性与实用性;(5)系统性与多功能性;(6)价值相关性;(7)过程及阶段性。

10. 简述教育立法应遵循的原则。
(1)社会主义方向性原则;(2)必须同党的教育方针、政策保持一致;(3)民主性原则;(4)实事求是原则;(5)必须反映法律的基本特征;(6)教育法规内容统一、协调的原则。

11. 简述我国教育行政复议的范围。
我国教育行政复议的范围主要包括以下几个方面:(1)对教育行政处罚不服的;(2)对教育行政强制措施不服的;(3)对教育行政机关做出的有关许可证、执照、资质证、资格证等证书变更、中止、撤销的决定不服的;(4)教育行政机关因不作为违法的;(5)行政相对人认为教育行政机关违法集资、征收财物、摊派费用或者违法要求其履行其他义务的;(6)认为教育行政机关侵犯其合法的经营自主权的;(7)认为教育行政机关的其他具体行政行为侵犯其合法权益的。

12. 简述我国教育法规的纵向结构。
(1)我国《宪法》中有关教育的条款;(2)教育基本法律;(3)教育单行法律;(4)教育行政法规;(5)地方性教育法规;(6)教育规章。

13. 简述教育政策、法规的功能。
(1)保障功能;(2)规范功能;(3)制约功能;(4)管理功能;(5)激励功能。

14. 简述教育法律救济的特征。
(1)纠纷的存在是教育法律救济的基础;(2)损害的发生是教育法律救济的前提;(3)补救受害者的合法权益是教育法律救济的根本目的,也是教育法律救济的基本功能;(4)具有补救与监督双重作用。

四、材料分析题(参考答案)

1. (1)此材料法律关系的类型有:行政法律关系、民事法律关系、刑事法律关系。法律关系主体分别是:行政法律关系中的学校、教师与行政机关;民事法律关系中的学校、教师与受害者;刑事法律关系中的教师与司法机关。
(2)在行政法律关系中行政机关有管理权、处分权;在民事法律关系中受害者有请求赔偿权,加害人有赔偿义务;在刑事法律关系中司法机关有司法权。
(3)法律责任分别是:行政责任(开除);民事责任(赔偿);刑事责任(免责)。

2. (1)该校同意牛老师罚钱的班规并推行的做法是违法的。

(2)违法的主体有牛老师、学校直接负责人。

(3)应承担的责任:根据《中华人民共和国教育法》第七十八条规定,学校及其他教育机构违反国家有关规定向受教育者收取费用的,由教育行政部门或者其他有关行政部门责令退还所收费用;对直接负责的主管人员和其他直接责任人员,依法给予处分。

第二章　现行主要的教育政策及重要规定解读

一、单项选择题

1. D 【解析】教育部等九部门提出的《关于防治中小学生欺凌和暴力的指导意见》中指出,对实施欺凌和暴力的学生,学校和家长要进行严肃的批评教育和警示谈话,情节较重的,公安机关应参与警示教育。

2. C 【解析】集体主义作为公民道德建设的原则,是社会主义经济、政治和文化建设的必然要求。

3. C 【解析】《国家教育事业发展"十三五"规划》提出了全面落实立德树人的根本任务,其中,要强化学生实践动手能力就要:(1)践行知行合一;(2)加强劳动教育,充分发挥劳动综合育人功能;(3)制定中小学生综合实践活动指导纲要,注重增强学生实践体验,鼓励有条件的地区开展中小学生研学旅行和各种形式的夏令营、冬令营活动等。

4. D 【解析】中共中央、国务院《关于深化教育教学改革全面提高义务教育质量的意见》提出的工作目标是凝聚人心、完善人格、开发人力、培育人才、造福人民。

5. B 【解析】《基础教育改革与发展的决定》明确了"十五"期间教育工作的"重中之重",即"地方各级人民政府要坚持将普及九年义务教育和扫除青壮年文盲作为教育工作的'重中之重',进一步扩大九年义务教育人口覆盖范围,初中阶段入学率达到90%以上,青壮年非文盲率保持在95%以上;高中阶段入学率达到60%左右,学前教育进一步发展。"

6. B 【解析】《学校卫生工作条例》第五条规定,学校应当合理安排学生的学习时间。学生每日学习时间(包括自习),小学不超过六小时,中学不超过八小时,大学不超过十小时。

7. C 【解析】《中国教育改革和发展纲要》指出:"深化中等及以下教育体制改革,继续完善分级办学、分级管理的体制。"

8. A 【解析】《中共中央关于教育体制改革的决定》指出,教育体制改革的根本目的是提高民族素质,多出人才、出好人才。

9. D 【解析】坚持以人为本、全面实施素质教育是教育改革发展的战略主题,是贯彻党的教育方针的时代要求,其核心是解决好培养什么人、怎样培养人的重大问题,重点是面向全体学生、促进学生全面发展,着力提高学生服务国家服务人民的社会责任感、勇于探索的创新精神和善于解决问题的实践能力。

10. A 【解析】中国学生发展核心素养,分为文化基础、自主发展、社会参与三个方面,综合表现为人文底蕴、科学精神、学会学习、健康生活、责任担当、实践创新六大素养。其中,责任担当主要是学生在处理与社会、国家、国际等关系方面所形成的情感态度、价值取向和行为方式。"为中华之崛起而读书"正是责任担当的体现,故选A项。

11. C 【解析】振兴民族的希望在教育,振兴教育的希望在教师。建设一支具有良好政治业务素质、结构合理、相对稳定的教师队伍,是教育改革和发展的根本大计。

12. A 【解析】《基础教育课程改革纲要(试行)》中指出,基础教育课程改革是一项系统工程,应始终贯彻"先立后破,先实验后推广"的工作方针。

13. C 【解析】《面向21世纪教育振兴行动计划》强调,普及义务教育工作的重点和难点在中西部地区,在"十五"计划期间继续实施"国家贫困地区义务教育工程",重点放在山区、牧区和边境地区。

14. A 【解析】《爱国主义教育实施纲要》指出,成年公民和小学三年级以上学生都应当会唱国歌,并能理解国歌的内容和国旗、国徽的涵义。

15. B 【解析】《面向21世纪教育振兴行动计划》,是在贯彻落实《中华人民共和国教育法》及《中国教育改革和发展纲要》的基础上提出的跨世纪教育改革和发展的施工蓝图。

16. C 【解析】建设高质量的教师队伍,是全面推进素质教育的基本保证。题干所述属于《中共中央国务院关于深化教育改革,全面推进素质教育的决定》的主要内容。

17. A 【解析】《中共中央国务院关于深化教育改革,全面推进素质教育的决定》指出,努力采取有效措施,切实加大教育投入,逐步实现国家财政性教育经费支出占国民生产总值百分之四的目标。

18. D 【解析】从小学到高中设置综合实践活动并作为必修课。

二、简答题(参考答案)

1.《中国学生发展核心素养》以培养"全面发展的人"为核心,分为文化基础、自主发展、社会参与三个方面,综合表现为六大素养,请具体写出这六大素养。

《中国学生发展核心素养》包括以下六大核心素养:

(1)文化基础,包括:①人文底蕴,主要是学生在学习、理解、运用人文领域知识和技能等方面所形成的基本能力、情感态度和价值取向。具体包括人文积淀、人文情怀和审美情趣等基本要点。②科学精神,主要是学生在学习、理解、运用科学知识和技能等方面所形成的价值标准、思维方式和行为表现。具体包括理性思维、批判质疑、勇于探究等基本要点。

(2)自主发展,包括:①学会学习,主要是学生在学习意识形成、学习方式方法选择、学习进程评估调控等方面的综合表现。具体包括乐学善学、勤于反思、信息意识等基本要点。②健康生活,主要是学生在认识自我、发展身心、规划人生等方面的综合表现。具体包括珍爱生命、健全人格、自我管理等基本要点。

(3)社会参与,包括:①责任担当,主要是学生在处理与社会、国家、国际等关系方面所形成的情感态度、价值取向和行为方式。具体包括社会责任、国家认同、国际理解等基本要点。②实践创新,主要是学生在日常活动、问题解决、适应挑战等方面所形成的实践能力、创新意识和行为表现。具体包括劳动意识、问题解决、技术应用等基本要点。

2.如何大力提高教师队伍的整体素质?

(1)加强教师职业道德建设;(2)加强教师队伍的全员培训和继续教育;(3)巩固和完善中小学校长岗位培训和持证上岗制度;(4)加强中小学教师继续教育的教材建设;(5)提高教师队伍的学历水平。

3.简述积极有效预防学生欺凌和暴力的方法。

(1)切实加强中小学生思想道德教育、法治教育和心理健康教育。(2)认真开展预防欺凌和暴力专题教育。(3)严格学校日常安全管理。(4)强化学校周边综合治理。

4.简述《中共中央国务院关于深化教育改革,全面推进素质教育的决定》的主要内容。

(1)全面推进素质教育,培养适应21世纪现代化建设需要的社会主义新人;(2)深化教育改革,为实施素质教育创造条件;(3)优化结构,建设全面推进素质教育的高质量的教师队伍;(4)加强领导,全党、全社会共同努力开创素质教育的新局面。

5.简述《面向21世纪教育振兴行动计划》发布的意义。

(1)适应了21世纪中国发展的必然要求;(2)为教育未来改革和发展指明了目标;(3)重申了教育的战略地位;(4)指明了教育未来发展的原则。

6.简述加强和改进未成年人思想道德建设任务的指导思想。

坚持以马克思列宁主义、毛泽东思想、邓小平理论和"三个代表"重要思想为指导,深入贯彻十六大精神,全面落实《爱国主义教育实施纲要》《公民道德建设实施纲要》,紧密结合全面建设小康社会的实际,针对未成年人身心成长的特点,积极探索新世纪新阶段未成年人思想道德建设的规律,坚持以人为本,教育和引导未成年人树立中国特色社会主义的理想信念和正确的世界观、人生观、价值观,养成高尚的思想品质和良好的道德情操,努力培育有理想、有道德、有文化、有纪律的,德、智、体、美全面发展的中国特色社会主义事业建设者和接班人。

7.简述加强和改进未成年人思想道德建设的主要任务。

(1)从增强爱国情感做起,弘扬和培育以爱国主义为核心的伟大民族精神;(2)从确立远大志向做起,树立和培育正确的理想信念;(3)从规范行为习惯做起,培养良好道德品质和文明行为;(4)从提高基本素质做起,促进未成年人的全面发展。

8.简述教育事业发展的目标。

根据我国社会主义现代化建设"三步走"的战略部署,到20世纪末,我国教育发展的总目标是:全民受教育水平有明显提高;城乡劳动者的职前、职后教育有较大发展;各类专门人才的拥有量基本满足现代化建设的需要;形成具有中国特色的、面向21世纪的社会主义教育体系的基本框架。再经过几十年的努力,建立起比较成熟和完善的社会主义教育体系,实现教育的现代化。

9.简述公民道德建设的方针原则。

(1)坚持社会主义道德建设与社会主义市场经济相适应;(2)坚持继承优良传统与弘扬时代精神相结合;(3)坚持尊重个人合法权益与承担社会责任相统一;(4)坚持注重效率与维护社会公平相协调;(5)坚持把先进性要求与广泛性要求结合起来;(6)坚持道德教育与社会管理相配合。

第三章　现行主要的教育法律法规及重要规定解读

一、单项选择题

1.D 【解析】《中华人民共和国教育法》的第八章对教育对外交流与合作做了规定。

2.A 【解析】根据《中华人民共和国未成年人保护法》第四十四条规定,爱国主义教育基地、图书馆、青少年宫、儿童活动中心应当对未成年人免费开放;博物馆、纪念馆、科技馆、展览馆、美术馆、文化馆、社区公益性互联网上网服务场所以及影剧院、体育场馆、动物园、植物园、公园等场所，应当按照有关规定对未成年人免费或者优惠开放。

3. C 【解析】我国《义务教育学校管理标准》中提出，家校配合保证每天小学生10小时、初中生9小时睡眠时间。

4. B 【解析】根据《中华人民共和国教育法》第四十三条规定，受教育者有参加教育教学计划安排的各种活动，使用教育教学设施、设备、图书资料的权利。

5. B 【解析】《中华人民共和国义务教育法》于1986年4月12日第六届全国人民代表大会第四次会议通过，并于1986年7月1日起施行。根据《中华人民共和国义务教育法》第二条规定，国家实行九年义务教育制度。

6. D 【解析】根据《中华人民共和国义务教育法》第三十四条规定，教育教学工作应当符合教育规律和学生身心发展特点，面向全体学生，教书育人，将德育、智育、体育、美育等有机统一在教育教学活动中，注重培养学生独立思考能力、创新能力和实践能力，促进学生全面发展。

7. C 【解析】根据我国《教师法》第二十九条规定，教师的医疗同当地国家公务员享受同等的待遇。

8. A 【解析】根据我国《教师资格条例》第十六条规定，教师资格证书在全国范围内适用。

9. B 【解析】根据《中华人民共和国未成年人保护法》第五条规定，国家、社会、学校和家庭应当对未成年人进行理想教育、道德教育、科学教育、文化教育、法治教育、国家安全教育、健康教育、劳动教育，加强爱国主义、集体主义和中国特色社会主义的教育，培养爱祖国、爱人民、爱劳动、爱科学、爱社会主义的公德，抵制资本主义、封建主义和其他腐朽思想的侵蚀，引导未成年人树立和践行社会主义核心价值观。

10. D 【解析】根据我国《未成年人保护法》第三十条规定，学校应当根据未成年学生身心发展的特点，进行社会生活指导、心理健康辅导、青春期教育和生命教育。

11. A 【解析】根据《中华人民共和国教育法》第五十四条规定，国家建立以财政拨款为主、其他多种渠道筹措教育经费为辅的体制，逐步增加对教育的投入，保证国家举办的学校教育经费的稳定来源。

12. B 【解析】根据《中华人民共和国教育法》第二十七条规定，设立学校及其他教育机构，必须具备下列基本条件：(一)有组织机构和章程；(二)有合格的教师；(三)有符合规定标准的教学场所及设施、设备等；(四)有必备的办学资金和稳定的经费来源。

13. D 【解析】根据《中华人民共和国义务教育法》第二十二条规定，县级以上人民政府及其教育行政部门应当促进学校均衡发展，缩小学校之间办学条件的差距，不得将学校分为重点学校和非重点学校。学校不得分设重点班和非重点班。

14. C 【解析】根据《中华人民共和国义务教育法》第二条规定，实施义务教育，不收学费、杂费。

15. A 【解析】根据《中小学幼儿园安全管理办法》第五十二条规定，文化部门依法禁止在中学、小学校园周围200米范围内设立互联网上网服务营业场所，并依法查处接纳未成年人进入的互联网上网服务营业场所。工商行政管理部门依法查处取缔擅自设立的互联网上网服务营业场所。

16. B 【解析】根据《中华人民共和国教育法》第十四条规定，国务院和地方各级人民政府根据分级管理、分工负责的原则，领导和管理教育工作。中等及中等以下教育在国务院领导下，由地方人民政府管理。高等教育由国务院和省、自治区、直辖市人民政府管理。

17. C 【解析】根据《中华人民共和国未成年人保护法》第二十七条规定，学校、幼儿园的教职员工应当尊重未成年人人格尊严，不得对未成年人实施体罚、变相体罚或者其他侮辱人格尊严的行为

18. C 【解析】根据《中华人民共和国义务教育法》第四十一条规定，国家鼓励教科书循环使用。因此④中的说法不符合题意。根据《中华人民共和国义务教育法》第五十九条规定，有下列情形之一的，依照有关法律、行政法规的规定予以处罚：(一)胁迫或者诱骗应当接受义务教育的适龄儿童、少年失学、辍学的；(二)非法招用应当接受义务教育的适龄儿童、少年的；(三)出版未经依法审定的教科书的。故①②③符合题意。

19. C 【解析】2015年修订前的《中华人民共和国教育法》第十二条规定，汉语言文字为学校及其他教育机构的基本教学语言文字。这条规定经2015年修订后已修改为“国家通用语言文字为学校及其他教育机构的基本教育教学语言文字。”故答案选C项。

20. C 【解析】中国公民凡遵守宪法和法律，热爱教育事业，具有良好的思想品德，具备《中华人民共和国教师法》规定的学历或者经国家教师资格考试合格，有教育教学能力，经认定合格的，可以取得教师资格。

21. C 【解析】根据《中华人民共和国未成年人保护法》第十一条规定，任何组织或者个人发现不利于未成年人身心健康或者侵犯未成年人合法权益的

情形，都有权劝阻、制止或者向公安、民政、教育等有关部门提出检举、控告。

22. D 【解析】根据《中华人民共和国未成年人保护法》第五十六条规定，公共场所发生突发事件时，应当优先救护未成年人。

23. B 【解析】根据《中华人民共和国义务教育法》第十一条规定，适龄儿童、少年因身体状况需要延缓入学或者休学的，其父母或者其他法定监护人应当提出申请，由当地乡镇人民政府或者县级人民政府教育行政部门批准。

24. B 【解析】根据《中华人民共和国义务教育法》第四条规定，凡具有中华人民共和国国籍的适龄儿童、少年，不分性别、民族、种族、家庭财产状况、宗教信仰等，依法享有平等接受义务教育的权利，并履行接受义务教育的义务。

25. B 【解析】根据《中华人民共和国义务教育法》第三十六条规定，学校应当把德育放在首位，寓德育于教育教学之中，开展与学生年龄相适应的社会实践活动，形成学校、家庭、社会相互配合的思想道德教育体系，促进学生养成良好的思想品德和行为习惯。

26. C 【解析】根据《中华人民共和国义务教育法》第三十五条规定，国务院教育行政部门根据适龄儿童、少年身心发展的状况和实际情况，确定教学制度、教育教学内容和课程设置，改革考试制度，并改进高级中等学校招生办法，推进实施素质教育。

27. B 【解析】根据《中华人民共和国教师法》第二十二条规定，学校或者其他教育机构应当对教师的政治思想、业务水平、工作态度和工作成绩进行考核。教育行政部门对教师的考核工作进行指导和监督。

28. D 【解析】根据《中华人民共和国预防未成年人犯罪法》第二条规定，预防未成年人犯罪，立足于教育和保护未成年人相结合，坚持预防为主、提前干预，对未成年人的不良行为和严重不良行为及时进行分级预防、干预和矫治。

29. C 【解析】根据《中华人民共和国未成年人保护法》的规定，C项所述是对未成年人的家庭保护。

30. C 【解析】根据《教师资格条例》第十九条规定，被撤销教师资格的，自撤销之日起5年内不得重新申请认定教师资格，其教师资格证书由县级以上人民政府教育行政部门收缴。

31. D 【解析】根据《中华人民共和国义务教育法》第三十条规定，国家建立统一的义务教育教师职务制度。教师职务分为初级职务、中级职务和高级职务。

32. D 【解析】根据我国《教师资格条例》第九条规定，教师资格考试科目、标准和考试大纲由国务院教育行政部门审定。

33. A 【解析】根据《中华人民共和国未成年人保护法》第一百一十三条规定，对违法犯罪的未成年人，实行教育、感化、挽救的方针，坚持教育为主、惩罚为辅的原则。

34. C 【解析】根据《中华人民共和国未成年人保护法》第二十一条规定，未成年人的父母或者其他监护人不得使未满十六周岁的未成年人脱离监护单独生活。

35. D 【解析】根据《中华人民共和国预防未成年人犯罪法》第三十九条规定，未成年人的父母或者其他监护人、学校、居民委员会、村民委员会发现有人教唆、胁迫、引诱未成年人实施严重不良行为的，应当立即向公安机关报告。公安机关接到报告或者发现有上述情形的，应当及时依法查处；对人身安全受到威胁的未成年人，应当立即采取有效保护措施。

36. B 【解析】根据《中华人民共和国教育法》第二十九条和第三十条规定，A、C、D项属于学校及其他教育机构应当履行的义务；B项属于学校及其他教育机构享有的权利。

37. A 【解析】根据《中华人民共和国教师法》第三十八条规定，地方人民政府对违反本法规定，拖欠教师工资或者侵犯教师其他合法权益的，应当责令其限期改正。

38. A 【解析】根据《中华人民共和国教师法》第二十五条规定，教师的平均工资水平应当不低于或者高于国家公务员的平均工资水平，并逐步提高。建立正常晋级增薪制度，具体办法由国务院规定。

39. D 【解析】1994年1月1日起实施的《中华人民共和国教师法》第三条规定了教师是履行教育教学职责的专业人员。

40. A 【解析】根据《中华人民共和国义务教育法》第一条规定，为了保障适龄儿童、少年接受义务教育的权利，保证义务教育的实施，提高全民族素质，根据宪法和教育法，制定本法。故选A。

41. A 【解析】根据《中华人民共和国教育法》第七十三条规定，明知校舍或者教育教学设施有危险，而不采取措施，造成人员伤亡或者重大财产损失的，对直接负责的主管人员和其他直接责任人员，依法追究刑事责任。

42. C 【解析】根据《中华人民共和国未成年人保护法》第四条规定，处理涉及未成年人事项，应当保护未成年人隐私权和个人信息。班主任私自拆封张某的信，并公然在班会上阅读，这种行为披露了张某的个人隐私，故违反了《中华人民共和国未成年人保护法》。

43. A 【解析】根据《中华人民共和国教育法》第五十四条规定，企业事业组织、社会团体及其他社会组织和个人依法举办的学校及其他教育机构，办学经费由举办者负责筹措，各级人民政府可以给予适当支持。故选A。

44. C 【解析】关爱学生是师德的灵魂。

45. C 【解析】根据《中华人民共和国教师法》第三十七条规定，教师故意不完成教育教学任务给教育教学工作造成损失的，可由所在学校、其他教育机构或者教育行政部门给予行政处分或者解聘。

46. B 【解析】《中华人民共和国教师法》第六条规定，每年九月十日为教师节。

47. C 【解析】根据《中华人民共和国义务教育法》第二十六条规定，学校实行校长负责制。校长应当符合国家规定的任职条件。校长由县级人民政府教育行政部门依法聘任。

48. C 【解析】根据《教师资格条例》第十六条规定，教育行政部门或者受委托的高等学校在接到公民的教师资格认定申请后，应当对申请人的条件进行审查；对符合认定条件的，应当在受理期限终止之日起30日内颁发相应的教师资格证书。

49. C 【解析】《中华人民共和国教育法》于1995年3月18日经第八届全国人民代表大会第三次会议通过，并由中华人民共和国主席令第45号公布，自1995年9月1日起施行，这是新中国成立以来我国制定的第一部教育基本法，这是我国教育史上具有里程碑意义的大事。它的颁行，标志着我国开始进入全面依法治教的新时期。

50. D 【解析】根据《中华人民共和国未成年人保护法》第五十九条规定，任何人不得在学校、幼儿园和其他未成年人集中活动的公共场所吸烟、饮酒。

51. D 【解析】根据《中华人民共和国教师法》第十一条规定，取得高级中学教师资格和中等专业学校、技工学校、职业高中文化课、专业课教师资格，应当具备高等师范院校本科或者其他大学本科毕业及其以上学历。

52. D 【解析】根据《中华人民共和国教育法》第二条规定，在中华人民共和国境内的各级各类教育，适用本法。留学生是留居外国学习或研究的学生，依据的是所在国的有关教育的相关法律。

53. C 【解析】根据《中华人民共和国教育法》第四十九条规定，学校及其他教育机构在不影响正常教育教学活动的前提下，应当积极参加当地的社会公益活动。

54. C 【解析】根据《中华人民共和国未成年人保护法》第二条规定，未成年人是指未满十八周岁的公民。

55. C 【解析】2008年修订的《中小学教师职业道德规范》中关于“关爱学生”方面所规定的具体职业行为要求包括不讽刺、挖苦、歧视学生，不体罚或变相体罚学生。

56. D 【解析】根据《中华人民共和国义务教育法》第二十二条规定，县级以上人民政府及其教育行政部门应当促进学校均衡发展，缩小学校之间办学条件的差距，不得将学校分为重点学校和非重点学校。学校不得分设重点班和非重点班。

57. D 【解析】根据《中华人民共和国义务教育法》第十四条规定，禁止用人单位招用应当接受义务教育的适龄儿童、少年。

58. B 【解析】根据《中华人民共和国教师法》第七条规定可知，教师享有指导学生的学习和发展，评定学生的品行和学业成绩的权利，即管理学生权。管理学生权包括：指导学生的学习和发展权；学生品行评定权；学生学业成绩评定权。故题干所述属于教师的管理学生权。

59. C 【解析】根据《学生伤害事故处理办法》第二十一条规定，对经调解达成的协议，一方当事人不履行或者反悔的，双方可以依法提起诉讼。

60. B 【解析】根据《浙江省中小学校学生人身安全事故预防与处理办法》第二十二条规定，教育行政部门可以组织本地区学校参加学生安全事故的学校责任保险。学校投保责任险的，所需经费由学校举办者承担，以学校为单位支付。不得向学生摊派或者变相摊派。提倡学生父母或其他监护人为学生购买人身意外伤害保险。

61. D 【解析】根据《中华人民共和国预防未成年人犯罪法》第四条规定，预防未成年人犯罪，在各级人民政府组织下，实行综合治理。

62. D 【解析】根据《学生伤害事故处理办法》第九条规定可知，学校组织学生参加教育教学活动或者校外活动，未对学生进行相应的安全教育，并未在可预见的范围内采取必要的安全措施造成的学生伤害事故，学校应当依法承担相应的责任。

63. C 【解析】根据《中华人民共和国未成年人保护法》第五十五条规定，生产、销售用于未成年人的食品、药品、玩具、用具和游戏游艺设备、游乐设施等，应当符合国家或者行业标准，不得危害未成年人的人身安全和身心健康。上述产品的生产者应当在显著位置标明注意事项，未标明注意事项的不得销售。

64. C 【解析】根据《浙江省中小学校学生人身安全

事故预防与处理办法》第二十五条规定，学生安全事故发生后，学校应当在24小时内将有关情况报告主管的教育行政部门和其他有关部门及所在地乡（镇）人民政府、街道办事处；发生重大学生安全事故的，应当立即报告。主管的教育行政部门接到重大学生安全事故报告后，应当立即报告本级人民政府和上级教育行政部门。

65. A 【解析】根据《中小学教师继续教育规定》第八条规定，中小学教师继续教育要以提高教师实施素质教育的能力和水平为重点。

66. A 【解析】根据《学生伤害事故处理办法》的有关规定，学校事故的归责原则是过错责任原则和过错推定原则。

67. A 【解析】根据《中华人民共和国义务教育法》第五条规定，适龄儿童、少年的父母或者其他法定监护人应当依法保证其按时入学接受并完成义务教育。

68. C 【解析】1986年颁布的《中华人民共和国义务教育法》第一条明确规定，制定义务教育法、实施义务教育的目的是"为了保障适龄儿童、少年接受义务教育的权利，保证义务教育的实施，提高全民族素质"。由此可以看出，C项符合题意。

69. D 【解析】根据《中华人民共和国义务教育法》第二条规定，国家实行九年义务教育制度。义务教育是国家统一实施的所有适龄儿童、少年必须接受的教育，是国家必须予以保障的公益性事业。

70. B 【解析】根据《中华人民共和国教育法》第七十九条规定，考生在国家教育考试中有下列行为之一的，由组织考试的教育考试机构工作人员在考试现场采取必要措施予以制止并终止其继续参加考试；组织考试的教育考试机构可以取消其相关考试资格或者考试成绩；情节严重的，由教育行政部门责令停止参加相关国家教育考试一年以上三年以下；构成违反治安管理行为的，由公安机关依法给予治安管理处罚；构成犯罪的，依法追究刑事责任：(1)非法获取考试试题或者答案的；(2)携带或者使用考试作弊器材、资料的；(3)抄袭他人答案的；(4)让他人代替自己参加考试的；(5)其他以不正当手段获得考试成绩的作弊行为。

71. C 【解析】根据《中华人民共和国教师法》第二条规定，本法适用于在各级各类学校和其他教育机构中专门从事教育教学工作的教师。

72. A 【解析】根据《中华人民共和国义务教育法》第五十六条规定，学校违反国家规定收取费用的，由县级人民政府教育行政部门责令退还所收费用；对直接负责的主管人员和其他直接责任人员依法给予处分。

73. B 【解析】根据《小学教师职务试行条例》第三条规定，聘任或任命教师担任职务应有一定的任期，每一任期一般为三至五年，可以续聘或连任。

74. C 【解析】强制搜身严重地侵犯了学生的人格尊严权，对学生以后的发展影响非常恶劣，因此学校应当对教师进行处分或者解聘。详见《中华人民共和国教师法》第三十七条规定。

75. A 【解析】根据《中华人民共和国教育法》第八条规定，国家实行教育与宗教相分离。任何组织和个人不得利用宗教进行妨碍国家教育制度的活动。

76. C 【解析】根据《中华人民共和国教育法》第三十一条规定，学校及其他教育机构应当按照国家有关规定，通过以教师为主体的教职工代表大会等组织形式，保障教职工参与民主管理和监督。

77. C 【解析】根据《教师资格条例》第十九条规定，弄虚作假、骗取教师资格的，由县级以上人民政府教育行政部门撤销其教师资格。

78. C 【解析】根据《中华人民共和国预防未成年人犯罪法》第十六条规定，未成年人的父母或者其他监护人对未成年人的预防犯罪教育负有直接责任。

79. D 【解析】根据《中华人民共和国教育法》第三十六条规定，学校及其他教育机构中的教学辅助人员和其他专业技术人员，实行专业技术职务聘任制度。

80. A 【解析】根据《中华人民共和国教师法》第二十四条规定，教师考核结果是受聘任教、晋升工资、实施奖惩的依据。

81. C 【解析】根据《学校体育工作条例》第十条规定，普通中小学校、农业中学、职业中学每天应当安排课间操，每周安排三次以上课外体育活动，保证学生每天有一小时体育活动的时间（含体育课）。

82. D 【解析】根据《中华人民共和国义务教育法》第四十条规定，教科书价格由省、自治区、直辖市人民政府价格行政部门会同同级出版主管部门按照微利原则确定。微利原则即非营利性原则。

83. B 【解析】根据《中华人民共和国义务教育法》第十一条规定，凡年满六周岁的儿童，其父母或者其他法定监护人应当送其入学接受并完成义务教育；条件不具备的地区的儿童，可以推迟到七周岁。

84. C 【解析】根据《中华人民共和国义务教育法》第二十九条规定，教师在教育教学中应当平等对待学生,关注学生的个体差异,因材施教,促进学生的充分发展。

85. B 【解析】根据《教师和教育工作者奖励规定》第四条规定,奖励“全国模范教师”、“全国教育系统先进工作者”和“全国优秀教师”、“全国优秀教育工作者”,每三年进行一次,并于当年教师节期间进行表彰。

86. C 【解析】根据《中华人民共和国义务教育法》第三十一条规定,在民族地区和边远贫困地区工作的教师享有艰苦贫困地区补助津贴。

87. B 【解析】根据《中华人民共和国义务教育法》第二十三条规定,各级人民政府及其有关部门依法维护学校周边秩序,保护学生、教师、学校的合法权益,为学校提供安全保障。

88. A 【解析】根据《中华人民共和国义务教育法》第二十八条规定,教师享有法律规定的权利,履行法律规定的义务,应当为人师表,忠诚于人民的教育事业。

89. D 【解析】根据《学生伤害事故处理办法》第二十七条规定,因学校教师或者其他工作人员在履行职务中的故意或者重大过失造成的学生伤害事故,学校予以赔偿后,可以向有关责任人员追偿。

二、填空题

1. 国务院教育行政部门
2. 批评教育
3. 免试　就近

三、辨析题

1. 根据《中华人民共和国未成年人保护法》的规定,对未满十周岁的小学生的信件、日记、电子邮件,教师可以代为开拆查阅。

(1)这种说法是不正确的。(2)根据我国《未成年人保护法》第六十三条规定,任何组织或者个人不得隐匿、毁弃、非法删除未成年人的信件、日记、电子邮件或者其他网络通讯内容。除下列情形外,任何组织或者个人不得开拆、查阅未成年人的信件、日记、电子邮件或者其他网络通讯内容:(一)无民事行为能力未成年人的父母或者其他监护人代未成年人开拆、查阅;(二)因国家安全或者追查刑事犯罪依法进行检查;(三)紧急情况下为了保护未成年人本人的人身安全。

2. 任何单位和个人不得歧视刑满释放和接受社区矫正的未成年人。

(1)这种说法是正确的。(2)根据《中华人民共和国预防未成年人犯罪法》第五十八条规定,刑满释放和接受社区矫正的未成年人,在复学、升学、就业等方面依法享有与其他未成年人同等的权利,任何单位和个人不得歧视。

3. 某公办教师刘某在校外培训机构补课,学校查实后拟给予相应处分,在学校作出处理决定前,刘某可以进行申辩并要求举行听证。

(1)这种说法是正确的。(2)根据《中小学教师违反职业道德行为处理办法》第五条规定,学校及学校主管教育部门发现教师可能存在违反职业道德行为的,应当及时组织调查,核实有关事实。作出处理决定前,应当听取教师的陈述和申辩,听取学生、其他教师、家长委员会或者家长代表意见,并告知教师有要求举行听证的权利。对于拟给予降低专业技术职务等级以上的处分,教师要求听证的,拟作出处理决定的部门应当组织听证。

4. 教师和学校要将分数作为评价学生的唯一标准。

(1)这种说法是不正确的。(2)2008年修订的《中小学教师职业道德规范》中关于“教书育人”方面所规定的具体职业行为要求之一是不以分数作为评价学生的唯一标准。

5. 根据《中华人民共和国义务教育法》的规定,各级人民政府可以根据实际需要开设各种特殊教育学校。

(1)这种说法是不正确的。(2)根据《中华人民共和国义务教育法》第十九条规定,县级以上地方人民政府根据需要设置相应的实施特殊教育的学校(班),对视力残疾、听力语言残疾和智力残疾的适龄儿童、少年实施义务教育。

四、简答题(参考答案)

1. 简述《中华人民共和国教师法》规定的教师医疗的待遇。

(1)教师的医疗同当地国家公务员享受同等的待遇;(2)定期对教师进行身体健康检查,并因地制宜安排教师进行休养。医疗机构应当对当地教师的医疗提供方便。

2. 简述建设部门对学校安全工作应履行的职责。

(1)加强对学校建筑、燃气设施设备安全状况的监管,发现安全事故隐患的,应当依法责令立即排除;(2)指导校舍安全检查鉴定工作;(3)加强对学校工程建设各环节的监督管理,发现校舍、楼梯护栏及其他教学、生活设施违反工程建设强制性标准的,应责令纠正;(4)依法督促学校定期检验、维修和更新学校相关设施设备。

3.《中华人民共和国未成年人保护法》对羁押、服刑的未成年人的受教育权是怎样规定的?

(1)羁押、服刑的未成年人没有完成义务教育的,应当对其进行义务教育。(2)解除羁押、服刑期满的未成年人的复学、升学、就业不受歧视。

4. 简述《中小学教师职业道德规范》中关于“为人师表”方面所规定的具体职业行为要求有哪些。

(1)坚守高尚情操,知荣明耻;(2)严于律己,以身作则;(3)衣着得体,语言规范,举止文明;(4)关心集体,团结协作,尊重同事,尊重家长;(5)作风正派,廉洁奉公;(6)自觉抵制有偿家教,不利用职务之便谋取私利。

5. 简述《中华人民共和国义务教育法》的颁行意义。

(1)新《义务教育法》指明了义务教育均衡发展这个根本的方向;(2)明确了义务教育承担实施素质教育的重大使命;(3)回归了义务教育免费的本质;(4)进一步完善了义务教育的管理体制,强化了省级的统筹实施;(5)确立了义务教育经费保障机制;(6)保障受教育者的平等权利;(7)规范了义务教育的办学行为;(8)建立了义务教育新的教师职务制度;(9)增强了《义务教育法》执法的可操作性;(10)《义务教育法》是有关实施基础教育的主要法规之一,也是我国普及基础教育的主要法律保障;(11)《义务教育法》是提高全民族素质的"根本大法";(12)《义务教育法》为学龄儿童少年接受基础教育权利的实现提供了法律保障。

6. 根据《中华人民共和国教育法》的规定,受教育者享有哪些权利?

(1)参加教育教学计划安排的各种活动,使用教育教学设施、设备、图书资料;(2)按照国家有关规定获得奖学金、贷学金、助学金;(3)在学业成绩和品行上获得公正评价,完成规定的学业后获得相应的学业证书、学位证书;(4)对学校给予的处分不服向有关部门提出申诉,对学校、教师侵犯其人身权、财产权等合法权益,提出申诉或者依法提起诉讼;(5)法律、法规规定的其他权利。

7. 简述《中华人民共和国教师法》的立法意义。

(1)有利于社会主义现代化建设;(2)有利于从根本上提高教师的社会地位,保障教师的合法权益,使教师成为受人尊重的职业;(3)有利于加强教师队伍的建设,造就一批高素质的教师队伍,促进社会主义教育事业的发展;(4)有利于教师队伍的规范化管理。

8. 根据《中华人民共和国未成年人保护法》的规定,对招用童工的违法行为应该如何处理?

(1)根据我国《未成年人保护法》第六十一条规定,任何组织或者个人不得招用未满十六周岁未成年人,国家另有规定的除外。营业性娱乐场所、酒吧、互联网上网服务营业场所等不适宜未成年人活动的场所不得招用已满十六周岁的未成年人。招用已满十六周岁未成年人的单位和个人应当执行国家在工种、劳动时间、劳动强度和保护措施等方面的规定,不得安排其从事过重、有毒、有害等危害未成年人身心健康的劳动或者危险作业。任何组织或者个人不得组织未成年人进行危害其身心健康的表演等活动。经未成年人的父母或者其他监护人同意,未成年人参与演出、节目制作等活动,活动组织方应当根据国家有关规定,保障未成年人合法权益。(2)违反本法第六十一条规定的,由文化和旅游、人力资源和社会保障、市场监督管理等部门按照职责分工责令限期改正,给予警告,没收违法所得,可以并处十万元以下罚款;拒不改正或者情节严重的,责令停产停业或者吊销营业执照、吊销相关许可证,并处十万元以上一百万元以下罚款。

9. 学校组织学生参加大型集体活动,应当采取哪些安全措施?

(1)成立临时的安全管理组织机构;(2)有针对性地对学生进行安全教育;(3)安排必要的管理人员,明确所负担的安全职责;(4)制定安全应急预案,配备相应设施。

10. 对招收义务教育阶段学生进行专业训练的社会组织有何特殊规定?

根据《中华人民共和国义务教育法》第十四条规定,根据国家有关规定经批准招收适龄儿童、少年进行文艺、体育等专业训练的社会组织,应当保证所招收的适龄儿童、少年接受义务教育;自行实施义务教育的,应当经县级人民政府教育行政部门批准。

11. 简述教师申诉的范围。

(1)教师认为学校或其他教育机构侵犯其《中华人民共和国教师法》规定的合法权益的,可以提起申诉;

(2)教师对学校或其他教育机构做出的处理决定不服的,可以提出申诉;

(3)教师认为当地人民政府的有关行政部门侵犯其根据《中华人民共和国教师法》规定享有的合法权益的,可以提出申诉。

12. 教育行政部门对学校安全工作应履行哪些职责?

(1)全面掌握学校安全工作状况,制定学校安全工作考核目标,加强对学校安全工作的检查指导,督促学校建立健全并落实安全管理制度;

(2)建立安全工作责任制和事故责任追究制,及时消除安全隐患,指导学校妥善处理学生伤害事故;

(3)及时了解学校安全教育情况,组织学校有针对性地开展学生安全教育,不断提高教育实效;

(4)制定校园安全的应急预案,指导、监督下级教育行政部门和学校开展安全工作;

(5)协调政府其他相关职能部门共同做好学校安全管理工作,协助当地人民政府组织对学校安全事故的救援和调查处理。

13. 简述学校侵权责任的构成必须具备哪些要件。

(1)侵权行为造成了损害事实,且损害必须是学生在学校或者学校组织的活动中发生的；(2)学校的行为违法；(3)学校行为须与损害事实有因果关系；(4)学校主观上须有过错。

14. 根据《中华人民共和国预防未成年人犯罪法》的规定，对引诱、胁迫、教唆未成年人实施不良行为的教职工的处罚是什么？

(1)教职员工教唆、胁迫、引诱未成年人实施不良行为或者严重不良行为，以及品行不良、影响恶劣的，教育行政部门、学校应当依法予以解聘或者辞退。(2)教唆、胁迫、引诱未成年人实施不良行为或者严重不良行为，构成违反治安管理行为的，由公安机关依法予以治安管理处罚。

15. 简述《中小学教师职业道德规范》中关于"教书育人"方面所规定的具体职业行为要求有哪些。

(1)遵循教育规律，实施素质教育；(2)循循善诱，诲人不倦，因材施教；(3)培养学生良好品行，激发学生创新精神，促进学生全面发展；(4)不以分数作为评价学生的唯一标准。

16. 简述《中华人民共和国教师法》中对教师聘任制度的规定。

学校和其他教育机构应当逐步实行教师聘任制。教师的聘任应当遵循双方地位平等的原则，由学校和教师签订聘任合同，明确规定双方的权利、义务和责任。实施教师聘任制的步骤、办法由国务院教育行政部门规定。

17. 按照《中华人民共和国教育法》的规定，学校及其他教育机构应履行哪些义务？

(1)遵守法律、法规；(2)贯彻国家的教育方针，执行国家教育教学标准，保证教育教学质量；(3)维护受教育者、教师及其他职工的合法权益；(4)以适当方式为受教育者及其监护人了解受教育者的学业成绩及其他有关情况提供便利；(5)遵照国家有关规定收取费用并公开收费项目；(6)依法接受监督。

18. 中小学教师继续教育的内容有哪些？

(1)思想政治教育和师德修养；(2)专业知识及更新与扩展；(3)现代教育理论与实践；(4)教育科学研究；(5)教育教学技能训练和现代教育技术；(6)现代科技与人文社会科学知识。

19. 简述我国的教育阶段制度。

国家实行学前教育、初等教育、中等教育、高等教育的学校教育制度。国家建立科学的学制系统。学制系统内的学校和其他教育机构的设置、教育形式、修业年限、招生对象、培养目标等，由国务院或者由国务院授权教育行政部门规定。

20. 根据《中华人民共和国教师法》的规定，教师享有哪些权利？

(1)进行教育教学活动，开展教育教学改革和实验；(2)从事科学研究、学术交流，参加专业的学术团体，在学术活动中充分发表意见；(3)指导学生的学习和发展，评定学生的品行和学业成绩；(4)按时获取工资报酬，享受国家规定的福利待遇以及寒暑假期的带薪休假；(5)对学校教育教学、管理工作和教育行政部门的工作提出意见和建议，通过教职工代表大会或者其他形式，参与学校的民主管理；(6)参加进修或者其他方式的培训。

21. 简述拖欠教师工资应承担的法律责任。

地方人民政府对违反《中华人民共和国教师法》的规定，拖欠教师工资或者侵犯教师其他合法权益的，应当责令其限期改正。违反国家财政制度、财务制度，挪用国家财政用于教育的经费，严重妨碍教育教学工作，拖欠教师工资，损害教师合法权益的，由上级机关责令限期归还被挪用的经费，并对直接责任人员给予行政处分；情节严重，构成犯罪的，依法追究刑事责任。

22.《中华人民共和国教师法》中明确规定了教师的权利和义务。教师应当履行的义务有哪些？

教师应当履行下列义务：(1)遵守宪法、法律和职业道德，为人师表；(2)贯彻国家的教育方针，遵守规章制度，执行学校的教学计划，履行教师聘约，完成教育教学工作任务；(3)对学生进行宪法所确定的基本原则的教育和爱国主义、民族团结的教育，法制教育以及思想品德、文化、科学技术教育，组织、带领学生开展有益的社会活动；(4)关心、爱护全体学生，尊重学生人格，促进学生在品德、智力、体质等方面全面发展；(5)制止有害于学生的行为或者其他侵犯学生合法权益的行为，批评和抵制有害于学生健康成长的现象；(6)不断提高思想政治觉悟和教育教学业务水平。

23.《中华人民共和国义务教育法》对侵占、挪用义务教育经费等行为的法律责任是如何规定的？

有下列情形之一的，由上级人民政府或者上级人民政府教育行政部门、财政部门、价格行政部门和审计机关根据职责分工责令限期改正；情节严重的，对直接负责的主管人员和其他直接责任人员依法给予处分：

(1)侵占、挪用义务教育经费的；

(2)向学校非法收取或者摊派费用的。

24. 简述《中小学教师职业道德规范》中关于"关爱学生"方面所规定的具体职业行为要求有哪些。

(1)关心爱护全体学生，尊重学生人格，平等公正对待学生；(2)对学生严慈相济，做学生良师益友；(3)保护学生安全，关心学生健康，维护学生权益；(4)不讽刺、挖苦、歧视学生，不体罚或变相体罚学生。

25.《中华人民共和国未成年人保护法》中对撤销监护人的资格是如何规定的?

未成年人的父母或者其他监护人不依法履行监护职责或者严重侵犯被监护的未成年人合法权益的,人民法院可以根据有关人员或者单位的申请,依法作出人身安全保护令或者撤销监护人资格。被撤销监护人资格的父母或者其他监护人应当依法继续负担抚养费用。

26. 简述《中华人民共和国未成年人保护法》的立法宗旨。

(1)保护未成年人的身心健康;(2)保障未成年人的合法权益;(3)促进未成年人德智体美劳全面发展,培养有理想、有道德、有文化、有纪律的社会主义建设者和接班人,培养担当民族复兴大任的时代新人。

27. 简述选聘班主任应当突出考查哪些条件。

(1)作风正派,心理健康,为人师表;(2)热爱学生,善于与学生、学生家长及其他任课教师沟通;(3)爱岗敬业,具有较强的教育引导和组织管理能力。

28. 简述家长、学校和政府对于有严重不良行为的未成年人的处理方法。

(1)对于在学校接受教育的有严重不良行为的未成年学生,学校和父母或者其他监护人应当互相配合加以管教;无力管教或者管教无效的,可以按照有关规定将其送专门学校继续接受教育。(2)依法设置专门学校的地方人民政府应当保障专门学校的办学条件,教育行政部门应当加强对专门学校的管理和指导,有关部门应当给予协助和配合。(3)专门学校应当对在校就读的未成年学生进行思想教育、文化教育、纪律和法制教育、劳动技术教育和职业教育。(4)专门学校的教职员工应当关心、爱护、尊重学生,不得歧视、厌弃。

29. 卫生部门和学校应该如何做好未成年人的卫生保障工作?

卫生部门和学校应当对未成年人进行卫生保健和营养指导,提供必要的卫生保健条件,做好疾病预防工作。卫生部门应当做好对儿童的预防接种工作,国家免疫规划项目的预防接种实行免费;积极防治儿童常见病、多发病,加强对传染病防治工作的监督管理,加强对幼儿园、托儿所卫生保健的业务指导和监督检查。

30. 简述学校安全管理工作的主要内容。

(1)构建学校安全工作保障体系,全面落实安全工作责任制和事故责任追究制,保障学校安全工作规范、有序进行;

(2)健全学校安全预警机制,制定突发事件应急预案,完善事故预防措施,及时排除安全隐患,不断提高学校安全工作管理水平;

(3)建立校园周边整治协调工作机制,维护校园及周边环境安全;

(4)加强安全宣传教育培训,提高师生安全意识和防护能力;

(5)事故发生后启动应急预案、对伤亡人员实施救治和责任追究等。

31.《中华人民共和国教育法》的立法特点有哪些?

(1)全面性和针对性相结合;(2)规范性和导向性相结合;(3)原则性和可操作性相结合。

32. 简述监护职责与教育保护职责的区别。

(1)监护和教育保护的目的不同;(2)监护和教育保护的主体和对象不同;(3)监护和教育保护产生的根据不同;(4)监护和教育保护的法律关系的性质不同;(5)监护人和教育保护职责的产生方式不同;(6)监护和教育保护的内容不同;(7)监护和教育保护的手段不同;(8)监护和教育保护的责任不同。

33. 公安机关对学校安全工作应履行哪些职责?

(1)了解掌握学校及周边治安状况,指导学校做好校园保卫工作,及时依法查处扰乱校园秩序、侵害师生人身、财产安全的案件;(2)指导和监督学校做好消防安全工作;(3)协助学校处理校园突发事件。

34. 简述《教育行政处罚暂行实施办法》中教育行政处罚的种类。

(1)警告;(2)罚款;(3)没收违法所得,没收违法颁发、印制的学历证书、学位证书及其他学业证书;(4)撤销违法举办的学校和其他教育机构;(5)取消颁发学历、学位和其他学业证书的资格;(6)撤销教师资格;(7)停考,停止申请认定资格;(8)责令停止招生;(9)吊销办学许可证;(10)法律、法规规定的其他教育行政处罚。教育行政部门实施上述处罚时,应当责令当事人改正、限期改正违法行为。

35. 简述义务教育学校不得开除学生的原因。

《中华人民共和国义务教育法》规定不得开除学生,是由义务教育的性质决定的,目的是为保障学生接受义务教育的权利。义务教育是强制性教育,是所有适龄儿童、少年必须接受的教育,不能因为学生违反学校管理制度,就剥夺学生受教育的权利。在这一点上,义务教育同非义务教育有所不同。非义务教育阶段的学生如果严重违反学校管理制度,学校可给予其开除学籍的处分。

36. 简述《中华人民共和国未成年人保护法》中关于保护未成年人隐私的规定。

(1)保护未成年人,应当坚持最有利于未成年人的原则。处理涉及未成年人事项，应当保护未成年人隐私权和个人信息。(2)任何组织或者个人不得隐匿、毁弃、非法删除未成年人的信件、日记、电子邮件或者其他网络通讯内容。除下列情形外，任何组织或者个人不得开拆、查阅未成年人的信件、日记、电子邮件或者其他网络通讯内容：(一)无民事行为能力未成年人的父母或者其他监护人代未成年人开拆、查阅；(二)因国家安全或者追查刑事犯罪依法进行检查；(三)紧急情况下为了保护未成年人本人的人身安全。

37. 未成年人的合法权益有哪些？

(1)未成年人享有生存权、发展权、受保护权、参与权等权利，国家根据未成年人身心发展特点给予特殊、优先保护，保障未成年人的合法权益不受侵犯。

(2)未成年人享有受教育权，国家、社会、学校和家庭尊重和保障未成年人的受教育权。

(3)未成年人不分性别、民族、种族、家庭财产状况、宗教信仰等，依法平等地享有权利。

38. 为保障教师完成教育教学任务，各级人民政府、教育部门应履行哪些职责？

(1)提供符合国家安全标准的教育教学设施和设备；(2)提供必需的图书、资料及其他教育教学用品；(3)对教师在教育教学、科学研究中的创造性工作给以鼓励和帮助；(4)支持教师制止有害于学生的行为或者其他侵犯学生合法权益的行为。

39. 对于在国家教育考试中抄袭他人答案的做何种处理？

考生在国家教育考试中抄袭他人答案的，由组织考试的教育考试机构工作人员在考试现场采取必要措施予以制止并终止其继续参加考试；组织考试的教育考试机构可以取消其相关考试资格或者考试成绩；情节严重的，由教育行政部门责令停止参加相关国家教育考试一年以上三年以下；构成违反治安管理行为的，由公安机关依法给予治安管理处罚；构成犯罪的，依法追究刑事责任。

40. 申请教师资格认定需要提交的材料有哪些？

申请认定教师资格者应当在规定时间向教师资格认定机构或者依法接受委托的高等学校提交下列基本材料：(1)由本人填写的《教师资格认定申请表》一式两份；(2)身份证原件和复印件；(3)学历证书原件和复印件；(4)由教师资格认定机构指定的县级以上医院出具的体格检查合格证明；(5)普通话水平测试等级证书原件和复印件；(6)思想品德情况的鉴定或者证明材料。

41. 简述学生或者未成年学生监护人承担事故责任的具体情形。

(1)学生违反法律法规的规定，违反社会公共行为准则、学校的规章制度或者纪律，实施按其年龄和认知能力应当知道具有危险或者可能危及他人的行为的；(2)学生行为具有危险性，学校、教师已经告诫、纠正，但学生不听劝阻、拒不改正的；(3)学生或者其监护人知道学生有特异体质，或者患有特定疾病，但未告知学校的；(4)未成年学生的身体状况、行为、情绪等有异常情况，监护人知道或者已被学校告知，但未履行相应监护职责的；(5)学生或者未成年学生监护人有其他过错的。

42. 简述学生伤害事故的原因。

(1)制度不严，管理不善；(2)设备陈旧老化，未及时修复或拆除；(3)玩忽职守，工作责任心不强；(4)体罚或变相体罚；(5)安全保护措施不力；(6)学生体质特殊或疾病；(7)学生自尊心较强，心理承受能力低。

43. 简述教师资格认定条件。

(1)具备承担教育教学工作所必需的基本素质和能力；(2)普通话水平应当达到国家语言文字工作委员会颁布的《普通话水平测试等级标准》二级乙等以上标准；(3)具有良好的身体素质和心理素质，无传染性疾病，无精神病史，适应教育教学工作的需要，在教师资格认定机构指定的县级以上医院体检合格。

44. 简述《中小学教师职业道德规范》发布的意义。

(1)有利于培养青少年健康成长；(2)有利于激励教师规范职业行为；(3)有利于发展教师的专业素质；(4)有利于提高教育质量。

45. 对学生事故损害的赔偿中，是如何规定学校赔偿责任的？

(1)学校对学生伤害事故负有责任的，根据责任大小，适当予以经济赔偿，但不承担解决户口、住房、就业等与救助受伤害学生、赔偿相应经济损失无直接关系的其他事项。

(2)学校无责任的，如果有条件，可以根据实际情况，本着自愿和可能的原则，对受伤害学生给予适当的帮助。

46. 简述保护未成年人的工作应当遵循的原则。

(一)给予未成年人特殊、优先保护；(二)尊重未成年人人格尊严；(三)保护未成年人隐私权和个人信息；(四)适应未成年人身心健康发展的规律和特点；(五)听取未成年人的意见；(六)保护与教育相结合。

47. 根据《中华人民共和国未成年人保护法》的规定，学校及其教职工的法律责任有哪些？

学校、幼儿园、婴幼儿照护服务等机构及其教职员工对未成年人实施体罚、变相体罚或者其他侮辱人格尊严行为的；违反国家规定开除、变相开除未成年学生的;对学生欺凌行为未立即制止、隐瞒严重欺凌行为的;由公安、教育、卫生健康、市场监督管理等部门按照职责分工责令改正;拒不改正或者情节严重的,对直接负责的主管人员和其他直接责任人员依法给予处分。

48. 简述《中小学教师职业道德规范》中关于"爱岗敬业"方面所规定的具体职业行为要求有哪些。

(1)忠诚于人民教育事业,志存高远,勤恳敬业,甘为人梯,乐于奉献;(2)对工作高度负责;(3)认真备课上课;(4)认真批改作业;(5)认真辅导学生;(6)不得敷衍塞责。

49. 学生伤害事故处理过程中遇到监护人、亲属等无理取闹的情况该如何处理?

根据《学生伤害事故处理办法》第三十六条规定,受伤害学生的监护人、亲属或者其他有关人员,在事故处理过程中无理取闹,扰乱学校正常教育教学秩序,或者侵犯学校、学校教师或者其他工作人员的合法权益的,学校应当报告公安机关依法处理;造成损失的,可以依法要求赔偿。

50. 简述我国的高等教育制度。

高等教育包括学历教育和非学历教育;高等教育采用全日制和非全日制教育形式;国家支持采用广播、电视、函授及其他远程教育方式实施高等教育。

51.《中华人民共和国教育法》对教育的地位是如何规定的?

根据《中华人民共和国教育法》第四条规定,教育是社会主义现代化建设的基础,国家保障教育事业优先发展。全社会应当关心和支持教育事业发展。全社会应当尊重教师。

五、材料分析题(参考答案)

1. (1)案例中班主任王老师的做法是不正确的,侵犯了学生小惠的人格尊严权,致使其承受不了心理压力而跳楼自杀。王老师对学生的自杀行为负有直接的责任。

(2)法院对该案件的判决是合理的。根据《中华人民共和国教师法》第三十七条规定,教师品行不良、侮辱学生,影响恶劣,情节严重,构成犯罪的,依法追究刑事责任。在本案例中班主任王老师的话,侮辱了学生小惠的人格尊严,最终造成学生小惠自杀的严重后果,因此,应追究其刑事责任。所以法院对其判决是合理的。

(3)要保护留守儿童的合法权益不受侵害就需要让孩子们学到必要的法律知识,增强法制观念,当有侵害自身权益的事件发生时自己要用法律武器去维护。另外,国家应完善这方面的法律制度,让法律确实为受害群体服务。政府要发挥主导作用,从国家层面制定政策改善留守儿童的学习和生活环境,以此促进地方党委和政府高度重视。同时,地方党委和政府要把解决留守儿童问题纳入经济社会发展的总体规划,制定出台与中央配套的相应政策措施。

2. (1)学校的做法不正确。根据《中华人民共和国未成年人保护法》第三十五条规定,学校、幼儿园安排未成年人参加文化娱乐、社会实践等集体活动,应当保护未成年人的身心健康,防止发生人身安全事故。材料中,城关小学及其教师明知刘腾辉等是未满10周岁的未成年人,但却安排并默许其从事用水桶抬开水这一危险行为,城关小学主观上有过错,客观上存在疏于管理、同意未成年人从事不利于身体健康成长的活动的行为,造成了刘腾辉被绊倒并被开水烫伤。

(2)①安全防范从小事做起,规范学校管理,杜绝散漫管理带来的安全隐患,同时,规范教师行为,对违反《中华人民共和国教师法》规定的教师行为坚决予以制止和批评;②加强学校的安全教育,提高教师的安全防护意识和法律知识;③做好学生的自护教育;④做好学校的安全保障方面的硬件设施的维护,搞好学校应急事故处理程序的研究准备。

3. (1)材料中校长的行为体现的教师职业道德规范是关爱学生和为人师表。①校长在得知罗老师对张某的做法后,马上安抚并开导张某,这体现了关爱学生的师德规范。②校长向家长道歉,体现了对家长的尊重,同时也体现了校长的举止文明;校长找到罗老师并与其交流如何正确对待问题和处理学生的问题,这体现了校长对同事的尊重。这两点均体现了为人师表的师德规范。

(2)张某上课玩手机的行为是不正确的。根据《中华人民共和国教育法》第四十四条规定,受教育者应当履行遵守法律、法规,遵守所在学校或者其他教育机构的管理制度以及努力学习,完成规定的学习任务的义务。因此,张某的做法是不恰当的。

(3)罗老师强行收走张某的手机侵犯了学生的财产权;翻看手机微信里的聊天记录侵犯了学生的隐私权,违反了《中华人民共和国未成年人保护法》第三十九条规定;罗老师对张某的批评教育带有侮辱的性质,侵犯了学生的人格尊严权。

4. (1)案例中的教师的做法是不对的,属于不作为侵权行为。(2)①根据我国《教师法》《未成年人保护法》的规定,学校和教师负有保护学生的法定义务。如果教师没有积极履行保护职责或阻止有害学生的行为即构成不作为侵权。案例中的李老师在上课期间接私人电话,擅离职守,导致小博受伤,因此李老师的行为属于不作为侵权行为。②根据《学生伤害事故处理办法》第九条规定,学校教师或者其他工作人员体罚或者变相体罚学生,或者在履行职责过程中违反工作要求、操作规程、职业道德或者其他有关规定的,学校应当依法承担相应的责任。根据《学生伤害事故处理办法》第二十七条规定,因学校教师或者其他工作人员在履行职务中的故意或者重大过失造成的学生伤害事故,学校予以赔偿后,可以向有关责任人员追偿。本案例中,学校应当依法承担相应的责任,同时,学校对李老师有追偿权。

5. (1)教育教学权是教师基本权利的重要组成部分。教师的教育教学权主要指教师在教育教学活动及其专业性活动中享有的自主性权利。教师在教育教学、管理学生、教育评价等方面的权利,都属于教师教育教学权的范畴。(2)学校没有侵犯张某的教育教学权。尽管张某在学历上符合做一名小学教师的要求,但是他的职业道德、专业能力、教学态度不符合作为一名教师应该具有的基本素质,无法正常履行教师的教育教学职责,学校让其离开教师岗位而从事管理工作是合理的。

6. (1)本材料中的违法主体是林某和个体户。林某认为女儿迟早要嫁人,读再多书也没用,还不如早早地让她去赚钱,于是在暑假的时候将女儿送到镇上的一个个体户处打工。他的行为违反了《中华人民共和国义务教育法》的相关规定。个体户招收林某的女儿违反了《中华人民共和国义务教育法》第十四条规定:“禁止用人单位招用应当接受义务教育的适龄儿童、少年。”

(2)根据《中华人民共和国义务教育法》第五十八条规定,适龄儿童、少年的父母或者其他法定监护人无正当理由未依照本法规定送适龄儿童、少年入学接受义务教育的,由当地乡镇人民政府或者县级人民政府教育行政部门给予批评教育,责令限期改正。根据《中华人民共和国义务教育法》第五十九条规定,对非法招用应当接受义务教育的适龄儿童、少年的个体户依照有关法律、行政法规的规定予以处罚。

7. (1)小李老师的做法符合教师职业道德规范中的爱岗敬业。爱岗敬业的职业道德规范要求教师对工作高度负责,认真备课、上课,认真批改作业,认真辅导学生,不得敷衍塞责。材料中的小李老师能够认真备课,认真讲课,很受学生欢迎,体现了爱岗敬业的职业道德要求。

(2)小李老师的做法符合教师职业道德规范中的终身学习。终身学习的职业道德规范要求教师崇尚科学精神,树立终身学习理念,拓宽知识视野,更新知识结构;潜心钻研业务,勇于探索创新,不断提高专业素养和教育教学水平。小李老师到岗后一直努力提高自己的教学水平,不断创新和发展自己的教学技能,符合终身学习的职业道德要求。

(3)小李老师的做法不符合教师职业道德规范中的爱国守法。爱国守法的职业道德规范要求教师自觉遵守教育法律法规,依法履行教师的职责权利。而小李老师对不认真听课的学生罚站,这是体罚,侵犯了学生的人身权。另外,她不允许不守纪律的学生听课,这侵犯了学生的受教育权,违反了《中华人民共和国教育法》和《中华人民共和国未成年人保护法》的相关规定。

(4)小李老师的做法不符合教师职业道德规范中的关爱学生。关爱学生的职业道德规范要求教师关心爱护全体学生,尊重学生人格,平等公正对待学生;对学生严慈相济,做学生的良师益友;保护学生安全,关心学生健康,维护学生权益;不讽刺、挖苦、歧视学生,不体罚或变相体罚学生。小李老师体罚学生,并且不让学生听课的做法违背了这一职业道德规范的要求。

8. (1)在义务教育阶段,学生享有平等的受教育权利。在材料中,老师将薛某赶出教室的行为是不对的,侵犯了其受教育权。另外,老师用刻薄的语言训斥薛某,说他“笨得像猪”侵犯了薛某的人格尊严权。

(2)对待这种情况,教师首先应该冷静,不能对学生讽刺挖苦,面对学生的不同意见,应该耐心解释,因为教育者的责任就是“传道、授业、解惑”,当然,学生也必须履行尊敬师长的义务。

9. (1)乡政府的做法是错误的。不缴纳集资款就停止学生上学,剥夺了学生的受教育权,违反了《中华人民共和国义务教育法》的相关规定。

(2)教师的做法也是错误的。因为学生少,而停止其他学生的课,侵犯了这些学生的受教育权,同样违反了《中华人民共和国义务教育法》的相关规定。

10. (1)材料中张老师的做法违反了《中华人民共和国义务教育法》第二十九条规定,教师应当尊重学生的人格,不得歧视学生,不得对学生实施体罚、变相体罚或者其他侮辱人格尊严的行为,不得侵犯学生的合法权益。材料中张老师让学生在走廊罚站或处理学生在课堂上看课外书的方法都违反了该条规定。因此,要注重提高教师的教育法律意识,增强教育法制观念;注重培养和提高教师依法分析问题和解决问题的能力和水平。

(2)材料中张老师处理学生在课堂上看课外书的方法是不正确的。对于学生的课堂问题行为,适当的惩罚是必要的。但是使用惩罚时要注意:明确惩罚的目的;惩罚应尽可能及时地进行;惩罚强度应适当;惩罚应基于爱和尊重;惩罚应按特定的时间或程序安排来规范地进行;惩罚务必与说理相结合。而在本材料中张老师在处理学生的课堂问题行为时要不批评一通,要不当众撕毁,这些方法容易使学生产生怨恨心理或加剧学生的不满情绪。因此,教师在处理学生的课堂问题行为时,要强化良好行为,以良好行为控制问题行为;要选择有效方法,及时终止问题行为,如使用幽默、表扬、言语提醒等方法。

(3)材料中张老师让学生罚站、不让学生上课,违反了爱国守法、关爱学生、教书育人的教师职业道德规范。教师应多接触学生,研究学生,找到学生迟到早退或者不写作业的真实原因,循循善诱;要关心爱护全体学生,尊重学生人格,平等公正对待学生,对学生严慈相济。

(4)材料中张老师在学生犯错误时立刻通知家长,没有正确处理好学校教育与家庭教育的关系,违反了为人师表的教师职业道德规范。在家校联系中,切忌一味告状式,在跟家长沟通的时候,要先肯定学生的优点。学校可以通过与家庭相互访问、建立通讯联系、定时举行家长会、组织家长委员会、举办家长学校等途径加强与家庭之间的联系,以便更好地教育学生。

11. 根据《中华人民共和国教师法》第三十五条规定,侮辱、殴打教师的,根据不同情况,分别给予行政处分或者行政处罚;造成损害的,责令赔偿损失;情节严重,构成犯罪的,依法追究刑事责任。材料中,小学生李某与其他同学玩耍时打坏了教室的一块玻璃。班主任段老师就此事批评了李某,并决定按照学校有关规定要求李某赔偿被打坏的玻璃。段老师的做法是正确的。而李某的父亲对段老师拳打脚踢等造成段老师受伤,根据《中华人民共和国教师法》第三十五条规定,学生李某的父亲应承担相应的法律责任,赔偿损失。

12. 根据《中华人民共和国未成年人保护法》的规定,案例中班主任戚老师的行为侵犯了学生的受教育权、人格尊严权和隐私权。

(1)侵犯学生的受教育权。根据《中华人民共和国未成年人保护法》第二十八条规定,学校应当保障未成年学生受教育的权利,不得违反国家规定开除、变相开除未成年学生。一些学校随意开除学生或勒令未成年学生退学的行为,就侵犯了未成年学生的受教育权。案例中班主任戚老师在短信中说学习成绩差的学生留在学校没有任何意义,建议他们主动退学。这种行为侵犯了学生的受教育权。

(2)侵犯学生的人格尊严。根据《中华人民共和国未成年人保护法》第二十七条规定,学校、幼儿园的教职员工应当尊重未成年人人格尊严,不得对未成年人实施体罚、变相体罚或者其他侮辱人格尊严的行为。案例中班主任戚老师在短信中说:"80分都达不到的成绩是垃圾成绩!某某只考了29分,简直是垃圾中的垃圾!"这种行为侵犯了学生的人格尊严。

(3)侵犯了学生的隐私权。根据《中华人民共和国未成年人保护法》第四条规定,保护未成年人,应当坚持最有利于未成年人的原则。处理涉及未成年人事项,应当保护未成年人隐私权和个人信息。隐私权是指公民生活中不愿为他人公开或知悉的个人秘密的不可侵犯的人身权利。教师群发短信公布学生的成绩并使用学生真实姓名的行为侵犯了学生的隐私权。

13. (1)根据我国《教师法》第三十七条规定,教师有下列情形之一的,由所在学校、其他教育机构或者教育行政部门给予行政处分或者解聘:①故意不完成教育教学任务给教育教学工作造成损失的;②体罚学生,经教育不改的;③品行不良、侮辱学生,影响恶劣的。教师有前款第②项、第③项所列情形之一,情节严重,构成犯罪的,依法追究刑事责任。材料中的女教师没有出现上述三种情形,而学校以各种"非正当"理由将其解聘的行为,是不正确的,侵犯了该教师的合法权益。

(2)根据我国《教师法》第三十九条规定,教师对学校或者其他教育机构侵犯其合法权益的,或者对学校或者其他教育机构做出的处理不服的,可以向教育行政部门提出申诉,教育行政部门应当在接到申诉的三十日内,做出处理。材料中女教师在自己的合法权益受到侵害时,向教育局提出申诉,经区教育局有关部门与学校多次协调后,学校留下了这名教师。这说明了教育申诉提供了救济,可以更切实地保障教育行政相对人的合法权益。

(3)工作虽然被安排了,但这名教师觉得已经得罪了学校领导,最后还是离开了这所学校。这说明该教师的法律意识还不够,不能很好地运用法律手段保护自己。

第四章　依法治校、依法执教与教师违法(侵权)行为预防

一、单项选择题

1. B　【解析】对学生进行爱国主义教育体现了教师依法执教,B项符合题意。A项违反了相关法律规定,没有平等公正对待学生。C项做法侵犯了学生的受教育权。D项进行有偿家教违反了教师的职

业道德。

2. A 【解析】根据我国《著作权法》《著作权法实施条例》的有关规定,只要是自己独立完成的、体现了自己的思想、情感、构思和表达方式的属于文学、艺术和科学领域内并能以某种有形形式复制的智力成果都是《著作权法》所称的作品,构成作品并不需要达到一定的文学著作、艺术或科技水准。

3. A 【解析】受教育权是学生最基本的权利。

4. C 【解析】依法执教是针对教师的教育教学工作而言的,因此其主体是教师。

5. B 【解析】根据有关法律规定,学生的人身权可分为生命权、身体权、健康权、姓名与肖像权、名誉与荣誉权、人格尊严权、人身自由权、隐私权等。A项侵犯了学生的人格尊严权;C项侵犯了学生的健康权;D项侵犯了学生的人身自由权。

6. A 【解析】“教师提供学生成绩的方式不适当”属于侵犯学生的隐私权。①②④中教师的行为侵犯了学生的受教育权。

7. C 【解析】A、B、D项都是正常的教学法,而C项中老师的行为属于变相体罚,不仅侵犯了李某等八人的受教育权,也侵犯了其人身权。

8. C 【解析】小学五年级属于义务教育阶段,每一个学生都有接受义务教育的权利。班主任劝退小李的行为侵犯了他的受教育权。

9. D 【解析】A、B、C项都是教师体罚学生的行为,是明令禁止的。只有D项符合题意。

10. D 【解析】王老师没收学生的手机侵犯了学生的财产权,③正确。未经允许翻看学生的短信侵犯其隐私权,批评学生的言语侵犯了其人格尊严权,①②正确。教师应该依法执教,故④正确。

11. A 【解析】题干的描述体现了依法执教的含义。

12. A 【解析】人身自由是公民的一项基本权利,包括身体行动自由和表达的自由。侵害学生人身自由的表现形式有:非法拘禁和限制学生、非法搜查学生、非法限制学生表达自由的权利等。

13. A 【解析】学生作为公民享有我国《民法总则》赋予的生命权、身体权和健康权。在学校教育中,这类侵害主要是由体罚或变相体罚、教育教学设施设备不安全以及学校、教师的不作为侵权等造成的。老师罚抄写课文20遍属于变相体罚,侵犯了小童的健康权。

14. B 【解析】教师侵犯学生财产权的表现形式有非法乱收费、乱摊派、乱罚款,非法没收其财物,强迫其购买非必需的教学物品等。因此,该题中教师的做法侵犯了学生的财产权。

15. C 【解析】隐私包括个人私生活、个人日记、照片、储蓄及财产状况、生活习惯及通讯秘密等。隐私权是指公民生活中不愿为他人公开或知悉的个人秘密的不可侵犯的人身权利。故李老师私自翻看小麦信件的行为侵犯了小麦的隐私权。

16. D 【解析】学校和教师必须尊重学生的人格尊严,严禁对学生实施体罚、变相体罚或者其他侮辱人格尊严的行为。老师谩骂、侮辱学生就是侵犯了学生的人格尊严权。

二、判断题

1. √ 【解析】冒名顶替别人上大学是以侵犯姓名权的手段侵犯别人的受教育权。

2. × 【解析】不作为侵权行为是指行为人以一定的不作为致人损害的行为。因此,教师在校园内没有积极履行保护职责或阻止有害学生的行为即构成不作为侵权行为。如果教师在校外没有积极履行保护职责或阻止有害学生的行为,由于这在教师的职务范围外,故是一种不道德行为。

3. × 【解析】学生有休息权和娱乐权,节假日无偿补课会侵犯学生的休息权和娱乐权,故不应当提倡和鼓励。

4. √ 【解析】教师增强法律意识不仅是为了规范自己的教育教学行为,也为了能依法维护自己的合法权益。

5. × 【解析】学校和教师必须尊重学生的人格尊严,严禁对学生实施体罚、变相体罚或其他侮辱人格尊严的行为。轻微体罚也侵犯了学生的人身权。

三、简答题(参考答案)

1. 简述教师违法(侵权)行为的主要类型。

(1)侵犯学生的受教育权;(2)侵犯学生的人身权;(3)侵犯学生的财产权;(4)侵犯学生的著作权;(5)不作为违法侵权。

2. 简述依法治校的指导思想。

(1)全面推进依法治校,必须以中国特色社会主义理论为指导,坚持社会主义办学方向,弘扬和践行社会主义核心价值体系,将坚持和改善学校党的领导与学校的依法治理紧密结合起来;(2)必须全面贯彻国家教育方针,把立德树人,培养德、智、体、美全面发展的社会主义建设者和接班人作为学校教育的根本任务,全面提高校长、教职工和学生的法律素质,加强公民意识教育,培养社会主义合格公民;(3)必须坚持以人为本,依法办学,积极落实教师、学生的主体地位,依法保障师生的合法权利;(4)必须切实转变管理理念与方式,提高管理效率和效益,为全面推进依法治国和全面实现教育现代化打下坚实的基础。

3. 简述依法治校的意义。

(1)依法治校是科教兴国战略得以实现的重要保障;(2)依法治校是促进和保护教育改革成果的重

要保障;(3)依法治校是促进学校管理科学化、民主化,维护教育秩序稳定的重要保障;(4)依法治校是全面贯彻教育方针的保障;(5)依法治校是国家法制建设的基础工程。

4. 侵犯学生受教育权的表现形式有哪些?

(1)侵犯学生受教育机会的平等权;(2)侵犯学生的入学权;(3)侵犯学生参加考试的权利;(4)随意开除学生。此外,还有侵犯学生上课学习的权利、侵犯学生受教育的选择权、侵犯学生升学复学方面的同等权利、以侵犯姓名权的手段侵犯学生的受教育权、延误学生录取通知书的发放等。

5. 简述预防教师违法(侵权)行为的必要措施。

(1)建立完善的教育法规体系;(2)建立严格公正的教育执法制度;(3)建立全面的教育法律监督机制;(4)增强法制观念,宣传、普及教育法规;(5)加强学校的规范管理;(6)增强教师的法律意识,减少侵权行为的发生;(7)加强学生对自己法定权利的认识,培养学生的自我保护意识;(8)加大安全教育力度。

6. 简述教师在教育教学过程中违法(侵权)行为的主要情况。

(1)故意不完成教育教学任务给教育教学工作造成损失的;(2)体罚学生,经教育不改的;(3)品行不良、侮辱学生,影响恶劣的。

7. 简述依法执教的要求。

(1)坚持正确的政治方向;(2)拥护党的基本路线和领导;(3)自觉增强法律意识;(4)认真贯彻党和国家的方针政策。

四、材料分析题(参考答案)

1. (1)丁老师将学生嘴巴封住,其行为是体罚学生、侮辱学生人格、侵犯学生人身权的行为。同时,也限制了学生上音乐课的自由,使学生无法参加正常的教育教学活动,侵犯了学生受教育的权利。丁老师的行为违反了《中华人民共和国教育法》《中华人民共和国义务教育法》《中华人民共和国教师法》《中华人民共和国未成年人保护法》的有关规定。因此,丁老师应承担相应的行政责任。

(2)学校应加强对教师的法制教育,教师应认真履行教师的义务,依法采取积极的教育措施,不得滥用教师的权威侵犯学生的权益。

2. (1)校长批评得对。

(2)学校是少年儿童受教育的地方,为了保护中小学学生的受教育权,法律还专门规定了在义务教育阶段学校不得开除学生。教育和帮助有缺点的学生是学校和老师的责任,学校、老师应当对学习有困难、品行有缺点的学生给予更多的关心和帮助,使他们改正错误、健康成长。这位班主任应当认识到自己的错误。经过教育,涛涛也应当认识到自己不仅违反了学校纪律,而且在课堂上随便说话,也影响了别的同学听课,实际上侵犯了其他同学受教育的权利。

真题必刷

一、单项选择题

1. A 【解析】根据《中华人民共和国教育法》第四十四条规定,受教育者应当履行下列义务:(1)遵守法律、法规;(2)遵守学生行为规范,尊敬师长,养成良好的思想品德和行为习惯;(3)努力学习,完成规定的学习任务;(4)遵守所在学校或者其他教育机构的管理制度。A项属于受教育者享有的权利。

2. C 【解析】部门教育规章是国务院所属各部、各委员会发布的有关教育的规范性文件。这类文件主要是就国家有关教育的法律、行政法规的实施问题制定出相应的实施办法、条例、大纲、标准等规范性文件,以保证有关法律、法规的实施。《学生伤害事故处理办法》是由教育部制定发布的,属于部门教育规章。

3. B 【解析】受教育权的表现形式主要有:(1)侵犯学生受教育机会的平等权;(2)侵犯学生的入学权;(3)侵犯学生参加考试的权利;(4)随意开除学生。ACD项属于侵犯了学生的人身权。

4. C 【解析】体罚,即对学生身体的惩罚。其非人道性在于无视学生为人的尊严,直接造成肉体上的痛苦。这类惩罚在造成学生肉体痛苦的同时,也给学生精神上带来了极大的痛苦。C项属于体罚行为。AD项属于正常的教学行为,B项教师要求小刚赔偿不属于体罚。

5. B 【解析】根据《中华人民共和国义务教育法》第五十七条规定,学校有下列情形之一的,由县级人民政府教育行政部门责令限期改正;情节严重的,对直接负责的主管人员和其他直接责任人员依法给予处分:(1)拒绝接收具有接受普通教育能力的残疾适龄儿童、少年随班就读的;(2)分设重点班和非重点班的;(3)违反本法规定开除学生的;(4)选用未经审定的教科书的。

二、填空题

必备品格　关键能力　全面发展的人　文化基础　自主发展　社会参与

三、辨析题

依法治教就是以法治教。

(1)这种说法是不正确的。(2)依法治教,就是依据法律来管理教育,规范教育行为,所强调的是依法办事。而“以法治教”则是指运用法律手段来管理教育。但是运用法律手段不能等同于依法办事。因此依法治教不是以法治教。